從印度佛學到中國佛學
——楊惠南先生七十壽慶論文集

陳平坤　主編

序

　　2012 年 8 月是楊惠南先生邁入人生七十才開始的年歲。身為舊識、門生，我們打算慶賀　恩師暨好友新生，便決定集結新舊文章十五篇，以呈獻論文專集的方式，來表達我們對於　先生的敬慕之意。

　　先生作為佛教學界之先進，久享盛名；其教學研究範圍廣涉印度、中國兩大佛學傳統，尤以探究印度中觀學派的思想內涵、中國禪・三論・天台等宗學的義理問題為主，同時關注臺灣佛教發展的相關議題。在三十多年教研工作期間，先生已為佛教學界做出許多望重士林的教研成績。因此，我們將這本論文匯編之作的主標題定為：「從印度佛學到中國佛學」，然後冠上：「楊惠南先生七十壽慶論文集」之稱以為副標題，藉此聊表衷心祝賀　先生七秩壽誕之情。

　　先生為人親和而又有威嚴，除學界同道外，廣結社會善緣，所以諸方友人甚多；而學界內外敬慕　先生之學養者，尤其不可勝數。在　先生從臺灣大學哲學系榮退後，便一心從事於文藝創作。透過個人網頁，以文會友、以藝通誼，先生的交遊更加廣闊，甚至被文藝同好推尊為「詩皇」，倍受愛戴。然則，本書設定以集結佛學論文成書為標的，所以無法廣邀　先生的文藝同好共襄盛舉。對此憾事，唯有寄望於　先生八十大壽臨屆時，再致祝賀之意的文集了！

楊惠南先生七十壽慶論文集編輯代表
陳平坤　敬書
2012 年 6 月 20 日

i

作者簡介

杜保瑞，臺灣大學哲學系教授。**研究領域**：宋明理學、中國哲學方法論、中國佛學。**主要著作**：《南宋儒學》、《北宋儒學》、《反者道之動》、《莊周夢蝶》、《功夫理論與境界哲學》。

何照清，聯合大學華語文學系副教授。**研究領域**：禪學、華語文教學。**主要著作**：〈在般若與如來藏之間──從《壇經》諸本及相關文獻探討《壇經》屬性〉、〈兩漢公羊學及其對當時政治之影響〉。

林建德，慈濟大學宗教與文化研究所助理教授。**研究領域**：佛教哲學、人間佛教思想、佛道比較宗教。**主要著作**：〈《老子》與《中論》之哲學比較──以語言策略、對反思維與有無觀為線索〉、〈從腦傷談心靈的運作：以意識為重心的探討〉。

林朝成，成功大學中國文學系教授。**研究領域**：中國佛學、魏晉玄學、環境倫理學、美學。**主要著作**：《佛學概論》、《魏晉玄學的自然觀與自然美學之研究》、《移民社會與儒家倫理》、《護生與淨土：傳統與當代面向的考察》、《佛教放生與環境保育之研究》。

林義正，臺灣大學哲學系榮退教授。**研究領域**：儒家哲學、法家哲學、禪學、中國哲學史。**主要著作**：《周易春秋的詮釋原理與應用》、《孔學鉤沉》、《春秋公羊傳倫理思維與特質》、《孔子學說探微》。

林鎮國，政治大學哲學系教授。**研究領域**：佛教哲學、中國哲學。**主要著作**：《空性與方法：佛教哲學十四論》、《辯證的行旅》、《空性與現代性》。

邱敏捷，臺南大學國語文學系教授。**研究領域**：佛學、老子、莊子。主要著作：《以佛解莊》，《印順《中國禪宗史》之考察》，《《肇論》研究的衍進與開展》、《印順導師的佛教思想》、《袁宏道的佛教思想》。

洪嘉琳，中國文化大學哲學系助理教授。**研究領域**：中國道家哲學、印度佛教哲學。**主要著作**：〈苦痛之意義及其反思：以《阿含經》與《莊子》為依據之哲學研究〉、《唐玄宗《道德真經》注疏研究》。

耿　晴，政治大學哲學系助理教授，**研究領域**：佛教哲學、中國南北朝哲學。**主要著作**："*Yogācāra* Buddhism Transmitted or Transformed? Paramārtha (499-569) and His Chinese Interpreters"。

陳平坤，中山大學中國文學系助理教授，**研究領域**：佛教哲學、中華禪學、三論宗學、中國哲學。**主要著作**：〈僧肇與吉藏的實相哲學〉、《禪・三論・天台哲學論著集》、《六祖大師的17則智慧——慧能禪法之般若與佛性》。

陳嘉璟，成功大學中國文學研究所博士，**研究領域**：美學、禪學、詩學。**主要著作**：〈北宋文士禪僧自然詩歌研究〉、《維摩斗室空間美感之研究》。

蔡耀明，臺灣大學哲學系教授。**研究領域**：印度哲學、佛教哲學、宗教哲學、生命哲學。**主要著作**：《佛教視角的生命哲學與世界觀》、《佛學建構的出路》、《佛教的研究方法與學術資訊》、《般若波羅蜜多教學與嚴淨佛土》。

劉嘉誠，臺灣大學哲學研究所博士。**研究領域**：中觀哲學、佛教哲學、印度佛教思想。**主要著作**：〈從《入中論》對唯識學派的批判論月稱的緣起思想〉、〈《中論》解脫思想之研究〉。

趙東明，中央研究院中國文哲研究所博士後研究員。**研究領域**：法相唯識學、天台哲學、中國哲學。主要著作：〈轉依理論研究——以《成唯識論》及窺基《成唯識論述記》為中心〉、〈天台智顗《摩訶止觀》「一念三千」說研究〉。

嚴瑋泓，東海大學哲學系助理教授。**研究領域**：佛教哲學、中國哲學、尼采。主要著作：〈《大智度論》對部派佛教實在論之批判的研究〉、〈怨恨的系譜——論尼采的系譜學、怨恨與道德批判之內在聯繫〉。

目次

序 i
作者簡介 ii

祝壽散文

惠我良多——感恩楊惠南老師 .... 劉嘉誠　vii

飛越在理性與感性之上——向楊惠南教授致敬 .... 陳嘉璟　ix

楊柳春風，詩文皇皇——為詩皇楊風賀壽 .... 林建德　xii

往事煙雲——我所認識的楊惠南老師 .... 陳平坤　xiv

學術論文

論《阿含經》中「無常即苦」之命題 .... 洪嘉琳　1

龍樹與休姆對有神論的批判之比較研究 .... 劉嘉誠　39

從《中論》的對反詞組析探其思維理路 .... 林建德　87

「迦羅」（*Kāla*）或「三摩耶」（*Samaya*）？
——以「時間」議題論《大智度論》批判實在論的哲學問題 ... 嚴瑋泓　125

邏輯或解經學
——初期大乘瑜伽行派「四種道理」理論性格之探究 .... 林鎮國　175

在解脫學脈絡下的佛身論
——以《攝大乘論》為中心之探討 .... 耿　晴　205

僧肇〈不真空論〉的實相哲學 .... 陳平坤　239

《壇經》研究方法的反省與拓展
　——從《壇經》的版本考證談起⋯⋯⋯⋯⋯⋯⋯⋯⋯何照清　311

從《瑜伽論記》析論〈真實義品〉「離言自性」
的語言哲學及對「說一切有部」語言觀的批判⋯⋯⋯⋯趙東明　341

華嚴宗形上學命題的知識意義⋯⋯⋯⋯⋯⋯⋯⋯⋯⋯杜保瑞　391

儒理與禪法的合流——以大慧宗杲思想為中心的考察⋯⋯林義正　425

自然與自性——論北宋自然禪偈中的時空感知及其作用⋯陳嘉璟　453

巴壺天對「禪公案」的詮釋⋯⋯⋯⋯⋯⋯⋯⋯⋯⋯⋯邱敏捷　485

佛教走向土地倫理——「人間淨土」的省思⋯⋯⋯⋯⋯林朝成　507

佛教禪修做為心身安頓——以基礎觀念與關鍵概念為線索⋯蔡耀明　539

惠我良多
——感恩楊惠南老師

劉嘉誠

　　我就讀博士班以前,雖已拜讀不少楊惠南老師的佛學著作,可是楊老師並不認識我。直到民國 87 年,我報考臺灣大學哲學系博士班,因需要兩位教授的推薦函,我打電話給楊惠南老師,電話中我先自我介紹一番,請老師幫忙我寫推薦函,楊老師要我把相關資料寄給他,他看了我的資料後就幫我寫了推薦函,讓我這後生晚輩見識到大師的風範。

　　我在撰寫碩士論文時,就已受惠於楊老師的佛學著作許多的啟發,尤其是有關中觀所使用的論證方法,諸如龍樹《中論》裏所使用的兩難、四句、否定法、歸謬法、《迴諍論》裏的量論等論題與方法,尤其是楊老師具有豐富的邏輯教學經驗,分析論題理路非常清楚,文字又簡明易懂,對於我在中觀義理與方法上的掌握幫助很大。後來我進入了博士班,我選修了楊老師所開設的三論宗哲學、禪宗哲學等課程,讓我在中國佛教的領域也開拓了不少視野。我的博士論文指導教授是楊老師,剛開始我和楊老師討論研究主題,老師就提供我不少寶貴的指教意見,後來我通過大綱審查口試並通過資格考後,開始撰寫博士論文時已是楊老師申請退休的前一年,所以我可以算是楊老師在臺大最後一位指導的研究生。

　　楊老師對我的指導,基本上給予我很大的自由寫作空間,不會干預寫作細節,並且多用鼓勵方式取代責備,尤其是在中觀的邏輯與方法上的指正與提示,更讓我受益良多。特別讓我印象深刻的是,歸謬法所使用的 tarka 形式一般為「如果非 q,則非 p」,老師指出,當對論者的立場是肯定句「r」而不是否定句「非 q」時,tarka 的形式似乎也可以是

「如果 r，則非 p」的變形。還有，中觀所使用的「命題的否定」，楊老師不同意我所引用的某些日本學者的看法，老師認為，「命題的否定」應是指對於整個語句（命題）的否定，老師用「全稱否定命題」乃「特稱肯定命題」的否定為例做說明，讓我確切理解「命題的否定」的意義。這些方法或概念上的指正，不但有益於我的論文寫作，對於我日後在教學上也有很大的幫助。

我在楊老師退休那一年，也就是民國 94 年 1 月從博士班畢業。那年夏天，我們幾位楊老師在臺大哲學研究所的學生，為恭賀楊老師榮退，一起在某素食餐廳與楊老師餐敘，並致贈楊老師一份紀念禮物，席間我們想呈獻恭賀老師榮退的紀念文字，大家尊重我是同學間年紀最長，推我代表獻詞，我想到楊老師畢生投身於佛學教學研究，為感念楊老師對佛教學術的貢獻，乃即席獻詞誌賀如下：

　　弘揚中觀紹龍樹，明心見性續慧能，
　　三諦三觀承智者，人間佛教繼印順。

今適逢楊老師七秩壽慶，謹恭錄前所題之獻詞，敬賀楊老師法體康泰，嵩壽鴻福。

劉嘉誠 2012 年 7 月 4 日
於台北寓所

飛越在理性與感性之上
——向楊惠南教授致敬

陳嘉璟

自進研究所就讀以來，我即對佛家美學產生極大的興趣。在一次勞思光教授的演講會中，我特地請教他有關佛教美學發展的相關問題。猶記得當時勞先生側身，先低聲問我身份。在得知僅為碩一生時，隨即公開地說，他認為美學的研究是極其困難的事，並以自己當年寫《中國哲學史》放棄此部分的經驗，說明這該是博士學位完成以後，再過二十年方能考慮的任務。然而，「初生之犢不懼虎」的我，依舊滿懷熱情地探索著。直到欲擬定碩論題目時，仍有些忐忑不安，終藉修課之便，特地跟老師請教佛典以美學詮釋的可能性。當時老師即毫無猶豫、非常篤定地肯定此一發展方向，由是我方全心展開論文的撰寫工作。

其後，論文有幸獲得中華佛學研究所的獎勵，在拙作即將出版之際，老師慨然為之撰〈高原陸地不生蓮華・卑濕淤泥乃生此華〉書序。盛夏的蟬鳴聲裡，從老師古色古香、綠意盎然的家中離開，在回程的公車上展讀序文，不禁令我臉紅了起來。我知老師非僅在對學生研究的鼓勵而已，實乃對佛典多元詮釋方向的認可。而我，就像獨自久行在一條未知的暗路上，突然間獲得了極大的光照一般。爾後，當博班重返文學領域時，老師以如來藏佛性、般若空義，以及平常心是道等禪法來解析僧偈，諸多觀點均啟迪了我。因此，博士論文即試從禪義分析禪詩，更在一般傳統文人詩作的討論之外，也加入了同時期的僧偈之探究。

老師對我的影響十分深遠。從研究方向的肯定，至實際禪思內容的啟發，在在都呈現於目前的研究中。從文學藝術與美學的角度來看，在老師畫出來的藍圖上繼續前進，我看到了若干觀念對後續研究的影響

力。最重要的是,將禪法實際融入到文學與美學的研究與實踐之開拓,以及對置入生活世界中,做跨領域發展的肯定。此是開啟佛義研究與世俗界域的融滙,將古老經典給予時代新詮之基始。老師於拙作序文中,極力肯定佛家美學成立的合法性,強調美感經驗與解脫涅槃,兩者間的互通與不可分割性。由是,嚴肅的宗教道義融入到感性的文學藝術與美學當中,而諸文藝美學又因佛禪哲義的加入,使其有了深刻的宗教內涵。

以我較為熟悉的,禪義通往詩學詮釋的實踐為例,老師較前人更以禪法的核心義理,對僧偈展開條理明晰的闡解工作。其所梳理的四、五種禪偈類型,對禪詩的通盤研究尤具開創意義。其中,極為重要的是對禪詩的定義。在《禪思與禪詩──吟詠在禪詩的密林裡》〈自序〉文中,他提出真正禪詩的三條件:作者身份須為禪師、必須與禪修證有關,以及須是自禪籍中所出。然而,若堅持禪義與僧偈的特質,是「禪詩」在形式與內容上的不可或缺條件的話,則會對中國文學裡的禪文學研究產生深遠的影響。亦即,正式拈出語錄禪偈與傳統詩歌並列對看的話,將衝擊到許多既有的、以意境詩歌美質為依據的禪詩及文學批評之成說。

更清楚的說,從形式上來看,許多「不似詩」的禪偈加入,將影響到既有對禪詩類型的看法。傳統詩歌體例之外,禪偈本身所具的多元、不一的種種樣貌類型,在禪詩的系譜上該如何安置其位呢?而自內容觀察,以開悟目的為底據的禪偈,與著重意境的文人詩歌,顯然在禪義的表出方式有隱顯的不同。再次,若將宗教實踐為主的禪偈也納入討論,特別是臨濟系肢體行動的隱喻式「禪詩」也加入的話,勢必改變許多中國文學,以及傳統文學批評史的典型觀念。將僧偈禪義納入禪詩討論,舉其大犖者,將衝決到唐代王維以降至清代王漁洋等,一系列下來的神韻派審美典範,而開出禪詩在靜美意境之外的,獨特的陽剛性風格。

上是以禪義解詩時,所必然會面臨到的難題。然而,正如前述,它也將是禪文學研究創新的契機所在。再者,鼓勵將佛理朝當代跨域、國

際視野研究的努力之外，老師亦將視角從古典拉到對本土的關懷。由明鄭時期至清代僧人詩作禪思的探論，直到己身新詩的寫作實踐，都隱然顯露其理性與感性的高度平衡。這也提示了，在當前《全臺詩》陸續編纂完成，許多基礎文獻逐漸一浮現的同時，相對於古典禪詩的聚焦，臺灣禪詩的研究也該獲得關注的眼光。而老師特別指出，佛家美學研究的涵蓋範圍，須溯及到最高的證位階次，強調詩性進路對不可說悟境趨近的價值。雖然學術研究不等同於修行實踐，然此態度隱然肯定了佛典的美學詮釋也是八萬四千法門之一，而給予學術工作者以正面之肯定。

　　是故，老師從哲思理性高度由上而下，將勝義諦通往至世俗諦，使佛法與眾生的感性生活接軌。而自世俗諦來說，佛禪智慧的滲入使豐富的根塵感性轉趨深刻與清淨化。禪義融入文藝場域，既開啟經典的現代詮釋，又有助於深刻的教理哲思融入現世的生活。而在其中，禪思哲智進入文學藝術領域，在道藝共融、雙迴向的過程裡，老師守護的，仍是以禪道佛義為先的根本價值。只是，獲得智悟的基礎，同時是自現象界的美感俗諦中觸悟而得的。因此，帶著理性道義思維，通向感性的文學藝術學門之跨域，使佛學朝向時代性的實踐與開展，這是我於佛家美學的探索裡，在禪詩研究的實踐過程中所領略到的教示：不可說的真理在理性與感性之間，而我所認識的老師是：飛越在理性與感性之上的！

楊柳春風，詩文皇皇
──為詩皇楊風賀壽

林建德

民國八十五年由於對佛教思想的興趣，我插班進入臺大哲學系就讀，期間楊惠南（楊風）老師的課我常修，包括天台宗、三論宗等課程。而楊老師是印順法師思想的認同者，對我而言又多一份親切。大四畢業那一年，我以印順思想為題，跟著楊老師撰寫學士論文；不過那時和老師仍保持著淡如水的師生情誼。

碩士班時我的研究興趣轉到當代英美哲學，也離開了臺大，因此跟楊老師就疏於聯絡；直到博士班時回到臺大，和楊老師又有密切的接觸，期間也修了老師開的天台思想課程，閱讀牟宗三先生《佛性與般若》一書。

約莫是我博士班二年級之際，楊老師決定要退休，也表示不再擔任我們的指導教授。作佛學研究的我們都覺茫然若失，也多次請老師「留惑潤生」，暫緩退休，但老師態度堅決，沒有妥協的空間；如此不通人情，說實話，那時的我是不太諒解的。

之後的幾年，陸陸續續看到楊老師發表作品，特別是新詩創作，當中情意之真切、情愛之糾結與情慾之挑動，令人對老師的文采大為驚歎。於此之時，楊老師也放膽的 out of the closet，其後文藝創作源源不絕，風格除了細膩、深刻外，也相當的新潮、前衛。而我也恍然大悟，知道老師為何堅持退休的原由了；不久，「詩皇楊風」稱號已在網路世界中聲名遠播。

原來楊老師一直有個夢，關於文藝的夢；而三、四十年的學術生活，為人師表，隨他意語，一直無法使他快意施展，只好抑藏心中。而

時候已到,唯有急流勇退,另一方面的聲音才得以全體展現。

如今楊老師顯露他多方面的才華——新詩、散文、小說、攝影,近來又開始作畫,已然開創了學術之外的新天地,也可說尋得他人生的第二春。可知,楊老師前半生是學術,後半生是文藝,人生能同時悠游在「學術理性」和「文藝感性」之間,豈不暢哉?

楊老師作品,偶有驚世駭俗之作,其中大膽刻劃男女情欲,更引起注目。而楊老師長年在佛教界虔誠佛弟子的形象,在家居士的典範,以及傑出佛學研究者的聲譽,也因為晚近的作風,而似毀於一旦。然而,楊老師在外人看似向下沈淪,其實是向上提昇;畢竟能真實地面對自己,面對生命中實存的現象,可能比什麼都還要艱難。《維摩經》說:「不入煩惱大海,則不能得一切智寶」、「淫怒癡性即解脫」等;因此,楊老師此人生的轉折,應該是生命的躍進,唯有徹底的解放才會有真正的解脫。

總之,楊老師晚近的歲月我是羨慕的(至少從表面上看來),能怡然自得的作自己想作的事、過自己想要生活。今日,欣逢楊老師七十大壽,不管是「人生七十古來稀」,還是「人生七十才開始」,盼老師都能「從心所欲」(偶踰矩也無妨),繼續過著「隨自意語」的快意生活!

往事煙雲
——我所認識的楊惠南老師

陳平坤

　　大崙群峰間，花城醉月旁，西子夕照下，與　師結緣至今，轉眼十五年華似水流入因緣大海！

　　「老師！有學生想請您指導論文。」杜保瑞老師這樣說道。

　　「好啊！」楊惠南老師答得明快。於是我這假意為學姐口考而跑腿的學弟，便湊上前去問候，與師交談了一會兒。這一會兒卻敲定往後仍將繼續維護的人間情緣。

　　當時老師已經不再上華梵大學東方人文思想研究所講課，而我也沒有下山到臺灣大學哲學系聽過課，反倒一度赴政大哲學系想聽林鎮國老師所開的禪學課程。但該門課程到底有沒有開成，我並不曉得，因為上首堂課時只有我一人到場，所以林老師跟我聊了一下概況，而記憶中便沒有再去上課的下文了！這是一段插曲。

　　在華梵大學時，我按照自己的學習進度撰寫碩士論文。一度為了生計，便到中華民國易經學會任職，做了將近三個月的工作。記得離職後的某天，老師打電話給我，大意是說：「有一份助理工作，您想不想做？」受寵若驚的我，自然一口答應。當時，我也不清楚到底需要做些什麼工作，而且老師也並未多說。可是，我所感受到的是老師對於學生的關懷暨愛護之情。一直到三、四年之後，平坤有幸考進臺大哲學系博士班就讀，老師的關護之情仍然不斷流注入我心。甚至有一次農曆年前，去向老師拜年的某日，我這老大不小的學生竟然還收下老師所發出的紅包，在羞慚中更有的是滿心感念。

　　就讀碩士班期間，充當老師的研究助理一年，其實不過領份乾薪，

並沒有真正做什麼事情；頂多就是去參加總計畫主持人黃俊傑教授所召開的學術討論會罷了！到了博士班期間，也因為老師的關護，所以生活一般開銷便能沒有憂慮。

記得撰寫碩士論文，每寫完一章，就會寄請老師看過，然後再赴溫州街老師所居住的校舍，去聆聽指導。當時老師說我很會想，不過要有證據。在寫了兩、三章之後，有一天，我告訴老師：「覺得自己的論文寫得不好，想要放棄、重寫。」當下老師只說：「您自己決定。」最後當然還是勉強把碩士論文寫完。在論文中，我所持的某些看法，並不與老師在相關研究中所呈現的見解相同，但老師總是慈憫地容忍我在論文裡撒野。

取得碩士學位，我進入三民書局擔任編輯工作。由於剛好負責佛教文庫的規畫和現代佛學叢書的收尾工作，所以跟老師還保持一點聯繫。兩年後，考上博士班，才同老師有更緊密的求教和請益關係。當時老師在臺大哲學系所講授的課程，我都參與修習。日後所選定的博士論文研究主題，也和老師當時講授「三論宗哲學專題研究」課程有直接關係。再三年後，老師決定提前退休；而我當時尚未選定鑽研什麼論題，所以最後沒有當成老師的「關門弟子」，轉而成為蔡耀明老師在臺大任教後所指導學生中的「大師兄」──但後來同門都比我這駑鈍的學生，早早畢業去了！

老師從臺大哲學系退休後，便決意不再進入學術江湖，而且真箇是一乾二淨，同時轉向從事文藝創作，開始更見精采的退休生活。最先是在網誌上發表現代詩、小說，偶爾寫些與禪學有關的小品文。由於老師才識高卓，再加上文思豐沛，所以很快就出版了詩集，然後是小說集。此外，不知道什麼時候也開始學作油畫。去年（2011年），嘉誠、東明、建德、瑋泓、偉倫等幾位同門學生，趁著又去敲老師竹槓的機會，便有幸參觀過老師的畫室和畫作；大家莫不驚異老師畫作之瑰奇非凡，相信再不久，老師的個人畫展也就會開辦了！

老師的佛學研究成績和文藝創作能量，是平坤力雖不能至而心嚮往之的榜樣；竊願看齊老師的才學表現。至於老師為人之寬宏、以及日常行事總是任緣自在的態度，更是我們這些後輩多少希望能夠學得其一二分的楷模。就以我們幾位學生常假借名義去敲老師竹槓、讓老師請吃大餐為例，老師便從未拒絕過，而且是一律買單。如此慷慨的性情，許是與生俱來，但卻是平坤如今忝為人師後，總提醒自己要去景效的胸懷。

　　自與老師結緣以來，奄忽已過十五年之久。但再十五年之後呢？人生無常，不管是誰，會再有十五年嗎？如果天假年歲，您我依舊，那麼，在老師八十嵩壽時，便必定再來一場壽慶盛會。且在這彼此都還能做夢的人間時分，至少也要讓這場夢留點真情實感！

　　願祝　吾師壽比玉山，透過文論，廣將道術傳揚於如是困苦的人世間！

受業學生
平坤　謹寫於西子灣邊菩提樹下
2012 年 4 月 20 日

論《阿含經》中「無常即苦」之命題*

洪嘉琳**

摘要

就《阿含經》及其所代表之初期佛教而言,「無常即苦」之命題可謂基礎教理之緣起法與「一切行苦」命題之橋樑,亦作為解釋「一切行苦」乃至「苦聖諦」之關鍵。然而,於解釋上述教理時,學界鮮少深入析論「無常即苦」之命題——無論是對於「無常」與「苦」之關係、或是「苦」與「苦受」之關係,其見解均略欠清晰。

針對「無常即苦」之命題,本文將先就其邏輯結構來探討,一方面將確認其作為一全稱命題,一方面亦將指出其中「無常」與「苦」之順序不得顛倒。其次,本文分別就上述二點指出,若直接以「苦受」來解讀,「無常即苦」之命題將與某些《阿含經》經文相抵觸。再其次,本文認為「無常即苦」之「苦」,宜理解為「會導致生命體苦受之傾向」。故此一命題可表達如下:「對所有的 x 而言,若 x 為無常的,則 x 有會導致生命體苦受之傾向。」

關鍵字:阿含經、無常、苦、苦受、傾向

---

* 本文得蒙耿晴教授、越建東教授、鄧敦民學友等提供專業且寶貴之意見,以促成此修訂稿。謹此致謝。
** 作者為中國文化大學哲學系助理教授。

壹、前言

就《阿含經》[1]及其所代表之初期佛教而言,「無常即苦」之命題可謂居於關鍵地位,理由在於其聯結了基礎教理之緣起法與一切行苦,從而成為解釋苦聖諦之關鍵。要言之,苦聖諦旨在顯示生死流轉中的一切皆為「苦」[2]。現代學界較常見之理解,乃將此「苦」解釋為「不如意」(unsatisfaction)或「不完美」(imperfection)[3]。至於何以稱為

---

[1] 本文所引用之《阿含經》原文,悉據《大正新脩大藏經》:包含由新文豐出版社印行之書面版本(1983修訂一版),以及由中華電子佛典協會所發行之電子版本(CBETA,2009年版)。於引用時,乃將《大正新脩大藏經》略稱為「T」。於T後之阿拉伯數字及英文字母,乃表示引文所在之冊數、頁數及該頁之「上」、「中」、「下」欄。如作「T50: 636a-637c」,即表示:「《大正新脩大藏經》第50冊,第636頁上欄至第637頁下欄」。
此外,本文於稱呼巴利《尼柯耶》時,將採用如下之簡稱:
A. Aṅguttara-nikāya(《增支部》)
D. Dīgha-nikāya(《長部》)
M. Majjhima-nikāya(《中部》)
S. Saṃyutta-nikāya(《相應部》)
指述經數時,將於簡稱後加阿拉伯數字,表所引經文處於該《尼柯耶》之經數。如 M. 141 指《中部・第一四一經》;指述頁數時,則表達方式如:A. III 286,謂《增支部》第三卷,頁 286。

[2] 《阿含經》中所謂「一切」,乃指緣起而成者,亦即無常者;其亦以「行」(saṅkhāra)為稱,謂由因緣和合而成、隨時遷流而變化者。其所指稱者,並不外於生命體之知覺官能及其所感知、認識之對象,且皆為無常者。詳見拙著〈苦痛之意義及其反思:以《阿含經》與《莊子》為依據之哲學研究〉(台北:臺灣大學哲學系博士論文,2010年),頁 139-141。相關論證,可參見周柔含,〈《淨明句論》第十三品「行」(saṃskāra)的考察——行・緣起・空・真性(tattva)〉,《中華佛學學報》第 6 期(2002 年),頁 94-96;Eviatar Shulman. "Early Meanings of Dependent-Origination," *Journal of Indian Philosophy* 36 (2008): 297-317。

[3] 如三枝充悳,《初期佛教の思想》(東京:東洋哲學研究所,1978 年);Peter Harvey. *An Introduction to Buddhism: Teachings, History and Practices*, Cambridge: Cambridge University Press, 1990; Rupert Gethin. *The Foundations of Buddhism*, Oxford: Oxford University Press, 1998; Mark Siderits. *Buddhism as Philosophy: An Introduction*, Hants: Ashgate, 2007; Richard Gombrich. *What the Buddha Thought*, London: Oakville, Ct.: Equinox, 2009 等等。

「苦」，一般均依阿毘達磨之解釋，以三苦——苦苦、壞苦、行苦來解釋[4]。苦苦者如病痛時之苦受；壞苦者如樂受消逝而苦；行苦者，如不苦不樂受，則因諸行乃因緣變易而苦[5]。由於一切身心現象，若非能引起苦受或能引起樂受，便是能引起不苦不樂受，因而若非具有苦苦性（*dukkhadukkhatā*）或壞苦性／變易苦性（*vipariṇāmadukkhatā*），便是具有行苦性（*saṅkhāradukkhatā*）。三苦之中又以行苦為主，因為諸法不外緣起無常之故[6]。

既然苦苦、壞苦均可歸於行苦，則此三苦又得以「一切行苦」或「一切諸行苦」（*sabbe saṅkhārā dukkhā*）[7]為說。凡因緣和合者為行；諸

---

[4] 「三苦」於《阿含經》唯見名目，不見進一步說明，亦無從觀察其與苦諦、「一切皆苦」等等之間的關係。其例在於《長阿含經・眾集經》：「復有三法，謂三苦：行苦、苦苦、變易苦。」（T01: 50b）其中「變易苦」即後世所謂「壞苦」。至世親《阿毘達磨俱舍論》中，始就此三苦加以發揮（參見 T29: 114b-116a），亦成為後世學者解釋「一切皆苦」的主要依據。如 Harvey, 1990, pp. 47-48; Gethin, 1998, pp. 59-68; Williams, Paul and Anthony Tribe. *Buddhist Thought: A Complete Introduction to the Indian Tradition*, London: Routledge, 2000, pp. 41-43; S. K. Pathak. "Dukkham Aryasaccam as Depicted in The Buddhist Nikaya and Agamas," In Dash, Narendra Kumar, ed., *Concept of Suffering in Buddhism*, New Delhi: Kaveri Books, 2005; Siderits 2007, pp. 18-22; Richard Gombrich, 2009, p. 10。

[5] 詳可參見世親造、玄奘譯，《阿毘達磨俱舍論・分別賢聖品》（T29: 114b）。其中，世親認為諸有漏行法分別相合於三苦性，由此來解釋苦諦，並強調「若非常者即是苦」；「非常」即「無常」。換言之，「無常即苦」亦為世親用以解釋「行苦」之理據。

[6] 於世親造、玄奘譯，《阿毘達磨俱舍論・分別賢聖品》中亦強調行苦乃統攝其他苦性（參見 T29: 114b）。換言之，三苦又可歸納為「一切行苦」。如前所述，行苦以「無常即苦」為核心；是以，無論在理解苦諦、三苦性乃至一切行苦時，仍需歸到「無常即苦」來談。

[7] 此處之「一切行苦」及「一切諸行苦」者，應為省略繫詞「是」之語句；以現代語法而言，完整語句應為：「一切行是苦」云云。經例可分別見於《增壹阿含經・增上品・二六八經》（T02: 668c）及《增壹阿含經・四意斷品・二三二經》（T02: 639a），其將「一切行苦」或「一切諸行苦」列為「四法本」或「四法本末之一。其他三法本（末）為云：「一切（諸）行（皆悉）無常」、「一切法（或諸行）無我」，以及「滅盡為涅槃」或「涅槃休息」。

行之所以皆為「苦」，乃因其為因緣所成、無常變易之故[8]。由此觀之，「無常即苦」之命題，可謂緣起法與「一切行苦」命題之橋樑，從而作為解釋「一切行苦」乃至「苦聖諦」之關鍵。

針對《阿含經》中「無常即苦」之命題，本文之重點在於探詢此命題中「苦」之最佳理解。對此，學界觀點主要可分為二：一是認為「苦」即是指「無常」、「變易」，或「無我」[9]；另一種則認為因為無常之故而有苦受或種種不如意之情[10]。此二觀點均涉及以下二個問題：首先，此命題中「無常」與「苦」之關係為何——若是前者，則為同一（identity）的關係；若是後者，則為因果關係。其次，就語詞的使用觀之，若「苦」即是「無常」或「變易」，則《阿含經》何須於緣起法之外另設四聖諦？此外再由《阿含經》之對話語境觀之，除了「一切皆苦」、「苦諦」、「苦蘊」等外，「苦」之一語較常用於感受層面之「苦受」（*dukkhavedanā,* painful feeling）[11]，以及相關於苦受

此外，「一切行苦」或「一切諸行苦」之巴利版定型句為：「*sabbe saṅkhārā dukkhā*」（如 A. III 286）。於此，*dukkha* 與 *saṅkhārā* 同樣為陰性複數主格，表示其作為修飾 *saṅkhārā* 之詞；因其獨立成句，而非作為片語（phrase），故應解讀為：「一切（*sabbe*）行（*saṅkhārā*）是苦的（*dukkhā*）」。

[8] 詳見後文之經證乃至本文之進一步討論。

[9] 如 John Bowker. *Problems of Suffering in Religions of the World*, London: Cambridge University Press, 1970, p. 240.

[10] 如 Peter Harvey. 1990, p. 50；Sue Hamilton. *Early Buddhism: A New Approach-The I of the Beholder*, Richmond: Curzon Press, 2000, p. 64；以及前述所引，以「三苦」作為「一切行苦」解釋之學者們。

[11] 此處乃參考 Bhikkhu Bodhi（2000）的英譯詞。於此，筆者擬提出對於其英譯「苦」（*dukkha*）、「樂」（*sukha*）二詞之觀察。一方面，其所譯之「苦受」為「painful feeling」，而「諸受悉苦」則譯為「all feeling is suffering」；換言之，後者之「苦」被譯為「suffering」而與前者有所區別。另一方面，其所譯之「樂受」為「pleasant feeling」；在其與 Bhikkhu Ñāṇamoli 共譯的《中部》中，則將欲樂（*kāma-sukha*）、凡夫樂（*puthujjana-sukha*）等相關之「樂」譯為（pleasure），而將與聖樂（*ariya-sukha*）相關之「樂」（如正覺樂〔*sambodhi-sukha*〕等）譯為「bliss」。由此數例觀之，其於翻譯時乃有意識地區分了不同層次或類別之「苦」與「樂」。參見 Bhikkhu Ñāṇamoli & Bhikkhu Bodhi (tr.). *The Middle Length Discourses of the Buddha:*

者[12]。若然,則「無常即苦」命題之「苦」,是否為「苦受」[13]?如若不然,又將如何理解此「苦」,乃至其被稱為「苦」而非其他(如「惡」等)之理由[14]?

以下,本文將首先就邏輯來探討此命題,一方面將確認其作為一全稱命題(universal proposition)[15],一方面亦將探討其中「無常」與「苦」之關係。其次,本文將針對此命題中之「苦」與「苦受」之關係作一探討。本文擬指出,《阿含經》所謂之「苦」至少有兩層意義:一為「苦

A Translation of the Majjhima Nikāya, Boston: Wisdom Publications (3rd ed.), 2005 及 Bhikkhu Bodhi (tr.). *The Connected Discourses of the Buddha: A New Translation of the Saṃyutta Nikāya*, Boston: Wisdom Publications, 2000。

[12] 此點可由阿難等弟子詢問「諸受皆苦」之經例中顯現出來。相關經例及討論,請參見後文「諸受皆苦」之小節。Williams(2000 年,頁 42)亦有類似之見解。

[13] 明確以苦受為一切皆苦之「苦」來解釋者,有如佐佐木現順所言:「佛教是將不安的情感說成是苦,又將此不安之情感具象化為生老病死等來敘述。生老病死本身不是苦;所謂的苦,只不過是相關的主觀的感情。將對生老病死等感情理解為純粹的感情,則不過是心理現象。」見佐佐木現順,《原始佛教から大乘佛教へ》(東京:清水弘文堂,1978 年),頁 44-45。此外,遵循「三苦性」之解說者,也遵循著如《阿毘達磨俱舍論》之推論,雖未直接書寫「苦受」,但於其敘述中仍以「總是會引起苦受」云云為解;而不具體提供對「無常即苦」之「苦」的解讀。以「總是會引起苦受」之例,除前引以「三苦」為解之學者外,又可見於三枝充悳,1978,頁 273;水野弘元,《原始佛教》(京都:平樂寺書店,1956 年),頁 112-113。

[14] 除了順著三苦之說的學者,另有學者認為佛陀於《阿含經》或《尼柯耶》中,並未真正說明行苦、輪迴或苦諦等等之「苦」;如 S. K. Pathak(2005, p. 55)。有些學者認為其理由或在於此等「苦」乃佛陀及其時代公認的自明之理(axiom),如 Richard F. Gombrich. *Theravāda Buddhism: A social history from ancient Benares to modern Colombo* (2nd ed.), New York: Routledge, 2006, p. 8;水野弘元,1956 年,頁 112;中村元,〈苦の問題〉,佛教思想研究會(編),《苦》(京都:平樂寺書店,1980 年),頁 7。

[15] 全稱命題乃由全稱量詞,如「所有」、「凡」等來表達的命題。如「所有人都會死」,即可視為一全稱命題。此命題乃斷說該性質(即「死」)乃對所論的每樣事物或單位(如「人」)均為真。相關定義及說明,可參見劉福增,《基本邏輯》(台北:心理,2003 年),頁 291。據此,若說「凡無常者皆是苦」,即謂無常的每一樣事物,均是「苦」的。本文意在檢驗此命題是否可行,亦即是否所有無常者均為「苦」、應如何理解此命題、其是否有反例等等問題。

受」；另一層當著重於傾向（disposition）面——「無常即苦」之「苦」當為後者。如若不然，於理解「無常即苦」乃至「一切皆苦」時，或將有理論上之盲點。

貳、「無常即苦」之邏輯結構

漢譯四部《阿含經》與巴利五部《尼柯耶》並言「無常」與「苦」之經證，大抵有兩種情形來呈現二者之密切相關性：其一為並言二者於一語句中；其二乃透過問答、對話之形式。

以對話或問答之形式來呈現「無常」與「苦」之密切關聯者，有如《雜阿含經・三三經》：

> （佛曰：）比丘！於意云何？色為是常、為無常耶？比丘白佛：無常。世尊！比丘！若無常者，是苦不？比丘白佛：是苦。世尊！若無常、苦，是變易法，多聞聖弟子於中寧見有我、異我、相在不？比丘白佛：不也。世尊！受、想、行、識亦復如是。（T02: 7b-c）

於此，「無常」無有例外地被確認為「苦」而非「樂」，從而，「無常即苦」似乎是一種共識。另於巴利《尼柯耶》中之經例，儘管佛陀在問題中，不僅問及無常者是否為苦，亦提出「樂」作為選項之一；但羅睺羅仍然回答是「苦」[16]。由此觀之，似乎無常者毫無例外的是苦而非樂。因而，「無常即苦」可以說是一種全稱命題。

---

[16] 此等對話亦可見於巴利《尼柯耶》，如 S. 18.1：……"*sādhu me, bhante, Bhagavā dhammaṃ desetu, yam ahaṃ sutvā eko vūpakaṭṭho appamatto ātāpī pahitatto vihareyyan ti.*" "*Taṃ kim maññasi, Rāhula, cakkhuṃ niccaṃ vā aniccam vā ti?*" "*Aniccam, bhante.*" "*Yam panāniccaṃ dukkhaṃ vā taṃ sukhaṃ vā ti?*" "*Dukkham, bhante.*" "*Yaṃ panāniccaṃ dukkhaṃ vipariṇāmadhammaṃ, kallaṃ nu taṃ samanupassituṃ Etaṃ mama, eso ham asmi, eso me attā ti?*" "*No hetam, bhante.*"（S II 244-245）（羅睺羅問

於一句中表達無常與苦之關係者,有「無常即苦」、「無常則苦」等等。「無常即苦」常見之形式可以《雜阿含經・九經》為例:「色無常。無常即苦,苦即非我,非我者亦非我所」(T02: 2a)。「無常則苦」之例,有如《雜阿含經・八四經》云:「色是無常,無常則苦,苦則非我」(T02: 21c)。從句型觀之,前者之例似乎意味著「色」等五蘊與「無常」、「苦」、「非我」具有同一性(identity),如謂色＝無常＝苦＝非我;而後者之例,似乎意味著「色」與其他項目為因果關係。其間關鍵在於「即」與「則」二語之差異。然而,若仔細觀察此二組定型句於漢譯《阿含經》及巴利《尼柯耶》之用例,則五蘊、「無常」、「苦」、「非我」等等,皆組成於條件語句;順此,則二者之間的關係,或為從屬之關係,或為因果關係。

上述無論是「則」或「即」之例,其句法既非:「色無常,即苦,即非我」,亦非「色無常,則苦,則非我」。換言之,因而,其能否讀為「色＝無常＝苦＝非我」,或有待商榷。本文認為,此列語句宜視為三個獨立子句之組合,其首句可改寫為:凡色是無常的。順此,「即」之例與「則」之例,似可分別解讀如下:

	「即」之例	「則」之例
A	色是無常的	色是無常的
B	凡無常的,即是苦(的)	若是無常的,則是苦(的)
C	凡苦(的),即是非我(的)	若是苦(的),則是非我(的)

世尊:)「世尊!若世尊能為我教示法,甚好!我聽了之後,將獨居、遠離、不放逸、精進勤修。」「羅睺羅!你認為如何:眼是有常或無常?」「世尊!無常。」「又,凡無常者,是苦或樂?」「世尊!是苦。」「又,凡是無常、苦、變易法,是否可將之認為:『此是我所,我是此,此是我』?」「世尊!不也。」此段接續之經文,乃以耳(sota)、鼻(ghāna)、舌(jivhā)、身(kāya)、意(mana)為題之相似論述。於《雜阿含經》之例中,佛陀只問「是苦不?」看似只有提示「苦」而無「樂」。若然,則似乎亦可以說,佛陀似乎已在提問時暗示了答案。於巴利經文之例則不然。

由此觀之,無論是「則」或「即」之例,均為由條件語句組成之全稱命題,即:對所有的 x 而言,若 x 為色,則 x 是無常的;對所有的 x 而言,若 x 為無常的,則 x 是苦的;對所有的 x 而言,若 x 為苦的,則 x 是非我的[17]。

於上述之用例中,無論是將無常與苦呈現於一句中,或是置於問答、對話之脈絡中,似乎均暗示了五蘊、無常、苦、非我之間,具有某種意義上的等同關係。然而,若進一步觀察經文述及無常、苦、非我之情形,或將有不同之見解。以下將以巴利《相應部》S 35.1-6 為例說明之。其所談論之內容,姑列表如下:

眼耳鼻舌身意	色聲香味觸法	無常	苦	非我	應如實正觀: 彼非我所、 我非彼、彼非我
S. 35.1	S. 35.4	◎	◎	◎	◎
S. 35.2	S. 35.5		◎	◎	◎
S. 35.3	S. 35.6			◎	◎

如此表所示,當經文以「凡苦者」起首時,後文唯述及「非我」,「無常」不在其列;若經文以「非我」起首,「無常」、「苦」即不列於該段經文中。再者,於《阿含經》及《尼柯耶》中,凡提及某事某物——如一切內外六入處、五蘊等——為無常、苦、空時,其順序俱為:凡

---

[17] 對照巴利《尼柯耶》中「無常即苦」之用例,可說亦是以此形式,表達無常與苦之間的關聯。如於巴利《相應部》S. 22.15 中所示:*Rūpaṃ, bhikkhave, aniccaṃ. Yad aniccaṃ taṃ dukkhaṃ; yaṃ dukkhaṃ tad anattā; yad anattā taṃ netaṃ mama, neso ham asmi, na meso attā ti Evam etaṃ yathābhūtaṃ sammappaññāya daṭṭhabbaṃ.*(S III 22)(比丘啊!色是無常的。凡是無常的,即是苦;凡是苦的,即是非我;凡是非我的,即應以如此如實恰如其分的智慧,將之視為:「此非我所,我非此,此非我。」)(以下乃以同樣之句型及用語,述說受〔*vedanā*〕、想〔*saññā*〕、行〔*saṅkhāra*〕、識〔*viññāna*〕)就其巴利文性、數、格一致之情形來看,其首句亦為直述句(S is P)之形式,故「無常」可謂「色」等五蘊之屬性,或與五蘊有某種同一關係。自「*Yadaniccaṃ taṃ dukkhaṃ*」以下,乃以「凡是……即是……」的句型,來表示「無常」、「苦」、「非我」等之間的關係。

無常者皆是苦，凡苦者皆非我（*Yadaniccaṃ taṃ dukkhaṃ; yaṃ dukkhaṃ tadanattā.*）[18]；卻未嘗見其倒過來說：凡非我者皆是苦、凡苦者皆無常。由此觀之，無常、苦、非我三者，並非隨意排列的，其間有一定之順序。

由上述經例觀之，「無常即苦」乃作為一種全稱命題，且其呈現之形式，乃由條件語句構成。再者，「無常」與「苦」之間有一定的順序存在。此從不逆轉的順序，或許暗示了此二者之間有集合大小之差異；換言之，儘管「無常即苦」，但不見得「苦即無常」。

參、論「苦」之解讀可能一：「苦受」

如前所述，「苦」之一語於《阿含經》及其同時代之脈絡中，若非指稱苦受，即是指稱與苦受相關者。本文將進一步探討「無常即苦」之「苦」究竟應作何解？首先可考慮者為「苦受」。倘若作為全稱命題之「無常即苦」之「苦」為「苦受」，則應將之解讀為「凡無常者皆為苦受」。然此解讀並不可行。以下將於「無常樂」與「受悉苦」二子節作進一步之論證。於「無常樂」之子節中，將以「無常即苦」之全稱命題性為著眼點，舉出因無常而有樂受之經例，以顯示「凡無常者皆為苦受」之理解不可行；於「受悉苦」之子節中，則將針對「無常」與「苦」於命題中之不得顛倒性，以《阿含經》之經證為例，指出「凡無常者皆為苦受」之解讀無法符合此一條件。

於此，本文認為「苦受」為具體、殊別之苦痛感受的集合語，意指生活經驗中，可切身感受到的各種不愉快、不如意、不可愛、不順

[18] 此亦可見於 S. 35.7-12（S IV 4-6）：

眼耳鼻舌身意	色聲香味觸法	三世	聖弟子知此，則不在意過去之眼、色等，不喜愛未來之眼、色等，且練習厭離現在之眼、色等，因其會消亡之故。
S. 35.7	S. 35.10	無常	
S. 35.8	S. 35.11	苦	
S. 35.9	S. 35.12	無我	

遂、乃至可厭可惡的感受（feeling），如憂、悲、愁、惱、痛感等等。其乃隨因緣而有、與時而變，於時間與生命之歷程中，不斷生成、變化，故可視為殊別的、具體的。於《阿含經》與《尼柯耶》中，此等苦痛感受與樂受（sukhavedanā, pleasant feeling）、不苦不樂受（asukhaadukkavedanā, neither-painful-nor-pleasant feeling）並列為三受。

一、無常樂——針對「無常即苦」之全稱命題性

苦受之形成，固然與無常相關，如因色身無常會變化，故有病痛之發生，也因而會形成苦受[19]。但反過來說，正因為事物無常、會變化之故，病痛才有痊癒的可能。再者，於生命歷程中，生命體或常經驗到令人痛苦或厭惡的事情，如《阿含經》所謂之「怨憎會」；但由於無常之故，此等令人不快的事物亦會變化，乃至消失。當使之怨憎的因緣消散時，縱使生命體未感到樂受，至少亦能感受到不苦不樂受。若然，則無常非但能引發苦受，亦能引發生命體之樂受。正如《中阿含經・晡利多品・法樂比丘尼經》所指出的，當愛樂之事變易之時，便會引發苦受；反之，當苦痛之事變易時，也會引發樂受[20]。據此，則全稱命題「無常即苦」之「苦」，不宜視為「苦受」；否則此命題不僅有以偏概全之虞，亦將與其他經義相互抵觸。

此外，有關無常與樂之關係，《雜阿含經・三〇八經》亦提供了重要之線索[21]：

---

[19] 如《雜阿含經・八六經》所云：「世尊告諸比丘：『若無常色有常者，彼色不應有病、有苦；亦不應於色有所求，欲令如是，不令如是。以色無常故，於色有病，有苦生，亦得不欲令如是，不令如是。受、想、行、識，亦復如是。』」（T02: 22a）

[20] 如《中阿含經・晡利多品・法樂比丘尼經》云：「法樂比丘尼答曰：樂覺者，生樂住樂，變易苦；無常者即是災患；欲使也。苦覺者，生苦住苦，變易樂；無常者即是災患；恚使也。不苦不樂覺者，不知苦、不知樂；無常者即是變易；無明使也。」（T01: 789b）

[21] 為行文方便，本文乃附加分段標記如示。

308.1 如是我聞。一時,佛住舍衛國祇樹給孤獨園。爾時,世尊告諸比丘:

308.2 諸天、世人於色染著愛樂住;彼色若無常、變易、滅盡,彼諸天、人則生大苦。於聲、香、味、觸、法染著愛樂住;彼法變易、無常、滅盡,彼諸天、人得大苦住。

308.3 如來於色、色集、色滅、色味、色患、色離如實知。如實知已,於色不復染著愛樂住;彼色變易、無常、滅盡,則生樂住。於聲、香、味、觸、法,集、滅、味、患、離如實知。如實知已,不復染著愛樂住;彼色變易、無常、滅盡,則生樂住。

308.4 所以者何?眼、色緣生眼識,三事和合觸;觸緣受,若苦、若樂、不苦不樂。此三受集,此受滅、此受患、此受離如實知,於彼色因緣生阨礙。阨礙盡已,名無上安隱涅槃。耳、鼻、舌、身、意法緣生意識,三事和合觸;觸緣受,若苦、若樂、不苦不樂。彼受集、受滅、受味、受患、受離如實知。如實知已,彼法因緣生阨礙。阨礙盡已,名無上安隱涅槃。

308.5 爾時,世尊而說偈言:

於色聲香味	觸法六境界	一向生喜悅	愛染深樂著
諸天及世人	唯以此為樂	變易滅盡時	彼則生大苦
唯有諸賢聖	見其滅為樂	世間之所樂	觀察悉為怨
賢聖見苦者	世間以為樂	世間之所苦	於聖則為樂
甚深難解法	世間疑惑生	大闇所昏沒	盲冥無所見
唯有智慧者	發矇開大明	如是甚深句	非聖孰能知
不還受身者	深達諦明了

308.6 佛說此經已,諸比丘聞佛所說,歡喜奉行。(T02: 88b-c)

除首尾二段交代本經說法之始末外,其餘略可分為 308.2 至 308.4 之經文、308.5 之偈文等兩大部分;其中偈文部分可視為本經之總結。

首先就經文部分之結構而言,除 308.4 可視為對 308.3 中「如實知見」的進一步說明外[22],經文之其他部分提出了兩種生命體作為對照,並說明其間之異同。此二生命體乃分為為諸天、世人,以及如來。若參照 308.5 之偈文部分,後者當包括「諸賢聖」,亦即於聖道修行有成者,本文將以「聖者」為稱;而前者當為未修習聖道者,或修習而尚未有成者,本文且以「俗者」為稱。

其次就其同者而觀之。聖者與俗者共通之處在於認識作用及其對象,乃至此對象之無常變易——亦即六入處,與隨之而生的識、觸、受及其集、滅、味、患、離,以及此等認識作用、對象、感受之無常變易。是以,無常乃聖者與俗者皆需面對之情境。

再其次,自其異者而視之。聖者與俗者之區別,在於對上述共通之處的認知與感受。關於認知,反觀於 308.3 之提出「如實知」,308.2 則隻字未提;此情形恰可彰顯出俗者之無知無覺。相應於此認知上之差異,聖者與俗者對於相同之認識對象及情境,其感受與所知所見乃大相逕庭。由此觀之,**能否如實知見**當為聖者與俗者之分水嶺。於此且略將本經經文部分歸納如下表:

段落	生命體類型	知見	無知／知之對象	於色等	情境	反應
308.2	諸天、世人	(無知)	六入處	染著		大苦
308.3	如來	知之內容	六入處及其集、滅、味、患、離	陀礙	無常	樂住(涅槃)
308.4			六入處→識→觸→受及其集、滅、味、患、離			

據此觀之,作為共通情境之無常,並不必然與苦受相聯結,而可能

---

[22] 於相應之巴利,《相應部》S 35. 136(S IV 126-128)中,此段則付之闕如。

引發樂[23]；換言之，並非所有無常者，必然伴隨著苦受。

繼而觀察 308.5 之偈頌。若配合 S 35.136 之相應部分，可將 308.5 之內容表示如下：

【308.5 內容略示】

A 俗者（諸天、世人）	C 共通部分	B 聖者（如來、賢聖）
1. 一向生喜悅 愛染深樂著	於色聲香味觸法六境界	
2. 諸天及世人 唯以此為樂 變易滅盡時 彼則生大苦		
3.		唯有諸賢聖 見其滅為樂 世間之所樂 觀察悉為怨
4. 賢聖見苦者 世間以為樂		世間之所苦 於聖則為樂
5. 世間疑惑生 大闇所昏沒 盲冥無所見	甚深難解法	
6. (santikena vijānanti mahādhammassa kovidā.)[24]		唯有智慧者 發朦開大明
7. (Bhavarāgaparetehi, bhavasotānusāribhi. māradheyyānupannehi, nāyam dhammo susambuddho.)[25]		
8.	如是甚深句	非聖孰能知 不還受身者 深達諦明了

---

[23] 根據黃纓淇之研究，作為聖樂之一的涅槃樂，其特質為「安穩」、「無負擔」、「寂滅」。見黃纓淇，〈聖樂（ariya-sukha）之研究〉，《正觀雜誌》第 46 期（2008 年 9 月），頁 5-34。然該文並未說明聖樂是否為樂受之一種。若參照《中阿含經・業相應品・尼乾經》所言：「……如來於今聖無漏樂，寂靜止息而得樂覺。」（T01: 444c）及其相應之巴利《中部》M 101, Devadaha-sutta，亦以屬聖樂之「無漏樂」（taintless pleasant feeling）為受的一種，可知「聖樂」、「無漏樂」亦為一種樂受，即感受之樂。詳見拙著 2010 年，頁 48 註 30。

[24] 見 S IV 128；筆者將此句解讀為：「santike na vijānanti mahādhammass' akovidā」，試譯為：「昧於大法者，不現前而了知」。

[25] 見 S IV 128；筆者試譯如下：「為有貪所勝、隨行於有流、至於魔域者，此法不善覺」。

說明	此處基本上以《雜阿含經·三〇八經》之文句為主，結構則參照《雜阿含經·三〇八經》及《相應部》S 35.136。表中以 A 表示世人或諸天之情形，B 表示賢聖、聖者或如來之情形，而 C 則表示與 A、B 皆相關的部分。左列之數字，表示該句所出之偈頌序數。所謂「偈頌序數」，原則上以每四句為一偈；但自第六偈開始，以漢譯版較巴利版短少故，乃以巴利版之結構為依據；遇巴利版文句於漢譯版闕如者，以巴利經文補上。

藉由此表，可觀察到此偈頌分別表述了兩種子題及兩種層次之生命體。此兩種層次之生命體，分別為聖者與俗者。至於其子題，則可分為：

(1) 認識對象：對認識對象（六入處、觸等）之感受（喜悅）或情感（愛著）；

(2) 甚深法：對甚深法之明白與否。

由此表觀之，聖者與俗者對於認識對象之反應或看法，於苦樂與否之判斷上，呈現對比之情形；此二者對於甚深法，亦有通曉與無知之別。於此，色、聲等法是否變易或滅盡，顯然並不決定生命體之苦樂受：色、聲等之變易或滅盡，將使俗者苦，卻使聖者樂。換言之，無常並不定然導致苦受。

就結構而言，此 308.5 之偈頌可謂以第四偈為軸心，將論述子題由生命體對認識對象之反應過渡到生命體對甚深法之理解[26]：由第一偈至第三偈，乃以認識對象為子題；由第五偈至第八偈則以甚深法為核心。第四偈之經文可視為第二偈及第三偈之綜合；其所包含之要素及其關係為：

生命體類型	世間	賢聖
見解	以為	見
對於六入處及其樂受與愛染（1C）	樂	苦
對於無常	苦	樂

---

[26] 此情形於巴利版中亦然。

此表之左欄，乃偈文用語顯示出之探討項目。右欄中「見」、「以為」等語詞，指出聖俗苦樂之別，主要導因於見解之差異，而此指向第五偈所言對於甚深法之理解[27]。亦即，聖者視 1C 為苦，而俗者視 1C 為樂。於是，當 1C 變易、滅盡時，便有相異、乃至相違之苦樂感受。

至第五偈開始，主題便轉向此二生命體對甚深法之理解，指出聖者通達甚深法，是為智慧者；反之，俗者不能明瞭甚深法，乃昏昧無知者（盲冥）。

將上述二點合而觀之，第二至第四偈所言之見解，或許即為第五至第七偈所言對甚深法之明白與否——即《阿含經》所謂「明」（vijja）與「無明」（avijja）之別。由此觀之，明者為聖者、智慧者，無明者為俗者、盲冥者；此二者對於認識對象及情境，有著相異之見，乃至相違之感受。

以此 308.5 之偈頌對照於 308.2-4 之經文，可以說：

(1) 308.2 相應於 308.5 之 2A，指出俗者對認識對象之反應；

(2) 308.3 相應於 308.5 之 3B，指出聖者對認識對象之反應；

(3) 308.4 涵蓋了 308.5 之 1C，以及從 4A 直至偈頌之訖，其論述以如實知見為核心：能如實知見甚深法為聖者、智慧者，否則為俗者、無明者。

(4) 308.4 相對於 308.5 之 7A，二者似皆對顯出，甚深法之通達與否，與有貪等俗行乃呈現出某種對立之張力。308.4 敘述的是聖者以如實知見、智慧阻礙了對色等情境之貪染，而 308.5 之 7A 呈現的是俗者之貪染，阻礙了對甚深法之如實知見。

透過以上分析，可以發現此經所傳達出之訊息，為聖俗兩種生命體在見解、反應與感受上之差異——其於認識對象之所以相異，乃在於此二者對於甚深法之了解與否。換言之，能否如實知見甚深法，決定了聖

---

[27] 此亦表現於 2A 之「以此為……」，及 3B 之「見」、「觀察……為」等語。

俗之差異，亦決定了二者對於同一情境之苦樂感受。由此觀之，真正決定苦樂的，並非無常與否，而是生命體能否如實知見[28]。

剋就無常與苦之關係而言，308.3 與 308.5 之 3B 皆顯示出，聖者乃以無常為樂。由此觀之，若「無常即苦」作為全稱命題，則此經證並不支持將「苦受」作為此命題之「苦」的解釋。

其次，由 308.5 之 2A 可看出，苦受之形成有些許條件，如見解（「以為」）、愛染（「樂」）與無常（「變易滅盡時」）；換言之，即為無明、愛染、無常。若然，則無常並不作為苦受之充分條件，因此「無常即苦受」或「無常即有苦受」之說法並不健全。

二、受悉苦——針對「無常」與「苦」之不得顛倒性

上節之分析，顯示出「凡無常者即（有）苦受」之解讀，將與「無常即苦」之全稱命題性有所抵觸。本節將循著「無常」與「苦」於命題中之不得顛倒性，指出此「苦」與苦受有所出入。於《阿含經》及《尼柯耶》中可觀察到重要線索如下：

首先，苦受乃與樂受、不苦不樂受並列為三受[29]。其次，三受集合為受蘊（*vedanākkhandha*），涵括《阿含經》與《尼柯耶》所言之「受」，乃與色蘊（*rūpakkhandha*）、想蘊（*saññākkhandha*）、行蘊（*saṅkhārākkhandha*）、識蘊（*viññāṇakkhandha*）等並列為五蘊。再者，

---

[28] 由此經文更可看出，308.2 所謂之「大苦」與 308.3 之「樂」、308.4 之「無上安隱涅槃」，乃以如實知見為基礎、以解脫境界為依據所言之苦樂。於此，亦可參考 Eric Hall 所言，構成苦痛來源的並非事件本身，而是在其腦海中的想法、恐懼及焦慮等。見 Eric Hall. "Four Noble Truths of Counselling: A Personal Reflection," In Gay Watson, Stephen Batchelor, & Guy Claxton, eds., *The Psychology of Awakening: Buddhism, Science, and our Day-to-Day Lives*, York Beach: Samuel Weiser, 2000, p. 307。

[29] 如於巴利，《相應部》有云：「*Tisso imā, bhikkhave, vedanā. Katamā tisso? Sukhā vedanā, dukkhā vedanā, adukkhamasukhā vedanā. Imā kho, bhikkhave, tisso vedanā ti.*」（S IV 204）（「比丘！有三受。哪三者？樂受、苦受、不苦不樂受。比丘！的確！謂此三受。」此外如《雜阿含經・四七三經》亦云：「世尊說三受：樂受、苦受、不苦不樂受……。」（T02: 121a）

三受、五蘊等皆為無常者之一,皆可代入「無常即苦」命題之前項。如是,若此命題之後項為「苦受」,則將有如:「色蘊是苦受」、「樂受是苦受」等結果。

倘若「無常即苦」並非一時口誤,且經典對於「無常」或「無常者」之見解如故,則此命題若欲成立為全稱命題,可商榷之處在於對「即」與「苦」之理解。此節將探討此「苦」未可理解為苦受,證據在於經典「諸受悉苦」之說。其經證略有兩類:其一在於「受患」之說,「苦」呈現為「受」之述語;其二則云「諸所有受悉皆是苦」。

(一)受患

「苦」呈現為「受」之述語,除了經典常見之論述,言五蘊皆「無常、苦、變易法」之外,亦可見於漢譯《阿含經》與巴利《尼柯耶》的「受患」(vedanāya ādīnava)之說,其與「受味」、「受離」等並言之。如巴利《相應部》中,提及對於受的饜足(味／assāda)、危險(患／ādīnava)與捨離(離／nissaraṇa),云:

> *Ko vedanāya assādo, ko ādīnavo, kiṃ nissaraṇantī?......*
> *Yaṃ vedanaṃ paṭicca uppajjati sukhaṃ somanassaṃ,*
> *ayaṃ vedanāya assādo. Yā vedanā aniccā dukkhā vipariṇ*
> *āmadhammā, ayaṃ vedanāya ādīnavo. Yo vedanāya*
> *chandarāgavinayo chandarāgappahānaṃ. Idaṃ vedanāya*
> *nissaraṇaṃ.*
>
> (何為於受饜足?何為於受危險?何為遠離於受?……有快樂與喜悅緣受而生起,此為饜足於受。受為無常、苦、變易法,此即於受危險。調伏因受而有之欲望與貪求、捨離因受而有之欲望與貪求,此即離於受。)[30]

---
[30] 引自 S IV 220。可參見 S. 36.15、16、23、24 等經(S IV 219-221, 232-234)。此處所列為筆者之中文翻譯,唯「受味」等三組詞語,乃參考《雜阿含經》而來。

於此，受味、受患、受離之句式略有差異：「受味」中之樂與喜，作為該子句之主語，是依於「受」而生起的；如是，則樂與喜並不作為「受」的性質之一，而是隨之所生的情感或心理現象。「受離」句之主語，顯然既非「受」、亦非「欲望」與「貪求」，而應是生命體；如此，「受離」一句，毋寧是說「生命體捨離對受之欲望與貪求，即為離受」。因而，「受離」句中之「欲望」與「貪求」，亦非「受」之屬性，而是生命體對「受」所生起之心理活動。於「受患」之句式中，言「受是無常、苦、變易法」；因而可說：「受是……苦……」。相較之下，於「受味」一句中，「樂」為隨受而起，而「受患」句以「苦」為「受」之述語；則經典所呈現出來的是：「受是苦的」、「受不是樂的」。

此段對話亦指出了：苦受、樂受、不苦不樂受都是「苦」，雖然可能隨之而生樂與喜，但生命體可捨離之。如是，則無異於說諸受為「苦」。若然，則此「苦」不僅有所異於苦受，亦應與苦受處於不同之層次。倘若三受皆為「苦」，至少意味著此一集合關係[31]：

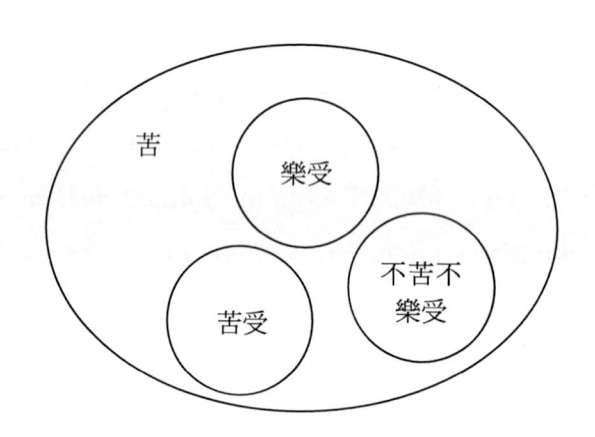

若然，則苦受之外延小於「苦」；而「苦」乃包含「苦受」於其中。

此外，就「若……無常、苦、變易法，是名……患」之定型句來考察，於《阿含經》中，適用於此定型句者，除受之外，尚有色、想、

---

[31] 此處僅提供其可能之集合關係；至於其集合之大小等，並不在本文的考量之內。

行、識等蘊；換言之，五蘊皆為無常、苦、變易法。既然其他四蘊與受蘊相關但並不相屬，則定型句中的「苦」不應為受蘊之苦受。

（二）諸所有受悉皆是苦

於漢譯《阿含經》及巴利《尼柯耶》中，有關「諸所有受悉皆是苦」之例，如於《雜阿含經・四七三經》云：

> 時，有異比丘獨一靜處禪思，念言：「世尊說三受：樂受、苦受、不苦不樂受；又說諸所有受悉皆是苦。此有何義？」是比丘作是念已，從禪起，往詣佛所，稽首禮足，退住一面，白佛言：「世尊！我於靜處禪思，念言：世尊說三受：樂受、苦受、不苦不樂受，又說諸所有受悉皆是苦。此有何義？」
> 佛告比丘：「以一切行無常故，一切諸行變易法故，說諸所有受悉皆是苦。」（T02: 121a）

於此，該比丘向佛陀請教道：佛陀說有三種感受，其中之一為「苦受」；又說「諸所有受悉皆是苦」。就前者而言，「苦受」僅是感受之一，此外尚有其他感受；此說法似乎與後者的「諸所有受悉皆是苦」有所衝突。換言之，既已認可有「樂受」、「不苦不樂受」存在，何以又說「諸所有受悉皆是苦」[32]？對於這兩種看似矛盾的說法，佛陀指出，其之所以

---

[32] 由此可以觀察到，當時「苦」之一詞，應通常適用於感受層面上；否則不應有此等疑問出現。此例亦可見於《雜阿含經・四七四經》：「爾時，尊者阿難獨一靜處禪思，念言：世尊說三受：樂受、苦受、不苦不樂受，又復說諸所有受悉皆是苦。此有何義？作是念已，從禪起，詣世尊所，稽首禮足，退住一面，白佛言：世尊！我獨一靜處禪思，念言：如世尊說三受：樂受、苦受、不苦不樂受，又說一切諸受悉皆是苦。此有何義？」（T02: 121a）
由阿難之向佛陀請教此事看來，在「三受」與「諸受悉苦」二語中的「受」，即使就印度當時之用法而言，原則上是相同的。換言之，此二語之出入，並非來自「受之一詞所指涉的對象有所不同，而毋寧是佛陀對「諸受悉苦」之主張別有深意。

說諸受悉苦，理由在於諸行之無常、變易之性質；由此觀之，此「苦」與無常息息相關，甚至可能取決於無常之性質。徵諸巴利《相應部》，亦可見某比丘問及相同的問題；佛陀回答道：

> *Taṃ kho panetam, bhikkhu, mayā saṅkhārānaṃ yeva aniccataṃ sandhāya bhāsitaṃ yaṃ kiñci vedayitaṃ taṃ dukkhasmin ti.*（S IV 216）（比丘啊！有關[33]諸行〔*saṅkhāra*〕的無常性〔*aniccatā*〕，我的確又說：「凡被感受到的，皆在苦中。」）

於此「諸行的無常性」一語中，「諸行」乃以複數屬格（所有格）的形式呈現，而其後之「無常性」乃主格之形式；因而，亦可將此句譯為：「諸行有無常性」。「諸行有無常性」，無異於「諸行是無常的。」如是，則此整句或可譯為：「比丘啊！有關諸行無常，我又說：『凡被感受到的，皆在苦中』」。

其後，經典又說：

> *Taṃ kho panetam, bhikkhu, mayā saṅkhārānaṃ yeva khayadhammataṃ vayadhammataṃ virāgadhammataṃ nirodhadhammataṃ vipariṇāmadhammataṃ sandhāya bhāsitaṃ Yaṃ kiñci vedayitaṃ taṃ dukkhasmin ti.*（S IV 216-217）（我所說「凡所受俱在苦中」，乃關聯於諸行的滅盡法性、衰滅法性、消退法性、滅法性、變易法性。）[34]

---

[33] 此處之「有關」，乃巴利語之「*sandhāya*」，意味著「about」。

[34] 以上兩段出於 S. 36.11。於此須說明兩則相關之經文，分別見於《雜阿含經·四七四經》與《相應部》S. 36.11。於《雜阿含經·四七四經》，阿難向佛陀詢問了相同的問題，而佛陀回答道：「佛告阿難：我以一切行無常故，一切行變易法故，說諸所有受悉皆是苦。又復！阿難！我以諸行漸次寂滅故說，以諸行漸次止息故說，一切諸受悉皆是苦。」（T02: 121a-b）由此來看，佛陀說諸受悉苦至少有兩層理由，前者是由於一切行無常、變易之故；後者是以諸行漸次寂滅、止息之故，

與上例相似地，此處亦可將該句有關諸行的部分譯為：「諸行有滅盡法性、衰滅法性、消退法性、滅法性、變易法性。」進而，由其敘述方式觀之，此部分亦可讀為：「諸行是滅盡法、衰滅法、消退法、滅法、變易法。」於此，「滅盡法」、「衰滅法」、「消退法」、「滅法」、「變易法」等，不僅指出諸行是會變易的，且更強調諸行之消亡、壞滅性。如此說來，由於諸行為因緣和合而成，故非恆常不變的；其將隨緣而生、隨緣變遷、隨緣而滅。由此觀之，說諸受悉苦，理由之一為諸受之無常、諸行之變易；而諸行之所以變易，正可說是由於諸行乃無常法之故。無論是一切皆苦或諸受悉苦等命題，皆因無常之故。則「諸受悉苦」當為「無常即苦」之一例。

　　若如此經所言，凡被感受到的均是「苦」，則亦可以說：「樂受是苦」、「不苦不樂受是苦」。倘若將此「苦」理解為「苦受」，且將「苦受」、「樂受」、「不苦不樂受」並列為三受，則不啻於說：三受即苦受、苦受、苦受。若然，則此作法不僅不合理，亦沒有必要；再者，若三受皆為苦受，又如何能稱為「三」？顯然地，此處所謂諸受悉苦之「苦」，當與「苦受」有所差異。此外，巴利經文言：「*yaṃ kiñci vedayitaṃ taṃ dukkhasmin*」（S IV 216）（凡所受俱在苦中）；據此，三受俱「在苦中」，則此「苦」當與苦受等受為不同層次之概念。

說諸受是苦。隨後，阿難即問佛陀：云何「諸受漸次寂滅」？云何「漸次諸行止息」？而佛陀之答案是同樣的，其以心行隨著修行階段逐層止息、寂滅為答。（相關討論，見拙著〈苦痛之意義及其反思：以《阿含經》與《莊子》為依據之哲學研究〉〔2010〕第二章）而於 S. 36.11 中，在佛陀答以「我所說『凡所受者俱在苦中』」乃關聯於諸行之有滅盡法性、衰滅法性、離貪法性、滅法性、變易法性」之後，又說「我也教過諸行的相繼止息。」隨即展開之敘述，則與前述《雜阿含經‧四七四經》之經文相應。由巴利版此段經文來看，後續「諸行的相繼止息」未必涉及佛陀說諸受悉苦之理由。菩提比丘引用此經之巴利註釋書（*Sārattappakāsinī, Saṃyutta Nikāya-aṭṭhakathā*）亦持此見。詳見 Bhikkhu Bodhi, 2000, p. 1434。此外，若由此二經文觀之，確實頗難找出其與諸受悉苦之間的關聯。較可行之解釋，或許是說修行與諸受悉苦相關。據此，本文認為或許應參考《相應部》之版本，以及 Spk 之說，而不將這些關於諸行漸次止息之說視為諸受悉苦的根據之一。

由上述諸例觀之，以「無常即苦」之「苦」為「苦受」之假設，無論是就「三受」、「五蘊」乃至「諸受悉苦」等角度來看，都是不合理的。因而，本文認為應進一步尋求一種合宜的詮釋，以理解此一層次之「苦」，進而充分理解上述諸例，乃至「無常即苦」、「一切皆苦」等命題。

肆、論「苦」之解讀可能二：「致苦受之傾向」

如前節所論，「凡無常者皆為苦受」之解讀並不可行。此節乃試著提出另一種解讀，認為此命題中之「苦」與苦受相關但不相同。本文一方面提議以此命題中之「苦」理解為「致苦受之傾向」，一方面亦將予以論證。

一、前提

綜上所述，若「無常即苦」之命題可成立，則有幾種可能的解決途徑：

(1) 將此命題限制在特定的脈絡下，如視此命題為僅適用於俗者，不適用於聖者。
(2) 重新詮釋「即」之意含，亦即找出「無常」與苦受之間的關聯。
(3) 對於「苦」之理解，嘗試找出苦受之外的解釋。

首先就第一種途徑而言，若謂「無常即苦」僅適用於俗者，且「苦」以「苦受」為解，則或有以下兩處難題：一，俗者因事物變遷而有樂受之情形，如何與此命題相容？二，此命題之經證，未嘗將「無常」或「即苦」限定於俗者之脈絡，況且苦受等三受，乃聖者、俗者俱有之感受[35]。猶有甚者，「無常即苦」乃聖者之見解，而非俗者之感受[36]。

---

[35] 如前引《雜阿含經‧三〇八經》即言：「眼、色緣生眼識，三事和合觸；觸緣受，若苦、若樂、不苦不樂。此三受集，此受滅，此受患，此受離如實知，於彼色因緣生陁礙。陁礙盡已，名無上安隱涅槃。」於此，得涅槃者所如實知見的，不僅為俗者（他者）之三受，理應包括其自身之三受。因而可知聖者仍有苦樂等受。

[36] 就前引《雜阿含經‧三〇八經》308.5 之 3B 及 4A 觀之，此處之「苦」為來自因如實知見、修行聖道而有之見解。如 308.5 之 3B 所言：「世間之所樂，觀察悉為

其次論及第二種途徑。如前所述,「即」代表著「無常即苦」為條件語句所構成之全稱命題,其間或有因果關聯。但若「苦」為苦受,僅僅瞭解其條件句式、因果關聯,仍然無法解決上述難題,遑論解釋樂受之所由來。

由此觀之,第三種途徑最為可行;於進行相關探討之前,本文以為應先行考慮以下兩點:

首先,從無常之現象到生命體苦受之形成,其間須滿足些許條件;若缺乏此等條件,苦受即無法形成;因而,若言「無常即苦」,則此「苦」不宜限於以苦受為解。再者,「無常即苦」之「苦」應較苦受更為根本、或潛在,理由在於其所涵蓋之範圍,遍及五蘊、三受乃至一切生命體之知覺經驗,即所謂「無常者」。儘管如此,就其所使用之語詞「dukkha」而言,此較為潛在或根本的「苦」,仍應與苦受有所關連。

順此,本文認為,「諸受悉苦」、「無常即苦」乃至「一切皆苦」之「苦」為一傾向,其會導致生命體之苦受(a disposition of causing sentient beings the feelings of suffering)(以下簡稱為「致苦受之傾向」)。如是,則「無常即苦」之命題可轉換為:「凡無常者均有會導致生命體苦受之傾向」。

二、說明

於此節中,擬以無常者中之「聲」為例,用以說明「致苦受之傾向」及「會導致生命體苦受」之概念與語句;而將「聲為苦」轉換為:「凡聲音均會導致生命體苦受」,或是「對所有 x 而言,若 x 為聲音,則 x 有會導致生命體苦受之傾向」。

怨」,此處既言「觀察」,則此「怨」似不宜視為生命體面對現象經驗直接而有之感受,而應是透過某種觀點、見解或視角而有之判斷。至於 308.5 之 4A 所言:「賢聖見苦者,世間以為樂」者,其中世間之所以為樂者,當謂 308.5 之 1C 之對於聲色等情境而生之樂受及其愛染;因而,聖者之所以為苦者,亦非由知覺經驗而來的苦受,毋寧是透過某種視角觀察而來之判斷。

(一) 概念層次

首先說明「苦受」一語。於此,「苦受」無異於先前之討論,即《阿含經》所歷言三受中之苦受。因而,此處對於「苦受」一詞之界定,仍將沿用前文所言:「生活經驗中,可具體感受到的各種不愉快、不如意、不可愛、不順遂、乃至可厭可惡的感受(feeling),如憂、悲、愁、惱、痛感等等。」

其次敘及「傾向」(disposition)一詞。於此,「傾向」意味著朝向某種特定結果的潛在之勢;一旦遇到合適之條件,即會造成某種特定的結果。因而可說,傾向及其所導致者之間有某種因果或類因果關係[37]。「傾向」亦意味著該命題(如「無常者會導致生命體苦受」)所著重之面向,就時間向度而言,乃在結果顯現(manifestation)之前;於因果關係上,則作為結果形成之因素或條件。換言之,「無常者會導致生命體苦受」,重點在於強調無常者先於生命體之苦受,且作為生命體苦受

---

[37] 逆言之,「傾向」(disposition)亦可用於解釋導致某結果的重要因素。以玻璃杯為例,若某一玻璃杯從架子上摔落,則玻璃杯便會破碎。此時我們可以說玻璃杯有易碎的傾向;因而,「易碎性」可作為玻璃杯的傾向。於 *Dispostions: A Debate* 一書之序論中,Tim Crane 對於「傾向」之定義作了初步的嘗試。其言:「a disposition is a property (such as *solubility, fragility, elasticity*) whose instantiation entails that the thing which has the property would change, or bring about some change, under certain conditions.......The fragility (solubility, elasticity) is a disposition; the breaking (disolving, stretching) is the *manifestation* of the disposition.」見 Armstrong, D. M., C. B. Martin & U. T. Place, *Disposition: A Debate*, Crane, Tim, ed., New York: Routledge, 1996, p. 1。Crane 亦提出,現當代對於傾向之興趣,基本上在於科學哲學與心靈哲學之領域(*ibid.*, p. 1)。此外,Stephen Mumford 指出「傾向」被歸類於至少三類事物,即:「objects」、「substances」與「persons」。參見 Mumford, Stephen, *Dispositions*, New York: Oxford University Press, 1998, pp. 1-3。儘管哲學界對於「傾向」之觀點頗為紛歧,「傾向」與其顯現(manifestation)之間畢竟是有因果關聯。如 Jennifer Makitrick 所指出的:「All of the other conditions on causal relevance we have considered are compatible with the causal relevance of disposition.」詳見 Makitrick, Jennifer. "Are Dispositions Causally Relevant?" *Synthese* 144 (2005): 357-371.

形成之重要條件。然而,亦須注意的是,單有傾向不足以形成結果;從致苦受之傾向到生命體之苦受間,容或有些許條件、因素──如無明及因緣變易──等,影響苦受之發生與否。

以《阿含經》常用之譬喻而言,此致苦受之傾向可喻為種子;苦受乃致苦受之傾向遇到合適條件而有的結果。以「傾向」為言,一方面強調其潛隱、未成形之面向,一方面暗示其趨向、趨馳之態勢。當此傾向受因緣影響而成形、現前為現象經驗時,則將呈現為某種苦受,如痛、悲、惱等等。

(二)語句層次

首先,「生命體苦受」之部分,一方面保留了「無常即苦」之「苦」與「苦受」之關係,一方面強調苦受經驗之單位應為生命體,而非形成生命或知覺現象之各單位,如眼、耳或色聲等。再者,「凡聲音會導致生命體苦受」中之「苦受」,並非聲音、乃至聽覺經驗之屬性:

一者,此處所謂之「苦受」並不在於聲音之上,亦不在於聽覺經驗之產生。二者,某一聲音或一聽覺經驗,毋寧是瞬間的;前一瞬間之聲音及聽覺經驗,並不會持續作為次一瞬間的聲音及聽覺經驗[38]。因而,若苦受作為聲音或聽覺經驗之屬性,則只能是聽覺經驗產生時的屬性,不能是該聽覺經驗無常而變易、消逝之後的──否則即與《阿含經》「無常即苦」之說不類。

---

[38] 如《雜阿含經・一一六九經》言:「諸比丘!過去世時,有王聞未曾有好彈琴聲,極生愛樂,耽湎染著。問諸大臣:此何等聲,甚可愛樂?大臣答言:此是琴聲。語大臣:取彼聲來!大臣受教,即往取琴來。白言:大王!此是琴作好聲者。王語大臣:我不用琴;取其先聞可愛樂聲來。大臣答言:如此之琴,有眾多種具,謂有柄、有槽、有麗、有絃、有皮;巧方便人彈之,得眾具因緣乃成音聲,非不得眾具而有音聲。前所聞聲,久已過去,轉亦盡滅,不可持來。」(T02: 312c)
就此段經文觀之,其描述了琴聲乃由眾因緣和合而成:琴聲並不在琴具的任一部分上,亦不獨立於琴具之外而存在,毋寧是琴具、奏琴者等諸條件會合之結果。再者,於一時間點上所奏之琴聲,於彼時瞬間即逝,無法執持以至後時。

其次,「導致」一語意在表示出一種因果關聯,指「導致」之前置詞會帶來其後置詞所指涉之結果(manifestation),或是作為某種條件,影響到其後置詞所謂之事物、事件之發生。易言之,「導致」表示了聲音與苦受之關係,在於一種引發、「使……形成」的關係。於生命體之聽覺器官剛接觸到某種動聽的聲音之時,亦即某種美好的、可愛的聽覺經驗剛產生之時,苦受尚未形成,而唯有樂受[39]。根據《阿含經》之說法,生命體以無明與愛染作用於某聲音及其聽覺經驗,且當該聽覺經驗變遷、消逝(無常)時,方有由無常而來之苦受。由此觀之,聲音乃至其所促成之聽覺經驗與生命體苦受之間的關係,既是因果的,亦是時間上的。是以,本文亦以「導致」表示其時間、因果上的間距及關係。再者,如同前述所言,僅僅只有「無常」並不能造成生命體之苦受;故本文以「會導致」之「會」表達此意。

(三)命題層次

且讓我們以「玻璃破碎」作為一例,來測試以「傾向」構成之命題:

式一:對所有的 x 而言,若 x 為玻璃,則 x 是有易碎性的。

式二:對所有的 x 而言,若 x 有易碎性,當某條件滿足時,則 x 會破碎。

於此二式子中:一,「玻璃」與「易碎性」之順序不可顛倒;二,「易碎性」並非「破碎」的充分條件;三,玻璃破碎為「易碎性」配合其他條件的結果:「易碎性」與「破碎」為傾向(disposition)與顯現

---

[39] 《長阿含經・第二分・大緣方便經》:「阿難!彼見我者,言受是我。當語彼言:如來說三受:樂受、苦受、不苦不樂受。當有樂受時,無有苦受、不苦不樂受。有苦受時,無有樂受、不苦不樂受。有不苦不樂受時,無有苦受、樂受。」(T01: 61c)

此處說明了三受對同一生命體的同一時刻中,是不能共存的。據此亦可知,所謂「諸受悉苦」之「苦」,也不應是指苦受,因為苦受並不會與樂受、不苦不樂受同時出現。巴利版可參見 M. 74。

（manifestation）之關係，且其間有時間、因果上之落差。

若以 S、D、C、M 分別取代「玻璃」、「有易碎性」、「某條件」、「破碎」，則可得：

「對所有 x 而言，若 x 為 S，則 x 是 D。」$\forall x(Sx \to Dx)$

「對所有 x 而言，若 x 為 D，若 C 滿足時，則 M」。$\forall x(Dx \to (C \to Mx))$

「對所有的 x 而言，若 x 為 S，若 C 滿足時，則 M」。$\forall x(Sx \to (C \to Mx))$

若此二式成立，則可知：

(1) S 與 D 之順序不可顛倒；

(2) D 並非 M 的充分條件；

(3) M 為 D 配合其他條件的結果：D 與 M 為傾向（disposition）與顯現（manifestation）之關係，且其間有時間、因果上之落差。

於此再將「無常者」、「有致苦受之傾向」、「某條件」[40]、「使生命體有苦受」分別代入 S、D 與 M，則可得式子如下：

式三：對所有 x 而言，若 x 為無常者，則 x 是有致苦受之傾向的。

式四：對所有 x 而言，若 x 為有致苦受之傾向的，若某條件滿足時，則使生命體有苦受。

並且可知：

(1)「無常」與「致苦受之傾向」之順序不可顛倒；

(2)「無常」並非「使生命體有苦受」之充分條件；

(3)「苦受形成」為「無常」配合其他條件的結果：「致苦受之傾向」與「使生命體有苦受」為傾向（disposition）與顯現（manifestation）之關係，且其間有時間、因果上之落差。

---

[40] 如前引《雜阿含經・三〇八經》與其他經文所示，「某條件」中最主要者，當為生命體於過去世或現在世對於實相之不理解（不能如實知見，亦即無明）。詳情可見後文所引之經文與相關討論。

三、檢驗

（一）以致苦受之傾向解釋滅苦

於先前之章節中，主要是順著苦諦來檢視「致苦受之傾向」一說，亦即就生死流轉以及苦受之形成，如「無常即苦」等來討論。於此，擬就聖道修行的面向，檢視能否以「致苦受之傾向」合理解讀滅諦所言之「滅苦」或苦之止息。

首先，可代換「苦諦」之「苦」的命題有如：「一切皆苦」、「無常即苦」、「諸受悉苦」等等[41]。若思考其彼此之關係，其可歸為同一項命題下，即「無常即苦」[42]。

其次，若「苦諦」之「苦」，意味著「凡無常者有導致生命體苦受之傾向」，則滅諦所言之滅苦或苦之止息，理應處理此致苦受之傾向。若配合相關經典來看，苦之止息亦與渴愛之止息關係密切。如於《雜阿含經・三四四經》中，提及「苦滅」為徹底斷除愛、喜、貪等之染著，乃至其止息[43]；其以「無餘斷」來說明斷除的程度，為徹底的斷除[44]。至於何謂徹底斷除，於《增壹阿含經》中，一方面似指現時完全沒有愛欲，另一方面更強調愛欲之不再生起[45]。由此觀之，滅諦中涉及的渴愛之止息，當理解為：渴愛現在沒有、將來也不會再生起。換言之，若苦

---

[41] 本文主張，若「苦諦」可稱為「諦」——正確之斷言（assertion），則「苦」理應為一組命題之簡稱。《阿含經》中可作為命題者，有如「一切行苦」、「無常即苦」、「諸受悉苦」等等。

[42] 如《阿含經》所示，說諸受悉苦，乃因諸受皆無常之故。至於說「一切皆苦」者，亦是因為一切均無常，而凡無常者是「苦」之故。

[43] 《雜阿含經・三四四經》：「云何苦滅如實知？若當來有愛、喜、貪俱，彼彼染著，無餘斷，乃至息沒，是名苦滅。如是苦滅如實知。」（T02: 95a）

[44] 「無餘」（a-sesa）謂沒有剩下的，因而解作「徹底」。

[45] 如《增壹阿含經・四諦品・一經》云：「彼云何名為苦盡諦？所謂盡諦者，欲愛永盡無餘，不復更造，是謂名為苦盡諦。」（T02: 631a）又或《增壹阿含經・高幢品・五經》云：「彼云何苦盡諦？能使彼愛滅盡無餘，亦不更生，是謂苦盡諦。」（T02: 619a）於《增壹阿含經》之闡述滅諦時，此句型可謂典型之一。

之止息,在於渴愛之徹底斷除、亦不復再有,則苦滅之滅,當亦以苦之現在止息、未來不復再生為釋。若再參照《雜阿含經・三〇六經》:

> 若無常、有為、思願、緣生者,彼則是苦。又復彼苦生,亦苦住,亦苦滅,亦苦數數出生,一切皆苦。若復彼苦無餘斷,吐盡、離欲、滅、息沒,餘苦更不相續,不出生。是則寂滅,是則勝妙。所謂捨一切有餘,一切愛盡,無欲滅盡涅槃。(T02: 88a)

此小段經文可分為兩個部分;前半部由「無常即苦」言及苦之「出生」,乃至「一切皆苦」,可說即《阿含經》所言「世間集」云云;後半部則言苦之不相續、不出生,乃至涅槃,可謂為《阿含經》所言「世間滅」[46]。其雖言無常即苦,但在談論滅盡之時,僅言及苦之不相續、不出生,卻未嘗提出無常之不相續、不出生。倘若「苦」等同於無常,何妨但言無常之不相續、不出生,甚至提出滅無常?由此觀之,一方面苦受並不等同於無常,一方面亦顯示出無常及其所引發之苦受間,其關聯似乎有中斷之可能。

就本段經文觀之,就某一生命體之現在世而言,若是在無常之身心變化中,未能以智慧如實觀照,而對無常之經驗有了某種特定之意向

---

[46] 如《雜阿含經・五三經》云:「佛告婆羅門:愚癡無聞凡夫,色集、色滅、色味、色患、色離不如實知。不如實知故,愛樂於色,讚歎於色,染著心住。彼於色愛樂故取;取緣有,有緣生,生緣老死憂悲惱苦,是則大苦聚集。受想行識,亦復如是。婆羅門!是名有因有緣集世間,有因有緣世間集。婆羅門白佛言:云何為有因有緣滅世間,有因有緣世間滅?佛告婆羅門:多聞聖弟子,於色集、色滅、色味、色患、色離如實知。如實知已,於彼色不愛樂、不讚歎、不染著、不留住。不愛樂、不留住故,色愛則滅,愛滅則取滅,取滅則有滅,有滅則生滅,生滅則老死憂悲惱苦滅。受想行識,亦復如是。婆羅門!是名有因有緣滅世間,有因有緣世間滅」。(T02: 12c)

於此,此段經文亦可分為兩個部分:前半部描述俗者身心現象之緣起,乃至「大苦聚集」;後半部則說明聖者止滅苦之層面。

（如愛染），即無法避免苦受生起；此即致苦受之傾向受到適當條件之作用，由是而生苦受。然而，若能阻斷此傾向由隱轉顯，亦即挪去無明、愛染等條件，則無相續之苦受，或說苦受亦無從「出生」，亦即後續之苦受沒有機會實現。由是，「滅苦」之意，可說是阻斷此傾向實現為心苦[47]。若為已達致涅槃之聖者，則此受阻斷之後續苦受，應更包括出生於未來世之可能。

此外，於《雜阿含經》之〈三五經〉、〈三六經〉中表示出，緣起之身心現象——如五蘊——，其無常之性質並非聖道修行者所應斷除、止息之對象，而是對於無常者的錯誤見解（無明）。緣起之身心現象總是無常、會變易、包含了致苦受之傾向。若生命體能如實知悉此點，並加以修行，則能斷除隨無常五蘊而來的種種心理反應，如好惡之心態、情緒之牽絆、或愛或恨之執著[48]等等，從而能長住於安樂之境，謂之涅槃[49]。由此觀之，無常本身，既是五蘊之實然，固然無法斷除；而能夠

---

[47] 此亦可參照《長阿含經·遊行經》及《雜阿含經·四七〇經》等經文。如《長阿含經·遊行經》云：「佛告阿難……吾已老矣，年粗八十，譬如故車，方便修治，得有所至，吾身亦然，以方便力得少留壽，自力精進，忍此苦痛，不念一切想，入無想定時，我身安隱無有惱患。」（T01: 15b）而《雜阿含經·四七〇經》云：「多聞聖弟子，身觸生苦受，大苦逼迫，乃至奪命，不起憂悲稱怨，啼哭號呼，心亂發狂。當於爾時，唯生一受，所謂身受，不生心受。譬如士夫被一毒箭，不被第二毒箭。」（T02: 120a）由此可知，聖者所斷除者，乃致苦受之傾向顯發為心苦；卻無法避免身苦。而俗者之所以亦無法避免心苦，其差別乃在三毒（貪、瞋、癡）之有無。詳後文。

[48] 如《雜阿含經·四四經》云：「云何若生則繫著？愚癡無聞凡夫於色集、色滅、色味、色患、色離不如實知故，於色愛喜、讚歎、取著。於色是我、我所而取。取已，彼色若變、若異，心隨變異。心隨變異故，則攝受心住。攝受心住故，則生恐怖、障礙、顧念。以生繫著故，受、想、行、識亦復如是。是名生繫著。」（T02: 11a）

[49]《雜阿含經·三五經》：「佛告比丘：善哉！善哉！色是無常、變易之法，厭、離欲、滅、寂沒。如是色從本以來，一切無常、苦、變易法，如是知已，緣彼色生諸漏害、熾然、憂惱皆悉斷滅。斷滅已，無所著；無所著已，安樂住。安樂住已，得般涅槃。受、想、行、識亦復如是。」（T02: 8a）《雜阿含經·三六經》：「佛告比丘：善哉！善哉！比丘！色是無常。若善男子知色是無常已，變易、離欲、滅、寂靜、沒。從本以來，一切色無常、苦、變易法知已，若色因緣生憂悲惱苦斷。彼斷

斷除者，當為致苦受之傾向現前之機會[50]。

據此亦可看出下列數點：

(1) 苦受與其說是來自無常，毋寧說是來自生命體於過去世或現在世對實相之不理解（不如實知見，亦即無明），以及隨之而來的執著（愛染）；

(2) 無常並非總是會導致生命體苦受。若某生命體能如實知見緣起無常法，則無常事物儘管無常，生命體卻仍能達致安樂之境；

(3) 五蘊無常法之「苦」，可謂致苦受之傾向。此致苦受之傾向，若遇上無明及隨之而來的貪愛或瞋恚，則將導致生命體之心苦。因而，由無所執著而來的安樂，可說是阻斷了致苦受之傾向顯發為心苦之機會，而能住於安樂之境[51]。總之，無論是否有快樂之時，無論是怨憎會、愛別離，或是恩愛會、怨別離，皆蘊涵著致苦受之傾向；而生命體應透過修行來阻斷苦受顯現之機會[52]。

已無所著，不著故安隱樂住；安隱樂住已，名為涅槃。受、想、行、識亦復如是。」（T02: 8b）

此二經文略有出入：就〈三六經〉而言，似乎如實知見可斷除的，只是隨無常五蘊而來的苦惱等情緒或心念（憂悲惱苦）；但若參照〈三五經〉，則可知所斷除，還包括對五蘊之喜好（熾然）、煩惱等等。若無常者皆是苦受，則欲「斷苦受」，應同於「斷無常」，但這顯然是不可能的。由此可見「無常」與「苦受」二者並不等同。此外，巴利《相應部》之對應經文 S. 22.43 中，但言至「安隱樂住」（aparitassaṃ sukhaṃ viharati）（S III 43），而未提及「涅槃」一詞。

[50] 順帶一提，於《雜阿含經》中有「斷無常」一語；如《雜阿含經·一七五經》云：「爾時，世尊告諸比丘：為斷無常故，當隨修內身身觀住。」（T02: 46b）其看似指無常之可斷。但詳審之後，當可知，無常乃世間實然之相，無斷除之可能。因此，所謂「斷無常」，實際上是指斷除生命體對無常者之執取，包括對其之貪愛、憎惡等等。

[51] 此安樂者，於其他經文中，或有「長夜安樂」之說（如《雜阿含經》）、或有「無上安隱涅槃」（如《中阿含經》）之謂。如本文所述，其亦應為一種樂受。

[52] 如《增壹阿含經·善知識品·一三經》云：「爾時，世尊告諸比丘：……我今說此怨憎共會、恩愛別離，復說怨憎別離、恩愛共會，有何義？有何緣？……諸比丘！此二法由愛興，由愛生，由愛成，由愛起。當學除其愛，不令使生。如是，諸比丘！當作是學。」（T02: 601c）

總之，所謂「滅苦」、「苦之止息」，其重點在於使致苦受之傾向無從顯發，而非斷除、阻止無常，亦非斷除致苦受之傾向。是以，所謂「無常即苦」，不宜將無常解釋為苦受，毋寧可視之為潛在於無常之傾向，其或能導致俗者後續之身苦與心苦，及有餘涅槃者現世之身苦。

（二）致苦受之傾向與三毒之異同

與致苦受之傾向類似，既潛在又有引發未來苦受者，有所謂貪欲、瞋恚、愚癡等三毒[53]。若參照《中阿含經・晡利多品・法樂比丘尼經》，此三毒乃作為相隨於三受之煩惱[54]。就《中部》M. 44 觀之，此三毒乃作為潛在之趨向而潛伏於三受中：貪欲隨眠（*rāgānusaya*）、瞋恚隨眠（*paṭighānusaya*）、愚癡隨眠（*avijjānusaya*）分別潛伏於樂受、苦受、不苦不樂受中[55]。於該經文中，此三者皆為一種「*anusaya*」，意為潛在之趨向，其乃為一種煩惱[56]。此現象似意味著此貪、恚、無明三者，一方面是以潛在（underlying）的方式與三受相關，一方面又可促成三受。

---

[53] 貪欲、瞋恚、愚癡等三者，於《阿含經》中合稱為「三毒」（如《雜阿含經》、《增壹阿含經》）。「貪欲」者，或譯為「欲」、「貪」、「婬」；「瞋恚」者，或譯為「瞋」、「恚」、「怒」；「愚癡」者，或譯為「癡」，有時似也以「無明」為稱。

[54] 可參照《中阿含經・晡利多品・法樂比丘尼經》中毘舍佉優婆夷與法樂比丘尼之間的問答。其中，法樂比丘尼答曰：「樂覺者，生樂住樂，變易苦，無常者即是災患。欲使也。苦覺者，生苦住苦，變易樂，無常者即是災患。恚使也。不苦不樂覺者，不知苦、不知樂，無常者即是變易，無明使也。」（T01: 788a）就其問答觀之，可知三受均有變易之時，亦均與無常相關，且因無常而為「災患」。於毘舍佉優婆夷之問題中，其中一項「云何使耶」，即分別針對樂受、苦受、不苦不樂受等三受提出相對應之三毒，分別為：欲（貪）、恚（瞋）、無明（癡）。

[55] M. 44 經文云：「*Sukhāya paṅ ayye, vedanāya kiṃanusayo anuseti, dukkhāya vedanāya kiṃanusayo anuseti, adukkhamasukhāya vedanāya kiṃanusayo anusetī ti?" Sukhāya kho, āvuso Visākha, vedanāya rāgānusayo anuseti, dukkhāya vedanāya paṭighānusayo anuseti, adukkhamasukhāya vedanāya avijjānusayo anusetī ti*」（M I 303）（「又，何等隨眠潛伏於樂受？何等隨眠潛伏於苦受？何等隨眠潛伏於不苦不樂受？」「友！毘舍佉！貪之隨眠（*rāgānusaya*）潛伏於樂受中，怒之隨眠（*paṭighānusaya*）潛伏於苦受中，無明之隨眠（*avijjānusaya*）潛伏於不苦不樂受中。」）（M. 44）

[56] Bhikkhu Ñāṇamoli & Bhikkhu Bodhi 將之譯為「underlying tendency」（2005: 401）。

然而,並非所有的三受皆有此三毒潛伏於其中。如前述之〈法樂比丘尼經〉,即提出另一組非源於三毒之三受:得初禪時所體驗到的樂受、求道之苦受,以及第四禪之不苦不樂受[57]。其所適用之領域,乃以解脫之聖道為鵠的。由此觀之,三毒又與致苦受之傾向有所出入。致苦受之傾向乃無常者之性質,而遍在於無常者。換言之,眼、耳、色、聲等等,皆有致苦受之傾向。而貪、瞋、癡三者,乃運作於三受之中。

若然,則三毒一方面可旁證現在之三受與未來苦受之間,有著潛在與顯現之類的關係;一方面,從無常者的致苦受之傾向,到生命體未來苦受之顯發,三毒或為其間之條件。因而,所謂透過修行聖道,以斷除未來苦受顯發之機,一部分之理由或許即在於三毒之不相應於聖道。換言之,修行聖道當可挪除三毒,從而阻斷致苦受之傾向顯發為未來之心苦。

伍、結論

本文認為「無常即苦」乃由條件語句所組成之全稱命題;且此命題中的「無常」與「苦」,其間之順序不得顛倒。再者,本文舉出了相關經證,說明此命題中之「苦」與「苦受」相關但不相同;因為「苦受」不能滿足此全稱命題。進而,本文建議以「有會導致生命體苦受之傾向」來解讀此命題中之「苦」;此可視為一種潛藏於無常事物中之傾向,本文乃以「致苦受之傾向」為稱。從而,「無常即苦」之命題可表達如下:「對所有的 x 而言,若 x 為無常的,則 x 有會導致生命體苦受之傾向」。

---

[57] 由該經文觀之,於聖道中之苦樂等三受,並不與三毒相應;此聖道中之三受,不僅不與三毒相應,更來自斷絕三毒之聖道修行。由此觀之,三毒與聖道分屬相違、甚至背道而馳之領域。據此,三毒之作為潛伏之趨向,或可說是相對於聖道的,亦即相應於俗者的。由是可知,於修行之領域中,樂受、苦受、不苦不樂受等三者,分別有著貪、瞋、癡之趨向潛伏於其中。詳見《中阿含經・晡利多品・法樂比丘尼經》(T01: 789c)。

「致苦受之傾向」並非苦受形成之充分條件,因此,無常者有此傾向不表示苦受必然顯現於任一生命體上,然其間或有聖者與俗者之差異。無明——不如實知見緣起——,可說正是苦受是否顯現、乃至聖俗之分水嶺。由《阿含經》觀之,若將苦受區分為身苦與心苦,則身苦可因無常而表現於聖者與俗者上;但唯俗者既受身苦、亦受心苦,其差異乃在於生命體是否能如實知見、是否有貪瞋癡等潛在之趨向。

　　就《阿含經》提及「無常即苦」之文本而言,無涉於聖俗之別;此點呈現於「無常即苦」之全稱命題性。然而,若論及生命體是否因無常而有心苦,則有聖俗之異。於本文檢驗此解讀時發現,會因無常事物而生起心苦之生命體,並非聖者,而是不能如實知見緣起實相之俗者。就《阿含經》及《尼柯耶》而言,唯有從事修行、走上聖道,乃至達致涅槃者,此致苦受之傾向方不致實現為心苦;更不致引發該生命體後續之生死輪迴,如未來世之生苦等。若是未達涅槃,乃至不修行、不以聖道為念、為職志者,則無法避免致苦受之傾向顯現為苦受。順此而言,「滅苦」乃謂息滅致苦受的傾向顯現之可能;此則唯有脫離生死輪迴方可達致。

引用書目

一、原典

（一）漢譯《阿含經》

後秦・佛陀耶舍、竺佛念譯，《長阿含經》；《大正新脩大藏經》冊1。

東晉・瞿曇僧伽提婆譯，《中阿含經》；《大正新脩大藏經》冊1。

——，《增壹阿含經》；《大正新脩大藏經》冊2。

劉宋・求那跋陀羅譯，《雜阿含經》；《大正新脩大藏經》冊2。

（二）巴利《尼柯耶》

Pali Text Society. *Dīgha-nikāya*, Oxford, UK: The Pali Text Society, Volume I-III, 1995.

——. *Aṅguttara-nikāya*, Oxford, UK: The Pali Text Society, Volume I-V, 1999.

——. *Saṃyutta-nikāya*, Oxford, UK: The Pali Text Society, Volume I-IV, 2001.

——. *Majjhima-nikāya*, Oxford, UK: The Pali Text Society, Volume I-III, 2002.

（三）日譯版

三枝充悳、森章司、菅野博史、金子芳校註，《長阿含經》；《新國譯大藏經・阿含部》，東京：大藏出版，冊1，1993年。

片山一良譯，《中部・根本五十經篇 I》，東京：大藏出版，1997年。

——，《中部・根本五十經篇 II》，東京：大藏出版，1998年。

——，《中部・中分五十經篇 I》，東京：大藏出版，1999年。

——，《中部・中分五十經篇 II》，東京：大藏出版，2000年。

——，《中部・後分五十經篇 I》，東京：大藏出版，2001年。

——，《中部・後分五十經篇 II》，東京：大藏出版，2002年。

高楠博士功績紀念會纂譯，《長部》；《南傳大藏經》，東京：大藏出版，冊7-8，1937-1940年。

——，《中部》；《南傳大藏經》，東京：大藏出版，冊9-11，1970-1990年。

——，《相應部》；《南傳大藏經》，東京：大藏出版，冊12-16，1937-1940年。

——，《增支部》；《南傳大藏經》，東京：大藏出版，冊17-22，1937-1940年。

（四）英譯版

B. Bodhi (tr.). *The Connected Discourses of the Buddha: A New Translation of the Samyutta Nikaya*, Boston: Wisdom Publications, 2000.

────── (ed.). *In the Buddha's Words: An Anthology of Discourses from the Pāli Canon*, Boston: Wisdom, 2005.

B. Ñāṇamoli & B. Bodhi (tr.). *The Middle Length Discourses of the Buddha: A Translation of the Majjhima Nikāya* (3rd ed.), Boston: Wisdom Publications, 2005.

F.L. Woodward (tr.). *The Book of the Gradual Sayings (Aṅguttara-Nikāya) or More-Numbered Suttas* (volume 1-5), London: The Pali Text Society, 1932-1936.

N. Thera & B. Bodhi (tr.). *Numerical Discourses of the Buddha: An Anthology of Suttas from the Aṅguttara Nikāya*, Walnut Creek: AltaMira Press, 1999.

M. Walshe (tr.). *Thus Have I Heard: The Long Discourses of the Buddha -- Dīgha Nikāya*, Boston: Wisdom Publications, 1987.

二、專書

劉福增，《基本邏輯》，台北：心理出版社，2003 年。

三枝充悳，《初期佛教の思想》，東京：東洋哲學研究所，1978 年。

水野弘元，《原始佛教》，京都：平樂寺書店，1956 年。

佐佐木現順，《煩惱の研究》，東京：清水弘文堂，1975 年。

────，《原始佛教から大乘佛教へ》，東京：清水弘文堂，1978 年。

佛教思想研究會編，《苦》。京都：平樂寺書店，1980 年。

D.M. Armstrong, C.B. Martin & U.T. Place, T. Crane (ed.). *Disposition: A Debate*, New York: Routledge, 1996.

J. Bowker. *Problems of Suffering in Religions of the World*, Cambridge: Cambridge University Press, 1970.

N.K. Dash (ed.). *Concept of Suffering in Buddhism*, New Delhi: Kaveri Books, 2005.

R. Gethin. *The Foundations of Buddhism*, Oxford: Oxford University Press. 1998.

R.F. Gombrich. *Theravāda Buddhism: A Social History from Ancient Benares to Modern Colombo* (2nd ed.), New York: Routledge, 2006.

──────. *What the Buddha Thought*, London: Oakville, Ct.: Equinox, 2009.

S. Hamilton. *Early Buddhism: A New Approach- The I of the Beholder*, Richmond: Curzon Press, 2000.

P. Harvey. *An Introduction to Buddhism: Teachings, History and Practices*, Cambridge: Cambridge University Press, 1990.

S. Mumford. *Dispositions*, New York: Oxford University Press, 1998.

M. Siderits. *Buddhism as Philosophy: An Introduction*, Hants: Ashgate, 2007.

G. Watson, S. Batchelor & G. Claxton (ed.). *The Psychology of Awakening: Buddhism, Science, and our Day-to-Day Lives*, York Beach: Samuel Weiser, 2000.

P. Williams & A. Tribe. *Buddhist Thought: A Complete Introduction to the Indian Tradition*, London: Routledge, 2000.

三、論文

周柔含，〈《淨明句論》第十三品「行」（saṃskāra）的考察——行・緣起・空・真性（tattva）〉，《中華佛學學報》第 6 期，2002 年，頁 89-126。

洪嘉琳，〈苦痛之意義及其反思：以《阿含經》與《莊子》為依據之哲學研究〉，台北：臺灣大學哲學系博士論文，2010 年。

黃纓淇，〈聖樂（ariya-sukha）之研究〉，《正觀雜誌》第 46 期，2008 年，頁 5-34。

J. Mckitrick. "Are Dispositions Causally Relevant?" *Synthese* 144 (2005).

S.K. Pathak. "Dukkham Aryasaccam as Depicted in The Buddhist Nikaya and Agamas," In N.K. Dash, ed., *Concept of Suffering in Buddhism*, New Delhi: Kaveri Books. 2005, pp. 54-68.

G. Rupp. "The Relationship between *nirvāṇa* and *saṃsāra*: An essay on the Evolution of Buddhist Ethics," *Philosophy East & West* 21 (1980).

E. Shulman. "Early Meanings of Dependent-Origination," *Journal of Indian Philosophy* 36 (2008).

On the Proposition "Whatever is Impermanent is *Dukkha*" in the *Āgamas*

Hong, Chia-Lynne[*]

Abstract

The proposition "whatever is impermanent is *dukkha (yad-aniccaṃ taṃ dukkhaṃ)*" (henceforth abbreviated as YATD) plays a crucial role in early Buddhism. Preserved in the Pāli *Nikāyas* and the Chinese *Āgamas*, this proposition connects the basic doctrine of dependent origination with such propositions as "every compounded thing is *dukkha*" as well as with the Noble Truth of Suffering. However, we rarely find a detailed analysis of YATD in current scholarship. As a result, the meaning of "*dukkha*" as well as the relation between "*dukkha*" and "impermanent" remains largely unclear.

This paper discusses YATD in three steps. First, as to its logical form, I observe that YATD constitutes a universal proposition and that the order between the concepts of "impermanent" and "*dukkha*" is not to be reversed. Second, I argue against interpreting "*dukkha*" simply as "feelings of suffering," as this leads to problematic readings of YATD in the *Āgamas*. Third, I propose that "*dukkha*" in YATD should be interpreted as a disposition that causes sentient beings the feelings of suffering. Based on this proposal, I suggest that YATD be read as "whatever is impermanent is of a disposition of causing sentient beings the feelings of suffering."

Keywords: *Āgamas*, impermanence, *Dukkha*, feeling of suffering, disposition

---

[*] Assistant Professor, Department of Philosophy, Chinese Culture University.

龍樹與休姆對有神論的批判之比較研究[*]

劉嘉誠[**]

摘要

　　關於神的存在之理論或對於創造神的信仰，在東、西方的神學思想或宗教信仰中，一向佔有舉足輕重的地位。然而重視以理性思辨來看待問題的哲學家們，對於有神論者的創造神論點，往往以嚴格的思辨角度來檢驗有神論者的主張。

　　本文擬以英國經驗論者休姆（David Hume, 1711-1776）及印度佛教中觀學派鼻祖龍樹（Nāgārjuna, c.150-250）對有神論的批判進行比較研究，以探求這兩位東、西方哲學家對有神論的批判方法與哲學觀點及彼此之間相互契合的地方。休姆在《自然宗教對話錄》（*Dialogues Concerning Natural Religion*）中，曾以類比對象的相似性、推論上無窮後退的困難、神人相似論反證神的屬性不是無限、完善等觀點，對有關神存在的設計論證（the argument from design）進行批判，並從世界上惡的存在之相關道德論證，批判有神論者賦予神以全善全能的屬性。龍樹亦曾以和上述休姆相似的論證方法與觀點，在《十二門論》中批判所謂萬物起源於自在天所作之見解，在《中論》中批判有所謂即五蘊或離五蘊而獨立自存的神我（*Ātman*）之見解。

　　比較龍樹與休姆對有神論的批判，我們發現兩人的批判方法與相關論點頗有異曲同工之處，而他們所表現出的默契則在於兩人都基於經驗主義和懷疑主義的立場，對東、西方所普遍存在的有神論觀點予以徹底的批判。

關鍵字：龍樹、休姆、有神論、設計論證、大自在天、神我

---

[*] 本文收錄自《臺大佛學研究》15期（2008年），頁 85-138，台北：臺灣大學文學院佛學研究中心。
[**] 作者為臺灣大學哲學研究所博士。

壹、前言

關於神的存在之理論或對於創造神的信仰，在東、西方的神學思想或宗教信仰中，一向佔有舉足輕重的地位。然而重視以理性思辨來看待問題的哲學家們，對於有神論者的創造神論點，往往以嚴格的思辨角度來檢驗有神論者的主張。

本文擬以英國經驗論者休姆（David Hume, 1711-1776）及印度佛教中觀學派鼻祖龍樹（Nāgārjuna, c.150-250）對有神論的批判進行比較研究，以探求這兩位東、西方哲學家對有神論的批判之方法與哲學觀點，及他們彼此之間所可能相互契合的地方。

以下將先探討休姆對有神論的批判，其次討論龍樹對有神論的批判，最後再就休姆與龍樹對有神論的批判進行比較研究。

貳、休姆對有神論的批判

關於休姆對有神論的批判，以下將分就一、休姆對設計論證（the argument from design）的批判及二、從道德論證所提出的批判等二方面加以探討。

一、休姆對設計論證的批判

從中世紀開始，神學家們就試圖以理性思辨來論證神的存在。在休姆（David Hume, 1711-1776）所處的時代，即18世紀的歐洲社會關於這方面的宗教論證則以設計論證最為興盛而且最具權威。休姆對於這個宗教界所風行的論證，以其一貫的經驗主義立場予以徹底的批判。

休姆對於設計論證的批判，以《自然宗教對話錄》及《人類理解研究》第11章為主。在《自然宗教話錄》中，休姆曾提到當時宗教界所風行的設計論證，該論證乃係主張秩序井然的世界就像一部人類所精心

設計的機器,由於機器的設計來自於人的心靈及理智,因此由結果的彼此相似,我們就可根據類比規則而推出原因也是彼此相似。由此而推出造物主和人的心靈多少是相似的,並且由此而證明神的存在[1]。

休姆指出,設計論證乃是一種後天的論證(the argument a posteriori)[2],而所謂後天的論證,則是一種從果推因的論證[3]。休姆認為涉及事實問題(matter of fact)和存在(existence)的命題,明顯是不能證明(demonstration)的,它們只能以其原因或其結果為論證,來加以證明(prove),而這些論證完全建立在經驗上[4]。因此,設計論證又可以說是一種「根據經驗的論證」(arguments from experience)[5],休姆稱之為「實驗有神論」(experimental theism)[6]。正所以設計論證是依於經驗的,因此休姆得以從其一貫的經驗主義立場,來批判設計論證有違反於經驗法則的地方。

依據肯波史密斯(N.Kemp Smith)的看法,休姆對設計論證的批判,主要針對設計論者下列三項假設而展開:(1) 假設宇宙像人工製品;(2) 假設自然的起源像人的心靈或理智;(3) 假設具設計意義的思想是世界秩序的唯一原則[7]。針對這三個假設,休姆對設計論者展開批判。以下我們大致參考肯波史密斯的這個看法,分為七點來說明,其中第(一)及(二)點相當於史密斯的 (1)、(2),第(三)至(五)點相當於史密

---

[1] David Hume. *Dialogues Concerning Natural Religion*, Norman Kemp Smith, ed., New York: Macmillan Publishing Company, 1947, p. 143.(以下簡稱 *Dialogues*)

[2] *Dialogues*, p. 145.

[3] David Hume. *Enquiries Concerning Human Understanding and Concerning the Principles of Morals*, L.A. Selby-Bigge and P.H. Nidditch, eds., Oxford: Oxford University Press, 1975, pp. 135-136.(以下簡稱 *Enquiries*)

[4] *Enquiries*, pp. 163-164.

[5] David Hume. *Dialogues Concerning Natural Religion*, Nelson Pike, ed., Indianapolis: The Bobbs-Merrill Company, 1970, p. 129.

[6] *Dialogues*, p. 165.

[7] *Dialogues*, pp. 99-100.

斯的(3)，同時也相當於涅爾森派克（Nelson Pike）所謂「設計的假設」（hypothesis of design）之變更[8]，此外，第（六）及（七）點則指出設計論證在推論上的困難。

（一）類比的證據取決於類比對象的相似性（similarity）

設計論證所依據的類比規則是「相似的結果證明相似的原因」[9]，因此，如設計論者所說，從宇宙和人工製品的相似（結果相似），可以證明宇宙的起源和人的心靈相似（原因相似）。對於因果的類比，休姆並不反對，休姆原來就主張事實和存在的命題可用因果關係加以證明，不過，休姆所在意的是因與果必須適成比例，如他在《人類理解研究》中說：

> 當我們根據結果來推測任何特殊原因時，我們必須使原因和結果適成比例，而且我們所賦與原因的任何性質，除了限於該原因恰足以產生那個結果所需要的之外，絕不容許有其他的性質[10]。

休姆的意思是，我們對於因果知識只能根據經驗，這種知識來自於我們所觀察對象的「經常連結」（constant conjunction）[11]。如休姆舉例說：

> 就像石頭會往下掉、火會燃燒、地有堅固性等事件，我們已經觀察過數以千遍以上了，因此當任何與此相同性質的新事例出現時，我們就會毫不遲疑地獲致習慣的推論。這些情況的確切相似，給予我們對於某一個相類似的事件有一個完全的保證而毋需尋求更有力的證據[12]。

---

[8] Nelson Pike, ed., 1970, p. 163.
[9] *Dialogues*, p. 165.
[10] *Enquiries*, p. 136.
[11] *Enquiries*, p. 27.
[12] *Dialogues*, p. 144.

根據上述因與果適成比例原則,以及經常連結的事件之因果概念,休姆認為對於因果的類比,其類比的證據乃取決於類比對象的相似性。也就是說類比對象的相似性愈高,推論的結果就愈可靠,例如石頭會往下掉,火會燃燒,由於它們在我們的經驗中是經常連結的事件,因而當與這些性質相同的任何新例子出現時,我們所作出的推論也就愈可靠。反之,如果類比對象的相似性愈低,也就比例地減弱了類比的證據力,使推論的結果愈不可靠。例如,設計論者對於宇宙和人工製品的類比,休姆就指出它們之間不具有明顯的相似性,因此從這種結果所推出的相似因,就不是那麼可靠了。如休姆曾舉房屋建築為例作說明,休姆指出當我們看到一間房子,我們就可以很確定地推斷這房子出自於某一建築師或建造者,因為我們所經驗到的果及生出果的那個原因,正好是屬於同一種類的。然而宇宙和房子卻缺少這種相似性,使我們能經由類比而同樣可靠地推出一個相似的因(設計神),因為宇宙和房子兩者之間的差別是非常明顯的[13]。

　　由此可見,休姆乃是從類比對象的相似性來決定類比的可靠性,由於休姆認為宇宙和人工製品之間有顯著的差別,因此假如想從宇宙和人工製品之間的相似性推出一個相似的因,那是非常不可靠的。在這裡,休姆又點出了「種類」的概念,以強調因果間必須具有種類的相似,才能進行類比的推理,而這已牽涉到所謂宇宙的設計者是否能成為我們經驗的對象之問題了。

(二) 設計論證缺乏種類上的相似,無法成為經驗的對象

　　設計論者透過宇宙和人工製品的相似性,根據類比規則而推出一個相似因,這個相似因就是和人的心靈或理智相似的宇宙設計者——上帝。對於這樣一個與人心相似的宇宙設計者,休姆仍基於經驗和觀察的立場予以駁斥。休姆認為我們對於有關人類藝術和設計作品的因果關係

---

[13] *Dialogues*, p. 144.

之推測，都是從過去觀察到它們之間的經常連結而得出的，換句話說，這些推測都是建立在經驗和觀察之上的。休姆在此以種類（species）的概念來說明這種基於經驗的推測，並且以人的足跡為例來作說明：

> 沙灘上……人的一個足跡可以憑我們的經驗來證明可能還有另一隻腳也留下了足跡，即使它被時間或其他事故所抹滅了……在這種情形下，我們是經過了包括關於人這「種」（species）動物的平常形相與肢體的百千遍的經驗和觀察所作出的推測，如果不是這樣，那麼這種推論方法就應該被視為是謬誤的或詭辯的[14]。

休姆以沙灘上人的足跡來說明我們唯有根據種類上的相似，才能作出可靠的推測。相反地，假如我們所推測的對象缺少種類上的相似，那麼它就可能超出我們的能力範圍，而無法成為我們經驗的對象，在這種情況下所作出的推論就很不可靠了。休姆在《人類理解研究》中，以我們所沒有經驗過的單獨足跡為例來說明這種情況，休姆認為如果我們所根據的只是單獨一種作品或產品，我們就不可能有經驗上的推論，例如「沙上一個足跡在單獨被考察時，只能證明這個單一足跡是被某種和它相適合的形相所造成」[15]，但是我們不能像推測人的足跡一樣，也能夠精確地推測出這一個單獨足跡還有另外一只足跡，為什麼呢？只因為它缺少種類上的相似，所以我們無法依據經驗作出精確的推論。

休姆藉由沙上足跡的例子，指出所謂宇宙設計者－神，只不過是「宇宙中唯一的存在，它不包含於任何種或任何類之中」[16]，其對象「是單一的，個別的，非並行的，缺少種類上的相似。」[17]因此我們無法基於

---

[14] *Enquiries*, p. 144.

[15] *Enquiries*, p. 144.

[16] Ibid.

[17] *Dialogues*, p. 149.

經驗對它作類比推論。

以上是休姆對於設計論者從宇宙和人工製品的相似性推出一個宇宙設計者的批判。接下來我們要討論的是休姆針對設計論證另一個假設的批判，這個假設就是「具設計意義的思想乃是世界秩序的唯一原則」。以下第（三）至（五）點，就是有關這方面的討論。

（三）人類有限的自然知識不能推出自然整體的起源

休姆首先用部分與整體的對比，來形容人類自然知識的有限性在整個自然界中是如何的渺小，以顯示出從部分推出整體的不恰當。休姆認為人的思想或理智是如此渺小、微弱而有限，即使它們可以作為改變自然某些部分的主動因，但它們畢竟只是宇宙秩序原則的一部分，因此我們沒有權利讓人的思想或理智成為整個宇宙的規範[18]。

休姆由此而指出，人類的思想、設計或理智其實只不過是宇宙的動力和原理之一，其他如熱或冷，吸引或排斥，以及日常所觀察到的種種其他例子，都可以是宇宙的動力和原理之一[19]。因此，如果我們試圖以這麼渺小有限的思想來作為自然整體的起源，無異患了以偏概全的過失。

休姆接下來繼續針對設計論者以思想作為宇宙秩序的唯一原則提出進一步的批判，涅爾森派克把休姆這個批判稱之為「設計的假設」之變更。此中「設計的假設」是採自休姆在《對話錄》中的用詞[20]，它意指設計論者對於宇宙起源的縮小式神學主張[21]。派克的意思是，休姆認為設計論者把思想作為宇宙秩序的唯一原則，無異是將宇宙的起源給縮小了，因此休姆試圖變更設計論者所提出的「設計的假設」，以駁倒上述宇宙起源的唯一性。派克將休姆所提「設計的假設」之變更分為三個部分作說明，這三個部分大致為：(1) 神性的有限；(2) 動、植物的生殖或

---

[18] *Dialogues*, pp. 147-148.

[19] *Dialogues*, p. 147.

[20] *Dialogues*, p. 169.

[21] Nelson Pike, ed., 1970, p. 128.

生長；(3) 物質自身運動的本能[22]。以下第（四）、（五）點就是關於這方面的討論。

（四）神人相似論反而推證神的屬性不是無限、完善和統一

休姆所提出的第一個變更是針對有神論者所賦予神的無限、完善和統一之屬性的假設。休姆並不認同有神論者這樣的假設，對於這一個假設，休姆使用了設計論者所主張的「神人相似論」（Anthropomorphism）來作反駁，這不外是拿對方的手來打對方自己的臉，使論敵不攻自破。休姆指出，設計論者依據神人相似論，從相似的果推出相似的因，這個相似因就是作為無限存有的神。然而，就我們的經驗世界而言，一切結果都不是無限的，因而我們怎麼可能從有限的結果推出無限的原因呢？因此，依照神人相似論的假設，我們就不能把無限這種屬性歸屬於神聖的存在[23]。

其次，休姆指出，如果真有一個完善的造物主，那麼自然的作品中就不會出現不能解釋的困難，可是事實上，現實世界的自然作品中卻存在著許多不能解釋的困難，而這些困難只有就有限而能力狹小的人類而言才真正成為困難[24]。因而依據神人相似論，這些困難都變成實在的困難了。由此可見，神人相似論反而推證神的非完善性。

最後關於神的統一性，休姆反駁說，諸如房子、船、城堡等人工製品都是由許多人通力合作建造而成的，那麼依據神人相似論，為什麼不是好幾個神聯合起來設計和構造一個世界呢？因為只有這樣才與人工製品更為相似[25]。休姆在這裡，等於是把神的統一性分散到多個神之中，因而也就把每個神的屬性作了相當程度的限制。

以上所述，是休姆針對「設計的假設」所提出的第一個變更。派克

---

[22] Nelson Pike, ed., 1970, pp. 164-182.

[23] *Dialogues*, p. 166.

[24] *Dialogues*, pp. 166-167.

[25] *Dialogues*, p. 167.

指出，假如這個變更比原來的更好，那麼其結論將是：原本的那個「設計的假設」有可能是錯誤的[26]。

（五）相較於設計論證，宇宙的原因更相似於動、植物的生殖或生長，或物質的運動本能

依派克所說，休姆對「設計的假設」所提出的第二個和第三個變更，就是宇宙秩序的原因相似於生殖或生長，或相似於物質自身的運動。休姆在《對話錄》中，不認同設計論者所主張「設計的假設」之唯一性，休姆列舉了四種宇宙秩序的原則——理性（reason）、本能（instinct）、生殖（generation）、生長（vegetation），認為它們彼此相似，並且是相似的結果之原因[27]。其中，理性就是設計論者所主張的，現在我們要討論的是另外三個原則。

休姆基於人的知識範圍，主張宇宙與一個動物或有機體有很大的相似。休姆認為，宇宙與動植物的相似性，更大於宇宙與人工製品的相似性，因此與其我們把宇宙的原因歸之於理性或設計，不如把它歸之於生殖或生長[28]。休姆在這裡，係沿用後天論證即從果推因的推論，其推論過程可以表示如下：

設「～」表「相似」，「＞」表「大於」
若 宇宙～動植物＞宇宙～人工製品　　　　　　　　（結果）
則 宇宙的原因～動植物的原因＞宇宙的原因～人工製品的原因（原因）
故 把宇宙的原因歸之於生殖或生長＞把宇宙的原因歸之於理性或設計。

休姆之所以把宇宙的原因歸之於生殖或生長，仍然是基於經驗而作出的判斷。休姆指出，因為依據我們的觀察，我們每天所見到的是理性出自於生殖，而不是生殖出自於理性，所以生殖是略勝於理性的[29]。

---

[26] Nelson Pike, ed., 1970, p. 165.

[27] *Dialogues*, p. 178.

[28] *Dialogues*, p. 176.

[29] *Dialogues*, p. 180.

休姆在提出這個看法之後，進一步用實例來作說明，休姆以樹的種子作譬喻，認為這世界就像一棵巨大的植物，從它自身中生出種子而散播在周遭的渾沌太空中，然後生長成為一個新的世界。休姆並形容慧星就像一個世界種子，用它來說明一個新的世界生長的由來[30]。除了以植物作譬喻之外，休姆又用動物作比喻，他假設這個世界是一隻動物，那麼慧星就可算是這隻動物的蛋，如同蛋孵出一隻新的動物，同樣地慧星也生殖一個新的世界[31]。從以上的比喻可知，動植物的生殖或生長同樣可視為宇宙的原因之一。

　　除了生殖與生長，休姆繼續說明另一個宇宙的原因──本能。休姆依據伊比鳩魯（Epicurus）物質無限的假設稍作變動，提出一個宇宙構成論的新假設。休姆假設物質是有限的，有限數目的物質微粒（particles）只容許有限的位置變動，在整個永恆的時間中，每一可能的秩序或位置必然經過了無數次的試驗，因此這個世界在不斷的成毀過程中，永無限制與止境[32]。同時，物質在不斷的運動和變遷中透過自我調節，仍能在整體的外表上保持一致，以顯示物質運動的恆常秩序[33]。

　　由上可見，設計論者以具設計意義的思想作為世界秩序的唯一原則，在經過休姆對此一設計的假設提出變更後，顯然已不再具有原先的權威性。其實休姆提出這些假設的變更，用意原就不在試圖以本能、生殖或生長等原則來取代理性。因為休姆以為類似這種探究宇宙原因的論題，不只上述四個原則，它們可以提出的假設有很多，而可以想像的假設則更多[34]。在所有的假設中，任何一個假設之為真，都只有千分之一乃至百萬分之一的可能性[35]。因此，我們沒有理由限制自己僅將具設計

---

[30] *Dialogues*, p. 177.

[31] Ibid.

[32] *Dialogues*, p. 182.

[33] *Dialogues*, p. 183.

[34] *Dialogues*, p. 167.

[35] *Dialogues*, p. 182.

意義的思想作為世界秩序的唯一原則。派克指出,休姆在這裡並非要我們選擇其中一個原則,我們只須藉此瞭解到,休姆的懷疑主義所表現的只不過是一種合理性的態度[36]。

以上所討論的,是休姆對設計論者的主要批判,其間的論述大致依照史密斯所說設計論者的三個主要假設,以及派克所說「設計的假設」之變更等論題而進行。除此之外,休姆在《對話錄》中還指出了設計論者在推論上有無窮後退(infinite regression)的困難,以及顛倒「觀念是物質對象摹本」的次序之錯誤,以下我們對此將稍作說明。

(六)設計論證在推論上有無窮後退的困難

設計論者依據類比推論,試圖為這個世界尋求一個最初起源,而這個最初起源就是相似於人心的宇宙設計者——神。休姆對於這個推論提出質疑,休姆認為如果我們可以從物質世界追溯出一個觀念世界,那麼我們應當也有同樣的理由,從那一個觀念世界再追溯到另外一個觀念世界或新的理智原則,依此類推,永無止境,因而有推論上無窮後退的困難。而如果設計論者想避免這個困難,要在他們所執意的那個觀念世界停住,休姆則又質疑為什麼偏偏要在那個觀念世界停住,而不在物質世界就停住呢[37]?

休姆在這裡係使用兩難的方法,使對方進退都不是,其用意除了勸阻設計論者不要對宇宙的原因妄加推測,似乎也透露出一些訊息。史坦利推伊曼(Stanley Tweyman)認為,休姆不僅否定了有一個外在的設計因之存在,而且也否定了設計因的理性或理智[38]。此外,我們認為休姆對於知識的態度,是以已知的世界為基礎,再從已知推測未知,休姆就此似已掌握了科學解釋的精神。另一方面,休姆又斷言上帝不過是這

---

[36] Nelson Pike, ed., 1970, p. 182.

[37] *Diàlogues*, p. 161.

[38] David Hume. *Dialogues Concerning Natural Religion*, Stanley Tweyman, ed., London: Routledge, 1991, pp. 32-33.

個物質世界自身所包藏的秩序原則[39]，明顯透露出休姆不同於一般有神論者的上帝觀，如喬治那坦（George Nathan）以為，就休姆的理解而言，宇宙秩序的第一原理只是一個終極至高原理，而不是一個特殊的存有者[40]。我們或可說，休姆的上帝觀是建立在自然主義之上的。

（七）設計論證顛倒了「觀念是物質對象的摹本」之次序

休姆在《人性論》及《人類理解研究》中，曾將人的一切知覺分為印象與觀念兩種。其中，印象是我們心中較強烈、較活躍的知覺，觀念則是較微弱、較不活躍的知覺。因而，印象與觀念，只是知覺的強弱程度不同而已，並沒有本質上的不同。然而，在區分兩者的先後次序時，休姆說印象總是先於觀念出現，也就是說我們的印象是我們的觀念之原因，而我們的觀念卻不是我們的印象之原因。休姆將此一「印象先於觀念」的原則，視為他在人性科學中所建立的第一條原則[41]。

對於這種先後次序的關係，我們又可從休姆所說「我們的一切觀念都是印象的摹本」中看得出來。休姆認為，印象是先於觀念的，而我們的印象與知覺，又依賴外在的或內在的感官和經驗所供給我們的一切材料，我們才能有所思想，例如當我們思想一座黃金山時，我們只不過是將以前所熟悉的兩個與「黃金」和「山」相符的觀念聯合起來而已[42]。

然而，依據設計論者的推論，觀念世界是物質世界的原因，物質世界反成為觀念世界的結果，而這明顯和「印象先於觀念」或「觀念是印象的摹本」之次序相反。

休姆繼前述批評設計論證有推論上無窮後退的困難之後，現在又指

---

[39] *Dialogues*, p. 162.

[40] George Nathan. "The Existence and Nature of God in Hume's Theism," In *Hume: A Re-evaluation*, D.W. Livingston & J.T. King, eds., New York: Fordham University Press, 1976, pp. 127-128.

[41] David Hume. *A Treatise of Human Nature*, L.A. Selby-Bigge and P.H. Nidditch, eds., Oxford: Oxford University Press, 1978, pp. 5-7.

[42] *Enquiries*, p. 19.

出該論證之與我們的知覺經驗相矛盾，無疑又增添了該論證的不可信度。

以上是有關休姆對設計論證的批判，接下來繼續探討休姆從道德論證對有神論者所提出的批判。

二、從道德論證所提出的批判

休姆從道德論證對有神論者所提出的批判，主要是從世界上惡的存在批判有神論者賦與神以全善全能的屬性[43]，而其主要論據則是基於前述設計論者所假設的「神人相似論」（Anthropomorphism）。

休姆在《自然宗教對話錄》中指出，如果「神人相似論」可以成立的話，那麼神應該具有與人類的慈悲、正直等一樣的道德屬性，而對世界萬物表現出神聖的恩惠，讓世界惟有快樂與幸福而沒有痛苦與罪惡[44]。休姆舉父應慈愛子為例說，如果是一個寬寵的父親，將會給與兒子一個大的天賦以防禦意外，並在最不幸的環境中維護其快樂與幸福[45]。休姆這種假設，係針對設計論者而提出的，依照《對話錄》中設計論者的看法，他們並不排除欲證成神聖的恩惠之唯一方法，不外是絕對否認人類的痛苦與罪惡，或承認透過神的特殊意志而唯帶給人類利益和幸福[46]。

休姆於提出這樣的假設之後，就從該命題的反面對設計論者提出批判。也就是說，如果否定人類的痛苦與罪惡或肯定人類的快樂與幸福，是證成神的恩惠之唯一方法的話，那麼其反面——即肯定人類的痛苦與罪惡或否定人類唯是快樂與幸福的，就可以證成神的屬性並非是全善全

---

[43] 就西方有神論者而言，他們主張神的性質是全能的、全善的、自有的、並且和這個世界是分離的、獨立的，因而是永恆的。William L. Rowe. *Philosophy of Religion: An Introduction*, Belmont: Wadsworth, 1993, pp. 5-15.

[44] *Dialogues*, p. 199.

[45] *Dialogues*, p. 208.

[46] *Dialogues*, p. 200, 206.

能的。如休姆在《對話錄》中透過設計論者指出，如果反設計論者能夠確立上述論點，並且證明人類是不幸與腐敗的，那麼一切宗教就隨即要終結了[47]。可見休姆就是基於這樣一個反面命題，論述他的道德論證。

休姆首先指出，我們所生存的這個世界確實充滿著罪惡與污穢，一切生物之間所進行的是一場強取豪奪的永久戰爭。人類的生死原即是苦，人出生之始就為新生嬰兒及其母親帶來極度痛苦，然後人生每一個階段都伴隨著虛弱、不幸和苦惱，最後則在憂慮與恐懼之中結束一生[48]。

休姆將人生的痛苦概括為身體的痛苦與心靈的痛苦，認為人的身體時常為各種病痛或流行病所侵襲，而飽受疾病之苦；人的心靈雖然較為隱密，可是卻也時常為反悔、羞愧、憤怒、焦慮、恐懼、絕望等令人苦惱的情緒所侵襲，而飽受心靈的混亂之苦[49]。因此，休姆總結人的生死之苦，指出我們既不滿足於生，而又恐懼於死，以點出人類對生死之苦的無奈[50]。即使設計論者反駁說，這世界除了痛苦，另外也有快樂，而且健康、快樂、幸福比疾病、痛苦、不幸等還要更普遍。休姆針對這點駁斥說，即使痛苦沒有快樂那麼頻繁，但是痛苦卻遠比快樂劇烈與持久，因此人類遭受痛苦的程度仍超過於享樂的程度[51]。況且，現實世界這種痛苦與快樂混合的現象，我們如何將它歸屬於無限完善的神的屬性呢[52]？我們不可能將一切人類與動物生活中的所有苦樂予以估算及比較，因此苦樂這一論點的性質必不確定，因而以苦樂這一論點為所依的宗教系統（設計論者）也就變成同樣是不確定的了[53]。

---

[47] *Dialogues*, p. 199.

[48] *Dialogues*, p. 194.

[49] *Dialogues*, pp. 195-196.

[50] *Dialogues*, pp. 196-197.

[51] *Dialogues*, p. 200.

[52] *Dialogues*, p. 199.

[53] *Dialogues*, p. 201.

在論述這世界充滿著罪惡與痛苦之後，休姆就從人類的不幸與苦難這一現象，推論神的屬性並非是全善全能的，因為休姆認為通過人類知識的全部範疇，沒有比這樣的推論更確切而更無謬誤的其他推論了[54]。

休姆的推論係使用兩難式（dilemma）[55]，他於提出為什麼這個世界會有苦難這個問題之後，他為苦難的原因設立兩難：第一難是苦難是由於神的意思而產生的嗎？如果答案是肯定的話，那麼神就不是全善的。第二難是苦難是違背神的意思而產生的嗎？如果答案是肯定的話，那麼神就不是全能的。休姆指出，像這樣簡明、清晰而具決定性的推論，其堅實性是無法動搖的[56]。

休姆從世界上的惡與苦這一現象論斷神的屬性並非是全善全能的之後，他進一步從因果系列去追究宇宙中之惡的原因。休姆指出，即使有神論者主張人的德行遠超過罪惡，幸福多於不幸，然而宇宙中只要仍有任何罪惡存在，那麼對於如何解釋這個罪惡之問題，就將極為困擾著神人相似論者。因為他們必須為這個罪惡尋求一個原因而可以不訴諸第一因。可是因為每一個結果必須有一個原因，而這個原因又必須有另外一個原因。那麼其結果必定是：神人相似論者要不就是導致推論上無窮後退的困難，要不就是停留在那個作為萬物最究極原因的最初原理（上帝或第一因）之上[57]。可見休姆在這裡仍援用兩難式之推論，以迫使對方不得不承認，宇宙中任何的惡，最終必歸於第一因（上帝）。

以上是休姆從道德論證對有神論者所提出的批判。綜觀休姆對於有神論者的批判，無論是對設計論證的批判或有關道德論證的批判，都密切和他的經驗主義之立場相關。休姆認為不論是設計論證或道德論證，

---

[54] *Dialogues*, p. 198.

[55] 兩難式（dilemma）就是某一論題只有兩種可能的情況，而這兩種情況往往是對立的二分（如正反、一異、有無），然後證明論敵無論選擇其中之一，都將獲致不當結論；簡言之，就是讓對手左右兩難、進退維谷。

[56] *Dialogues*, p. 201.

[57] *Dialogues*, p. 212.

都是一種從結果推斷原因的論證，因此它們都不能超出我們經驗中對於因果關係的觀察，如此所論證的東西才能成為我們經驗的對象，而其推論也才能成為可靠的論證。

接下來我們將繼續探討龍樹對有神論的批判，以便從中比較龍樹與休姆對有神論的批判有何異曲同工之處。

參、龍樹對有神論的批判

關於龍樹對有神論的批判，以下將分就一、龍樹對大自在天論的批判及二、龍樹對神我論的批判等二方面加以探討。

一、龍樹對大自在天論的批判

龍樹在《十二門論・觀作者門》[58]中曾批判當時印度所流行的大自在天論，也就是主張萬物起源於大自在天之理論。大自在天，梵名為Maheśvara（Maha-Īśvara），音譯為摩醯首羅或摩醯伊濕伐羅，又作自在天、自在天神、自在天王。印度古代有信奉大自在天為世界之創造神

---

[58] 龍樹《十二門論》現存唯有漢譯，近代學界對於《十二門論》是否為龍樹所著有不同看法，如安井廣濟、梶山雄一等人即曾質疑《十二門論》為龍樹所著，參安井廣濟，〈十二門論は果たして龍樹の著作か——以十二門論「觀性門」の偈頌を中心として〉，《中觀思想の研究》（京都：法藏館，1979年），頁374-383；梶山雄一，〈中觀思想的歷史與文獻〉，李世傑譯，《中觀思想》（台北：華宇，1985年），頁5。然而，從漢傳佛教系統來看，無論是該論之漢譯者鳩摩羅什、撰序者僧叡或該論之註釋者吉藏與法藏，均認為《十二門論》之作者為龍樹，如僧叡〈十二門論序〉：「是以龍樹菩薩，開出者之由路，作十二門以正之。」（《大正藏》冊30，頁159中。）吉藏，《十二門論疏》卷上本：「偈及長行皆龍樹自作，略引三證……」（《大正藏》冊42，頁178上。）法藏，《十二門論宗致義記》卷上：「然其（龍樹）所造雖復廣多，唯於此論，自造本頌，還自造釋。」（《大正藏》冊42，頁218下。）此外，睽諸《十二門論》所引偈頌及其內容要旨亦與龍樹所著《中論》多有相仿，因此本文採尊重古說之立場。

者,佛教將其視為大自在天外道[59]。在佛教的諸論典中,不乏有對大自在天提出批判者[60],然而這些批判都不如龍樹在《十二門論》中的批判來得完整及徹底。龍樹在《十二門論》中,一共以十四門,針對以信奉大自在天為萬物之作者乃至六道之苦的作者而提出批判[61]。這十四門依吉藏(西元549-623)《十二門論疏》所說,又可歸納為:(一)破自在用,(二)破自在體,(三)重破自在用,(四)重破自在體等四大項[62]。以下我們就依此四大項來介紹龍樹如何以十四門破大自在天是作者。

---

[59] 如《中論》青目釋一開始即提到龍樹造此論的緣由,乃是為了要以佛所說的緣起正因對治外道的邪因及無因等論,它們包括萬物從大自在天生、或從韋紐天生、或從和合生、或從時生、或從世性生、或從變化生、或從微塵生(以上為邪因生)、或從自然生(無因生)等主張,詳見《大正藏》冊30,頁1中。此中值得注意的是為首的「萬物從大自在天生」,青目將其列為種種邪因之首,可見它是外道各種創生論中最主要的見解。其次是「韋紐天」(Viṣṇu),即毘瑟笯或毘濕笯天,在印度古代宗教中,大自在天、毘濕笯天及梵天被視為三位一體,為創造世界萬物的位格神。吉藏在《中觀論疏》中,曾以佛的三身觀比喻外道這種三位一體的關係,其中大自在天喻如法身,韋紐天喻如應身,梵天喻如化身,詳見《大正藏》冊42,頁14下。

[60] 詳參《阿毘達磨大毘婆沙論》卷199;《大正藏》冊27,頁993中;《阿毘達磨俱舍論》卷7;《大正藏》冊29,頁37下-38中;《瑜伽師地論》卷7;《大正藏》冊30,頁309上-下;《顯揚聖教論》卷10;《大正藏》冊31,頁527上-下;《三無性論》卷下;《大正藏》冊31,頁877上;《成唯識論》卷1;《大正藏》冊31,頁3中;吉藏,《中觀論疏》卷1末;《大正藏》冊42,頁14中-下。

[61] 吉藏認為《十二門論》破作者門乃俱破人法二義,其中破以自在天為造作萬物之作者即是破人義,破六道之苦是自在天所作即是破法義,詳見《中觀論疏》卷1末;《大正藏》冊42,頁14中。又本文認為,龍樹在《十二門論》中,一共以十四門破所謂大自在天是作者,主要係參考吉藏的《十二門論疏》和法藏的《十二門論宗致義記》。不過,依據吉藏和法藏的注疏,均提出龍樹係以十五門破大自在天,惟吉藏所說十五門中,「初破」應為二門卻合為一門,故少計一門;「二救、三破救」所列二門應屬「初破」中之釋妨難,不能獨立為門,故多計二門;十五門經加上少計之一門、扣除多計之二門後,實際應為十四門,詳見《大正藏》冊42,頁209下。而法藏所說十五門中,初門之「同體非他破」,依論文之意乃屬「破他作苦」中之「破我他」而非屬「破自在天他」(此係依吉藏之分類,參《大正藏》冊42,頁209中。)故法藏所說十五門中屬破自在天之部分亦應只有十四門,詳見《大正藏》冊42,頁229中-下。

[62] 吉藏,《十二門論疏》卷下末;《大正藏》冊42,頁209中。

（一）破自在用（破自在天作）

1. 父子不相似破（因果不相似破）[63]

如《十二門論》（以下簡稱《論》）曰：

> （萬物）實不從自在天作，何以故？性相違故。如牛子還是牛，若萬物從自在天生，皆應似自在天，是其子故[64]。

龍樹在此首先以「因果相似性」來破斥萬物從自在天所生。龍樹的理由是如果萬物從自在天所生，那麼依照「因果相似性」，一切眾生都應該相似於自在天才對，就好像牛子還是牛一樣。可是實際上一切眾生並不相似於自在天，因為依照敵論，眾生與自在天是不平等的，眾生是世間性，自在天是神性，兩者在性質上是相互違背的，因此萬物不可能從自在天所生。

2. 傷慈破（苦樂相違破或乖失父子破）

如《論》曰：

> 復次，若自在天作眾生者，不應以苦與子。是故，不應言自在天作苦[65]。

這第 2 門，吉藏指出是傷慈破，意思是說：如果是自在天造作眾生，那麼依照父慈愛子的常理，自在天不應該造作苦給與眾生，可是現實經驗世界的眾生卻是受苦的，因此不能夠說是由自在天造作眾生。另外依法藏（西元 643-712）之分判，這第二門乃屬苦樂相違破，也就是

---

[63] 以下所引十四門破之標題係參自吉藏，《十二門論疏》中之分判，詳見《大正藏》冊 42，頁 209 下。另括弧內之標題則參自法藏，《十二門論宗致義記》中之分判，詳見《大正藏》冊 42，頁 229 中 - 下。

[64]《十二門論》；《大正藏》冊 30，頁 166 上。

[65]《十二門論》；《大正藏》冊 30，頁 166 上。另本段引文之下，原文另有一段龍樹之釋妨難，因其意仍在維護傷慈破，為免論述太過冗長，故從略。

說現實世界眾生所經驗到的苦難與自在天應如父慈子而應給與眾生惟樂無苦的情況恰好相互違背。法藏這種分判,可以說是從類似因明學上所謂「現量相違」[66]的過失來加以破斥。

以上第1及第2門,係從自在天的作用破斥萬物由自在天所作。接下來第3至第7門,龍樹則從自在天的自體破斥有所謂自在天的存在。

(二) 破自在體 (破自在)

3. 有無所須破 (不應所所破)

如《論》曰:

> 復次,彼若自在者,不應有所須。(若)有所須自作(萬物),(則)不名自在。若無所須,(則)何用變化作萬物如小兒戲[67]?

龍樹在此係使用兩難式就自在天造作萬物的需要性動機提出質疑,亦即龍樹質疑自在天造作萬物的動機不外是有需要性或沒有需要性。首先第一難是:如果說自在天造作萬物的動機是有需要性的話,那麼自在天就變成為有所需要了,因此也就不能稱作自在。其次第二難是:如果說自在天造作萬物的動機是沒有需要性的話,那麼自在天造作萬物就變成沒有任何用處,如同兒戲一般,因此這種說法也不合乎道理,一樣不能夠成立自在天[68]。

---

[66] 現量相違乃屬因明學上有關宗(命題)的五種相違過失之一,五種相違包括現量相違、比量相違、自宗(自教)相違、世間相違、自語相違。其中,現量相違乃指以與感覺經驗相矛盾的命題為宗而造成的過失,例如說聲非所聞。詳參沈劍英,《因明學研究》(上海:東方出版中心,1996),頁174-182;《因明入正理論》;《大正藏》冊32,頁11中-下。

[67]《十二門論》;《大正藏》冊30,頁166上-中。

[68] 龍樹在此破自在天所使用的兩難式亦曾出現在《瑜伽師地論》,如該論卷7說:「又汝何所欲,為有用故變生世間?為無用耶?若有用者,則於彼用無有自在,而(謂)於世間有自在者,不應道理。若無用者,無有所須而生世間。不應道理。」(《大正藏》冊30,頁309中。)

4. 以果徵因破（逆窮作者破）

如《論》曰：

> 復次，若自在作眾生者，誰復作是自在？若自在自作，則不然，如物不能自作。若更有作者，則不名自在[69]。

第4門龍樹仍使用兩難式提出質疑，龍樹在此係從結果（眾生）推求原因（自在天）的原因（自在天之因）的方式，質疑自在天之因是自作或他作呢？第一難是：如果說作為原因的自在天能夠從自己造作自己的話，那麼作為結果的眾生也應該能夠從自己造作自己，但事實上眾生並不能夠從自己造作自己，所以在眾生不能夠從自己造作自己的情況下而說自在天能夠從自己造作自己，這是不合乎道理的。其次第二難是：如果說自在天是從其他東西所造作的話，那麼自在天就應該如同眾生（被造作）一樣，變成不自在了，因此仍然不能夠成立自在天[70]。

5. 不能無障礙破（業乖自在破）

如《論》曰：

> 復次，若自在是作者，則於作中無有障礙，念即能作。（惟其不然，）如《自在經》說：「自在欲作萬物，行諸苦行即生諸腹行蟲，復行苦行生諸飛鳥，復行苦行生諸人天。」（又）若行苦行初生毒蟲，次生飛鳥，後生人天，當知眾生從業因緣生，不從（自在行）苦行有[71]。

本段引文，依法藏之注釋可分為三點來說明：

---

[69]《十二門論》；《大正藏》冊30，頁166中。
[70] 本段兩難式之解釋，另參法藏，《十二門論宗致義記》卷下：「五、逆窮作者破：謂自在若自作，眾生亦應爾。自在若他作，則不自在如眾生。二種比量可知。」（《大正藏》冊42，頁229中。）
[71]《十二門論》；《大正藏》冊30，頁166中。

(1) 先以正徵：即引文之「若自在是作者，則於作中無有障礙，念即能作。」意思是在質疑如果說自在天是萬物之作者，那麼應該是隨其意念就能夠自由造作萬物而毫無障礙才對，可是事實上卻不是這樣（這即是吉藏所指出的不能無障礙破），其理由如下所說。

(2) 引邪教：即引文中龍樹所引自在天論者之《自在經》，依該經所說，自在天造作萬物，乃係藉由苦行而先生出各種爬蟲，其次藉由苦行而再生出各種飛鳥，最後又藉由苦行而再生出人天二趣。

(3) 破邪教：依法藏之釋，龍樹引《自在經》文，係從兩方面破邪教：①以苦行奪自在：意即從《自在經》之文意可知，自在天必須依藉苦行才能夠造作萬物，而不是隨其意念就能夠自由造作萬物，這正足以顯示自在天不能夠成立其自在。②以正業奪苦行：即引文之「（又）若行苦行初生毒蟲，次生飛鳥，後生人天，當知眾生從業因緣生，不從（自在行）苦行有。」意思是在質疑：如果說萬物是因自在天藉由苦行而生出，那麼自在天藉由一種苦行（原因）應該只能夠生出一種眾生（結果），而不應該如經文所說由一種苦行而能夠先後生出種種眾生才對。由此，恰足以說明各種眾生（結果）乃係依藉各種不同的業因緣（原因）而生，而與自在天是否行諸苦行無關[72]。

6. 責住處破（徵處失作破）

如《論》曰：

復次，若自在作萬物者，為住何處而作萬物？是住處為是自在作？為是他作？若自在作者，為住何處作（是住處）？

---

[72] 以上三點解釋，參法藏，《十二門論宗致義記》卷下：「六、業乖自在破：於中三：先以正徵，二引邪教，三破邪教。以待苦行方能作物，明知不自在。又一種苦行何不一種受果，然乃初作毒蟲等，當知由業不關邪苦行也。初則以苦行奪自在，後則以正業奪苦行可知。」(《大正藏》冊42，頁229中。)

若住餘處作，餘處復誰作？如是則無窮。若他作者，則有二自在，是事不然。是故，世間萬物非自在所作[73]。

第6門是從自在天造作萬物的住處提出兩難來質疑。龍樹先質問對方，如果說萬物是由自在天所造作，那麼自在天應該是在萬物被造作之前先住於某處而造作萬物，假定這住處稱作「A住處」，龍樹繼續質問這「A住處」又是誰所造作的呢？龍樹接著以兩難式指出，這「A住處」不外是自在天所自作，要不就是他作。首先第一難是：如果說「A住處」是自在天所自作的話，那麼自在天應該是在「A住處」被造作之前先住於餘處而造作「A住處」，假定這餘處稱作「B住處」，龍樹則繼續質問這「B住處」又是誰所造作的呢？依此類推C、D、E……等餘處，那麼將導致無窮後退的困難。其次第二難是：如果說「A住處」是他作的話，那將變成自在天於「A住處」創作萬物之先，另有一個自在能夠造作「A住處」，如此又將導致「自宗相違」[74]（即唯一自在天）的過失。由以上有關自在天造作萬物的住處之責難，可以斷定自在天論不能夠成立[75]。

7. 從他不自在破（求他無力破）

如《論》曰：

復次，若自在作者，何故苦行供養於他（而）欲令歡喜從求所願？若苦行求他，當知不自在[76]。

---

[73]《十二門論》；《大正藏》冊30，頁166中。

[74] 自宗（自教）相違，乃指立宗有違於自己的教義和學說的一種過失，例如勝論師立聲為常（勝論派一向主張聲是無常）。參沈劍英，《因明學研究》，頁177-178；《因明入正理論》；《大正藏》冊32，頁11中。

[75] 本段解釋，參法藏，《十二門論宗致義記》卷下：「七、徵處失作破。於中三：先案定作處，二以兩關責，三釋二作失。初、自作不成破，謂處處無窮耳；二、他作乖宗破。」（《大正藏》冊42，頁229中。）

[76]《十二門論》；《大正藏》冊30，頁166中。

本段引文,依吉藏之釋:「此意明自在先行苦行供養於他,從求願即不自在。」[77] 如此則成為行苦行供養者是自在天,文意似乎不通。若依法藏之釋:「此文應倒,應云:若是自在,何故有人苦行供養從求所願?顯喜與願既受求等,明不自在也。」[78] 法藏的意思是說,這裡的詞句應該倒過來看,應該是說:如果是自在天能夠自在地創作萬物的話,那麼為什麼有行苦行的人供養於自在天[79],以求自在天能夠從其所願呢?這顯示自在天的歡喜與從求所願都是因為接受行苦行的人供養及要求等所致,可見自在天並不是完全自在的。由此看來,法藏的解釋應該比較說得通。

以上第 3 至第 7 門,係從自在天的自體破斥有所謂自在天的存在。接下來第 8 至第 13 門,龍樹再度從自在天的作用——即顯示眾生受果乃自行所致而非自在天的作用來重破萬物由自在天所作。

(三)重破自在用(明眾生自行所招)

8. 不定門破(所作不定破)

如《論》曰:

> 復次,若自在作萬物,初作便定,不應有變,(如)馬則常馬,人則常人。而今,(眾生)隨業有變。(是故,)當知(眾生)非自在所作[80]。

龍樹在此指出,如果是自在天造作萬物,則萬物應成定相,而這卻

---

[77] 吉藏,《十二門論疏》卷下末;《大正藏》冊 42,頁 209 下。
[78] 法藏,《十二門論宗致義記》卷下;《大正藏》冊 42,頁 229 中。
[79] 如提婆於《百論》中破自在天等,曾舉尼乾子(Nirgrantha)等之種種苦行,如《百論》卷上云:「有人言……摩醯首羅天(秦言大自在天)名世尊……(如)勒沙婆(Rṣabhadeva)弟子,誦《尼乾子經》言:五熱炙身、拔髮等受苦法,是名善法。又有諸師,行自餓法、投淵赴火、自墜高巖、寂默常立、持牛戒等,是名善法。」(《大正藏》冊 30,頁 168 上-中)
[80] 《十二門論》;《大正藏》冊 30,頁 166 中。

與眾生隨業輪迴諸趣的不定相相違背,由此而論斷眾生非自在天所作。引文中之「(如)馬則常馬,人則常人。」法藏之釋則以:「如人作車成已,後時不可變作船。(如是)自在初作人,此人後時時(疑為不)應作畜等。」[81]之譬喻作說明,這近於第1門之以「因果相似性」來達到駁斥的效果。

9. 無罪福破(舉果驗因破)

如《論》曰:

> 復次,若自在所作者,(眾生)即無罪福、善惡、好醜(等)(以眾生)皆從自在作故。而(今,眾生)實有罪福(等)。是故,(眾生)非自在所作[82]。

第9門龍樹仍以「因果相似性」提出質疑。意思是說,如果萬物是自在天所造作,那麼依照「因果相似性」,從唯一自在天所造作的眾生應該也是只有一種相,而不應該有罪福、善惡、好醜等種種差別。然而,實際上,眾生確實是存在著罪福、善惡、好醜等種種差別相的[83]。由此可見,眾生並非是自在天所造作。

10. 憎愛門破(憎愛違宗破)

如《論》曰:

> 復次,若眾生從自在生者,皆應敬愛(自在),如子愛父。而實不爾,(眾生於自在)有憎有愛。是故,當知(眾生)非自在所作[84]。

前述第2門是從父應慈子破,這第10門龍樹則反過來從子應愛父

---

[81] 法藏,《十二門論宗致義記》卷下;《大正藏》冊42,頁229下。
[82] 《十二門論》;《大正藏》冊30,頁166中。
[83] 參法藏,《十二門論宗致義記》卷下:「若自在作,皆應一種,不應有好醜等異,又罪福應俱無(異)。」(《大正藏》冊42,頁229下。)
[84] 《十二門論》;《大正藏》冊30,頁166中。

破。意思是說，如果萬物是自在天所造作，那麼依照子應愛父的常理，眾生都應該敬愛自在天才對。然而實際上並非如此，眾生對自在天，是信奉的人才對他敬愛，不信奉的人對他不但不會有敬愛甚至是憎惡的。由此可見，眾生並非是自在天所造作。

11. 苦樂門破（以事驗惑破）

如《論》曰：

復次，若自在作者，何故不盡作樂人（或）盡作苦人而有苦者、樂者？當知（眾生苦樂）從（自在之）憎愛生，故不自在。不自在故，（眾生）非自在所作[85]。

前述第 9 門是從眾生的罪福、善惡、好醜等質疑自在天，這第 11 門龍樹再從眾生的苦樂質疑自在天。意思是說，如果萬物是由自在天所造作的話，那麼從眾生皆有苦樂這個事實，可以推得自在天是有憎愛的。因為自在天有憎愛，所以才會造作有苦有樂的眾生，否則為什麼不但作樂人或但作苦人呢？由此可見，自在天為憎愛所縛，故非自在[86]。

12. 無作門破（方便失作破）

如《論》曰：

復次，若自在作者，眾生皆不應有所作（業）。而（今），眾生方便各有所作（業）。是故，當知（眾生）非自在所作[87]。

引文的意思是說，如果萬物是由自在天所造作的話，那麼世間一切事物應該都全憑自在天所造作及決定，而「眾生不應更作衣食等事，又

---

[85] 同上。

[86] 參法藏，《十二門論宗致義記》卷下：「十二、以事驗惑破：謂何以知彼有憎愛耶？以作苦樂二人，非但作樂故也。又，為不能作一類，明不自在。」（《大正藏》冊 42，頁 229 下）

[87] 《十二門論》；《大正藏》冊 30，頁 166 中。

作諸善惡業。」[88]等種種方便。然而，實際上，世間眾生卻必須方便善巧地更作衣食等事，而且又造作諸善惡業。由此可見，眾生並非是自在天所造作。

13. 自在門破（無因失果破）

如《論》曰：

> 復次，若自在作者，善惡、苦樂事不作而自來，如是壞世間法；持戒、修梵行，皆無所益。而實不爾。是故，當知（眾生）非自在所作[89]。

本段依法藏之釋，引文前段之「若自在作者，善惡、苦樂事不作而自來，如是壞世間法」乃屬「果無從因得」，引文接續之「持戒、修梵行，皆無所益」乃屬「因無益果能」，前屬無因過，後屬失果過，因此法藏判此門為「無因失果破」[90]。由於萬物由自在天作，將導致世間善惡等事有「無因失果」的過失，為避免上述過失，應當可斷定萬物並非由自在天所作。

以上第8至第13門，係龍樹二度從自在天的作用來重破萬物由自在天所作。接下來最後第14門，龍樹再度從自在天的自體重破有所謂自在天的存在。

（四）重破自在體

14. 因無因門破（有無業齊破）

如《論》曰：

> 復次，若（由）福業因緣故（自在）於眾生中大，餘眾生

---

[88] 法藏，《十二門論宗致義記》卷下；《大正藏》冊42，頁229下。
[89] 《十二門論》；《大正藏》冊30，頁166中-下。
[90] 參法藏，《十二門論宗致義記》卷下：「十四、無因失果破：於中，初縱破，謂初果無從因得，後因無益果能。後以理奪破可知。」（《大正藏》冊42，頁229下。）

行福業者亦復應大,何以貴自在?若無因緣而自在者,一切眾生亦應自在,而實不爾,(故)當知(眾生)非自在所作。若自在從他而得,則他復從他,如是則無窮,無窮則無因[91]。

本段依法藏之釋,屬「有無業齊破」,可分為三點來說明:

(1) 齊有:為引文前段之「若(由)福業因緣故(自在)於眾生中大,餘眾生行福業者亦復應大,何以貴自在?」意思是說,如果自在天是由於福業因緣的關係,才於眾生中有大自在福報,那麼其餘眾生也應該由於行福業因緣而也有大自在福報,為什麼只允許自在獨大呢?龍樹於此,係從若有福業受報則自在與眾生亦應平等之觀點,以論破自在天。

(2) 齊無:為引文接續之「若無因緣而自在者,一切眾生亦應自在,而實不爾,(故)當知(眾生)非自在所作。」意思是說,如果自在天沒有任何因緣而得大自在福報,那麼一切眾生也應該不需任何因緣而也有大自在福報,可是事實上卻不是這個樣子,可見自在天不能成立。龍樹於此,則從若無因緣而得自在則自在與眾生亦應平等之觀點,以論破自在天。

(3) 無窮:為引文最後之「若自在從他而得,則他復從他,如是則無窮,無窮則無因。」意思是說,如果自在天論者轉計自在天是以其他作者作為原因而受果,那麼其他作者亦應更有另一作者作為原因而受果,如此推求下去將導致無窮的過失,而如果無窮則成為無始,如果無無始則形同無因,因此仍不免前述無因緣而得自在的過失[92]。

---

[91]《十二門論》;《大正藏》冊30,頁166下。

[92] 本段之三點說明,詳參法藏,《十二門論宗致義記》卷下:「十五、有無業齊破:於中三:先齊有,二齊無,三無窮。無窮則無始,無始則無因,上皆有比量,並可知。」(《大正藏》冊42,頁229下)

以上就是龍樹《十二門論》中破自在天所使用的十四門。經由以上這十四門的論破，龍樹最後總結遮破自在天是萬物之作者以及自在天的存在，如《論》曰：「如是等種種因緣，當知萬物非自在生，亦無有自在。」[93]

以上是有關龍樹對大自在天論的批判，接下來繼續探討龍樹對神我論的批判。

二、龍樹對神我論的批判

在印度古婆羅門教中，有關宇宙創生之理論，由吠陀（Veda）時期作為宇宙萬物大原理之「生主」（Prājāpatya）理論，經梵書（Brāhmaṇa）時期逐漸由宇宙最高原理之「生主」轉為主宰世界最高位的「梵」（Brahman），乃至進展至「梵我同一」（Brahma-ātma-aikyam）論[94]。至奧義書（Upaniṣad）時期，作為世界最高位的「梵」發展為人格化的創造神，「梵我同一」論也逐漸發達而完熟，如《布利哈德奧義書》說：「此我，實彼梵也」（Sa vā ayam ātma Brahma）[95]、「我者，梵也」（Aham Brahma asmi）[96]。其理論認為吾人身心有一常住不變、不可思議的實我（Ātman，阿特曼），為一切身心作用的本體，此一實我同時又被其身心作用隱蔽其真相，吾人惟有由迷轉悟，一旦悟本性，就能夠將個人小我融合於惟一大我之梵而得解脫[97]。

梵我同一論萌芽於梵書後期，經奧義書時期逐漸發展完熟而成為婆羅門教解脫論的最終理想，其理論係以現象界身心最終內部之實我本體

---

[93]《十二門論》；《大正藏》冊30，頁166下。
[94] 梵書時期之「梵我同一」論，意指「有情主體之我，與包含大宇宙而有餘之梵，在本性上無異……吾人之自我，即梵之自我……個人──之阿特曼（Ātman 我），歸於梵，而沒於同一我（Sātmatā）。」見高楠順次郎、木村泰賢合著，高觀廬譯，《印度哲學宗教史》（台北：台灣商務印書館，1991年），頁210。
[95]《布利哈德奧義書》4.4, 5，同上註，頁247。
[96]《布利哈德奧義書》1.4, 10，同上註，頁248。
[97] 同上註，頁252-257。

及梵之最終本體為基礎，以求解脫個人小我之境而融合於大我之梵為宗教之最終理想。這種以身心之實我及梵之最終本體為基礎之梵我同一論，無論是實有個人之小我，或實有梵天之大我，就佛教看來，都屬於不能如實了解諸法乃因緣和合而生所產生的實在論見解。有關實有大梵及世界由大梵而生之見解，我們已經在上一節就龍樹對大自在天論的批判作過探討，由於大自在天在婆羅門教中與毘濕笯天及梵天被視為三位一體，為創造世界萬物的位格神[98]，因此龍樹對大自在天論的批判其實即可視同為對梵天論的批判。是故，本節擬再就龍樹如何批判外道對實有神我（Ātman）的主張繼續作探討[99]。

龍樹論著中不乏有對於神我論的批判，其中頗具代表性及論證性的乃屬《中論‧觀本住品》及《中論‧觀法品》第 1 詩頌中對神我論的破斥，由於〈觀本住品〉中有關破神我的論證與本文所欲探討的論題比較沒有直接關連，因此在本小節中我們將僅就〈觀法品〉第 1 詩頌作討論。

〈觀法品〉第 1 詩頌說：

若我（Ātman）是五陰，我即為生滅；若我異五陰，則非五陰相[100]。

頌文的意思是說，如果神我（Ātman）[101]就是五蘊（色受想行識）的話，神我將成為有生滅的東西；如果神我是五蘊以外（的東西）的話，神我將成為沒有五蘊相的東西。

---

[98] 參吉藏，《中觀論疏》；《大正藏》冊 42，頁 14 下。

[99] 龍樹所破外道之神我（Ātman），如本文所舉奧義書所說係指吾人身心有一常住不變、不可思議的實我，以此觀之似與有神論的批判無涉。然誠如本文所指出代表奧義書時期婆羅門教解脫論的「梵我同一論」，係以求解脫個人小我之境而融合於大我之梵為宗教之最終理想，而梵天又為創造世界萬物的位格神，就此而言，龍樹對神我之批判，亦非全與對有神論的批判無涉。

[100] 《中論》卷 3；《大正藏》冊 30，頁 23 下。

[101] 頌文中之「我」，梵語 Ātman，漢譯為我、神或神我，如鳩摩羅什（Kumārajīva, 344-413）所譯《中論》青目釋即將 Ātman 譯為神或我，參《大正藏》冊 30，頁 13 中 -14 上、23 下 -24 中。

龍樹在本頌所使用的論證方法，可以說是從一異門破「神我與五蘊是同一」及「神我與五蘊是相異」，同時也是從兩難式質難「神我即是五蘊」或「神我異於五蘊」兩種情況都不能成立。為什麼呢？ 先從破「神我即是五蘊」而言，假如主張神我就是五蘊的話，由於五蘊是無常生滅的，所以那個神我就應該如同五蘊一樣是無常生滅的，則哪裏有如你所說的常住不變的神我存在呢[102]？ 反之，如果主張離開五蘊另有一個神我存在的話，則那個神我就不具有五蘊相，可是不具有五蘊相的東西，並非是我人所能見聞覺知的；而且假如有神我的話，那麼五蘊是所相，神我是能相，由於離開所相不可能有獨立自存的能相，所以離開五蘊也應該不可能有獨立自存的神我，則又哪裏有如你所說的常住不變的神我存在呢[103]？ 由此可證，不論是主張「神我即是五蘊」或「神我異於五蘊」，都不能成立有常住不變的神我存在。

龍樹在本頌中，以「若我異五陰，則非五陰相」破斥外道所主張的離蘊我，而龍樹所謂「非五陰相」，乃是不承認有非五蘊身所能見聞覺知的東西；也就是說，龍樹係將吾人所能見聞覺知的東西限定在五蘊身的感覺經驗範圍內，因此對於超越感覺經驗之非五陰相的神我，龍樹將其劃歸為非吾人所能認知的對象。龍樹這種重視感覺經驗的傾向，曾被南傳佛教學者卡魯帕哈那（David J. Kalupahana）形容為龍樹是一個經驗主義者（empiricist）[104]。

---

[102] 如青目釋說：「若神是五陰，即是生滅相，何以故？生已，壞敗故。以生滅相故，五陰是無常。如五陰無常，生滅二法亦是無常，何以故？生滅亦生已（而）壞敗，故無常。神若是五陰，五陰無常故，神亦應無常生滅相，但是事不然。」（《大正藏》冊30，頁24上。）

[103] 如青目釋說：「若離五陰有神，神即無五陰相，如偈中說：『若神異五陰，則非五陰相。』而離五陰更無有法，若離五陰有法者，以何相何法而有？若謂神如虛空，離五陰而有者，是亦不然，何以故？〈破六種品〉中已破（離）虛空（相）無有法名為虛空。」（《大正藏》冊30，頁24上。）

[104] David J. kalupahana. *Nāgāriuna: the philosophy of the Middle Way*, Albany: State University of New York, 1986, pp. 81-87.

龍樹這種經驗主義傾向，如果透過青目（Piṅgala，約西元 4 世紀）對本詩頌的注釋，更可以表現出中觀學派的經驗主義色彩，如青目釋說：

> 若謂以有信，故有神（我），是事不然。何以故？信有四種：一、（名）現事可信；二、名比知可信，如見煙知有火；三、名譬喻可信……四、名賢聖所說故可信……是神於一切信中不可得，現事中亦無，比知中亦無。何以故？比知，名先見故，後比類而知，如人先見火有煙，後但見煙則知有火。神義（則）不然，誰能先見神與五陰合（而）後見五陰知有神[105]？

青目這段注釋，主要是透過當時印度之四種量論（知識來源）──現量（感覺）、比量（推論）、譬喻量及聖教量，以阻斷論敵即使窮盡四種量論也無法證成神我存在之各種可能性。其中，尤其以有關現量及比量之論述，更可透露出龍樹在上揭詩頌所蘊含的經驗主義傾向，如引文中說：「是神於一切信中不可得，現事中亦無，比知中亦無。」所謂現事（現量）中亦無，乃指神我無法透過吾人的感覺經驗而被認知，而所謂比知（比量）中亦無，則指神我也無法透過推論而被認知。青目接著特別針對為什麼神我無法透過推論而被認知提出進一步說明，如引文後段說：「何以故？比知，名先見故，後比類而知，如人先見火有煙，後但見煙則知有火。神義（則）不然，誰能先見神與五陰合（而）後見五陰知有神？」青目指出，這裡所說的比量，乃是指吾人經驗範圍內曾認知某一原因生出某一結果，事後由於該同一結果之出現即可推知同一原因亦必存在。換言之，青目在此所使用的推論，是從結果推論原因，而其前提是原因與結果之間必須具有在吾人經驗範圍內的因果關係。如引文中，青目舉例說，就像在吾人經驗範圍內曾見過火生出煙，事後當我們在某地見到煙時，就能夠由煙推知有火。然而，神我就無法經由推論

---

[105]《中論》卷 3；《大正藏》冊 30，頁 24 上 - 中。

得知，為什麼呢？因為在吾人經驗範圍內不曾見過某人之神我與五蘊具有因果關係，因此事後當我們見到某人之五蘊時，就不能夠依據上述由果推因之推論原則而由五蘊推知有神我。

由青目所舉之例可知，即使是理性推論，中觀論者也不容許理性推論可以脫離感覺經驗範圍之外；也就是說，神我論者即使想藉由理性推論，也必須限定在吾人的經驗範圍內，否則神我的推論就不能夠成立。由此可見，透過青目對本詩頌的注釋，論敵即使窮盡四種量論也無法證成神我存在之各種可能性，尤其是其中有關現量及比量的論述，更能夠表現出中觀學派重視經驗的意味，而透露出龍樹在上揭詩頌所蘊含的經驗主義傾向[106]。

肆、龍樹與休姆對有神論的批判之比較

經由以上的討論，我們發現龍樹與休姆對有神論的批判，無論是其論證方法或論證內容，都有許多地方非常相似而表現出彼此之間的相互契合。以下將分別就「類比對象的相似性」、「推論上無窮後退的困難」及「神人相似論的反證」等三方面進行比較分析[107]。

---

[106] 在佛教認識論裡，現量是側重在感覺經驗上所取得的知識，比量則側重在理性推論所獲得的知識，因此現量相較於比量而言較具有經驗主義的傾向。然而依青目在《中論・觀法品》第 1 詩頌的註釋，其使用比量中之「如本」以論證離五蘊無有神我，如云：「有三種比知：一者如本、二者如殘、三者共見。如本，名先見火有煙，今見煙知如本有火。」「神義（則）不然，誰能先見神與五陰合（而）後見五陰知有神？」（《大正藏》冊 30，頁 24 中。）從引文可知，即使使用比量，也是透過吾人先前曾見過火有煙這種感官經驗而推斷得知，而青目這裡所謂「如本」之比量，即是龍樹《方便心論》中所謂的「前比」（參《大正藏》冊 32，頁 25 中。）因此，由此例可知，無論是現量或比量，或可視為龍樹在該詩頌所表現的經驗主義傾向。

[107] 以下所進行之比較分析，係就論證方法或論證內容比較龍樹與休姆相互契合的地方，然而這並不代表在龍樹所處的時代與環境，龍樹具有如休姆所處時代西方所流行設計論證之認知或具有休姆對設計論證之批判之相關概念——諸如本文所提到的「類比對象的相似性」、「神人相似論的反證」等概念。

一、「類比對象的相似性」之比較分析

　　休姆對於設計論者所依據的類比規則「相似的結果證明相似的原因」並不反對，只不過休姆所在意的是因與果必須適成比例，也就是說我們對於因果知識只能根據經驗，這種知識來自於我們所觀察對象的「經常連結」，例如石頭會往下掉，火會燃燒，由於它們在我們的經驗中是經常連結的事件，因而當與這些性質相同的任何新例子出現時，我們所作出的推論也就愈可靠。反之，如果類比對象的相似性愈低，也就比例地減弱了類比的證據力，使推論的結果愈不可靠。例如，設計論者對於宇宙和人工製品的類比，休姆就指出它們之間不具有明顯的相似性，因此從這種結果所推出的相似因，就不是那麼可靠了。

　　龍樹在破「神我異於五蘊」時，其論證方法與上述休姆的論證方式頗為契合。龍樹說：「若我異五陰，則非五陰相。」意思是說，如果主張離開五蘊另有一個神我存在的話，則那個神我就不具有五蘊相，可是不具有五蘊相的東西，並非是我人所能見聞覺知的東西。龍樹在這裡，似有意透露異於五蘊的「神我」這個類比對象，並不能成為我們經驗的對象，因此其推論結果就不是可靠的。如果我們再透過青目的解釋，那麼就與休姆的論證更為神似了，青目的解釋說：「如人先見火有煙，後但見煙則知有火。神義（則）不然，誰能先見神與五陰合（而）後見五陰知有神？」青目這段解釋，與休姆的論證如出一轍，連所舉的由火生煙之例子都一樣。在這裡，龍樹與青目破「異於五蘊之神我」，就如同休姆破「宇宙秩序之設計神」一樣，其理由都在於批判論敵的類比對象不具相似性，因而不能成為我們經驗的對象，故不能成立其推論。

二、「推論上無窮後退的困難」之比較分析

　　設計論者依據類比推論，試圖為這個世界尋求一個最初起源，而這個最初起源就是相似於人心的宇宙設計者──神。休姆對於這個推論提出質疑，休姆認為如果我們可以從物質世界追溯出一個觀念世界，那麼

我們應當也有同樣的理由,從那一個觀念世界再追溯到另外一個觀念世界或新的理智原則,依此類推,永無止境,因而有推論上無窮後退的困難。

龍樹於破大自在天論時,也曾在如下三種情況(均屬破自在體)使用無窮後退的論式。

(一)第 4 門之逆窮作者破

龍樹說:「若自在作眾生者,誰復作是自在?……若更有作者,則不名自在。」此中,龍樹雖在質疑自在天若是更從其他作者所造作的話,那麼自在天就變成不自在了。可是,引文中應該另含有無窮推論的意味,也就是說,如果逆窮自在天之作者是另有其他作者的話,那麼將形成這個其他作者應該更有另一個其他作者……這種無窮後退的困難。

(二)第 6 門之住餘處作破

龍樹說:「若自在作者,為住何處作(是住處)?若住餘處作,餘處復誰作?如是則無窮。」這是說如果自在天是在萬物被造作之前先住於某處(A 住處)而造作萬物,那麼這「A 住處」又是誰所造作的呢?如果說「A 住處」是自在天所自作的話,那麼自在天應該是在「A 住處」被造作之前先住於餘處(B 住處)而造作「A 住處」,然而這「B 住處」又是誰所造作的呢?依此類推 C、D、E……等餘處,那麼將導致無窮後退的困難。

(三)第 14 門之自在從他得破

龍樹說:「若自在從他而得,則他復從他,如是則無窮,無窮則無因。」意思是說,如果自在天論者轉計自在天是以其他作者作為原因而受果,那麼其他作者亦應更有另一作者作為原因而受果,如此推求下去將導致無窮的過失。

以上第一、二點有關「類比對象的相似性」之比較及「推論上無窮

後退的困難」之比較,係就休姆對設計論證的批判之相關論題和龍樹破神我論及破自在天論作比較分析。接下來第三點「神人相似論的反證」之比較,則是就休姆有關道德論證的批判和龍樹破自在天論作比較分析。

三、「神人相似論的反證」之比較分析

休姆從道德論證所提出的批判,主要是從設計論者的「神人相似論」作為批判基礎。依前文所說,休姆係從「神人相似論」來反證神的屬性非全善全能,以及這世界應無罪惡與苦難,如將這兩點對照於龍樹之破自在天論,則可發現龍樹與休姆在道德論證之相關論題上,有很多部分非常相似。以下就分從「神的屬性非全善全能」及「世界應無惡與苦」這兩點來作說明。

(一)「神的屬性非全善全能」之比較分析

休姆在論述道德論證時,曾指出這世界確實充滿著罪惡與痛苦,並從人類的不幸與苦難這一現象,推論神的屬性並非是全善全能的。休姆認為,就我們的經驗世界而言,一切結果都不是無限的,因而我們怎麼可能從有限的結果推出無限的原因呢?因此,依照神人相似論的假設,我們就不能把無限這種屬性歸屬於神聖的存在。

相較於休姆這種推論方式,龍樹破自在天論也曾多次使用相似之推論方式。我們於此參照休姆所說由有限果不能推出無限因,而將龍樹的推論方式稱作「破由有限果推出無限因」(破自在體),亦即龍樹質疑由經驗世界的有限性如何能推演出作為無限因的自在天呢?由此而破斥有所謂具無限性的自在天之存在。以下我們再分為 5 點作說明。

1. 第 3 門之自在有所須破

龍樹說:「彼若自在者,不應有所須。(若)有所須自作(萬物),(則)不名自在。」這是質疑:如果說自在天造作萬物的動機是有需要性的話,那麼自在天就變成為有所需要了,因此也就不能稱作自在。

2. 第5門之不能無障礙破

龍樹說:「若自在是作者,則於作中無有障礙,念即能作。(惟其不然,)如《自在經》說……」這是質疑:如果說自在天是萬物之作者,那麼應該是隨其意念就能夠自由造作萬物而毫無障礙才對,可是事實上卻不是這樣。龍樹引自在天論者之《自在經》,以指出自在天乃係藉由苦行而不是隨其意念造作萬物,可見自在天並不是完全自在。

3. 第6門之住處他作破

龍樹說:「是住處為是自在作?為是他作?……若他作者,則有二自在,是事不然。」這是質疑:如果自在天在萬物被造作之前先住於某處(A住處)而造作萬物,而如果「A住處」是他作的話,那將變成自在天於「A住處」創作萬物之先,另有一個自在能夠造作「A住處」,如此將導致有兩個自在(即自在天不是唯一無限)的過失。

4. 第7門之從他不自在破

龍樹說:「若自在作者,何故苦行供養於他(而)欲令歡喜從求所願?若苦行求他,當知不自在。」這是質疑:自在天的歡喜與從求所願都是因為接受行苦行的人供養及要求等所致,可見自在天並不是完全自在的。

5. 第11門之自在有憎愛破

龍樹說:「若自在作者,何故不盡作樂人(或)盡作苦人而有苦者、樂者?當知(眾生苦樂)從(自在之)憎愛生,故不自在。」這是質疑:如果萬物是由自在天所造作的話,那麼從眾生皆有苦樂這個事實,可以推得自在天是有憎愛的,由於自在天為憎愛所縛,故非自在。

(二)「世界應無惡與苦」之比較分析

休姆對於道德論證的論述,除了從人類的苦難推論神的屬性非全善全能之外,並從「神人相似論」之理論指出,神應該具有與人類的慈悲、正直等一樣的道德屬性,而應如父慈愛子一樣,對世界萬物表現出神聖的恩惠,讓世界惟有快樂與幸福而沒有痛苦與罪惡。然而事實上卻

不是這樣,我們這個世界卻到處充滿罪惡與苦難,由此而質疑神的道德屬性。

相較於休姆這種推論方式,我們將龍樹與此相近的推論方式稱作「破由無限因生出有限果」(破自在用),亦即龍樹質疑由具無限性的自在天如何可能生出有限而苦難的世間呢?由此而破斥自在天是萬物之作者。以下我們再分為 7 點作簡要說明。

1. 第 1 門之父子不相似破

龍樹說:「若萬物從自在天生,皆應似自在天,是其子故。」這是質疑:如果萬物從自在天所生,那麼依照「因果相似性」(神人相似論),一切眾生都應該相似於自在天才對,可是實際上卻不是這樣,故眾生非自在天所作。

2. 第 2 門之父與子苦破

龍樹說:「若自在天作眾生者,不應以苦與子。是故,不應言自在天作苦。」這是質疑:如果是自在天造作眾生,那麼依照父慈愛子的常理,自在天不應該造作苦給與眾生,可是實際上卻不是這樣。龍樹在這裡以父親不應該將痛苦給與兒子作比喻,這種比喻方式與休姆不謀而合,更增添兩者在論證上的契合。

3. 第 8 門之眾生隨業變破

龍樹說:「若自在作萬物,初作便定,不應有變……而今隨業有變。當知(眾生)非自在所作。」這是質疑:如果是自在天造作萬物,則萬物應成定相,可是實際上卻不是這樣,故眾生非自在天所作。

4. 第 9 門之眾生有罪福破

龍樹說:「若自在所作者,即無罪福、善惡、好醜……而實有罪福。是故,(眾生)非自在所作。」這是質疑:如果萬物是自在天所造作,那麼依照「因果相似性」,從唯一自在天所造作的眾生應該也是只有一種相,而不應該有罪福、善惡、好醜等種種差別,可是實際上卻不是這樣,故眾生並非自在天所作。

5. 第10門之眾生有憎愛破

龍樹說:「若眾生從自在生者,皆應敬愛(自在),如子愛父。而實不爾,有憎有愛。是故,當知(眾生)非自在所作。」這是質疑:如果萬物是自在天所造作,那麼依照子應愛父的常理,眾生都應該敬愛自在天才對。然而實際上並非如此,故眾生並非自在天所作。

6. 第11門之眾生有苦樂破

龍樹說:「若自在作者,何故不盡作樂人(或)盡作苦人而有苦者、樂者?」這是從眾生有苦有樂而質疑眾生是自在天所作。

7. 第12門之眾生有所作破

龍樹說:「若自在作者,眾生皆不應有所作(業)。而眾生方便各有所作(業)。是故,當知(眾生)非自在所作。」這是從眾生方便各有所作業而質疑眾生是自在天所作。

四、小結

以上我們分別從「類比對象的相似性」、「推論上無窮後退的困難」及「神人相似論的反證」等三方面,就龍樹與休姆對有神論的批判作比較分析。經由以上的比較分析,我們可以發現休姆批判設計論證中有關「類比對象的相似性」和龍樹(青目)破神我論中之異五蘊計我有如出一轍的推論方式,休姆批判設計論證中有關「推論上無窮後退的困難」和龍樹破自在天論中之第4、6、14門有幾近雷同的推論方式,休姆道德論證中「神人相似論的反證」,其中「神的屬性非全善全能」和龍樹破自在天論中「破由有限果推出無限因」即第3、5、6、7、11門有頗為契合的推論方式,「世界應無惡與苦」和龍樹破自在天論中「破由無限因生出有限果」即第1、2、8、9、10、11、12門有幾近一致的推論方式。我們試將上述龍樹與休姆對有神論的批判之相關推論彼此相互契合之處以圖表表示如下:

龍樹與休姆批判有神論相互契合之相關推論論題對照表

休姆	龍樹
破設計論證	破神我論
類比對象的相似性	破異五蘊計我
	破自在天論
推論上無窮後退的困難	4. 逆窮作者破（破自在體）
	6.1 住餘處作破（破自在體）
	14.3 自在從他得破（破自在體）
道德論證 　神人相似論的反證 　　神的屬性非全善全能	破由有限果推出無限因（破自在體） 　　　3. 自在有所須破 　　　5. 不能無障礙破 　　　6.2 住處他作破 　　　7. 從他不自在破 　　　11. 自在有憎愛破
世界應無惡與苦	破由無限因生出有限果（破自在用） 　　　1. 父子不相似破 　　　2. 父與子苦破 　　　8. 眾生隨業變破 　　　9. 眾生有罪福破 　　　10. 眾生有憎愛破 　　　11. 眾生有苦樂破 　　　12. 眾生有所作破

　　經由上述的比較分析，我們可以發現在論證方法上，龍樹與休姆至少有如下幾個相似點：

(一)間接證法或歸謬法[108]

這種方法就是欲證明對論者的主張 r 是錯的,先假設 r 為真,然後由 r 真的假設,導出矛盾的結論,最後再斷言 r 真的假設錯誤,應該非 r 才對。其論式可寫為:「如果 r,則非 p」(r 表對論者的主張,p 表無矛盾或某一已知的事實)。在上述之比較分析中,「推論上無窮後退的困難」就是這種方法明顯的例子,休姆先假設對論者的主張「如果我們可以從物質世界追溯出一個觀念世界」(r)為真,將導出「則我們應當也有同樣的理由,從那一個觀念世界再追溯到另外一個觀念世界或新的理智原則,依此類推,永無止境,因而有推論上無窮後退的困難」之結論(非 p),可見休姆在這裡使用的是歸謬法。其次,就龍樹而言,龍樹於破大自在天論時,先假設對論者的主張「若(自在)住餘處作」(r)為真,將導出「則餘處復誰作?如是則無窮」之結論(非 p),再者,先假設對論者的主張「若自在從他而得」(r)為真,將導出「則他復從他,如是則無窮」之結論(非 p),可見龍樹在這裡也同樣使用歸謬法。

---

[108] 關於龍樹所使用的方法,學者或有稱之為「辯證法」者,如:拉煮(P.T. Raju)即主張中觀學是辯證的,並認為龍樹是一個辯證法專家,可比美巴洛德萊(Bradley)。魯賓遜(Richard H. Robinson)認為《中論》四句(catuṣkoṭi)是一連串漸次昇進的程序,此種程序之運作,除了第一句以外,每一句均是其前者的相對者,這是一種辯證的昇進。梶山雄一回應並同意魯賓遜的詮釋,他認為四句中的前三句是權宜施設,而第四句則展示最高的真理,因而四句是辯證性格的。然而,也有學者認為龍樹所使用的「辯證法」其實就是「歸謬法」,而不是黑格爾式的辯證法,如穆諦(T.R.V. murti)認為中觀辯證法,所用的僅是歸謬證法,它本身並不是一種見解,或者是其他見解的綜合。因此,中觀辯證法並不預設所謂的「三一運動」(triad),亦不會導出螺旋式的辯證形式,這一點即與黑格爾的辯證法不同。布高爾特(Guy Bugault)亦認為龍樹的辯證法僅在戳穿錯誤命題的謬誤(歸謬),而無綜合正反面的合題(synthesis)。高斯(Ramendra Nath Ghose)認為龍樹的辯證法在梵文用辭上則稱為歸謬證法(應成法,prasaṅgāpādana),這一點相似於穆諦的看法。綜上所述,筆者同意龍樹所使用的辯證法其實就是「歸謬法」,相較於西方哲學史上的辯證法,它反而接近於早期希臘辯證法,而不是黑格爾式的辯證法。詳參拙著〈『中論』解脫思想之研究〉,(台北:輔仁大學宗教學研究所碩士論文,1997),頁 93-98。

（二）兩難式

如前所言，兩難式就是某一論題只有兩種可能的情況，而這兩種情況往往是對立的二分，然後證明論敵無論選擇其中之一，都將獲致不當結論。其論式可寫為：「如果 p，則 q；如果非 p，則 r」（其中 q 與 r 均是不當結論）。如休姆在論證神的屬性並非是全善全能時，就是使用兩難式，休姆為苦難的原因設立兩難：「如果苦難是由於神的意思而產生的（p），則神就不是全善的（q）；如果苦難是違背神的意思而產生的（非 p），則神就不是全能的（r）。」其次，就龍樹而言，在上文中龍樹於破自在體時，於第 4 及第 6 門均使用兩難式，此外在破神我論時，龍樹也為於五蘊計我者設立兩難：「若我是五陰（p），我即為生滅（q）；若我異五陰（非 p），則非五陰相（r）。」

（三）不矛盾律

不矛盾律是指兩個對反命題，若其中一個命題為真，另一命題必為假，或其中一個命題為假，另一命題必為真，不能夠兩個命題同時是真，或同時是假，其邏輯符號記為 ~（p・~p）。當休姆從世界苦的存在論證神的屬性並非是全善全能時，就是使用不矛盾律，休姆假設，「如果否定人類的痛苦與罪惡或肯定人類的快樂與幸福，是證成神的恩惠之唯一方法的話（p），那麼其反面——即肯定人類的痛苦與罪惡或否定人類唯是快樂與幸福的，就可以證成神的屬性並非是全善全能的（~p）。」休姆接著指出，由現實世界確實充滿著痛苦與罪惡，可以證成神的屬性並非是全善全能的（~p 為真），而不能證成它是來自於神的恩惠（p 為假）。其次，這相同的例子也出現在龍樹，龍樹以「苦樂相違」破大自在天時，也同樣是使用不矛盾律，龍樹從「如果眾生惟樂無苦，可證成如父慈子的自在天造作眾生的話（p），那麼其反面——即世界眾生遭受苦難，就可以證成傷慈的自在天不可能造作眾生（~p）。」龍樹並從現

實世界的眾生確實是遭受苦難，可以證成傷慈的自在天不可能造作眾生（~p 為真），而不能證成自在天造作眾生（p 為假）。

（四）觀察與歸納

休姆對於設計論者依據因果類比規則證明有設計神存在之批判，係使用觀察與歸納方法。休姆認為因果知識只能根據經驗，這種知識來自於我們所觀察對象的「經常連結」，休姆以石頭下墮、火會燃燒等事件為例，認為這些事件我們已經「觀察」過數以千遍以上了，因此當與這些性質相同的任何新例子出現時，我們所作出的「（歸納）推論」[109]也就愈可靠。同理，當我們看到一間房子，我們就可以很確定地推斷這房子出自於某一建築師或建造者，因為建築師與房子的因果關係，是經由我們經驗中觀察到的經常連結事件所作出的歸納推論而得。然而，設計神和宇宙的因果關係，卻缺少這種種類上的相似，因此無法透過觀察與歸納而推斷得知。其次，就龍樹而言，龍樹在破斥外道主張有離蘊我時，也出現類似的方法，龍樹認為如果離開五蘊另有一個神我存在的話，則那個神我就不具有五蘊相，可是不具有五蘊相的東西，並非是我們經驗中所能觀察得到的。龍樹這個看法，透過青目的解釋，更顯示和上述休姆所使用的觀察與歸納方法相脗合，同休姆一樣，青目認為因果知識只能根據經驗，這種知識來自於我們經驗中實際觀察與歸納所得，譬如在吾人經驗中曾無數次觀察過火生出煙，事後當我們在某地見到煙時，就能夠透過歸納由煙推知有火。然而，在吾人經驗中不曾觀察過某人之神我與五蘊具有因果關係，因此事後當我們見到某人之五蘊時，就不能夠透過觀察與歸納而由五蘊推知有神我。

---

[109] 這裡所謂「推論」，休姆雖未明言是「歸納」，不過從休姆所舉石頭下墮、火會燃燒等事例是經由我們觀察過數以千遍以上來看，其所獲致的推論結果，顯然是經由觀察與歸納所得。

伍、結論

　　經由本文就龍樹與休姆對有神論的批判之比較研究，除了顯示出休姆在哲學上所採取的經驗主義、懷疑主義與自然主義的立場，而且也充分表現出龍樹同樣具有經驗主義、懷疑主義與自然主義的色彩。

　　在經驗主義上，休姆認為一切因果的類比，都不能超出我們對於因果關係的觀察，亦即因果關係必建立在兩個經常連結的事件之上，而這種連結又必須具有種類上的相似性，才能成為我們經驗的對象。然而宇宙設計神只是單一的，個別的，因而「它完全超出我們的經驗之外，所以是不確定的。」[110]龍樹則認為，離開五蘊的那個神我並不具有五蘊相，它不是我人所能見聞覺知的東西；也就是說，異於五蘊的「神我」這個類比對象，並不能成為我們經驗的對象，因此其推論結果就不是可靠的。龍樹在這裡的推論，同樣表現出濃厚的經驗主義意味[111]。

　　就懷疑主義而言，休姆對於設計論證及有關道德論證的批判，無非是要用合理性的懷疑來對治宗教上的迷信，以及對於人的理性所無法證明的上帝論題予以「懸而不決」（suspend）[112]。而龍樹對於大自在天論的批判，則從自在天的自體及自在天的作用等二方面提出合理性的懷疑，並對於宗教上迷信有自在天之獨斷論給予嚴厲的批判，此亦透露出龍樹所具有的懷疑主義的色彩。

　　最後在自然主義上，休姆除了用動、植物的生殖或生長，或物質運動本能等自然秩序原則來反駁理性，其在《對話錄》的末篇，也一再強調自然傾向對人的影響更甚於宗教的動機對人的影響[113]，並且視同上帝只是這個物質世界的秩序原則，在《人類理解研究》中休姆更勸宗教哲

---

[110] *Enquiries*, p. 142.
[111] 關於龍樹具有經驗主義傾向，請參 David J. kalupahana. *Nāgāriuna: the philosophy of the Middle Way*, Albany: State University of New York, 1986, pp. 81-87.
[112] *Dialogues*, p. 227.
[113] *Dialogues*, p. 221.

學家們「讓你們的諸神適合於當前的自然現象」[114]，這些都在在顯示休姆所表現出的強烈的自然主義之立場。而龍樹對於大自在天的批判，在破自在天的自體上，龍樹否認自在天有超自然的能力，試圖將自在天的神性回歸於自然；在破自在天的作用上，龍樹否認眾生受制於超自然的自在天，極力維護萬物惟有適用緣起法則，將世界限定在自然運作之範疇中。這些論點不外顯示，龍樹亦具有自然主義的傾向。

引用書目

一、原典

姚秦・鳩摩羅什譯，提婆著，《百論》；《大正藏》冊 30。
姚秦・鳩摩羅什譯，龍樹造頌，青目釋，《中論》；《大正藏》冊 30。
姚秦・鳩摩羅什譯，龍樹著，《十二門論》；《大正藏》冊 30。
陳・真諦譯，《三無性論》；《大正藏》冊 31。
隋・吉藏，《十二門論疏》；《大正藏》冊 42。
———，《中觀論疏》；《大正藏》冊 42。
唐・玄奘譯，世親著，《阿毘達磨俱舍論》；《大正藏》冊 29。
唐・玄奘譯，《阿毘達磨大毘婆沙論》；《大正藏》冊 27。
唐・法藏，《十二門論宗致義記》；《大正藏》冊 42。
唐・玄奘譯，商羯羅主著，《因明入正理論》；《大正藏》冊 32。
唐・玄奘譯，無著著，《顯揚聖教論》；《大正藏》冊 31。
唐・玄奘譯，彌勒著，《瑜伽師地論》；《大正藏》冊 30。
唐・玄奘譯，護法等著，《成唯識論》；《大正藏》冊 31。

二、專書

沈劍英，《因明學研究》，上海：東方出版中心，1996 年。
高楠順次郎、木村泰賢合著，高觀廬譯，《印度哲學宗教史》，台北：臺灣商務印書館，1991 年。

---

[114] *Enquiries*, p. 138.

G. Dharmasiri. *A Buddhist Critique of the Christian Concept of God*, Antioch: Golden Leaves, 1988.

D. Hume. *Dialogues Concerning Natural Religion*, In N.K. Smith,ed., New York: Macmillan Publishing Company, 1947.

——. *Dialogues Concerning Natural Religion*, In N. Pike, ed., Indianapolis: The Bobbs-Merrill Company, 1970.

——. *Dialogues Concerning Natural Religion*, In S. Tweyman, ed., London: Routledge, 1991.

——. *Enquiries Concerning Human Understanding and Concerning the Principles of Morals*, In L.A. Selby-Bigge & P.H. Nidditch, eds., Oxford: Oxford University Press, 1975.

——. *A Treatise of Human Nature*, In L.A. Selby-Bigge & P.H. Nidditch, eds., Oxford: Oxford University Press, 1978.

J. Hick (ed.). *Classical and Contemporary Reading in the Philosophy of Religion* (2nd ed.), Englewood Cliffs: Prentice-Hall, 1970.

D.J. Kalupahana. *Nāgāriuna: the Philosophy of the Middle Way*, Albany: State University of New York, 1986.

W.L. Rowe. *Philosophy of Religion: An Introduction*, Belmont: Wadsworth, 1993.

C. Taliaferro. *Contemporary Philosophy of Religion: An Introduction*, Malden: Blackwell, 1998.

K.E. Yandell. *Philosophy of Religion: A Contemporary Introduction*, London: Routledge, 1999.

三、論文

H.-L. Cheng. "Nāgārjuna's Approach to the Problem of the Existence of God," *Religious Studies* 12 (1976): 207-216.

E. Chinn. "Nāgārjuna's Fundamental Principle of Pratītyasamutpāda," *Philosophy East and West* 51/1 (2001): 54-72.

N.P. Jacobson. "The Possibility of Oriental Influence on Hume's Philosophy," *Philosophy East and West* 19/1 (1969): 17-37.

A.H. Lesser. "Eastern and Western Empiricism and the 'No-Self' Theory," *Religious Studies* 15 (1979): 55-64.

G. Nathan. "The Existence and Nature of God in Hume's Theism," In D.W. Livingston & J.T. King, eds., *Hume: A Re-evaluation*, New York: Fordham University Press, 1976.

A Comparative Study on Nāgārjuna's and David Hume's Criticism of Theism

Liu, Jia-cheng[*]

Abstract

Both the theory of the existence of God and the belief of the Creator have played pivotal roles in theological studies and religious beliefs in the East and the West. However, for philosophers who emphasize looking at problems by using rational thinking, they usually examine the views of theists from an angle of strict speculation.

This paper aims to give a comparative study on British empiricist David Hume's and the founder of Indian Buddhism Madhyamika Nāgārjuna's criticism of theism, so as to explore both the Eastern and Western philosophers' critical methods and philosophical views of theism, as well as the mutual compatibility of the above-mentioned methods and views.

Comparing Nāgārjuna's and Hume's criticism of theism, it was found that their critical methods and related argument were quite similar. The tacit understanding between them showed that they both gave a thorough criticism of theism which was ubiquitous in the East and the West, with their standpoints based on empiricism and skepticism.

Keywords: Nāgārjuna, David Hume, theism, the argument from design, the supreme being (Maheśvara), the individual soul (Ātman)

---

[*] Ph.D., Department of Philosophy, National Taiwan University.

從《中論》的對反詞組析探其思維理路

林建德[*]

摘要

　　《中論》的思維方式是個引人注目的課題，本文即以《中論》裡的對反語詞——生滅、常斷、一異、來去、世間涅槃、世俗諦勝義諦等作為討論的線索，探究《中論》如何面對與運作這些概念，來展現其獨特的思維邏輯。本文先以「八不」與「二諦」之對反詞組為例，從「八不」之「破」，以及「二諦」之「立」，來論述《中論》之立破無礙。接著從立、破此兩面，論述《中論》緣起性空的義理下，所開展的相即、相離的兩種思路。再者，論述相即、相離的兩種理路運作，其背後如性、空性之義理的共通處，認為《中論》相即、相離之思路，皆是以遮遣妄見為主，以帶引人走向出世間的解脫。由此可知，《中論》藉由相對二法之思辨，而展示其思維的高度與深度，使人從有限的思考視域中走出，以破迷啟悟、開闊眼界。

關鍵字：八不、二諦、不二、空、如、立破

---

[*] 作者為佛教慈濟大學宗教與文化研究所助理教授。

壹、前言

本文主要以羅什譯本裡《中論》[1]的對反詞組——如生滅、常斷、一異、來去、世間涅槃、世俗諦勝義諦、實非實、我無我等,來探討《中論》對反語詞的運思模式,探究《中論》如何從這些概念展現其獨特的思維理路。

關於本文的次序安排,首先,略談對反語詞在佛典與《中論》裡可能的相關概念,以及選定《中論》的「八不」、「四句」、「二諦」等所含攝的對反概念,作為探討的起點。其次,從「八不」、「四句」遮遣的論述型態,談其否定、摧破的運思模式,並推斷「八不」、「四句」兩者間的可能關係,以及《中論》之破亦必須破之輾轉否定的特色。第三,從「二諦」的安立以及肯認世間涅槃兩者之無有分別,談其相即不離的思維模式。第四,論述上面相離與相即的運思模式,其所依據的道理是緣起性空,依此而能既破又立、既離又即。第五,進一步分析此立破、即離的思維理路,其間義理實無二致,可說是相通義理的不同呈顯,猶如空性與如性間的關係。第六,相即、相離兩種理路,若放在中觀學的脈絡下,其終究目的乃在於止息一切戲論邪見。最後,將本文的討論作一結語。

---

[1] 本文所引用《中論》原文,乃依《大正新脩大藏經》。依學界例,將《大正新脩大藏經》略稱為「T」。於 T 後之阿拉伯數字,表所引《大正新脩大藏經》之冊數;另於頁數之後「a」、「b」、「c」,分別表該頁之「上」、「中」、「下」欄。如作「T50,p. 636a-637c」,即表示:「《大正新脩大藏經》第 50 冊,第 636 頁上欄至第 637 頁下欄」。

貳、對反語詞初步界定

由於本文乃是從《中論》裡的對反語詞[2]，來探討其思維理路，因此首先說明對反語詞在漢譯佛典中所可能對應到的相關概念，其次介紹《中論》所出現的對反詞組，而其中八不、四句、二諦、生死涅槃等可說是具代表性的對反形式，因此本文將以此作為探討的起點，以下即分述之。

一、漢譯佛典中對應於對反語詞的詞彙

如同「中論」一詞所顯示的，《中論》（Mūlamadhyamaka-kārikā）一書即是要申論「中道」（madhyamā-pratipad）之理；職是之故，相對於中道的兩邊[3]，龍樹菩薩皆作了深度的正、反思辨與論理。舉例而言，若瀏覽漢譯《中論》各個品名，其中不少品名皆是兩兩對偶而成，如〈觀去來品第二〉、〈觀染染者品第六〉、〈觀作作者品第八〉、〈觀然可然品第十〉、〈觀有無品第十五〉、〈觀縛解品第十六〉、〈觀因果品第二十〉、〈觀成壞品第二十一〉等；單就外圍的形式來看，《中論》之著重以兩兩相對性概念的檢視來進行哲學論述，亦為其明顯的特點。

本文即是從《中論》裡的相對二法（即所謂「對反語詞」），來探討其思維方式。而在漢譯佛典的脈絡中，所謂的「對反語詞」，可能對應

---

[2] 此處的對反語詞（oppositional terms），或可稱為對反詞組（antonym pairs）。在英文的 antonym 分別由 anti 與 onoma 結合而成。其中 anti 有對反之意（opposite），而 onoma 所指為名稱（name），antonym 即有對反名稱（或詞語）之意。可知，對反語詞或詞組是具相對反關係的兩個詞語。而對反語詞又可分為諸多種類，如表速度的即有「快慢」之別，表示價值判斷的有「善惡」、「對錯」、「好壞」、「美醜」等，表示身份或地位的相對即有「師生」、「父子」等區別。另外，對反語詞的對反關係，有時是以否定的型態形成的，如善與不善、對與不對等等；此如英文中加接頭詞 un 或 in 即顯示出對反的意涵（如 happy 和 unhappy）。梵文亦是如此，如 vidyā/ avidyā（aware/ unaware 或明／無明）等。

[3] 值得一提的是，在佛典裡，「中」與「邊」似可成一組對反語詞，即當具足中道見，則已捨離兩邊見；相對地，持有兩邊見，即是偏離了中道見。而且，談「中道」並非中觀學的專利，在唯識學亦是如此，如相傳為彌勒造頌、世親撰長行的《中邊分別論》（Madhyānta-vibhāga-ṭīkā，玄奘譯為《辨中邊論》），其中「中邊分別」（或「辨中邊」），即是辨別兩端之偏失，而回歸於中道之意。

到的字詞大致有「二邊」[4]、「相待」[5]、「相待二法」[6]或「待對」[7]等。雖然「二邊」、「相待」等詞語皆為佛教慣用語，用以指涉相對之概念，但意涵卻未必一致，有時也帶有一定的價值判斷。例如在佛典中的「二邊」（*dvaya-anta/ ubho-anta*），往往是要被捨離破斥的，其指涉的是偏離中道的兩端，如常見、斷見的兩種極端（extreme）。但相對地，相待二法卻是要證成的，即世間的一切皆是因緣相待而成，依此故彼，如能、所之間的關係——色境待眼根而為色境，眼根待色境而為眼根。所以，雖然「二邊」、「相待」等[8]，皆可指涉對反語詞，卻可能有著截然不同的意義。

---

[4] 「二邊」在《阿含經》中出現多次，而且與「中道」思想密不可分，而這也成為龍樹《中論》論述的主要依據之一；如所引證的《迦旃延經》即云：「如來離於二邊，說於中道」（T02, p. 66c-p. 67a）另外《雜阿含經》：「若見言：命即是身，彼梵行者所無有。若復見言：命異身異，梵行者所無有。於此二邊，心所不隨，正向中道。」（T02, p. 84c）以及《雜阿含經》卷34：「若先來有我則是常見，於今斷滅則是斷見。如來離於二邊，處中說法。」（T02, p. 245b）可知，《阿含經》中「兩邊」所指不外是「有無」、「一異」、「常斷」等。

[5] 《大智度論》：「有為、無為法相待而有，若除有為則無無為，若除無為則無有為，是二法攝一切法。」（T25, p. 289b）《大智度論》：「生滅是相待法，有生必有滅，故先無今有，已有還無故。」（T25, p. 586b）《大智度論》：「以眼故知是色，以色故知是眼，眼色是相待法。」（T25, p. 644c）《大智度論》：「以空無相無作故，無所分別不得言白。黑白是相待法，此中無相待故不得言白。」（T25, p. 720a）《肇論》曰：「諸法相待生，猶長短比而形。」僧肇《注維摩詰經》卷2：「諸法相待生，猶長短比而形也。」（T38, p. 346b）

[6] 如《大智度論》云：「觀一切法不生不滅、不增不減、不垢不淨、不來不去、不一不異、不常不斷、非有非無，如是等無量相待二法。因是智慧觀破一切生滅等無常相，先因無常等故破常等倒，今亦捨無生無滅等捨無常觀等。於不生不滅亦不著……」（T25, p. 579c-p. 580a）

[7] 《大般若波羅蜜多經》：「佛所說法微妙甚深，於一切法皆能隨順無所障礙。佛所說法無障礙相，與虛空等都無足跡。佛所說法無待對相無第二故……」（T07, p. 823a）、《妙法蓮華經玄義》卷2：「若入真諦待對即絕」（T33, p. 696c）、《法華玄義釋籤》卷5：「能所名絕待對體亡」（T33, p. 852b）、《摩訶止觀》卷3：「待對既絕即非有為」（T46, p. 22a）《摩訶止觀》卷5：「待對得起不應言絕」（T46, p. 67a）、《止觀輔行傳弘決》卷3：「互相因依待對而立」。（T46, p. 218b）

[8] 附帶一提，所謂的「二邊」、「相待」等，皆是分別認知而有的，以對於世間有一定的描述或價值判定；對於無法以分別認知來斷定的，佛典中有所謂的「無記」（*avyākṛta*）一詞。

雖然「二邊」一詞在漢譯佛典中，負面性的意義居多，但未必全然如此，其有時與相待二法的意涵相近。例如《雜阿含經》中所指涉的二邊，包含有六內入處和六外入處、過去世和現在世、樂受和苦受等等之二邊；而就經文的脈絡來理解，佛陀並非要比丘捨離這二邊，而是要能在二邊中捨離貪愛，保持覺知[9]。此外，在《大智度論》中，曾指出任何的相對性概念所形成的詞組，都可以說是「二邊」的一種形式，而所謂的「般若波羅密」，即是能洞悉這兩邊而行於中道，所以不只常、斷是二邊，包括菩薩與六波羅蜜、佛與菩提、內六情與外六塵等，都各是一邊[10]。

　　總之，在漢譯佛典中，「二邊」的使用是廣泛的，除了常斷、一異、有無等二邊見，是必須被捨離及摧破的外，其他如「內六入」與「外六入」等二邊，則是指兩者間的相依相待、因緣和合，與相待二法的意涵

---

[9] 如《雜阿含經》云：「若知二邊者，於中永無著，說名大丈夫，不顧於五欲，無有煩惱鏁，超出縫紩憂。」「諸尊！此有何義？云何邊？云何二邊？云何為中？云何為縫紩？云何思？以智知，以了了；智所知，了所了，作苦邊，脫於苦？」有一答言：「六內入處是一邊，六外入處是二邊，受是其中，愛為縫紩，習於受者，得彼彼因，身漸轉增長出生，於此即法，以智知，以了了，智所知，了所了，作苦邊，脫於苦。」復有說言：「過去世是一邊，未來世是二邊，現在世名為中，愛為縫紩，習近此愛，彼彼所因，身漸觸增長出生，乃至脫苦。復有說言：「樂受者是一邊，苦受者是二邊，不苦不樂是其中，愛為縫紩，習近此愛，彼彼所得，自身漸觸增長出生，乃至作苦。」復有說言：「有者是一邊，集是二邊，受是其中，愛為縫紩，如是廣說，乃至脫苦……。」（T02, p. 310b-p. 311a）

[10] 如《大智度論》云：「般若波羅蜜者，是一切諸法實相不可破、不可壞，若有佛若無佛，常住諸法相法位……復次，常是一邊，斷滅是一邊，離是二邊行中道，是為般若波羅蜜。又復常無常、苦樂、空實、我無我等亦如是。色法是一邊，無色法是一邊，可見法不可見法，有對無對，有為無為，有漏無漏，世間出世間等諸二法亦如是。復次，無明是一邊，無明盡是一邊，乃至老死是一邊，老死盡是一邊，諸法有是一邊，諸法無是一邊，離是二邊行中道，是為般若波羅蜜。菩薩是一邊，六波羅蜜是一邊，佛是一邊，菩提是一邊，離是二邊行中道，是為般若波羅蜜。略說內六情是一邊，外六塵是一邊，離是二邊行中道，是名般若波羅蜜。此般若波羅蜜是一邊，此非般若波羅蜜是一邊，離是二邊行中道，是名般若波羅蜜，如是等二門廣說無量般若波羅蜜相。復次，離有、離無、離非有非無，不墮愚癡，而能行善道，是為般若波羅蜜，如是等三門是般若波羅蜜相。」（T25, p. 370a-b）

較為相近。此外，對反語詞在佛典用字中，除了指稱「二邊」、「相待」等詞語外，也可近於因明（hetu-vidyā）中的「相違」（viruddha）一詞，即指兩個相對立而相互違反之詞組。

二、《中論》裡的對反語詞

《中論》之首句——「不生亦不滅，不常亦不斷，不一亦不異，不來亦不去（出）」[11]，開宗明義即指出該論書「八不緣起」、「八不中道」的核心旨趣，標示出「離於二邊說於中道」之義理，可以說整部《中論》乃以捨離兩邊為論述重點。但此緣起中道的義理，並非龍樹首創，而是承接於阿含等經教思想。如在《阿含經》中即數度提到比丘要如實正觀世間集、滅，而不生世間顛倒見；其中的正見乃是「離於二邊說於中道」，此亦是佛法因緣說的基本要義。而在《般若經》中，性空、不二等的道理，亦顯而易見。可以說，龍樹之「八不」亦是根源於般若經教而來[12]。如此，理解龍樹中觀思想，並不能脫離《阿含經》、《般若經》等經典之脈絡。

由於《中論》旨在申論不落兩邊、離於兩邊之「不二」（advaya/

---

[11] 此被視為《中論》皈敬頌的一部分，但此皈敬頌應是獨立於〈觀因緣品第一〉之外，作為整部論書的核心要旨；即龍樹標示出「八不中道」的中心思想後，並讚嘆、禮敬佛陀所揭示的因緣法乃為最殊勝的教法。（後半句為「能說是因緣，善滅諸戲論，我稽首禮佛，諸說中第一。」）關於此皈敬頌進一步的解讀，可參考萬金川《中觀思想講錄》（嘉義市：香光書鄉，1998 年），頁 70-82。

[12] 《大般若波羅蜜多經》云：「佛告善現：「若菩薩摩訶薩修行般若波羅蜜多時，如實知一切從緣所生法不生不滅、不斷不常、不一不異、不來不去，絕諸戲論本性淡泊。善現！是為菩薩摩訶薩修行般若波羅蜜多時能學從緣所生諸法。」（T06, p. 988a）由此可知，在玄奘譯本的《大般若經》中，即出現所謂的「八不」，可知「八不」應非龍樹獨創，而是根源於《般若經》所作的闡述。不過，在鳩摩羅什譯本的般若經典中，卻未見此「八不」；此二譯本的出入，可再深究。但無論如何，「八不」的思想和《般若經》思想關係密切，乃是毋庸置疑的，例如《般若心經》說：「諸法空相，不生不滅，不垢不淨，不增不減」（T08, p. 849c）；以及《般若經》亦云：「善現！如是般若波羅蜜多，於一切法不向不背，不引不賓，不取不捨，不生不滅，不染不淨，不常不斷，不一不異，不來不去，不入不出，不增不減。」（T06, p. 505b）此皆與「八不」所論述的核心旨趣一致。

non-duality）思想[13]，依此闡述「中道」的義理，所以其對於相對性概念的運用和論述，就顯得格外豐富。不過，「八不」之生滅、常斷、一異、來去，雖是《中論》深入論證的重點，但除了生滅、常斷、一異、來去之相對性概念外，自他、有無、生死、始終、此彼、世間（或生死）涅槃、空有、邪正、我常樂淨及無我無常苦不淨、有邊無邊、有常無常、實非實、世俗諦勝義諦等概念，亦都是《中論》反覆出現的對反語詞。其他如去、去者，作、作者，受、受者，染、染者，相、可相，見、見者，然、然者等，以「能所」方式顯示的詞組亦不乏其數。但這些詞組猶如「八不」之雙遮一樣，皆重於捨離、不落二邊。

「八不」雖是《中論》雙遮對反概念的主要代表句式，但尚有其他的對反詞組，未必以雙遮的方式呈顯，卻也成為《中論》裡顯著的概念，如世俗、勝義及生死、涅槃的對反語詞即是。換言之，《中論》既論述了「八不」之不二，也闡釋了二諦，此二諦與不二兩者間，所顯示出的對反語詞思路的異同，即是本文探討的出發點。

除二諦外，《中論》裡對於生死與涅槃的論點，亦有待省思。在〈觀縛解品〉第十頌說：「不離於生死，而別有涅槃」；據此可得出青目釋文「涅槃即生死，生死即涅槃」之觀點。但是，如果「縛」對應到的是生死流轉，而「解」所關聯到的是涅槃解脫，在《中論・觀縛解品第十六》中，其卻以雙遮的方式說「不縛亦不解」[14]。據此，在〈觀縛解品〉裡，既談「生死即涅槃」，卻也說「不縛亦不解」，其間的關聯應有進一步解釋的空間。本文也將對於縛解、生死涅槃等對反語詞間的運思作探討[15]。

---

[13] 關於「不二」，David Loy 認為此乃亞洲的哲學與宗教思想中，既重要又紛歧的概念。David Loy. *Nonduality: A Study in Comparative Philosophy*, New York: Humanity Books, 1998, p. 17。

[14] 全句為：「諸行生滅相，不縛亦不解；眾生如先說，不縛亦不解。」

[15] 值得補充的是，此處之「涅槃」、「解脫」、「勝義諦」等，之所以視為與「生死」、「繫縛」、「世俗諦」等是對反詞組，乃是置於世間語言分別的層次上而言；但如果將其理解為超越世間語言分別，而為聖者所證悟之第一義空的層面上，則此些語詞便不能被當作是「生死」等的對反語詞。關於這點，非常感謝論文審查人的提醒。

總之,《中論》裡對反語詞運思理路的探究,為本文的探討重點。以下即以「八不」、「二諦」等對反概念為線索[16],來探討其思維邏輯;先藉立、破兩面,來談其對相對性詞組的思維運作。即「八不」乃以揚棄二邊(見)為主,而「二諦」在於安立世間及出世間的道理來宣說法義;本文並將由此立破兩面[17],進而引伸到對反二邊的相即、相離兩種思路。在此認知的基礎上,應可理解「生死即涅槃」與「不縛亦不解」間義理之相通處。

參、《中論》「八不」重戲論之遮破

本文擬從「八不」來說明《中論》遮遣式的論述模式。首先,以「八不」為例,說明龍樹藉雙遮生滅、來去、一異、常斷之對反詞組,總破一切法。其次,指出「八不」之語句形式同於「四句」中的第四句,依此討論「八不」、「四句」間可能的邏輯關係。第三,論述《中論》「八不」並不落入「四句」中,從中顯示出破亦必須破、捨離一切之基本立場。

---

[16]「八不」、「二諦」的討論在學界幾可謂之「汗牛充棟」。本文不在於論述之間解讀的異同,而集中討論其思維之運作,如探討「八不」、「二諦」,如何表現出對反語詞間的邏輯關係(如相即、雙遮等),試圖從「八不」、「二諦」等,論述《中論》如何進行兩兩間的思辨。

[17] 立、破所代表的意義雖是豐富的,但無非是順著因緣的聚生與散滅兩面來理解。就緣生和合而使世間事象得以安立,就緣滅消散而轉向出世間解脫;如此而有肯定(affirmation)和否定(negation/ denial)的展示。本文即在此因緣生滅、緣起性空的基本原則下,理解並運用立破之義,其中相通的義理分別為假名(*prajñapti*)與空性(*śūnyatā*),前者表示安立、施設,後者表示摧破、遮遣。掌握此大原則,立破細部的意涵在此即不多作論究。

一、以「八不」滅諸戲論

《中論》首頌之「八不」,指出整部論書的核心旨趣[18],由此「八不」之否定生滅、常斷、一異、來去的兩邊,揭示離於兩邊、不落兩邊的中道思想,而善滅諸戲論;可知《中論》藉由「八不」而揚棄、掃蕩一切,揭示一切皆空的道理。

「八不」早存於般若經教中,其中「不生不滅」更是般若學的重要法義[19];其與《阿含經》所說的「生滅法」[20],表面上雖略有出入,但緣起之生滅與不生不滅其實是一致的[21];此說法方式的不同,應只是說法對象的差異而已[22]。此外,「不常亦不斷,不一亦不異,不來亦不去

---

[18] 此「八不」成了《中論》所要申論的重點,例如〈觀因緣品第一〉的觀四門不生即在論述生滅(或「不生亦不滅」)的道理;同樣地,在〈觀三相品第七〉亦談生、住、滅三相。〈觀去來品第二〉的論述重心即是「不來亦不去」。〈觀合品第十四〉申了「一」與「異」的關係,在〈觀業品第十七〉也重申了「不一亦不異」的見解。而在〈觀成壞品第二十一〉對常、斷兩邊提出批判,至於「雖空亦不斷,雖有亦不常,業果報不失,是名佛所說」之不斷不常,亦是出現在〈觀業品第十七〉的名句。換言之,「八不」的思想分佈在《中論》的各個品中,成了龍樹論證的主要重點。

[19] 如同《解深密經》也提到「不生不滅」來說明《般若經》之教法:「世尊!在昔第二時中惟為發趣修大乘者,依一切法皆無自性無生無滅,本來寂靜自性涅槃,以隱密相轉正法輪。」(T16, p. 697a-b)

[20] 《長阿含經》卷2:「修習智慧,知生滅法,趣賢聖要,盡諸苦本。」(T01, p. 11c)《大般涅槃經》卷3:「諸行無常,是生滅法,生滅滅已,寂滅為樂。」(T01, p. 204c)《雜阿含經》卷22:「一切行無常,是則生滅法,生者既復滅,俱寂滅為樂。」(T02, p. 153c)《法集要頌經》卷3:「若人壽百歲,不觀生滅法,不如一日中,而解生滅法。」(T04, p. 789a)

[21] 關於這點,在《大智度論》中有所說明:「問曰:摩訶衍中說諸法不生不滅一相所謂無相。此中云何說一切有為作法無常名為法印?二法云何不相違?……無生無滅及生滅其實是一,說有廣略。」(T25, p. 222b-c)此外,在如來藏典籍(如《大乘起信論》)即有不生不滅與生滅和合之真妄、染淨和合的思想。

[22] 如吉藏引般若經教在《中觀論疏》說:「堪受深法者雖發大心,或未能堪受深法,故大品如化品云,為新發意菩薩說生滅如化不生不滅不如化,為久行大士辨生滅不生滅一切如化。」(T42, p. 17a)以及在《淨名玄論》亦云:「如大品云:為新發意菩薩,說生滅如化不生滅不如化,為久學人,說一切如化,則知有深淺也。」(T38, p. 901b)

（出）」此三句，除了出現在《般若經》外，在阿含佛典早已有明確的教證[23]。而為什麼《中論》會將此「八不」的內容，設定為生滅、常斷、一異、來去，而非不長不短、不大不小、不高不低等呢？

在青目的釋文中，其解釋《中論》的「八不」說：「法雖無量，略說八事，即為總破一切法。」諸法皆空是《般若經》的核心要義，龍樹承接此一思想，透過「總破一切法」來闡釋性空的道理。而所謂的一切法，可以用「八不」的生滅、常斷、一異、來去之四組概念來涵括。其中生滅（或有無）[24]是關於存在的問題，斷常關乎時間、一異關乎空間、而來去是有關運動[25]。換言之，就常人之認知而言，存在、時空、運動總攝了世間的一切現象，一切法皆具備此四項。即所謂一切法，必須是存在的，且必定存在於時空之中；而如此的存在是會變化運動的，意味著存在物的運動，必定是在時空中產生。因此，一旦遮破此四法，即相當具代表性的遮破一切，因為如果連存在、時間、空間以及運動這四對皆被否定，則即可宣稱一切法皆空無自性。

此外，「八不」就存在、時間、空間以及運動此四項作遮遣，其遮遣方式，乃是就此四項的兩個端點進行論破。但其之所以對兩端作雙遮，不僅是在否定兩邊（或兩端），同時也是否定兩邊中間的一切可能。既然兩邊之中的任一邊皆被否定，則兩邊之內的任何可能，亦皆不

---

[23] 此可參考印順法師《空之探究》（新竹：正聞，1992 年六版），頁 210-211；其中指出常斷、一異、來去皆是《阿含經》中已然存在的概念與命題。

[24] 不生不滅和非有非無在概念上是相近的，如印順法師即把「不生不滅」以「不有不無」取代，而說：「依《阿含經》，不妨除去『不生不滅』而換上『不有不無』。」見《中觀今論》（臺北：正聞，1992 年），頁 90。另外，蔡耀明在解釋「此有故彼有，此生故彼生；此無故彼無，此滅故彼滅」時，認為「生滅」是偏重於事物動態的描述，而「有無」則重於描述事物的靜態面，蔡耀明說：「有和無，亦即存在和不存在，描述的偏於事情的靜態面，至於生和滅，亦即產生和消失，則偏於事情動態面的描述。」見〈《阿含經》和《說無垢經》的不二法門初探〉，收在《佛學研究中心學報》第 7 期（2002 年），頁 24。

[25] 此參考印順法師之解讀，《中觀今論》，頁 92。

成立；可以說，雙遮兩邊即在於掃蕩兩邊之間所存在的一切。所以「八不」的兩邊，就某種層面來說，即涵括了一切，藉由此生滅、來去、常斷、一異兩邊的思索去通觀全體[26]，進而從捨離兩邊、超脫一切。

二、「八不」形式上近於「四句」的第四句

《中論》裡雙遮兩邊的論述，除了是「八不」對生滅、常斷、一異、來去之相對性概念的遮遣外，另外由否定詞而成的對反概念，還包括有：實與非實、我與非我、常與無常、邊與無邊、常與無常等，都是《中論》典型的論述形式之一。所以在《中論》裡可見到「非實非非實」、「無我無非我」、「非有非無邊」、「非常非無常」等捨離兩邊的語句，而這些語句，更完整的即是「四句」（catuṣkoṭi）的形式，其中非實非非實、無我無非我是「四句」形式中的第四句。

龍樹在此採行的四句形式，除了順應印度的思維傳統外，也如同「八不」一樣，旨在羅列一切的可能，包含一切的觀點、見解與教說，而涵蓋佛陀各種可能的說法[27]。此外，就另一方面而言，眾生可能的顛倒妄想，不外出此四類，因此針對眾生輾轉起執的過程，作逐一的層層破斥[28]。如與無自性生相對的自生、他生、共生、無因生的「擬似四句」

---

[26] 如此的全體可說即是「中」；如萬金川在解釋「中道與中觀」時說：「『中』是無執著的立場，『中』必含攝著『觀』。它是一種通觀全體、富於批判精神的動態智慧。」見《中觀思想講錄》，頁 15。

[27] 如《中論》之：「諸佛或說我，或說於無我，諸法實相中，無我無非我」，即我、無我與無我無非我（省略第三句），皆是諸佛所說之法，而涵括各種可能之說法。如同萬金川所說，龍樹在此採行四句的形式，只是為了總括佛陀一生在不同場合，對不同的人所開示的有關「我」與「法」的種種教說。龍樹乃是依古印度人面對一項論題的思維方式，將其窮盡地分成四種；而此四種皆可視為是佛陀教法的開展。見《中觀思想講錄》，頁 122。

[28] 如印順法師說：「眾生妄見，不出此四句。」見《中觀論頌講記》（新竹：正聞，2000 年新版），頁 247-248。以及說：「種種四句，無非依語言，思想的相對性，展轉推論而成立。」見《空之探究》，頁 227。

之觀點[29]，即為其例。因此，無論說四句是釋迦教化的方便[30]，或者四句具有教育、教化的意涵[31]，其目的皆在於使人從概念的執取中超脫出來（free from conceptual attachment）[32]；也正因為要對治一般人慣性的執取，四句之論述形式不免存在詭奇之處。簡言之，從空義之教化與邪執之摧遣此兩個面向，來理解《中論》「四句」裡對於對反概念的運思，可說是較為適切的。

在《中論》裡最為典型的「四句」句式之一，如〈觀法品第十八〉第八頌：「一切實非實，亦實亦非實，非實非非實，是名諸佛法」[33]；其中所謂的「四句」結構如下（主詞為「一切」〔sarva〕）：

（一）一切實；

（二）一切非實；

（三）一切亦實亦非實；

（四）一切非實非非實。

---

[29] 「擬似四句」是楊惠南的用語。在《中論》：「諸法不自生，亦不從他生，不共不無因，是故知無生」的句式中，龍樹為論證「不生」成立，因此把自生、他生、自他共生、無因生之關於「生」的任何可能，皆予以否定，依此而證成「不生」的結論；而此一句式就稱作「擬似四句」。除擬似四句外，楊惠南又有肯定、否定兩種之「真實四句」之分。參考楊惠南〈《中論》裡的「四句」之研究〉，收在《華岡佛學學報》第6期（1983年），頁277-310。

[30] 如楊惠南即指出，把四句視為釋迦的「方便」說，不但是青目的意見，也是清辨與月稱的共同看法。見〈龍樹的《中論》用了辯證法嗎？〉收在《臺灣大學哲學論評》第5期（1982年），頁256。

[31] 所謂教育意涵是指，此四個不同的語句，乃是為教化不同眾生所施設的不同教說；而且此四句又可分類為肯定的、否定的、綜合的和超越的理解形態。見吳汝鈞〈印度中觀學的四句邏輯〉收在《中華佛學學報》第5期（1992年，7月），頁149-172。

[32] 參考 Hsueh-li Cheng. *Empty Logic*, Delhi: Motilal Banarsidass Publishers, 1991, p. 51.

[33] 梵文羅馬拼音為：*sarvaṃ tathyaṃ na vā tathyaṃ tathyaṃ ca-a-tathyam eva ca, na-eva-a-tathyam na-eva tathyaṃ etad Buddha-anuśāsanam*。（一切〔sarva〕是實〔tathya〕、或一切不是實，一切既是實也是非實〔a-tathya〕，一切不是非實也不是實；此即佛的教示。）此四句即展示出釋迦度眾的方便說法，如青目《中論》釋文說：「若佛不說我非我，諸心行滅，言語道斷者，云何令人知諸法實相？答曰：諸佛無量方便力，諸法無決定相，為度眾生或說一切實，或說一切不實，或說一切實不實，或說一切非實非不實。」(T30, p. 25a)

此四句實和非實之輾轉論述,雖皆表示出佛陀的教導(所以說「是名諸佛法」),但第四句之一切非實非非實,可說更貼近於諸法實相。如同樣在〈觀法品〉的第六頌中,雖然諸佛或說我、或說無我,但最後的諸法實相乃為「無我無非我」[34]。換言之,阿含佛典所謂中道不落兩邊的義理,在《中論》亦以雙遮兩邊來顯示,藉此而顯現般若、中觀之意趣。而此不落或雙遮兩邊,在外在形式與結構上,也分別相應於「八不」之不生亦不滅等。由此可推導出「四句」應與「八不」有一定之關聯。

　　由於「八不」(如「不生亦不滅」)之語句形式,近於「四句」中的第四句,因此在宣說「八不」此一主張前,可能也有三個命題(或概念),即生、滅、亦生亦滅,而進展到第四個命題──不生不滅(或緣生緣滅)。同樣地,不常不斷、不一不異、不來不去等不落兩邊的命題,亦另有三句作為此第四句的前提[35]。所以似可以說,皈敬頌的「八不」是《中論》之主張,而其原先可能具有「四句」的論理過程。或者說,個別的「八不」可能是「四句」的簡化,「八不」只標示出「四句」中第四句的論點;從「八不」內部的義理開展而出,則可能含有四組的「四句」在其中。不過,「八不」之語句形式,雖近於「四句」中的第四句,但究極而言「八不」所彰顯的諸法實相,乃不落入四句之中,以下即作說明。

---

[34] 全頌為:「諸佛或說我,或說於無我,諸法實相中,無我無非我」;若考之於梵藏文本中,「諸法實相中」這句話在梵文以及藏文本裡是沒有的,其中有兩種理解的可能,一是「諸法實相」此一語詞是關乎到下個偈頌之解讀,如第七頌接著說「諸法實相者,心行言語斷」,其中的「諸法實相」,梵文以「法性」(dharmatā)來表示。另一理解的可能,如萬金川認為以「無我無非我」之第四句為諸法實相,乃是譯師之判讀;譯師有意將第四句標示出而為諸法實相,以顯示佛陀在「自我」存在的問題上的立場;且以第四句「無我無非我」為「實說」,這一點幾乎是所有註釋家的共同觀點。見萬金川〈佛陀之教的權與實〉,收在《中觀思想講錄》,頁119。此外,Mervyn Sprung 也提到相似的見解,指出在涅槃有無的四句中,「非有亦非無」之第四句,通常是中觀家自身所保留的立場。參見其 *Lucid Exposition of the Middle Way*, Boulder: Prajna Press, 1979, p. 7。

[35] 印順法師也指出此一看法,認為生滅、斷常等,都可以作四句說。見《大乘起信論講記》(新竹:正聞,2000 年新版),頁 82。

三、「八不」不落入「四句」中

以上論述「八不」之雙遮兩邊，乃是《中論》的思維或思想要點，也指出「八不」的生滅、來去、常斷、一異四組對反語詞之雙遮形式，近於四句論述中之第四句。如此雙遮兩邊、超脫一切的思維方式，可以說承接了阿含佛典「涅槃無為」的思想[36]，同時也展現了般若經教的「空」義[37]。甚至可以說，《阿含經》涅槃的思想，即是《般若經》的空思想[38]。

不過，上述肯定式意涵的「四句」，只是《中論》裡的一種型態，另有其他否定式類型的四句[39]。如在〈觀涅槃品第二十五〉第十頌說涅槃是「非有亦非無」，此也和「八不」雙遮二邊的道理相通[40]。但是，在此品末端，也另有遮遣一切的「四句」出現，而說：

> 如來滅度後　不言有與無　亦不言有無　非有及非無
> 如來現在時　不言有與無　亦不言有無　非有及非無[41]

---

[36] 如《雜阿含經》說：「此甚深處，所謂緣起。倍復甚深難見，所謂一切取離、愛盡、無欲、寂滅、涅槃。如此二法，謂有為、無為。有為者若生、若住、若異、若滅；無為者不生、不住、不異、不滅，是名比丘諸行苦寂滅涅槃。」（T02, p. 83c）由此可知，無為涅槃遮遣了一切生住異滅。

[37] 如在《般若心經》說：「諸法空相，不生不滅，不垢不淨，不增不減。」即《般若經》所體現的般若空慧，不外是由雙遮兩邊來透顯的。

[38] 《般若經》即把空義與涅槃義統合為一，云：「甚深相者即是空義，即是無相、無作、無起、無生、無滅、無所有、無染、寂滅、遠離、涅槃義。」（T08, p. 566a）此外，俄國學者 Stcherbatsky 即以「涅槃」之概念作為核心，以呈顯《中論》「空」的思想，見 *The Conception of Buddhist Nirvana*, (Second Revised and Enlarged Edition), Delhi: Motilal Banarsidass, 1977。

[39] 如前註所言，楊惠南把這兩種四句分別稱為「肯定的真實四句」和「否定的真實四句」。見〈《中論》裡的「四句」之研究〉，頁 281。

[40] 內文為：「如佛經中說，斷有斷非有，是故知涅槃，非有亦非無」。

[41] 事實上，此否定（或遮破）四句仍是繼承《阿含經》之思想。《雜阿含經》云：「如來者，愛已盡，心善解脫，是故說後有者不然、後無、後有無、後非有非無者不然。」（T02, p. 226b）

在上述的引文中，除了遮有、無、亦有亦無外，連「非有及非無」也跟著遮破。前語才說「是故知涅槃，非有亦非無」，後語則說如來滅度後或如來現在時，不言有、無、有無，乃至非有及非無；亦即連「非有亦非無」此不落兩邊的中道正理，也同樣作揚棄，使整個四句皆是否定性意涵。此意味著「非有亦非無」在《中論》裡，未必即可認定為最終的主張。而此與《中論》其他類型的「四句」之肯定第四句，以及「八不」不生亦不滅等主張，其間的關係可再作解釋如下。

《中論》既標示「八不」，也宣說非實非非實、無我無非我是諸法實相；但八不所彰顯的諸法實相，如同吉藏所說，乃是「絕四句，離百非；言語道斷，心行處滅」[42]，顯示諸法實相是任何語句所無法指涉到的，因此也須對整個四句（乃至八不）作出揚棄和超越。換言之，四句雖將各種可能的認知思維列出，但就諸法實相的法性（$dharmatā$）來說，四句任何一句皆僅在語言層次，但法性既不在四句裡，也不能由四句充份表達出。所以即便是主張「八不」，八不所欲顯示的究竟空義，亦不能停留在語詞上理解而執為實有。而為了戢除眾生有所取著的法執，必要時也須進一步超越不落兩邊的空義，亦即遮遣自身也必須遮遣，以顯示一切皆空的基本立場[43]。

綜合以上的論述，「八不」裡四對的不二，可說是經過四句思辨的過程而來，在語句形式上近於四句中的第四句，在義理上也含有雙遮、不落兩邊的思想，所以《中論》的八不，可說是四句輾轉論證後所成的命題，顯示八不與四句間應有一定的關聯。此外，肯定四句的第四句雖與八不的語句形式相近，但否定型態的四句，進一步超脫任何四句的認定。此表面上看似有所不一致，實乃意味著諸法實相並不落入任何的分

---

[42] 見《淨名玄論》，T38, p. 868b。
[43] 如同《般若經》對五蘊、六入、十八界、四諦、十二因緣的遮遣，以及經文所說：「所謂佛法者，即非佛法」和「法尚應捨，何況非法」，認為「法」與「非法」皆應捨離等，這都是徹底站在緣起、性空的觀點下，使眾生心無所著。

別認知中，如此才是究竟空義的體現。正如《中論・觀行品第十三》第八頌所言：「若復見有空，諸佛所不化。」從中展現中觀諸法皆空、空亦復空的終極立場。

肆、《中論》「二諦」重說法之安立

相對於《中論》的「八不」以遮遣的方式捨離兩邊，「二諦」則是正面闡述世俗諦（lokasamvrtisatyam）與勝義諦（或第一義諦／paramārthataḥ-satyam）依止、安立之必要，而顯示近於聖俗、迷悟間的對反關係[44]。《中論》指出諸佛乃依此二諦來教導眾生，且若要在甚深佛法中獲得真實的義理，也必須知此二諦。如果不能體會世間言說的道理，則無法了解第一義諦；若無法得第一義諦，則無法達於涅槃。若依此思路作傳遞式的推理，可知不依俗諦，最後將無法達於涅槃[45]。

---

[44] 世俗諦的梵文中，「世」（loka）有隱覆、可毀壞之義，「俗」（saṃvṛti）有世間通俗之義；而如此之隱覆與通俗，與勝義諦的「勝義」（parama-artha）所表示的高超、真實等義，可說是相對的，因此可視兩者為對反語詞。而且，二諦也可與迷悟、凡聖等對反語詞相關聯，乃至與權實、依言離言等相對性關係有關。對於二諦與迷悟、凡聖，如印順法師所說：「佛法教化眾生使它從迷啟悟，從凡入聖，主要以此二諦為立教的根本方式。對二諦雖有各樣的解說，然主要是使眾生從迷執境界轉入到聖覺的境界。」以及說：「佛法的安立二諦，本為引導眾生從凡入聖、轉迷為悟的」，見《中觀今論》，頁 206，211。立川武藏也表示，《中論》的二諦可視為從俗者到聖者，以及從聖者歸回俗者的過程，其間「緣起」為俗、「空性」為聖；而從作為俗者的緣起，到作為聖者的空性，展示了一邊聖化俗者、一邊又歸回俗者的兩層路徑。詳見立川武藏，《空の思想史：原始仏教から日本近代へ》（東京：講談社，2003 年），頁 114。

[45] 附帶一提，前面我們提到「八不」與「四句」有一定的關聯；事實上，「二諦」與「四句」亦然。例如〈觀法品〉之：「諸佛或說我，或說於無我，諸法實相中，無我無非我」，其中「無我無非我」之雙遮二邊，表達出勝義諦、諸法實相的境界，而或說我、或說無我之方便演說，則可視為是世俗諦之教化。此外，S. M. Shaha 認為「四句」乃是以「二諦」為基礎的，依此「二諦」而有「四句」輾轉辯證之句式。見 S. M. Shaha. *The dialectic of knowledge and reality in Indian philosophy: Kundakunda, Nāgārjuna, Gauḍapāda, and Sankara*, Delhi: Eastern Book Linkers, 1987, p. 70。

由此可知，《中論》雖以緣起空義盡除一切偏執、邪見，但也正面肯定世間言說的重要，視世俗諦為走向涅槃所必須憑藉的，世俗諦與勝義諦間二諦並立。甚至就般若經教所說，世俗、勝義二諦間並沒有差異，世諦之如性亦即是第一義諦之如性[46]。此外，《中論》也進一步指出世間和涅槃兩者間沒有分別，如〈觀涅槃品第二十五〉第十九、二十頌說：

涅槃與世間，無有少分別，世間與涅槃，亦無少分別。
涅槃之實際，及與世間際，如是二際者，無毫釐差別。

在〈觀縛解品第十六〉第十頌亦出現相近的觀點。該品在論述「不縛亦不解」後，最後即以生死、涅槃的無差別作結，而言：

不離於生死，而別有涅槃，實相義如是，云何有分別。

涅槃不離於生死而有，相近於《中論》二諦之不依俗諦，最後將達不到涅槃的理路，皆顯示世間與出世間兩者的相依相待、依此得彼，不離此而有彼。所以，對於涅槃與世間（或生死）兩個相對性概念，《中論》認為「無有少分別」、「無毫釐差別」、「云何有分別」等[47]。對於涅

---

[46] 此「二諦相即」之思想，可參見《摩訶般若波羅蜜經・道樹品》所說：「世尊！世諦、第一義諦有異耶？須菩提！世諦、第一義諦無異也。何以故？世諦如即是第一義諦如。以眾生不知不見是如故，菩薩摩訶薩以世諦示若有、若無。」（T08, p. 378c）中觀家吉藏在《大乘玄論》即引《般若經》，提到此二諦相即的思想：「二諦相即，經有兩文。若使大經云世諦者即第一義諦，第一義諦即是世諦，此直道即作不相離，故言即。」（T45, p. 21c）關於吉藏的二諦思想，可參考 Shin Chang-Qing（釋長清）. *The Two Truths in Chinese Buddhism*, Delhi: Motial Banarsidass, 2004。

[47] 其中無分別、無毫釐差別及云何有分別的梵文，在《中論》各別為 na……asti……viśeṣaṇam（無差別／being no distinction/ being no difference）、na……antaraṃ kiṃcit susūkṣmam……vidyate（什麼樣的細微差別都不存在）以及 kiṃ vikalpyate（有何分別）。

槃與世間無有分別，以及不離於生死而別有涅槃等觀點，青目釋文中即指出經典中有「涅槃即生死，生死即涅槃」的命題[48]。

若接受生死與涅槃兩相對概念，可歸為一組對反語詞，此兩者相即無別的理路運作方式，顯然與生滅、常斷、一異、來去、縛解等相對性概念有別。即一者雙遮生滅、來去、縛解二邊，另一者則肯認生死涅槃、世間出世間二邊間的相即不二。如此對於生滅、常斷、一異、來去等二元的對反概念，是否也可說是相即無別？仍可再作探討。進言之，以類比的方式作推論，如果〈觀縛解品〉的「生死即涅槃，涅槃即生死」，其中的生死、涅槃可與縛（bandha/ bondage）、解（mokṣa/ liberation）相對應，而推論得「縛即解，解即縛」，則《中論》裡的「縛即解」與「不縛亦不解」兩語句間可有一定的共通性。即在一定的理解向度下，既可以說「生死（縛）即涅槃（解）」，也可以說「不縛亦不解」。相似的類比推論，就「八不」中的「不生亦不滅」而言，若其中的「生」（utpāda）可與生死流轉相關聯，而「滅」（nirodha）可對應到涅槃還滅，則「不生亦不滅」之雙遮生死與涅槃，與「生死即涅槃」的關聯，也有值得思考之處[49]。

---

[48] 青目長行全文為：「諸法實相第一義中，不說離生死別有涅槃。如經說：涅槃即生死，生死即涅槃。如是諸法實相中，云何言是生死、是涅槃。」（T30, p. 21b）至於是什麼經典呢？若根據《般若燈論釋》所說：「是故第一義中，不說離生死外別有涅槃，如寶勝經偈言：涅槃即生死，生死即涅槃。」（T30, p. 104a）可知「涅槃即生死，生死即涅槃」，此語應出自《寶勝經》，而所謂的《寶勝經》，可能是《大寶積經》，因為在《大寶積經》有相近之偈語云：「了知諸法如實相，常行生死即涅槃。」（T11, p. 519a）此外，相近的思維理路，在日後中國佛教的發展，亦有「煩惱即菩提」、「無明即法性」、「淫怒癡性即是解脫」等論點出現。

[49] 例如是否可說生即滅、滅即生等命題？或者此生即滅、滅即生等之命題在何種意義下合於緣起正見？生即滅與「不生亦不滅」是否也有所關聯，還是兩個不一致的命題？此問題將在下面試作解析。

伍、對反相離和相即的兩種思路

以上舉「八不」與「二諦」的對反概念為例,論述《中論》兩種不同之運思方式。而且從「不縛亦不解」之雙非,和生死涅槃之毫無差別,也顯示出兩種不同對反語詞的思維理路。此二種運思模式,大致可理解為自性空與緣起有之相離和相即。換言之,在《中論》緣起性空的義理下,可開展出二邊雙是雙非、相即相離的兩種理路。

在緣起、空義下,「生死即涅槃」與「不縛亦不解」應可得到通貫性的理解,而顯示出《中論》裡對於對反概念的運作與思辨,有其一致的理論基礎,並可從《中論》所顯示的對反思維中,增進對中觀學緣起性空義理的認識。換言之,《中論》「八不」之雙遮二邊,除了標示出空義,而相契於般若經教不生不滅、不垢不淨、不增不減之空義外,此「八不」也相契於阿含佛典的緣起思想。同樣地,世俗、勝義二諦以及世間、涅槃之無分別,也是立基於緣起性空的理論下而成立的。

以下即說明此一道理。首先,由《阿含經》之「如來離於二邊說於中道」,概說《中論》八不的理論依據。其次,在雙非二邊的前提下,探討對反間相即、雙是的命題之成立可能,或者在什麼樣的理解下可說二邊之相即、雙是。最後,論述二邊相離、相即的思路,可說契合於《般若經》的思想。

一、對反兩邊之相離

「八不」重戲論之遮破與「二諦」重說法之安立,就某種意涵來說,可說是「不二」之相離與相即。八不的相離是不落二邊、捨離二邊,而世諦之如性即是第一義諦之如性的相即,則顯示諸法因緣相待、平等一如。以下先從不落二邊之雙遮對反二邊談起。根據龍樹《中論》唯一提到的《迦旃延經》之內容,可以歸納出三點要義[50]:

---

[50] 詳見 T02, p. 66c-67a。

（一）世人顛倒依著於有、無二邊。唯有對二邊不取著、不計於我，才是得正見。

（二）如實正觀世間的集與滅，則不生世間無、有之二邊見，而能處於中道。

（三）此「離於二邊，說於中道」，即是了知所謂的「緣起」——「此生（滅）故彼生（滅），此有（無）故彼有（無）」的道理。

　　從此小段經文中可以看到多組的對反語詞，如無有、生滅、此彼等；由此可知緣起、不二、中道等義理，可說是就兩相對性概念所開展之論述。其中如實正觀世間集滅，即如實正觀緣起之此與彼的關係，藉由如此的緣起正觀就能不落入二邊見，而能領會一切之有、無、生、滅皆依於因緣條件；也因此緣起法而說不生不滅、非有非無之不二。換言之，由於諸法因緣生所以說「不生」，諸法因緣滅所以說「不滅」，其中「不」、「非」、「無」、「離」等否定意涵之語詞，可說是自性的否定與緣起空義的展現，藉此「離於兩邊」（*ubho ante anupagamma*）來顯示中道之義理。

二、對反兩邊之相即

　　《中論》之八不緣起、不二中道等是依據阿含經教之「離於二邊，說於中道」，因此也重在捨離各種偏執，使既不落入常見，也不落入斷見，而得之以中道正見。但是，相對於「離於二邊，說於中道」之顯示相離於對反兩邊之思維，《中論》是否存在著對反兩邊相即之思維，或者在什麼樣的意涵下，可以成立兩邊相即的觀點？此成了可探討的問題。

　　「即」與「離」此二對反概念，是漢譯佛典中的常用語彙，其中的

意涵可說相當豐富[51]。如以羅什所譯之《中論》為例，其也以「不即」、「不離」進行思辨而云：「今我不離受，亦不即是受，非無受非無，此即決定義」。其中「離」與「即」分別對照到梵文的 anya 與 eva，再與否定詞 na 相關聯，而為不即、不離，在不同的版本裡以一（即）、異作翻譯[52]。按照此一思路來看，當談「離」時，其對反之「即」可說已預設其中，而成為一組對反概念。但此處的即、離，是否與「離於兩邊」中所談的「離」的概念相近，可能有不同的看法[53]。而且此兩邊相即在

---

[51] 其中「即」字本身，具有相當大的歧義性。對於中國佛教之「即」字，陳榮灼曾作了一些哲學性的分析；其指出「即」的梵文可以是「yad......tad」或「eva」，或引申為「不異」（na pṛthak）的意思，即「沒有差別」（no difference）；而與「即」字最接近的英文字為「identity」，而可譯作「同一」或「同一性」。詳見陳榮灼〈「即」之分析——簡別佛教「同一性」哲學諸型態〉，收在《國際佛學研究》創刊號（1991年），頁1-22。此外，關於「即」的探討，在吉藏《大乘玄論》分有二義，其一表示二種事象完全是一體而為不二即，其二表示二種事象之體有別，但互不相離之即。（T45, p. 21c-p. 22a）而根據知禮《十不二門指要鈔》將「即」分三種：一是「二物相合」之即，如說「斷煩惱、證菩提」；二是「背面相翻」之即，如說「迷時即煩惱，悟時即菩提」；三是「當體全是」之即，如說「本無煩惱，元是菩提」。其中唯有當體全是之即才屬於圓教之極談，天台與禪宗皆以當體全是之「即」為極至之法。（T46, p. 707a-b）再者，天台宗另立圓教菩薩六行位而為「六即」，顯示出重「即」之一面。

[52] 其中「今我不離受，亦不即是受」，在不同的藏經版本中，「亦不即是受」也作「亦不但是受」，其梵文原文為 evaṃ na-anya upādānān na ca-upādānam eva saḥ.（如是，此〔saḥ〕不異於取，也不是取。）在《般若燈論》譯為「我不異於取，亦不即是取」；雖然譯語用法不同，但整體的意涵是一致的。

[53]《阿含經》離於兩邊所對應的巴利文為 ubho ante anupagamma，其中「離」是以 an-upa-gamma 來表示，倘若要表示「離」的相對意涵，是否可把其否定接頭音節 an 拿掉，而為 upagamma，來表達「即」之意涵，應有不同的看法。但初步而言，如果即、離確是一組對反詞組，則以「離於兩邊」（ubho ante anupagamma）來類推「即」於兩邊（ubho ante upagamma/ na......ubho ante anupagamma），在文法上是可成立的。在 ubho ante upagamma 中，ubho ante 是二邊，而 upagamma 的 upa 表「接近」，gamma 是 gacchati 的絕對分詞（字根 √gam，為不規則動詞），表「正在去」（having approached）。此時巴利文 ubho ante upagamma，其中文白話或可譯為「正在接近兩端」。關於 upagacchati 之意思可參考水野弘元《パーリ語辭典》（東京：春秋社，1989年二訂），頁63。

義理上如何成立，或者是否可說「生死即涅槃」是某種兩邊相即的語句，也有開放理解的空間。

雖然「即」字背後所傳達的思想，有諸多可探討之處[54]，但若以如其所是的如性（tathatā，又譯為真如／suchness; thusness）的觀點來理解，則二邊相即的命題應可成立；其中相即的「即一性」，所表示的可說是真如[55]。換言之，如果「如來離於二邊，說於中道」，表達出捨離二邊的思想，則「生死即涅槃、涅槃即生死」及「世諦、第一義諦無異」等，顯示出二邊相即的見解；而此一見解的理論基礎，可說與如性相關[56]。如此，對反間的相即，強調的是對反間的無所差異（na pṛthak/ no distinction），說明了對反兩面間之平等、一如、無分別（nir-vikalpa）等，因而可理解為與空性相當的如性思想。此平等一如的義理，可說與《維摩詰經》所說的不二相通，而且此即一性與真如也是龍樹哲學所體現的一環[57]。

此外，在語言層次上，對反間相即的語句形式，應與四句論述結構的第三句（如「亦實亦非實」）相近。換言之，如果雙遮對反二邊之非

---

[54] 如上田義文也對「即」也作了探討，如以「色即是空、空即是色」為例，說明色與空完全的同一性，此「即」同時具備了絕對性的矛盾對立性，與絕對性的同一性。可見《大乘佛教思想の根本構造》（京都：百華苑，1990年六刷），頁54-56。

[55] 關於「即一性」顯示「如性」（tathatā）、「真如」（bhūta-tathatā），可見長尾雅人《中觀と唯識》（東京：岩波，1977年），頁16。

[56] 如前註所引之《般若經》所說的，世諦、第一義諦之無差異，乃是因為「世諦如即是第一義諦如」（T08, p. 378, c12-13）若參照現今文獻家所做的經文校對，其梵語原文可為：yā-eva loka-saṃvṛtes tathatā sā-eva paramārthaḥ tathatā（凡是世俗諦的如，它就是第一義諦之如）。梵文之考訂見 Takayasu Kimura (ed.). *Pañcaviṃśatisāhasrikā Prajñāpāramitā V*, Tokyo: Sankibo Busshorin, 1986, p. 138。

[57] 長尾雅人在論述「中觀哲學的根本性立場」時，即強調龍樹哲學的「即一性」。其以《中論》〈觀四諦品〉：「眾因緣生法，我說即是空；亦為是假名，亦是中道義」，說明因緣、空、假、中四者之相即，認為此四法，恰可視為同義異語；而此偈之重點，乃在於其間相互的即一性。長尾認為此「即一性」可名為「真如」，而中觀哲學之基本立場，就在於緣起與空性的即一，緣起即性空、性空即緣起，而從中顯示如性、中道。對於如性、空性與緣起以及「即」之概念，長尾雅人作了些探討，詳可見其《中觀と唯識》，頁11-21。

實非非實,所關聯到的是第四句,則雙立對反二邊之亦實亦非實,所關聯到的可說是第三句。如此之相即與相離,至中國佛學也發展出雙是、雙非(或雙照、雙遮)的論理模式,而成為中國佛學相當典型的論述之一[58]。關於以上諸點,在稍後將再作說明。以下以《心經》之空義為例,論述《中論》相即、相離二邊在經典中的成立依據。

三、以《心經》之「空」證成《中論》相即相離的思路

在《中論》之〈涅槃品〉與〈縛解品〉中,有涅槃與世間對反二邊之相即、無分別,顯示此相對概念不是雙遮對反兩邊之相離,而是道出兩者間之相即不二。如此相即、相離的思路,在般若經教中有類似的線索可尋。如廣為流傳的《般若心經》在一切皆空的觀點下,闡明色與空兩者間相即不二(或稱「色空不二」);同時也說:「諸法空相,不生不滅,不垢不淨,不增不減」,遮遣生滅、垢淨、增減等對反概念。可知,僅就《般若心經》而言,其可說存在著「離於兩邊」的思想,但也有相即不二的命題,而說「色即是空,空即是色」[59]。

其中「空」是共通的義理,也因為「空」所以有相即或相離兩種思路。因此在《心經》裡,雖說「空不異色」(rūpān na pṛthak śūnyatā/ emptiness is not different from form)、「空即是色」(yā śūnyatā tad rūpam/ whatever is emptiness, that is form),但同時也說「空中無色」

---

[58] 如天台智者說:「若觀色空、空色不二而二,二而無二,雙照雙亡,此是實相一心三觀。」《仁王護國般若經疏》(T33, p. 254a)荊溪湛然在《止觀輔行傳弘決》說:「雙非雙照,即是中道。」(T46, p. 176c)華嚴五祖宗密在《大方廣圓覺修多羅了義經略疏》亦說:「齊融絕待,雙是雙非,皆是中道。」(T39, p. 559c)

[59] 嚴格說來,能否將色、空視為一組對反詞組,恐不無異議,但就緣起有與自性空的有、空(無)兩面來說,似可作此理解。如上田義文把《般若經》之「色即是空、空即是色」,理解為「有即無、無即有」的結構,認為此有即無、無即有,包含了從有到無的過程與轉換。而在層層否定的過程中,顯示出否定即肯定、肯定即否定為一的看法。上田義文認為,此印度佛教思想史上的有即無、無即有的思想,日後也形成中國佛教的事事無礙、三諦圓融,或日本佛教的六大無礙等思想中的無礙與圓融;或者說中國、日本佛教的圓融無礙思想,皆不外立基於此無即有之主客觀關係上而成立的。見《大乘仏教思想の根本構造》,頁229及232。

（śūnyatāyāṃ na rūpaṃ/ in emptiness there is no form）。前者的「不異」（na pṛthak）與「即」（yat......tat......），皆說明空、色間的不二無別；但後者「空中無色」，在表面上卻顯示出與「空即是色」截然不同的意涵。

此兩種不同的理路，如同《中論》裡既說：「入空戲論滅」、「一切法空故，世間常等見，何處於何時，誰起是諸見」，但同時也說：「以有空義故，一切法得成，若無空義者，一切則不成」。因此，《中論》所談之「空」和般若經教是相通的，「空」可有兩層面向，使既能離一切見，也能成一切見。其關係可如下表所示：

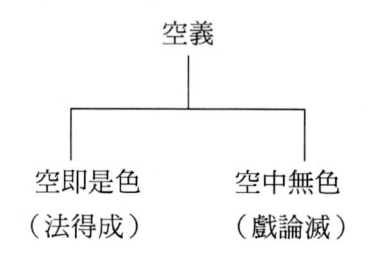

```
              空義
         ┌─────┴─────┐
      空即是色      空中無色
      （法得成）    （戲論滅）
```

當《中論》順觀緣起法的從緣而生，則說「以有空義故，一切法得成」；若逆觀緣起法的從緣而滅，則說「入空戲論滅」、「總破一切法」。此依因緣條件而或生或滅，若深觀其法性，則是涅槃寂靜的不生不滅，仍是所謂的「空」。如此緣起性空如同一把兩面刃，一旦契入空性的道理，則其既能有所否定，又能有所肯定，即藉由「空」能立破無礙[60]。此時在空義下，既可有「二諦」重說法之安立，也可以有「八不」重戲論之遮破，但兩者皆是緣起空義之開展，二諦與八不二者背後的義理可說是相通的[61]。

---

[60] 倘若如此，當《中論》說：「以有空義故，一切法得成，若無空義者，一切則不成」時，則似順理可推出「以有空義故，一切法得壞（破），若無空義者，一切則不壞（破）」之語句。

[61] 關於《中論》既論述了「不二」，也闡釋了「二諦」，其間的關聯，如吉藏《大乘玄論》說：「不二而二，二諦理明；二而不二，中道義立。」（T45, p. 19a）即依「不二中道」而論述「二諦」的道理，而且也依「二諦」的道理，來闡述此「不二中道」。如此「二而不二」、「不二而二」，顯示出中觀思想立、破的雙面手法。

因此就中觀學「緣起性空」的核心法義,可以區分出《中論》兩種思維路數,其既可由空無自性遮除一切法,也可由緣起的相待性成立世間諸法[62]。在空義的開展下,任何兩種對立性的概念,既是相即、也是相離,既是雙邊肯定、也是雙邊否定[63]。若以相離面向談生滅,則有所謂「不生亦不滅」,但如果以相即的面向談生滅,可以有所謂的「生即滅」。而此「生即滅」,更進一步說,可以是即生而有滅、不離生而有滅,顯示生滅相依、相待的道理[64],意味著生、滅皆不離其對反面而能存在。

　　總之,在緣起性空等理論原則下,似可開展出對反間相即、相離的兩種思路;如此離於兩邊可說已預設相即不二之思想,反之亦然。而任何的對反語詞,如生滅、一異、來去、有無、縛解等的關係,除了以相離、雙非的形式呈顯外,似也可以由相即、雙是的型態呈顯。此意味著生滅、常斷、來去、一異等,皆非獨立存在的;相對地,落入一邊的同時也將違背另一邊。例如徹底的「斷見」本身可說是一種「常見」,因其已以「斷見」為不變之見解;同樣地,徹底的「常見」也是一種「斷見」,不見無常變化之一面,而落入片面獨斷之見解。從中可知,相離相即兩種思路間,背後的義理是共通的,以下再作說明。

---

[62] 緣起的相待性,乃是龍樹學理解緣起的一個特色。關於中觀學相依的理論,上田義文也有類似的觀點,早先緣起的概念是「攀緣而起」或「一面攀緣、一面生起」之意;表示一切存在不是只有自己而存在的,而是攀緣其他事物而存在。在此意義下,被認為與相依的概念相等;因此龍樹在緣起的概念之外,使用「相依」的概念作論述。詳可參考上田義文《大乘仏教思想の根本構造》,頁 61-66。

[63] 對於兩邊相即、相離之雙邊肯定、否定,吳汝鈞也表達了相似的觀點:「龍樹教人超越空與假之外,又同時肯定空與假;故中道一方面有非空非假之意,另方面又有亦空亦假之意。……故中道有兩層意思:一層是雙邊否定,另一層是雙邊肯定。雙邊否定是超越的層面,超越空假的層面,而雙邊肯定就是綜合的。故龍樹的思路一方面是超越的,另方面是綜合的。表面看似矛盾,但這就是佛教的中道真理。」吳汝鈞《印度佛學的現代詮釋》(臺北:文津,1994 年),頁 119。

[64] 「八不」的首句是「不生亦不滅」,而關於「不生」,龍樹〈觀因緣品〉及〈觀三相品〉皆作過論證。如〈觀三相品〉第三十頌說:「如一切諸法,生相不可得」,但龍樹緊接著也說「以無生相故,即亦無滅相」;換言之,其藉生相之不生來破滅相,所以說「不滅」。從中可知生滅兩者間是相依相關的。因此生滅兩者間既是「不生不滅」,又是「生滅相依」,顯示了生滅皆空、生滅一如的法義。

陸、相離相即義理間的共通性

根據上述的分析,對於「不生不滅」的雙遮、雙非二邊,與「生死即涅槃,涅槃即生死」之雙照、雙是二邊;以及「縛即解」之相即與「不縛亦不解」之相離,此等是否為相違的語句,應有釐清的作用。對於「生即滅」、「滅即生」等命題成立的可能性,及其在中觀思想上可能的意涵,也將較為清楚。簡而言之,《中論》對反概念間的思維理路,可就相即、相離的兩個思維理路來掌握。

相即相離、或立或破的兩種思路,皆在打破、超越一切對反差別,而一致表示出無分別、平等、不二等義理,或者緣起性空、真如空性的基本思想。換言之,「生死即涅槃」之雙照式的不二,與「不生不滅」之雙遮式的不二,其中背後的義理相通,不同的僅是著重點的差異。例如,相即式的不二,著重的是平等一如,一切法性無所分別,而不起二想[65];而雙非式的不二,強調的是離於二邊的無自性空。前者可說是偏重真如來談,後者則在彰顯空性;但實際上如性($tathatā$)與空性($śūnyatā$)兩者是相通的[66],意即不生不滅之空性不二,同時也含有生

---

[65] 如《說無垢稱經》說:「若諸菩薩知一切法性皆平等。於漏無漏不起二想。不著有想不著無想。是為悟入不二法門。」(T14, p. 577b)《說無垢稱經》卷4:「若諸菩薩了知二心性空如幻,無菩薩心、無聲聞心,如是二心其相平等,皆同幻化,是為悟入不二法門。」(T14, p. 577b)

[66] 或者可說,空性與如性僅是同一法性($dharmatā$)正反兩面不同的顯現。如鈴木大拙認為大乘佛學裡空性有其正面性意涵,此即是如性。其以《楞伽經》為例,認為經上總是很細緻地把空性($śūnyatā$)與如性($tathatā$)相稱起來;當我們把世間看成是空時,我們正是掌握到其如性。見 D. T. Suzuki. *Studies in the Lankavatara Sutra*, London: George Routledge & Sons, Ltd., 1930, p. 446。倘若如此,不生不滅、非有非無、不一不異等,雖可說是空性的顯示,但其也可說是如性的展現。如在《大乘起信論》裡亦以「絕四句,離百非」的形式,超越一切差別相,來闡述真如自性,論云:「當知真如自性,非有相非無相,非非有相非非無相,非有無俱相;非一相非異相,非非一相非非異相,非一異俱相。」(T32, p. 576a-b)

滅一如的思想。同樣地,「生死即涅槃」之相即一如,同時也說明生死與涅槃兩者皆空,兩者皆如幻似化,而可雙遮生死、涅槃之實有[67]。

因此,生死即涅槃之如性,亦說明了空性,生死、涅槃兩者在空性下皆為幻化,所以經上說「無有流轉,亦無寂滅」,而可通於空性的「不生不滅」、「不縛不解」的意涵[68]。生死如幻如化,在修行解脫的脈絡下,固然是可以理解的,但為什麼涅槃亦如幻如化呢?若聲聞行者,厭離生死而欣樂涅槃之清淨,由此生起對涅槃的執著,則亦不得解脫。因此在究竟的空義下,「不欣涅槃、不厭生死」乃是大乘佛典強調的重點[69]。如此「生死即涅槃」之相即,也可說是某種形式離於兩邊,在如幻如化的生死、涅槃兩者間,不應欣厭於一邊。而若掌握如與空之間義理的相通所在,如性或空性兩者都可說是涅槃境界的描述,與佛典的

---

[67]「生死即涅槃」也不離空義下所作之理解;其中涅槃之空猶如色與空之關係,在《大智度論》亦作如是之說:「復次聲聞辟支佛法中,不說世間即是涅槃。何以故?智慧不深入諸法故。菩薩法中說世間即是涅槃,智慧深入諸法故。如佛告須菩提:色即是空、空即是色,受想行識即是空,空即是受想行識。空即是涅槃,涅槃即是空。《中論》中亦說:「涅槃不異世間,世間不異涅槃;涅槃際世間際;一際無有異故。」菩薩摩訶薩得是實相故,不厭世間不樂涅槃。」(T25, p. 197c-198a)

[68] 關於「生死即涅槃」之如性、空性,可說與「不生不滅」或「無有流轉,亦無寂滅」的空性相合,《說無垢稱經》似可說明此點:「復有菩薩名調順慧,作如是言:『生死涅槃分別為二;若諸菩薩了知生死其性本空,無有流轉亦無寂滅,是為悟入不二法門。』」(T14, p. 577c)

[69]「不縛不解」一語或「不欣涅槃,不厭生死」相關之思想,在大乘經論中出現頻率頗高,如《大般若經》說:「如諸法性,無縛無解,無染無淨,無起無盡……。」(T05, p. 924a)《大般若波羅蜜多經》:「修學甚深般若波羅蜜多,不為厭離生死過失,不為欣樂涅槃功德。所以者何?修此法者,不見生死,況有厭離;不見涅槃,況有欣樂。」(T07, p. 965a) 另外,《說無垢稱經》也云:「復有菩薩名寶印手,作如是言:欣厭涅槃生死為二,若諸菩薩了知涅槃及與生死,不生欣厭則無有二。所以者何?若為生死之所繫縛,則求解脫,若知畢竟無生死縛,何為更求涅槃解脫。如是通達無縛無解,不欣涅槃、不厭生死,是為悟入不二法門。」(T14, p. 578b-c)

無相、無作、無生、寂滅、法性等概念相當[70]，皆代表無分別的最高境界[71]。

因此，在《中論》裡，除了雙遮二邊外，其所說的：「涅槃與世間，無有少分別」的生死、涅槃相即雙照的思路，亦是運作對反概念的一種模式。而此雙照二邊所著重的「即」，在重圓融、調和的中國佛教大為發揮起來[72]。因為相對於離於二邊，標示諸法之虛幻不實，而否定、捨離一切，如性具有一定的圓頓義，能顯示圓滿高超的理論境界，以作為圓教系統特有的表達方式[73]。而如來藏思想之所以大受歡迎，也

---

[70] 如《摩訶般若波羅蜜經》云：「深奧處者，空是其義，無相、無作、無起、無生、無染、寂滅、離如、法性、實際、涅槃。須菩提！如是等法，是為深奧義。」（T08, p. 344a）

[71] 不管是如性或空性，皆具有「無分別」（nirvikalpa）之意。《中論・觀法品第十八》第五頌說：「業煩惱滅故，名之為解脫，業煩惱非實，入空戲論滅。」雖然此處羅什沒有譯出「分別」，但若參照《般若燈論釋》所說：「解脫盡業惑，彼苦盡解脫，分別起業惑，見空滅分別。」（T30, p. 106b）再對照梵文來理解，此偈頌明生死流轉乃因業與煩惱而起，業與煩惱因分別而來，此分別又來自戲論；進入了空性（或如性）後則戲論滅，乃至虛妄分別滅、煩惱滅、業惑滅、生死滅而達解脫。簡言之，因為戲論的緣故，所以有各種分別、業煩惱；一旦戲論滅，則無各種二元對立分別及煩惱。

[72] 此重視遮照兩面的圓融並觀，到了中國古代祖師有頗大的發揮，如天台灌頂之強調雙是而說：「言雙非者，不唯雙非，復應雙是。」此重視雙是雙非的兩面，更早的智者也說：「空假不二而二，二而不二。雙照即不二而二，雙忘即二而不二。」（《仁王護國般若經疏》，T33, p. 284a）《摩訶止觀》云：「若圓教觀實相理，雙遮雙照。非空故不沈，非假故不浮，發如是心名為調相。」（T46, p. 47c）此外，知禮《觀音義疏記》云：「雙遮雙照，無偏無待，即平等大慧也。」（T34, p. 957a）湛然說：「非空非具、而空而具；雙遮雙照、非遮非照。」（見《法華玄義釋籤》，T33, p. 844a）以及永明延壽《宗鏡錄》也說：「當知終日說，終日不說。終日不說，終日說。終日雙遮，終日雙照。即破即立，即立即破，經論皆爾。」（T48, p. 639c）等。

[73] 「如性」的圓頓表達方式，普遍被中國佛學所接受，而顯現中國佛學當體即是、不假分析的論述風格；如牟宗三說：「依天台，成立圓教所依據之基本原則即是由『即』字所示者。如說菩提，必須說『煩惱即菩提』，才是圓說。如說涅槃，必須說『生死即涅槃』，才是圓說。如依煩惱字之本義而分解地解說其是如何如何，進而復分解地說『斷煩惱證菩提』，或『迷即煩惱，悟即菩提』，或『本無煩惱，元是菩提』，這皆非圓說。」見《牟宗三全集22・圓善論》（臺北：聯經，1992年），頁266。

在於後代祖師好「如」遠多於「空」,重視四句形式中的第三句遠勝於第四句[74]。到了華嚴的「法界緣起」的理論,則延伸出「一即一切,一切即一」、「事事無礙」的觀點,可以說是此相即、雙是思維進一步的開展[75]。此外,天台宗發展出「十如是」、「百界千如」等思想,此重「如」的傾向,也可在此脈絡下理解。

綜合上述,《中論》的「生死即涅槃」,既顯示生死涅槃皆空而如幻如化,同時也顯示諸法如如平等之特性。「如」與「空」此兩種對於對反語詞的思路,在佛教傳統裡由來已久,甚至可藉此二理路來掌握佛教一切法門[76]。關於空、如間的相關、相通,略以下表整理說明之[77]:

---

[74] 四句中第三句之「雙是」(如「亦實亦非實」)與第四句中之「雙非」(如「非實非非實」)兩者間,印順法師認為傳統中國佛教所重的是第三句形式的圓融型態,而非否定特質鮮明的第四句。印順法師說:「亦實亦非實,這是圓融門。中國傳統的佛學者,都傾向這一門。天台家雖說重在非實非非實門,而實際為亦實亦非實。如天台學者說:『言在雙非,意在雙即』,這是明白不過的自供了。實即是非實,非實即是實;或者說:即空即假;或者說:即空即假即中;或者說:雙遮雙照,遮照同時:這都是圓融論者。」見《中觀論頌講記》,頁 333-334。如此,中國佛學在代表圓融的第三句中,找到思想依循的方向,卻與龍樹中觀學所重的否定式的第四句有所距離。事實上四句中的第三句,在如來藏經典中,確實被標示為佛教最高真理。如就《大般涅槃經》之中道佛性說,其云:「智者應說眾生佛性亦有亦無。」(T12, p. 572c)即《涅槃經》站在佛性的觀點,所重視的是「亦有亦無」,而如此的「亦有亦無」,乃為中道。如吉藏《中觀論疏》即在引述時表示:「即合中與假皆是中道,問此出何處?答涅槃經云:亦有亦無名為中道,即是其事。」(T42, p. 23a-b)換言之,就《涅槃經》而言,佛性(如來藏)─中道─亦有亦無,此三者是相通的。

[75] 從《般若經》之「色即是空、空即是色」,到龍樹中觀的緣起性空的發揮,再到中國佛教華嚴宗相即相入的發展,上田義文作了一些論述與考察。見上田義文,《大乘仏教思想の根本構造》,頁 55。

[76] 如慧遠認為法門雖殊,但可以遣相、融相二門統攝之,而此遣、融二門,可說是本文所探討的對反間的相離、相即。慧遠《維摩義記》云:「所辨雖異,要攝唯二:一遣相門,二相雙捨,名為不二,非有所留。二融相門,二法同體,名為不二,非有所遣。」(T38, p. 492a)相近的觀點在《大乘義章》亦作了說明。見 T44, p. 481c-p. 482a。

[77] 論文審查人提醒本文中所述之相即、相離,可藉三論宗之「橫豎說」來作理解,即以橫待(相待)及豎超(絕待)二法,說明《中論》即、離的兩種思路。關於三論宗的「橫豎說」,可參考印順法師《中觀今論》,頁 223-225。對於審查人的指教,特此致謝。

思維理路	相即／相待／橫待	相離／絕待／豎超
代表語句	「不依俗諦，不得真諦（涅槃）」、「生死即涅槃」、「亦實亦非實」	「不生亦不滅、不來亦不去」、「不縛亦不解」、「非實非非實」
作用特色	雙是、雙照（立／融相）	雙非、雙遮（破／遣相）
四句形式	第三句（綜合）	第四句（超越）
理論依據	緣起	性空
實相境界	如性	空性
相待‧絕待相融、立破無礙、緣起即性空‧性空即緣起、空如不二		

總之，就《中論》的理論系統而言，存在著相即、相離的兩個思維理路，而且背後的道理可說是一貫的，皆是緣起性空等義理的開展，並以契入涅槃為最終目標。不過，由於後代祖師繼承不同，因此有不同的著重面向。如在中國佛教的脈絡下，喜穎頓、直截的圓融說，因此即便是雙非，也被視為雙是，而有「言在雙非，意在雙即」之說[78]。相對地，印度中觀學的思維型態，則重超絕一切、而非以圓融為主[79]；其雙是的同時可說是雙非，以揚棄、對治一切執見。關於《中論》以離諸見、滅戲論為思想主軸，以下即作進一步說明。

柒、相即相離皆以遮遣為主

雖然上面指出立破、即離，或者真如與空性間義理的共通性，但就龍樹《中論》思想而言，主要是以闡述空性為重。此以空性為主軸，如同般若經教一樣，展現出掃蕩、揚棄一切的特色；而《中論》亦是透過遮遣二邊來捨離一切，以達蕩相遣執、善滅戲論之終極目的，朝向究竟

---

[78] 如印順法師所說：「中國學者，每重視亦有亦無的綜合句，即使說雙非，也還是如此。如天臺家說：『言在雙非，意在雙即』。而印度大乘，依循佛法的空義正軌，即重視非有非無的雙非句。」見《大乘起信論講記》（新竹：正聞，2000年新版），頁82。

[79] 如印順法師所說：「三論宗的超絕論而不落入圓融論，充分的表現勝義空宗的特色。平常所說的四句或超四句，依言離言等，也可以得到正確的理解。」見《中觀今論》，頁227。

的涅槃解脫。所以,《中論》雖有緣起與性空之立破(或即離)兩種思路,但立可說是一種破,乃是藉立而破諸顛倒妄見。所以不管雙離或雙即,可說皆是龍樹遮遣之模式或方法[80],而且可以說《中論》論破之方法亦即是其目的本身,以下作進一步說明。

如同《中論》裡反覆所言「善滅諸戲論」、「滅一切戲論」、「悉斷一切見」、「為離諸見故」等,可知滅戲論與離諸見,乃是其核心要旨;如何達到此一目的,則為龍樹主要之考量[81]。因此就中觀學而言,「破邪」和「顯正」並不是兩種方法,而可能為一。如《中論・觀顛倒品第二十三》十六頌所言:「若無有著法,言邪是顛倒,言正不顛倒,誰有如是事」;可知邪是顛倒,固然要破,但破邪之後,也無所謂「正」以作為立場;此時正也是顛倒,也需要破,因此而說空亦復空。可知,中觀學所謂的「正見」,其本身未必是一種「見」(dṛṣṭi/ view),卻是在於「離諸見」(the absence of views)。換言之,一般的否定可能是為了某種肯定,因此有所破乃是為有所立;但就《中論》而言,其只是單純的否定,破只是為了破,僅是為了「離諸見」,而無所肯定,未必是另立正見[82];因此《中論》之論破雖為方法,但亦可視為其目的本身。如同龍樹在《迴諍論》所說的:「若我宗有者,我則是有過,我宗無物故,如是不得過。」龍樹本身沒有自己的主張或立場,一切僅是要標示諸法

---

[80] 龍樹的思想除了是一套哲學理論外,也可說是一種方法;一種解消概念上取著的方法(a method of devoid of conceptualization),以此遮破一切的無明與計執。可參考 Hsueh-li Cheng. *Empty Logic*, p. 104。

[81] 所以即便是說「若不依俗諦,不得第一義」,或者「不離於生死,而別有涅槃」,此雖看似有所立,就某方面而言肯定了俗諦及生死、世間之成立,但其用意可說在於破。如審視此兩句出現的脈絡,二諦之安立乃是針對執空之人、以為空破一切世俗法,所提的因應與對治,以破此執空之見。同樣地,「生死即涅槃」可說是對於執取涅槃清淨的行者,破斥其片面地厭離生死、否定世間的偏失。可知,此兩者雖看似有所立,但皆不外於戡破執著;此時《中論》的肯定可說是某種否定,因此可說是藉立而破妄執。

[82] 參考 Hsueh-li Cheng. *Empty Logic*, p. 46-47。

實相的寂靜空性而已[83]。或者說，龍樹認為其僅是應病予藥，其用意僅在於對治、破斥他人的邪見無明；一旦病除，藥也將不起作用。可知，《中論》的空義可說是一種導向解脫的智慧，沒有制式的見解或主張，乃至可說是要解放人理智上的執著（intellectual attachment）[84]。

後代的中觀學的發展，也著眼於龍樹此一思想特點作發揮。除月稱透過歸謬的方式，指出立論者錯誤所在，而不自立主張外，中國中觀學的吉藏也是如此。吉藏所謂的「破邪顯正」，表面上破邪是為顯正，但最後連破邪之念也必須破，所以《中觀論疏》說：「在邪若去，正亦不留」[85]，可知邪正之分僅為對治之用，而一旦邪見不存，也無所謂正見可言，使人對一切皆不起執著。因此，吉藏表示不可把立視為立，而須是「言而無當」，才是掌握佛教所謂之立；同樣地，若能理解破就是破，而不是一種立，則吉藏認為才是把握到中觀所謂之破[86]。

可知，此以破為破及以立為破的方式，顯示出中觀學「唯破不立」的思想[87]。所以雖說「立破無礙」，其作用皆不離於「破」；或者說，「空」之立破無礙，此「空」本身仍必須「空」。如此，《中論》展現出多元的摧破方式，使易於達到「善滅諸戲論」的目的。而此滅諸戲論的目的，除了是中觀的宗旨外，也可說是整個佛教思想的主要歸趣。因為佛法以出離世間苦難為終極標的，如此解脫的訴求，幾可定調佛法以遮遣作為重要特質，使能從戲破計執的過程中邁向解脫。因此看似有所立

---

[83] 如龍樹在長行所作之解說：「如是非我有宗，如是諸法實寂靜故，本性空故，何處有宗？如是宗相，為於何處宗相可得？我無宗相，何得各我。」（T32, p. 19a）

[84] 可參見 Hsueh-li Cheng. *Empty Logic*, p. 10。

[85] 吉藏云：「就說教意中凡有二意，一者破邪，二者顯正。佛欲斷如此等諸邪見即破邪也，令知佛法故顯正也。此是對邪所以說正；在邪若去，正亦不留；至論道門，未曾邪正……今外吐言教謂應病授藥。」（T42, p. 16a）

[86] 吉藏《百論疏》中云：「若言而無當則解一切佛教立意，若破而不立則解一切佛教破意。」（T42, p. 235b）

[87] 此語可見吉藏《大乘玄論》T45, p. 69c；相近的詞語，吉藏在《大乘玄論》也多次使用「破而不立」一詞，見 T45, p. 72b-c。

而有正面的詮解（positive explanation），也可作為在空義的引導下，邁向解脫過程中所作的教化[88]。

總之，因緣和合既成一切法，使世間有所安立，而緣起的諸法皆空無自性，此空性也使世間之一切得以勘破、揚棄。因此，在緣起即性空、性空即緣起的道理下，雖說緣起成一切法，此緣起亦復壞一切法，性空的道理亦是如此。而為對治眾生深重之執見，中觀學摧破、教化的方式，不免如四句所示的多變與多樣。如此，使得遮遣的面向，成為中觀學顯著之特點，顯現出《中論》既是「立破無礙」、「立破善巧」[89]，同時也是「唯破不立」、「破而不立」的。

捌、結論

《中論》依據阿含佛典「離於二邊說於中道」之基本見解，藉由雙遮兩邊來申論中道的義理，此雙遮兩邊成了《中論》顯著的思維特色，所謂的「八不」可說是其中典型之代表。但《中論》除了以「離於二邊」遮遣兩相對性概念外，同時亦有肯定兩相對性概念之面向。換言之，《中論》除了談「離於兩邊」外，亦說二諦與生死、涅槃之相即不二，此為談論《中論》思維或思想時可以注意的面向。而此相即、相離於二邊的思維模式，在語言層面上，其形式分別近於「四句」中第三句與第四句；而在實相的面向上，分別可與如性和空性的義理相通。

總之，《中論》的緣起、性空、假名、不二等思想中，之於相對二

---

[88] 不過，關於中觀究竟是否僅是唯破不立，古來應成、自續兩派即有不同看法，仍有諸多探究的空間；但若回到佛教解脫世間的訴求來看，揚棄、捨離的面向顯然為其中的重點。此外，依印順法師之見，龍樹初期大乘佛法，「為離諸見故」而說一切空，乃是「對治悉檀」，目的在「破斥猶疑」，以遣除一切情執，契入無我空性為主。見釋印順《華雨集》第五冊（新竹：正聞，1993年），頁35及276。

[89] 「立破善巧」一詞見自印順法師《中觀論頌講記》；其指出「立破善巧」乃是《中論》三大特色之一。參見《中觀論頌講記》，頁30-35。

法的思維運作，可說有相即、相離兩種模式，除了否定二邊（如「不縛不解」）之雙非，也有肯定二邊（如「生死即涅槃」）之雙是。無論是相即相離、雙是雙非，二者皆相當徹底，與一般人的常識認知相違；而其目的皆在於戳破思維、思想上的偏執，藉以滅諸戲論，使超脫世間的相對分別，終至邁向解脫。如此，因為兩邊皆虛幻不實，所以兩邊皆否定；但也因為虛幻不實，可以假借而巧妙運用，所以兩邊皆可肯定[90]。而此相離相即之破立兩面手法，皆可說是《中論》不二思想的體現；藉由不偏執於一邊，不即不離，所以反倒可於二邊運用自如，既即又離。可知，中觀學義理的開展，不離相對二法進行思辨，藉此提昇思維的高度與深度，引導人從有限的思考視域中走出，以開闊眼界、破迷啟悟。

引用書目

一、原典

東晉・法顯譯，《大般涅槃經》；《大正藏》冊 1。
後秦・佛陀耶舍共竺佛念譯，《長阿含經》；《大正藏》冊 1。
後秦・鳩摩羅什譯，《摩訶般若波羅蜜經》；《大正藏》冊 8。
——，《大智度論》；《大正藏》冊 25。
——，《中論》；《大正藏》冊 30。
後秦・僧肇，《肇論》；《大正藏》冊 45。
北涼・曇無讖譯，《大般涅槃經》；《大正藏》冊 12。
劉宋・求那跋陀羅譯，《雜阿含經》；《大正藏》冊 2。
梁・法雲，《妙法蓮華經玄義》；《大正藏》冊 33。

---

[90] 所以似可以說，因為二邊皆否定，所以兩邊皆肯定，也因為兩邊皆肯定，所以二邊都否定。中國古代祖師所說的二而不二，不二而二，意應在此。如吉藏《淨名玄論》說：「諸法實相，實相諸法。諸法宛然而實相，實相宛然而諸法。諸法與實相；不二而二；二常不二。」（T38, p. 882a）或者，就超越的出世間說不二，而在此基石上，又安立世間的二，藉由此世俗的二，去談出世間的不二，如吉藏《中觀論疏》云：「不二而二，二諦引物；二而不二，即一中道。」（T42, p. 98b）

隋・吉藏，《大乘玄論》；《大正藏》冊 45。

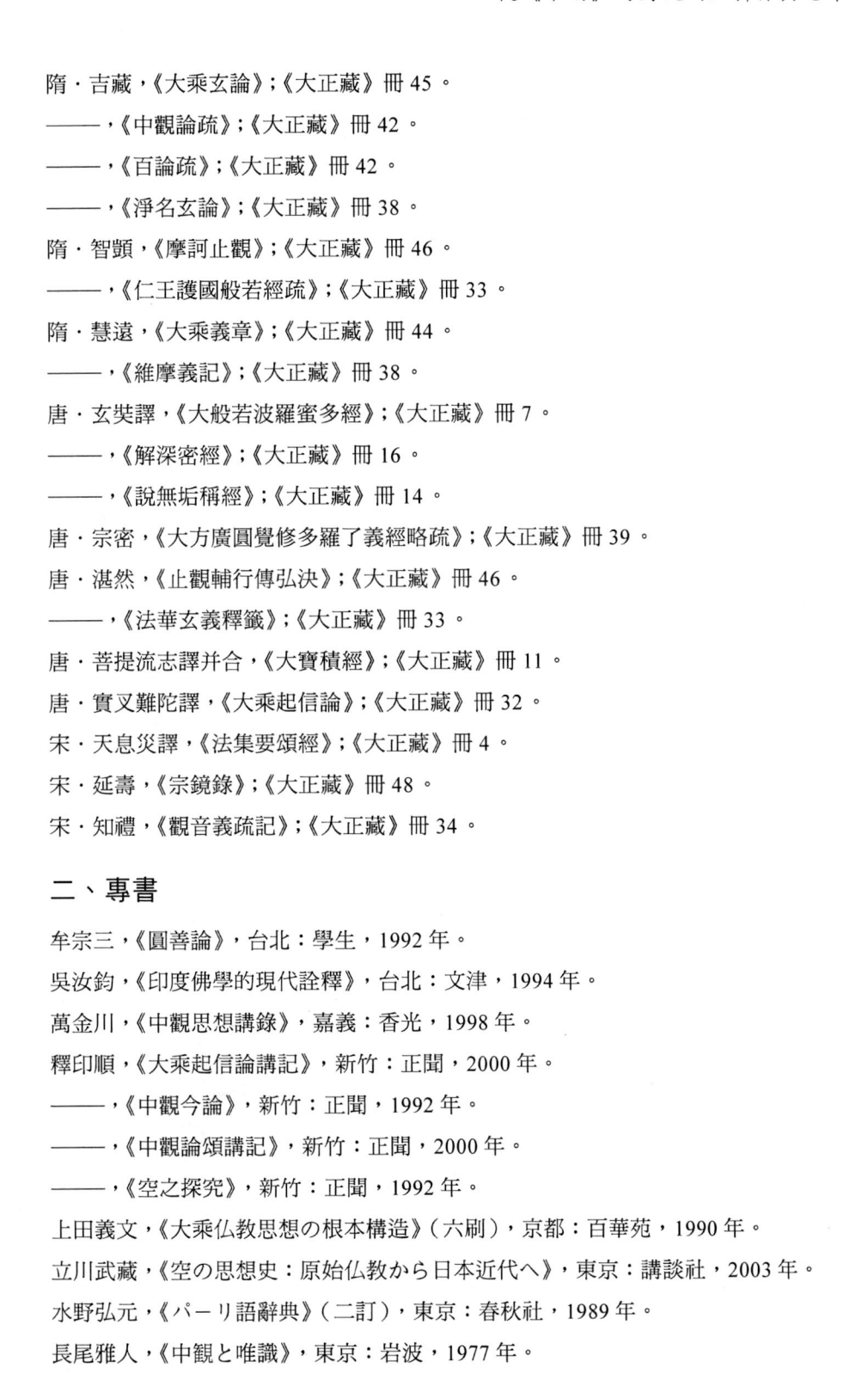

────，《中觀論疏》；《大正藏》冊 42。

────，《百論疏》；《大正藏》冊 42。

────，《淨名玄論》；《大正藏》冊 38。

隋・智顗，《摩訶止觀》；《大正藏》冊 46。

────，《仁王護國般若經疏》；《大正藏》冊 33。

隋・慧遠，《大乘義章》；《大正藏》冊 44。

────，《維摩義記》；《大正藏》冊 38。

唐・玄奘譯，《大般若波羅蜜多經》；《大正藏》冊 7。

────，《解深密經》；《大正藏》冊 16。

────，《說無垢稱經》；《大正藏》冊 14。

唐・宗密，《大方廣圓覺修多羅了義經略疏》；《大正藏》冊 39。

唐・湛然，《止觀輔行傳弘決》；《大正藏》冊 46。

────，《法華玄義釋籤》；《大正藏》冊 33。

唐・菩提流志譯并合，《大寶積經》；《大正藏》冊 11。

唐・實叉難陀譯，《大乘起信論》；《大正藏》冊 32。

宋・天息災譯，《法集要頌經》；《大正藏》冊 4。

宋・延壽，《宗鏡錄》；《大正藏》冊 48。

宋・知禮，《觀音義疏記》；《大正藏》冊 34。

二、專書

牟宗三，《圓善論》，台北：學生，1992 年。

吳汝鈞，《印度佛學的現代詮釋》，台北：文津，1994 年。

萬金川，《中觀思想講錄》，嘉義：香光，1998 年。

釋印順，《大乘起信論講記》，新竹：正聞，2000 年。

────，《中觀今論》，新竹：正聞，1992 年。

────，《中觀論頌講記》，新竹：正聞，2000 年。

────，《空之探究》，新竹：正聞，1992 年。

上田義文，《大乘仏教思想の根本構造》（六刷），京都：百華苑，1990 年。

立川武藏，《空の思想史：原始仏教から日本近代へ》，東京：講談社，2003 年。

水野弘元，《パーリ語辭典》（二訂），東京：春秋社，1989 年。

長尾雅人，《中觀と唯識》，東京：岩波，1977 年。

H.-L. Cheng. *Empty Logic*, Delhi: Motilal Banarsidass, 1991.

T. Kimura (ed.). *Pañcaviṃśatisāhasrikā Prajñāpāramitā V*, Tokyo: Sankibo Busshorin, 1986.

D. Loy. *Nonduality: A Study in Comparative Philosophy*, New York: Humanity Books, 1998.

S.M. Shaha. *The Dialectic of Knowledge and Reality in Indian Philosophy: Kundakunda, Nāgārjuna, Gauḍapāda, and Sankara*, Delhi: Eastern Book Linkers, 1987.

C.-Q. Shin. *The Two Truths in Chinese Buddhism*, Delhi: Motilal Banarsidass, 2004.

M. Sprung. *Lucid Exposition of the Middle Way*, Boulder: Prajna, 1979.

T. Stcherbatsky. *The Conception of Buddhist Nirvana* (2nd ed.), Delhi: Motilal Banarsidass, 1977.

D.T. Suzuki. *Studies in the Lankavatara Sutra*, London: George Routledge & Sons, 1930.

三、論文

楊惠南,〈《中論》裡的「四句」之研究〉,《華岡佛學學報》第 6 期,1983 年。

——,〈龍樹的《中論》用了辯證法嗎?〉,《臺灣大學哲學論評》第 5 期,1982 年。

陳榮灼,〈「即」之分析——簡別佛教「同一性」哲學諸型態〉,《國際佛學研究》創刊號,1991 年。

蔡耀明,〈《阿含經》和《說無垢經》的不二法門初探〉,《佛學研究中心學報》第 7 期,2002 年。

吳汝鈞,〈印度中觀學的四句邏輯〉,《中華佛學學報》第 5 期,1992 年。

An Analysis of the Reasoning of Antonyms in the *Mūlamadhyamaka-kārikā*

Lin, Kent[*]

Abstract

The way of reasoning in *Mūlamadhyamaka-kārikā* is a prominent topic; this essay discusses its distinctive logical reasoning via the oppositional terms such as arising/ ceasing, annihilation/ permanence, identity/ difference, coming/ going, worldly truth/ noble truth, and samsara/ nirvana. First, the two distinct ways of thinking as negation and confirmation in the theory of Eight Negations and Two Levels of Truth are presented. Second, that these two ways of thinking are based upon the *Mūlamadhyamaka-kārikā*'s theory of *pratītya-samutpāda* and *śunyatā* are discussed. Third, these two kinds of thinking are shown to be relevant to the thought of Emptiness and Suchness and are actually equal to each other. Fourth, these two ways of thinking both aim to examine the oppositional sides to get beyond all duality to realize Nirvana. In sum, *Mūlamadhyamaka-kārikā* propounds Buddhist philosophical systems of Non-Duality and the Middle Way to pursue liberation through eradicating attachments to all dualistic thinking.

Keywords: eight negations, two levels of truth, non-duality, emptiness, suchness, confirmation and negation

---

[*] Assistant Professor, Institute of Religion and Culture, Buddhist Tzu Chi University.

「迦羅」(*Kāla*)或「三摩耶」(*Samaya*)？
——以「時間」議題論
《大智度論》批判實在論的哲學問題[*]

嚴瑋泓[**]

摘要

　　本文聚焦於《大智度論》中所記載論主與設問方對於「迦羅」（*Kāla*）與「三摩耶」（*Samaya*）兩個關於時間之語詞的論辯。筆者將以設問方引用《時經》之偈頌的問難作為線索，探究時間的概念在印度哲學的脈絡中反映著怎樣的哲學問題，以及為何《大智度論》要批判這樣的哲學立場。據此，本文指出《大智度論》批判「迦羅」的理由，在於此語詞相較於「三摩耶」而言，容易使人衍生趨向於實在論的見解，甚至引發自性見，其並進一步主張應說「三摩耶」來避免實在論立場。從文本的論證可知，《大智度論》不僅批駁了時間為客觀實在的立場，也不承認時間作為知識對象。然而，《大智度論》仍需接受時間作為世俗知識之認知結構的條件。簡言之，本文作出以下結論：（一）雖然《大智度論》無梵、藏本留世，本文發現設問方引用《時經》的偈頌，可於《阿闥婆吠陀》、《邁瞿犁奧義書》、《摩訶婆羅多》、《數論頌》……等印度哲學典籍中，找出類似或對應的偈頌。在佛教文獻中，亦可在月稱之《淨明句論》找到對應的偈頌。據此，本文認為此段偈頌反應出時

---

[*] 本文原刊載《臺大佛學研究》第 20 期（2010 年 12 月），頁 1-57。今逢恩師 楊惠南教授七十大壽，學兄 陳平坤教授召集師友以文集祝壽並指定收錄此文，遂厚顏以此拙文付梓。藉此感謝老師教導之恩，並祝禱老師身心康泰，自在如意。
[**] 作者為東海大學哲學系助理教授。

間作為實體或萬物之生因的觀點,乃是基於婆羅門思想的傳統,表現為形上實在論的立場。而預設時間為實在的觀點,除了學者們所認為屬於正理－勝論學派的可能性之外,亦可能為「說一切有部」的主張。(二)《大智度論》回應問難的論證大多以應成與兩難的方式回應,就論證本身來說,此與中觀學的論證是一致的。此外,設問方具備豐富的哲學背景,單就本文聚焦的這段文本而言,設問方極可能具有「說一切有部」的背景。(三)針對時間的議題,本文認為《大智度論》以時間作為假名的主張,僅迴避了時間的客觀實在性,並無否定時間作為知識結構中的某種條件。在佛教哲學,不論是早期佛教剎那滅或中觀學時間假名論,均否定了時間表現為某種實體形上學型態。但在世俗知識的結構中,並沒有否定時間的工具性意義。

關鍵字:迦羅、三摩耶、時間、大智度論、說一切有部

壹、前言

「迦羅」（*Kāla*）與「三摩耶」（*Samaya*）兩者在梵文裡，均為與「時間」相關的語詞。在被喻為佛教百科全書的《大智度論》中，記載著論主與設問方對於這兩個時間概念的論辯。本文希望從此著手，探討兩造間的哲學論諍反應著什麼樣的哲學問題，以及為何佛教哲學在提到「時間」時，多數批判前者，而採用後者。

在此段論辯中，《大智度論》首先批判「迦羅」，原因在於此語詞相較於「三摩耶」而言，容易使人衍生趨向於實在論的見解，甚至引發認定事物有某實在作為認識或存有之基礎的見解（即所謂的自性見），而與佛教緣起空義不一致[1]。從《大智度論》的論證可知，其並不承認時間作為知識對象，但似仍承認時間作為認識的條件。如果進一步分析雙方的論證，也可發現《大智度論》雖然並未明確指明設問方的背景，但根據其反駁論主的論據內容，似乎來自於印度哲學若干學派的時間觀，以及部派佛教「說一切有部」（*Sarvāstivāda*）之時間依法而有的觀點。

為了釐清上述問題的內容，本文將依序探究下列問題：（一）從《大

---

[1] 從龍樹（Nāgārjuna）《中論》（*Mūlamadhyamakakārikā*）的梵本來看，在〈觀時品〉（*kāla parīkṣā*）中所批判的時間概念，也使用「迦羅」這個語詞，且其批判的對象亦為實在論者，可推論其哲學立場是一致的。本文認為，雖然《中論》此處可以理解為龍樹也視「迦羅」為假名的時間，但將「迦羅」與視時間為實在的觀點聯結，正好證明了本文指出「迦羅」這個語詞容易引發自性見的立場。然而，本文在結論中將指出，若從中觀學的究竟意義而言，若能從假名的視角來看待「迦羅」或是「三摩耶」，兩者均不會引發自性見。區分兩者，僅在「對治」的意義下說。〈觀時品〉梵本請見 MMK 19:1-19:6, *Mūlamadhyamakakārikās de Nāgārjuna avec la Prasannapadā Commentaire de Candrakīrti*, Louis de la Vallée Poussin, ed., Bibliotheca Buddhica, No. IV, (Tokyo: Meicho-Fukyu-Kai, 1977), pp. 382-389。本文以下引用《中論》梵本偈頌，均以此 Poussin 校訂的天城體版本為主，文中均依此版本標示引註頁碼。如（*MMK* 2:1, Poussin, p. 92.）表《中論》第二品第一頌，在 Poussin 的本子為 92 頁。此外，本文若援引月稱《淨明句論》處，亦依此版本。此品漢譯請見後秦・鳩摩羅什（Kumārajīva）譯，《中論》；《大正藏》冊 30，頁 25 下 -26 上。

智度論》設問方引用《時經》的偈頌作為線索,探究時間的概念在印度與佛教哲學的思想系譜。(二)以時間議題為核心,探究《大智度論》批判「迦羅」的理由。(三)從論辯雙方的哲學立場,探究設問方哲學背景的可能性,進一步論述佛教對於時間議題所持的哲學觀點。

貳、《大智度論》批判時間概念的思想系譜

從古至今哲學的發展與論述,時間始終是非常重要的議題[2]。本文無意將討論的觸角擴及於整個哲學史的脈絡,僅就與本論題相關題材做進一步地討論。

《大智度論》(*Mahāprajñāpāramitopadeśa*)為《兩萬五千頌般若經》(*Pañcaviṃśatisāhasrikā Prajñāpāramitā*)的注釋[3]。就《大智度論》

---

[2] 例如 Dolev 於 2007 年於 MIT 出版的《時間與實在論》一書中,試圖從分析時間的形上學爭論進而解決時間議題的核心困難,書中處理的問題接軌於英美分析哲學與歐陸傳統間,作者稱之為活力的時間哲學檢證。相關議題請參見 Yuval Dolev. *Time and Realism: Metaphysical and Antimetaphysical Perspectives*, Cambridge: MIT Press, 2007。

[3] 目前為止,《大智度論》並無梵、藏文本傳世,現僅存鳩摩羅什的漢譯本,收於《大正藏》第二十五冊。因此傳統通常將《大智度論》的梵文標題作為 *Mahāprajñāpāramitāśāstra*,依照較新的研究成果,*Mahāprajñāpāramitopadeśa* 已被接受為適當的標題。參見 E. Lamotte 著、郭忠生譯,〈大智度論之作者及翻譯〉,《諦觀》第 62 期(1990 年 7 月),頁 101-103。Étienne Lamotte. *Le Traité de la Grande Vertu de Sagesse de Nāgārjuna*, Tome III, Louvain: Institut Orientaliste de l'Université de Louvain, 1970, pp. VI-VIII。周伯戡,〈庫車所出《大智度論》寫本殘卷之研究——兼論鳩摩羅什之翻譯〉,《國立臺灣大學歷史學系學報》第 17 期(1992 年 12 月 1 日),頁 65-106。《大智度論》就標題而言,即對大般若波羅蜜多(*Mahāprajñāpāramitā*)的釋論(漢譯:優波提舍,*upadeśa*)。另,我們亦可在《大智度論》中找到對「優波提舍」一辭的三種定義,如《大智度論》卷 33:「論議經者,答諸問者,釋其所以。又復廣說諸義。如佛說四諦,何等是四?……如是等問答,廣解其義,是名優波提舍。復次,佛所說論議經,及摩訶迦栴延所解修多羅,乃至像法凡夫人如法說者,亦名優波提舍。」(《大智度論》卷 33;《大正藏》冊 25,頁 308 上-中)。依此,既然《大智度論》為廣釋《兩萬五千頌般若

的釋經體材及其主要內容來說,其不但包含了許多早期佛教、部派佛教以及大乘思想,更引述了許多佛教內部諸多經論以及學派的說法[4]。除此之外,其中也記載了許多當時印度其他哲學學派等相關主張,所以被譽為佛教的百科全書。

從文本的脈絡來看,《大智度論》在解釋「如是我聞,一時……」時,分別對「一」與「時」作出批判的詮釋。為避免討論失焦,本文僅針對「時」的相關概念進行探究。首先,《大智度論》對於時間概念的取捨是由一段論主與設問方的論辯構成,設問方指出在印度對於時間的用法有兩種,一為「迦羅」,二為「三摩耶」,且「迦羅」相較於「三摩耶」在語詞上較容易使用,但為何佛針對時間概念要採取後者而非前者。面對這樣的問難,答辯方則以「除邪見」為由回應了對方的問題:

> 問曰:天竺說「時」名有二種:一名迦羅,二名三摩耶;
> 　　　佛何以不言迦羅,而言三摩耶?
> 答曰:若言迦羅,俱亦有疑。
> 問曰:輕易說故,應言迦羅,迦羅二字,三摩耶三字,重
> 　　　語難故。
> 答曰:除邪見故,說三摩耶,不言迦羅[5]。

文中的「天竺」語,在《大智度論》出現了數次,就翻譯的原本來說,「天竺」似為冗詞,就如出自中國的作品不會多言中國一般。如Lamotte指出,論中出現「天竺」的段落,似乎僅能引發中國讀者的興

若經》的文體,搭配上述庫車所出《大智度論》寫本殘卷印證,梵文標題作為 *Mahāprajñāpāramitopadeśa* 應為適當。

[4] 關於《大智度論》所引的大乘經典的相關問題,可參見釋印順,《初期大乘佛教之起源與開展》(台北:正聞,1981年),頁24-32。至於論中引用《般若經》文或《大智度論》論文的交互索引,可參見釋厚觀、郭忠生合編,〈《大智度論》之本文相互索引〉,《正觀雜誌》第6期(1998年9月25日),頁5-321。

[5] 《大智度論》;《大正藏》冊25,頁65中。

趣,對印度的讀者顯然是多餘的。而他承認論本中所添加的文字,乃翻譯過程中的夾註雜入本文,如梵文對應語詞前的「秦言」等。但他也指出這些增加「天竺」的段落,似乎與後代文獻所載南印度婆羅門且與迦膩色迦王同時的龍樹不合,甚至據此推論這些段落應出於西元四世紀初西北印度的作者[6]。本文認為,Lamotte 前者的說法是合理的,但後者的推斷卻過於牽強,似乎只是為了主張《大智度論》的作者為四世紀初西北印度的作者而作的辯護。如果回到鳩摩羅什的梵譯經典的場景,他僅是「手執胡本,口宣秦言」[7],添字應為如僧叡等筆受者所為,應不如 Lamotte 所說是出於鳩摩羅什或其翻譯同伴之手。誠如印順法師指出,晉代譯經開始,為使中國人易於理解,常在梵文語詞前加上「晉言」、「秦言」等,若與中國風俗不同者,則加上「天竺」、「外國」等注釋,早在東晉時代就已如此翻譯,到了鳩摩羅什,也繼承這樣的譯風。他並指出論中出現「天竺」的段落,可分為兩種類型:一為小字夾註,在文本流傳編撰時雜入本文;二為基於風俗不同的理由,作解說經文之用[8]。而此段天竺說「時」名有兩種,也僅是語言習慣不同而加註的語詞,而非翻譯前原本所有。

再者,所謂的邪見($mithyā$-$dṛṣṭi$),意指不正確的見解,此處指對世界之不當的見解。除邪見的回應乃是在論辯之初先將整個論辯的癥

---

[6] Lamotte 所謂的後代文獻為《龍樹菩薩傳》(《大正藏》冊 50)以及《大唐西域記》對於經部的創立者鳩摩羅多(Kumāralāta)的記載,如:「當此之時,東有馬鳴,南有提婆,西有龍猛,北有童受,號為四日照世。」(《大唐西域記》;《大正藏》冊 51,頁 942 上。)Lamotte 也認為學者們據此有限的文獻證據推斷「四日照世」之時為西元一或二世紀乃是一種象徵的說法。Étienne Lamotte. *Le Traité de la Grande Vertu de Sagesse de Nāgārjuna*, Tome III, p. XLIX-L。中譯可參見 E. Lamotte 著、郭忠生譯,〈大智度論之作者及翻譯〉,《諦觀》第 62 期,頁 170-173。

[7] 如:「法師手執胡本,口宣秦言。兩釋異音,交辯文旨。秦王躬攬舊經,驗其得失。」(《出三藏記集》;《大正藏》冊 55,頁 53 中。)

[8] 印順法師並舉了數例證明道安時期的譯經已有加筆的慣例,詳見釋印順,〈《大智度論》之作者及其翻譯〉,收錄於《永光集》(新竹:正聞,2004 年),頁 16-18。

「迦羅」（*Kāla*）或「三摩耶」（*Samaya*）？

結打開。也就是在論辯開始就先將為何論及時間概念要用「三摩耶」的目的與立場作總攝的通說。時間的概念就字義上而言，雖說「迦羅」與「三摩耶」均為梵文中與時間相關的語詞，但前者源自於字根 √*kal*，意義為計數（to count）、推動（to impel）、承載或運送（to bear）、覺察（to perceive）⋯⋯ 等，轉成陽性名詞後，除意指時間外，也意指年齡或死亡，這或許是因為其蘊含著時間運作的意義。後者源自於意義為「來」的字根 √*i*，加上接頭詞 sam，意指「共聚」（coming together）、「聚合」（meeting）或「會合之處」（a place of meeting），其作為陽性名詞，除意指時間外，也意指協議（agreement）、習俗（convention）、環境（circumstance）⋯⋯ 等[9]。若細究梵文字義，可知這兩個語詞除了指時間之外，還有其他豐富的意義（如「迦羅」又有命運、死神⋯⋯等義；「三摩耶」又有條約、條件、情況⋯⋯ 等義）。但若將這兩個語詞擺在時間的意義之下對照，或可對兩者的意義稍做區別，如：「迦羅」在時間的意義下指的是確定的時間（certain time）、週期或時間的計量⋯⋯ 等；「三摩耶」則指適宜的時間（proper time）、時機、機會、季節⋯⋯ 等[10]。相較之下，「迦羅」隱含有固定的時間之義，「三摩耶」則隱含著時間是由約定而成，或「那個（約定的）時間已經到了」之義。

---

[9] Monier-Williams. *A Sanskrit-English Dictionary*, London: Oxford University Press, 1974, p. 260, pp. 278-279, p. 1164。佐佐木現順在分析南傳阿毘達摩佛教的時間論時，也區別了這兩個詞。參見佐佐木現順，《佛教における時間論の研究》（東京：清水弘文堂，1978 年），頁 45-54。

[10] 事實上，在梵文中也有許多與時間相關的語詞，如吠陀中指涉生命之持續期間的 *āyu* 或 *dyus*、確定時刻的 *abhīka*、祭祀的特定時間所用的 *ṛtu*（又指季節）；此外又有意指時間界限的 *velā*、漢譯佛典中重要的譯詞「剎那」（*kṣaṇa*）、意指吉祥瞬間（如婚禮）的 *muhūrta*、想像的時間（如世界的期間）所使用的 *kalpa*、人類世代傳衍或天文週期則用 *yuga*。參見 Raimundo Panikkar, "Time and History in the Tradition of India: Kāla and Karma," In Hari Shankar Prasad, ed., *Time in Indian Philosophy: A Collation of Essays*, Delhi: Sri Satguru Publications, 1992, p. 36。前述與時間相關的語詞引自該文中 Bettina Bäumer 所作的附錄。

初步了解這兩個語詞的意義後,可回到《大智度論》中的問答場景。設問方緊接著引用《時經》的偈頌,主張時間是宇宙萬物的生成因,以及從事物的作用來推論時間實在的立場,而提出問難:

> 問曰:有人言:「一切天地好醜皆以時為因,如《時經》中偈說:「『時來眾生熟,時至則催促,時能覺悟人,是故時為因。世界如車輪,時變如轉輪,人亦如車輪,或上而或下。』」更有人言:「雖天地好醜一切物非時所作,然時是不變因,是實有。時法細故,不可見、不可知,以華果等果故可知有時。往年今年,久近遲疾,見此相,雖不見時,可知有時。何以故?見果知有因故。以是故有時法,時法不壞故常。」[11]

這段《時經》的偈頌頗為費解。因為《大智度論》僅存漢譯本,很難直接追溯此段偈誦的來由。至目前為止,筆者花了非常長的一段時間,也找不到題為《時經》的相關文獻。而在佛教文獻中,大致上我們只能從所謂「時論師」(Kālavādin)的相關記載推知其主要的主張。例如《入楞伽經・涅槃品》中批判二十種外道對於涅槃的觀點的第十七種外道之「萬物皆是時作」的主張[12],亦可參照提婆(Āryadeva)注釋此

---

[11] 《大智度論》;《大正藏》冊 25,頁 65 中。

[12] 梵本請見:*anye kālakartṛdarśanāt kālāyattā lokapravṛttir iti tadavabodhān nirvāṇaṃ kalpayanti*| P. L. Vaidya (ed.). *Saddharma-Laṅkāvatāra-Sūtram*, Buddhist Sanskrit Texts, no. 3, Darbhanga: The Mithila Institute, 1963, p. 75。另英譯可見 Daisetz Teitaro Suzuki. *The Laṅkāvatāra Sūtra: A Mahāyāna Text*, Delhi: Motilal Banarsidass Publishers, 2003, p. 159。劉宋・求那跋陀羅(Guṇabhadra)的譯本為:「或見時是作者,時節世間,如是覺者,作涅槃想。」(《楞伽阿跋多羅寶經》;《大正藏》冊 16,頁 504 下 -505 上。)北魏菩提流支(Bodhiruci)譯本為:「有餘外道言,諸萬物皆是時作,覺知唯時,虛妄分別,名為涅槃。」(《入楞伽經》;《大正藏》冊 16,頁 549 中。)唐代實叉難陀(Śikṣānanda)的譯本為:「或有說言,時生世間,時即涅槃」(《大乘入楞伽經》;《大正藏》冊 16,頁 614 上。)若單就梵文文句意義來說,求那跋陀羅較如實接近。

品的《提婆菩薩釋楞伽經中外道小乘涅槃論》的記載[13]。然而,雖然目前為止無法找到任何有關於《時經》的文本傳世,但我們卻可以發現在月稱(Candrakīrti)注釋《中論》的《淨明句論》(Prasannapadā)中,也引用類似的偈頌。此乃在注釋〈觀時品〉第五頌的長行中引用[14],筆者試將其轉譯中文如下:

時間使眾存有成熟,時間毀滅人們;
時間於人們沉睡時是覺醒的,時間確實是不能超越的。
kālaḥ pacati bhūtāni kālaḥ saṃharate prajāḥ|
kālaḥ supteṣu jāgarti kālo hi duratikramaḥ|| [15]

對照論中所引《時經》的偈頌,第一句(*pāda*)是完全吻合的。第二句中的 *saṃharate* 源自於字根 √*hṛ*,加上接頭詞 *saṃ*,意義為破壞、毀滅。但論中為「時至則催促」,與「毀滅」似乎對不起來,但若考量「迦羅」一詞的死亡義,或許可與生命毀滅所造成的催促感受連結。如此一來,「時間毀滅人們」與「時至則催促」兩句的文義或可會通。第三句就論中的偈頌而言,覺悟源於字根 √*jāgṛ*,意為覺醒(to awake)[16],作為動詞第三人稱單數,沉睡是名詞且為「位格」(locative)多數,所

---

[13] 如:「問曰:何等外道說諸物皆是時作名涅槃?答曰:第十七外道「時散論師」作如是說:時熟一切大,時作一切物,時散一切物。是故我論中說:如被百箭射,時不到不死,時到則小草觸即死。一切物時生,一切物時熟,一切物時滅。時不可過,是故時論師說:時是常生一切物,名涅槃因。」(《提婆菩薩釋楞伽經中外道小乘涅槃論》;《大正藏》冊32,頁158上。)

[14] 此頌為:*nāsthito gṛhyate kālaḥ sthitaḥ kālo na vidyate| yo gṛhyetāgṛhītaśca kālaḥ prajñpyate kathaṃ||*(MMK 19.5, Poussin, p. 385.)漢譯:「時住不可得,時去亦叵得;時若不可得,云何說時相?」(《中論》;《大正藏》冊30,頁26上。)

[15] 此處偈頌為月稱注釋《中論》第十九品第五頌的長行所引,月稱的梵本請見 MMK 19: 5 的注釋,Poussin, p. 386。亦可參照 Étienne Lamotte. *Le Traité de la Grande Vertu de Sagesse de Nāgārjuna*, Tome I, Louvain: Institut Orientaliste de l'Université de Louvain, 1981, p. 76。

[16] Monier-Williams. *A Sanskrit-English Dictionary*, p. 417.

以筆者的譯文上就有了差別，大致上不影響我們的理解。但第四句則無法對應起來，本文認為上引梵文偈頌，乃總結前三句，並頌讚時間作為存有之本源的意義。就此而論，其與《時經》偈頌的最後一句「是故時為因」的意義相去不遠。

若再進一步追溯，在古典哲學典籍中亦可找到類於此偈頌的記載，成書約於西元前兩世紀的《邁瞿犁奧義書》（*Maitāyaṇīya Upaniṣad*）中即記載此偈頌的第一句[17]，此句的意義在於時間作為經驗世界的生成因，此為婆羅門思想的傳統。然而，早在《阿闥婆吠陀》（*Atharva Veda*）的〈時頌〉（*kālasūkta*）中，時間的概念就被當作是一種生起世界的原理[18]。此種觀點非但被《奧義書》繼承，筆者也發現在印度大敘事詩《摩訶婆羅多》（*Mahābhārata*）第一章的第 246 偈頌同樣記載著與前兩句相同的句子[19]，在第 248 偈頌記載著與後兩句相同的句子[20]。但必須注

---

[17] 「*kālaḥ pacati bhūtāni sarvāṇy eva mahātmani |yasmiṃs tu pacyate kālo yas taṃ veda sa vedavit ||*」（*Maitāyaṇīya Upaniṣad*: 6.15）；筆者所使用的版本為 Johannes Adrianus Bernardus Van Buitenen. *The Maitāyaṇīya Upaniṣad: A Critical Essay, with Text, Translation and Commentary*, The Hague: Mouton, 1962, p. 111。另關於《邁瞿犁奧義書》或其他《奧義書》的成書年代推論，筆者乃依照中村元的研究成果，請見 Hajime Nakamura. *A History of Early Vedānta Philosophy*, Part One, Trevor Leggett, Sengakul Mayeda, Taitetz Unno and Others, tr., Delhi: Motilal Banarsidass, 1983, pp. 35-43.

[18] *Atharva Veda Saṁhitā: Text with English Translation, Mantra Index and Names of Ṛṣis and Devtas*, William Dwight Whitney, tr., Introduction Suryakant Bali; revised and edited by Nag Sharan Singh, Vol. II, Delhi: Nag Publishers, 1987, pp. 836-838.

[19] *kālaḥ sṛjati bhūtāni kālaḥ saṃharate prajāḥ |saṃharantaṃ prajāḥ kālaṃ kālaḥ śamayate punaḥ||*（*Mahābhārata*: 1.246）仔細比對此頌與文中所引偈頌，此頌的 *sṛjati* 動詞字根為 √*sṛj*，意義為意欲（to wish）、生產（to produce）、創造（to create），與來自於意為使成熟（to ripen, to mature, to cook），筆因（to cause）的字根 √*pac* 的 *pacati* 同為第三人稱單數動詞，為同義詞。故此兩句意義應為相同。筆者所使用之《摩訶婆羅多》的版本為 *Mahābhārata: Translated into English with Original Sanskrit Text*, Vol. I, M. N. Dutt, tr., Delhi: Parimal Publications, 2001, p. 20，引文中羅馬轉寫乃筆者自行轉寫，非原版本所載。

[20] *kālaḥ supteṣu jāgarti kālo hi duratikramaḥ| kālaḥ sarveṣu bhūteṣu caratyavidhṛtaḥ samaḥ||*（*Mahābhārata*: 1.248）另亦可參照 247-249 偈頌，這幾段偈頌皆描述時

「迦羅」（Kāla）或「三摩耶」（Samaya）？

意的是，不論《吠陀》或《摩訶婆羅多》，均記載了多元的印度思想，不必然意味其作者或編輯者均是如是主張。此外，在印度其他文獻中，一模一樣的偈頌出現在約於四世紀到五世紀間之《數論頌》（Sāṃkhya Kārikā）的第六十一偈頌長行[21]。但此處的引用反而是一種批判的立場，而進一步主張時間乃變異而非不變的。

據此可知，《大智度論》所引偈頌與上列梵文偈頌相當接近，吾人似乎可以合理推論《大智度論》引用《時經》偈頌的相關概念，在早期印度哲學就已經存在，且這樣的偈頌可能在《大智度論》成書時期為印度學派間熟知或傳頌。據此偈頌，我們也可以發現印度基於婆羅門傳統大多將時間視為形上學概念。這樣的問題意識也延續到後來的耆那教（Jainism），其認為「迦羅」為實體（dravya），「三摩耶」是其表現出來的不同形式（paryāyas），如剎那、時刻、日……等[22]。耆那教這類的哲學觀點，除了賦予「迦羅」形上學意義，也將其實體化，「三摩耶」至多僅是附屬於「迦羅」的第二階概念。

間作為經驗世界生成與毀壞的原因。*Mahābhārata: Translated into English with Original Sanskrit Text*, Vol. I, p. 20.

[21] 筆者所使用的版本為：*Sāṃkhya Kārikā: Iśvara Kṛṣṇa's Memorable Verse on Sāṃkhya Philosophy with the Commentary of Gauḍapādācārya*, Critically edited with Introduction, Translation and Notes by Har Dutt Sharma, Poona Oriental Series No. 9, Poona: The Oriental Book Agency, 1933, p. 55。引文中羅馬轉寫非原版本所載。在真諦譯的《金七十論》譯文最後一句也有些差異，如：「時節熟眾生，及滅減眾生。世眠時節覺，誰能欺時節。」（《金七十論》；《大正藏》冊54，頁1260下。）若細究《數論頌》此處的脈絡，可發現數論學派主張時間是變動不居的，相較於印度哲學諸多學派對於時間的看法，此比較接近於吾人對於時間的常識理解。此外，此處「時節熟眾生，及滅減眾生」亦可與上文中「時間毀滅人們」與「時至則催促」兩句放在一起思考。據此，時間不但使眾生成熟，也始眾生趨向死亡，「滅減」除了表「毀滅」外，還有人們在時間的流變中產生「催促」的焦慮感。

[22] 關於耆那教對於 kāla 與 samaya 的界說，請見 Surendranath Dasgupta. *A history of Indian philosophy*, vol. 1, Delhi: Motilal Banarsidass, 1975, p. 198. Harisatya Bhattacharya. "The Theory of Time in Jaina Philosophy," In *Time in Indian Philosophy: A Collation of Essays*, p. 531-539。

事實上,在鳩摩羅什漢譯《中論》的青目(Piṅgala)釋中,論及龍樹造論緣起時,便指出龍樹造《中論》的緣由,乃為了評破印度學派中的各種哲學觀點,其中包含執時間作為萬物生因的立場[23],此種立場是與《大智度論》的記載是一致的。從青目釋中可見,時間為萬物生因的哲學見解在龍樹當時的印度,仍然為主流的哲學觀點,否則龍樹不必特別批判此番說法。

　　然而,在印度哲學中,時間除作為經驗世界的「生因」,也作為認知生起的預設條件之一。例如勝論學派(Vaiśeṣikas)與正理學派(Naiyāyikas)不承認時間作為知覺的對象,原因在於時間缺乏可被感官知覺的形式,但此學派卻預設時間為永恆的實體,認識主體可透過推論的方式而知。又如彌曼差(Mimāṃsakas)與吠檀多學派(Vedāntins)卻主張若缺乏時間的預設,知識就無法產生[24],更有甚者如彌曼差學派就認為時間乃知覺的對象[25]。因此,時間議題自婆羅門傳統後成為知識

---

[23] 如:「問曰:何故造此論?答曰:有人言萬物從大自在天生;有言從韋紐天生;有言從和合生;有言從時生;有言從世性生;有言從變生;有言從自然生;有言從微塵生。有如是等謬故墮於無因、邪因、斷、常等邪見,種種說我、我所,不知正法。佛欲斷如是等諸邪見,令知佛法,故先於聲聞法中說十二因緣;又為已習行有大心堪受深法者,以大乘法說因緣相,所謂一切法不生、不滅、不一、不異等,畢竟空無所有。如般若波羅蜜中說:佛告須菩提!菩薩坐道場時,觀十二因緣,如虛空不可盡。佛滅度後,後五百歲像法中,人根轉鈍,深著諸法,求十二因緣、五陰、十二入、十八界等決定相,不知佛意,但著文字。聞大乘法中說畢竟空,不知何因緣故空,即生疑見,若都畢竟空,云何分別有罪福報應等?如是則無世諦、第一義諦,取是空相而起貪著,於畢竟空中生種種過。龍樹菩薩為是等,故造此中論。」(《中論》;《大正藏》冊30,頁1中-下。)

[24] 誠如彌曼差學派的諺語:「在此世中,沒有時間的呈顯就沒有認知。」(na so'sti pratyayo loke yatra kālo na bhāsate|), see D. M. Datta. *The Six Ways of Knowing: A Critical Study of the Advaita Theory of knowledge,* University of Calcutta, 1997, p. 86. Anindita Niyogi Balslev. *A Study of Time in Indian Philosophy,* Otto Harrassowitz, Wiesbaden, 1983, p. 9。

[25] Sadananda Bhaduri. "Time in [*Nyāya-Vaiśeṣika*]," In *Time in Indian Philosophy: A Collation of Essays,* p. 433.

問題必須考量的預設或因素。

舉例來說,勝論學派的根本經典《勝論經》(Vaiśeṣika Sūtra)對於經驗世界立「實」、「德」、「業」、「同」、「異」、「和合」六個範疇。後世慧月(Maticandra)在注釋書《勝宗十句義論》中,將此六大範疇擴加上「能」、「無能」、「俱分」、「無說」為十句[26]。其中在解釋「實」時,分成九個範疇,時間即是其中之一:

> 實句義云何?謂九種實名實句義。何者為九?一地、二水、三火、四風、五空、六時、七方、八我、九意,是為九實。地云何?謂有色、味、香、觸是為地……時云何?謂是彼此俱、不俱、遲、速,詮緣因,是為時。……[27]

所謂「實」,即實體,勝論學派將時間歸屬於實體的範疇中,在彼此相待間具備著「同時」(俱)、「非同時」(不俱)、遲、速之「能被表詮的原因」(詮緣因)。所謂「詮緣因」,頗為費解。宇井伯壽將「詮緣因」譯為「概念的原因」(the cause of notion)或「表述與認知的原因」(the cause of expression and recognition),並比對《勝論經》與四世紀左右婆羅沙司塔婆多(Praśastapāda)的注釋與九世紀之室利多羅(Sridhara)的《正理的犍陀梨樹》(Nyāya-kandalī),指出其原始的梵文可能為「*pratītivyavahāra-kāraṇa or pratītivyavahāra-hetū*」(the cause

---

[26] 月造,玄奘譯,《勝宗十句義論》:「有十句義。一者實;二者德;三者業;四者同;五者異;六者和合;七者能;八者無能;九者俱分;十者無說。」(《勝宗十句義論》;《大正藏》冊54,頁1262下。)這十個範疇分別為:1. Substance (*dravya*), 2. Attribute (*guṇa*), 3. action (*karman*), 4. Universality (*sāmānya*), 5. Particularity (*viśeṣa*), 6. Inherence (*samavāya*), 7. Potentiality (*śakti*), 8. non-potentiality (*aśakti*), 9. Commonness (*sāmānya-viśeṣa*), 10. non-existence (*abhāva*)。可參考宇井伯壽翻譯的英譯本,筆者所見版本為 Hakuju Ui. *The Vaiśeshika Philosophy According to the Daśapadārtha-śāstra*, F. W. Thomas, ed., Varanasi: Chowkhamba Sanskrit Series Office, 1962。此段引文可見於該書 p.93, pp. 122-123。

[27] 《勝宗十句義論》;《大正藏》冊54,頁1262下。

of expression and recognition)[28]。又普光在《俱舍論記》解說此十句義時說:「時云何?謂是彼、此,俱、不俱,遲、速,許緣因,是為時。」[29]窺基在《成唯識論述記》中破勝論義時說:「若是彼、此,俱、不俱,遲、速,能詮之因,及此能緣之因,名時。」[30]牟宗三先生據窺基《成唯識論述記》破勝論義的句義將此句理解為:「各物之俱不俱,遲或速,俱須用時間來表象。」[31]由此可知,將「詮緣因」理解為「表詮與認知之因」應為恰當。

據此,我們似乎可以說在勝論學派,是將「時間」視為與「實體」相當的概念。其不但為存有學的預設,就「詮緣因」的意義來說,其同時也是知識學的預設。正理學派的時間概念如同勝論學派亦為實體的概念,因為兩者的哲學立場十分相似,也常相互引用,所以我們通常不區分此兩個學派的主要哲學立場,並將其稱做為正理－勝論學派(*Nyāya-Vaiśeṣika*)[32]。

再回到上引《大智度論》的問難中,我們從設問方的說法可以發現當時也有其他學派否定時間作為經驗世界的生因,主張直接從經驗現象本身推知時間實在的立場。論中並未指明此屬於哪一種學派的主張,但本文認為此種說法有兩種可能,其一為正理－勝論學派[33],其二為佛教內部「說一切有部」的主張。前者我們可以從彌曼差與正理－勝論學派的爭論中窺知一二,彌曼差學派主張時間是可以被知覺,但正理－勝

---

[28] Hakuju Ui. *The Vaiśeshika Philosophy According to the Daśapadārtha-śāstra*, p. 134.
[29] 《俱舍論記》;《大正藏》冊41,頁94下。
[30] 《成唯識論述記》;《大正藏》冊43,頁256上。
[31] 牟宗三,《佛性與般若》上冊(台北:台灣學生書局,1977年),頁160。
[32] 關於正理－勝論學派對於時間的界說以及其如何證明時間為實體,請見 Sadananda Bhaduri. "Time in [*Nyāya-Vaiśeṣika*]," In *Time in Indian Philosophy: A Collation of Essays*. pp. 423-456。
[33] 平川彰針對此段文本的解讀大致上也持此看法,參見平川彰,《原始佛教とアビダルマ佛教》,收於《平川彰著作集第2卷》(東京:春秋社,1991年),頁413-414。

論學派否認這樣的立場，極力主張時間只能透過推論來證明其為實在的[34]。

後者則是比較棘手的問題。首先，我們看到在《大毘婆沙論》中，記載了「譬喻者分別論師」的觀點，主張暫時的諸法緣自於恆常的時間[35]：

> 復有三法：謂過去、未來、現在法。問：何故作此論？答為止他宗，顯正理故。謂或有執，世（adhvan）與行（saṃskāra）異，如譬喻者分別論師，彼作是說：世體是常、行體無常。行，行世時，如器中果，從此器出轉入彼器；亦如多人從此舍出，轉入彼舍，諸行亦爾，從未來世入現在世，從現在世入過去世。為止彼意，顯世與行體無差別，謂世即行、行即是世，故大種蘊作如是說：世名何法，謂此增語所顯諸行[36]。

所謂的「世」，梵文意義有：道路（road、way）、旅程或進程（journey、course）、天體的運行軌道（orbit）、距離（distance）等義，佛教與耆那教也使用其作為時間的衍生義[37]。又如 Lancaster 教授認為，

---

[34] Anindita Niyogi Balslev. *A Study of Time in Indian Philosophy*, pp. 39-43.

[35] Bhikkhu KL Dhammajoti. *Sarvāstivāda Abhidharma*, Hong Kong: Centre of Buddhist Studies, The University of Hong Kong, 2007, p. 145.

[36]《大毘婆沙論》；《大正藏》冊27，頁393上。其中所謂的「大種蘊」即是《發智論》的第五蘊（犍度，skandha），此引文見《發智論》：「世名何法？答：此增語所顯行。」（《發智論》；《大正藏》冊26，頁987中。）亦見《大毘婆沙論》與上述引文幾乎相同的大種蘊廣釋：「世名何法？答此增語所顯行。問：何故作此論？答：為止他宗顯自宗故。謂譬喻者分別論師，執世與行其體各別，行體無常，世體是常。諸無常行行常世時，如諸器中果等轉易，又如人等歷入諸舍。為遮彼執顯三世體即是諸行。行無常，故世亦無常。由是等緣，故作斯論。三世義亦如結蘊廣說。」（《大毘婆沙論》；《大正藏》冊27，頁700上-中。）

[37] Monier-Williams. *A Sanskrit-English Dictionary*, p. 23。關於佛教使用 adhvan 作為時間的衍生義，可以參考陳世賢的博士論文。其論文中首先引用稱友（Yaśomitra）

在早期大乘經典中，adhvan 通常指的是過、現、未三世的時間而非單一的時間[38]。三世時間的區分與「說一切有部」的相同，但「說一切有部」的立場不僅如此，其更主張「世即行、行即世」，認為時間與生滅流轉之有為法（行，saṃskāra）是等同的，因而批判譬喻者分別論師持時間是常的論斷。

據此，我們發現佛教內部的譬喻者分別論師也將時間視為類於實體的概念[39]。而「譬喻者分別論師」（Dārṣṭāntika-Vibhajyavādins）這個複合詞，法光法師認為印順法師把它理解成「譬喻者分別論師」（Dārṣṭāntika who are Vibhajyavādins），此乃梵文語法中複合詞的「持業釋」（karmadhāraya）；亦可將此複合詞理解成「譬喻者與分別論師」（Dārṣṭāntika and Vibhajyavādins），此乃梵文語法中的「相違釋」（dvandva）。如果比較一下更老的《大毘婆沙論》譯本，此處僅譯為

的梵文註釋《俱舍論明瞭義釋》（Abhidharmakośavyākhyā）中，指出稱友如何從 adhvan 的空間義衍生出時間義作為 adhvan 的第一種意涵。其又以《俱舍論》（Abhidharmakośabhāṣya）與普光的《俱舍論記》為依據指出 adhvan 為有為法的異名作為第二種意義。參見陳世賢，〈「法體」與「時間」關係之研究—以《俱舍論》與《順正理論》對「三世實有」之論辯為主〉，台北：中國文化大學哲學研究所博士論文，2008 年，頁 48-50。事實上，在《大毘婆沙論》中就已經這樣界說：「問：如是三世以何為自性？答：以一切有為法為自性。……問：何故名世？世是何義？答：行義是世義。」（《大毘婆沙論》；《大正藏》冊 27，頁 393 下。）

[38] Lewis R. Lancaster. "Discussion of time in Mahāyāna texts," *Philosophy East and West*, 24/2 (Apr., 1974): 209.

[39] 如印順法師所說：「這一見解，是把時間看作獨立存在的常住實體。時間有過去、未來、現在──三區，法體是活動於這樣的時間格子裏。這一思想，顯然受有法救『類異』說的影響。法救的捨此類，得彼類，與譬喻者的出此器，入彼器，是怎樣的類似！但法救的類，是小類，一法有一法的類；而譬喻者的時體，常住實有，是時類的普遍化、實在化，可說是從法救的『類異』說演化而來。將世體看作常住實有的，已脫出說一切有部的範圍，成為譬喻者分別論師了。」參見釋印順，《說一切有部為主的論書與論師之研究》（新竹：正聞，2006 年），頁 303。

「譬喻者」[40]。但法光並無明確主張哪一個解釋才是對的[41]，但就印順法師的說法，譬喻者於《大毘婆沙論》時代仍是主張「三世實有」而屬於「說一切有部」[42]。「三世實有」的觀點毫無疑問是「說一切有部」的主張，譬喻師也包含在內。此外，就哲學觀點而言，以奘譯《大毘婆沙論》為準，「譬喻者分別論師」僅出現四處，而四處所執觀點可分為兩組：一是執「世體是常」，二是執無想定、滅盡定細心不滅。後者細心相續之觀點為譬喻師的主張[43]，假若根據這樣的理解，以「持業釋」來理解這個複合詞，或可接受。然而，前者的觀點與「說一切有部」執「世即行、行即世」的主張不同，可能因此被稱為「分別論師」。然而，「世體是常」的觀點相當特別，似乎並非譬喻師的主張，《大毘婆沙論》他處提到譬喻師，也都沒有這樣的說法，僅有提到「世體是常」時以「譬喻者分別論師」來敘說。如此一來，似乎亦可推論兩者為不同的學派，據此若以「相違釋」來理解，也不為過。

總之，本文認為假若把握三世實有的主張，不論是以「持業釋」或「相違釋」來理解「譬喻者分別論師」這個複合詞，大致上不影響我們對於譬喻者主張時間為實體的理解。但就文本來看，若對照舊譯，主張「世體是常」應說為譬喻者較為妥當。

若再循上述引文的脈絡往下，可發現「三世」的觀點有另一種說

---

[40] 如：「如譬喻者作如是說：世是常，行是無常。行行世時，如物從器至器，猶如多人從一舍至一舍，諸行行世，亦復如是。為止如是說者意，亦明行即是世，世即是行，是故四大揵度，作如是說。」（《阿毘曇毘婆沙論》；《大正藏》冊28，頁293下。）

[41] Bhikkhu KL Dhammajoti. *Sarvāstivāda Abhidharma*, pp. 146-147.

[42] 釋印順，《說一切有部為主的論書與論師之研究》，頁303。又悟殷法師認為，「譬喻者分別論師」有兩種可能：一、分別為有部譬喻師以及分別論師；二、單指有部譬喻師。請參見釋悟殷，《部派佛教·上編：實相篇、業果篇》（台北：法界，2001年），頁38-42。

[43] 如印順法師指出：「譬喻者是心心所前後相續論者，分別論師卻是王所同時相應的相續論者。」參見釋印順，《唯識學探源》（台北：正聞，1990年），頁90。

法,即「過去、未來無,現在無為有」的主張:

> 復有愚於三世自性,謂撥無過去、未來,執現在是無為法。為止彼意,顯過去、未來體相實有,及顯現在是有為法。所以者何?若過去、未來非實有者,應無成就及不成就。如第二頭、第三手、第六蘊、第十三處、第十九界,無有成就及不成就,過去未來法亦應爾。既有成就及不成就,故知實有過去、未來。又應詰彼撥無過去、未來體者,若有異熟因在現在世時,彼所得果當言在何世。過去耶?未來耶?現在耶?若言在過去,應說有過去;若言在未來,應說有未來;若言在現在,應說異熟因果同時,如是便違伽他所說[44]。

從這段引文不若上文能夠清楚地對應出「說一切有部」的批判對象。原因在於上文明確指出譬喻者分別論師主張「世體是常」的觀點,但此處我們無從判斷此類主張是屬於哪一個部派。然而,在《大毘婆沙論》卷十三,也記載相同的說法,但仍舊未指出此觀點為哪一個部派所說[45]。然而若依照《識身足論》,此應為論中批判之「沙門目連」的說法[46],此為上座部分出的分別說部的主張[47]。但是,若依照《異部宗輪

---

[44]《大毘婆沙論》;《大正藏》冊27,頁393上-中。

[45] 如:「問:何故作此論?答:為止他宗顯己義故。謂或有說過去、未來無實體性,現在雖有,而是無為。欲止彼意,顯去來有,現是有為。」(《大毘婆沙論》;《大正藏》冊27,頁65中。)法光法師指出,此觀點「可能」為大眾部的說法。但本文指出此觀點仍有其他可能性,但礙於文證不足之故,至多僅能指出其可能性,並無法明確說此為哪個部派的觀點。法光法師的觀點請見 Bhikkhu KL Dhammajoti. *Sarvāstivāda Abhidharma*, p. 147。

[46] 見《識身足論》的「目乾連蘊」,《阿毘達磨識身足論》;《大正藏》冊26,頁531上-537上。

[47] 依照印順法師的說法,目連就是從根本上座部分化而出的分別說系,此與傳到錫蘭的銅鍱部,或流行在印度本土的化地部,法藏部,飲光部,都是主張過未無體、現在是有的分別說者。釋印順,《說一切有部為主的論書與論師之研究》,頁167。

論》，此為分別說系所分出的「化地部」（*Mahīśāsaka*）或「大眾部」（*Mahāsaṃghika*）及其分出部派的主張[48]。而化地部為分別說部分出，因此視此種觀點為分別說部的主張應無大礙。另外，「大眾部」系的說法在《異部宗輪論》中只說「過去、未來非有實體」，並沒有說現在是「有為有」、還是「無為有」，本文認為此處或許與分別說部系以及「化地部」不同，但礙於現存文證不足，至多僅能說大眾部系統與分別說部系統持類似的看法，而非相同的看法[49]。必須注意的是，雖然在《大毘婆沙論》中，多處批評持過去、未來體無，現在無為實有的立場[50]，但此與部派中最後出的經量部（*Sautrāntika*）主張「過去、未來無，現在實有」的主張不同，經量部的現在有，指的是有為法，而上述分別說系的說法，現在有是無為法[51]。由於經量部為「說一切有部」分出的經部譬喻師所發展，為部派中最晚出者，在《大毘婆沙論》僅能看到其思想雛型，甚至也未明確指出此類主張為「說一切有部」分出的經部譬喻師[52]。到了《俱舍論》，世親才很清楚地定義經部與「說一切有部」的差

---

[48] 如：「其化地部本宗同義，謂過去、未來是無，現在無為是有。」（《異部宗輪論》；《大正藏》冊49，頁16下。）印順法師依照《大毘婆沙論》卷十三所述，認為《異部宗輪論》此處記載的觀點為現在法就是無為法，且為實有，而非現在法與無為法是有。惠敏法師亦指出，前者是「持業釋」，後者是「相違釋」，其並指出印順法師此種解法的意義在於此種觀點可對應到中國大乘佛教學。印順法師的看法請參見釋印順，《性空學探源》（新竹：正聞，1992年），頁189-190。惠敏法師的看法請參見釋惠敏，〈印順導師之部派佛教思想論（Ⅰ）──三世有與現在有〉，《中華佛學學報》第17期，2004年7月，頁19-47。

[49] 大眾部的說法見《異部宗輪論》；《大正藏》冊49，頁15中-16上。

[50] 如《大毘婆沙論》；《大正藏》冊27，頁85中、116下、190上、796上。

[51] 依印順法師的看法，經部承說一切有部現在有與分別說部之過、未無而成其「過、未無，現在有」說。此如：「平常說的二世無體的學派，可以經部師為代表。經部出自說一切有部，而採用了大眾分別說系的見解，可說是二者折衷的學派。他主張過未無體，同於大眾分別說，但又不同大眾系的現在是無為；現在有體而是有為的思想，還是立本於上座系的。」見釋印順，《性空學探源》，頁190。

[52] 在《大毘婆沙論》中，也有僅提及過去、未來體無的觀點。如：「問：何故作此論？答：為止他宗顯正理故。謂或有說，過去、未來非實有體。或復有說煩惱斷

異在於經部反對過去、未來為實有,僅執現在實有的主張[53]。這也就是說,在《大毘婆沙論》時期,流傳在迦溼彌羅地區「說一切有部」毘婆沙師雖罷黜百家,以「說一切有部」正統自居,但其三世實有的觀點慢慢受到譬喻者分別論師等「過去、未來無,現在有」觀點的挑戰,後來經量部的出現,也發展了此種觀點而與「說一切有部」對立[54]。

因此,根據上文脈絡,到了《大毘婆沙論》時期,部派論議與「說一切有部」之「三世實有」不同的觀點有:(一)譬喻者分別論師的「世體是常」的觀點。(二)「大眾部」系統說「過去、未來非有實體」以及分別說部系的「過去、未來無,現在無為有」的觀點[55]。雖然在《大

已,畢竟不退。為遮彼說,顯示過去、未來實有,及顯煩惱斷已有退,故作斯論。」(《大毘婆沙論》;《大正藏》冊27,頁311下。)又如:「問:何故作此論?答:為止他宗顯正理故。謂或有執過去、未來俱非實有,為遮彼執顯彼實有。」(《大毘婆沙論》;《大正藏》冊27,頁562下。)本文認為,兩種說法未必相同,但或可將其視為是在《大毘婆沙論》時期對說一切有部正統毘婆沙師的反動。若從上引兩處文本來看,一則過去、未來非實有的立場與說一切有部對立,二則是主張斷煩惱的阿羅漢會退墮的立場與說一切有部對立,此為大眾部系統的觀點,詳見《異部宗輪論》;《大正藏》冊49,頁15中-下。

[53] 如:「毘婆沙師,定立去來二世實有。若自謂是說一切有宗決定應許實有去來世,以說三世皆定實有故,許是說一切有宗。謂若有人說三世實有,方許彼是說一切有宗。若人唯說有現在世,及過去世未與果業,說無未來及過去已與果業,彼可許為分別說部,非此部攝。」(《俱舍論》;《大正藏》冊29,頁104中。)又如經部質疑說一切有部的問難:「若去來世體亦實有,應名現在。何謂去來?」(《俱舍論》;《大正藏》冊29,頁105上。)

[54] 依照印順法師的觀點,經部現在實有的思想也引發了種子薰習說,成為部派經部譬喻師的特色。參見釋印順,《說一切有部為主的論書與論師之研究》,頁544-545。

[55] 此分類乃是依照北傳阿毘達磨的系統。事實上,在《異部宗輪論》中,亦指出「化地部」末宗主張「過去未來實有」,如:「其化地部本宗同義,謂過去、未來是無,現在無為是有。……其末宗異義者,謂說實有過去未來,亦有中有,一切法處皆是所知,亦是所識,業實是思,無身語業,尋伺相應。……」(《異部宗輪論》;《大正藏》冊49,頁16下-17上。)但因其仍未明說是否現在實有,因現存文獻證據不足,故不將其考慮到本文的分類之中,持三世實有者僅以說一切有部為代表。又依照南傳《論事》的記載,主張「三世實有」還有案達(Pāli: *Andhakā*)學

毘婆沙論》中尚無明確對經部的「過去、未來無,現在有為有」的觀點有明確的記載,但仍可視其為與對「說一切有部」三世實有說對立的說法。

從上文中,我們看到「說一切有部」批判譬喻者分別論師、分別說部等採取時間實在的看法,但「說一切有部」認為時間「依法而有」[56],結合其「法體恆有」的主張,可推論其預設時間也是實在的[57]。原因在於「說一切有部」主張「世即行、行即是世」,即說時間為有為法,有為法的生滅乃因為住於自性的「法體」產生作用,而法體在三世的流轉中不捨自性、自體,所以由法體作用的「世」,也是實有的。也就是說,其法體恆有的形上實在論進路預設了法體的自性,依此而推論三世實有,即時間是依法而有的。以「說一切有部」的話來說,即:「諸法無時不攝自性,以彼一切時不捨自體故。」[58]

對「說一切有部」而言,時間意指「法的作用」,在法作用上預設了剎那的暫時性。所謂「法的作用」,在《大毘婆沙論》中記載了法救(Dharmatrāta)、妙音(Ghoṣa)、世友(Vasumitra)與覺天(Buddhadeva)等四大論師,站在不同的角度對「三世實有」有不同的

派,此學派主張「一切法依自性存在,過去、現在、未來皆是自性存在」。此觀點與說一切有部相當類似,皆是以自性作為三世實有的依據。此觀點請見 Shwe Zan Aung & Davids, Mrs. Rhys (tr.). *Points of Controversy or Subjects of Discourse: Being A Translation of the Kathāvatthu*, Oxford: The Pali Text Society, 2001, pp. 108-110,亦可參見《論事》;《漢譯南傳大藏經》冊 61(高雄:元亨寺妙林出版社,1997 年),頁 175-182。

[56] 如普光所云:「世無別體,依法而立。」(《俱舍論記》;《大正藏》冊41,頁14上。)

[57] 關於說一切有部「三世實有」的主張,中山延二在其《佛教關於時的研究》中第一章論述了說一切有部與經量部關於時間的論諍。可參考中山延二,《佛教に於ける時の研究》(京都:百華苑,1976 年),頁 1-49。

[58]《大毘婆沙論》;《大正藏》冊 27,頁 307 上。

詮解[59]，此番不同的看法乃針對法體在三世的差別而言[60]，但「說一切有部」論師於四類法義中，抉擇世友從「法的作用」而論法體差別的「位有異」觀點，作為「說一切有部」正統的說法，批判了其他三家。據此，《大毘婆沙論》中所承認的「三世實有」的立論，乃就「法」的作用而區別的，即未有作用名未來世，正有作用名現在世，作用已滅名過去世。這樣的基本觀點不但貫徹其對「說一切有部」其他論師的批判，也顯示出在《大毘婆沙論》以迦濕彌羅毘婆沙師為主流的學派見解。

---

[59] 關於說一切有部的四大論師的相關論義，印順法師在《說一切有部為主的論書與論師之研究》的第六章有詳細的說明，請見釋印順，《說一切有部為主的論書與論師之研究》，頁 245-304。

[60] 如：「說一切有部，有四大論師，各別建立三世有異，謂尊者法救說類有異；尊者妙音說相有異；尊者世友說位有異；尊者覺天說待有異。

說類異者，彼謂諸法於世轉時，由類有異，非體有異。如破金器等作餘物時，形雖有異而顯色無異。又如乳等變成酪等時，捨味勢等，非捨顯色。如是諸法，從未來世至現在世時，雖捨未來類，得現在類，而彼法體無得無捨。復從現在世至過去世時，雖捨現在類，得過去類，而彼法體亦無得無捨。

說相異者，彼謂諸法於世轉時，由相有異，非體有異。一一世法有三世相，一相正合，二相非離。如人正染一女色時，於餘女色不名離染。如是諸法，住過去世時，正與過去相合，於餘二世相不名為離。住未來世時，正與未來相合，於餘二世相不名為離。住現在世時，正與現在相合，於餘二世相不名為離。

說位異者，彼謂諸法於世轉時，由位有異，非體有異。如運一籌，置一位名一，置十位名十，置百位名百，雖歷位有異，而籌體無異。如是諸法經三世位，雖得三名而體無別。此師所立，體無雜亂，以依作用立三世別。謂有為法，未有作用名未來世，正有作用名現在世，作用已滅名過去世。

說待異者，彼謂諸法於世轉時，前後相待，立名有異。如一女人，待母名女，待女名母；體雖無別，由待有異，得女、母名。如是諸法，待後名過去，待前名未來，俱待名現在。

彼師所立，世有雜亂，所以者何？前後相待，一一世中有三世故，謂過去世前後剎那，名過去未來，中間名現在未來，三世類亦應然，現在世法雖一剎那，待後待前及俱待故，應成三世，豈應正理。說相異者，所立三世，亦有雜亂，一一世法，彼皆許有三世相故。說類異者，離法自性說何為類？故亦非理。諸有為法從未來世至現在時，前類應滅，從現在世至過去時，後類應生。過去有生、未來有滅，豈應正理。故唯第三立世為善，諸行容有作用時故。」（《大毘婆沙論》；《大正藏》冊 27，頁 396 上。）

「迦羅」(Kāla) 或「三摩耶」(Samaya)?

然而,一旦論及「法的作用」,就蘊含了法在什麼樣的條件下發生作用的問題?依據前文,似應將「法」擺在時間的脈絡上,如其引用《發智論》之「世名何法,謂此增語所顯諸行」。也就是說,「說一切有部」主張時間乃伴隨諸「有為法」的作用所顯。就此側面而言,「說一切有部」透過法的作用來推論三世實有,除了主張法體實在外,也主張時間是一種概念上的實在。

「說一切有部」繼承《阿含經》「二緣生識」的經教,主張意識的生起或認識的活動必須有其「所依」、「所緣」的對境[61]。早期佛教「二緣生識」的哲學觀點,主張知識的成立必定須有所緣對境。然而到了「說一切有部」,則演變為認識官能的對象必須為實有的主張,因此其才反對譬喻師所認為之所緣境可為假有的立場[62]。

舉例而言,「說一切有部」認為若三世非實有,對於過去的記憶則無實在的所緣。因此唯有三世實有,在回憶的活動中生起的意識,才有

---

[61]「二緣生識」在有部被視為源於《阿含經》的聖教。如《雜阿含經・214經》:「爾時,世尊告諸比丘:有二因緣生識。何等為二?謂眼、色;耳、聲;鼻、香;舌、味;身、觸;意、法。如是廣說乃至非其境界故。所以者何?眼、色因緣生眼識,彼無常、有為、心緣生。色若眼、識,無常、有為、心緣生,此三法和合觸,觸已受,受已思,思已想,此等諸法無常、有為、心緣生,所謂觸、想、思;耳、鼻、舌、身、意,亦復如是。」(《雜阿含經》;《大正藏》冊2,頁54上。)此種觀點被有部繼承著,如脇尊者對意識的分別中,乃以所依、所緣來區別意識的生起。如:「……問:此經中說行緣識,有餘處說名色緣識,餘處復說二緣生識,如是三種有何差別?答:行緣識說業差別;名色緣識說識住差別;二緣生識說所依、所緣差別。復次,行緣識說初引時;名色緣識說引已守護時;二緣生識說守護已增長時。復次,行緣識說續生時;名色緣識說續生已安住時;二緣生識說安住已領納境時。復次,行緣識說業名色;名色緣識說異熟名色;二緣生識說所依所緣名色。復次,行緣識說惡趣識;名色緣識說欲界人天識;二緣生識說色無色界識。脇尊者言:行緣識說中有識,名色緣識說生有識,二緣生識說本有識。」(《大毘婆沙論》;《大正藏》冊27,頁119下-120上。)

[62] 如:「問:何故作此論?答為止他宗,顯正理故。謂或有執有諸覺慧,無所緣境。如取幻事、健達縛城、鏡像、水月、影光、鹿愛、旋火輪等,種種覺慧皆無實境,為遮彼執,顯諸覺慧皆實有境。」(《大毘婆沙論》;《大正藏》冊27,頁558上。)

實在的所緣[63]。對於「說一切有部」而言，三世實有的預設乃使得意識生起如何可能的條件[64]。本文認為，「說一切有部」在意識以及人類認識活動中預設了三世實有，更以此作為「說一切有部」知識學的後設理論。也就是說，時間在意識與認識活動中扮演某種「形式」[65]，使得認

---

[63] 關於說一切有部對於記憶所緣必須為實而立三世實有的主張，在《俱舍論》中有明確的討論。請見《俱舍論》；《大正藏》冊29，頁105中-下。然而，早在《識身足論》中，反駁沙門目連的記載中，即已強調三世實與意識生起的關係。如：「若言不觀過去未來現在，是則應無能於眼識已觀今觀當觀。」（《識身足論》；《大正藏》冊26，頁537上。）又，《大毘婆沙論》雖說不如《俱舍論》明確論及記憶的議題，但對於意識的生起以及所緣的關係，也將三世的時間作為根、境與識的「彼同分」（tatsabhāga），即相互之間的交互作用。但三世生起的意識在三世又各自展現其自性，則為「同分」（sabhāga），此意義在於未來意識未產生作用時表現出其「未來」之自性。本文認為，此番說法即涵蘊了三世實有作為意識生起之所以可能的後設理論。《大毘婆沙論》的說法請參見：「問：意界云何？答：諸意於法已正當了，及彼同分，是名意界。已了法者，謂過去意界，正了法者謂現在意界，當了法者謂未來意界。及彼同分者，謂未來畢竟不生意界，無有過去現在意界是彼同分，心心所法必託所緣方能起故，由此未來當生意界，亦必是同分。」（《大毘婆沙論》；《大正藏》冊27，頁370中。）

[64] 此種發問或許可先參考康德「先天綜合判斷如何可能」的問題意識。康德在《純粹理性批判》〈導論〉中從(1)純粹數學如何可能？(2)純粹自然科學如何可能？(3)形上學作為自然傾向如何可能？(4)形上學作為科學如何可能？四個問題綜合導出一問題：先天綜合判斷如何可能？（How are synthetic judgments *a priori* possible?）可參見Immanuel Kant. *Critique of Pure Reason*, translated and edited by Paul Guyer, Allen W. Wood, Cambridge; New York: Cambridge University Press, 1998, pp. 146-148。康德此番發問乃是為解決自然科學的知識如何可能的後設性提問，「如何可能」的發問也帶出了範疇判斷的基礎。此處「如何可能」的發問，也是藉由此種發問探討說一切有部的知識學具備了哪些可能性條件，使得如是般的論述得以發展。

[65] 本文此處使用形式（form）的意義，基本上是區分認識主體以及認識對象，並進一步提出認識主體在認識活動中必須具備哪些條件，使得認識成為可能的問題。以康德為例，所謂的認識活動中的「形式」，分為直觀與思惟兩種形式，直觀形式乃指時間與空間，思惟形式為範疇。簡單來說，所謂的直觀形式依此觀點來說並非「先天」形式，而是一種「先驗」形式。用康德的話來說就是「時間」與「空間」之經驗的實在性（empirical reality）以及其先驗的觀念性（transcendental ideality）。（Immanuel Kant. *Critique of Pure Reason*, p. 177）說一切有部亦然，此處說形式意指透過此形式而使認識活動成為可能。據此，時間的議題在康德哲學的

「迦羅」（*Kāla*）或「三摩耶」（*Samaya*）？

識成為可能。據此，我們似乎可以指明「說一切有部」的知識學觀點，時間是不能獨立在意識活動生起之外的，從認識對象與認識條件的知識學進路，「說一切有部」有著「意識生起必定有實際之所緣境」的基本立場，但此所緣的某一條件乃作為某種形式的時間，認識活動伴隨之而使得認識有效[66]，而表現為知識的實在論立場。因此，不論是從「三世實有」、「法體恆有」或「意識生起必定有實際之所緣境」的主張，都必須考量「時間」的形式作為其認識的條件。

綜上所述，針對時間的議題，我們大致上可以歸納印度哲學與佛教哲學中執時間為實在者，可分為以下幾種類型：

（一）時間作為萬物之生因，如吠陀、奧義書。

（二）時間作為常住不變的實體，如耆那教。

（三）時間為一實體，且可以作為認知的客體，如彌曼差學派。

（四）時間為一實體，但不可作為認知的客體，僅透過推論得知時間的實在，此如正理－勝論學派。

（五）時間並非萬物的生因，但其為萬物生滅的「載體」，此載體為實在的。如佛教內部的譬喻者分別論師等。

（六）時間為認識的條件，且為一種推論上概念的實在。此主張的主要理由在於缺乏時間的預設，人類對於經驗世界的知識似乎就無法成立，如吠檀多學派以及部派佛教中的「說一切有部」。

脈絡中，吾人可以同時具有「經驗的實在性」及「先驗的觀念性」，亦即時間對於經驗現象而言，為使得認識成為有效的形式。對於理性的思惟對象而言，時間則不具備經驗的有效性，而成為一種先驗的觀念性的形式。

[66] 關於此問題，或許可參考 Nyanaponika Thera 在其《阿毘達磨研究：意識與時間的佛教研究》一書中討論時間與意識的問題，見 Nyanaponika Thera. *Abhidhamma Studien: Die Buddhistische Erforschung des Bewusstseins und der Zeit*, Berlin: Michael Zeh Verlag, 2006。

參、《大智度論》批判實在論的論證：
以時間議題的論諍為核心

上文大致勾勒出時間議題在印度哲學與佛教哲學的輪廓。在進一步探討《大智度論》批判實在論的論證前，有必要對實在論作一界說。

所謂的「實在論」就哲學史的脈絡來看有許多分歧。如在中世紀哲學的討論，其指的是與唯名論（nominalism）相對之主張一般觀念有其真實、客觀的存在的學說。而在當代哲學的討論，則是相對於「觀念論」（idealism），主張事物是外在地且獨立於我們的感官經驗（或知覺）的存在[67]。從這個側面來說，實在論主張我們的概念與外在事物是一致的，人能認知客觀實在，因此知識的內容即為客觀事物。在哲學的討論中，實在論分成若干的流派[68]，這麼多類型的實在論也意味著從不同視域作為出發點所論述的實在論立場。

為討論上的方便，或許可以先對實在論下這樣的基本定義：實在論特定的論域是由兩種命題結合而成：(1) 此論域特別地具有「事實」（facts）或「實存物」（entities）；而且 (2) 在若干重要的意義之下，它們的存在（existence）與性質（nature）是客觀且獨立於心靈之外的。前者稱之為存在命題，後者為獨立命題。針對存在命題必須要釐清的是「事實」與「實存」兩個概念：「實存」是語言中單一語詞的指涉對

---

[67] R. J. Hirst. "Realism," Encyclopedia of Philosophy, Donald Borchert, ed., Vol. 8, *Detroit: Macmillan Reference*, 2006, p. 260. 亦可參見 E. J. Lowe. "realism and Anti-realism," *The Oxford Companion to Philosophy*, ed. Ted Honderich, Oxford: Oxford University Press, 1995, pp. 746-748.

[68] 諸如直接實在論（direct realism）、素樸實在論（naïve realism）、新實在論（new realism）、視角實在論（perspective realism）、常識實在論（commonsense realism）、間接或二元實在論（indirect or dualist realism）、表象實在論（representative realism）以及批判實在論（critical realism）等。參見 R. J. Hirst. "Realism," *Encyclopedia of Philosophy*, pp. 260-268.

象;「事實」為語言中整個陳述語句所呈現出來之世界的觀點[69]。仔細分析這兩個命題,可發現此兩者混雜了形上學、知識學與語意學等三類問題。

就哲學問題的取向,實在論大致上可區分成三個類型,其分別為:「形上的實在論」(metaphysical realism)、「語意的實在論」(semantic realism)與「知識的實在論」(epistemic realism)。所謂形上的實在論,主張世界有一明確的且獨立於心靈之外的結構。語意的實在論認為理論的陳述具備真假值,且理論的詞項在理論之推定與事實的關係中扮演重要的角色。也就是說,事實乃判定理論陳述真假的條件。知識的實在論主張成功的理論陳述乃合乎或接近於世界的真實狀況[70],此種知識態度主張人類可以認識客觀的實在[71]。因為語意的實在論涉及當代語言哲學若干複雜的問題,基於讓本文所討論的哲學問題能夠聚焦的理由,本文所討論的實在論僅限於「形上的實在論」與「知識的實在論」。

據此,針對時間的議題,本文所謂的實在論亦可分成兩個部分來談,其一是主張時間邏輯地獨立於人類心靈或認識活動之外的客觀實在,此類型大多將時間視為是實體或具體的指謂對象。其二為主張時間為推論上的實在,藉此人們可以正確地理解世界[72]。

---

[69] Stuart Brock & Edwin Mares. *Realism and Anti-Realism*, Stocksfield: Acumen, 2007, p. 2.

[70] 本文區分此三種類型實在論乃是依據「科學實在論」(scientific realism)的論述脈絡。見 Stathis Psillos. "Scientific Realism," *Encyclopedia of Philosophy*, Donald Borchert, ed., Vol. 8, pp. 688-694,或可參見 Ilkka Niiniluoto. *Critical Scientific Realism*, New York: Oxford University Press, 1999, pp. 21-108。

[71] 如 Kantorovich 所說:「所謂形上的實在論,指的是一種關於世界的信念,而此信念相信客觀實在(objective reality)或獨立於人類活動或思想的外在世界存在。知識的實在論乃一種主張我們可以認識客觀實在的觀點。」參見 Aharon Kantorovich. *Scientific Discovery: Logic and Tinkering*, State University of New York Press, 1993, p. 44。

[72] 陳世賢區分了時間實在論、時間假名論以及時間假名論相關之暫住論與剎那滅論,並認為佛教多主張時間假名論。請參見陳世賢,〈「法體」與「時間」關係之研究——以《俱舍論》與《順正理論》對「三世實有」之論辯為主〉,頁35-66。

據此，可知上文所引《大智度論》的設問方引述《時經》……等所提出的兩種觀點，則分屬於兩種類型的實在論。面對設問方這樣的問難，《大智度論》論主作了以下的回應：

> 答曰：如泥丸是現在時，土塵是過去時，瓶是未來時。時相常故，過去時不作未來時；汝經書法，時是一物，以是故，過去時不作未來時，亦不作現在時。雜過故，過去時中亦無未來時，以是故無未來時；現在時亦如是[73]。

此段論證可分為兩個部分，其一為對時相是常的批判，其二為對混雜過、現、未三時的批判。「時相」，即時間表現出來的特徵或狀態（相，lakṣaṇa），此處所謂的時相常，乃意指時間所表現出來的狀態是實在的、是常恆的，時的相乃透過經驗事物之變化而推論，所以過去時與現在時的相就不相同，據此當設問方主張時相是常，過、現、未三種時間就不能等同，因其具備不同的相。再者，若時間的相不能等同，也就不能將三種時間相混雜，所以才說「雜」是一種過失。簡單來說，時間的相乃透過現象事物的改變而知的，過去時間的相顯然與現在或未來時間的相不同，「時相是常」與「時是一物」的命題便與其透過現象事物而推知「時相」產生矛盾。因此論主指出設問方的論證之內在矛盾。

若進一步考量《大智度論》論主根據設問方的問難，指出問方論難

---

[73]《大智度論》；《大正藏》冊25，頁65中。此段引文自「汝經書法，時是一物，以是故」之後的過去時、現在時、未來時在大正藏本為過去世、現在世、未來世（畫底線部分之文字），但其他藏經版本均為「時」，所以對照前後文與其他版本將其更改為時。Lamotte 認為此處與《中論・觀時品》的論點有所關聯。見 Étienne Lamotte. *Le Traité de la Grande Vertu de Sagesse de Nāgārjuna*, Tome I, Louvain: Institut Orientaliste de l'Université de Louvain, 1981, p. 77。另《中論》對於時間的討論可參見康特，〈中觀學的時間觀——以《中論》與《肇論》為主〉，《正觀雜誌》46期（2008年9月），頁39-80。釋祖蓮，〈《中論》「觀時品」初探〉，《福嚴佛學院第八屆高級部學生論文集》（新竹：福嚴佛學院，1999年6月），頁127-144。

本身的矛盾所作出的回應,可發現論主的回應乃中觀學所慣用、類於歸謬法的「應成」(prasaṅga)證法[74]。面對論主以應成法指出設問方自身之命題的矛盾,設問方緊接著重申自身的立場,論主則仍以時間因物而有以及時相「不相雜」的立場回應[75]。然而,設問方顯然不滿意這樣的回應,以時間具有相來主張時間實在:

> 問曰:何以無時?必應有時。現在有現在相,過去有過去相,未來有未來相。
> 答曰:若令一切三世時有自相,應盡是現在時,無過去、未來時。若今有未來,不名未來,應當名現在。以是故,是語不然[76]!

設問方以時間具有現在、過去及未來等「相」,作為推論時間實在的理由,可見設問方所持乃時間是推論之實在的觀點。本文認為,若進一步檢視設問方的論證,此論證的相關說法可能出自於「說一切有部」

---

[74] 所謂的「應成」乃就設問方的主張中引出錯誤的結論,是某種形式的歸謬證法。至於中觀學的應成證法,有學者如梶山雄一認為從佛護(Buddhapālita)開始才將龍樹的論式改為應成證法,但也有學者如楊惠南主張龍樹《中論》始就已使用。參見梶山雄一著,吳汝鈞譯,《印度中觀哲學》(台北:圓明,1993年),頁202;208-209。楊惠南,《龍樹與中觀哲學》(台北:東大,1988年),頁103-104。事實上,龍樹在《迴諍論》(Vigrahavyāvartanī)亦使用兩難論式以及應成的歸謬論式。見林鎮國,〈龍樹《迴諍論》與基礎主義知識論的批判〉,《國立政治大學哲學學報》第16期(2006年7月),頁163-196。關於龍樹到後期中觀學的應成法的發展脈絡,請參見 Georges Dreyfus, Sara McClintock (ed.). *The Svātantrika-Prāsaṅgika Distinction: What Difference Does a Difference Make?* Boston: Wisdom Publications, 2003, pp. 1-37。

[75] 問曰:「汝受過去土塵時,若有過去時,必應有未來時,以是故實有時法。答曰:汝不聞我先說,未來世瓶,過去世土塵。未來世不作過去世,墮未來世相中是未來世相時,云何名過去時?以是故,過去時亦無。」(《大智度論》;《大正藏》冊25,頁65中。)

[76] 《大智度論》;《大正藏》冊25,頁65下。引文中底線部分大正藏本為現在世,但其他藏經版本均為「時」,故對照前後文與其他版本將其更改為時。

尊者妙音之「相有異」的主張。妙音認為每一個法體皆具有三世相，若法體住於過去，其所顯的乃過去相，現在與未來相是隱藏的，住於現在、未來亦然[77]。

據此，我們可以推知論中的設問方非常熟悉印度哲學以及部派中的各種主張。然而，論主從設問方主張時間有相的立場進一步回應，假若時間過、現、未三時有相，應是自相（svalakṣaṇa），即具有自身之特徵而不與他者共通者。若是如此，過去與未來的相應該是由現在來界定，其理由在於過、未二時乃透過現在方能界說，因此當主張三世時間有相，也只是在現在時而說三時有相。設問方顯然不滿意這樣的回答，重申過去時間的變化為過去相：

> 問曰：過去時、未來時非現在相中行，過去時過去相中行，未來時未來相中行。以是故，各各法相有時。
>
> 答曰：若過去復過去，則破過去相；若過去不過去，則無過去相。何以故？自相捨故。未來時亦如是。以是故，時法無實，云何能生天地好醜及華果等諸物？如是等種種除邪見故，不說迦羅時，說三摩耶。見陰、界、入生滅，假名為時，無別時。所謂方、時、離、合、一、異、長、短等名字，出凡人心著，謂是實有法；以是故，除棄世界名字語言法[78]。

---

[77] 《大毘婆沙論》；《大正藏》冊27，頁396上 - 中。此種說法在吉藏的《中觀論疏》也被採納，如吉藏在設問生、住、滅三相為一時或前後所云，見：「問：三相為一時？為前後？……阿毘曇云：體即同時，用有前後。如三相與法必俱，法在未來，相亦未來；法起現在，相亦現在；法謝過去，相亦同謝。故有為法必與相共俱。故言：體同時而生用之時未有住用，住用之時生用已廢。故用，前、後也。」（《中觀論疏》；《大正藏》冊42，頁77中。）

[78] 《大智度論》；《大正藏》冊25，頁65下 -66上。引文底線部分乃參照大正藏注釋所載其他藏經版本更改。

「迦羅」（*Kāla*）或「三摩耶」（*Samaya*）？

　　論主順著設問方「過去時過去相中行」的設問，以典型的「兩難論式」回應，若過去時的過去可以成立的話，此時的過去則非過去，並非過去所表現的相；若過去時的過去不能成立，則過去相也就不成立。論主也藉此論式主張時間不具有自相，因此時間並非實在的。

　　據此，論主先破前文中第一種類型的形上實在論，否定時間作為萬物之生因。再者，並破第二種類型的的形上實在論，以時間為假名（*prajñapti*）的立場，評破上文所舉之勝論學派對於經驗世界各種分類如「方、時、離、合，一、異、長、短」等實在範疇[79]，認定主張時間實在的立場乃是由語言、文字所構築出來的自性見，應當以假名為時的立場來破除。所謂的假名，否定了語言本身具有實存性格，也否定了使用語言文字時的存在假定，其作為一種約定俗成的日常語言，具有某種工具性意義，透過假名吾人方有認識或理解的可能[80]。這也是其不說「迦羅」時，說「三摩耶」的原因，因為說「迦羅」時的概念，容易陷入時間指涉著某種實在載體的困境；「三摩耶」就字義上來，乃一種依照條件和合的場域，與佛教緣起思想較不衝突，因假名是一種條件和合的施設，故此也是主張假名為時的原因。

---

[79] 見《勝宗十句義論》；《大正藏》冊54，頁1262下-1266上。其中「方、時」屬「實句義」；「離、合」屬「德句義」；「一、異」分屬「同句義」與「異句義」；「長、短」屬二十四「德句義」中界說第六「量德」所運用的概念，意指吾人認識經驗世界具體事物所採取的判準（例：一實短詮緣因是名短體；一實長詮緣因是名長體；一實極微詮緣因是名極微）。此處可能會與不相應行法混淆，但一來一異、長短不屬於說一切有部「不相應行法」的範疇，也不屬於唯識二十四不相應行法的範疇；二來，《大智度論》此處似乎未涉及到對唯識學派的批判。因此筆者認為，此處應該只是指勝論學派的句義，而非不相應行法。

[80] 關於佛教哲學對於假名的意義，請參見嚴瑋泓，〈論《般若經》的「假名」概念——以《大般若波羅蜜多經・第四會》〈妙行品〉與《第二會》〈善現品〉的對比作為考察的基礎〉，《中華佛學研究》第10期（2006年3月），頁43-70。嚴瑋泓，〈假名與空不可說〉，《法光月刊》第190期（2005年7月，第二版）。亦請參見林建德，〈《老子》與《中論》之哲學比較：以語言策略、對反思維與有無觀為線索〉，台北：臺灣大學哲學研究所博士論文，2007年，頁54-58。

經過如上的論辯之後，設問方似乎意識到無法就自己的主張來與論主論辯，緊接著提出佛教戒律中的遵守「時食」（*kālabhojana*）而制止「非時食」（*akālabhojana, vikālabhojana*）為例，來論辯佛教仍是主張有時的[81]：

> 問曰：若無時，云何聽「時食」遮「非時食」是戒？
> 答曰：我先已說：「世界名字法有，時非實法」，汝不應難！亦是毘尼（*vinaya*）中結戒法，是世界中實；非第一實法相，吾我、法、相實不可得故；亦為眾人瞋呵故，亦欲護佛法使久存，定弟子禮法故；諸三界世尊結諸戒，是中不應求：有何實？有何名字等？何者相應？何者不相應？何者是法如是相？何者是法不如是相？以是故，是事不應難[82]！

設問方的問難回到佛教內部的主張，認為如果佛教主張時間非實，為何制定「非時食」，即制止日中過後至翌日天明受食的戒律。此問難的原因在於若不主張時間實在，如何在時間變化的當下知道什麼時間該食或不該食。面對這樣的問難，論主首先重覆了時間作為假名非實的立場。而後以中觀學之二諦的立場進一步主張戒律乃世間真理，而非勝義真理，原因之一在於律中之我、法二相皆不能以任何型態的認知去認定其為恆存不變之實體，所以說不可得；再者若佛教內部僧團沒有確定

---

[81] Lamotte 在法譯注釋中指出關於「非時食」源自於相應部（*Saṃyutta*）、中部（*Majjhima*）、增支部（*Aṅguttara*）的尼柯耶（*nikāya*）。Étienne Lamotte. *Le Traité de la Grande Vertu de Sagesse de Nāgārjuna*, Tome I, p. 78。在漢譯阿含中，也有相關記載，如：「多聞聖弟子若持齋時，作是思惟：阿羅漢真人盡形壽離非時食、斷非時食、一食、不夜食，樂於時食。彼於非時食淨除其心，我於此日此夜離非時食、斷非時食、一食、不夜食，樂於時食。我於非時食淨除其心，我以此支於阿羅漢等同無異，是故說齋。」（《中阿含經・晡利多品》；《大正藏》冊1，頁771上。）

[82]《大智度論》；《大正藏》冊25，頁66上。

的道德法則,容易在行為上踰越佛教僧團所應許的範圍,而遭受到外界的批判,僧團及代表佛法傳遞者的角色,基於佛法傳衍的理由,所以必須制訂明白的道德規約。因此論主認為既然戒律乃世間真理,設問方所舉的例子乃佛教內部的「特例」,並非佛教闡述勝義諦所使用的假立名言,所以設問方此處的問難應該只是一種範疇的錯置。但設問方顯然不死心,進一步從文字本身著手而提問,認為「非時食」、「時藥」(kālabhaiṣajya)、「時衣」(kālavastra)等律則皆是使用「迦羅」[83],而非使用「三摩耶」:

> 問曰:若「非時食」、「時藥」、「時衣」,皆是迦羅,何以不說三摩耶?
> 答曰:此毘尼中說,白衣不得聞,外道何由得聞而生邪見!餘經通皆得聞,是故說三摩耶令其不生邪見。三摩耶詭名,時亦是假名稱。又佛法中多說三摩耶,少說迦羅,少故不應難[84]。

這個問難最主要的問題在於如果佛教主張論及時間概念時,應該用「三摩耶」而非「迦羅」,但佛教內部的戒律中談及「非時食」、「時藥」、「時衣」時卻是使用「迦羅」,這是為什麼呢?論主指出佛教認為假若外人了知了僧團戒律,容易不明就裡地對佛教僧團採取不同形式的道德譴責或批判,所以佛教主張僧團戒律不得由外人聽聞。然而,除了僧團戒律之外,其餘經典都是可以讓大眾聽聞的[85],且這些經典中一旦

---

[83]「時藥」與「時衣」之梵文乃依照 Étienne Lamotte. *Le Traité de la Grande Vertu de Sagesse de Nāgārjuna*, Tome I, p. 79。

[84]《大智度論》;《大正藏》冊 25,頁 66 上。

[85] 此種觀點或許來自《根本說一切有部毘奈耶》:「問曰:苾芻之眾其數已多,所有經典未知多少?報曰:苾芻經典總有三藏。問曰:其一一藏數量如何?報言。一藏頌有十萬。問曰:在家俗侶頗得聞不?報言:得聞二藏謂論及經,毘奈耶教是出家軌式,俗不合聞。」(《根本說一切有部毘奈耶》;《大正藏》冊 23,頁 672 中-下。)

指涉時間的概念,大多是使用「三摩耶」這個假名[86],目的在於不讓聽聞者因此名字而生時間實在之看法。在論辯末了,論主基於上述理由,認為雖說佛教也有使用「迦羅」來指稱時間概念,但通常是在少數的特例上使用,或許不應藉此來問難。據此,筆者認為「非時食」等律則使用「迦羅」的原因,不但僅止於「白衣不得聞」,更重要的原因,在於僧團仍舊必須在此經驗世界修學各種義理,並邁向解脫之道,若缺乏正確時間的概念,便無法在此經驗世界做出正確的行為判斷或抉擇。而「詭名」,也就是虛設、虛假之名,論中進一步指出,即便使用「三摩耶」作為時間的概念時,仍然不應承認該語詞的指謂意義。因此佛教主張「時」為「假名」,並非否定時間的意義,而是透過語言文字在約定俗成的使用脈絡中所構築起來的虛假性與工具性意義,來說明時間並非實在,其否定時間是恆存的實體,在吾人對於經驗世界的認知歷程中,時間的功能在於使得吾人對於此世的正確認識成為可能。

肆、《大智度論》的批判對象及其哲學問題

通過以上文獻解讀上的疏通,可以發現論中設問方具備了非常豐富的印度哲學與部派佛教的知識背景。此點可以從設問方隨手捻來對《大智度論》論主問難的內容窺知[87],誠如上文的分析,大多學者若針對此

---

[86] 例如在佛教經典開頭大家耳熟能詳的「如是我聞,一時。」(evaṃ mayā śrutam ekasmin samaye)另,Lamotte 在此處將假名譯為「隱喻述詞」(une expression métaphorique, a metaphorical expression),似乎單就語詞上的意義假立而言。但是論中時間為假名的意義不單是語詞上的假立施設,其更有以緣起空義作為內涵所帶出語詞之暫時性的工具性意義。Lamotte 的譯詞請見 Étienne Lamotte. *Le Traité de la Grande Vertu de Sagesse de Nāgārjuna*, Tome I, p. 79。

[87] 郭忠生在〈試論《大智度論》中的「對談者」〉長文中,討論了論中設問方的相關背景問題,文中也對 Lamotte 法譯《大智度論》第二冊與 Demiéville 的對 Lamotte 法譯第二冊的書評做了一些介紹,相當值得參考。參見郭忠生,〈試論《大智度論》中的「對談者」〉,《正觀雜誌》第 2 期(1997 年 9 月 25 日),頁 63-177。

「迦羅」（*Kāla*）或「三摩耶」（*Samaya*）？

段文本中設問方的哲學主張來看，或許會其界定為「時論師」或「勝論師」。但從設問方主張時間「因法而有」且「時間有相」的立場來看，此設問方可能來自部派佛教中最為主流的「說一切有部」中的說法。再者，此段論本乃是對《摩訶般若波羅蜜經》始之「如是我聞，一時」的「時」所作的釋文，依照《般若經》本原來使用的時，就是「三摩耶」，沒有提到「迦羅」，也沒有提到佛教戒律非時食使用「迦羅」，因此設問方肯定非常熟悉佛教戒律。而從其熟悉佛教內部的僧團戒律來說，設問方出自佛教內部的可能性極大。

當然，就整個論本的問答型態來說，我們也不能否認設問方的問難可能出自於論主的設問，也就是說，根本沒有設問方的存在。但從論中大量對答的某些敘事場域來分析，論主有時回答問難的語氣與態度顯現出類似於責難的態度[88]，似乎暗示著論主與設問方間的關係為類似於師生的角色。此外，我們也不能排除設問方可能不只一人，就其具備印度各學派思想、文化地理……等素養，更熟悉佛教原始、部派以及大乘經論的背景看來，設問方不只一人的假設是可以成立的。但單就本文探討焦點的這段文本而言，本文仍然認為其極可能出自佛教內部，甚至為「說一切有部」的僧人，此與設問方不只一人的角色並不衝突。總之，我們受限於論本文字上的記載，無法明確地指出設問方的身分，但我們至少可以從問難者的設問內容中，分析其所根據的思想背景。姑且不論設問方的角色，至少可以從問難的立場以及論主的回答內容推論《大智度論》面對佛教內外部各學派時，所採取或批判、或繼承的哲學觀點。

印度哲學就時間的議題而言，大致上有兩種觀點：一是強調時間的實在性，其存有學的性質（如普遍性等）也被重視；二是反對時間的存有實在性，僅指出其現象上的特徵。前者認為時間是不可分割、普遍存在、單一的；後者主張時間本質上是分離的（非連續的），時間的連續

---

[88] 郭忠生，〈試論《大智度論》中的「對談者」〉，頁 133-135。

性僅是概念結構[89]。具體而言，前者的哲學觀點如正理—勝論學派，後者如佛教的剎那滅學說。

至於佛教的時間議題，佛教內部不同學派基於不同的角度則有不同的立場。如 Kalupahana 就指出，早期佛教呈現出一個與經驗主義相對的時間概念，部派佛教因為他們思辨進路的理由，發展出絕對主義式的時間概念，到了中觀學派，則強烈地反對時間的實在性[90]。此外也有學者認為，早期佛教的時間概念顯然與存有學概念有著密切的連結[91]。本文認為，早期佛教與外部某些學派，以「剎那的序列」來解釋物理世界之存在的問題，也就是為了解釋經驗世界「無常」的概念而有的[92]。這樣的主張發展到部派佛教，基於思辨或推論的理由，便成為實在論的最佳基石，其中以「說一切有部」之「三世實有」與大眾部、分別說部，以及後來經量部之「過、未體無，現在實有」的主張為最[93]。從這些脈絡看來，時間議題在早期佛教到部派佛教呈顯著一種轉向，即從以解脫作為目的之生命現象詮說轉向解釋經驗世界的知性向度。

若以《大智度論》為例來探討中觀學的時間議題，我們可以在上文的討論中發現，佛教主張以「三摩耶」來指稱時間概念之主要理由，在於此語詞相較於「迦羅」比較不會引發自性見。問題是如果「迦羅」會

---

[89] Anindita Niyogi Balslev. *A Study of Time in Indian Philosophy*, p. 13.

[90] David J. Kalupahana. "The Buddhist Conception of Time and Temporality," *Philosophy East and West* 24/2, (Apr., 1974): 181-191.

[91] André Bareau. "The notion of time in early Buddhism," In Hari Shankar Prasad, ed., *Essays on Time in Buddhism*, Delhi: Sri Satguru Publications, 1991, pp. 1-12.

[92] 因本文討論的論域限定在《大智度論》對於迦羅與三摩耶的論述，所以此處不擬深入討論佛教關於剎那的論說。關於佛教的剎那滅相關論述，請見 Theodore Stcherbatsky. "The Theory of Instantaneous Being (kṣaṇika-vāda)," In *Essays on Time in Buddhism*, pp. 557-596. Theodore Stcherbatsky. *Buddhist Logic*, Vol. 1, New York: Dover Publications, 1962, pp. 79-118. 佐佐木現順，《佛教における時間論の研究》，頁 123-139。

[93] 關於部派佛教的時間議題，可參考 Genjun H. Sasaki. "The Time Concept in Abhidharma," *Essays on Time in Buddhism*, pp. 25-34。

「迦羅」（*Kāla*）或「三摩耶」（*Samaya*）？

引發自性見，使用「三摩耶」這個語詞時是否就可以成功避免？論中末了顯然以「三摩耶」為假名直接駁斥了這個問題。據此，我們大致上可以了解佛教主張時間概念不用「迦羅」而用「三摩耶」的立場，除了以假名作為透過語言而理解世界的工具性意義，來避免引發自性見的考量之外，還有語詞結構的問題。

「三摩耶」就語根的結構來說，有著比較趨近於佛教緣起思想的意義，非但梵語如此，巴利語亦然[94]。更進一步說，「三摩耶」在經驗歷程中之緣起的脈絡反應出事物或事件在每一個剎那的聚合[95]。也就是說，「三摩耶」除避免使用「迦羅」而可能導致實在論之批評之外，其更呈顯出一種剎那生滅的時間觀，此點與早期佛教的主張是契合的。

而《大智度論》以時間為假名的立場批判實在論的相關論證，主要的焦點集中在於語言的誤用可能導致人們對此經驗世界產生錯誤的見解。論主所運用的應成證法或兩難論式，一方面批駁設問方採取各學派實在論立場的問難，二方面以時間為假名的立場，巧妙地化解堅持各類型實在論的主張。然而這並不意味著《大智度論》在此經驗世界否定了時間，其仍承認時間在世俗言說的脈絡下所呈顯出來的功能性[96]，其也不否認時間作為物理世界之連續性法則，但此種說法大多如同「三摩

---

[94] 例如佐佐木現順指出巴利語 *samaya* 可以有五種涵義，分別為時（*kāla*）、和合（*samavāya*）、因（*hetu*）、剎那（*khaṇa*）、群聚（*samūha*）。見佐佐木現順，《阿毘達磨思想研究——佛教實在論の歷史的批判的研究》（東京：弘文堂，1958年），頁142-144。佐佐木現順，《佛教における時間論の研究》，頁47-48。

[95] 此種觀點見 Kenneth K. Inada. "Time and Temporality: A Buddhist Approach," *Philosophy East and West* 24/2, (Apr., 1974): 171-179。

[96] 例如：「問曰：佛法中，數、時等法實無，陰、入、持所不攝故，何以言『一時』？答曰：隨世俗故有一時，無有咎。若畫泥木等作天像，念天故禮拜無咎。說『一時』亦如是，雖實無一時，隨俗說一時，無咎。」（《大智度論》；《大正藏》冊25，頁64下。）又如：「問曰：何以不直說般若波羅蜜法，而說『佛住王舍城』？答曰：說方、時、人，令人心生信故。」（《大智度論》；《大正藏》冊25，頁75下。）

耶」詮釋著聚合或場合的意義[97]。

綜合以上，我們大致可以歸納出佛教對於時間議題所採取的哲學立場，因不同學派，而有殊異的主張。自早期佛教始，時間議題在詮釋緣起、無常的結構中而有剎那說的提出，有為法之剎那生滅即是一種時間的呈顯，此與部派佛教之「說一切有部」主張時間因法而有的型態類似。但「說一切有部」在推論的過程中，特別呈顯了時間之客觀的實在性，主要理由在其主張時間的生滅即有為法的作用，結合其主張吾人對於有為法的知覺、認識或意識的生起必須要有實在的所緣境，因此時間必須是實在的。與譬喻者主張的時間作為存在載體的實在論不同，「說一切有部」主張的三世實有，乃是為了證明法體未作用、正作用或已作用的每個剎那都是實有。

如果我們將此放在「知識起源」的問題來說，「說一切有部」的法體恆有預設知識對象必定存在。換言之，我們可以發現「說一切有部」的立場乃是基於一種存有學預設的主張，即法是實有的，未來的因涵蘊在現在的存在。另一方面，「說一切有部」主張意識（功能）的生起必定有其知覺對象[98]，如《大毘婆沙論》中論及心與心所的關係時，主張

---

[97] 例如：「以四種觀人間：一者、觀時，二者、觀土地，三者、觀種姓，四者、觀生處。云何觀時？時有八種，佛出其中：第一、人長壽八萬四千歲時，……第八、人壽一百餘歲。菩薩如是念：人壽百歲，佛出時到；是名觀時。」（《大智度論》；《大正藏》冊 25，頁 89 下。）又如：「如佛說：世有二人為難得：一者、出家中非時解脫比丘；二者、在家白衣能清淨布施。是淨施相，乃至無量世，世世不失，譬如券要，終無失時。是布施果，因緣和合時便有。譬如樹得時節會，便有華葉果實；若時節未至，有因而無果。」（《大智度論》；《大正藏》冊 25，頁 141 上。）亦如：「問曰：此布施福云何增長？答曰：應時施故，得福增長。」（《大智度論》；《大正藏》冊 25，頁 304 下。）

[98] 如《識身足論》反駁分別說部沙門目連的說法，見：「沙門目連作如是說，有無所緣心。應問彼言：汝然此不？謂契經中世尊善語、善詞、善說。苾芻了別，了別，故名為識。何所了別？謂了別色，了別聲香味觸法。彼答言爾，汝聽墮負，若汝說有無所緣心，則不應言謂契經中世尊善語、善詞、善說。苾芻了別，了別故名為識。何所了別？謂了別色了別聲香味觸法，作如是言，不應道理，汝今若言謂契經中世尊善語、善詞、善說。苾芻了別了別，故名為識。何所了別？謂了別色、

心與心所乃相應而起,其「所緣」與「所依」是相同的[99]。據此我們可以推知「說一切有部」的實在論立場,乃是從法體恆有的形上實在論來開展其知識學,三世實有的成立也是為了證明法體恆有而有。然而,時間的作用為何呢?

以「說一切有部」之知識的結構為例,其主張「智」(jñāna)(知識)的產生必定在單一時間,即所謂的「一時無二心」,此乃「說一切有部」對於知識活動的基本哲學預設之一。例如《識身足論》中反駁分別說部主張「過去未來無,現在無為有」的說法,認為所謂的法,譬如貪、瞋、癡等欲望是乃在過去(或未來),而不是現在所存在的客體。假若欲望的知覺存在於現在,則必須有能觀、所觀的主體在同一時間發生知覺。但「說一切有部」顯然否定了這個能觀、所觀的主體。這也就是說,「說一切有部」並不同意同一時間發生兩種智的主張[100]。就此而論,「說一切有部」主張「智」只能在單一時間成立,而此「智」的所緣在於過去、現在或未來的法,而此法體乃是實有的,作為智的所緣[101]。此立場正好與經量部相反,經量部主張智的產生必須要有能觀、

了別聲香味觸法,則不應說有無所緣心。言有無所緣心,不應道理。……」(《識身足論》;《大正藏》冊 26,頁 535 上。)

[99] 參見《大毘婆沙論》;《大正藏》冊 27,頁 80 下 -81 中。

[100] 如:「沙門目連作如是說,過去未來無,現在無為有。應問彼言:汝然此不。謂契經中,世尊善語、善詞、善說:三不善根,貪不善根、瞋不善根、癡不善根。彼答言爾,復問彼言,汝然此不。謂有能於貪不善根,已觀、今觀、當觀是不善。彼答言爾,為何所觀?過去耶?未來耶?現在耶?若言觀過去,應說有過去,不應無過去。言過去無,不應道理。若言觀未來,應說有未來,不應無未來。言未來無,不應道理。若言觀現在,應說有一補特伽羅非前、非後二心和合,一是所觀,一是能觀,此不應理。若不說一補特伽羅非前、非後二心和合,一是所觀,一是能觀,則不應說觀於現在,言觀現在,不應道理,若言不觀過去、未來、現在,則無能於貪不善根已觀、今觀、當觀是不善。若無能觀。則無能已厭。……言觀現在不應道理,若言不觀過去、未來、現在,則無能於貪不善根已觀、今觀、當觀。」(《識身足論》;《大正藏》冊 26,頁 531 上 - 中。)

[101] 如姚治華所說:「就說一切有部的觀點而言,智並無法知道一切法,因為依照《大毘婆沙論》的說法,所謂的『一個智』指的是『單一剎那所生起的單一的

所觀二心，如《異部宗輪論》所載經量部的立場：「有於一時二心俱起。道與煩惱容俱現前。」[102] 此番觀點，「說一切有部」是反對的[103]，「說一切有部」拒絕同一時間能夠產生兩種智的觀點，原因在於「智」的客體乃是「法」，而「智」也只有在心所緣的「法」生起作用之當下的「時間」得以生起，「說一切有部」以法的作用來界說時間，然而在法體作為知識所緣時又必須依賴時間實在的假說。因此，此種「一時無二心」的說法，也是建立在其「三世實有」的假說之上。

另外，「說一切有部」這樣的主張也可表現在回憶的活動中。例如，「說一切有部」的「一時無二心」的主張一旦成立，並不能同時由一心緣取過去法的行相，再由一心緣取此行相作為現在知覺的所緣。因此過去的法，必須以某種形式存在，才能解釋現在的一心所緣的是過去的法。

本文認為，「說一切有部」的詮釋結構中，「三世實有」的假說是為了證明法體恆有而建立；但與此同時，法體作為認識所緣，認識又需要「三世實有」的假說方得成立，此成了一種解釋上的循環。也就是說，法體恆有與時間乃法的作用而有的兩個前提，使得「說一切有部」於三世之時間不得不主張時間實在。不過，若進一步探究其知識學上的問

智』。」參見 Zhihua Yao. *The Buddhist Theory of Self-Cognition*, London; New York: Routledge, 2005, p. 44。如是說法的論據，吾人可在《發智論》與《大毘婆沙論》中找到。如：「頗有一智知一切法耶？答無。若此智生一切法非我，此智何所不知。答不知自性及此相應俱有諸法。」(《發智論》;《大正藏》冊26，頁919中。) 又如：「此中一智者，謂一剎那智。」(《大毘婆沙論》;《大正藏》冊27，頁43上。)

[102] 《異部宗輪論》;《大正藏》冊49，頁16上。本論同本異議亦有真諦（*Paramārtha*）譯的《部執異論》與《十八部論》可供參考，亦收於《大正藏》冊49，但《十八部論》疑為鳩摩羅十所譯。

[103] 如《大毘婆沙論》所批評：「頗有二心展轉相因耶？乃至廣說。問：何故作此論？答為止他宗顯已義故。謂或有執因緣無體，為止彼宗欲明因緣實有體性；或復有執一補特伽羅有二心俱生，如大眾部，為止彼宗明一補特伽羅無二心俱生。」(《大毘婆沙論》;《大正藏》冊27，頁47上 - 中。)

題,會發現其知識的結構中,預設「三世實有」為法體恆有或認識之所以可能的條件。據此,可知「說一切有部」的知識學主張,是與其存有學預設接軌的。簡單來說,如果缺乏了「三世實有」的假說,「說一切有部」的知識學主張就無法有效。

《大智度論》針對「說一切有部」一時無二心的立場有其批判、繼承的立場。設問方以「說一切有部」一時無二心為基礎,認為佛說法應不能同時說般若波羅蜜與六波羅蜜,否則就是一時二心了。然而,《大智度論》論主對此提出反駁,認為佛與化佛仍是同一主體,因此並無二心的問題,這是就主體而言;而般若波羅蜜與六波羅蜜乃一法,並非二心所緣,這是就客體來說[104]。

此外,《大智度論》在廣釋佛陀十力中的「處非處智力」(sthānāsthānajñānabalam)時,批駁諸論議師時,也針對「一時二心」的說法提出批駁[105],所謂的「處非處智力」的「處」(sthāna),意義為

---

[104] 問曰:「釋迦文尼佛化作無量千萬億諸佛。云何一時能說法耶?如阿毘曇說『一時無二心』。若化佛語時,化主應默。化主語時化亦應默。云何一時皆說六波羅蜜?答曰:如此說者,外道及聲聞變化法耳。如佛變化,無量三昧力不可思議,是故佛自語時,無量千萬億化佛亦一時皆語。又諸外道及聲聞化不能作化;如佛世尊,化復作化,諸外道及聲聞,滅後不能留化。如佛世尊,自身滅度後,復能留化,如佛無異。復次,阿毘曇中,一時無二心;今佛亦如是,當化語時,亦不有心。佛心念化,欲令化語即便皆語。問曰:佛今欲說般若波羅蜜,何以令化佛說六波羅蜜?答曰:是六波羅蜜及般若波羅蜜一法無異。」(《大智度論》;《大正藏》冊25,頁116上-中。)此段乃對《摩訶般若波羅蜜經》的註釋,經文為:「爾時,世尊出廣長舌相,遍覆三千大千世界,熙怡而笑。從其舌根出無量千萬億光,是一一光化成千葉金色寶華。是諸華上,皆有化佛結加趺坐,說六波羅蜜;眾生聞者,必得阿耨多羅三藐三菩提。復至十方如恒河沙等諸佛世界,皆亦如是。」(《摩訶般若波羅蜜經》;《大正藏》冊8,頁217中-下。《大智度論》;《大正藏》冊25,頁115上。)

[105] 問曰:「何等為『是處不是處力』?答曰:佛知一切諸法因緣果報定相,從是因緣生如是果報,從是因緣不生如是果報。……二心一時生;五識眾能分別取相,若著、若離;若眼能起身業口業;若眼,能入禪定;無有是處!」(《大智度論》;《大正藏》冊25,頁237上-中。)

適當的，佛此種智力則意味著佛具備知道哪種知識是正確或不正確的能力。就此處的批駁而言，《大智度論》顯然認為在單一時間感官緣外境只能單向地生起相對的意識，如眼生眼識……等。可見就某種程度而言，《大智度論》仍然承認時間在知識結構中的地位，但此應只能是「三摩耶」時，也就是說其仍繼承早期佛教的剎那生滅的時間觀。而在《大智度論》中，可注意到兩種觀點，第一是知識的結構乃在「暫時性」的時間而成立，也是「三摩耶」之時間概念中的剎那生滅的意義。第二是知識的主體以及知識的客體之間的關係，在知識主體透過自我淨化而對外在客體不產生執取時，知識的結構便擺脫的如上的時間假設，在這個意義下或可說，《大智度論》帶出了一種救贖學意涵的知識學立場[106]。

順著上面的問題，或許我們可以繼續追問，知識的生起是否必須預設時間實在？如果知識的結構中沒有辦法取消時間，那是否會回到我們之前討論之知識的推論上必須預設時間實在。如此一來，我們從知識發生的角度似乎沒有辦法迴避實在論的主張。即便視時間為一種直觀形式而具有經驗的實在性（empirical reality）以及其先驗的觀念性（transcendental ideality），但其仍為主觀認識條件中一種形式的有。從上文的討論中，雖然我們排除了時間作為客觀實在的立場，但我們似乎仍然無法排除在推論或知識的結構中，預設時間為實的立場。

伍、結論

《大智度論》批判「迦羅」的主要理由，在於此語詞相較於「三摩耶」而言，容易使人衍生趨向於實在論的觀點，甚至引發認定事物有某實在作為認識或存有之基礎的見解，即所謂的自性見的後果。從文本的論證可知，其雖然批駁了時間是客觀實在，更不承認時間作為知識客

---

[106] 此種問題意識如同康特所提，見康特，〈中觀學的時間觀——以《中論》與《肇論》為主〉，《正觀雜誌》第46期（2008年9月），頁39-80。

體，但其仍然無法迴避時間在主觀認知結構中，作為使得認識活動成為有效的條件。綜合上述初步做出幾點結論[107]：

（一）《大智度論》中《時經》的偈頌所反應出「時間」作為萬物生因的立場，在印度哲學的脈絡中乃是婆羅門思想的傳統。《大智度論》所持緣起空義的哲學觀點，要批判這樣的實體形上學立場是容易理解的。此外，本文認為論中設問方所持之時間實在的觀點，除了為正理－勝論學派的可能性之外，亦可能為部派中「說一切有部」的主張。

（二）本文指出，《大智度論》回應問難的論證，大多以應成與兩難的方式回應。就論證型式而言，是與中觀學一致的。因此論主的回應表面看起來似詭辯，仍舊有其邏輯可循。此外，本文也指出單就本文聚焦的這段文本來說，設問方極可能是具有「說一切有部」的背景。但誠如文中所述，就《大智度論》豐富的問答場景來看，內容涵蓋了許多的背景知識，設問方可能不只一人，這也是筆者在本文使用「設問方」而不使用「論敵」的考量原因。

（三）雖然本文主題的論域僅限定在《大智度論》對於「迦羅」與「三摩耶」等兩個語詞的相關論述，並不涉及哲學史上對於時間議題的諸多探究。但本文也發現，早期佛教哲學採取的剎那滅理論，主要的目的乃是為了解釋無常。部派佛教之「說一切有部」強調時間的客觀實在性，原因在於其亟欲證明法體恆有的主張，但時間實在也在其知識學結構中成了一種預設，而造成了解釋上的循

---

[107] 本文的論域僅聚焦在《大智度論》對於「迦羅」與「三摩耶」的論述，因此無法顧及到早期、部派佛教以及唯識學派中對於時間議題豐富的討論，其中包含了剎那滅、時間與意識、時間與緣起、時間與存有……等課題，此或許是關心佛教哲學中時間議題可繼續探究的方向。礙於篇幅與本文主題之研究論域的理由，本文暫時不再繼續深究。此外，另一個值得注意的問題是時間是否可以作為知識的客體而表現為一種直接實在論的傾向，就目前所討論而言，不論是印度或佛教哲學，除了彌曼差學派之外，均不主張時間作為知識的客體，但亦可作為吾人關心時間議題可繼續深入的課題。

環。以《大智度論》為例來談中觀學對於時間議題的觀點，也可以發現時間作為假名的主張雖然迴避了時間的客觀實在性，卻仍接受時間作為認識結構中的某種條件。此種立場當然也蘊含在時間為假名的工具性意義之下。

因此，我們發現在認識結構中，佛教哲學並沒有否定「時間」。其反對的，乃視「時間」必然為實的觀點。本文認為，不論是剎那滅或時間假名論，均取消了時間表現為某種實體形上學型態之疑慮，但在對於經驗世界的認識活動或結構中，仍然無法迴避時間作為某種「形式」的介入。

而《大智度論》批判「迦羅」，選擇以「三摩耶」作為關聯於時間所施設的語詞，原因在於避免人們固著於語詞的字源意義，而引發如自性見等對於世界不當的見解，其使用「三摩耶」仍然是依於語詞的工具性意義。也就是說，其選擇「三摩耶」作為相關於時間之語詞的用意，僅是「對治」某種從語詞而生固著見解之立場。畢竟而言，以語詞之假立施設的側面來說，若能透徹地了解語詞乃和合假立，其意義僅在於約定俗成的虛假性結構中，則無論「迦羅」或「三摩耶」，任擇其一，又何嘗不可。

引用書目

一、原典

東晉‧瞿曇僧伽提婆譯，《中阿含經》；《大正藏》冊1。
後秦‧鳩摩羅什譯，《大智度論》；《大正藏》冊25。
──，《中論》；《大正藏》冊30。
北涼‧浮陀跋摩共道泰等譯，《阿毘曇毘婆沙論》；《大正藏》冊28。
劉宋‧求那跋陀羅譯，《楞伽阿跋多羅寶經》；《大正藏》冊16。
──，《雜阿含經》；《大正藏》冊2。

梁・僧祐撰,《出三藏記集》;《大正藏》冊 55。
陳・真諦譯,《金七十論》;《大正藏》冊 54。
──,《部執異論》;《大正藏》冊 49。
北魏・菩提流支譯,《入楞伽經》;《大正藏》冊 16。
唐・玄奘譯,《阿毘達磨大毘婆沙論》;《大正藏》冊 27。
──,《提婆菩薩釋楞伽經中外道小乘涅槃論》;《大正藏》冊 32。
──,《阿毘達磨發智論》;《大正藏》冊 26。
──,《阿毘達磨順正理論》;《大正藏》冊 29。
──,《阿毘達磨識身足論》;《大正藏》冊 26。
──,《異部宗輪論》;《大正藏》冊 49。
──,《勝宗十句義論》;《大正藏》冊 54。
唐・玄奘譯,辯機撰,《大唐西域記》;《大正藏》冊 51。
唐・普光,《俱舍論記》;《大正藏》冊 41。
唐・義淨譯,根本說一切有部毘奈耶》;《大正藏》冊 23。
唐・實叉難陀譯,《大乘入楞伽經》;《大正藏》冊 16。

Atharva Veda Saṁhitā: Text with English Translation, Mantra Index and Names of Ṛṣis and Devtas, translated into English W.D. Whitney, introduction S. Bali; revised and edited by N.S. Singh, volume II, Delhi: Nag, 1987.

Mūlamadhyamakakārikās de Nāgārjuna avec la Prasannapadā Commentaire de Candrakīrti, L. de la Vallée Poussin (ed.), Bibliotheca Buddhica, no. IV, Tokyo: Meicho-Fukyu-Kai, 1977.

Mahābhārata: Translated into English with Original Sanskrit Text, volume I, translation according to M.N. Dutt, Delhi: Parimal, 2001.

Saddharma-Laṅkāvatāra-Sūtram, P.L. Vaidya (ed.), Buddhist Sanskrit Texts, no. 3, Darbhanga: The Mithila Institute, 1963.

Sāṁkhya Kārikā: Iśvara Kṛṣṇa's Memorable Verse on Sāṁkhya Philosophy with the Commentary of Gauḍapādācārya, critically edited with introduction, translation and notes by H.D. Sharma, Poona Oriental Series no. 9, Poona: The Oriental Book Agency, 1933.

The Maitāyaṇīya Upaniṣad: A Critical Essay, with Text, Translation and Commentary, J.A.B. Van Buitenen, tr., The Hague: Mouton, 1962.

二、專書

牟宗三,《佛性與般若》(上),台北:台灣學生書局,1977年。

楊惠南,《龍樹與中觀哲學》,台北:東大,1988年。

釋印順,《初期大乘佛教之起源與開展》,新竹:正聞,1981年。

──,《說一切有部為主的論書與論師之研究》,新竹:正聞,2006年。

梶山雄一著、吳汝鈞譯,《印度中觀哲學》,台北:圓明,1993年。

佐佐木現順,《佛教における時間論の研究》,東京:清水弘文堂,1978年。

──,《阿毘達磨思想研究──佛教實在論の歷史的批判的研究》,東京:弘文堂,1958年。

中山延二,《佛教に於ける時の研究》,京都:百華苑,1976年。

平川彰,〈原始佛教とアビダルマ佛教〉,收錄於《平川彰著作集》第2卷,東京:春秋社,1991年。

A.N. Balslev. *A Study of Time in Indian Philosophy*, Wiesbaden: Otto Harrassowitz, 1983.

Bhikkhu K.L. Dhammajoti. *Sarvāstivāda Abhidharma*, Hong Kong: Centre of Buddhist Studies, The University of Hong Kong, 2007.

S. Brock & E. Mares. *Realism and Anti-Realism*, Stocksfield: Acumen, 2007.

S. Dasgupta. *A History of Indian Philosophy* (volume 1), Delhi: Motilal Banarsidass, 1975.

D.M. Datta. *The Six Ways of Knowing: A Critical Study of the Advaita Theory of knowledge*, Kolkata: University of Calcutta, 1997.

Y. Dolev. *Time and Realism: Metaphysical and Antimetaphysical Perspectives*, Cambridge: MIT Press, 2007.

K.K. Inada. *Nāgārjuna, a Translation of his Mūlamadhyamakakārikā with an Introductory Essay*, Delhi: Sri Satguru, 1993.

I. Kant. *Critique of Pure Reason*, P. Guyer & A.W. Wood, tr. & eds., Cambridge; New York: Cambridge University Press, 1998.

A. Kantorovich. *Scientific Discovery: Logic and Tinkering*, New York: State University of New York Press, 1993.

E. Lamotte. *Le Traite de la Grande Vertu de Sagesse de Nagarjuna* (volume 1), Louvain: Bureau du Museon, 1944.

──. *Le Traite de la Grande Vertu de Sagesse de Nagarjuna* (volume 2), Louvain: Bureau du Museon, 1949.

———. *Le Traite de la Grande Vertu de Sagesse de Nagarjuna* (volume 3), Louvain: Universite de Louvain Institut Orientaliste, 1970.

———. *Le Traite de la Grande Vertu de Sagesse de Nagarjuna* (volume 4), Louvain: Universite de Louvain Institut Orientaliste, 1976.

———. *Le Traite de la Grande Vertu de Sagesse de Nagarjuna* (volume 5), Louvain: Universite de Louvain Institut Orientaliste, 1980.

H. Nakamura. A History of Early Vedānta Philosophy (Part One), translated into English by T. Leggett, S. Mayeda & T. Unno et al., Delhi: Motilal Banarsidass, 1983.

I. Niiniluoto. *Critical Scientific Realism*, New York: Oxford University Press, 1999.

H.S. Prasad (ed.). *Time in Indian Philosophy: A Collation of Essays*, Delhi: Sri Satguru, 1992.

———. *Essays on Time in Buddhism*, Delhi: Sri Satguru, 1991.

T. Stcherbatsky. *Buddhist Logic* (volume 1), New York: Dover, 1962.

D.T. Suzuki. *The Laṅkāvatāra Sūtra: A Mahāyāna Text*, Delhi: Motilal Banarsidass, 2003.

N. Thera. *Abhidhamma Studien: Die Buddhistische Erforschung des Bewusstseins und der Zeit*, Berlin: Michael Zeh Verlag, 2006.

H. Ui. *The Vaiśeshika Philosophy According to the Daśapadārtha-śāstra*, F.W. Thomas, ed., Varanasi: Chowkhamba Sanskrit Series Office, 1962.

Z. Yao. *The Buddhist Theory of Self-Cognition*, New York: Routledge, 2005.

三、論文

周伯戡，〈庫車所出《大智度論》寫本殘卷之研究——兼論鳩摩羅什之翻譯〉，《國立臺灣大學歷史學系學報》第 17 期，1992 年 12 月 1 日，頁 65-106。

林建德，〈《老子》與《中論》之哲學比較：以語言策略、對反思維與有無觀為線索〉，台北：臺灣大學哲學研究所博士論文，2007 年。

林鎮國，〈龍樹《迴諍論》與基礎主義知識論的批判〉，《國立政治大學哲學學報》第 16 期，2006 年 7 月，頁 163-196。

康特，〈中觀學的時間觀——以《中論》與《肇論》為主〉，《正觀雜誌》第 46 期，2008 年 9 月，頁 39-80。

陳世賢，〈「法體」與「時間」關係之研究——以《俱舍論》與《順正理論》對「三世實有」之論辯為主〉，台北：中國文化大學哲學研究所博士論文，2007 年。

郭忠生,〈試論《大智度論》中的「對談者」〉,《正觀雜誌》第 2 期,1997 年 9 月 25 日,頁 63-177。

嚴瑋泓,〈論《般若經》的「假名」概念——以《大般若波羅蜜多經·第四會》〈妙行品〉與《第二會》〈善現品〉的對比作為考察的基礎〉,《中華佛學研究》第 10 期,2006 年 3 月,頁 43-70。

釋厚觀、郭忠生合編,〈《大智度論》之本文相互索引〉,《正觀雜誌》第 6 期,1998 年 9 月 25 日,頁 5-321。

釋祖蓮,〈《中論》「觀時品」初探〉,收錄於《福嚴佛學院第八屆高級部學生論文集》,新竹:福嚴佛學院,1999 年 6 月,頁 127-144。

E. Lamotte 著、郭忠生譯,〈大智度論之作者及翻譯〉,《諦觀》第 62 期,1990 年 7 月,頁 101-103。

K.K. Inada. "Time and Temporality: A Buddhist Approach," *Philosophy East and West* 24/2 (April, 1974): 171-179.

D.J. Kalupahana. "The Buddhist Conception of Time and Temporality," *Philosophy East and West* 24/2 (April, 1974): 181-191.

L.R. Lancaster. "Discussion of Time in Mahāyāna Texts," *Philosophy East and West* 24/2 (April, 1974): 209-214.

四、其他

D. Borchert (ed.). *Encyclopedia of Philosophy* (volume 8), Detroit: Macmillan Refrence, 2006.

J. Greco & E. Sosa (ed.). *The Blackwell Guide to Epistemology*, Massachusetts: Blackwell, 1999.

T. Honderich. *The Oxford Companion to Philosophy*, Oxford: Oxford University Press, 1995.

W. Monier. *A Sanskrit-English Dictionary*, London: Oxford University Press, 1974.

E. Sosa & J. Kim (ed.). *Epistemology: An Anthology*, Massachusetts: Blackwell, 2000.

Kāla or *Samaya*? On the Philosophical Problems of the *Mahāprajñāpāramitopadeśa*'s Critique of Realism Regarding the Issue of Time

Yen, Wei-hung[*]

Abstract

This paper focuses on the debates on the two terms of time (*kāla*, *samaya*) that recorded in *Mahāprajñāpāramitopadeśa* (hereafter abbreviated as MPPU). In this paper, I will take the debater cited the verses form *Kāla-Sūtra* as clues to investigate into the issue of time in the context of Indian philosophy, and try to figure out what philosophical problems are represented in the light of the context, further, to explore why MPPU criticized *kāla* but *samaya*.

Accordingly, I point out that the main criticism against *kāla* is that this term tends toward realism, which is inconsistent with the Buddhist doctrines of dependent co-arising (*pratītyasamutpāda*) and emptiness (*śūnyatā*). Moreover, the MPPU argues that *samaya* is a more appropriate term than *kāla*, since it avoids this tendency towards realism. From the arguments presented in the text, it becomes clear that MPPU not only negates time as an objective reality, but even more so as an epistemic object. However, the MPPU still may not avoid the acceptance of time as a condition for the cognitive structure of conventional knowledge.

Briefly, my conclusions are as follows:

(1) Though lacking Sanskrit or Tibetan versions of the MPPU for comparative purposes, I have located verses from the *Kāla-Sūtra*

---

[*] Assistant Professor, Department of Philosophy, Tunghai University.

cited in certain Indian philosophical texts unrelated to Buddhism. I confirm the existence of a number of similar verses and even corresponding verses in the *Atharva Veda*, *Maitāyaṇīya Upaniṣad*, *Mahābhārata*, and *Sāṁkhya-Kārikā*. The same verse, in Buddhist text, may be found in in *Candrakīrti's Prasannapadā*. Hence, this paper reveals a view of time based on the Brahmanical tradition in which it is considered a substance or the cause of all creations. Moreover, it reflects a metaphysical realist position. Although many scholars define a realist notion of time as a doctrine of the *Nyāya-Vaiśeṣika*, I suggest that this view might also be a stance of the *Sarvāstivāda*.

(2) Most arguments in the MPPU follow the *reductio ad absurdum* form of argument (*prasaṅga*) or dilemma rule, which is consistent with *Mādhyamika* reasoning. In addition, the debater's arguments in the MPPU reflects a rich combination of philosophical backgrounds, hence if we were to examine the debates over the issue of time in a simple and explicit manner, it is quite possible that the debater might have been a Sarvāstivādin.

(3) This paper points out that the view of time as designation or concept (*prajñapti*) in the MPPU merely avoids the objective reality of time, but it never denies the view of time as a pre-condition for the structure of knowledge. It also indicates that, in Buddhist philosophy, both the theory of momentariness in early Buddhism and the theory of time as designation in the *Mādhyamika* system negated the view of time as a form of substantial metaphysics. Neither negated the instrumental meaning of time in conventional knowledge.

Keywords: *kāla, samaya,* time, *Mahāprajñāpāramitopadeśa, Sarvāstivāda*

邏輯或解經學
——初期大乘瑜伽行派「四種道理」理論性格之探究

林鎮國[*]

摘要

　　現代學界處理印度佛教因明的態度，若不將其歸於邏輯史的領域，就是隨順藏傳量論的傳統，視之為知識論的領域。佛教邏輯或佛教知識論成為因明的現代同義詞。這種觀點近來受到一些學者的挑戰，認為應該從解經學的角度來看待佛教因明才恰當。佛教因明究竟應該視為邏輯／知識論，或應該視之為解經學，本文的切入處是，檢視初期印度瑜伽行派關於「四種道理」（特別是其中的「證成道理」）的相關原始文獻（《聲聞地》、《菩薩地》、《解深密經・如來成所作事品》）與現代學者的詮釋，將「四種道理」論述重置於瑜伽行修道次第的脈絡中，此瑜伽行次第或以「聞、思、修」為架構，或以「四種遍滿所緣」為架構，或以「六事差別所緣」為架構，或以「四種真實」為架構，次第容或不同，作為邏輯論證方法的「四種道理」都擺在修道次第的進階階段，則是各文獻所共許的。本文從徵引的文獻看到，「證成道理」所欲論證的問題仍以佛教教義為主，例如：「一切行皆無常性」、「一切行皆是苦性」、「一切法皆無我性」、「一切行皆剎那性」、「他世有性」、「淨不淨業無失壞性」等，都是當時主流佛教所主張的根本命題。其他大乘瑜伽行派所新提出的教義，如阿賴耶識論，亦以「證成道理」的方法予以論證。這說明「證成道理」仍以佛教經典教義的證成為主要任務。即此而言，「四種道理」確屬於解經學的範圍，不能完全等同於現代邏輯，此乃十分明白。總之，作為論證方法的「證成道理」雖可以稱之為佛教邏輯，然而必須從佛教經院的解經學的角度來了解。

關鍵字：因明、量論、佛教邏輯、佛教知識論、解深密經、瑜伽行派

---

[*] 作者為政治大學哲學系教授。

壹、問題的提出

出現在《解深密經・如來成所作事品》以及其他大約同時文獻上的「四種道理」，特別是「證成道理」的部分，一般被視為陳那以前古因明（佛教知識論與邏輯）的先驅部分，這幾乎是現代學界的共識[1]。宇井伯壽最早在《佛教論理學》中指出，作為佛教邏輯最早期的資料，《解深密經・如來成所作事品》的「證成道理」部分除了包含「現量」和「比量」外，還納入「聖教量」，顯然帶有濃厚的論爭法性格，並有開始朝向邏輯論證發展的趨向。宇井將「證成道理」視為佛教邏輯理論，這種看法對於後來的研究起著定調的影響[2]。不過，在一般的佛教因明學史著作裡，「證成道理」的部分仍然常常受到忽視，即使論及古因明，也多僅及於《瑜伽論・本地分》、《方便心論》、《如實論》等材料而已[3]。認真對待該部分文獻，並提出精密的分析，首見於梶山雄一的〈佛教知識論的形成〉，該文藉由覺通（Byaṅ chub rdsu 'phrul, *Bodhyṛddhi）的《解深密經注釋》（*Saṃdhinirmocanasūtravyākhyāna*）展開法稱式觀點的詮釋[4]。如後文所見，梶山以後期藏傳量論的觀點詮釋印度初期瑜伽行派理論的做法受到一些批評。如何恰當地理解「四種道理」的理論性格，成為如何恰當地理解早期佛教因明學的關鍵問題。

---

[1] 本文為國科會 93 年度研究計畫「大乘瑜伽行派與中觀學派之知識論爭論及其宗教性意涵的研究（1/3）」（計畫編號：NSC 93-2411-H-004-011）成果。研究助理洪嘉琳參予整理坂本幸男（1937）和吉水千鶴子（1996）二文摘要，謹此致謝。本文曾發表於「中國哲學與分析哲學」國際研討會，政治大學，2005 年 9 月 16-17 日。

[2] 宇井伯壽，《佛教論理學》（東京：大東出版社，1933 年／1966 年），頁 99-100。

[3] 參見 Giuseppe Tucci, *Pre-Diṅnāga Buddhist Texts on Logic from Chinese Sources*, Baroda: Gaekwad Oriental Series, 1929。中文學界最近出版的二本因明學史，姚南強的《因明學說史綱要》（上海三聯書店，2000 年），和沈劍英主編的《中國佛教邏輯史》（上海：華東師範大學，2001 年），亦皆未提及。

[4] 梶山雄一，〈佛教知識論の形成〉，平川彰、梶山雄一、高崎直道編集講座・大乘佛教 9 認識論と論理學》（東京：春秋社，1984 年）。中譯參見梶山雄一著、蕭平、楊金萍譯，〈佛教知識論的形成〉，《普門學報》第 15-17 期（2003 年）。

不難了解的是，現代學界從上世紀初葉後開始對於所謂的「印度邏輯」或「佛教邏輯」產生高度興趣，反映出現代知識分類的影響；作為現代哲學的獨立科目，邏輯成為衡量非西方傳統是否也有哲學的一項判準。在非西方傳統，如中國或印度，尋找符合西方哲學判準的學問的努力，普遍出現於二十世紀初期的學界，正顯示出當時東方學者的現代性焦慮。胡適的《先秦名學史》（*The Development of the Logical Method in Ancient China*, 1922）和 M. S. C. Vidyabhusana 的《印度中世邏輯史》（*History of the Medieval School of Indian Logic*, 1909）就是很好的例子[5]。這種以現代西方的知識分類來詮釋東方傳統，以後見之明來看，當然有其「洞見」，然而也難免有其「不見」。洞見的是那久被遺忘的固有遺產得以現代知識的形式重新面世，而不見的則是洋格義所障蔽的地方性知識特色。本文以印度初期瑜伽行派的「四種道理」為題進行考察，除了釐清該理論的本有面貌，也試圖將該理論放回其原有的實踐性脈絡，以反襯出從現代邏輯角度而來的詮釋在實踐上（特別是宗教實踐）往往有所「不見」之處。

本文在論述程序上首先檢討截至目前為止學界對於「四種道理」的各種詮釋，然後回到原始文獻，特別是《解深密經・如來成所作事品》、《瑜伽師地論》的《聲聞地》和《菩薩地》等，著重分析該理論的脈絡，從原有的實踐性脈絡抉擇其理論性格。這種進路著重於脈絡分析與

---

[5] 西方學界關於印度邏輯的研究可以上溯至 H. T. Colebrooke 針對正理學派和勝論學派哲學的研究，見其「The Philosophy of the Hindus: On the *Nyāya* and *Vaiśeṣika* Systems」（1824）。Max Müller 接著於 1853 年為當時一本邏輯教科書撰寫〈印度邏輯〉（On Indian Logic）。H. N. Randle 於 1924 年在著名的《心靈》上發表〈論印度三支論式〉（A Note on the Indian Syllogism）。1930 年代，波蘭學者 Stanislaw Schayer 從西方邏輯的角度詮釋印度邏輯，此進路為 I. M. Bochenski 所繼承，見其《形式邏輯史》（*A History of Formal Logic*）中的〈印度邏輯諸系〉（The Indian Variety of Logic）（1956）。以上資料見 Jonardon Ganeri (ed.). *Indian Logic: A Reader*, Richmond, Surrey: Curzon Press, 2001。關於胡適的《先秦名學史》，參考李匡武主編，《中國邏輯史・現代卷》（蘭州：甘肅人民，1989 年），第五章第二節。

論述分析,認為理論不可離開其論述脈絡來了解。如果五世紀的印度瑜伽行派發展出邏輯論證的方法,這些方法如何操作?其操作的程序與宗教性目的是什麼?這是本文關注的焦點。最後,針對學界關於「四種道理」理論性格的二種看法,或視之為佛教邏輯,或視之為佛教解經學,本文將有所裁決。

貳、關於「四種道理」的研究回顧

現代學界關於「四種道理」的研究並不多,大致上分為文獻整理和義理詮釋二種,前者以矢坂秀臣為主,後者則有坂本幸男、梶山雄一、史坦因克爾納(Ernst Steinkellner)、佐久間秀範、吉水千鶴子諸說。

矢坂秀臣的資料性研究,〈「四種道理」についての一資料〉(1989),乃受到梶山雄一和史坦因克爾納的影響,其中梶山將「證成道理」視為佛教邏輯的理論,史坦因克爾納則發現 Prajñāsena 的《成他世論》(Paralokasiddhi)的方法論乃源自《解深密經・如來成所作事品》的「證成道理」。矢坂的資料主要摘錄和日譯「證成道理」或「四種道理」的文獻——《菩薩地》、《聲聞地》、《大乘莊嚴經論》(世親論、安慧釋疏)、《中邊分別論》(世親論、安慧釋疏)、《阿毗達磨集論》(安慧雜集論),提供吾人研究上許多的便利。

梶山雄一則在其〈佛教知識論的形成〉一文裡將佛教邏輯與知識論的發展分為三期:初期佛教邏輯的範圍是從《耆羅迦醫書》、《正理經》、《方便心論》到龍樹的《迴諍論》、《廣破論》,中期佛教邏輯包括在瑜伽行派內發現「因三相」的無著、世親的著作,下及陳那所完成的佛教邏輯體系,而後期則指法稱以後所發展的佛教邏輯[6]。梶山該文僅處理陳那以前的發展階段,而《解深密經・如來成所作事品》裡的「證成道理」則被視為瑜伽行派因明的先驅之作,早於《瑜伽論・聞所成地》的

---

[6] 梶山雄一著、蕭平、楊金萍譯,〈佛教知識論的形成〉,《普門學報》第15期,頁45。

「七因明」。值得注意的是,梶山將「證成道理」直接解為「理論性證明的邏輯」,並且根據晚期註釋書(也就是覺通的《解深密經注釋》)來詮釋[7]。梶山撰寫該文時一直將宇井伯壽的《佛教論理學》當作主要參照面,表現出超越前賢的強烈企圖。問題是,梶山和宇井一樣,都從西方邏輯的觀點來看待初期佛教因明,忽略了佛教因明特有的宗教實踐性格,也因而無視於西方邏輯和佛教因明的差異。其所以如此,主要是囿於西方邏輯的前見,將相關資料從原有的脈絡中抽離出來,以遂其來自前見的詮釋操作。從這角度來看,梶山和宇井之間涉及個別問題的詮解分歧,就顯得不是那麼重要。

中文學界對於《解深密經·如來成所作事品》的注意,僅有太虛在 1937 年的《解深密經·如來成所作事品講錄》(收錄於《太虛大師全書》)。太虛原本即深研因明,該《講錄》釋及「證成道理」時指出其「在世學上即屬論理學,在佛學上即屬因明學」[8]。顯然,太虛的解釋大致上也反映出當時西方邏輯典範的主導性[9]。

在國際學界,則以史坦因克爾納的研究別有見地,非常值得注意。他指出《解深密經》在西藏後弘時期所扮演的關鍵角色在於「如來成所作事品」提供了「完整的疏解系統」,此系統曾是作為「詮釋佛陀教法的方法論範疇的主要模式與資源」。這種詮釋工作自始即是佛教徒所為,特別是在面對異教徒的傳教環境裡更需要整套的詮釋方法論[10]。「四種道

---

[7] 同上注,《普門學報》第 16 期,頁 76-78。

[8] 太虛,《解深密經·如來成所作事品講錄》,收錄於《太虛大師全書》「法藏·法相唯識學」(香港:太虛大師全書編纂委員會,1950 年),頁 40。

[9] 太虛於該《講錄》曾舉例說明因明三支:「如諸色無常宗——在論理學上名斷案;有變壞因——在論理學上名小前提;如香味等喻——論理學上名結論。」(頁 45)可以看出當時以西方傳統邏輯詮釋因明的企圖,雖然在今日看來明顯地有比附失誤之處。

[10] Ernst Steinkellner. "Who is Byaṅ Chub Rdzu 'phrul? Tibetan and non-Tibetan Commentaries on the *Saṃdhinirmocanasūtra* -- a Survey of the Literature," *Berliner Indologische Studien*, Band 4/5 (1989): 230.

理」即是這一整套的詮釋方法中最為重要的一種,史坦因克爾納將「四種道理」稱為「四種方法」,一種作為組織架構傳教說法的重要工具。從藏傳觀點來看,《解深密經‧如來成所作事品》「當然不是一般認為的邏輯教本」,而是傳法、說法時所用的解經法。史坦因克爾納明白地批評 Lamotte、Tucci、MacDonald 等人將「證成道理」視為佛教邏輯的說法,認為那是「誤導而且錯誤地簡化的概括」[11]。他並且於結論時指出,《解深密經‧如來成所作事品》旨在說明具現於佛陀教法的化身,關注的是全體佛法的解明。該品的核心是解明全體佛法所必需的經論註疏方法,以及說法時所必需的嚴格有序的論證方式;換言之,該品其實就是「佛教解經學大全」[12]。

不過,現在看來史坦因克爾納所見並非孤明先發,因為坂本幸男早在其〈經典解釋之方法論的研究〉(1937)一文中便將「四種道理」和「四依」(依法不依人、依義不依語、依了義經不依不了義經、依智不依識)、「五力」(言說、隨宜、方便、法門、大悲)、「四悉檀」(世界悉檀、各各為人悉檀、對治悉檀、第一義悉檀)、四意趣(平等意趣、別時意趣、別義意趣、眾生意樂意趣)、「四秘密」(令入秘密、相秘密、對治秘密、轉變秘密)等並列為佛教的經典解釋法。佛教經典解釋法,如「四依」,指的是在佛滅後弟子們為了抉擇佛說的真意,特別是關於「法」與「律」而來的解釋方法。坂本特別說明,此所謂「解釋」並非為解釋而解釋,而是為宗教性的受持而解釋[13]。也就是說,解釋活動乃

---

[11] Ibid., pp. 242-243, especially note 48.
[12] Ibid., pp. 247。史坦因克爾納以研究法稱量論名家,然而他並未落入歐洲學術中心主義的窠臼,直接從西方邏輯的觀點來詮釋佛教的因明量論。這讓我想到 2000 年 5 月訪問維也納大學藏學佛教學研究所時,曾當面請教史坦因克爾納教授,研究佛教因明時是否需要具備西方邏輯的訓練,史氏直言無此必要。當時我以「《解深密經》中語言與意識的問題」為題做報告,並未注意到「如來成所作事品」的重要性。如今想來,才了解到史氏回答的精義所在。
[13] 坂本幸男,〈經典解釋の方法論の研究〉(上),《支那佛教史學》1 卷 2 號(1937年),頁 28-29。

和宗教實踐息息相關。坂本引述《根本說一切有部毘奈耶雜事》指出，作為法義的體系性研究，阿毘達磨以諸門分別的方法，如四念處、四正勤、四神足、五根、五力、七菩提分、八聖道分、四無畏、四無礙解、四沙門果、四法句無諍願智等，「使經律義不失」，「於所了義皆令明顯」，即是典型的經典解釋學[14]。關於「阿毘達磨」的類似說明，也見於《解深密經・如來成所作事品》：「我以十一種相決了分別顯示諸法，是名本母。」[15] 本文探討的「四種道理」便屬於「十一種相」中的第四「行相」，坂本於是也將其視為經典解釋方法論的一種[16]。其中的「證成道理」即是不違現量、比量、聖教量三量，以宗、因、喻三支論式證成由主詞（自性）和賓詞（差別）所構成之命題（如「諸行有無常性」）的形式邏輯[17]。顯然，坂本雖然認知到「證成道理」的形式邏輯性格，仍然將其視為廣義的經典解釋法，不同於宇井和梶山簡單地定性為佛教邏輯。

針對「四種道理」進行全盤而深入的研究莫過於吉水千鶴子於1996年出版的〈Saṃdhinirmocanasūtra X における四種の yukti について〉。吉水開宗明義地指稱《解深密經》的「四種道理」為「教義解釋的一種方法論」，顯然是順著史坦因克爾納的說法而來[18]。吉水推測，《解深密經》的「四種道理」可能是第一次以三量（現量、比量、阿含量）來檢證佛陀教說的方法[19]。她這篇研究的重點之一是在檢討「道理」（yukti）的用法[20]。早先她從《解深密經》、《聲聞地》、《阿毘達

---

[14] 義淨譯，《根本說一切有部毘奈耶雜事》；《大正藏》冊24，頁408。

[15] 《解深密經・如來成所作事品》；《大正藏》冊16，頁709上。

[16] 坂本幸男，〈經典解釋の方法論の研究〉（上），頁44-49。

[17] 同上，頁46。

[18] 吉水千鶴子，〈Saṃdhinirmocanasūtra X における四種の yukti について〉，《成田山佛教研究所紀要》第19號（1996年），頁124。吉水出於維也納大學史坦因克爾納之門。

[19] 同上，頁163。

[20] 關於 yukti 的譯語，梶山雄一譯為「論理」，史坦因克爾納譯為「Argumentationsweise」，Sakuma 譯為「Stimmigkeit」，Oberhammer 譯為「Denken in Zusammenhängen」。參見同上，頁125。

磨集論》的考察,發現「道理」指的是構成現象世界或事實的「客觀根據、原理或理則」,基於這些「客觀根據或理則」,現象世界的生成變化以及事物之間的關係,包括邏輯關係,才得以解釋。就「四種道理」而言,「觀待道理」(*apekṣāyukti*)指事物觀待他物而生的理則,「作用道理」(*kāryakaraṇayukti*)指事物得以作用的理則,「證成道理」(*upapattisādhanayukti*)指事物得以證成的理則,「法爾道理」(*dharmatāyukti*)指事物有其自性的理則。這些客觀的理則可當作「正確的手段」(*yoga*)或「一般的手段」(*upāya*);也就是說,「道理」是可供吾人認識真實的手段或方法。後來她再考察《大乘莊嚴經論》、《菩薩地》、《中邊分別論》、《解深密經注釋》,發現「道理」似乎還有作為「推論活動」的主觀性意思。「道理」究竟指的是客觀性的「理則」,或是指主觀性推論活動所依據的方法」?關於「道理」究竟是指「理則」或「方法」,佐久間秀範主張前者,而梶山雄一和史坦因克爾納偏向後者[21]。然而,根據安慧《大乘莊嚴經論疏》,吉水最後還是主張前者,亦即,「道理」指的是客觀性的理據,而作為主觀推理活動所依據的方法,如「證成道理」,乃在佛教論理學發展過程中慢慢獨立出來[22]。

綜上所述,現代學界關於「四種道理」的詮釋大致上可分為二類,一方認為「四種道理」屬佛教邏輯的範圍,此以宇井、梶山為代表;另一方則主張屬於佛教解經學的範圍,此以坂本幸男、史坦因克爾納、吉水等人為代表。在現代西方哲學傳統,邏輯與解經學一向予人壁壘分明,互不相屬的印象。「四種道理」若定性為邏輯,則似乎與一般認知

---

[21] 同上,頁 125。

[22] 同上,頁 126-127,160-162。必須指出,吉水認為漢譯「道理」(*yukti*)意指「理由」(reason)、「論證」(argument),因而並不諦當。吉水這種解釋值得商榷。作為中古漢語哲學詞彙,「道」或「理」更多地意指客觀性的存在理則,而非主觀的推理活動。關於「道理」(*yukti*)的用法,Matthew T. Kapstein 和 Richard Nance 認為英文的 reason 是很恰當的對應詞,同時可作為名詞和動詞,前者指「理則」(rational principle),後者指「推理」(reasoning)。見 Richard Nance. "On what do we rely when we rely on reasoning?," *Journal of Indian Philosophy* 35 (2007): 151。

的解經學無涉；若定性為解經學，則不能完全視同為現代分科的邏輯。問題是，在印度佛教傳統，邏輯與解經學之間的關係為何？是否如西方傳統那般涇渭分明？抑或二者之間有某種實踐性的關連？這是本文主要關注的問題[23]。

參、《聲聞地》與《菩薩地・真實義品》的「四種道理」

初期大乘瑜伽行派中關於「四種道理」的文獻出現在《解深密經》、《瑜伽師地論》、《顯揚聖教論》、《大乘莊嚴經論》（世親論、安慧釋疏）、《阿毘達磨集論》（安慧雜集論）、《中邊分別論》（世親論、安慧釋疏）等，本文主要以《解深密經》和《瑜伽師地論》為考察範圍，其他的文獻則有必要時再涉及。

---

[23] 本文初稿二年後讀到南斯（Richard Nance）關於「道理」（*yukti*）的綜合性研究，該文從世親的《俱舍論》、《聲聞地》、《解深密經》第十品、下及陳那之後的安慧《大乘莊嚴經疏》、後期中觀的寂護與蓮華戒，探討「道理」在印度佛教的各種用法，結論是諸家說法不一，難以一概而論。可以較為肯定的是，作為「理證」的方法，「道理」的使用不能和「經證」截然分開，也不能和對於法爾真如的崇敬分開。換言之，在印度佛教「道理」是作為判釋經論了不了義的詮釋性方法，不能全然化約為邏輯推理。這種看法和本文的結論相同，然而南斯在該文除了在論及《俱舍論》時注意到「思所成慧」（*cintāmayī prajñā*）生於「三昧」（心一境性）之外，並未特別正視「道理」的運用和修道次第的密切關係，這和本文的重點有所區隔。該文也讓我注意到 Matthew T. Kapstein 和 C. Scherrer-Schaub 的研究成果。見 Richard Nance. "On what do we rely when we rely on reasoning?," *Journal of Indian Philosophy* 35 (2007): 149-167。Matthew T. Kapstein 的研究集中在近代藏傳佛教貢珠雲丹嘉措（'Jam-mgon Kong-sprul Blog-gros mtha'-yas, 1813-99/1900）和米旁（'Jam-mgon 'Ju Mi-pham rgya-mtsho, 1846-1912）關於「四種道理」的解釋，離本文的主題較遠，不過他所達到的結論卻和本文的觀點十分接近：「將四種道理納入佛教的主要詮釋法則本身已經說明佛教詮釋學和佛教邏輯與形上學之間的不可分。」見 Matthew T Kapstein. "Mi-pham's theory of interpretation," In *Reason's Traces*, Somerville: Wisdom Publications, 2001, p. 336。

一、《聲聞地》的「四種道理」

在《聲聞地》中,「四種道理」先出現於「初瑜伽處初離地」中「聞、思、修」次第的「思正法」階段。「思」之前的「聞正法」指聽聞三藏十二分教。在聽聞正法之後,修習瑜伽者再就其所聞正法作意思惟,「思惟所有諸法自相（svalakṣaṇa）、共相（sāmānyalakṣaṇa）」。「如是思惟復有二種。一者以算數行相（gaṇanākāra）善巧方便算計諸法；二者以稱量行相（yukty-upaparīkṣākāra）依正道理（saṁyuktāṁ）觀察諸法功德過失。」[24] 前者指以各種分類法窮盡一切法,例如以「五蘊」為分類法,再進一步細分,將色蘊分為十一,受蘊分為三,想蘊分為六,行蘊分為六,識蘊分為六等。「蘊」、「處」、「界」即是阿毘達磨佛教常用的分類法,在止觀實踐中使用,初期瑜伽行派完全繼承下來。後者指使用「四種道理」（yukti）來「思惟諸蘊相應言教」。值得注意的是,這二種思惟都是以佛陀的「言教」為對象,也就是以前一階段所聽聞的三藏十二分教為考察對象。我們發現到,這種情形也見於《解深密經・分別瑜伽品》,該品指出「聞所成慧」和「思所成慧」皆「依止於文」[25]。這也說明「四種道理」確是用來「審正、觀察、思惟一切所說正法」,屬於修行次第中正確認識思惟佛陀教法的方法。思惟佛陀所說正法,顯然是以佛陀教法的正確性為前提,如因明以「宗」（主張命題）為首出一樣,都是從自宗的宗教立場出發,這一點和現代邏輯完全不同。另外,以「算數」和「稱量」作為主要的二種思惟方法,在阿毘達磨佛教中（《瑜伽師地論》也是初期瑜伽行派的阿毘達磨式論書）是普遍通行的方法,以相應於所證真如的二種側面——盡所有性和如所有性。既然

---

[24] 《瑜伽師地論》;《大正藏》冊 30,頁 419 上。參考 Alex Wayman. *Analysis of the Śrāvakabhūmi Manuscript*, Berkeley and Los Angeles: University of California Press, 1960, p. 78；大正大學綜合佛教研究所聲聞地研究會,《瑜伽論聲聞地——サンスクリット語テキストと和譯》（東京：大正大學綜合佛教研究所,1998 年）,頁 234-235。

[25] 《解深密經》;《大正藏》冊 16,頁 700 下。

真如的證得來自如理思惟，其可作為論證的對象也就十分可以理解[26]。

《聲聞地》第二處出現「四種道理」的地方是在討論「四種所緣」的脈絡[27]。《聲聞地》將「所緣」（止觀的對象）分為四種：(1)「遍滿所緣」（*vyāpyālambana*），(2)「淨行所緣」（*caritaviśodhanālambana*）[28]，(3)「善巧所緣」（*kauśalyālambana*）[29]，(4)「淨惑所緣」（*kleśaviśodhanālambana*）[30]。其中，「遍滿所緣」再分為四種所緣：(1)「有分別影像」（*savikalpa-pratibimba*），(2)「無分別影像」（*nirvikalpa-pratibima*），(3)「事邊際性」（*vastuparyantatā*），(4)「所作成辦」（*kārya-pariniṣpatti*）。在後來的大乘瑜伽行的止觀法門裡，如《解深密經·分別瑜伽品》，「遍滿所緣」的分類成為主流，主要是可以涵蓋其他三種所緣（「淨行所緣」、「善巧所緣」、「淨惑所緣」）[31]。「四種道理」便是出現在「遍滿所緣」

---

[26] 參閱拙文〈初期大乘瑜伽行派真理與方法的問題〉：「真如的考察，在『事邊際所緣』的止觀實踐階段時，建立在思擇、尋思和伺察的思惟活動上，也就是有分別的活動上。只有到了轉依成滿，所作成辦的階段，才能以無分別現量智直觀真如。此二階段的方法不同，一是有分別（思維），一是無分別（直觀），真如作為有分別認識的對象，顯然只能是『真如理』，而作為無分別認識的對象是『真如事』。即此而言，袴谷憲昭關於真如所區分的『論理主義』和『事實主義』的解釋都可成立。」香港中文大學現象學與人文科學研究中心，《現象學與人文科學》第 3 期（2007 年），頁 41。

[27] Alex Wayman. *Analysis of the Śrāvakabhūmi Manuscript*, p. 86.

[28] 《瑜伽師地論·聲聞地》：「云何名為淨行所緣？謂不淨、慈愍、緣性緣起、界差別、阿那波那念等、所緣差別。」《大正藏》冊 30，頁 428 下。

[29] 《瑜伽師地論·聲聞地》：「云何名為善巧所緣？謂此所緣、略有五種。一、蘊善巧，二、界善巧，三、處善巧，四、緣起善巧，五、處非處善巧。」《大正藏》冊 30，頁 433 下。

[30] 分為「世俗道淨惑所緣」和「出世間道淨惑所緣」二種。見《大正藏》冊 30，頁 430。

[31] 「遍滿」（*vyāpya*），字義上即有「可滲透的」、「可穿透的」、「可具有任何性質的」，以及因明上「因法」（如「煙」）作為包含「宗法」（如「火」）的場所。參考 Monier-Williams, p. 1037。又，從「相稱緣」（淨行、善巧、淨惑）到「遍滿所緣」的次第，參考釋惠敏，《『聲聞地』における所緣の研究》（東京：山喜房佛書林，1994 年），頁 33-46。

下「事邊際性」的項目。因此，若想了解「四種道理」的理論與實踐性格，便不能不從「遍滿所緣」的實踐次第入手。

「遍滿所緣」的止觀次第，大略來說，依序由「有分別影像」開始，就聽聞教法中所學到的各種法門，如觀不淨、慈愍、緣性緣起、界差別、阿那波那念、蘊善巧、界善巧、處善巧、緣起善巧、處非處善巧，或是觀四諦，在意識集中狀態下，就那些止觀對象（「所知事」）在意識上呈現的「影像」（pratibimba）進行觀察、簡擇、尋思、伺察等思惟活動（「分別」），獲得猶如感官知覺經驗一般的明確認識（「勝解」），再根據此「所知事相似顯現」來觀察、審定「所知事」的功德、過失。接著，修瑜伽行者受取「所知事同分影像」之後，不再進行觀察、簡擇、尋思、伺察的思惟活動，而是以「奢摩他」（「止」）的方法來「寂靜其心」，這就是「無分別影像」的階段。

第三階段稱為「事邊際性」，對於止觀對象進行窮盡的、如理的認識。這階段的認識有二方面：「盡所有性」和「如所有性」。「盡所有性」指「色蘊外更無餘色，受、想、行、識蘊外更無有餘受、想、行、識。一切有為事皆五法所攝，一切諸法界處所攝，一切所知事四聖諦攝，如是名為盡所有性。」也就是說，止觀實踐必須窮盡地認識、考察所有的對象，不能有所遺漏；若有遺漏的話，則無法圓滿地完成下階段的「轉依」。一切法的分類，如「蘊」、「處」、「界」、「四諦」，都是用來達至「盡所有性」的方法。若「盡所有性」指真理的外延，「如所有性」則指真理的內容。獲得「如所有性」的方法便是「四種道理」：「云何名為如所有性？謂若所緣是真實性、是真如性，由四道理，具道理性，謂觀待道理、作用道理、證成道理、法爾道理。」[32] 這段文獻指出真如所緣具有客觀的道理性（理則性），可藉由「四種道理」證知，並未詳述「四種道理」的理論構造，不過十分清楚交代其和止觀次第的關係。

---

[32]《瑜伽師地論》；《大正藏》冊30，頁427下。

在最後階段,「所作成辦」,修觀行者圓滿前三階段的實踐,「便得轉依,一切麁重悉皆息滅。得轉依故,超過影像,即於所知事有無分別現量智見生。……如是名為所作成辦。」[33]

《聲聞地》第三處出現「四種道理」的地方是在討論止觀實踐中的「毘鉢舍那」[34]。「毘鉢舍那」分為四種(「正思擇」、「最極思擇」、「周遍尋思」、「周遍伺察」)、三門(「唯隨相行毘鉢舍那」、「隨尋思行毘鉢舍那」、「隨伺察行毘鉢舍那」)、六事差別所緣(「義」〔artha〕、「事」〔vastu〕、「相」〔lakṣaṇa〕、「品」〔pakṣa〕、「時」〔kāla〕、「理」〔yukti〕)[35]。「理」(「四種道理」)是毘鉢舍那觀行中六種尋思對象之一[36]。藉由對「六事」的尋思伺察,瑜伽行者可以獲得覺悟(正確的認識),此覺悟再分為三種:一、「語義覺」,這是尋思「義」(意義)的結果;二、「事邊際覺」,這是尋思「事」和「自相」的結果;三、「如實覺」,這是尋思「共相」、「品」(範疇)、「時」(時間)、「理」(理則)的結果。「如實覺」的內容又可分為「盡所有性」和「如所有性」,「四種道理」應該也是同樣包含這二方面[37]。這段文獻中最值得注意的是,「四種道理」出現在止觀次第過程中,此次第依序是對語義的瞭解,其次是對現象的窮盡認識,最後是對共相與理則的認識。

---

[33] 同上。

[34]《瑜伽師地論》;《大正藏》冊 30,頁 451 中 -452 上。

[35] Alex Wayman. *Analysis of the Śrāvakabhūmi Manuscript*, p. 112.

[36]《聲聞地》:「云何名為尋思於理?謂正尋思四種道理:一觀待道理,二作用道理,三證成道理,四法爾道理。當知此中由觀待道理尋思世俗以為世俗,尋思勝義以為勝義,尋思因緣以為因緣。由作用道理尋思諸法所有作用,謂如是如是法有如是如是作用。由證成道理尋思三量。一至教量,二比度量,三現證量。謂正尋思如是如是義為有至教不?為現證可得不?為應比度不?由法爾道理,於如實諸法成立法性,難思法性,安住法性,應生信解,不應思議,不應分別。如是名為尋思於理。」《大正藏》冊 30,頁 451 下 -452 上。

[37] Alex Wayman. *Analysis of the Śrāvakabhūmi Manuscript*, 112-113;矢坂秀臣,〈「四種道理」についての一資料〉,《大正大學綜合佛教研究所年報》,第 11 期(1989 年),頁 70。

《聲聞地》接著以上述「尋思六事差別所緣毘鉢舍那」方法，詳細說明修習緣起觀的具體次第：(1) 尋思諸緣起義，(2) 尋思諸緣起事，(3) 尋思諸緣起相，(4) 尋思諸緣起品，(5) 尋思諸緣起時，(6) 最後，依「四種道理」尋思諸緣起道理：(a) 依「觀待道理」尋思「二種果」（自體果、受用境界果）和「二種因」（牽引因、生起因）；(b) 依「作用道理」尋思此緣性緣起觀具有斷愚痴的作用；(c) 依「證成道理」以三量證成緣起道理；(d) 最後依「法爾道理」成立緣起法性[38]。同樣的方法也運用到其他的觀行法門，如「修界差別觀」和「修阿那波那念」等法門[39]。這一段以具體的緣起觀為例，說明依「四種道理」考察緣起道理，於此「道理」同時具有真理與方法二義。作為方法，該段指出「證成道理」藉由三量（現量、比量、聖教量）證知一切法的道理（理則、真理）。

　　值得注意的是，如佐久間和吉水所指出，於該段梵文原典裡「道理」（yukti）以「具格」的型態出現四次，玄奘即譯為「由觀待道理（apekṣāyuktya）尋思世俗以為世俗」，「由作用道理（kāryakaraṇayuktiya）尋思諸法所有作用」等，其他則以「對格」的型態出現，作為觀察的對象。同樣的情況亦見於《聲聞地》以不淨觀為例，說明「四種道理」的實際操作方法時，「道理」也同樣分別以「具格」和「對格」的形式出現[40]。這是從語法分析證明「道理」同時可以作為「法則」和「方法」二義使用。

---

[38]《聲聞地》：「由此二因增上力故，便為三苦之所隨逐，招集一切純大苦蘊。如是名依觀待道理，尋思緣起所有道理。復審思擇於是緣性緣起觀中，善修善習，善多修習，能斷愚癡。又審思擇如是道理有至教量，有內現證，有比度法，亦有成立法性等義。如是名依作用道理，證成道理，法爾道理，尋思緣起所有道理。」《大正藏》冊30，頁454。

[39]《瑜伽師地論》；《大正藏》冊30，頁454下-455中。

[40] 吉水，137-138；矢坂秀臣，〈「四種道理」についての一資料〉，頁70-72。

二、《菩薩地・真實義品》的「四種道理」

「四種道理」出現於該品討論「真實義」的脈絡。「真實義」（tattvārtha）此複合詞，相馬一意日譯為「真實的內容」，而威利思（Janice Dean Willis）則譯為「關於真實的知識」（knowledge of reality）[41]。威利思傾向於從知識論的角度來詮釋，顯然較合於原義。「真實」（tattva）意指事物真實的存在狀況，和另一佛教概念「真如」（tathatā）源自同一語根「tat」（「彼」），再加上形容名詞語尾「-tva」或「-tā」而成。「義」（artha）有許多用法，如「目標」、「目的」、「事物」、「對象」、「意義」等，在這裡「意義」應該較為恰當。然而，威利思為了避免落入符應論不用此譯，而從認識的角度來解釋，也可接受[42]。

本品旨在於說明，菩薩所欲證知的「真實」，依不同的認識方法與次第，可分為四種：一、世間極成真實，二、道理極成真實，三、煩惱障淨智所行真實，四、所知障淨智所行真實。

第一層次的知識，「世間極成真實」（lokaprasiddhatattva），指未經批判地反省的關於真實的日常性知識，由符號與約定所構成，基本上是「分別」（vikalpa）和「想」（saṃjñā）的產物，而不是「思惟」、「籌量」、「觀察」的產物。我們日常認識到「地唯是地，非是火等」，就是「世間極成真實」的例子。

第二層次的知識，「道理極成真實」（yuktiprasiddhatattva），則是經過理性反省與考察所獲得的關於真實的知識。這層次的知識仍在凡夫位，只不過是比起前者能夠更進一步使用知識分析與邏輯分析的方法來

---

[41] 相馬一意，〈「菩薩地」真實義章試譯〉，《南都佛教》第 55 期（1986 年），頁 107；Janice Dean Willis. *On Knowing Reality: The Tattvārtha Chapter of Asaṅga's Bhodhisattvabhūmi*, Delhi: Motilal Banarsidass, 1982, p. 37, p. 70。

[42] Janice Dean Willis. pp. 37-39。「義」（artha）本來就有存有論的用法和知識論的用法二種，然於此複合詞中，「真實」（tattva）既為存有論用法，「義」從知識論來瞭解就十分順理成章。

建立知識的確定性。這裡所謂「知識分析與邏輯分析的方法」就是「證成道理」（upapattisādhanayukti），也就是藉由現量、比量、至教量合理獲致正確的知識[43]。

第三層次的知識，「煩惱障淨智所行真實」（kleśāvaraṇa-viśuddhi-jñāna-gocara-tattva），指的是聲聞、獨覺證得「無漏智」後所獲得的關於真實的清淨認識；這種清淨認識便是由現觀四諦，證知「人無我」。

最後的層次是「所知障淨智所行真實」（jñeyāvaraṇa-viśuddhi-jñāna-gocara-tattva），指的是諸菩薩、諸佛世尊「從所知障得解脫智所行真實」，證知「法無我」。

這四層次關於「真實」的認識可以看出相應於不同階段的實踐次第，從凡夫位、小乘位到佛菩薩位，依序層層升進。在這四層次中，「道理極成真實」仍然屬於凡夫位，僅高於「世間極成真實」。然而從另一角度來說，證成的方法在層層升進的修道次第中正是扮演承先啟後的關鍵角色。

綜結以上《瑜伽師地論》的文獻分析，我們看到「四種道理」主要出現在瑜伽行修道次第的脈絡中，此瑜伽行次第或以「聞、思、修」為架構，或以「四種遍滿所緣」（「有分別影像」、「無分別影像」、「事邊際性」、「所作成辦」）為架構，或以「六事差別所緣」為架構，或以《菩薩地・真實義品》所說的「四種真實」（「世間極成真實」、「道理極成真實」、「煩惱障淨智所行真實」、「所知障淨智所行真實」）為架構，次第容或不同，作為方法的「四種道理」都擺在進階的階段，則是各文獻所共同的。在「聞、思、修」次第中擺在「思」的階段，在「四種所緣」次第中擺在「事邊際」階段，在「四種真實」次第中擺在「道

---

[43]《瑜伽師地論・菩薩地・真實義品》：「云何道理極成真實？謂諸智者有道理義。諸聰叡者，諸黠慧者，能尋思者，能伺察者，住尋伺地者，具自辯才者，居異生位者，隨觀察行者，依止現比及至教量，極善思擇決定智所行所智事，由證成道理所建立所施設義，是名道理極成真實。」《大正藏》冊30，頁486。

理極成」階段，唯有在「六事差別所緣」次第中，「四種道理」擺在最高的「如實覺」階段，和其他文獻的說法略有出入，然而即使如此，此法門仍屬於「毘鉢舍那」的階段，也是尋思的階段，在這一點上和其他地方的說法並無多大出入。

其次值得注意的是，在瑜伽行修道次第中「道理」主要是作為「思」的對象，「觀」（「毘鉢舍那」）的對象，也就是作為「所緣」，不是從「能緣」邊來說。當然，就瑜伽行傳統來說，「能緣」和「所緣」是意識結構上的區分，不是一般自然態度所認知的區分。這裡，「道理」作為「所緣」（思惟的對象）唯有就瑜伽行的止觀實踐的角度來瞭解才能恰當，而瑜伽行本身即是一種追求覺悟解脫的宗教性實踐。在《瑜伽師地論》的脈絡中，我們清楚地看到「四種道理」屬於此宗教性實踐的一種方法。

肆、《解深密經・如來成所作事品》的「四種道理」

不同於《瑜伽師地論》「四種道理」出現在瑜伽行修道次第的脈絡，在《解深密經》中「四種道理」並未出現在〈分別瑜伽品〉，而是出現在〈如來成所作事品〉。若約傳統「境、行、果」的科判架構，該品屬於「果」的部分，說明佛的果德。該品開端即問如來法身之相與如來化身之相。「法身」指修行者「於諸地波羅蜜多善修出離，轉依成滿」所獲得的結果，「無戲論，無所為」[44]。所謂「轉依」是指「所依」的轉變，也就是「轉識成智」[45]。轉識成智一旦完成，證得人法二無我，由慧得解脫，名為如來法身。就主觀面而言是智慧，就客觀面而言則是法身，其實是一體之二面。以現代的概念來說，法身即是真理本身，此真理本身並無能證與所證之分。能證即是所證，所證即是能證。「化身」

---

[44]《解深密經・如來成所作事品》；《大正藏》冊 16，頁 708 中。
[45] 前文論及，修「遍滿所緣」至「所作成辦」時，便得轉依，有無分別智生。

則就如來生起示現之相而言,展示了法身(真理)的歷史性、時間性和實踐性。在歷史實踐中的法身就是化身,在本質上化身則不異於法身。即化身而言,才有如來成就所作事業可言。〈如來成所作事品〉雖旨在於說明佛果,大部分的篇幅卻用於說明化身的成就事業,也就是三種如來言音——契經、調伏、本母。經、律、論三藏就是如來法身(真理)在歷史上的體現。「四種道理」便是出現在關於「本母」的說明脈絡,這一點和上節所看到《瑜伽師地論》討論「四種道理」的脈絡表面上有所不同。在《解深密經》,這主要是關於如來言教的詮釋與證成的問題。

〈如來成所作事品〉認為「本母」(mātṛkā)以十一種特徵(「相」,lakṣaṇa)來說明一切存在物(「諸法」),這種分類是阿毘達磨本身所常見的,也必須置於止觀實踐的脈絡來看[46]。「本母」就是「阿毘達磨」,也就是「對法」,以「法」為考察的對象。這十一種特徵之一「行相」即分為「八行觀」,分別考察一切存在物之「諦實」(satya)、「安住」(sthāna)、「過失」(doṣa)、「功德」(guṇa)、「理趣」(naya)、「流轉」(pravṛtti)、「道理」(yukti)、「總別」(saṃgrahapṛthaktva)等側面,「四種道理」便屬於其中一種側面或特徵[47]。這種考察其實和上述《瑜伽師地論》所言「毘鉢舍那」(「觀」)的方法相同,只是這裡沒有明說而已。依《測疏》,「行相」指「識行相」,「由於正說道品及能緣識之相,故說行相相」[48]。稻葉正就之還譯有所不同:「行者想行。相者體

---

[46] 十一種相:世俗相(saṃvṛtilakṣaṇa)、勝義相(paramārthalakṣaṇa)、菩提分法所緣相(bodhipakṣyadharmālambanalakṣaṇa)、行相(ākāralakṣaṇa)、自性相(svabhāvalakṣaṇa)、彼果相(tatphalalakṣaṇa)、彼領受開示相(tatanubhavavyākhyānalakṣaṇa)、彼障礙法相(tadantarāyikadharmalakṣaṇa)、彼隨順法相(tadanulomikadharmalakṣaṇa)、彼過患相(tadādīnavalakṣaṇa)、彼勝利相(tadanuśaṃsālakṣaṇa)。見 Etinne Lamotte. *Saṃdhinirmocana Sūtra: L'Explication des Mystères*, Louvain, 1935, pp. 153-154。

[47] Lomotte, 155。

[48] 圓測撰、觀空還譯,《解深密經疏》(補篇)(中壢:圓光佛學院印行,1986 年),頁 45。「行相」,菩譯「彼法相」,求譯「行相」。

相。道分正釋與所緣識相,故名行相。」⁴⁹ 二者重要差別是,一為「能緣識相」,另為「所緣識相」。這裡接著「菩提分法所緣相」講,「行相」指的是在止觀實踐時考察呈現在意識上對象的特徵。就意識本身而言,可說是「能緣識相」;就意識對象而言,則可說是「所緣識相」。重點在於,「四種道理」在這裡是作為止觀實踐所考察的對象。這一點對於我們所要釐清「四種道理」的理論性格是關鍵處。

我們先看〈如來成所作事品〉所說明的「四種道理」:

(一) 觀待道理:「觀待道理者,謂若因、若緣,能生諸行,及起隨說,如是名為觀待道理。」⁵⁰(奘譯)這是對存在物如何生起以及如何被命名言說的因果性考察,也就是考察事物如何生起,如何被命名,如何被言說的原因與條件。所謂「道理」在這裡指凡是存在物生起及命名言說必有其原因與條件之法則,也就是緣起法則。吉水所說的「固定於對象物而可被觀察的根本法則」⁵¹,就是這意思。

關於「觀待道理」,《聲聞地》還更詳細地分為「生起觀待」(utpattyapekṣa)和「施設觀待」(prajñaptyapekṣa),前者「謂由諸因諸緣勢力生起諸蘊,此蘊生起要當觀待諸因諸緣」;後者「謂由名身、句身、文身施設諸蘊,此蘊施設要當觀待名句文身」⁵²。「觀待」指的是事物得以生起和命名的因果依待關係,此因果關係就稱為「觀待道理」。「道理」於此指客觀的存在法則。值

---

⁴⁹ 稻葉正就,〈圓測‧解深密經疏の散逸部分の漢文譯〉,《大谷大學研究年報》第24期(1972年),頁19。

⁵⁰ 菩提流支譯,《深密解脫經》:「謂何等因何等緣能生有為行、名字等用,是名相待相應。」《大正藏》冊16,頁686上;求那跋陀羅譯,《相續解脫如來所作隨順處了義經》:「若因若緣諸行起及隨說,是名以有成。」《大正藏》冊16,頁719上。

⁵¹ 吉水,1996年,頁126。關於「四種道理」段落的藏譯本的和譯和英譯,參考吉水,1996年,頁128-129;Powers, 1995, pp. 285-295。

⁵² 《瑜伽師地論‧聲聞地》;《大正藏》冊30,頁419中。吉水,1996年,頁130-131。

得注意的是,另一方面,《聲聞地》又將「道理」(*yukti*)和「瑜伽」(*yoga*)、「方便」(*upāya*)並列,正如佐久間秀範所指出,並在文法上也以「具格」出現,因而有「考察主體在思考過程中所依據的考察方法或論理方法」的意思[53]。如前文所指出,「道理」(*yukti*)究竟意指「法則」或「方法」,或兼指二者,需視上下文而定。

(二)作用道理:「作用道理者,謂若因、若緣,能得諸法,或能成辦,或復生已作諸業用,如是名為作用道理。」[54](奘譯)這是考察事物生起之後的作用,例如諸蘊各有作用,「眼能見色,耳能聞聲,鼻能嗅香,舌能嘗味,身能覺觸,意能了法」[55]。所有事物皆有其作用此一法則,稱之為「作用道理」。

(三)證成道理:「證成道理者,謂若因、若緣,能令所立、所說、所標義得成立,令正覺悟,如是名為證成道理。」(奘譯)這是說,凡是能使所主張、宣說的命題的意義獲得證成,並且因而使得自己和他人獲得覺悟的原因和條件,就稱為「證成道理」。

(四)法爾道理:「法爾道理者,謂如來出世,若不出世,法性安住,法住法界,是名法爾道理。」(奘譯)這是由證成方法所獲致的終極真理,也稱為「法性」、「真如」。

以上「四種道理」中,「證成道理」有詳盡的說明。首先,「證成道理」分為「清淨」與「不清淨」二種,也就是「有效的/正確的」與「無效的/錯誤的」二種[56]。有效論證必須滿足下列五條件:現見所得

---

[53] Sakuma, 1990 II, p. 99, note 596;吉水,1996年,頁125。

[54] 同註50:「能作所作相應者,何等因何等緣能得法,能生法,能生法已,能成辦業,是名能作所作相應。」(菩譯);「若因若緣,諸法若得若成,若已起者作所作,是名所作事成。」(求譯)。

[55] 《瑜伽師地論・聲聞地》;《大正藏》冊30,頁419中。

[56] 佛教徒將「有效論證」稱為「清淨道理」,將「無效論證」稱為「不清淨道理」,可以看出其「根本隱喻」和現代西方邏輯的差異。

相⁵⁷、依止現見所得相⁵⁸、自類譬喻所引相⁵⁹、圓成實相⁶⁰、善清淨言教相⁶¹。

關於這五種條件的解釋,梶山雄一和吉水千鶴子有不同的見解,後者並對前者有所質疑。根據梶山的解釋,也是根據覺通的注釋:

(一)「現見所得相」指因明論式之「宗」(主張命題)的「主詞」必須是知覺(現量)的對象,而這裡的「知覺」包含著「概念性知覺」(conceptual perception),也就是「世間現量」,因此「一切行皆無常性」、「一切行皆是苦性」、「一切法皆無我性」皆被視為可被知覺的命題。梶山指出,這一點和陳那定義「現量」為「離分別」不同。

(二)「依止現見所得相」指「因」(推理的理由)必須內屬於作為知覺對象之「宗」的「主詞」,相當於陳那之後的「宗法性」(pakṣadharmatā)。換言之,此一條件即是「因三相」的第一相:「遍是宗法性」。

(三)「自類譬喻所引相」,指的是「同類例」(引用和主張命題的主詞

---

⁵⁷《解深密經・如來成所作事品》:「現見所得相者,謂一切行皆無常性,一切行皆是苦性,一切法皆無我性,此為世間現量所得,如是等類是名現見所得相。」《大正藏》冊 16,頁 709 中。

⁵⁸《解深密經・如來成所作事品》:「依止現見所得相者,謂一切行皆刹那性,他世有性,淨不淨業無失壞性,由彼能依麁無常性現可得故,由諸有情種種差別,依種種業現可得故,由諸有情若樂若苦,淨不淨業以為依止現可得故。由此因緣,於不現見可為比度,如是等類是名依止現見所得相。」《大正藏》冊 16,頁 709 中-下。

⁵⁹《解深密經・如來成所作事品》:「自類譬喻所引相者,謂於內外諸行聚中,引諸世間共所了知所得生死以為譬喻,引諸世間共所了知所得生等種種苦相以為譬喻,引諸世間共所了知所得不自在相以為譬喻,又復於外引諸世間共所了知所得衰盛以為譬喻,如是等類,當知是名自類譬喻所引相。」《大正藏》冊 16,頁 709 下。

⁶⁰《解深密經・如來成所作事品》:「圓成實相者,謂即如是現見所得相,若依止現見所得相,若自類譬喻所得相,於所成立,決定能成,當知是名圓成實相。」《大正藏》冊 16,頁 709 下。

⁶¹《解深密經・如來成所作事品》:「善清淨言教相者,謂一切智者之所宣說,如言涅槃究竟寂靜,如是等頻,當知是名善清淨言教相。」《大正藏》冊 16,頁 709 下。

同類的喻例）。

（四）「圓成實相」指的是有效的推論必須具備宗（結論）、因（小前提）、喻（大前提）三支論式。由此，梶山認為在古因明發展上《解深密經》採取三支論式，不是五支論式。

（五）「善清淨言教相」即是「聖教量」，也是論證式的附加部分。

有意思的是，梶山還將（一）、（二）、（三）項所舉的例證各以三支論式予以重新整理[62]。

針對梶山的解釋，吉水提出商榷，認為那是受到後階段因明學的影響，不是《解深密經》的原意。根據吉水的解讀，這五項條件包含現量（第一相）、比量（第二相）、聖教量（第五相）。這種解釋即使就梶山所根據的覺通《解深密經注釋》而言，也可以成立。第三項論證的條件是喻例。凡是可被現量、比量、喻例所圓滿證明者，即是第四項的條件（「圓成實相」）。以三量（現量、比量、聖教量）為「證成道理」的主要構成，也在經文裡獲得證據：「如是證成道理，由現量故，由比量故，由聖教量故，由五種相名為清淨。」[63] 吉水的解釋基本上是傳統主流觀點的進一步發展，可以在原始瑜伽行文獻和古典注疏獲得支持[64]。

---

[62] 梶山雄一著，蕭平、楊金萍譯，〈佛教知識論的形成〉，《普門學報》第15期，頁84-89。

[63]《解深密經·如來成所作事品》；《大正藏》冊16，頁709下-710上。

[64] 現代學者宇井和太虛也都持此詮釋觀點。最重要的，初期瑜伽行文獻都支持這種解釋，如《瑜伽師地論》：「云何名為證成道理？謂一切蘊皆是無常，眾緣所生，苦空無我。由三量故，如實觀察，謂由至教量故，由現量故，由比量故。由此三量，證驗道理，諸有智者心正執受，安置成立，謂一切蘊皆無常性、眾緣生性、苦性、空性及無我性，如是等名證成道理。」《大正藏》冊30，頁419中。「由證成道理尋思三量，一至教量，二比度量，三現證量。謂正尋思如是如是義為有至教不？為現證可得不？為應比度不？」《大正藏》冊30，頁451下。「復審思擇於是緣性緣起觀中，善修善習，善多修習，能斷愚癡。又審思擇如道理有至教量，有內現證，有比度法，亦有成立法性等義。如是名依作用道理、證成道理、法爾道理、尋思緣起所有道理。」《大正藏》冊30，頁454下。「云何道理極成真實？謂諸智者有道理義……依現比及至教量極善思擇決定智所行所智事，由證成道理所建立所施設義，是名道理極成真實。」《大正藏》冊30，頁486。

圓測疏云：「依三量釋五相為清淨相。謂從證成道理釋五相亦為三量所攝。即第一相為現量所攝，中間三相為比量所攝，後一相為聖教量所攝之斷定辭。」[65] 圓測雖未明講，他應該認為第二相包含宗因二支，第三相為喻支。若是如此，則此說可以涵蓋梶山的說法。二者並不衝突。遁倫在解釋「證成道理」時亦謂「由三支令所詮義得成立，令敵論者生正覺悟。」[66]

至於無效論證有下列七種情況：

（一）「此餘同類可得相」：「若於此餘同類可得相，及譬喻中有一切異類相者，由此因緣於所成立非決定故，是名非圓成實相。」[67] 圓測以《因明入正理論》「同品一分轉異品遍轉過」釋之。「同品一分轉」是因法具有部分宗同品；「異品遍轉」是因法具有全部宗異品。對照因三相，可以看出違背第三相「異品遍無性」，故有過[68]。

（二）「此餘異類可得相」：「又於此餘異類可得相，及譬喻中有一切同類相者，由此因緣於所成立不決定故，亦名非圓成實相。」[69] 圓測以「異品一分轉同品遍轉」及「俱品一分轉」釋之，指因法包括部分異品與全部同品，違背因三相之「異品遍無性」，故有過。

（三）「一切同類可得相」：「若一切法意識所識性，是名一切同類可得相。」[70] 圓測疏云，此為《因明入正理論》所說的「共不定」過，也就是說因的範圍過大，同時包含同品與異品，如以「聲常，所量性故」為例，該因包含了同品（如虛空）和異品（如瓶），為

---

[65] 圓測撰、觀空還譯，《解深密經疏》（補篇），頁 103。
[66] 遁倫撰、歐陽竟無輯，《解深密經注》卷 10（金陵刻經處本，1917 年），頁 10。
[67]《解深密經・如來成所作事品》；《大正藏》冊 16，頁 710 上。
[68] 圓測撰、觀空還譯，《解深密經疏》（補篇），頁 112-113；沈劍英，《因明學研究》（修訂本）（上海：東方出版中心，2002 年），頁 235-237。
[69]《解深密經・如來成所作事品》；《大正藏》冊 16，頁 710 上。
[70] 同上。

同品和異品所共,故為共不定[71]。《解深密經》這裡所說的「若一切法意識所識性,是名一切同類可得相」,並未分為宗因二支,僅說「若一切的存在物皆具有被意識所認識的特性,則任何存在物皆與上述命題的主詞同類(同品)」,因此不存在「異品」。若以後來的因三相來衡量,則缺第三相「異品遍無性」,即此而說有過(不清淨)。

(四)「一切異類可得相」:「若一切法,相、性、業、法、因果異相,由隨如是一一異相,決定展轉各各異相,是名一切異類可得相。」[72] 測《疏》指出此段相應於《瑜伽師地論·本地分·聞所成地》所言之五種比量(相比量、體比量、業比量、法比量、因果比量)[73]。存在物各有其相狀(liṅga)、體性(svabhāva)、行為(karma)、屬性(dharma)、因果(hetuphala)等特色。若以某物特有的性質作為因,如「聲常,所聞性故」,此「所聞性」因除宗有法外,和「常」的同品或異品都沒有必然的含攝關係。因法不含異品固然符合第三相「異品遍無性」的條件,但是因不含同品,卻是違反第二相「同品定有性」,《因明入正理論》就稱之為「不共不定過」,也就是同品和異品同時不存在於因法所造成的過失[74]。至於謂之「一切異類可得相」,圓測的解釋是:「一切法相、性、業等互相觀待,彼此不同,故名『一切異類』。」[75] 然仍有費解之處。

(五)「異類譬喻所得相」:「若異類譬喻所引相……當知體性皆不清

---

[71] 圓測撰、觀空還譯,《解深密經疏》(補篇),頁 104,109-110。沈劍英,《因明學研究》,頁 228-232。

[72] 《解深密經·如來成所作事品》;《大正藏》冊 16,頁 710 上。

[73] Cf. Alex Wayman. "The Rules of Debate according to Asaṅga," *Journal of the American Oriental Society* 78 (1958): 29-40。圓測撰、觀空還譯,《解深密經疏》(補篇),頁 110-112。又,矢坂秀臣,〈瑜伽論因明の知識論について〉,頁 543-544。

[74] 沈劍英,《因明學研究》,頁 232-233。

[75] 圓測撰、觀空還譯,《解深密經疏》(補篇),頁 112。

淨。」[76] 圓測疏云：「『異類譬喻所引相』者是不共因。如說聲是常宗，所作性故，此中虛空等喻是其同品（同喻），瓶等是其異品（異喻）。由於此因（所作性故）唯異品（瓶等）有，故名異類譬喻所引相。」[77] 此亦違背因三相之「異品遍無性」，故有過。

（六）「非圓成實相」：由以上有瑕疵的論證皆不能成立。

（七）「非善清淨言教相」：凡是由非聖教量之所成立者皆是。

以上主要根據圓測的疏解，而圓測則據《因明入正理論》而解。唐疏皆不外此，遁倫注也是一樣，基本上也是根據後出的陳那觀點解釋早期的文本[78]。至於梶山雄一據覺通釋而來的解釋，限於篇幅，這裡就不再重述。就本文來說，重點在於考察「證成道理」是否為一套邏輯系統。如就圓測的解釋來看，答案是肯定的。將《解深密經・如來成所作事品》中的「證成道理」視為佛教邏輯的早期文獻是可以成立的。

伍、結語

然而，即使肯定「證成道理」是佛教邏輯，此斷言並未完全說明其理論性格。我們從脈絡分析已經指出，不論是在《聲聞地》、《菩薩地》，或《解深密經》，「四種道理」都是作為止觀實踐時所考察的對象，此瑜伽行修道次第的脈絡，或是「聞思修」，或是「四種所緣」，或是「四種真實」，或是「八行觀」，才是決定「四種道理」之理論性格時所不能不考慮的關鍵因素。基本上，這些修道次第都以覺悟解脫為目標。「四種道理」中的「證成道理」，作為一套邏輯系統，其理論性格仍應從這角度來規定，而不可以貿然視同於現代邏輯，理由是現代邏輯全然與修行次第無涉。

---

[76]《解深密經・如來成所作事品》；《大正藏》冊 16，頁 710 上。
[77] 圓測撰、觀空還譯，《解深密經疏》（補篇），頁 115。
[78] 遁倫撰、歐陽竟無輯，《解深密經注》卷 10，頁 14-17。

除脈絡分析之外，也應該進行內部的論述分析。從上所徵引文獻中的例證可以看到，「證成道理」所欲論證的問題仍以佛教教義為主，例如：「一切行皆無常性」、「一切行皆是苦性」、「一切法皆無我性」、「一切行皆剎那性」、「他世有性」、「淨不淨業無失壞性」等，都是當時主流佛教所主張的根本命題。其他大乘瑜伽行派所新提出的教義，如阿賴耶識論，亦以「證成道理」的方法予以論證；此見於《顯揚聖教論》稱八項阿賴耶識存在論證為「阿賴耶識證成道理」[79]。這說明「證成道理」仍以「如來言音」的證成為主要任務。即此而言，「四種道理」屬於解經學的範圍，而不是現代邏輯，此乃十分明顯。換言之，當時的古因明仍為教義服務，而非現代知識分類下的獨立邏輯學科。雖然，《大毘婆沙論》早有「五論」的記載[80]，《菩薩地》也有「五明」的說法[81]，因明是當時印度的五門學科之一。然而在仔細考察之下，仍可發現「因明」不外是用來為宗教教義作論證的工具。這是任何宗教傳統之經院主義的普遍特色，佛教亦不例外。這一點和現代學術十分不同。現代知識系統的根本特色乃在於理性和信仰的分離，理性不再替信仰服務；換言之，理性不再為信仰進行論證的工作。現代學者若未注意到這一點，毫無反省地援用西方邏輯來詮釋佛教因明，便會將現代學術的預設（理性和信仰的分離）帶進吾人對古代宗教哲學傳統或經院主義的理解。這是為何現代關於因明的研究有許多的洞見，但也隱藏著「不見」的道理。

綜而言之，作為論證方法的「證成道理」可以稱之為佛教邏輯，然而必須從解經學的角度來了解。作為解經學意識顯明的經典，《解深密經》特別重視證成道理，主要是視邏輯論證為重要的解經方法。在初期大乘瑜伽行派裡，作為論證方法的「證成道理」是構成佛教解經學的重

---

[79]《顯揚聖教論》；《大正藏》冊31，頁565下。
[80]《大毘婆沙論》：「記論、因論、王論、諸醫方論、工巧論。」《大正藏》冊27，頁885中。
[81]《瑜伽師地論・菩薩地》：「一切明處所攝有五明處，一內明處，二因明處，三聲明處，四醫方明處，五工業明處。」《大正藏》冊30，頁500下。

要一環。不論作為邏輯或解經學，我們都不可忽略「四種道理」或「證成道理」和修道次第與解脫論息息相關。

引用書目

一、專書

李匡武主編，《中國邏輯史・現代卷》，蘭州：甘肅人民出版社，1989年。

沈劍英主編，《中國佛教邏輯史》，上海：華東師範大學出版社，2001年。

沈劍英著，《因明學研究》（修訂本），上海：東方出版中心，2002年。

姚南強，《因明學說史綱要》，上海：上海三聯書店，2000年。

遁倫撰，歐陽竟無輯，《解深密經注》，南京：金陵刻經處，1917年。

觀空法師，《解深密經圓測疏後六卷還譯》，桃園：圓光佛學院，1986年。

大正大學綜合佛教研究所聲聞地研究會，《瑜伽論聲聞地——サンスクリット語テキストと和譯》，東京：大正大學綜合佛教研究所，1998年。

宇井伯壽，《佛教論理學》，東京：大東出版社，1966年。

釋惠敏，《『聲聞地』における所緣の研究》，東京：山喜房佛書林，1994年。

J. Ganeri (ed.). *Indian Logic: A Reader*, Richmond: Curzon, 2001.

E. Lamotte. *Saṃdhinirmocana Sūtra: L'Explication des Mystères*, Louvain: Bureaux du recueil, Bibliothèque de l'Universite, 1935.

B.K. Matilal. *The Character of Logic in India*, Albany: State University of New York Press, 1968.

J.N. Mohanty. *Reason and Tradition in Indian Thought: An Essay on the Nature of Indian Philosophical Thinking*, Oxford: Clarendon Press, 1992.

J. Powers (tr.). *Wisdom of Buddha: The Saṃdhinirmocana Sūtra*, Berkeley: Dharma, 1994.

H.S. Sakuma. *Die Āśrayaparivṛtti-Theorie in der Yogācārabhūmi*, Stuttgart: Franz Steiner Verlag Wiesbaden, 1990.

G.Tucci. *Pre-Diṅnāga Buddhist Texts on Logic from Chinese Sources*, Baroda: Gaekwad Oriental Series, 1929.

A.Wayman. *Analysis of the Śrāvakabhūmi Manuscript*. Berkeley: University of Calfornia Press, 1960.

J.D. Willis. *On Knowing Reality: The Tattvārtha Chapter of Asaṅga's Bhodhisattvabhūmi*, Delhi: Motilal Banarsidass, 1982.

二、論文

太虛,《解深密經・如來成所作事品講錄》,收錄於《太虛大師全書》「法藏・法相唯識學」,香港:太虛大師全書編纂委員會,1950 年。

伍啟銘,〈《解深密經・如來成所作事品》之校譯與研究〉,台北:政治大學碩士論文,2004 年。

林鎮國,〈初期大乘瑜伽行派真理與方法的問題〉,《現象學與人文科學》第 3 期,2007 年。

相馬一意,〈「菩薩地」真實義章試譯〉,《南都佛教》第 55 期,1986 年。

矢坂秀臣,〈「四種道理」についての一資料〉,《大正大學綜合佛教研究所年報》,第 11 期,1989 年。

矢坂秀臣,〈「聲聞地」における三量說〉,《大正大學綜合佛教研究所年報》,第 11 期,1989 年。

矢坂秀臣,〈瑜伽論因明の知識論について〉,《宮坂宥勝博士古稀記念論文集》,京都:法藏館,1993 年。

吉水千鶴子,〈*Saṃdhinirmocanasūtra* X における四種の *yukti* について〉,《成田山佛教研究所紀要》第 19 號,1996 年。

稻葉正就,〈圓測・解深密經疏の散逸部分の漢文譯〉,《大谷大學研究年報》第 24 期,1972 年。

梶山雄一著、蕭平、楊金萍譯,〈佛教知識論的形成〉,《普門學報》第 15-17 期,2003 年。出自〈佛教知識論の形成〉,平川彰、梶山雄一、高崎直道編集,《講座・大乘佛教 9 認識論と論理學》,東京:春秋社,1984 年。

M.T. Kapstein. "Mi-pham's theory of interpretation," In M.T. Kapstein, ed., *Reason's Traces*, Somerville: Wisdom. 2001, pp. 317-346.

R. Nance. "On What do We Rely When We Rely on Reasoning?" *Journal of Indian Philosophy* 35 (2007): 149-167.

C. Scherrer-Schaub. "LeTerm *Yukti*: Première Ètude," *Asiatische Studien/ Ètudes Asiatiques* 35/2 (1981): 185-199.

E. Steinkellner. "Who is Byaṅ Chub Rdzu 'phrul? Tibetan and non-Tibetan Commentaries on the *Saṃdhinirmocanasūtra*: A Survey of Literature," *Berliner Indologische Studien* 4/5 (1989).

Logic or Hermeneutics
-- On the Theory of
"Four Methods of Reasoning" in the Early *Yogācāra* School

Lin, Chen-kuo[*]

Abstract

It has been subject to debate for long time on whether or not Buddhist logic is compatible with Aristotelian formal syllogism. The view that considers Buddhist *hetuvidya* as "logic" has been questioned, however, since Ernst Steinkellner argued that, as evidenced in the last chapter of the *Saṃdhinirmocanan Sūtra* (SNS.X), the four methods of reasoning (*catasro yuktayaḥ*) should rather be characterized as a kind of exegetical hermeneutics. If it is correct to view four *yuktis* as the method of hermeneutics, then the character of *hetuvidya* as hermeneutics needs to be further clarified. Here raises the question as follows: How should be Buddhist logic or hermeneutics in the early period of the *Yogācāra* School properly understood? Following the scholarly contributions of Kajiyama Yuichi, Yoshimizu Chizuko and Hideomi Yaita, this paper attempts to answer the question by re-contextualizing the four methods of reasoning within the broader context in the SNS.X, the *Śrāvakabhūmi* and the *Bodhisattvabhūmi*. It concludes that Buddhist "logic" or "methods of reasoning" is employed in the advanced stage of meditative discipline for correctly understanding the Buddhist fundamental doctrines. Accordingly the practice of logic and epistemological analysis should be characterized as part of the scholastic hermeneutics that serves as an essential discipline in the Buddhist soteriological project.

Keywords: *yukti*, *Yogācāra*, Buddhist logic, Buddhist hermeneutics

---

[*] Professor, Department of Philosophy, National Chengchi University.

在解脫學脈絡下的佛身論
——以《攝大乘論》為中心之探討[*]

耿晴[**]

摘要

本文首先主張在宗教解脫學的脈絡下,「神學」一概念應當可以合理地適用到基督宗教以外的宗教傳統。接著提出「超越界與現象界如何聯繫」作為一普遍的神學議題,並探討佛教唯識學主要文獻之一的《攝大乘論》如何回應此一議題。在《攝大乘論》中,這個議題以「無為的法界如何救度有為現象界中的眾生」的形式呈現。本文主張:《攝大乘論》對此問題的解決,乃是透過三種佛身的理論。簡言之,以佛的法身作為聯繫法界與眾生的中介。一方面,法身作為菩薩在現象界中修習的結果,因而不超離現象界;另一方面,法身以無分別智正確地認識到法界,因而與法界關聯起來。進一步,由於法身不可聞見,實際教化眾生必須透過受用身與變化身從事,而法身與其他二身之間的關係,等同於無分別智與後得智之間的關係。最後,本文將《攝大乘論》的解脫學架構與基督宗教的「基督論」的解脫學架構作簡單的對比,並以此為結論。

關鍵字:佛教神學、唯識、《攝大乘論》、法身、法界

---

[*] 原文發表於:《哲學與文化》38期,第 3 號(2011 年),頁 119-145。
[**] 作者為政治大學哲學系助理教授。

壹、序言：什麼是佛教神學？

神學（theology）一詞，是由希臘文的 theo 加上 logia 而成，原意是對於神性事物（the divine）的言說（discourse）。「神學」一詞本來在歐洲傳統中是對於基督宗教中的神（包括聖父、聖子、聖神）的理性探討。在佛教的傳統中，即便承認比人力量更強的佛、大菩薩或天神，但是否存在能與基督宗教中三位一體的神類似地位的宗教崇拜對象，則是很成疑問的。在 Buddhist Theology 一書的編者序言中，編者之一的 Roger Jackson 引用 David Tracy 的話說：

> 使用「神學」（theology）這個詞……是一個有用的方式來表達對於任何宗教傳統比較嚴格的知性詮釋，而不管這個傳統是有神論與否。使用 theo logia 一詞的字面意義「對於唯一神或是諸神的言說或反思」也提示了：即使是無神論的傳統（例如某些印度教徒，儒家、道家，或是古老的傳統）也可以被描述為有各自的神學（思想）[1]。

筆者對於以上 Jackson 與 Tracy 的意見深表贊同，認為即使在脫離了有神論、一神論宗教之外的宗教傳統，只要我們適當界定上述「神性事物」，使用「神學」一詞仍然是有意義的而且有用的。以下簡單申論此點。

首先，筆者認為，「神學」一詞中的「神」，應當賦予其較廣的意涵，指涉「絕對」（the Absolute）[2]，而且「絕對」的意義應當在宗教解脫學（soteriology）的脈絡下被界定[3]。在解脫學脈絡下，我們總是處

---

[1] Jackon, Roger R., & John J. Makransky (eds.). *Buddhist Theology: Critical Reflections by Contemporary Buddhist Scholars*, Richmond: Curzon, 2000, p. 1.

[2] 筆者這裡所謂的「絕對」可以指涉「最終的實在」、「完美的善的狀態」等等非位格性的「絕對」，而不必然指涉位格性的「絕對者」。

[3] 筆者認為：任何宗教總是以「解脫學」為其核心，固然每一宗教有其世俗的面

在一個相對不完美的世界,而對比於此的完美狀態,則是筆者所謂的「絕對」。在這樣的意義下,「絕對」可以指涉大乘佛教中的「真如」(tathatā)、孔子講的「天道」,老、莊講的「自然」等等。在將「神」定義為「絕對」的前提下,「神學」就至少包括了以下的論題:我們如何認識這個「絕對」、「絕對」的存有學構成、「絕對」與「我們」(所處的不完美世界)之間的關係以及從與「我們」到「絕對」的解脫如何可能等等論題。

在歐洲學術傳統中,神學與哲學在操作上的區別是有跡可尋的。神學總是在承認接受基督宗教中某些最基本的前提的立場上進行思考。相對於此,哲學則並不站在這些前提的立場上發言。例如即便是歐洲傳統最重要的神學家之一的聖多瑪斯,也認為哲學與神學之間有明確的區別:哲學以我們天生感官所給予的素材為起點;神學則以聖經中的神聖啟示為起點[4]。

站在這個立場上,本文粗略地將「神學」界定為:不完全抽離一個宗教傳統特定的信仰、文化、歷史等前提而進行之關於「絕對」的思索探究。因此就「神學」處理的對象是該宗教傳統中「絕對」而言,可以與對於該宗教傳統之「政教關係」的研究區別開來;就「神學」的操作方式在不抽離某些宗教前提的立場下進行,可以與對於抽離宗教前提的「哲學主張」之研究區分開來。

使用「佛教神學」的概念探討佛教傳統,在今日的學術氛圍下,至

向,例如我們可以從組織方式、經濟行為、與政治的關係等等面向來檢視某個宗教團體,但是如果該組織完全缺乏解脫學的面向,則筆者認為該組織就不應當被視為是宗教團體,而應該被視為是時下所謂的「非政府組織」(Non-governmental organization)、「非營利組織」(Non-profit organization)。

[4] 關於聖多瑪斯對於哲學與神學之區別,參見 The Stanford Encyclopedia of Philosophy, "Philosophy and Christian Theology" 條,第一節:Murray, Michael and Rea, Michael, "Philosophy and Christian Theology," The Stanford Encyclopedia of Philosophy (Fall 2008 Edition), In Edward N. Zalta, ed., URL: http://plato.stanford.edu/archives/fall2008/entries/christiantheology-philosophy/

少有兩方面重要的意義。一方面,自十九世紀以來,佛教思想研究在歐美學者以「宗教科學」(the science of religion)名義的流風所及下,已經習於肢解佛教的解脫學系統。凡是跟佛教「絕對」有關的部分,大部分皆斥之為迷信,因而不列入探討的對象。時至今日,在歐美最流行的佛教研究領域,例如佛教知識論(Buddhist epistemology;或稱「量論」),往往是將關連於「絕對」的討論排除在外,可以說是「去解脫學」的佛教思想。因此,以「佛教神學」為名義進行探討,能夠幫助解脫學的議題在學術探討的場域中重新找到一個位置[5]。

其次,探討「佛教神學」也有助於我們將特屬於佛教的問題普遍化,而能找到與其他宗教傳統對比的一個概念框架。例如,我們可以追問佛教中的「絕對」在解脫學上扮演的角色如何與基督宗教中的耶和華神不同。即便在比較之後得到的最終結論是兩者並不適合在同一個架構下做比較,這個結論仍然可以是有意義的。

回到對佛教傳統之神學研究的脈絡中,首先的問題是:在佛教傳統下,「絕對」究竟指涉什麼?對這個問題的最終回答可能必須視我們討論的是哪一部分的佛教傳統,然而針對本文所要集中討論的唯識學(*Yogācāra* 或 *Vijñapti-mātratā*)傳統而言,「絕對」指的是「真如」、最終的實在,也就是緣起性空的法則。一切事物如幻化般變異不居地存在,然而不變的是支配這些變化的法則。就這個法則是永恆不變、而且是最終極的實在而言,可以稱之為「絕對」。下文還會進一步詳述此點。

以下,本文以印度佛教哲學兩大傳統——中觀與唯識——中的唯識學為中心,主要鎖定其中最有系統的著作——無著(約五世紀)的《攝大乘論》(*Mahāyānasaṃgraha*)——為中心進行佛教神學探索的初步嘗試。先介紹《攝大乘論》面對的神學困難,也就是不變化的「絕對」如

---

[5] 關於 Buddhist theology 在當前西方學術界中的位置,John Makransky 曾經提出很有洞察力的討論,見 Jackon, Roger R., & John J. Makransky (eds.). *Buddhist Theology: Critical Reflections by Contemporary Buddhist Scholars*, pp. 14ff。

何在變異不居的現象界中進行教化眾生的行動。其次探討《攝大乘論》如何以「法身」（dharmakāya）概念為核心解決上述的神學困難。最後，本文以簡單對比《攝大乘論》中的佛身理論對比於基督宗教中的「基督論」（Christology），說明其解脫學意涵的差異，並以此為結論。

貳、唯識學與《攝大乘論》[6]

根據無著自己的說明，《攝大乘論》乃是對於早已經失傳的《阿毘達磨大乘經》中的「攝大乘品」的註釋[7]。《攝大乘論》總分成十品，分為認識對象（境）、根據此認識對象的修習（行）、修習的結果（果）三個部分。第一、第二品討論唯識學核心的阿賴耶識以及三性說作為認識對象，可以說是唯識學的形上學理論。第三至第八品則討論唯識學的修行，包括如何悟入唯識學主張的真理、以及次第修習的階段與項目，包括六波羅蜜多、十地、菩薩戒、禪定、無分別智等等。第九、第十品則討論修習的結果，包含涅槃與佛身。可以說，在唯識學的文獻中，《攝大乘論》是完整地討論了整個唯識學理論的主要文獻之一。

底下，筆者根據《攝大乘論》來介紹唯識學的解脫學理論。唯識學的基本理論是：一切我們誤以為在外在世界實際存在的現象，其實不過

---

[6] 關於《攝大乘論》的研究，讀者可參考以下幾種著作：長尾雅人：《攝大乘論》，上下冊（東京：講談社，1982-1987年）；印順：《攝大乘論講記》（竹北：正聞，2000年）；Lamotte, Étienne. *La somme du Grand Véhicule d'Asanga (Mahayanasamgraha)*, Louvain-la-Neuve: Université de Louvain Institut orientaliste, 1973; Nagao Gajin. *An Index to Asanga's Mahāyānasaṃgraha*, Tōkyō: The International Institute for Buddhist Studies, 1994; Griffiths, Paul J. et al. *The Realm of Awakening: A Translation and Study of the Tenth Chapter of Asanga's Mahayanasangraha*, New York: Oxford University Press, 1989; Keenan, John, P. (tr.). *The Summary of the Great Vehicle (BDK English Tripiṭaka 46-III)*, Berkeley: Numata Center for Buddhist Translation and Research, 2003。

[7] 唐・玄奘譯，《攝大乘論本》卷上；《大正藏》冊31，頁152上。

是以過去的業力為種子（原因），在我們的潛意識（阿賴耶識）中變化出來的心靈表象。由於無知，我們不知道這些現象只不過是表象，而生起對這些表象的欲望與執著。這些欲望與執著又會進一步在潛意識中形成種子，在未來因緣具足的時候，這些種子又會變現成為表象，而引發進一步的欲望與執著。

這樣說來，根據唯識學，人的意識作用是一個惡性循環，也就是所謂的生死輪迴（saṃsāra）：表象引發欲望、欲望引生種子、種子變現為進一步的表象、進一步的表象引發進一步的欲望。在這樣的情況下，解脫要如何可能？

要得到解脫，關鍵即在於如何能夠扭轉上述的惡性循環。無著認為，關鍵在於生起超脫輪迴的決意（出世心），但是依照唯識的前提，生起任何的念頭都必須有種子，因此問題變成能夠引生出世心的種子從何而來。對此，無著回答說：

> 復次，云何一切種子異熟果識為雜染因，復為出世能對治彼淨心種子？又、出世心昔未曾習故，彼熏習決定應無。既無熏習從何種生？是故應答：「從最清淨法界等流正聞熏習種子[8]所生。」[9]

這裡提出的問題是：由於想要超脫輪迴的「出世心」對於眾生而言過去未曾接觸過，因此眾生的潛意識（此處說的「一切種子異熟果識」）中不可能含藏生起出世心的種子。如此，則眾生如何能夠第一次生起出世心就成為理論上的困難。

---

[8] 藏文：chos kyi dbyings shin tu rnam par dag pa'i rgyu mthun pa thos pa'i bag chags kyi sa bon；見長尾雅人，《攝大乘論》上冊（東京：講談社，1982），頁45。長尾雅人重建梵文作：*suviśuddhadharmadhātuniṣyandaśrutavāsanābīja，見長尾雅人，《攝大乘論》，上冊，頁219。

[9] 《攝大乘論本》卷上；《大正藏》冊31，頁136中-下。長尾雅人的日譯見長尾雅人，《攝大乘論》上冊，頁219。

無著提供的解決是：出世心的種子只有可能由外來的力量熏習而成。進一步的問題自然是：這個熏習又是從何而來？無著的答覆是：由於聽聞「最清淨法界等流」而來的熏習。關於這個複雜的概念，世親的解釋如下：

> 「從最清淨法界等流正聞熏習種子所生」者：為顯法界異聲聞等，言「最清淨」；由佛世尊所證法界永斷煩惱、所知障故，從最清淨法界所流經等教法，名「最清淨法界等流」；無倒聽聞如是經等故名「正聞」；由此正聞所起熏習，名為「熏習」，或復正聞即是熏習，是故說名「正聞熏習」[10]。

從世親的解釋中可以得見：所謂「最清淨法界等流」其實指的就是佛陀的教法，也就是佛經。因此前述無著提供的答覆，用簡單的話來說，也就是：凡夫的出世心不能依靠自己的力量生起，而必須仰賴聽聞佛陀教法熏習成的種子而生。

這裡的關鍵是「等流」一詞（niṣyanda），原本的意思是「流出」。但是在唯識學的脈絡中特別強調「所從出的根源」與「所流出的衍生物」之間的同質性，以與「異熟」（vipāka）相區別，因此中文翻譯特別加上「等」字。用「等流」來指稱佛陀教法，重點在於強調佛陀教法與「法界」之間的同質性。

然而這裡的困難是：根據唯識學，法界指稱「絕對」，是「真如」、

---

[10] 唐・玄奘譯，《攝大乘論釋》卷3；《大正藏》冊31，頁333下。關於此段更詳細的討論參見 Schmithausen, Lambert. *Ālayavijñāna: On the Origin and the Early Development of a Central Concept of Yogacara Philosophy*, Tōkyō: International Institute for Buddhist Studies, 1987, pp. 79-81。讀者可對照《瑜伽師地論・攝抉擇分》中提出的另一套解脫學模式（以去除雜染的阿賴耶識為核心），見唐・玄奘譯，《瑜伽師地論》卷51；《大正藏》冊30，頁581上。Schmithausen 對此有詳細的討論，見 Schmithausen, Lambert. *ibid*. pp. 197ff。

「空」的同義語。法界是不生不滅、永恆不變,而且其中沒有概念分別。佛陀的教法——以佛經為代表——卻必須以特定的語言(例如梵文)以及該語言承載的概念所表達。在佛經以及法界之間,其實存在了神學架構中常見的斷裂,也就是超越的絕對如何建立其自身與世俗的現象間聯繫的困難。在基督宗教神學中,這個問題主要是以「三位一體」(Trinity)以及「基督論」(Christology)的論題中被表述。

這個困難,筆者稱之為「法界與現象界如何聯繫的難題」。簡單來說,即是作為絕對無差別的法界如何能與千差萬別的現象之間建立聯繫。作為無為法(asaṃskṛta-dharma)[11]的法界如何能夠在自身不變化的前提之下,引領在現象界中有差異的、作為有為法(saṃskṛta-dharma)的眾生朝向解脫的最終目標?同樣的難題,在 John J. Makransky(1997)一書中被描述為一個弔詭(paradox),也就是:「無為的事物如何能夠作為有為的行動之根源」的弔詭[12]。

在進入下文的討論之前,筆者先指出 Makransky 對於「法界與現象界如何聯繫的難題」之處理的侷限以及偏差之處。Makransky 的解讀的主要問題是他任意引用不同的唯識文獻來立論,而未對每一種文獻背後可能的不同立場做仔細的梳理。例如他主張由於自性身(svābhāvika-kāya)對於實在(或稱「真如」)的認識是「無二」(non-dual)的,在這個認識中主體客體的區分完全消融,因此自性身能夠說是包含了真如

---

[11] 所謂「無為法」與「有為法」的區分,是從阿毘達磨佛教以來即做出的區分。簡單來說,「有為法」意指落在因果序列中、因而在特定時間空間中的現象,而「無為法」則不落在因果序列之中,例如涅槃即屬於「無為法」。

[12] 「An unconditioned thing, then, is the source of conditioned activity. This paradox is entailed by the doctrine of nonabiding nirvana (*apratiṣṭhita nirvāṇa*) that became normative for classical Indian *Mahāyāna* and fundamental to it, frequently invoked as the means to distinguish *Mahāyāna* from non-*Mahāyāna* Buddhism.」見 Makransky, John J. *Buddhahood Embodied: Sources of Controversy in India and Tibet*, Albany: State University of New York Press, 1997, p. 92。

的無為法的性格[13]。這個主張也許能夠得到其他唯識文獻的支持[14]，但是至少就本文集中處理的《攝大乘論》來說，自性身的核心是智慧，仍然屬於有為法的範圍，因而與無為法的法界截然區分開來。《攝大乘論》從來沒有主張自性身與真如等同，因此 Makransky 的解讀將智慧與實在（真如）的兩個側面同時包含在自性身的定義當中[15]，並不符合《攝大乘論》的立場。因此，儘管 Makransky 關心的解脫學議題與筆者若合符節，在下文以《攝大乘論》為中心的討論中，筆者基本上不採用他的詮釋進路。

在下文中，筆者分成幾個部分闡釋《攝大乘論》如何解決「法界與現象界如何聯繫的難題」。首先指出：在《攝大乘論》中，扮演法界與現象之間聯繫的中介是佛的法身，因此解決「法界與現象界如何聯繫的難題」的關鍵在於說明法身如何能夠一方面聯繫現象界、又另一方面聯繫法界：法身作為菩薩在現象界修習的成果，因而不超離現象界；法身以無分別智（對於法界的正確認識）為核心，因而聯繫了法界。其次，筆者闡釋《攝大乘論》如何論證從無概念分別的無分別智中能夠導出具有概念分別的後得智，並主張《攝大乘論》可以同樣的論理來說明法身中如何能夠導出受用身、變化身，後者是真正從事教化眾生行動的佛身。最後，筆者簡單將《攝大乘論》的解脫學架構與「基督論」做一對比，並以此作結。

---

[13] Makransky, John J. *Buddhahood Embodied: Sources of Controversy in India and Tibet*, p. 90.

[14] Makransky 對於法身以及自性身的討論主要基於《大乘莊嚴經論》（*Mahāyānasūtrâlaṃkāra; Taishō* 1604, Derge 4020）以及安慧（Sthiramati, 約公元七世紀）的註解。（*Mahāyānasūtrâlaṃkāraṭīkā*; Derge 4029），見 Makransky, John J. *Buddhahood Embodied: Sources of Controversy in India and Tibet*, p. 41ff。

[15] 例如他說：「Buddhahood understood as purified thusness, nonconceptual gnosis, *svābhāvikakāya/dharmakāya*, i.e., as a nondual, undivided reality-gnosis, was conceived as the natural result of the yogic praxis described in principal *Yogācāra texts.*」見 Makransky, John J. *Buddhahood Embodied: Sources of Controversy in India and Tibet*, p. 83。

參、法身作為解決「法界與現象界如何聯繫的難題」之中介

一、法身如何聯繫現象界

如上所述,唯識解脫學的根本困難是:法界中如何等流出十二部佛經?如果法界是無為的,則如何變成有為的、有特殊性的、以特定眾生可以理解的語言表達的佛經?《攝大乘論》對此的回答是:以法身作為聯繫法界與現象界的中介。在說明此點之前,筆者先簡單回顧《攝大乘論》對於法身的規定。

在《攝大乘論》最後一章「彼果智分」(作為修道結果的智)的開頭,無著開宗明義標舉「彼果智殊勝」即是三種佛身。其中第一種稱為「自性身」(svābhāvika-kāya),也就是狹義的法身[16]。無著界定法身為「一切法自在轉所依止」[17]。意思是說:諸佛依據法身,而能夠在一切現象中得到自在。

這裡「自在」(vaśa)的觀念極其重要。所謂「自在」,指的是「有能力」、「有主宰、控制力」,也就是對於現象界能夠自由掌控,無不自

---

[16] 在無著和世親的脈絡中,自性身是狹義的法身,廣義的法身則可以涵括自性身、受用身、變化身等三身。印度後期佛學(例如《佛地經論》)主張的四身說,即是將第二受用身區分為「自受用身」與「他受用身」兩者。筆者認為這個轉變的出現,正是由於後期論師想要將第一身完全等同於作為無為法的真如,而將「自受用身」對應到無分別智(大圓鏡智)。例如《成唯識論》所載:「此四心品雖皆遍能緣一切法,而有用異。謂鏡智品現自受用身淨土相,持無漏種。平等智品現他受用身淨土相。成事智品能現變化身及土相。觀察智品觀察自他功能過失、雨大法雨、破諸疑網、利樂有情。」(唐・玄奘譯,《成唯識論》卷10;《大正藏》冊31,頁56下-頁57上)。感謝一位匿名審查人建議筆者必須說明在《攝大乘論》中法身與自性身的關係。

[17] 《攝大乘論本》卷下;《大正藏》冊31,頁149上。藏文:chos thams cad la dbang sgyur ba'i gnas,見長尾雅人,《攝大乘論》下冊(東京:講談社,1987年),頁104。梵文重建:*dharma(-sarva)-vaśa-varty-āśraya,見長尾雅人,《攝大乘論》下冊,頁315。

得的意思。以下先引用《攝大乘論》來進一步說明「自在」的意味。在討論法身的五種本性（相；lakṣaṇa）其中的以白法（清淨善法）為本性時，《攝大乘論》說：

> 論曰：二、白法所成為相，謂六波羅蜜多圓滿，得十自在故。此中壽自在、心自在、眾具自在，由施波羅蜜多圓滿故；業自在、生自在，由戒波羅蜜多圓滿故；勝解自在，由忍波羅蜜多圓滿故；願自在，由精進波羅蜜多圓滿故；神力自在，五通所攝，由靜慮波羅蜜多圓滿故；智自在、法自在，由般若波羅蜜多圓滿故[18]。

這裡說的是：法身由於修習六波羅蜜多圓滿，能得到十種自在，包括壽、心、眾具（所需的工具）、業、生、勝解、願、神力、智、法等。這十種都是屬於現象界的範圍。例如，根據世親的解釋，「生自在」意味「於諸趣等隨其所欲攝受生」，而「業自在」與「生自在」合併起來，則能控制現象界的因果。「勝解自在」意味「如隨所欲，轉變地等令成金等，轉變水等令成火等。」等等[19]。

問題在於：透過何種機制法身可以享有這十種自在呢？《攝大乘論》解釋說：

> 論曰：復次法身由幾自在而得自在？略由五種：一、由佛土自身相好、無邊音聲、無見頂相自在，由轉色蘊依故；二、由無罪無量廣大樂住自在，由轉受蘊依故；三、由辯說一切名身、句身、文身自在，由轉想蘊依故；四、由現化變易引攝大眾、引攝白法自在，由轉行蘊依故；五、由

---

[18]《攝大乘論本》卷下；《大正藏》冊 31，頁 149 中。
[19] 關於世親對於十種自在的解釋，見《攝大乘論釋》卷 9；《大正藏》冊 31，頁 370 下 -371 上。

圓鏡、平等、觀察、成所作智自在，由轉識蘊依故[20]。

參考世親《攝大乘論釋》對此段落中「轉想蘊依」的解釋如下：

由轉想蘊依故，得於名身、句身、文身辯說自在，以能取相故名為想。由名身等能取其相，轉染想蘊，還得如是清淨想蘊[21]。

這裡我們可以看出，法身之所以享有對於現象的自在，根本的機制是對於五蘊的依止（āśraya）的轉換。也就是說：凡夫由於這個依止的染污性，而誤以為現象界中的對象在意識之外有獨立的實在性。然而一旦這個染污的依止得到根本性的轉換，則現象界中相對於無知的凡夫所顯現的例如「實體」概念所包含的固著性不再成立，因而能夠享受自在。

這裡說的五蘊依止的轉換，無疑指的是《攝大乘論》中有名的「轉依」（āśraya-parāvṛtti 或 āśraya-parivṛtti）概念[22]。與本文目的最相關的是注意到轉依屬於依他起性[23]，也就是轉依之前的依止與轉依之後的依

---

[20]《攝大乘論本》卷下；《大正藏》冊31，頁149中-下。

[21]《攝大乘論釋》卷9；《大正藏》冊31，頁372上。

[22]《攝大乘論》中提出六種轉依，見《攝大乘論》卷下；《大正藏》冊31，頁148下。唯識學的「轉依」概念相當複雜，無法在此仔細討論。有興趣的讀者可參閱：趙東明：〈「轉依」理論探析——以《成唯識論》及窺基《成唯識論述記》為中心〉，《玄奘佛學研究》第11期（2009年），頁1-54；賴賢宗：〈「轉依」二義之研究〉，《中華佛學學報》第15期（2002年），頁93-113；Davidson, Ronald M. "Buddhist Systems of Transformation: Āśraya-parivṛtti/parāvṛtti among the Yogācāra." Berkeley: Ph.D. dissertation, University of California, 1985. 賴文中提到 Schmithausen 對於高崎直道關於「āśraya-parivṛtti」以及「āśraya-parāvṛtti」兩詞語區分的批評，詳見：高崎直道：〈転依 Āśrayaparivṛtti と Āśrayaparāvṛtti〉,《如來藏思想 II》（京都：法藏館，1989年），頁169-189 以及 Schmithausen, Lambert. *Der Nirvāṇa-Abschnitt in der Viniścayasaṃgrahaṇī der Yogācārabhūmiḥ*, Wien: H. Bohlaus Nachf., 1969, p. 90ff。

[23]《攝大乘論本》卷下；《大正藏》冊31，頁148下。

止之間存在因果關係,這意味轉依之後的結果也是屬於有為法的領域。

轉依之後得到的結果或清淨依止,也就是法身。《攝大乘論》明白指出:轉(染污的)阿賴耶識得到(清淨的)法身[24]。法身作為轉依之後的結果這一點蘊涵了法身與阿賴耶識同樣屬於有為法的現象界領域,因此法身並不像法界一般,屬於超離於現象之外的無為法領域。此點在以下的討論會更明確。

然而從以上的討論看來,《攝大乘論》似乎是**僅僅肯定**了法身對於現象界能夠享有自在,而完全沒有清楚說明為什麼法身能夠享有這個自在。因此,前面提出的「法界與現象界如何聯繫的難題」,《攝大乘論》似乎並沒有正面地回應處理?

筆者主張,儘管無著沒有顯題化地處理這個難題,但他已經明確提出解決的方向。關鍵在於前面已經看過的:法身由於修習六波羅蜜圓滿,而能享受十種自在。我們要注意的是:修習六波羅蜜,乃是在法身的無數的過去世以菩薩的身份所完成的,而且菩薩修行六波羅蜜多無疑是在屬於有為法的現象界中修習的。也就是說,法身乃是由現象界中藉由修習六波羅蜜多所累積的福德與智慧所成就的結果。

在此,我們必須簡單回顧《攝大乘論》中整個的修行理論。《攝大乘論》從第四品到第八品的修行道路中,分別處理以下主題:六波羅蜜(第四品);十地(第五品);戒(第六品);定(第七品);慧(第八品)。其中,第六至第八品可以說是對於六波羅蜜中的「持戒」、「禪定」、「般若」的再次詳細說明,分別對應到傳統上的「戒」、「定」、「慧」三學。而十地,則可以說是修習六波羅蜜中的階位差別。因此總括來說,《攝大乘論》的修行基本上即是以六波羅蜜為核心,菩薩經過十地修習六波羅蜜圓滿方能成就法身。

因此在考慮法身是否超離現象界中重要的考慮因素是:法身乃是菩

---

[24]《攝大乘論本》卷下;《大正藏》冊 31,頁 149 下。

薩修習六波羅蜜的結果。如果作為原因的六波羅蜜不超離現象界的眾生，則作為佛果的法身應該也不會超離現象界。六波羅蜜不超離現象界此點，可以從六波羅蜜的實際內容來觀察，例如以下的段落中：

> 此諸波羅蜜多差別云何可見？應知一一各有三品。「施三品」者：一、法施，二、財施，三、無畏施。「戒三品」者：一、律儀戒，二、攝善法戒，三、饒益有情戒。「忍三品」者，一、耐怨害忍，二、安受苦忍，三、諦察法忍。「精進三品」者，一、被甲精進，二、加行精進，三、無怯弱無退轉無喜足精進。「靜慮三品」者，一、安住靜慮，二、引發靜慮，三、成所作事靜慮。「慧三品」者，一、無分別加行慧，二、無分別慧，三、無分別後得慧[25]。

這裡可以得見：布施波羅蜜總是預設以現象界中的有情眾生為對象。持戒波羅蜜中的「饒益有情戒律」也明確地預設了有情存在的現象界。靜慮（定）中的成所作事靜慮，也預設了在現象界中有所作為。另外，如下文將指出的，無分別後得慧（無分別後智），指涉救度眾生，因此同樣地以眾生存在的現象界為前提。

另一方面，法身之所以能夠於現象界中得到自在，也與之前在十地中修習六波羅蜜有關。例如在修習六波羅蜜的十地中，在第八地中能夠在諸相中達到自在：

> 云何十相所知法界？謂初地中由遍行義，第二地中由最勝義，第三地中由勝流義，第四地中由無攝受義，第五地中由相續無差別義，第六地中由無雜染清淨義，第七地中由種種法無差別義，第八地中由不增不減義、相自在依止

---

[25]《攝大乘論本》卷中；《大正藏》冊31，頁145上。

義、土自在依止義,第九地中由智自在依止義,第十地中由業自在依止義、陀羅尼門三摩地門自在依止義[26]。

根據世親的解釋,菩薩到達第八地後,能夠在諸相中得到自在,因為「隨所欲相即現前故」;同時於所現土得到自在,由於「如欲令土成金等寶隨意成故」[27]。由此我們也可以看到:菩薩在修習的階段中,已經預備了十地圓滿之後的法身對於現象世界全面的掌控能力。此外,所謂的自在,包含菩薩變化的能力,是修習戒的結果;菩薩的神通,則是修習定的結果[28]。

另外,法身的本願——菩薩在成佛之前所發救度眾生的大願——也使得法身不能超離現象界。例如《攝大乘論》在討論佛法身為何必須是常住的（nitya）[29],指出這並非由於法身是無為法,而是由於法身乃是出於菩薩本願所完成的,因此,法身的內涵必須包含對於現象界中的眾生的救度。由於對於眾生的救度永遠沒有盡期,因此法身必須是「常住」,如無著說:

四、常住為相:謂真如清淨相故,本願所引故,所應作事無竟期故[30]。

世親《攝大乘論釋》對此段的解釋如下:

釋曰:由三因緣顯常住相。「真如清淨相故」者,清淨真如體是常住,顯成佛故,應知如來常住為相。「本願所引故」

---

[26]《攝大乘論本》卷下;《大正藏》冊31,頁145中-下。
[27]《攝大乘論釋》卷7;《大正藏》冊31,頁358中。
[28] 前者參見:《攝大乘論本》卷下;《大正藏》冊31,頁146下。後者參照無著對於「增上心」(即「禪定」)的六種殊勝差別中的「引發差別」的討論,見《攝大乘論本》卷下;《大正藏》冊31,頁146下。
[29] 梵文重構見長尾雅人:《攝大乘論》,下冊,頁330。
[30]《攝大乘論本》卷下;《大正藏》冊31,頁149中。

者,謂昔發願常作一切有情利樂,所證佛身此願所引。由此本願非空無果,應知如來常住為相。若謂如來所作一切有情利樂已究竟者,此義不然,「所應作事無竟期故」。以於今時猶有無邊所應作事,一切有情未涅槃故。由是因緣應知如來常住為相[31]。

如此看來,法身的內涵已經包含了「本願」,因此從來沒有超離現象界[32]!

最後,這整個法身不超離現象界的概念可以用「無住涅槃」(apratiṣṭhita nirvāṇa)這個概念來做總結[33]。如《攝大乘論》說:菩薩「捨雜染不捨生死」[34],也就是說當菩薩成佛的時候,雖然捨離了雜染,但卻沒有超離生死的輪迴。也就是說,沒有如同聲聞乘一般遠離眾生,進入永恆寂靜的涅槃[35]。為何不超離生死輪迴?當然是因為等待救度的眾生仍然在生死輪迴之中。如無著說:

云何應知於法身中佛非畢竟入於涅槃、亦非畢竟不入涅槃?此中有頌:

一切障脫故　　所作無竟故
佛畢竟涅槃　　畢竟不涅槃[36]

---

[31] 《攝大乘論釋》卷9;《大正藏》冊31,頁371中。

[32] 在另一個段落,無著指出法界恆常能作五種救度眾生的行動,見《攝大乘論本》卷下;《大正藏》冊31,頁151中。有趣的是,世親解釋說「法界作業」其實是「法身作業」。這顯示世親認為法界必須透過法身才能進行救度眾生的行動,並據此糾正無著。見《攝大乘論釋》卷10;《大正藏》冊31,頁377中。

[33] John Makransky 也很重視「無住涅槃」(non-abiding nirvāṇa)的概念在解決「無為的事物如何能夠作為有為的行動之根源」的弔詭。參見 Makransky, John J. *Buddhahood Embodied: Sources of Controversy in India and Tibet*, p. 85ff。

[34] 《攝大乘論本》卷下;《大正藏》冊31,頁148下。

[35] 例如在討論六種轉依時無著提到「下劣轉」與「廣大轉」的區別。下劣轉指聲聞乘等捨離生死,進入永恆寂靜的涅槃,因而不顧眾生的解脫。見《攝大乘論本》卷下;《大正藏》冊31,頁148下-149上。

[36] 《攝大乘論本》卷下;《大正藏》冊31,頁151中。

總結來說，法身與作為有為法的現象界之間不存在斷裂，因此無著說法身非有為、非無為。

> 有為、無為無二為相，由業煩惱非所為故，自在示現有為相故[37]。

注意這裡無著主張法身非有為的理由，並不是由於法身本身是無為法，也不是像 Makransky 所主張的是由於法身與真如法界是二而一的，而是由於法身並沒有受到業力與煩惱的支配，因而說是無為的。正是因為法身非無為、非有為，因此可以作為聯繫無為的法界與有為的現象界之間的中介。

總結來說，法身是修習六波羅蜜或成佛本願的結果，而修習六波羅蜜，也是熟悉如何去掌控現象，在現象中得到自在，如何教化現象界中的眾生的技巧的成熟。由於修習六波羅蜜的「因」沒有脫離現象界，因此得到的「果」，即法身，也不脫離現象界[38]。

二、法身如何聯繫法界

上節筆者討論了法身如何不超離現象界，因而能夠在現象界中救度眾生。進一步的問題是：法身憑什麼能夠扮演救度現象界中眾生的角色？如果法身對於無著來說是在現象界功德累計出來，因而不是與現象界分離的，則如何保證法身超越了現象界中的無知與欲望？如果法身是功德累積而成的果，因而不能是無為法，則如何保證法身與無為的法界發生聯繫？如果法身沒有與法界關聯起來，則如何能夠保證法身能夠以符合真理的方式來教導眾生？因此，必須建立法身與法界之間的必然關聯，從而保障法身是符合真理的智慧。

---

[37]《攝大乘論本》卷下；《大正藏》冊31，頁149中。
[38] 筆者在此附帶一提，八地以上的菩薩對於現象界的自在，其實必須以唯識的存有學觀點作為基礎。前述「轉（色蘊）依」的概念，也必須建立在唯識的基礎上才有可能。

法身與法界的關係為何？前面已經看過，法身是屬於「彼果智」，也就是屬於智慧的側面。但是有智慧必定同時有其所對的對象，根據《攝大乘論》，作為智慧的法身所面對的對象是真如。例如《攝大乘論》討論到法身的五種相中最後一種「不可思議相」時，明白提出法身證「真如」：

> 五、不可思議為相：謂真如清淨自內證故，無有世間喻能喻故，非諸尋思所行處故[39]。

根據《攝大乘論》，能夠以真如作為對象的智慧，是一種特殊的智慧，稱為無分別智（nirvikalpa-jñāna），例如《攝大乘論》在討論如何悟入圓成實性時說[40]：

> 云何悟入圓成實性？若已滅除意言聞法熏習種類唯識之想，爾時菩薩已遣義想。一切似義無容得生故，似唯識亦不得生。由是因緣住一切義無分別名，於法界中便得現見相應而住。爾時菩薩平等平等所緣能緣，無分別智已得生起。由此菩薩名已悟入圓成實性。……如是菩薩悟入唯識性故，悟入所知相。悟入此故入極喜地，善達法界生如來家，得一切有情平等心性，得一切菩薩平等心性，得一切佛平等心性，此即名為菩薩見道[41]。

這一段落可說至為重要，把一些重要的概念全部聯繫在一起了：

---

[39] 《攝大乘論本》卷下；《大正藏》冊31，頁149中。世親釋中也明言佛證得法界，參見《攝大乘論釋》卷3；《大正藏》冊31，頁333下。
[40] 無著主張真如是無分別智的「所緣」（即，被認識的），也可參考以下《攝大乘論》的頌文：「諸菩薩所緣，不可言法性；是無分別智，無我性真如」。見《攝大乘論本》卷下；《大正藏》冊31，頁147下。
[41] 《攝大乘論本》卷中；《大正藏》冊31，頁143上。

「無分別智」、「唯識性」、「極喜地」、「善達法界」,「見道」。首先要注意的是:根據《攝大乘論》,「法界」與「真如」是同義語,兩者同樣指涉最終的實在[42]。因此本段描述的通達法界,其實也就是通達真如,或是關於實在的智慧。

根據唯識學的基本看法,實在就是指「一切表象都是從阿賴耶識中依照緣起的道理變現出來」的事實。認識到此,就是認識到表象的「唯識性」。其中,能認識的「識」與所認識的「表象」其實同出自於阿賴耶識,因此說當達到這個智慧時,即認識到能緣所緣的平等,也就是泯除兩者之間的區別時,這個認識稱為「無分別智」,而被認識到的真理即是「唯識性」。得到這個認識,也就是通達了實在的真理,因此說為「善達法界」,也就是真實認識到真如。達到了這個階段,即稱為「見道」,也就是菩薩修行的十地中的第一地(極喜地)[43]。

《攝大乘論》因此主張:無分別智乃是以法界、真如作為認識的對象。這裡使用劃線消去的「對象」一詞乃是模仿後期海德格使用的「Sein」一詞。原因是無分別智對於法界、真如的認識其中能認識和所認識泯然為一體,沒有區分,因此真如並非在無分別智之外的實在對象。

前面提到的法身以證真如為其不可思議相,也就是主張法身是以真如作為對象的智慧,換言之,我們可以確立:佛法身的本性即是無分別智[44]。這裡特別要注意的是:儘管法身以無分別智為本性,但是正如上

---

[42] 無著同時將「真如」與「法界」視為是「自性清淨」的同義語,見《攝大乘論本》卷中;《大正藏》冊31,頁140中。

[43] 通達真如法界稱為達到初地,在《攝大乘論》卷下的以下落中也得到支持:《大正藏》冊31,頁145下-146上。另外,無著在《攝大乘論》第三品「入所知相分」末尾引用《大乘莊嚴經綸》的頌文,其中提到「現證真法界」(《大正藏》冊31,頁143下),也可支持本文認為初地證得法界的主張。另參見世親《攝大乘論釋》卷8說「此智初地唯名為得,爾後多時乃名成辦。」(《大正藏》冊31,頁365上-中)。

[44] 世親指出若無分別智不能成立,則成佛的果也不能成立。見《攝大乘論釋》卷9;《大正藏》冊31,頁367下。

述引文所說，菩薩其實在進入初地的時候即已經能夠證得真如法界了。

既然初地已經證得了法界，則為什麼進入初地的菩薩還沒有成佛？無著回答說：因為法界有十個不同的側面（十相），因此要修習十地之後，作為智慧的法身才能圓滿，那時候才是成佛[45]。

根據法身是對於真如的正確的認識，我們也可以更好地了解為何法身能在現象界中得到自在。所謂認識真如，也就是認識到支配現象生滅的緣起的道理。由於掌握到了一切現象緣起的法則，因此法身能夠對於一切現象享有自在。這就像如果得到了種子需要陽光、空氣、水才能發芽的智慧，則如果觀察到缺少了水，必然能夠判斷此種子無法發芽，更不會去錯誤地期待種子發芽、成長之後結成的果實[46]。

總結來說：根據無著的《攝大乘論》來說，法身的本性是對於真如或法界的正確的認識，也就是無分別智。由此來說，法身與法界、真如、實在之間的關係乃是認識論上的關係，而不是存有論上的關係[47]。法身之所以代表真理，並不是因為法身本身是不變動的實在，而是由於法身認識真理。在這裡認識論與存有論之間並沒有一致的關係[48]。

---

[45] 無著在另處指出於第十法雲地，「法身能圓滿」，見《攝大乘論本》卷下；《大正藏》冊31，頁145下。另外，無著提到法身最初證得乃是在十地圓滿之後，見《攝大乘論》卷下；《大正藏》冊31，頁149中。同時亦參見前面討論過的「十相所知法界」。

[46] 感謝一位匿名審查人對於筆者「法身在現象中享有自在」主張的質疑，希望此例能夠幫助澄清。

[47]《攝大乘論釋》中也有一些其他不一致的說法，例如主張法身乃是「法界所流法樂」（《大正藏》冊31，頁370中2）；諸佛皆有同一個法身，由於「諸佛皆同法界為體」（《大正藏》冊31，頁378上-中）。

[48] 這點也與基督宗教不同。根據基督宗教「三位一體」的理論，基督（Christ）是神本身，因而在存有論上與神一致；同時基督又是神的智慧、神的話語（logos），因而在認識論上與神一致。

肆、無分別智與後得智

儘管法身的本質是無分別智，然而這裡的困難是：無分別智本身超離了概念分別，而一切語言文字皆帶有概念分別，因此無分別智無法以語言文字來表達。如此，則佛如何能夠以法身、無分別智來教化眾生呢？

正是在這裡，我們看到《攝大乘論》之所以必須要主張佛身有三種，法身之外必須有受用身與變化身。本節以及下節所要陳述的，即是：佛必須透過受用身與變化身來教化眾生。而法身與受用身、變化身的關係，正等同於無分別智與後得智（pṛṣṭhalabdha-jñāna）之間的關係。

前一節已經討論過無分別智，這裡首先看看什麼是後得智。《攝大乘論》中直接討論後得智是什麼的段落並不多，主要是以下的頌文：

(1) 如瘂求受義　　如瘂正受義　　如非瘂受義　　三智譬如是
(2) 如愚求受義　　如愚正受義　　如非愚受義　　二智譬如是
(3) 如五求受義　　如五正受義　　如末那受義　　三智譬如是
(4) 如未解於論　　求論受法義　　次第譬三智　　應知加行等
(5) 如人正閉目　　是無分別智　　即彼復開目　　後得智亦爾
(6) 應知如虛空　　是無分別智　　於中現色像　　後得智亦爾[49]

這裡無著舉出六個譬喻，來說明三智（加行無分別智、根本無分別智、後得無分別智）的關係。由於無著並沒有對頌文提供進一步的解釋，這裡必須借用世親《攝大乘論釋》的說明。筆者整理世親對於第一、第三、第六關於無分別智與後得智差別的說明：

第一、例如啞巴追求意義：

---

[49]《攝大乘論本》卷下；《大正藏》冊31，頁148上。

> 譬如啞人正受境義，寂無言說，如是根本無分別智應知亦爾。如非啞人受境義已，如其所受而起言說，如是後得無分別智應知亦爾[50]。

第三、例如前五識與第六識在知覺中扮演的角色：

> 「五」謂眼等五無分別，應知此中求受、正受俱無分別，加行、根本於真如義差別亦爾。如意受義亦能分別，如是後得亦能受義、亦能分別[51]。

第六、例如虛空中有色：

> 如是應知：無分別智譬如虛空。「現色像」者，譬如空中所現色像是可分別，如是後得無分別智應知亦爾，是所分別亦能分別[52]。

綜合以上三個譬喻的說明，我們可以結論：後得無分別智即是在領受根本無分別智之後，再以分別的方式──也就是語言──表達出來。在另一個段落，世親將此點表達地更顯豁：

> 此後得智五種差別：一、通達思擇，二、隨念思擇，三、安立思擇，四、和合思擇，五、如意思擇。此中「通達思擇」者，謂通達時如是思擇「我已通達」，此中思擇意取覺察。「隨念思擇」者，謂從此出隨憶念言「我已通達無分別性」。安立思擇者。謂為他說此通達事……[53]

---

[50] 《攝大乘論釋》卷8；《大正藏》冊31，頁365下。
[51] 《攝大乘論釋》卷8；《大正藏》冊31，頁366上。
[52] 《攝大乘論釋》卷8；《大正藏》冊31，頁366上。
[53] 《攝大乘論釋》卷9；《大正藏》冊31，頁367上-中。要說明的是：儘管後得智對於教化眾生有必要性，然而後得智只不過是根本無分別智的衍生物，因此世親特別解釋說：利益眾生的事業，基本上還是根本無分別智所完成的。參見《攝大乘論釋》卷8；《大正藏》冊31，頁366中。

後得智究竟如何可能以語言概念來陳述在無分別智中對於真如的認識？一個可能的方式是如 Makransky 所提示的，後得智將現象界中的俗諦視為是幻象[54]。Makransky 並沒有詳述細節，但筆者認為比較可行的方式如下。語言誠然無法陳述關於真理的認識（屬於無分別智），但是語言可以陳述被凡夫錯誤認識的現象界是如何地錯誤的。也就是說，後得智是只破不立的。不做關於什麼是真如的概念陳述，但是透過概念的表述，來指出錯誤的認識何以是錯誤的。

根據後得智是將無分別智以帶有分別的語言來陳述，我們即可以了解為何世親主張後得智乃是無分別智的果：

> 釋曰：今正至說增上慧時，此中意說：無分別智名增上慧。此復三種：一、加行無分別智，謂尋思慧。二、根本無分別智，謂正證慧。三、後得無分別智，謂起用慧……今且成立無分別智，由唯此智通因果故。<u>其尋思智是此智因，其後得智是此智果</u>，所以成此兼成餘二[55]。（底線為筆者所加）

這表示無分別智對於世親來說屬於因果序列，因而是有為法。

前面我們討論到：法身對於現象界的自在，乃是由於法身本身也是由現象界的智慧功德累計出來的成果。根據同樣的邏輯，無分別智也是以有概念分別的加行無分別智為因，因此有可能從無概念分別的無分別智中導出有概念分別的後得智。

---

[54] 如 Makransky 所述：「This kind of cognition, which, following from the force of nonconceptual gnosis during prior meditation, sees phenomena as an illusion or dream, is referred to as *pṛṣṭhalabdhajñāna* (subsequent gnosis). Whereas nonconceptual gnosis (*nirvikalpajñāna*) perceives thusness, ultimate truth (*paramārtha satya*), the "gnosis subsequent to it" (*pṛṣṭhalabdhajñāna*) perceives the phenomenal world, conventional truth (*saṃvṛti satya*), as an illusion.」見 Makransky, John J. *Buddhahood Embodied: Sources of Controversy in India and Tibet*, p. 97。

[55]《攝大乘論釋》卷 8；《大正藏》冊 31，頁 363 下。

前面提過，法身的本性是無分別智，因而法身不能教化眾生，因為使用一切的語言概念，皆已經脫離了無分別的領域，而進入有分別的領域。因此，法身必須以受用身、變化身的形態來教化眾生，正如同無分別智本身無法教化，必須以後得無分別智的形態才能教化眾生。由此觀之，則佛賴以教化眾生的受用身、變化身必須奠基在後得無分別智之上。

如果受用身與變化身奠基在後得智上，則在成佛之前（也就是十地圓滿之前），後得智必須已經修習成熟，否則在十地圓滿之時受用身與變化身不能成就。前面提到，初地時菩薩已經成立無分別智，那麼後得智在十地中又是在哪個階段修習的呢？

無著的回答是：在前六地的一一地中，主要修習六波羅蜜中的一種，例如初地主要修習布施波羅蜜，第六地主要修習般若波羅蜜多等等。在後四地，則修習另外四種波羅蜜：方便善巧、願、力、智。無著說：

> 後四地中所修四者：一、方便善巧波羅蜜多，謂以前六波羅蜜多所集善根，共諸有情迴求無上正等菩提故。二、願波羅蜜多，謂發種種微妙大願，引攝當來波羅蜜多殊勝眾緣故。三、力波羅蜜多，謂由思擇修習二力，令前六種波羅蜜多無間現行故。<u>四、智波羅蜜多，謂由前六波羅蜜多成立妙智，受用法樂成熟有情故。又此四種波羅蜜多，應知般若波羅蜜多無分別智、後得智攝。又於一切地中非不修習一切波羅蜜多</u>，如是法門是波羅蜜多藏之所攝[56]。（底線為筆者所加）

這裡一方面說後四地修習四種波羅蜜多，又說一切地中其實修習一

---

[56]《攝大乘論本》卷下；《大正藏》冊31，頁146上。

切的波羅蜜多。另外值得注意的是：後四種波羅蜜多其實是根據般若波羅蜜多的無分別智與後得智進行對前面六種波羅蜜多的熟練、完成，而不是與前六種相異的另外四種波羅蜜多。

無著這裡說無分別智、後得智同樣包含在般若波羅蜜多中，但是在世親的註釋中，卻主張般若波羅蜜多只包含無分別智，後得智則包含在後四種波羅蜜多中。

> 此中唯說無分別智名為般若波羅蜜多，其餘方便善巧等四波羅蜜多，後得智攝。是故於後四種地中，修餘四種波羅蜜多[57]。

在無性（Asvabhāva, 年代不詳）的註釋中，則嘗試去調節這個衝突：

> 又「此四種波羅蜜多乃至後得智攝」者，謂此所說方便等四是無分別後得智攝。若立十種波羅蜜多，第六般若唯是根本無分別智。若立六種波羅蜜多，第六般若無分別智及後得智二智所攝，後得智中四到彼岸亦在第六般若攝故[58]。

基本上無著與世親的差異是：是否將第六般若波羅蜜多區分成兩個部分——根本無分別智與後得智。若分為兩部分，則根本無分別智對應到第六；後得智則對應到後四種波羅蜜多。若不區分為兩部分，則第六波羅蜜多成為廣義的，其中包含狹義的般若波羅蜜多（根本無分別智）與後四種波羅蜜多（後得無分別智）。

---

[57]《攝大乘論釋》卷7；《大正藏》冊31，頁359下。
[58] 唐・玄奘譯、無性著，《攝大乘論釋》卷7；《大正藏》冊31，頁425下。

表1　六波羅蜜與十地的對應

初地	二地	三	四	五	六 - 十地				
布施	持戒	忍辱	精進	禪定	般若				
					般若	善巧方便	願	力	智
					根本無分別智	後得無分別智			

在無性的解釋下,無著與世親並沒有太大的衝突。重點是廣義的般若波羅蜜多中同時包含了根本無分別智與後得智。也就是說,在後四地修習四種波羅蜜多(方便、願、力、智),乃是無分別智後得智攝,也就是在後四地已經在練習後得智了。

因此,當十地圓滿時,法身連同受用身、變化身都已經成就了!因此我們可以區分狹義的法身,以無分別智為核心,以及廣義的法身(包含了狹義的法身以及受用身、變化身)以無分別智與後得無分別智為核心。菩薩進入初地時,狹義的法身即初次得到;而唯有當十地圓滿時,廣義的法身才完成,也才算是成佛。

伍、法身與受用身、變化身的關聯為何?

前面已經討論過,法身由於是修習六波羅蜜多的結果,因此不超離現象界。另一方面,法身與法界的聯繫,是建立在法身是對於法界的正確認識,也就是法身是無分別智。

最後的步驟是要建立法身與受用身變化身的聯繫,因為後者才是真正能夠救度眾生的形態。對此,無著主張法身為受用身、變化身的依止[59]。然而,無著與世親並沒有說明法身與受用身、變化身的關係。比較明確的說明出現在稍晚的無性釋對於佛三身的說明中,其中明白地指出:受用身與變化身乃是建立在後得智之上:

---

[59]《攝大乘論本》卷下;《大正藏》冊31,頁149下。

一、自性身，即是無垢無罣礙智，是法身義。……二、受
用身，即後得智。……三變化身，即是後得智之差別[60]。

另外，《攝大乘論》提出自性身不同於受用身的理由[61]，其中明白可
見：自性身是不可見、無差別、沒有變化的。自性身以「無分別智」為
核心，以真如、法界為對象。自性身或是無分別智因此不能在任何一個
特定的場域或對象上發揮認識作用。特定的認識作用，必須仰賴後得智
以及變化身。對於此點，《攝大乘論》有頌文說「佛一切處行，亦不行
一處」[62]，世親的解釋如下：

「佛一切處行，亦不行一處」者，謂後得智於善不善無記
等中分別而轉，無分別智不行一處。第二義者謂變化身一
切處行，其餘二身不行一處[63]。

這裡蘊含的意味是，佛的自性身並不在任何特定的處所發揮教化眾
生的事業，因為無分別智不能認識任何特定的對象；但是就基於後得智
的變化身而言，則能夠認識特定對象，並針對特定眾生施行教化。

至此，筆者將無分別智與後得智的關係，以及兩者與十地修習的階
位的對應總結如下表：

---

[60] 無性《攝大乘論釋》卷 1；《大正藏》冊 31，頁 381 下。另外，安慧在
對於《大乘莊嚴經論》的註釋中也將受用身與後得智聯繫起來：「Or, put
another way, the *pṛṣṭhalabdhajñāna*, the pure worldly gnosis, is referred to as
sāmbhogikakāya. Since the pure worldly gnosis (*pṛṣṭhalabdhajñāna*) emerges from the
nirvikalpajñāna (nonconceptual gnosis), the *dharmakāya* is said to be connected with
the [*sāmbhogikakāya*].」見 Makransky, John J. *Buddhahood Embodied: Sources of
Controversy in India and Tibet*, p. 99。
[61] 《攝大乘論本》卷下；《大正藏》冊 31，頁 151 中 - 下。
[62] 《攝大乘論本》卷下；《大正藏》冊 31，頁 150 下。
[63] 《攝大乘論釋》卷 10；《大正藏》冊 31，頁 375 下。

表2　無分別智、後得智與修習階位的對應

地前	進入初地	初地→十地	成佛／得到廣義的法身
加行無分別智（有概念分別）	根本無分別智（無概念分別）	根本無分別智（無概念分別）成熟（六地）；	自性身（狹義的法身）——根本無分別智
		後得無分別智（有概念分別）成熟（七-十地）	受用身、變化身——後得無分別智
	見到法界、真如（作為無分別智的對象）		

另外，將《攝大乘論》的解脫學架構總括於下表：

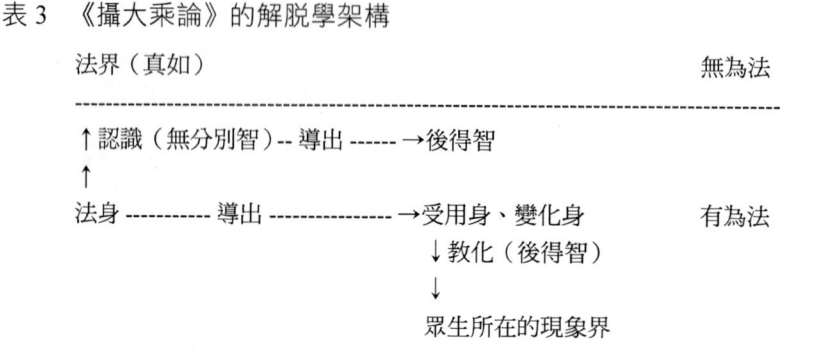

表3　《攝大乘論》的解脫學架構

```
法界（真如）                                              無為法
-----------------------------------------------------------------
↑認識（無分別智）-- 導出 ------ →後得智
↑
法身 ---------- 導出 ------------- →受用身、變化身          有為法
                            ↓教化（後得智）
                            ↓
                           眾生所在的現象界
```

根據此表，我們可以明白得見法身如何作為法界與眾生界之間的中介：法界本身保持其作為不變動、不在因果序列之中的實在。法身作為在現象界中完成的智慧，以法界為認識的對象，根據認識此法界得到的根本無分別智，導出在現象界中實際操作的後得無分別智。受用身與變化身也是奠基於後得無分別智。

這裡隱含的一個困難是：如何從沒有概念分別的無分別智中能夠導出有概念分別的後得智。筆者認為：關鍵還是在根本無分別智以加行無分別智為因，以後得無分別智為果。由於菩薩在概念分別的世界中修習加行無分別智而達到根本無分別智，在這個跳躍中，已經能夠進行有分別到無分別的轉換，這個轉換使得之後從根本無分別到後得智的轉換成為可能[64]。

---

[64] 就本文的目標來說，本文不打算挑戰《攝大乘論》主張以有概念分別的加行無分別智為因，可以得到無概念分別的根本無分別智的果這個命題。但是 Robert

陸、結論

相對於法身與法界之間的關係是認識論的關係,在基督宗教所謂「基督論」(Christology)之下,基督則被認為是必須同時包含二性:完全的神性與除了罪之外的完全的人性,救贖全人類的任務方有可能完成。如果基督沒有完全的人性,則他不能**代替人類**償還原罪的代價;若他沒有完全的神性,則基督的死亡最多只能償還**一個人**原罪的代價。這樣來說,救贖的可能性必須奠基在基督的**存有學構成**中[65]。

在佛教神學中,絕對被拆成兩部分來考慮:作為不變的的絕對、即法界;作為有為法、關於絕對的智慧的法身。我們若將法身考慮為絕對,則確實有法身如何救度眾生的困難。《攝大乘論》解決此困難的方式是:將法身僅僅視為是對於絕對的智慧而不是絕對本身,因此法身不

M. Gimello 已經對此提出挑戰,主張以有概念分別為因,得到的根本無分別智也一定關聯於這些概念,而不可能是絕對沒有任何概念規定的純粹經驗(pure experience)。參見 Gimello, Robert M. "Mysticism in its Context," In *Mysticism and Religious Traditions*, Steven T. Katz, ed., New York: Oxford University Press, 1983。

[65] 在迦克墩(Chalcedon)大公會議(公元 451)關於基督論宣言最核心的部分,Norris 的英譯如下:「Following, therefore, the holy fathers, we confess one and the same Son, who is our Lord Jesus Christ, and we all agree in teaching that this very same Son is complete in his deity and complete -- the very same -- in his humanity, truly God and truly a human being, this very same one being composed of a rational soul and a body, coessential with the Father as to his deity and coessential with us -- the very same one -- as to his humanity, being like us in every respect apart from sin......one and the same Christ, Son, Lord, Only Begotten, acknowledged to be unconfusedly, unalterably, undividedly, inseparably in two natures, since the difference of the natures is not destroyed because of the union, but on the contrary, the character of each nature is preserved and comes together in one person and one hypostasis, not divided or torn into two persons but one and the same Son and only-begotten God, Logos, Lord Jesus Christ......」見 Norris, Richard A. Jr. translated and edited. The Christological Controversy, Philadelphia: Fortress Press, 1980, p. 159。關於基督論議題的更多討論,另一個常被參考的書是:Kelly, J. N.D. *Early Christian Doctrines*, New York: HarperOne, 1978。

是無為法。另外，將法身考慮為菩薩在現象界中經歷久遠修習、經過漫長的十地、修習六波羅蜜多圓滿之後的結果。如此，則法身不超離現象界、而且對其享有自在能夠得到說明。

引用書目

一、原典

唐・玄奘譯、無著著，《攝大乘論本》；《大正藏》，冊 31。
唐・玄奘譯、世親著，《攝大乘論釋》；《大正藏》，冊 31。
唐・玄奘譯、無性著，《攝大乘論釋》；《大正藏》，冊 31。

二、專書

釋印順，《攝大乘論講記》，竹北：正聞，2000 年。

長尾雅人，《攝大乘論》（上、下冊），東京：講談社，1982-1987 年。

P.J. Griffiths et al. *The Realm of Awakening: A Translation and Study of the Tenth Chapter of Asanga's Mahayanasangraha*, New York: Oxford University Press, 1989.

R.R. Jackon & J.J. Makransky (eds.). *Buddhist Theology: Critical Reflections by Contemporary Buddhist Scholars*, Richmond: Curzon, 2000.

J.P. Keenan (tr.). *The Summary of the Great Vehicle* (*BDK English Tripiṭaka 46-III*), Berkeley: Numata Center for Buddhist Translation and Research, 2003.

J.N.D. Kelly. *Early Christian Doctrines*, New York: HarperOne, 1978.

É. Lamotte. *La somme du Grand Véhicule d'Asanga* (*Mahayanasamgraha*), Louvain-la-Neuve: Université de Louvain Institut orientaliste, 1973.

J.J. Makransky. *Buddhahood Embodied: Sources of Controversy in India and Tibet*, Albany: State University of New York Press, 1997.

G. Nagao. *An Index to Asanga's Mahāyānasaṃgraha*, Tōkyō: The International Institute for Buddhist Studies, 1994.

R.A. Norris, Jr., (tr. & ed.). *The Christological Controversy*, Philadelphia: Fortress Press, 1980.

L. Schmithausen. Der *Nirvāṇa-Abschnitt in der Viniścayasaṃgrahaṇī der Yogācārabhūmiḥ*, Wien: Böhlaus Nachf., 1969.

L. Schmithausen. *Ālayavijñana: On the Origin and the Early Development of a Central Concept of Yogacara Philosophy*, Tōkyō: International Institute for Buddhist Studies, 1987.

三、論文

趙東明,〈「轉依」理論探析——以《成唯識論》及窺基《成唯識論述記》為中心〉,《玄奘佛學研究》第 11 期,2009 年,頁 1-54。

賴賢宗,〈「轉依」二義之研究〉,《中華佛學學報》第 15 期,2002 年,頁 93-113。

R.M. Davidson. "Buddhist Systems of Transformation: *Āśraya-parivṛtti/parāvṛtti among the Yogācāra*," Berkeley: Ph.D. diss., University of California, 1985.

R.M. Gimello. "Mysticism in its Context." In S.T. Katz, ed., *Mysticism and Religious Traditions*, New York: Oxford University Press, 1983.

E.N. Zalta (ed.). *The Stanford Encyclopedia of Philosophy*, Stanford: The Metaphysics Research Lab. http://plato.stanford.edu/

The Theory of Buddha-Bodies in the Context of Soteriology -- Focusing on the *Mahāyānasaṃgraha*

Keng, Ching[*]

Abstract

This paper begins with arguing that within the larger context of soteriology, the notion of "theology" can be legitimately applied to other religious traditions than Christianity. Following this, I propose that the issue of how the realm of transcendence could relate to the realm of phenomenon can serve as an example of a general theological issue across religious boundaries. I then investigate how this issue is discussed in the *Mahāyānasaṃgraha* as a seminal text in the Buddhist *Yogācāra* tradition. In the *Mahāyānasaṃgraha*, the above issue is formulated as the question of how unconditioned Dharma-realm (*dharmadhātu*) could save the sentient beings in the conditioned world. I argue that the asnwer provided in the *Mahāyānasaṃgraha* hinges on its theory of three bodies of the Buddha. In short, the Dharma-body bridges between the Dharma-realm and sentient beings. On the one hand, the Dharma-body is the result of a bodhisattva's enduring practice in the phenomenal world, and hence does not transcend over the phenomenal world; on the other hand, the Dharma-body correctly knows the Dharma-realm through the non-discriminating cognition (*nirvikalpa-jñāna*), and hence relates to the Dharma-realm. Furthermore, since sentient beings cannot see the Dharma-body, they can be taught only by the Enjoyment-body and the Transformation-body of the Buddha. The relation between the Dharma-body and the other two bodies is identical to the relation between the non-discriminating cognition

---

[*] Assistant Professor, Department of Philosophy, National Chengchi University.

and the subsequently-acquired cognition (*pṛṣṭhalabdha-jñāna*). Finally, this paper ends with a brief comparison between the soteriological scheme in the *Mahāyānasaṃgraha* and the scheme reflected in the issue of Christology.

Keywords: Buddhist theology, *Yogācāra*, *Mahāyānasaṃgraha*, Dharma-body, Dharma-realm, Non-discriminating Cognition

僧肇〈不真空論〉的實相哲學

陳平坤[*]

摘要

　　本文採取義理論述的研究進路，旨在探討僧肇對於「諸法實相」的哲學論議。文獻依據，主要是〈不真空論〉，同時旁及僧肇其他論文。

　　本文指出，在肯定世人可能認識真正實在的「諸法實相」之前提下，僧肇認為一切諸法的「實在性」，無法就著心意識所虛誑妄取的對象去發現，而必須深入其底層才能找到。這一底層便是對象所處的因緣關係；而它的深義，也就體現在「至虛無生」之「空性」上。

　　問題是：緣起性空的諸法實相，如果無法通過語詞、概念所構成的話語來傳達，那麼，世人又怎能與它覿面相照呢？基於佛法教學總要採取一些足以打破世俗心識那種封閉在實體化思維路徑所形成的觀念型態，才有辦法使人摸索出一點引歸實相的入門指標；因此，僧肇以「不真」充當指標概念，藉由論議一切諸法「至虛無生」，來引領學人解悟「不真」所要開顯的「空義」。這是僧肇為讓世人掌握諸法實相的一道路徑。因為在僧肇看來，所謂「真實」，從實踐的角度來說，就在解悟「不真即空」之法義中被確認；而它的客觀化表示，則是毋容建立真假、虛實、有無、生滅等分別論說的不可思議（諸法緣生）境界。

關鍵字：空、自性、實體、不真、至虛、無生、實相

---

[*] 作者為中山大學中國文學系助理教授。

壹、緒論

透過諸法緣起——一切事物或現象皆由因緣所生：這一關乎「諸法實相」課題的思維，打破固定不變的「（人）我」或「（法）自性」觀念，一則足以深化佛法修學者觀察、思維一切諸法之所以是「無常」乃至是「苦」的義理內涵，同時也可開啟一道能被佛法修行者所援以趣入諸法實相的實踐法門。

然而，對於「一切諸法都是緣起或因緣所生」這個論斷所賴以建成的輔助命題，例如一切諸法皆「不自生」、「不他生」、「不共生」乃至「不無因生」[1]；以及它們之所以能夠扎下堅實基礎的觀念支柱，例如「無自性」（asvabhāva, niḥsvabhāva）、「空」或「空性」乃至「中道」等等，假使沒有展開進一步的思維議論，那麼，面對「諸法實相」這一課題的義理考察工作，便會顯得不夠全面且深切。

職此之故，不僅作為僧肇學說思想淵源的般若經典，屢屢講說「一切法空」[2]、「不生不滅」[3]之類的思想觀念，以及提出「空觀」[4]之類的實踐

---

[1] 請參見《中論》卷1〈觀因緣品〉：「諸法不自生，亦不從他生，不共、不無因，是故知無生。」（《大正藏》第30冊，頁2b。）

[2] 例如《小品般若波羅蜜經》卷6〈大如品〉：「……須菩提！菩薩得阿耨多羅三藐三菩提時，為眾生說色趣空，說受、想、行、識趣空，一切法皆趣空，不來不去。何以故？色空，不來不去；受、想、行、識空，不來不去；乃至一切法空，不來不去。故一切法趣空，不過是趣。……」詳見《大正藏》第8冊，頁561c。

[3] 例如《摩訶般若波羅蜜經》卷1〈習應品〉：「……舍利弗！色空中無有色，受、想、行、識空中無有識。舍利弗！色空故無惱壞相，受空故無受相，想空故無知相，行空故無作相，識空故無覺相。何以故？舍利弗！色不異空，空不異色；色即是空，空即是色。受、想、行、識，亦如是。舍利弗！是諸法空相，不生不滅、不垢不淨、不增不減。……」詳見《大正藏》第8冊，頁222c-224a。

[4] 「空觀」一詞具有兩重意義：一者是指主張一切諸法「自性空」或「本性空」的思想觀念，另者是指觀察、思維「一切法空」的修行活動。前者，是就理論層面講說的意義；後者，則是就實踐層面立論的意義。般若經典中盛大張揚「空觀」的思想和實踐，乃是學界周知的事，所以不煩在此多加臚列。另請參見萬金川，《中觀思想講錄》，頁136；釋印順，《空之探究》，頁137-200；中村元，〈空的意義〉，

原則;而且作為僧肇學說另一思想淵源的中觀學統[5]，還以更具系統的論理方式，針對該許思想觀念與實踐原則的內涵，展開兼具正反思路的辨說和闡釋。

正如《中論・觀四諦品》說道：

> 眾因緣生法，我說即是無（＝空），亦為是假名，亦是中道義。未曾有一法，不從因緣生，是故一切法，無不是空者[6]。

而青目（Piṅgala）解釋這首偈頌的義旨時，則說：

> 眾緣具足，和合而物生，是物屬眾因緣，故無自性。無自性，故空。空，亦復空，但為引導眾生故，以假名說。離有、無二邊故，名為中道。是法無性故，不得言『有』；亦無空故，不得言『無』。若法有性相，則不待眾緣而有。若不待眾緣，則無法。是故無有不空法[7]。

這是佛教學人面對宇宙萬法時，透過「眾因緣所生」之視角去察看、探究對象的存有內涵，在存有論意義上確信世人一般所說的事物或現象，若更深刻加以檢視，則其實是一些毫無獨立不變內容——「無自性」的緣起法象。對於這些緣起法象，假名施設「空」或「空性」這一語詞[8]，來表示它們所涵蘊的因緣意義，於是「空」或「空性」就在可用

收錄於仏教思想研究会編，《仏教思想6・空（上）》（京都：平楽寺書店，1985年），頁52；泰本融，〈般若・空性・縁起の思想と人間性〉，收錄於《講座・大乗仏教2——般若思想》（東京：春秋社，1984年），頁133。

[5] 請參見劉貴傑，《僧肇思想研究——魏晉玄學與佛教思想之交涉》，頁31-36、頁52-58。

[6] 引見《中論》卷4〈觀四諦品〉；《大正藏》第30冊，頁33b。

[7] 詳見《中論》卷4〈觀四諦品〉；《大正藏》第30冊，頁33b。

[8] 「假名」的「假」字，原有「給予」的意思，例如《漢書・儒林・轅固傳》：「乃假

以揭示對象情實的功能導向上,成為與「無自性」同義的另一概念。因此,青目說:「無自性,故空。」

「(眾因緣生法)無自性,故(即是)空。」這個推斷或命題,雖然在語句形式上現似「若 P 則 Q」的模態,不過,它卻不像「(如果)某人偷東西,(故)則他是小偷」這類語句是以「偷東西」這個事件來作為判定他「是小偷」的原由;反而與「(假使)某男人沒有結婚,(故)則他是單身漢」這種語句類似,乃以「沒有結婚」這個事實來揭開他「是單身漢」的情況。換言之,「無自性,故空」句中的「故」字,與其認為它是用來表示原因與結果、抑或理由與論斷之間條件關聯的「因此」、「所以」之義,毋寧尤可理解成是用以表示概念與概念、抑或觀點與觀點之間意義連繫的「即是」、「就是」之義。因此,這句話所要傳達的意旨便是:對於任何沒有「自性」、缺乏實體或本質內涵的事物,同時也就是對於任何「緣起」的現象,全都可以論謂它們「就是『空』」或「即是『空性』」。換句話說,「空」這個詞語或概念用於表述出事物作為緣起無自性存在體的存有性格[9]。

然則,面對揭開諸法緣起義蘊的「無自性故空」這個命題或論斷,僧肇到底對其當中所涉及的義理問題,有些怎樣的揭示和討論?透過那些揭示與討論,又在哪種意義層面為我們打開一道通往「諸法實相」的思維門路呢?本文循此兩大論題主軸,嘗試展開以下的義理闡析;而其目的便在一窺僧肇〈不真空論〉所透露的實相哲學。

本文將分成五節:第一節〈緒論〉,交代寫作主旨;第二節〈關於

固利兵。」《漢書・循吏・龔遂傳》:「遂乃開倉廩,假貧民。」顏師古的注釋,皆作此解。另請參見俞志慧,〈《論語・述而》「加我數年,五十以學易」章疏證〉,刊載於《孔子研究》(總第 59 期)2000 年第 3 期(濟南:齊魯書社,2000 年 5 月),頁 116。

[9] 請參見吳汝鈞,《龍樹中論的哲學解讀》,頁 240。正如牟宗三所說,與「無自性」同義的「空」或「空性」一詞,實為佛教用來闡發「因緣生」或「緣起」義理涵蘊的一個抒義語;詳見牟宗三,《佛性與般若》上冊,頁 51,93,154。

「真實存在」的兩種構想〉，主要探討「實體」與「屬性」二分下的真實存在觀念、以及其與「緣起」思維中真實存在觀念之間的差異乃至優劣；第三節〈「不真即空」的緣起法象〉，重點是在解析「不真（空）」這一說法的義理旨趣；第四節〈「名實無當」的非符應論真理觀〉，講明「名言」與「物實」之關係的虛假性或暫構性是核心所在；第五節〈結論〉，總結討論後所得要義。

貳、關於「真實存在」的兩種構想

在〈不真空論〉中，僧肇批判、討論其前輩學者在有關般若經典所說「一切法空」或「諸法皆空」思想義理方面的歧解乃至誤會[10]，然後提出他自己所領解的般若空義。並且，正如該論題名所示，僧肇在論中嘗試通過「（諸法）不真」這個斷言或觀念，以闡發般若經典宣說「諸法皆空」的意趣所在。不過，所謂「不真」，又是什麼意思？它到底涵蘊怎樣的義理內容，以致能使「不真」這個斷言或觀念具有顯發般若空義的殊勝作用呢？以下討論，便首先試著回應這個問題。

一、分別「實體」與「屬性」之存有論構想下的真實存在

形上學領域內探討世界或事物存在及其特性的問題時，有一種理論類型叫作「實在論」（realism）。這種理論類型認為世界或事物處在我們的意識或心靈活動領域外，以一種不會受到意識或心靈活動干擾的方式存在著。這也就是說，相對於心靈或意識活動是個人的、甚至主觀的構

---

[10] 詳見《肇論》卷1：「心無者，無心於萬物，萬物未嘗無。此得，在於神靜；失，在於物虛。即色者，明色不自色，故雖色而非色也。夫言色者，但當色即色，豈待色色而後為色哉！此直語色不自色，未領色之非色也。本無者，情尚於無，多觸言以賓無。故非有，有即無；非無，無亦無。尋夫立文之本旨者，直以非有，非真有；非無，非真無耳！何必非有，無此有，非無，無彼無。此直好無之談，豈謂順通事實，即物之情哉！」（《大正藏》第45冊，頁152a。）

作,世界或事物是非個人的、乃至是客觀的存在。因此,縱使您我對於世界或事物的存在方式,可能會有不同的描述,但無論如何,世界或事物在本質上都是不受個人意識活動所制約或主觀心靈能力所掌控的客觀存在——不管它是整體、還是個體的存在[11]。

然而,即使面對通常所謂客觀存在的世界或事物,我們之所以認為它們是「實在的」(real),其條件之一乃是基於我們能夠分辨那些純由心意識活動所構作出來的事象,例如神話故事中的「人頭馬」[12]、武俠小說裡的「乾坤大挪移」[13]、睡夢中的情景、一時的幻覺或錯覺——海市蜃樓或彎曲的水中筷子等等,它們與吾人清醒心智在正常情況下所能看見的事物明顯有別。因此,在肯定確有所謂「真的」(true)認識之後,我們也就憑著感官直覺而毫無反思地認定那些不是虛假幻妄的認識對象,

---

[11] 一般哲學所說的「實在論」,因為持論者的思想觀念不同,所以其實質內容也有許多分歧。例如西方中世紀經院哲學的「實在論」,是指與「唯名論」(nominalism)、「概念論」(conceptualism)相對的理論。就以「雪是白色的」這句陳述而言,在實在論者看來,這句話之所以為真,必是因為雪有「白色」的屬性;並且「白色」這種屬性確實獨立於意識或心靈作用之外。又如康德(Immanuel Kant,1724-1804 A.D.),他將「實在論」看成是與「觀念論」(idealism)相對的另一理論型態;其中,又有「經驗的實在論」(empirical realism)與「先驗的實在論」(transcendental realism)之分。康德以後,「實在論」用來指稱我們所認識的對象,它們的存在與性質乃超然獨立於我們對它們的各種認知。請參見 Ted Honderich (ed.). *The Oxford Companion to Philosophy* (2nd ed.), New York: Oxford University Press, 2005, pp. 787-789。此外,還有「感官實在論」、「科學實在論」、「宗教實在論」、「知識實在論」、「語意實在論」等各式各樣實在論型態。另請參見 Peter van Inwagen. *Metaphysics* (2nd ed.), Cambridge: Westview Press, 2002, pp. 76-84; Hilary Putnam, *The Many Faces of Realism*, Chicagoand La Salle: Open Court, 1995, pp. 3-8; R.J. Hirst. "Realism," In *Encyclopedia of Philosophy*, Vol. 8, Donald Borchert, ed., New York: Macmillan Reference USA, 2006, pp. 260-268。

[12] 希臘神話中有種名為 Centaur 的生物,它的形狀被描寫成上半身是人、下半身是馬,亦即一般所說的「人頭馬」。請參見呂應鐘,〈半人半獸〉,刊載於《台灣時報》(台北:台灣時報社,1981年9月12日),副刊。

[13] 金庸的武俠小說《倚天屠龍記》描述一種能夠驚天動地、扭轉乾坤的神奇功夫,便叫作「乾坤大挪移」。請參見金庸,《倚天屠龍記(三)》(台北:遠流,1986年),頁1220。

就是真正實在的東西;它們的「實在性」(reality)也彷彿那樣客觀而不容懷疑。

如果進一步從存有論角度來檢視那些被認為真正實在的東西,那麼,我們通常是依據它們擁有以下幾項特質來做出論定的:(1) 不管我們的感官直覺乃至理智思維(intellectual thinking),或者與它們接觸而有思想,或者未與它們接觸而無思想,它們自始至終一直存在;(2) 而且不僅我個人能夠主觀知覺它們存在,其他任何人也可以覺知它們的存在;(3) 甚至它們也都具有影響其他存在體的作用或功能等等[14]。換言之,站在存有論層次所說的「真正實在」、抑或夠得上「真實存在」(real being)的東西,便至少必須具備三大特質:(1) 存在的持續性,(2) 客觀的普遍性,(3) 有力的功能性。

在「真正實在」的這些特質中,首先,「有力的功能性」可用來區別於想像、作夢、錯覺、幻覺之類心靈活動所見事象,藉以顯示後者欠缺實際作用而只停駐在吾人心意識領域內的虛構性格。其次,「客觀的普遍性」則能用於確定被視為真正實在的事物,不僅只是屬於某個人的直覺或思維對象,而是可以同時為其他擁有相同覺知官能的生命體所認識。最後,「存在的持續性」用來辨明任何事物不能僅止於被某些生命體的覺知官能所把握,便稱得上「真實存在」,而是必須不管是不是處於覺知官能所及活動範圍內都要一直保持存在狀態,才夠得上是真正實在。更確切地說,存有上的持續性是事物之所以得被人們判定為真正實在或真實存在的一項最重要特質。

「存在的持續性」之所以是事物得被看作「真正實在」的一項最重要特質,乃是由於作為認識對象的某某事物,如果不曾表現出它在時空形式條件下的任何持續性或延展性,反而總是展露出不斷變異轉化的樣相或面貌,那麼,我們到底可以依據與應該依據什麼時候、什麼位置所

---

[14] 請參見 Peter K. McInerney 著,林逢祺譯,《哲學概論》(台北:桂冠圖書,1996年),頁 30。

看見的對象,而去指認它就是真正實在的東西呢?例如,十點五分所看見的對象——甲物,是實在的?還是十點十五分所看見的對象——乙物,才是實在的?或者它們全都是實在的?假使為人所知見的一切對象皆是真正實在,那麼,當我們面對的是不斷變異轉化,以致幾乎無從辨明其中到底有何內容存在、而又有何內容不存在的事物時,我們究竟能夠根據哪些知見內容來確認該事物就是真正實在的呢?換言之,那些樣相或面貌不斷有所轉變的對象,又將如何可能確保它們的「實在性」或「真實性」呢?

或許有鑑於此,某些哲學上的理論主張、甚至只是一些日常看法,便退而容認所觀對象,在其內容上即使會有程度不等的變轉,但卻仍有部分內涵能夠總是持續不變、抑或延展貫徹,因而得以根據這種永不發生變化的內容,來一則支持該對象在存有上可被視為真實而非虛假存在的實在性或真實性,另則確保它自己本身之所以為某甲而不是某乙的獨特性。

透過尋探某種不變內容以確保自己所看見的對象,真的夠得上是「實在」而不是「虛在」的事物:這種思考方式、抑或由直覺所支持的信念,便促使人們去嘗試提出某些能夠用來說解事物雖有變化卻又有所不變的理論觀點。在形上學思想中,強調區別「實體」(substance)與「屬性」(attribute)、抑或「本質」(essence)與「表象」(appearance)二類存有層次的存在觀點便是著名例子之一。

(一)實體 vs. 屬性／本質 vs. 表象的兩層存有論構想及其問題

區分「實體」與「屬性」、抑或「本質」與「表象」二者屬於不同存有層級的哲學觀點,乃是認為事物或現象即使會在性質、樣態乃至時空位置上表現出某些程度的變異、轉化,不過其中仍有某種可被視為「本質特性」(essential property)的存有內涵是永遠不至於發生變轉——我們在思想上也不允許該存有內涵可以有所變轉,否則作為認識對象

的該事物必不復可說是存在。因為假使一個事物徹頭徹尾改變了樣貌，那麼，作為呈露在某人面前而被他所知見的對象，又如何可能被指認為是原初存在著的那個事物呢？

例如有個名為張三的人，雖然可在孩童、經青少年、以及於老死的整個生命歷程中，在「表象」或「屬性」上持續發生程度不等的變異、轉化狀況，不過，對於那些區別「本質」與「表象」、抑或「實體」與「屬性」二類存有論觀念的主張者來說，在張三這個生命體之中一定有某種不曾或改的存有內涵，它能以作為「本質特性」之方式使得張三不至於最終變成李四、王五、抑或任何其他生命體。這一確保「張三」持續存在而恒常不會變轉的存有內涵，即被視為張三之所以是張三的「本質」或「實體」。一旦這樣的「本質」或「實體」發生變化，那麼，「張三」其人也不復存在——業已變成另外一個生命體，例如李四、王五、乃至一堆「非人」的東西。這也就是說，只要一個事物在表象或屬性方面的任何變化竟然足以撼動其為本質或實體的部分，那麼，本質或實體有所變化的某一事物，縱使晝立於某人面前，那人所看見的對象也已不再可以被當作是原初的某事物了！恰如張三之所以「是」張三，乃必須靠著有個叫作張三的「實體」或「本質」自始至終維持不變，然後張三才得以持續「是」張三而不至於轉變成李四或王五。可是，倘若允許「實體」或「本質」也能有所變轉，那麼，最後肯定不會是「有」張三，而只能剩下「是」李四或「是」王五。在這時候如果說還有所謂「本質」或「實體」，那麼，也將只有「李四」的實體、抑或「王五」的本質，而不再有「張三」之實體或本質。

藉由「實體」或「本質」等觀念來解釋那些在「屬性」或「表象」上發生變異的對象依舊得以「同一個事物」的身分為某人所肯認：這種詮解方式，確實具有能夠用來區分不同存在體的認識論意義。不過，憑藉如此永不改變的「實體」或「本質」觀念，雖然可以說明事物或現象的某些情況，但是透過它們卻也足以製造出另一些更加有待解明的麻煩

問題。尤其重要的，通過它們所能解明的事象範圍，可能還遠落後它們所正輕忽的世界情景。然則，這是什麼意思？而又有何根據呢？以下試著扼要展開論述。

首先，假如事物真有某種內涵常恆不變的「實體」或「本質」，來支持它們各自之所以是如此而不是如彼的東西，同時倘若我們又不得不接受自己所面對的這個世界乃至一切可能世界裡的事物終究多少會有變異、轉化，那麼，面對不斷可能改變其樣貌的世界萬象，我們將如何透過「實體」或「本質」觀念來說解世界萬象向自己所展露出來的這些存在情況呢？對此，懷抱兩層存有構想的主張者只好認為世界萬象對他所現出的變異、轉化狀況縱然可以林林總總，但它們卻都只是黏附於「實體」之上的一些「屬性」、抑或圍繞在「本質」外的一些「表象」，至於「實體」或「本質」則從來不曾、也不可能發生變轉，據此以避免自己訴諸「實體」或「本質」觀念的那種思維模式無法妥善說解世界萬象所不斷展現的變化情況。

然而，認為事物有不變本質或實體的主張者藉由該種方式所提出來的說解，在表面上似乎足夠回應自己所遭遇的前揭問難，但實際上則將招來至少一項的質疑。這項質疑乃是：縱使暫時承認「屬性」可變而「實體」不可易，不過，當擁有某些屬性的東西，它的所有屬性產生變化已經巨大到難以依據主張者目前所見如此或如彼的樣貌，來辨識它跟他自己在先前所看見的某對象是否為「同一個事物」時，假使主張者仍然堅持他自己前後所看見的對象畢竟還是擁有同一個「實體」或「本質」，那麼，順其思路所能得到的理論結果，也就是必須肯定其中有一種最極根本的「終極實體」或「最後本質」，以便讓自己所在世界的差別現象都能靠著它們全是屬於「終極實體」的「屬性」或「最後本質」的「表象」這一構想，來獲得其有充分理據的說明。例如有顆樟樹被人砍來當柴後燒成灰燼；對於實體論者或本質論者而言，那顆樟樹從最先是「樹」、中間成「柴」、最後變為「灰燼」──前中後三階段所發生的

樣態、容貌等變化,即使差異已經大到現似兩樣乃至三樣的東西,但它們卻都是只具同一個「實體」或「本質」。縱使不然,最後仍舊可以將它們歸為同一「終極實體」或「最後本質」的不同表現樣式。

其次,這種將不斷變轉的世界萬象交由「屬性」或「表象」觀念來做說明,而後肯定其「實體」或「本質」永不改變的想法,勢必留下如此問題:永不改變的「實體」或「本質」與隨時可能發生變化的「屬性」或「表象」之間究竟保持怎樣一種關係,以致能夠允許一個不變的「實體」附著許多樣式的「屬性」、抑或允許一種不變的「本質」顯出多樣面貌的「表象」呢?換句話說,我們可以這樣提問:為什麼那些可能轉變的「屬性」或「表象」都徹底無法促使「實體」或「本質」發生任何內涵上的變異、轉化,而令後者再也維持不住其自身永不變化的性格呢?

假設某人容認對象可有「屬性」或「表象」上的變化,但它們卻絕不可能撼動其「實體」或「本質」一絲一毫,並且他也不打算更換這種「實體不變而屬性可變」或「本質不改而表象可改」的認知決定,那麼,置身於眼前所是的經驗世界,那人也就得要迫使自己轉換原本對於通常所說「變」和「不變」這組對反概念的意義理會,改而採認「變」與「不變」二詞之所意謂者,實際上可以不相衝突或反對;據此,永不變化的「實體」或「本質」、甚至「終極實體」或「最後本質」才可擁有多樣「屬性」、或者現為各式「表象」,然而後者自始至終都無法直搗前者的腦幹,以使「實體」或「本質」發生異於其原初內涵的變動。因為我們通常認為「變」與「不變」二者,是在指涉上彼此異向、而且在意涵上相互反顯的一對概念。這就是說,我們之所以能夠理解「變」的意涵,更深刻看來,是須奠基在我們對「不變」含義已有明確的掌握上;同樣地,吾人之得以明白「不變」所擬指涉的對象範圍,也是要緣於吾人已能通曉「變」所要導向的對象領域。設若不然,當我們遭遇某對象時,既然未曾明了「變」是與「不變」意指相反的一個概念,那麼

就可逕自對它投以「變」的稱呼，或者反之給予「不變」的名號，但卻絲毫不必也不會覺得自己的意趣有何不同、甚至不妥。

最後，倘若我們選擇保留通常所用「不變」、「變」二詞的對反意指，而不去寄望「不變」中能夠同時安頓「變」的內容，亦即不讓「變」概念去承擔「不變」概念所要或所應肩負的謂述功能。在此時，如果有人還是想用「實體」與「屬性」、抑或「本質」與「表象」這對存有論語詞來說解宇宙萬法，那麼，情況就將轉成那人必須針對「實體」與「屬性」、抑或「本質」與「表象」二詞的意指，重新賦予其不同於先前規定的內涵。具體說來便是：(1) 要麼，它們兩個都是意謂或指涉某種「不變」之物。不過，倘若真是這樣，則又將無法妥善說解那些展現在吾人感官直覺乃至理智思維中的變異、轉化現象。(2) 要麼，它們二者都是意指某種「變化」之物。可是，如果的確如此，卻又會使得「實體」與「屬性」、抑或「本質」與「表象」中任何一個變成只是多餘的概念；因為只需「實體」、「本質」、抑或僅需「屬性」、「表象」，莫不就已足夠說解宇宙萬法的各種現實乃至可能狀況，則又何必使用內涵、性格一模一樣的兩個語詞，來徒增必須另作解釋的思想困擾呢？

退一步來說，假使有人認為「實體」與「屬性」、抑或「本質」與「表象」之間的區分畢竟有助於釐清所觀對象的存有面向和意義層次，以顯發其中所含藏的微細差別，那麼，就當我們決定保留「實體」與「屬性」、抑或「本質」與「表象」這對概念後，或許應當學會從「語用」層次去掌握它們作為一種辨明事物道理的工具性格，否則如果一向要從存有論思路來確定它們一者是指凝然不動的存在狀態、另者是指倏忽萬變的存在樣貌，那麼，勢必無處躲避顧此失彼的言說後果。

以上所論，意在指出「實體」與「屬性」、抑或「本質」與「表象」這類兩重存有論構想下所設制的觀念於面對眼前現出種種變化的宇宙萬法時，毋寧有它難以說服人心之處。儘管如此，這並不表示人們絕對不可援引類似觀念，來嘗試理出宇宙萬法向他自己所敞開的多樣存有內涵

或價值意義。在尋覓不到更好辦法而不得不通過它們以回應問題或說解事理的情況下，預先對它們所意謂者能夠施加上相對而非絕對的限定或規範，那麼，該類觀念仍可為人所借用。更具體地說，假使「實體」或「本質」是意謂某種具備固定內容且永遠不變的東西，而所謂「屬性」或「表象」是指向某些沒有固定內容且隨時可能變動的事物，同時設定採用這類對反概念的構想者始終要求它們二者保持絕對不容分離的「必然關係」（necessary relationship），那麼，值此之際才會自陷入魚與熊掌不可得兼的思維困境。可是，不同於此，假使「實體」或「本質」這類觀念不必意指某種固定不變的東西，而僅僅用來顯示那些擁有「屬性」或「表象」的宇宙萬法之得以區別開來的一項存有準據，就是它們各自展示給世人觀察得到的一種相對持續性或延展性而不是絕對不變性或固定性，那麼，所謂「實體」或「本質」便可視為是補充「屬性」或「表象」觀念之解釋效力有時而窮的一個觀念。因此，「實體」或「本質」也就可以在與「屬性」或「表象」有別且又能夠裨益世人理解宇宙萬法存在樣態的意義下，重新被界說成一個意指比較妥適可行的語詞。

　　不過，目前的問題在於：吾人一般對於「實體」、「本質」這類語詞的意義理解和指涉用法，早已「積非成是」地認為它們就是意指某種固定不變之物的概念；並且懷有如許概念認定的人通常在主觀上更抱持確實有那樣固定不變的東西，否則宇宙中一切被我們所知見而視之為實際存在的事物便將喪失它們的存在意義或價值。因為我們所身處的世界如果只是一些不斷變異轉化以致顯得盡是雜多無主的「屬性」或「表象」[15]，那麼，從認知成果能夠引導實踐活動的角度來看，任何人將怎樣可能輕易說服自己就在這般捉摸不定的世界中安住其身心呢？

---

[15] 英國哲學家休姆（Hume，1711-1776 A.D.）、羅素（BertrandRussell，1872-1970A.D.）等人便持有類似看法。請參見 D.W. Hamlyn. *Metaphysics*, Cambridge: Cambridge University Press, 1984, pp. 64-69。另請參見俞宣孟，《本體論研究》（上海：上海人民，2005 年），頁 395-396；羅素（B. Russell）著，劉福增譯註解，《哲學問題：及精采附集》（台北：心理，1997 年），頁 27-34。

(二)「自性」概念所導向的實體化、本質化思維特質

在佛學術語系統中也有與「實體」或「本質」意涵差可比擬的用語，而那就是所謂的「自性」(svabhāva)、甚或「自相」(sva-lakṣaṇa)[16]。不過，僧肇跟隨鳩摩羅什乃至青目、龍樹等人，都不透過「自性」概念去回應怎樣妥善說解我們眼前所見對象、甚至可能世界裡的事物，它們在存有上的情況到底實際怎麼一回事的「究竟真實」課題；相對地，他是根據「緣起」來理解一切現實存在物、甚至可能存在物的生存實相。

如果不從歷史淵源而是就理論思維角度來看，僧肇透過「緣起」而不倚靠「自性」概念去理會和說解宇宙萬法的存在真相，又是基於怎樣的理由呢？那是因為「自性」概念表現出如下幾種特質：(1) 封閉性、(2) 固定性、(3) 單一性、(4) 靜態性。這些特質不相應於僧肇所觀宇宙萬法的存在真相——「諸法實相」。相反地，「緣起」則為能夠相應於他所知見「諸法實相」的描述語。

以下試著深入論究「自性」概念所表現出來的四項特質，同時指出它們之所以不堪用於描述「諸法實相」的問題癥結。

1.「自性」的封閉性

從「自性」(svabhāva) 一詞的取義來看[17]，它是要就存在最根本處去肯定吾人所知見對象具有一種不受時空變化所決定、不被其他事物所影響的核心內容。因此，如果肯定事實上確有這樣一種被稱為「自性」的東西存在，那麼，該存在體就將只能封閉在自己所位居的存有層域，以至於與那些活生生存在於可能變異世界裡的事物，若非不是沒有直

---

[16] 請參見梶山雄一、上山春平，《仏教の思想 3——空の論理》（東京：角川書店，1974 年），頁 267。

[17]「自性」的基本含義是存在物自身的條件或狀態（own condition or state of being），進而指涉內在固有地（innately or inherently）為存在物自身所獨具的一些特質（having its own specific characteristics）。請參見 Monier Monier-Williams. *A Sanskrit-English Dictionary*, p. 433c。

接的存在關聯,便是只能透過另外一種媒介——例如允許其可有變化的「屬性」或「表象」概念,來搭起它們之間的存在關聯或意義連繫。然則,假使萬物存在之真相或實情是有「自性」的話,那麼,縱然承認可能發生變化的「屬性」或「表象」,它們之與那般永不遷異的「自性」,仍然還是彼此隔別的兩個存有層域,以至於「自性」在不斷可能發生變化的「屬性」或「表象」對映下,也終究都要顯露出它的封閉性格。

這種情況,正如僧肇所論:

何法先有,待緣而起乎[18]?

這裡的意思是說:一個原本就已存在的東西,理當毋須為任何條件所決定才能出現。如果改以另外一種論證方式來呈現僧肇的思維歷程,則引文所論可以如此表示:假使一個東西是「先有」的,那麼,它就不是「待緣而起」的。可是,基於肯定沒有任何東西不是待緣而起的,所以一切事物都不可說是「先有」。

僧肇所說其實也是意指一個就其存在本身而言不受其他事物所影響的存在體,由於僅僅獨自處在它自己本身所占領的存有層域內,因此,如果真有不必「待緣而起」的東西,那麼,它也將只能在該層域中自我封閉成一個與外界無所交關、或者至少沒有直接連繫的佛教所謂「自性」、抑或本論文所謂「實體存有者」。

如此自我封閉以致能夠獨立存在的「自性」,不僅不被其他事物所影響或所決定,而且連要有所決定、甚至有所影響於其他事物,也得透過下屬觀念引進另外一種意義的存在物才能發揮其功用。職此之故,倘若有人認為某些事物擁有「自性」、抑或就是「自性」,那麼,如何透過這種觀念去合理思維或妥善說解眼前彼此關聯、相互決定的世界萬象,便成為一道難以釋疑的哲學課題。

---

[18] 詳見《注維摩詰經》卷9〈菩薩行品〉:「諸法緣會而有,緣散而無。何法先有,待緣而起乎?此空觀之別門也!」(《大正藏》第38冊,頁408c。)

還如僧肇所說：

> 有若真有，有自常有，豈待緣而後有哉？譬彼真無，無自常無，豈待緣而後無也[19]？

這裡指出一個稱得上存在的東西，如果它的存在確實純任其自己本身──「自性」就成立，亦即是所謂「真有」，那麼，該存在物也就應當恆常存在，而不必憑靠其他事物來保證它自己的存在性。這就好比我們認為某些事物不存在時，假使不存在也是單憑它自己本身──「自性」所決定的狀態，亦即所謂「真無」，那麼，如此真實不存在的東西也就當該永遠那個樣子，而毋須倚賴其他條件才得以不現在目前。換句話說，任何具備「自性」或其本身就是「自性」的存在體，可以說是刀槍不入，只要它原本是什麼樣子就可永遠維持那個模樣，一點也不會受到其外事物的影響。然則，與此同時，除非其他事物被歸入「自性」的下屬部門──例如「屬性」或「表象」，否則缺乏向外通路的「自性」也無法真正施作功用在任何外物身上，因此只好封閉在自我滿足的領域，而變成一種夐絕物外的「超絕存有者」（transcendent being），自始至終無與於不斷變異的世界萬象。

　　問題在於：假使情況真是如此，那麼，到底有什麼堅強理由竟要我們自蒙心眼地透過那樣一種概念去認識、去說解宇宙萬法的存在情況呢？換言之，倘若我們已經明白意識到「自性」概念所需預認的內容特性確實與我們所眼見、所心知的經驗事象截然異質，那麼，為什麼要選擇相信它可用來指出宇宙萬法的存在真相？甚至決定把它當作真正實在的東西呢？相反地，何以不就採用「緣起」概念來做出更加適當的回應呢？因為通過「緣起」便毋須假借其他下屬概念，就能直接與物相關地說解一切經驗事象，所以與「自性」較量下，難道不是更有理由選擇相信「緣起」能夠顯示宇宙萬法的存有情實？

---

[19] 引見《肇論》卷1；《大正藏》第45冊，頁152c。

2.「自性」的固定性

　　如果「自性」是真正開放的存在體,那麼,理應允許其他事物與它保有直接的關聯。可是,由於「自性」不能真讓事物同它發生直接關係,因此也就不得不顯現出它的封閉性。又,正因「自性」是封閉的存在體,而且還被規定成常恆不變的東西,所以期待它會改變,終究毫無可能,否則它就夠不上是「實體」或「本質」,但只能被視為「屬性」或「表象」。既然承認「自性」以自我封閉的方式常恆不變地存在著,那麼也就得接受它是「固定的」(solid)、抑或具有意謂固定本身的「固定性」(solidity)。換言之,恰如僧肇在前揭引文中所說,一個真正能以自己本身就充分表現出存在或不存在的東西,必定會恆常保住它自己本身是這個模樣或狀態,因此,「固定性」乃無可懷疑地要成為「自性」的另外一項特質。

　　通過這一具有固定性格的「自性」概念去面對生活世界裡的各種事象乃至理法時,除非我們睜眼無視變化多端的當前境界、抑或是把感官直覺所觸及的外在事象與理智思維所知識的內在理法都當成是一些錯覺或幻相[20],不然,我們對於自己所明白知見的事理、以及所暗自認定的概念——在前者無常變化而後者固定不變之間,便勢必要重新審視它們二者相對所拉扯開來的意義緊張關係又到底如何可能予以消解呢?換言之,這裡等待再度思考的問題是:就在它們二者之間,我們究竟是要認定感官直覺經驗所取得的對象是真實存在的東西?還是應當選擇向自己所信以為真實存在的「自性」去靠攏呢?或者它們之間的緊張關係可以透過改換另一種理解方式來消解呢?然則,如果改換過後的理解方式最終仍舊屬於「兩層存有」的分判模式或型態,那麼,正如前項所論,它將不得不面臨類似「實體」與「屬性」、抑或「本質」與「表象」二者被用來說解宇宙萬法時,到底如何可能彼此相容的問題。職此之故,倘

---

[20] 這裡所謂「內在」、「外在」,僅僅只是就著一個生命體的身心狀態、以及迥異於此身心狀態的其他事物,而所相對安立的分別用語。

若我們最後必定得要二者之中取一,則究竟應該是以所知見的感覺內容為真實存在?還是應該認為那種雖然不是經驗所及、但卻可以在理論上被設想的當有者——「自性」才是最真實的東西呢?

這一涉及感覺經驗可靠、還是理智思維可信的知識衡定問題,顯然不管任何人擇取其中哪個立場都會遭遇到來自反對陣營所提出的各式質難[21]。可是,即便如此,我們真的能夠不採取任何立場嗎?或者畢竟有人可以充當和事佬,站在「折衷主義」(eclecticism)或「圓融主義」(harmonism)立場上認為它們未必一定對沖,但只要各退一步就能和融共存呢?

事實上,面對感官直覺乃至理智思維所能夠構及的經驗世界,人們憑著未受一番特殊訓練的認識機能[22],例如「六根」或「六情」,去同世界中現似外在於認識機能的萬事萬物接觸之後,便可獲得各式各樣的覺知內容。檢視這些覺知內容,不僅依據認識機能的類別而可有性質上的差異,例如「眼根」或「視覺功能」攝取對象的顏色、形狀而有「眼識」,「耳根」或「聽覺功能」容受對象的聲響、樂音而有「耳識」等等;並且,隨著認識機能面對世界萬象時所展開的覺察、知解乃是具備特定經驗歷程的生命活動,因此,即使屬於同一類別的覺知內容也會由於時間改變、空間移轉等情況而顯現出各式各樣的微細差別。例如,微紅的太陽在清晨從東方昇起,到了中午則有火白的日頭高懸頂上,而傍晚時分看到的是暈黃夕陽往西漸沉……等。

---

[21] 例如經驗主義者(empiricist)、理性主義者(rationalist)之間的思想辯證,便反映其對此類問題的不同想法。請參見 Louis P. Pojman. *What Can We Know?: An Introduction to the Theory of Knowledge* (2nd ed.), Belmont: Wadsworth, 2001, pp. 64-77。另請參見葉秀山、王樹人,《西方哲學史》第四卷(南京:鳳凰,2004年),頁 15-27。

[22] 佛教肯定生命體的認識機能可以藉由訓練——例如修習「靜慮波羅蜜多」(*dhyāna-pāramitā*)而提昇,因此便得展現各式各樣的神通力(*abhijñā*),例如天耳通、天眼通之類。請參見《大寶積經》卷 49〈毘利耶波羅蜜多品・菩薩藏會第十二之十五・靜慮波羅蜜多品第十之一〉;《大正藏》第 11 冊,頁 286c-292c。

僧肇〈不真空論〉的實相哲學

對於這些認識成果，倘若未曾進一步檢視、反思，那麼，人們憑著直覺，通常都會確信外界必有某些與之可以一一對應的事物客觀實存。然而，一如前述，當我們的認識機能去攝取對象的形相或樣貌而構成覺知內容時，就在這樣或那樣經驗歷程所產生的情況是認識機能並非毫無遺漏地會遇對象的全盤面貌，而是每每僅僅抓住對象向他所敞開的某些部分或某個切面，然後就形成這樣或那樣的覺知內容。換句話說，在面對世界萬象的認識活動中，我們一般是先接受對象的某些相狀或徵候，而便直截認為那就是某某事物「它自己本身」（itself）的如實映現。不過，問題是在這之中真的毫無可疑嗎？

事實上，其中值得商議之處，至少便有：(1) 倘若人們所握有的覺知內容就是某事物「自己本身」，那麼，情況將會是像佛教經論所說[23]，正如一見有「火」相、乃至一聞有「火」名，就該如同真正的「火」能夠灼燒物質存在體那樣直接燒傷人們的腦子或舌頭。可是，事實並非如此。(2) 假使我們所握有的覺知內容雖然不是某事物「自己本身」，但卻因為能夠如實反映該事物，所以是該事物的充分代表，那麼，正如人們面對一隻大象時，有人從前面看到鼻子，有人自後頭見到尾巴，有人由兩旁觀得軀幹[24]——這些通過各個角度觀看大象時所獲得的眼識成果可以有如許差異，則我們不禁要問：到底是哪個人、由哪個角度所看見的

---

[23] 例如《阿毘達磨大毘婆沙論》卷15：「……問：『義』為可說？為不可說耶？設爾，何失？若可說者，說火，應燒舌；說刀，應割舌。……若不可說者，云何所索不顛倒耶？如索象，應得馬；索馬，應得象。……」詳見《大正藏》第27冊，頁73a。又如《大智度論》卷25〈序品〉：「……問曰：『義』之與『名』為合耶？為離耶？（『義』）若合『名』，說火時，應燒口；若離，說火時，應得水。』答曰：『亦不合、亦不離。古人假為立『名』，以名諸法；後人因是名字，識是事。如是各各有名字，是為『法』。……』」詳見《大正藏》第25冊，頁246b。

[24] 請參見《長阿含經》卷19〈龍鳥品〉：「爾時世尊告諸比丘言：乃往過去，有王名鏡面，時集生盲人聚在一處。……王即勅侍者，使將象來，令眾盲子，手自捫象。中有摸象得鼻者，王言此是象。或有摸象得其牙者，或有摸象得其耳者，……各各共諍，互相是非。此言如是，彼言不爾。云云不已，遂至鬥諍。……」（《大正藏》第1冊，頁128c-129a。）

東西才夠得上是那隻大象的代表呢？鼻子「是」？尾巴「是」？或者軀幹才「是」？明顯地，它們都「似乎是」，卻又都「不全然是」。然則，究竟哪裡出了問題呢？

不僅佛教經論[25]、並且僧肇也認為此中問題主要不繫於認識活動可能出錯或難免有訛誤——例如把稻草人當成真人、酒醉時產生幻覺、在心中造作虛假的想像等等，而是由於覺知內容往往夾雜某些個人情感、主觀意志、不實想像之類的構成要素。正如僧肇所說：

> 心，猶水也！靜則有照，動則無鑒。癡愛所濁，邪風所扇，湧溢波蕩，未始暫住。以此觀法，何往不倒？譬如臨面湧泉而責以本狀者，未之有也[26]！……

這些夾雜在覺知內容中的心理成素促使人們形成一種基本上可說是「內在信念」（immanent faith or belief）的認識決定。這種認識論意義上的決定，便是自覺或不自覺地認定自己通過仰觀俯察後所得到的覺知內容在客觀上必有某種未曾改變過的核心構造，所以才讓它們得以如此樣態呈現或如彼形相展露，但卻仍然是「同一個事物」。進而根據這種認識決定去推衍出一些自認足以妥善面對現實世界乃至可能世界的思維或說解模式，例如「本質」與「表象」、「實體」與「屬性」等兩重存有論式的思維或說解。

又，由於執定這種具有不變實體性、固定本質性內涵的「自性」概念，也讓我們對自己所知所見皆需圍繞它來取得意義上或價值上的安立。例如宗教仰信方面，因為執定「大梵」（Brahman）、「上帝」（God）之類的「終極實體」（ultimate substance）——不管它是精神性的、還是

---

[25] 請參見《別譯雜阿含經》卷 11：「……爾時長爪梵志往詣佛所，在一面坐，而作是言：『如我今者，於一切法，悉不忍受。』……」（《大正藏》第 2 冊，頁 449a-b。）

[26] 詳見《注維摩詰經》卷 6〈觀眾生品〉；《大正藏》第 38 冊，頁 386c。

物質性的、抑或全是、乃至全不是——確實是必然的、自足的、甚至全能、全知、至善的存在[27]，所以在它底下的一切存有者，尤其人類，都要因為達不到或尚未融入那種超人性格的存有狀態，以至於其存在意義也等而下之。甚至一切不屬於終極實體者的活動或事行，也要是以諸如「榮耀上帝」、「復返大梵」等為其導向，才有正面的價值或殊勝的意義[28]；反之，便是一些不值得運作的活動或事行。表現在哲學思維方面，由於認定事物擁有固定不變的「自性」，而其他有萬不同的表現都只不過是從屬於「自性」的東西，因此縱使我們極盡覺知能力觀察、思維所及的那些從屬物已昭然若揭地顯現出它們早就能夠徹底顛覆我們對於「自性」概念意涵的最初執定，但是因為堅持「自性」是固定不變的，所以也只好仍然維護諸如「實體」與「屬性」、抑或「本質」與「表象」這類的理解和說明框架，絲毫不敢自廢武功以引發內心在思維上的變革。可是，事實究竟如何呢？事實就是被稱為「自性」的東西本身早已離開我們對它的覺知認定甚遠甚遠，徒留一些拖曳在吾人心意識面板上的虛妄足跡！

3.「自性」的單一性

透過「自性」概念和以此概念為核心所形成的思維模式去說解宇宙萬法，這一做法，若從存有論角度來看，毋寧就是要把宇宙萬法視為處

---

[27] 此中，論介「大梵」（Brahman）的特質，請參見木村泰賢全集刊行委員会編，《木村泰賢全集・第一卷・印度哲学宗教史》（東京：大法輪閣，1994年），頁 207-212，245-264；Chandradhar Sharma. *A Critical Survey of Indian Philosophy* (reprint), Delhi: MotilalBanarsidass, 1976, pp. 24-25。論介「上帝」（God）的屬性，請參見 Michael Peterson and et al. *Reason andReligious Belief : An Introduction to the Philosophy of Religion* (3rd ed.), New York: Oxford University Press, 2003, pp. 58-76。

[28] 例如祈克果（SörenKierkegaard，1813-1855 A.D.）便說：「……沒有上帝的每一刻，生命都是被浪費掉的！」詳見 SörenKierkegaard, *Kierkegaard's Concluding Unscientific Postscript*, translated from the Danish by David F. Swenson; completed after his death and provided with introduction and notes by Walter Lowrie, Princeton: Princeton University Press, 1941, pp. 178-179。

在一種有其實體或有其本質的存有狀態中。於是這一做法也將促使對象在被置入一個封閉系統、而且擁有固定不變的內容時，跟著就被化約成性質純粹單一的東西。例如一朵「花」，便徹底只能表現出這樣的形相、抑或那樣的姿色，才稱得上是「花」；而不准缺乏或喪失那般形色的東西也被叫作「花」。

可是，在我們認識經驗所能及的生活世界裡，即使一朵名之為「花」的東西，畢竟最終也要變成不是「花」——所謂「非花」的某物。又，原來並未具備如許形相、姿色，因而不是花的「種子」，在經過適當培育之後，卻可長成一株「是花」的植物。面對如此可能變化而常不固定的世界，那些習慣把「花」這物體、「長出花」這事件看成是有不變內涵乃至固定規則的人們，也就將不是無法理解為何原本不見一點蓮花身影的爛泥裡竟可生長出一株清新可人的白蓮，便是會認為白蓮以它自己本身如此的模樣而早已存在，只不過尚未被人所看見罷了！換言之，正是基於他們所認為確有某種不變體質的白蓮花，僅有而且只能是以那樣的體性、樣相存在，所以容不下其他因素摻入其中，促使它從「量變」轉為「質變」[29]，而終於變成一堆不是白蓮的爛泥；同樣地，也無法真正肯定爛泥巴中可以生長出一株丰姿搖曳的白蓮花。

4.「自性」的靜態性

肯定「自性」的純粹單一性，乃將逼使我們難以合理解說宇宙萬法從一變多、由多轉一的存在情況。可是，這樣的存在情況卻是我們觸目

---

[29]「量變」是指事物在數量程度上所產生的非顯著轉化，而「質變」則是意謂於事物身上顯著表現出來的變異。一般認為「量變」是「質變」的核心前提或必要預備，因此，「質變」成為「量變」之最終結果。然而，「質變」、「量變」二者畢竟只是人們為了描述變異、轉化現象而所制定的一對相關概念；它們之間並非具有某道固定不可改變的絕對界線。因為在肯定宇宙萬法不斷變異、轉化的前提下，即使看似始於「量變」的事物，最後也不就是終於「質變」，而是莫不處在「量變」轉為「質變」，「質變」後又開始新的「量變」，以至於又歸入「質變」的歷程。換言之，這是宇宙萬法從不止息地展現出其生存實相的一條變化大流。

可見的「經驗事實」（empirical fact）[30]。例如有人將報紙、木頭、樹葉等一堆可燃物，點火焚燒，最後全變成黑鴉鴉一片灰燼。假使報紙只是而且僅能是報紙、木頭只是而且僅能是木頭、樹葉只是而且僅能是樹葉，那麼，類似這般從多樣物體轉變成同一現象的情況，便將無論如何也不可能發生。因為一切物體皆可各自安住在它的「自性」之上，所以任何變異、轉化都是難以想像的事。

退一步來說，縱使報紙焚燒後的黑灰只是而且僅能是報紙灰燼，木頭燒盡後的那堆黑灰也只是而且僅能是木頭灰燼，樹葉燃燒後所留下的仍然只是樹葉灰燼。換言之，最後變成的是「三堆」而不是「一片」灰燼。不過，問題在於我們眼前所見對象，難道不正是「一片」灰燼嗎？那麼，一般而言，又有誰真會違背眼識活動下的覺知成果，堅持應該說是「三堆」灰燼呢？這也就是說，以接受「自性」的純粹單一性格為前提，即使不是完全無法容許宇宙萬法有變異轉化之可能，便是至少難以承認變化不必預設另外一個與該「自性」迥然異質的層級——例如屬於「自性」的外在形相乃至內在作用——而就能夠展示出由一變多、從多轉一的情形。

然而，首先，宇宙萬法不斷有所變異、有所轉化，乃是我們時常感覺得見、意識得知的經驗事實。其次，面對宇宙萬法不斷變異轉化之事實，如果不必訴諸異質的兩個概念就能妥善施予說解，那麼，究竟有何理由一定得採取那樣足以自陷困局的概念與思維呢？換言之，與其先行認取一個性能封閉、內涵固定、凝然不動的獨立存在體——「自性」，然後再訴諸類似「實體」與「屬性」、「本質」與「表象」這種思維暨說

---

[30] 雖然這類「經驗事實」置於聖智、俗識二分的架構下，只是隨順世俗常識所給予肯認的事物實情，不是僧肇所說「非有非無」的「事實」或「物情」；不過，它仍是我們檢證一個觀點是否值得信任的可靠依據之一。請參見《肇論》卷1：「……尋夫立文之本旨者，直以非有，非真有；非無，非真無耳！何必非有，無此有；非無，無彼無。此直好無之談，豈謂順通事實，即物之情哉！」（《大正藏》第45冊，頁152a。）

解模式來面對宇宙萬法,那麼,為何不就只採用一個能夠妥善說解諸法性相或萬有情狀的「因緣」或「緣起」概念呢?

二、超越自性思維模式的真實存在

直指宇宙萬法的存有實況,僧肇不僅通過「緣起」概念展示其中所含藏的道理,同時也藉由解明「緣起」道理所涵蘊的「性空」義旨,來指出那些被人們所視為確實存在的東西,若就其本身而言都不外是「因緣生」而「無自性」的虛在現象。例如〈不真空論〉一起筆就標出僧肇的主要論點:「至虛無生」是一切事物的根本體性。

僧肇這樣說道:

> 夫至虛無生者,蓋是般若玄鑑之妙趣、有物之宗極者也。
> 自非聖明特達,何能契神於有、無之間哉[31]!

「至虛」一詞指出事物沒有常恆不變體質的「無自性」內涵,而「無生」一詞則揭示宇宙萬法非自非他所造成的「因緣生」實況。這一宇宙萬法皆是「因緣生」而「無自性」的存有情實,並非憑藉世俗心識能夠輕易摶及,而是「聖人」或「至人」所擁有的智慧能力[32],亦即被喻為「玄鑑」的「般若」($prajñā$)[33],方能了了照見的「境界」($artha$)

---

[31] 引見《肇論》卷1;《大正藏》第45冊,頁152a。

[32] 僧肇所意想的「聖人」或「至人」到底具備哪些能力呢?關於這個問題,學界已有一定研究成果可供參考。請參見盧桂珍,《慧遠、僧肇聖人學研究》(台北:國立臺灣大學出版委員會,2002年);楊士偉,〈知識與行動——僧肇聖人概念的批判分析〉(台北:國立臺灣大學哲學研究所碩士論文,1991年12月)。

[33] 「玄鑑」一詞,不管是當名詞使用、還是當動詞使用,都在形容「般若」的功能或特質。請參見唐・元康,《肇論疏》卷1:「……謂此無生畢竟空,是般若所鑑之境,萬物之宗本也。」(《大正藏》第45冊,頁170c-171a。)宋・遵式(964-1032 A.D.),《注肇論疏》卷2:「……至虛無生是般若照鑑趣向之處。般若為能鑑、能趣,至虛無生為所鑑、所趣。般若能鑑,鑑而無鑑,故曰玄鑑。理為所趣,趣而無趣,故曰妙趣。」(《卍新纂續藏》第54冊,頁158c。)元・文才(1241-1302

或對象[34]。並且由於這一聖智境界所涵蘊的內容，同時被認為足以反映出宇宙萬法的存有情實，因此從存有論角度來看，它也成為宇宙萬法的究竟依歸處，亦即通貫一切事事物物的根本體性或最高道理——「宗極」。

然則，在我們進一步質問「至虛無生」為什麼可被視為是宇宙萬法的根本體性或最高道理之前，從形式上可以先行探討的一個問題是：到底必須具備哪些特性，而後一種存有上的體性或道理才稱得上是通貫一切事物的根本極則呢？

由形上學觀點看來，夠得上僧肇所說「有物之宗極」的一種存在體性或道理，至少應當具備以下幾種特性：(1) 不被特定事物所局限的「無限性」（unlimitedness），(2) 不由其他事物所促成的「根本性」（foundationality），(3) 能夠體現在一切事物之中的「普遍性」（universality），(4) 超越任何時空定位的「恆常性」（eternality）。然則，「至虛無生」是否具備這些特性呢？

檢視僧肇的論述，其中並沒有正面提出「至虛無生」具有上述特性。不過，在僧肇的著作中，針對「至虛無生」這句話語所要概括的思想觀點，亦即指出一切事物都是「因緣生」而「無自性」的存在體，卻有一些相關論議從側面透露「至虛無生」在實質上具有類似上來所說的特性。這些論議主要是從世人經驗活動所觸及的事物著手，透過審思它

A.D.），《肇論新疏》卷1：「……但是聖智玄鑒所向之境，亦為緣有萬物所宗至極之性也。」（《大正藏》第45冊，頁208a。）明・憨山（1546-1623 A.D.），《肇論略註》卷2：「般若實智照理，故曰玄鑑。中道為實智所歸，故曰妙趣。」（《卍新纂續藏》第54冊，頁337b。）

[34] 正如僧肇在〈般若無知論〉中所說，不同於總是取著事物有其定性、有其定相的世俗心識，「般若」是一種不執定事物任何性相的聖人智慧。因此，作為聖人智慧的境界或對象，與其說是有形有相的實體存有者，不如說是無形無相的意義存有者。或者說，若從實踐角度來看，聖智的境界或對象乃應當說是屬於精神而非物質層面的東西。請參見《肇論》卷1：「夫智以知所知，取相故名知。真諦自無相，真智何由知？……」（《大正藏》第45冊，頁154a。）

們的存在體性而反顯「至虛無生」具備那些足以稱為「有物之宗極」的形式條件。

(一)著眼於因緣關係的「至虛無生」說

一般說來,僧肇論著裡的所謂「物」,是與「法」、「象」乃至「境」等概念意涵相通的語詞。具體用例,或指物象、或指人事、或指心法、或指理境。總之,用以指謂各式各樣可能經驗得到的認識對象[35]。若就存有論立場而言,「物」是一個與通常所說「存有者」(being)或「存在體」(entity)擁有相通意義的概念——不管它是被用來稱道一個客觀外在的認識對象,還是被用來指謂一種主觀內在的覺知內容。

就在「物」與「存有者」、「存在體」意義相通的思想脈絡底下,僧肇對準「物」的存在體性——「物性」而所展開的各種議論,也就可以看成是對「存有者」到底是一種怎樣的存在、或者「存在體」究竟以何種方式實存的存有論課題,提出了一些看法。就中,僧肇藉由分析、討論「存在」——所謂「有」之意義,指出一切可能經驗的認識對象、亦即所謂「物」,莫不具備下列特質:(1)「有限性」(limitedness),(2)「暫時性」(impermanence),(3)「特殊性」(particularity),(4)「非根本性」(non-foundationality)。

僧肇在〈不真空論〉中說道:

……夫有若真有,有自常有,豈待緣而後有哉!譬彼真無,無自常無,豈待緣而後無也!若有不自有,待緣而後有者,故知有非真有。有非真有,雖有,不可謂之有矣!不無者,夫無,則湛然不動,可謂之無。萬物若無,則不應起;起,則非無。以明緣起,故不無也。故《摩訶衍

---

[35] 相關討論,請參見村上嘉實,〈僧肇における真〉,收錄於塚本善隆編,《肇論研究》(京都:法藏館,1955年),頁238上-下。另請參見李潤生,《僧肇》,頁135,203,205,其中有關《肇論》文義的解說。

論》云：「一切諸法，一切因緣故應有。一切諸法，一切因緣故不應有。一切無法，一切因緣故應有。一切有法，一切因緣故不應有。」……[36]

這段話語原本是在闡解宇宙萬法為何應當說是「非有非無」或「不有不無」的箇中道理。話中反映僧肇學說裡的「中道（不二）」思想側面，關於這部分，暫且不加追究。在此所要關注的問題，乃是引文中彼此相關聯的幾項說法，亦即「真有」與「真無」、「常有」與「常無」、以及「緣起」或「因緣」。

「真有」、「真無」是對準宇宙萬法的存在及不存在狀態究竟能否稱得上真實確鑿之意義問題而所做出的兩個斷言。其中所謂「有」，用來論陳任何已經被且可能被感官直覺、理智思維確認其存在性的對象，而不指向某種超出經驗範圍的形上存有（Being），例如柏拉圖（Plato，427-347 B.C.）所說的「理型」（Idea）[37]、老子（約 600-470 B.C.）所說的「（常）道[38]」，等等。反之，所謂「無」，則用以論陳那些尚未被且不可能被感官直覺、理智思維確認其存在性的對象。

---

[36] 詳見《肇論》卷1；《大正藏》第 45 冊，頁 152b-c。

[37] 希臘哲學時代以來的西方傳統形上學，對於「存有」（Being）本身是什麼的問題，提出過許多不同觀點。柏拉圖所說「理型」（Idea）不過是其中之一。請參見 Nicholas P. White. "Plato's Metaphysical Epistemology," In *The Cambridge Companion to Plato*, Richard Krau, ed., Cambridge, New York: CambridgeUniversity Press, 1992, pp. 277-310。另請參見俞宣孟，《本體論研究》（上海：上海人民出版社，2005 年），頁 193-215；林鎮國，〈解構形上學的兩種版本〉，收錄於《辯證的行旅》（台北：立緒，2002 年），頁 127。

[38] 老子所說「（常）道」，唐君毅指出它有多重含義，形而上實體的含義是其一。詳見唐君毅，《中國哲學原論‧導論篇》（台北：臺灣學生書局，1992 年），頁 368-385；唐君毅，《中國哲學原論‧原道篇卷一》（台北：臺灣學生書局，1992 年），頁 292。另請參見吳康，《老莊哲學》（台北：臺灣商務印書館，1992 年），頁 9-11。此外，牟宗三認為老子所謂「道」，主要是指一種心靈或精神的「境界」，而不是一種形上實體；詳見牟宗三，《中國哲學十九講》（台北：臺灣學生書局，1997 年），頁 87-156。

此外,所謂「真(實)」,分析說來,可有三種意義:(1)其一,是就經驗對象到底是否「實在」(real)而所確立的意義。(2)其二,是就經驗對象究竟是否具有「價值」(value)而所安立的意義。(3)第三,是就經驗主體是否真切地(truly)掌握經驗對象而所成立的意義。這些意義往往彼此關聯。

　　例如,作為佛法實踐目標的「涅槃」(nirvāṇa),它對學佛者為真,主要在於那是他們所認為最值得追求的東西。然而,它之所以最值得追求,又是因為相對其他一些「無常」、「苦」、「無我」、「不淨」的生命狀態,那是實際存在而具有「常」、「樂」、「我」、「淨」等品質的生命境界。換言之,一個實際存在的事物或道理才被看成是有價值而應該去追求。同時,了知一個實在且具價值的東西,也才確認它是真的(true)或真理(truth)。不過,引文中的「真有」、「真無」,主要是扣緊對象實在與否的存有論問題發言,因此其所謂「真」是以「實在」而不是以「價值」或「真理」為核心意指。於是與「真」反義的概念,例如「偽」、「假」[39],也主要是意謂不實在或非實在。

　　指向對象實在與否的「真有」、「真無」之論,旨在表示那些作為經驗對象的某事某物,它們的存在、不存在並不依靠另外一些比自己本身更為先在或更加基礎的東西,然後才能成立。相反地,凡是必須依靠其他東西才能存在、或者必須憑藉其他東西才得不存在的情況,則便只能說是「偽有」、「偽無」或「假有」、「假無」。

　　例如,母親李四之於兒子張三,李四在張三誕生之前就已存在,因

---

[39] 在僧肇論著中,通常使用「偽」字而不使用「假」字來作為一個與「真」字意涵對反的語詞。「假」字雖然也有「不真」之義,但一般只是「假借」、「憑藉」的意思。請參見《肇論》卷1:「……誠以即物順通,故物莫之逆。即偽即真,故性莫之易。」(《大正藏》第45冊,頁152b。)《注維摩詰經》卷9〈見阿閦佛品〉:「……夫同於得者,得亦得之。同於失者,失亦得之。是以則真者,同真,(法)偽者同偽。」(《大正藏》第38冊,頁410a。)《注維摩詰經》卷3〈弟子品〉:「當識其心念之根本,無令真、偽不辨也!」(《大正藏》第38冊,頁353a。)

此，我們認為母親李四比起兒子張三更為先在，而張三則是源出於李四的另一生命存在體。又如，大地之於花木，一顆樹、一株花倚靠大地方得生長，所以我們把大地看作是比花木更加基礎的東西，花木乃是後來的產物。然而，對於任何一種被視為更先在或更基礎的東西，例如母親李四、大地，我們仍舊可以追究他們是否別有來源或另有依據，以至於推到一個最極先在或最極基礎的東西，認為它的存在才算得上是「真有」；同樣地，它的不存在也才可說是「真無」。至於其他事物之存在或不存在，便都只不過是「假有」或「假無」、「偽有」或「偽無」。可是，就在追究什麼東西更基礎或更先在的思維路程上，僧肇表現出其與別家思想者分道揚鑣的思維模式和真實觀。

為了避免理智活動陷在無盡求索的思維情境，思想者往往不得不設定一個最終的觀念或事物，而讓它當起「終極實在」（ultimate reality）的名位。並且這個稱得上「終極實在」的東西，總以具有單一、固定、封閉、靜態等特性的「實體」或「自性」樣相出現，無法、也不容有任何「外來雜質」摻入；因為一旦開放「外來雜質」參與其中，便等同承認他所設定的最終觀念或事物，其實也不是真正究竟終極的東西。

在僧肇看來，其他思想者的「實體」想法或「自性」認定，平心而論，雖然跟他自己一樣是走在探究宇宙萬法真實情狀或究極意義的思維路程上，但是其他思想者所認為「終極實在」的東西卻不僅不真正實存，而且適足以造成他們無法一貫地妥善解明宇宙萬法的生存情形。為什麼？因為正如僧肇所論，不管「終極實在」指的是什麼，只要它存在——「有」，是確切真實的，那麼，它就會永遠以原來的樣子存在，而不能有所變轉。同樣地，假使它不存在——「無」，也的確真實，那麼，它也勢必永遠要以原貌不存在，以至於無法變轉。換句話說，任何稱得上「終極實在」的東西，如果是以它自身所具備的固定、單一、封閉、靜態等特性而獲得真實存在或真實不存在的意義論定，那麼，「有」、「無」之間也就毫無彼此變轉的可能性。然則，假使「存在」不能變轉成「不

存在」,而「不存在」也無法轉變為「存在」,的的確確就是宇宙萬法的真實情狀,那麼,面對我們在經驗活動中所能明白覺知到的變轉現象——原先存在的東西變成不存在,原先不存在的東西轉成存在,又要如何得獲理解與加以說明呢?除了訴諸其他不是「終極實在」的事物或觀念之外,難道只好把它當作幻覺或妄想嗎[40]?

僧肇認為問題不繫於有沒有「終極實在」,而在於那被視為「終極實在」的東西,不能也不該像其他思想者所認定那樣是箇獨立自存的「實體」或「自性」;因為可作「有物之宗極」的「終極實在」或「究竟真實」必須要能與我們的經驗活動現象相容無礙,而不是高懸在經驗世界之外,否則任何想要窺探萬法情實的人,不是無論做什麼都無法得見「究竟真實」,就是只好無所事事翹望「終極實在」而卻始終與之絕緣。然則,能與吾人經驗活動現象相容無礙的「終極實在」或「究竟真實」又是什麼呢?僧肇認為那是否決「自性」或「實體」認定,但是又在事物「有、無之間」露出其身影的因緣關係。

由於因緣關係是貫徹萬事萬物的究竟真實,因此縱使作為世人經驗對象的任何具體事物、甚至抽象觀念,或者可能此時此地存在,或者可能彼時彼地不存在,但是處在「有、無之間」的因緣關係卻是舉凡有「物」就必定始終蘊蓄於其中,而且必須通過準確理解它的內涵,才能妥善說明宇宙萬法或有或無、或生或滅的真正情況。換言之,凡屬是「物」者,可以或「有」或「無」而現出其非根本性,可以或「生」或「滅」而顯出其暫時性,也可以實存化為「此」、「彼」而展示出其殊別

---

[40] 若是根據某些佛教經論文句的表面意思,似乎可以說「是」;不過,實情則是「不然」。請參見《注維摩詰經》卷2〈弟子品〉:「……諸法如幻,從因緣生,豈自、他之可得?夫有自,故有他;有他,故有自。無自,則無他;無他,亦無自也。」(《大正藏》第38冊,頁348c。)另請參見《摩訶般若波羅蜜經》卷24〈善達品〉:「佛告須菩提:『若眾生自知諸法如幻如化,菩薩摩訶薩終不於阿僧祇劫為眾生行菩薩道。須菩提!以眾生自不知諸法如幻如化,以是故,菩薩摩訶薩於無量阿僧祇劫行六波羅蜜,成就眾生,淨佛國土,得阿耨多羅三藐三菩提。』……」(《大正藏》第8冊,頁398b-c。)

性[41],更可以落定在「今」、「昔」而表現出其局限性[42];但是,處於事物「有、無之間」的因緣關係本身,則為非「有」非「無」、不「生」不「滅」、非「今」非「昔」、無「此」無「彼」,所以才能通貫一切事物而作為它們的根本體性或究極道理。

僧肇在〈不真空論〉中開宗明義就用「至虛無生」這個標語來總括揭示宇宙萬法的因緣關係內涵,同時又透過反省批判教內學人對因緣關係內涵的錯誤理解或偏頗領會[43],而進一步試著為我們打開一道能夠「契神於有、無之間」的思維路徑。就中,批判其他思想者以為事物之存在或不存在都是就其本身而言具有「真實性」的觀點,乃是論文中的研討重點。因為僧肇認為那樣的觀點藏有違背因緣關係內涵的「自性」想法,而它是不符合世界情實的一種個人主觀認定,所以僧肇力圖指出一切事物毫無半點「自性」,它們都是由因緣關係決定其有無、其生滅的「至虛無生」現象[44]。

(二)擺落自性思維模式的緣起性空觀

在僧肇看來,處於「有、無之間」而為般若聖智所照見的因緣關係內涵,固然不是「物」,但確切說來,也不能視為「非物」[45]。原由不僅在於它們都是各據立場的相對看法,因此無法充分顯示因緣關係思維中所涵蘊的「不二中道」義理;更是因為「非物」之於「物」,正如「無」

---

[41] 請參見《肇論》卷1:「故《中觀》云:『物無彼、此。』而人以此為此,以彼為彼。彼亦以此為彼,以彼為此。此、彼莫定乎一名,而惑者懷必然之志。……」(《大正藏》第45冊,頁152c。)

[42] 請參見《肇論》卷1:「何則?求向物於向,於向未嘗無。責向物於今,於今未嘗有。……」(《大正藏》第45冊,頁151b。)

[43] 詳見《肇論》卷1:「……然則,真諦獨靜於名教之外,豈曰文言之能辨哉!」(《大正藏》第45冊,頁152a。)

[44] 請參見吳汝鈞,《中國佛學的現代詮釋》(台北:文津,1995年),頁28-29。

[45] 請參見《肇論》卷1:「何者?萬物雖殊,然性本常一。不可而物,然非不物。可物於物,則名相異陳。不物於物,則物而即真。是以聖人不物於物,不非物於物。……」(《大正藏》第45冊,頁156b。)

之於「有」那樣，一入凡俗心識的經驗範圍，往往就被決定看作絕對無疑的客觀事實，而於其中透露出「自性化」或「實體化」（substantialize）其經驗對象的思維傾向，所以循此眼光則只能看見彼此相限隔的一一事物，而無法徹見宇宙萬法可以由「有」而「無」、自「無」而「有」、從「物」變「非物」、由「非物」轉成「物」的究竟真實——「因緣生」而「無自性」。

關於世俗心識活動往往寓有自性化經驗對象的思維傾向，在僧肇論著中時有揭示。不過，在指出世俗心識所見「遷易」或「變動」現象的虛妄性格而意圖將之導歸「不二中道」正見的〈物不遷論〉裡[46]，更是比較集中展現僧肇針對自性思維模式的深度反思，因此從中尤其可以清楚看見僧肇所要批判的非因緣義之「自性」或「實體」觀念。

在〈物不遷論〉中，僧肇引用《道行般若經》、《中論》一些文句後[47]，正式開始演論，便說：

> 夫人之所謂「動」者，以昔物不至今，故曰動而非靜。……[48]

「（變）動」或「遷（易）」作為一種「形式概念」（formal

---

[46] 學界專家在有關〈物不遷論〉「主旨」為何的論題上，提出過許多未必彼此互相排斥的看法。例如劉貴傑認為〈物不遷論〉的基本要旨在於指出「靜乃事物之真實樣態，亦是事物之實際性質。」詳見劉貴傑，《僧肇思想研究——魏晉玄學與佛教思想之交涉》，頁62。又如涂艷秋認為〈物不遷論〉是「旨在說明『物』所以不遷之理，是由所觀的萬法說明諸法的實相，……物不遷論的主旨，是在透過一正一反的討論中，闡明『無常』的本質。」詳見涂艷秋，《僧肇思想探究》，頁59-60。他如李潤生則指出：「……於『動』而見『靜』，『即靜即動』、『即動即靜』，『動靜一如』，互不偏廢，這才是僧肇本論的旨趣所在。」詳見李潤生，《僧肇》，頁185-186。另請參見許抗生，《僧肇評傳》，頁199；孫炳哲，〈肇論通解及研究〉，收入《中國佛教學術論典19》，頁68。

[47] 詳見《肇論》卷1：「……試論之曰：《道行》云：『語【案：「語」字，或為「諸」字之訛】法本無所從來，去亦無所至。』《中觀》云：『觀方知彼去，去者不至方。』斯皆即動而求靜，以知物不遷，明矣！」（《大正藏》第45冊，頁151a。）

[48] 引見《肇論》卷1；《大正藏》第45冊，頁151a。

concept），雖然不同於那些指向具體存在物的「經驗概念」（empirical concept）[49]，但是從概念發生之角度看來，它仍得憑靠某些具體經驗對象或覺知內容才能形成。例如具體存在一個火紅發亮的圓體物叫作太陽，它是我們通過感官所知覺經驗到的對象。這個對象或從東方運行到西方，或由昨天轉來今日，因此，在我們的意識或思維活動中便形成一幅「動」或「遷」的圖像。這個「動」或「遷」的圖像也就是一個「形式概念」。換言之，如果不是基於認識主體經驗到某些對象，發現它們在時間或空間——時空歷程中、甚至在存有內涵上表現出某些具體差異，則將無從形成「動」或「遷」之類的概念[50]。當然更不可能援引這種概念，去論斷什麼東西是在變動或在遷易。

由抽象形式回歸實質內容，「動」或「遷」這樣的概念，一般就被用來表述兩類彼此密切關聯的意思：(1) 一類是指對象在時空位置點上呈顯出相對變異的狀態，亦即通常所謂的「運行」（movement）；(2) 另一類是指對象在存有內涵上展現出實質不同的情形，亦即通常所說的「變化」（change）[51]。然而，如果從對象是在特定時空位置點上具體實存之角度看，因為只要承認「變化」，就已寓含它在時空位置點上有所「運行」，所以一般也不覺得需要針對「動」或「遷」概念去展開釐定其意指的解析工作。事實上，在〈物不遷論〉中，僧肇所用來表達「動」、「遷」觀點的諸多語詞，雖然可以分別賦予它們以不同的意

---

[49] 請參見吳汝鈞，《印度佛學的現代詮釋》（台北：文津，1983年），頁123-124；吳汝鈞，《龍樹中論的哲學解讀》，頁146。

[50] 楊士偉便曾指出：「……僧肇不是由分割時間流為昔時、今時以證明物不遷，而是以兩個東西之間的相對位置的改變與否獲得動、靜的觀念。」詳見楊士偉，《知識與行動——僧肇聖人概念的批判分析》，頁60。

[51] 請參見翁正石，〈僧肇之物性論——空及運動之討論〉（香港：香港大學新亞研究所哲學組碩士論文，1986年6月），收入《中國佛教學術論典99》（高雄：佛光山文教基金會，2004年），頁294-295；黃百儀，〈僧肇《物不遷論》思想研究〉（台中：東海大學哲學研究所碩士論文，1991年5月），收入《中國佛教學術論典99》（高雄：佛光山文教基金會，2004年），頁360-361。

義[52]，但基本上它們都是著眼於一個具體實存的對象被觀察者認為其存有內涵已呈現出程度不等的變異情況而立。

因此，例如世俗常情依據「昔物不至今」這一名為「動」或「遷」的觀念，以主張自己所經驗的對象確實處在流動、遷變之中時，促成如此斷言的關鍵並不繫於時間是否真有或可有昔日、今日及來日等三世差別，而是在於那些被某人所經驗到的對象是否確實表現出任何在存有內涵上的差異？如果確有不同，便可斷言對象是在遷變、流動；相反地，如果毫無差異，便可斷言對象不在遷變、流動之中。職此之故，檢視吾人所觀對象在存有內涵上是同、是異，也就成為論斷對象是「動」、是「靜」的必要關節。

然而，改由認識論角度來看，假使人們對於所觀對象的存有內涵究竟是什麼，能夠持有絕對一致的認識，那麼，根據對象在存有內涵上的同異而所形成的「動」、「靜」斷言，自然也將取得共識。可惜，實情並非如此。相反地，因為世人對所觀對象具備怎樣的存有內涵在事實上懷有各種異解，所以在對象存有內涵到底是同是異的問題上也跟著形成不相一致的看法。同樣地，人們有關對象是「動」、是「靜」的斷言也呈現出分歧。

例如，認為對象存有內涵可以在結構上分成「本質」與「表象」、抑或「實體」與「屬性」二層的存有論者，雖然能夠贊成對象在「表象」或「屬性」層次上有同異以及與之相關的動靜區別，但卻會反對對象在「本質」或「實體」層次可以說有同異以及與之相關的動靜區別；因為他們認為對象的「本質」或「實體」自始至終不能有所變動，所以也沒有呈現出差異的可能。換言之，要論對象同異以及動靜，只能就其「表象」或「屬性」談，而不能落在「本質」或「實體」上談。職此之故，當一個懷有兩層存有論意識的人和一個不抱持兩層存有論意識的

---

[52] 請參見黃百儀，〈僧肇《物不遷論》思想研究〉，收入《中國佛教學術論典99》，頁360。

人,彼此相與談論兩人所見對象是否在存有內涵上表現出相同或差異的情況時,即使兩人都同意所見對象的存有內涵是相同的、抑或相異的,但是卻不能據此意謂他們兩人已經真正在實質上取得共識。同樣地,他們論斷對象或「動」或「靜」的狀態,縱使表面可能一致,但也並非完全等質。因為對於認定「實體」或「本質」存在的兩層存有論者而言,一個對象的存有內涵在「表象」或「屬性」上可以分別出來的相同或差異情況、乃至可以顯現出來的流動或靜止樣態,全都可以把它們歸入不是「終極實在」的假相或次級真相,所以只要對象在「實體」或「本質」層級上的存有內涵終始維持它自己本身的「同一性」(identity),那麼,他們就有理由宣稱對象是同一的、以及對象是靜定不動的。

事實上,懷抱經驗對象的存有內涵可分成「實體」與「屬性」、抑或「本質」與「表象」二層次的情況來看的兩層存有論者,不是僅存在於能夠從事理論建構工作的哲學思想界內,而是在日常生活中就可發現有人傾向於表現出類似的思維模式。對於他們而言,經驗對象只要在存有內涵上具備某種與「實體」或「本質」含義類似的「同一性」,那麼,該對象也就可以被說成是不動或是不遷。

正如僧肇舉例所示:

> ……人則謂少壯同體,百齡一質;徒知年往,不覺形隨!是以梵志出家,白首而歸。鄰人見之,曰:「昔人尚存乎?」梵志曰:「吾猶昔人,非昔人也。」鄰人皆愕然,非其言也!……[53]

遇見白髮「梵志」(brāhmaṇa),卻對梵志所說:「我既(好像或仍然)是您以前所認識的某人,但又不是那人」這句話不理解、也不認同

---
[53] 詳見《肇論》卷1:「是以觀聖人心者,不同人之所見得也。何者?人則謂少壯同體、百齡一質。……所謂有力者負之而趨,昧者不覺,其斯之謂歟!」(《大正藏》第45冊,頁151b。)

的鄰人,其所反映的正是那種要把經驗對象的存有內涵分成兩個層次來知解的思維模式。因此,他認為眼前的白髮梵志即使可以在「表象」或「屬性」上與出家前不同,但是若就其「實體」或「本質」而言,卻總應當始終如一。由此看來,又怎麼可能像梵志那樣一方面肯定自己(好像或仍然)是鄰人以前所認識的某某人,但卻又同時否定自己確確實實就是那個人呢?換句話說,按照鄰人的想法,梵志要嘛須就「實體」或「本質」層次肯定自己始終為同一個人,要嘛得就「表象」或「屬性」層次否定自己前後是同一個人;除此之外,別無其他可能,以支持他那句似是而非的話。

可是,對於梵志而言,因為他自己極其清楚地不採行類似鄰人那樣把對象的存有內涵予以分別成「實體」與「屬性」、抑或「本質」與「表象」二個層次的認識範式,而僅僅是由對象的存有內涵必須落在因緣關係底下去取得它自身的實質,以及據此實質去釐定對象彼此間的各種形式關係——例如同與異、因與果——這個角度,來提出他對自身存在的看法,所以他不覺得自己的話真有意指矛盾之處。若更詳細地說,梵志認為:從他自身存在這項事實來看,在任何不同時期的所謂「他」,都有各自被當時因緣條件所決定的存有內涵,因此,鄰人眼中所見這位白髮老人,確切說來早已不是未出家之前的少年郎。然而,由於現在的白髮模樣和昔日的少年形相仍可順著因緣關係去尋得一些用來維持彼此存在同一性的意義連繫[54],所以此時此地的白髮梵志,順俗籠統表示,便可說是與鄰人以前所熟識的那位少年郎,好像或仍然為同一個人。換言之,按照梵志的想法,不管認為鄰人在昔日、在今日所看見的對象是同一個、還是不同一個、甚至是既同又非同一個,全都可以找到合理思想的支柱。初步理由在於那些觀點全是通過因緣關係視角所形成的一時看法,不是絕對決定毋容更改的認識。更深層的理由則是基於任何為因緣

---

[54] 另請參見 Derek Parfit. "Why Our Identity Is Not What Matters," In *Personal Identity*, Raymond Martin & John Barresi, eds., Malden: Blackwell Publishing, 2003, pp. 115-143。特別是 pp. 140-143。

條件所決定的事物，原本就不具備世人透過抓取事物某面向而便將它執定成所謂「本質」或「實體」之類的自性化存有內涵，因此也不可能做出一種必須預認如此執定狀態才得以建立起來的絕對論斷。

通過鄰人、梵志雙方的思維模式差異，僧肇所要傳達的意思是：世俗凡夫在接受事物確實客觀存在的信念基礎上，往往不僅認為自己所經驗的對象即使不無有所變化，但是總有某種最極真實的存有內涵用來支持它們是此而非彼的存在表現，並且據此主張所見對象本身的任何狀態——或有或無、或動或靜，乃至所見對象彼此之間的任何關係——或同或異、或因或果，也必然真切反映絕對確定無誤的客觀事實。可是，相較於此，佛教賢聖卻對事物的實在性，莫不表示懷疑；因為他們所見對象都是處在因緣關係底下若存若亡的東西，其中除因緣關係外，沒有任何可被常恆肯定為真實存在的事物，所以對象的狀態、對象的關係也不是在根本上不可動搖。

事實上，在佛教賢聖眼中，任何事物的存有內涵都是毫無「自性」——「即萬物之自虛」[55]的因緣關係之流；並且以為如此的認識，才是真切相應於該事物之本然體質——「物性」[56]的正確見解。因此，力求避免那種把對象予以實體化或本質化的自性思維模式，而只一貫通過因緣關係視角去看待宇宙萬法的賢聖智慧活動，面對事物存在與否、生滅與否、乃至動靜與否等形上學論題時，便也不會做出單向的、固定的封閉式回應；相反地，則是必要就著事物所涉及的相關因緣條件或主客觀情況去進行批判式的分別解說，因為事物無法憑它自己本身決定是要如此存在、或者不要如此存在。

---

[55] 請參見《肇論》卷1：「……故經云：『色之性空，非色敗空。』以明夫聖人之於物也，即萬物之自虛，豈待宰割以求通哉！……」（《大正藏》第45冊，頁152b。）
[56] 更深入來看，僧肇的所謂「物性」，不是一個單層意指的概念，而是一則可以意指事物之所以為事物的究竟依據，另則可以意指對象之為如此或如彼的實存表現。前者，是就事物存有體質所成立的意涵，順此可稱之為「『物』的存在性」；後者，則是從對象被指認為某事物時，就著該認識結果所成立的意涵，據此可名之為「『物』的對象性」。

僧肇以宇宙萬法的「有」、「無」論題為例時，便說

……然則，萬法果有其所以不有，不可得而有；有其所以不無，不可得而無。何則？欲言其有，有非真生；欲言其無，事象既形。象形，不即無；非真，非實有。然則，不真（即）空（之）義，顯於茲矣[57]！

由於處在無盡因緣關係序列中的緣生事象，排除任何只依它自己本身所現成的單一、固定、封閉、靜態等存有特質，而是必須倚賴眾多內外因緣條件方能呈顯的東西，因此，不論它是「有」或是「無」，皆莫不可以尋獲它所憑據的理由。甚至從認識論角度看，毋寧必須探得到其中的道理或原由，才可能明確看清當前對象的真實面貌、以及適當衡定它的價值功用，否則不同經驗主體的知解或論斷，便往往隨著思想偏蔽而陷入彼此互相是非的境地。例如，凡是認為真有鬼神存在的人，就不會信受那些非論鬼神存在的見解；而認為鬼神就像「子虛」、「烏有」[58]那般不真實存在的人，也總要批評那些相信有鬼神存在的人，真是愚痴不智。世間各種諍論乃至攻訐，由此競起。

不僅對鬼神這類非常經驗對象，信受「自性」世界觀的人，將因各執己見而諍論不休[59]；即使對日常習見習知的事物，例如山川、花草、

---

[57] 引見《肇論》卷1；《大正藏》第45冊，頁152c。

[58]「子虛」、「烏有」都是漢代文學家司馬相如（179-117 B.C.）在〈子虛賦〉中所虛構的人物；詳見費振剛、胡雙寶、宗明華輯校，《全漢賦》（北京：北京大學，1993年），頁47-50。

[59] 這裡所謂「世界觀」（worldview），意指吾人認為「實在」（reality or the Real）到底是什麼樣子的總體理解；請參見 Michael Peterson and et al. *Reason and Religious Belief: An Introduction to the Philosophy of Religion* (3rd ed.), New York: Oxford University Press, 2003, p. 44, pp. 51-53.「世界觀」在吾人生命成長中建構形成，與吾人的心意識活動息息相關，因此可以有各式各樣的面貌；請參見 Eugene Webb. *Worldview and Mind: Religious Thought and Psychological Development*, Columbia: University of Missouri Press, 2009, p. 5, pp. 15-20; David Naugle. "Preface," In *Worldview: The History of a Concept*, Grand Rapids.: W.B. Eerdmans, 2002, pp. xv-xxii。

樹木、人事活動等等，也同樣難免引起類似情況。這些作為吾人認識經驗對象的宇宙萬法，就是因為閉鎖在定於一尊的實體化或本質化認識心態——「自性見」中，所以才使人墮在「有」、「無」之間的是非論諍而動彈不得[60]。可是，宇宙萬法的真實面貌卻從不定著在自性見者所認定的情況之中——視它實存，就絕對不容改易地是「有」；說它不實存，同樣絕對不可改變地是「無」。相反地，假使非得使用「有」、「無」這類語詞來指陳宇宙萬法的生存情況，那麼，比較能夠相應於「諸法實相」的真理表述，乃應該說為「非有非無」。

所以僧肇說道：

> ……謂物無耶？則邪見非惑。謂物有耶？則常見為得。以物非無，故邪見為惑。以物非有，故常見不得。然則，非有非無者，信真諦之談也！故《道行》云：「心，亦不有、亦不無。」《中觀》云：「物從因緣，故不有；緣起，故不無。」尋理，即其然矣[61]！

此中所謂「理」，非但泛泛談說的原由或理序[62]，而且是指一切諸法皆由眾因緣所「生」而「有」、由眾因緣所「滅」而「無」的因緣義理。唯有準確掌握因緣義理，才能通過「非有非無」之談，而不身陷在「真

---

[60] 請參見《注維摩詰經》卷6〈觀眾生品〉：「什曰：『有（見）、無見，反於法相，名為顛倒。先見有、無，然後分別好、惡。然則，有（見）、無見，是惑累之本、妄想之初，故偏受倒名也。』肇曰：『法本非有，倒想為有。既以為有，然後擇其美、惡，謂之分別也。』」（《大正藏》第38冊，頁386b。）

[61] 引見《肇論》卷1；《大正藏》第45冊，頁152b-c。

[62] 請參見唐・元康，《肇論疏》卷1：「……『尋理，即其然矣！』此經、論所說，理如然也。」（《大正藏》第45冊，頁173b。）宋・遵式，《注肇論疏》卷2：「究尋諸法，由因緣故不有不無，道理即當如此。」（《卍新纂續藏》第54冊，頁164a。）元・文才，《肇論新疏》卷1：「……『尋理，即其然矣！』推尋論旨，法非有無，實乃如是。此以教如繩正，理亦衡直。」（《大正藏》第45冊，頁211a。）

有」的常見一邊,也不心墮於「真無」的邪見一邊,否定且超越類似自性見者的「真有」或「真無」乃至「實生」或「實滅」等斷言,由此轉身走上「不二(中道)」的實踐路程[63],以解脫「有」與「無」、「生」與「滅」等是非爭競的心智束縛[64]。更進一步才能採取合乎因緣的適當教說,比較真切摹寫出事物在特定條件下的生存面貌或存有性徵。

因此,能否正確了知因緣義理的內涵,乃成為佛教學人是否得悟「諸法實相」的重要指標。而通過適當言教把因緣義理明白展示出來,也成為佛教賢聖不容推諉的重要職責。僧肇的〈不真空論〉便是嘗試擔當起這份職責。在該文一開始所說的「至虛無生」,固然是箇用來總括因緣義理趣向的標語;而論中藉由「(諸法虛偽)不真」這一陳述,也是旨在更具體明白地揭開宇宙萬法屬乎因緣故無自性的究竟真實——「空」之意義[65]。

參、「不真即空」的緣起法象

在〈不真空論〉中,僧肇嘗試以「不真」一語題揭緣起法象的「性空」意涵。這一所謂「不真空義」[66],主要是想通過討論對象的存在、

---

[63] 例如《注維摩詰經》卷1:「……此經所明:統萬行,則以權智為主;樹德本,則以六度為根;濟蒙惑,則以慈悲為首;語宗極,則以不二為門。凡此眾說,皆不思議之本也。」詳見《大正藏》第38冊,頁327a-b。又如《注維摩詰經》卷8〈入不二法門品〉:「自經始已來,所明雖殊,然皆大乘無相之道。無相之道,即不可思議解脫法門,即第一義無二法門。……」詳見《大正藏》第38冊,頁396c。

[64] 請參見《注維摩詰經》卷3〈弟子品〉:「彼岸,實相岸也。惑者以邪見為邪、彼岸為正,故捨此邪見,適彼岸耳!邪見、彼岸,本性不殊,曷為捨邪而欣彼岸乎?……」(《大正藏》第38冊,頁351b。)

[65] 請參見《注維摩詰經》卷2〈方便品〉:「變滅不住,似釋無常。然(而)皆取其虛偽不真,故速滅不住。猶釋『空』義也!」(《大正藏》第38冊,頁341b。)

[66] 請參見《肇論》卷1:「何則?欲言其有,有非真生。欲言其無,事象既形。象形,不即無。非真,非實有。然則,不真空義,顯於茲矣!」(《大正藏》第45冊,頁152c。)

不存在——「有」、「無」問題，去深入追究對象到底是否能夠就它自己本身找到一種足以充當絕對依準的存有內涵，來支持它被論定為存在而非不存在、抑或不存在而非存在的覺知成果，因此從事幾個相關面向的反思而所總結出來的說法。

對於如此說法到底是何意涵、甚至究竟有何理趣的問題，從陳・慧達《肇論疏》[67]以下的佛教學者便有不同理解：(1) 或者以為「不真空」意謂「不是真空」，亦即表示不是指向絕對毫無一物的斷滅空；(2) 或者以為「不真空」意謂「不真即空」或「不真故空」，亦即指陳一切事象皆為虛假不實的存在體[68]。

無論如何，在〈不真空論〉中，僧肇依據因緣道理的「空」義演述，否決指向斷滅空義的「真無」觀點，所以「不真空」一語得有「不是真空」的意思。不過，僧肇引教據理的論證主軸，確實仍是落在闡明「不真即空」或「不真故空」的義理上[69]，因此檢視僧肇所用「不真」一語的意涵，也應當能更深入他所領解的因緣空義。

---

[67] 詳見慧達《肇論疏》卷1：「……此『不真空』名，所作兩釋：一云世法不真，體性自空；一云俗法浮偽，遣偽之空，亦非真空，名不真空。若以俗空名不真者，般若之空應名真空。故《（般若）無知論》云：『真波若者，清淨如空。』又云：『真諦，何也？涅槃道是。』今即簡異真空，故以不真立言。若以聖智對之，亦名真空也。」（《卍新纂續藏》第54冊，頁58c。）

[68] 請參見湯用彤，《漢魏兩晉南北朝佛教史（上）》，頁336；劉貴傑，《僧肇思想研究——魏晉玄學與佛教思想之交涉》，頁75；李潤生，《僧肇》，頁132-133；許抗生，《僧肇評傳》，頁200-201；李明芳，《僧肇中觀思想研究》，頁106-111；羅因，〈僧肇思想研究——兼論玄學與般若學之交會問題〉（台北：臺灣大學中國文學研究所碩士論文，1996年5月），頁112-115；元弼聖，〈從僧肇之「不真空論」看空的意義以及其影響〉（台北：中國文化大學哲學研究所碩士論文，1995年6月），頁40-60；王月秀，〈僧肇思想研究——以《肇論》為中心〉，頁116-120。

[69] 請參見許抗生，《僧肇評傳》，頁200。

一、「不真」表示不實在、虛在之義

顧名思義,「不真」是對「真」的否定或超越。然則,所謂「真」,從形上學角度看,則是一個含有「實在」或「信實」[70]、「本性」或「根本」[71]等相關而不同意義的語詞。因此,「不真」也就有不實在、非本性如此的意思;用來具體表述一個事物或理法不是真實存在,乃至因為並非本性如此,所以稱不上是最為根本的東西。

在佛教學說系統中的所謂「真」,如果是與「妄」字相對,便有實在、信實的意思;而如果是與意謂「假借」的「假」字相對,則用來指陳某種不需倚靠其他事物的情況,所以含有根本或本性的意義。前後兩義相關,都可用來描述那些真實存在、具有根本意義的事物或理法。與此相反,「不真」這個陳述便被用來論謂那些不是占有根本地位的理法,或者被用來指陳那些不是自始至終本來如此的事物。

根據僧肇的想法,唯當一個事物或對象不需倚靠其他事物或對象而就能夠存在,並且恆常住持它的存在性,然後才稱得上是真實的存在——

---

[70] 例如《老子・第二十一章》:「窈兮冥兮,其中有精。其精甚真,其中有信。」《史記・仲尼弟子列傳論》:「譽者,或過其實。毀者,或損其真。」就中,「真」字,分別與「信」字、「實」字互文見義,都是用來表示「實在」、「信實」或「事實」的意思。

[71] 例如《莊子・秋水》:「謹守而勿失,是謂反其真。」《漢書・楊王孫傳》:「欲臝葬,以反吾真。」顏師古注:「真者,自然之道也。」這裡的「真」字,表面上是說「自然之道」、亦即未經人為改造的某種實存狀態;不過,它的更深意涵,則是指那被說話者所肯定為存在之本然狀態或根本情況的東西,所以他才會據此要求人們返回那樣的情況或狀態中。若就道家學說系統而言,這種被視為存在之本然狀態或根本情況的東西,也就是所謂「道」。因此,唯有能夠與「道」合「德」的人,也才夠得上是「真人」——言外之意,除此以外,盡屬「假人」。關於「真人」的說法,請參見《莊子・大宗師》。另請參見周紹賢,〈道家之真人〉,刊載於《道教文化》1卷2期(1977年10月),頁42-43;楊國榮,〈體道與成人——《莊子》視域中的真人與真知〉,刊載於《文史哲》第5期(濟南:山東大學,2006年),頁125-135。此外,或者認為「真人」的「真」字,原為「貞」字,乃是一個含有神祕意味的語詞,則為另外一回事;詳見吳晶,〈《莊子・大宗師》「真人」辨析〉,刊載於《浙江海洋學院學報・人文科學版》22卷1期(2005年),頁100-104。

——「真有」或「實有」。同樣地,唯當一個事物或對象能夠獨力展示其自身不存在,同時永遠保持那樣的不存在性,而後也才夠得上是真實的不存在——「真無」或「實無」[72]。假使不然,則無論我們認為某事物是存在的、或是不存在的,都將會由於缺乏如此論斷所必要加以肯定或否定的實質內容,以至於都無法被視為是切中該事物之所以存在及所以不存在的真正底據。因此,僧肇認為,般若中觀經論所常表說的「非有非無」這句話,並非僅僅是為了否定吾人感官直覺乃至理智思維所把握之對象或存在、或不存在的情況,而是意在直探根柢地指出對象本身的不實在性或虛在性。

對此,僧肇曾說:

> (頃爾談論,至於「虛宗」,每有不同……)尋夫立文之本旨者,直以「非有」,非真有;「非無」,非真無耳!何必「非有」,無此有;「非無」,無彼無[73]。

在經驗世界中被吾人感官直覺所認識、乃至理智思維所掌握的對象,不是出現而存在,就是未呈顯而不存在。因此,此時此地某個對象存在——「此有」,固然是在觀思者的覺知活動下所肯定的情況;而彼時彼處某個對象不存在——「彼無」,也是在觀思者的覺知活動下所否定的情況。就此而論,對象或存在、或不存在,不僅對一般人來說是不可否認的事實,並且即令佛教賢聖也無法任意排遣之而不顧。不過,無論對象是存在、或是不存在,往往別有需要詳加究明的更深道理。由此推究至極的深層道理,假使具備一種貫徹對象始終的內涵,那麼,該內涵才當得起占有最為根本的地位,從而也可以憑此檢視觀思者原本所認為存

---

[72] 正如涂艷秋所說:「……在僧肇而言所謂的『真實』之物,是不會受任何外在條件與因素的影響,而改變它原有的面貌或形式,……」詳見涂艷秋,《僧肇思想探究》,頁156。

[73] 引見《肇論》卷1;《大正藏》第45冊,頁152a。

在或不存在的情況,到底能否稱得上不折不扣地反映出對象情實的覺知或論斷?

如果是以「即萬物之自虛」為宗的「虛宗」——僧肇所理解的般若經教或中觀論義來看[74],當得起最為根本的道理者,便是內在於因緣義理的一切諸法「本性空」或「自性空」[75]這回事[76]。而據此道理所提出的「非有非無」之談,它所要否定或所要超越的情況,便不是那些或者「此有」、或者「彼無」的虛在事物,而是那些用來支持它們被斷言為此時此地存在、或者彼時彼處不存在的個人主觀想像,亦即那些意味著全然自足、本性獨立的「真(實)」概念。因此,僧肇指出「非有非無」之談,乃是旨在批判世人所認為對象存在或對象不存在皆為「真實」的想法,而不是否認吾人俯仰宇宙之間,或者覺知「此有」、或者覺知「彼無」的實存經驗所得。

在上揭引文中,僧肇指出「此有」與「真有」不同;而「彼無」也與「真無」迥異。「此有」,意謂所覺知的對象在這裡存在、或者就是這個存在,因而它是指向一個有限定的存在現象。一個有限定的存在現象,它的存在性,原本是就某個時空定點而獲致確認,因此離開那個時空定點也將不再能夠認為它存在。同樣地,「彼無」,意謂所覺知的對象在那裡不存在、抑或就是那個不存在,所以它也指向一個有節度的不存

---

[74] 另請參見董群,《中國三論宗通史》,頁 132。

[75] 所謂「自性空」,是說一切諸法的本質或實體都不可得,因而當體即空。這樣的「自性空」乃是諸法本來如此的情狀,所以名為「本性空」。另請參見釋印順,《中觀今論》,頁 71。

[76] 請參見《道行般若經》卷5〈照明品〉:「怛薩阿竭知色之本無,如知色本無,痛痒、思想、生死、識亦爾。何謂知識?知識之本無。……一切諸法亦本無。」(《大正藏》第8冊,頁 449c-450a。)《迴諍論》卷1:「……若法一切皆因緣生,則一切法皆無自體。法無自體,則須因緣;若有自體,何用因緣?若離因緣,則無諸法。若因緣生,則無自體。以無自體,故得言空。」(《大正藏》第32冊,頁 18a。)Kamaleswar Bhattacharya, E.H. Johnston & Arnold Kunst. *The Dialectical Method of Nāgārjuna: Vigrahavyāvartanī*, pp. 55-56. 另請參見釋印順,《空之探究》,頁 244,250。

在狀態。換言之,該對象的不存在性,也是就著某個時空定點而得以成立,因此一旦超出那個時空定點也將無法說它不存在。然而,所謂「真有」,則是不受時空限制的存在,因此它所肯定的對象存在性,便能無時無處不表現出來。同樣地,所謂「真無」,則是毫無疆界的不存在,因此它所指向的對象不存在性,也將能夠恆常如是。

若依僧肇所見,一切因緣所生的事物,不管它是存在、抑或是不存在,都只能是有限定的「此有」、或者有節度的「彼無」,而不能是不受任何時空約制的「真有」、抑或毫無任何疆界的「真無」,否則它們就不可說是因緣所生的東西。然而,認為事物非由因緣所生的看法,卻不是僧肇所能接受。換言之,由於在根本立場上肯定沒有非由因緣所生、亦即不是緣起的事物,因此,類似「非有非無」之談所要否定或所要超越的情況,便是指向那些被當作「真有」或「真無」的東西,而不是那些「此有」或「彼無」的事物。

不過,問題在於實際上是否真的不能容認任何一種不屬因緣所生的東西呢?單就佛教而言,阿含經典不就早已提到所謂「非緣起法」[77]?同時也指出「無為法」[78]——例如「涅槃」,不僅「寂滅」、「清淨」、而且「真實」[79]。那麼,據此來看,雖然僧肇認為一切由因緣所生成的事物,全都是不真實存在的虛假現象;但是,與此同時,難道他就毫不認為另有所謂「非緣起」的東西嗎?

事實上,僧肇同樣肯定某種「非緣起法」,而且以為它才值得「真實」之稱號。不過,僧肇不是就著千差萬別的經驗對象、甚至超經驗對

---

[77] 詳見《雜阿含經》卷 28:「諸惡不善法,……一切皆以無明為根本。無明集,無明生,無明起。所以者何?無明者,無知於善、不善法,不如實知。……若諸善法生,一切皆明為根本。」(《大正藏》第 2 冊,頁 198b-c。)

[78] 詳見《雜阿含經》卷 31:「世尊告諸比丘:當為汝說無為法、及無為道跡。……」(《大正藏》第 2 冊,頁 224a-b。)

[79] 詳見《雜阿含經》卷 2:「世尊告諸比丘:有五種種子。……」(《大正藏》第 2 冊,頁 8c-9a。)

象這個層次去安立所謂「真實」的意義;而是就著修學者開悟一切諸法緣起性空的道理,比起去區分、了別一一事物或對象,特別有助其智慧生命的開展,因此在價值上占有殊勝地位,來釐定「真實」的意義。這一「真實」的意義,也就是名為「真諦」[80]、「真如」[81]者所要指陳的認識結果和存有內涵。同樣地,阿含經典以來所肯定的「涅槃」這一無為法,在僧肇看來,也不是一種具備實體性格的對象或事物,而是實際體現在修學者智慧生命上的緣起道理。因此,「涅槃」不是另外一種兀自獨立的東西;並且對它也不可使用那些藉以描述緣起事物的上層概念或對象語言[82]——例如「有」、「無」,來進行肯定的指陳、或者否定的論謂[83]。即使「非有非無」之類的遮遣說法,也頂多只為勉強表示它不是屬於固定對象或實體事物的超越性格[84];因為「涅槃」之實質,不是聽由吾人的思維言議就能揣得[85]。然則,無論如何,「真諦」、「真如」乃至

---

[80] 例如《肇論》卷1:「夫智以知所知,取相故名知。真諦自無相,真智何由知?所以然者,夫所知非所知,所知生於知。所知既生知,知亦生所知。(知、)所知既相生,相生即緣法。緣法故非真,非真故非真諦也。故《中觀》云:『物從因緣有,故不真;不從因緣有,故即真。』今真諦曰真,真則非緣。真非緣,故無物從緣而生也。故《(大品)經》云:『不見有法無緣而生。』是以真智觀真諦,未嘗取所知。智不取所知,此智何由知?」(《大正藏》第45冊,頁154a。)

[81] 例如《注維摩詰經》卷4〈菩薩品〉:「(真)如,雖無生滅,而生滅不異如。……」(《大正藏》第38冊,頁361c。)

[82] 請參見梁光耀,《思考方法——藝術評論》(香港:麥穗,2002年),頁27-28;另請參見楊惠南,《吉藏》,頁128。

[83] 這就好像張三在班上叫道:「不要講話。」那麼,聽話者便不能、抑至少不宜反用他的話來詰問張三:「您自己不就是在講話?」

[84] 請參見《肇論》卷1:「然則,有、無雖殊,俱未免於有也。此乃言、象之所以形,是、非之所以生,豈是以統夫幽極、擬夫神道者乎?是以論稱出有、無者,良以有、無之數,止乎六境之內;六境之內,非涅槃之宅,故借出以袪之。庶悕道之流,髣髴幽途,託情絕域,得意忘言,體其非有非無。豈曰有、無之外,別有一有而可稱哉!」(《大正藏》第45冊,頁159b。)

[85] 請參見《肇論》卷1:「夫涅槃之為道也,寂寥虛曠,不可以形名得。微妙無相,不可以有心知。……」(《大正藏》第45冊,頁157c。)

被視為真實的「涅槃」,全都不指向某種獨立自存的事物或對象[86],因而有別於指向某種獨立自存現象的所謂「真實」。

總之,僧肇所說「不真」,雖然是不實在或虛在的意思;不過,它之否定「真」,也正如同「非有非無」之否定「有」、否定「無」那樣,都是意在超越,而不是為了引人落入「實在」的反面。這也就是說,揭示緣起法象皆不實在或都虛在的「不真」之論,其目的在於指出事物或存在或不存在的非獨立性、以及非根本性,由此提醒自己發現某事物存在或不存在之際,不宜就把自己所知所見的情況,視同確實已經掌握該事物的全面實相。

二、「不真」傳達不固定、非凝然之意

事物的存在、抑或不存在,既皆無法依靠事物自身獨力展露[87];而它們又都或者如此、或者如彼地映現於我們的覺知活動中,那麼,解釋它們之所以是如此存在、或是如彼不存在的情況,便得訴諸其他促成條件,才能提供一種比較容易取信於眾人的合理說明。然則,一旦肯定事物存在或不存在皆由眾多因緣條件所使然,那麼,不管眼前所見、還是心中所思的對象,也都將不可能恆常保持某種固定的相貌乃至性質,而是相反地必須要隨那些促成它們存在或不存在的各式條件以發生變異。這是任何眾因緣所生法的根本體性。

---

[86]「真如」不是固定不變的東西,在般若經典中已經明白指出;詳見《大般若波羅蜜多經》卷 58〈讚大乘品〉:「……復次善現!真如,無來無去,亦復不住。法界、法性、不虛妄性、不變異性、平等性、離生性、不思議界……法定、法住、本無、實際,無來無去,亦復不住。真如本性,無來無去,亦復不住。……何以故?善現!真如,乃至實際,及彼本性、真如、自性、自相,若動、若住不可得故。……」(《大正藏》第 5 冊,頁 331a-b。)另請參見副島正光,《大乘仏教の思想》(東京:講談社,2001 年),頁 53-54。

[87] 詳見《肇論》卷 1:「然則,有生於無,無生於有。離有,無無;離無,無有。有、無相生,其猶高、下相傾;有高必有下,有下必有高矣!……」(《大正藏》第 45 冊,頁 159a-b。)

正如鳩摩羅什所論：

> 若法定有，則不生滅。若法全無，亦不生滅。不生滅，則與因緣相違。深經所說，非有非無。非有非無，故順因緣法也[88]。

如果是在一切固定存在的宇宙中，則便不許可生滅變化的事象。而假使是在全無一物的固定不存在世界裡，則將更談不上有什麼東西生滅變化。然而，生滅變化卻是我們所直觀、所思維而無法任意予以否認的經驗事實。於是，唯一的辦法乃應當捨離事象存在是「定有」、而其不存在是「全無」的覺知或認識。因此，鳩摩羅什指出佛教經典所說「非有非無」，就是意在捨離那些不循順因緣觀思角度而所形成的「定有」、「全無」觀點。

「定有」、「全無」的意思同於僧肇所說「真有」、「真無」，都是絕對固定看待宇宙萬法存在或不存在情況的觀點。這樣的觀點暗藏自性化經驗對象的觀思取向，所以不能隨順因緣事象及其道理。如果想要隨順因緣，則便唯有打破一切寓藏「自性」內容的思想或觀點。

例如在說解《維摩詰所說經》「順因緣法，無我……無起」[89]該段文句義理時，僧肇表示：

> 法從因緣生。（因）緣則無自性。無自性則無主。無主則無我、（無）人、（無）壽命，唯空、無相、無作、無起。此深經之所順也[90]。

這裡明白使用「無自性」一語，以指出因緣所生諸法的存在體性是絲毫沒有固定不變的本質或實體。因此，我們無法在隨順因緣條件而生

---

[88] 引見《注維摩詰經》卷10〈法供養品〉；《大正藏》第38冊，頁415c。
[89] 詳見《維摩詰所說經》卷3〈法供養品〉；《大正藏》第14冊，頁556b。
[90] 引見《注維摩詰經》卷10〈法供養品〉；《大正藏》第38冊，頁415c。

滅而有無的對象中找到那種以「它自己本身」為前提方克成立的「主體性」（subjectivity），當然甭論能夠確立各種依據「主體性」而得形成的自主能力、個體存在、甚或靈魂自由等現象。

僧肇透過「不真」一語所含有的不固定、非凝然意義，是為指陳一切事象的存在或不存在並非其自身擁有永不變化的性質，而是必須基於各式各樣因緣條件才能成就。因此，面對這樣一種缺乏固定本質、不變實體的因緣事象，假使我們想要替它們一一安上切合其情實的確定名稱，那麼，勢必將如「刻舟求劍」[91]、甚至「緣木求魚」[92]般徒勞無功。

值此之際，僧肇所說「不真」，除了在存有論上指謂一種不具根本性、非固定的事物而含有不實在或虛在意義之外，它的另外一層意義便是顯示出吾人所覺知的任何對象，假使其未嘗具備任何固定不變的內涵，那麼，當我們透過名言要去指陳某個對象時，這些名言終究還是不真能切合於該對象的存在實情。因此，僧肇認為，在「物無定實」的情況下，面對世人一般認為「名」可指「實」的名實相符論點，也就得要重新加以檢視和省思。

肆、「名實無當」的非符應論真理觀

相應於認為事物客觀實存的實在論看法，從認識論角度檢視我們面對宇宙萬法時所形成的知識到底是什麼、或者有何特徵，也有一種名為「符應論」（correspondence theory）的觀點。這種涉及「真理」（truth）課題的認識論觀點，主張我們對於宇宙萬法的認識必須是與客觀實存的

---

[91]「刻舟求劍」，典出《呂氏春秋・察今》；詳見陳奇猷，《呂氏春秋校釋》（上海：學林，1984 年），頁 936。

[92]「緣木求魚」，典出《孟子・梁惠王上》；詳見清・焦循撰，沈文倬點校，《孟子正義》（北京：中華書局，1987 年），頁 90。

事物相符應,然後才能說是真的(true),而得以為真理[93]。按照這種主張,世人通常所抱持的名實相符論點,大略可說是屬於「符應論」型態。然而,僧肇的看法卻顯然是與這類主張及其思路有所不同。

僧肇認為,不僅名言、事物皆無實在性,而且名言及其所論陳的對象之間,在實質內容上也不能擁有真正彼此相符應的關係。其理由在於我們藉由一些毫不實在的名稱或言說,去指陳或論述那些一刻也不暫留、半响也不停住的宇宙萬法時,非但從名言方面看,名言可以改變,不必一定得用某個名稱或言說來論陳某個對象;並且就對象而言,舉凡由眾因緣所生成的事物,既然都只是不具固定內容的虛在現象,則其中自然也沒有任何可被名言所真正論陳得出的實質。換言之,世間認為「名」可指「實」的看法,由因緣角度看來,便究竟不是能夠切合對象情實的一類觀點。

因此,僧肇論道:

> ……夫以「物」物於物,則所物而可「物」。以「物」物非物,故雖「物」而非「物」。是以物不即名而就實,名不即物而履真。然則,真諦獨靜於名教之外,豈曰文言之能辨哉!然不能杜默,聊復唇言以擬之。……[94]

引文所說「以『物』物於物」的前、後兩個「物」字,作為名詞,主要表示兩個意思:(1) 一是作為認識對象的任何東西;從存在上來說,便是指謂事物、人物之類的存在體。(2) 另一是作為標示記號(sign)或符號(symbol)的任何東西;從認識上來說,也就是指謂概念、語詞之類的思維符號或言行記號。此外,中間用作動詞的「物」字,則是表示

---

[93] 如果採取另外一種方式來說,那就是一句用來表示某種認識內容的「陳述」或「命題」,必須要與客觀存在的事實或物情相符合,然後該陳述或命題方為「真(的)」。換句話說,「符應論」反映出的真理判準是:一句陳述或命題的真、假,乃由該陳述或該命題是否能夠符應那些作為真值製造者的客觀實存事物所決定。

[94] 引見《肇論》卷1;《大正藏》第45冊,頁152a。

行為者把一個概念或語詞施設在其所思議對象上的作為。

僧肇的意思是：假使我們使用「物」這個概念、或者其他任何語詞，例如「桌子」、「水」……等，來思維、論議一個對象——「物」，那麼，如此思議活動之所以有效，必是基於我們假定通過如許概念或語詞所要思議的對象本身——「所物」，具有可能被思議活動所把捉到的實質內容——「可『物』」[95]，否則我們面對任何「不可物」的「非物」項目，便無法通過概念或語詞去思維論議它們。又，正因對象屬於「可物」之物類，所以我們使用「物」、乃至「桌子」、「水」等概念或語詞去思維論議它們時，這些名言才得以被認可為真能指出對象實情。然而，與之相反，當我們面對的是無法利用語詞去表陳、抑或通過概念去思想的「非物」項目時，倘若我們同樣還想藉由「物」這個概念或其他語詞去思議它們，則縱使我們使用了某些名言去思議該許作為「所物」的對象，但是只要深入思考，便知那些名言終究難以被認可為已經真正指陳出該許對象的任何實質。

基於這種認識，我們應該重新反省宇宙萬法是否真的與那些用來表陳它們的名言之間，保有彼此對當、符應的關係呢？針對這個問題，僧肇清楚表示，我們通過名言以思維、論議某個對象時，絕不因此意謂它們真能指陳出對象存在的實際情況到底是怎麼一回事。而且反過來看，那被視為某事、某物的對象——例如桌子或水，更不是只要我們把它叫作「桌子」或「水」，那麼，該對象就無所逃於天地之間、普遍而客觀地全都是桌子或水。因為人們所事物化看待的對象本身，擁有遠比它們被視為某事、某物時的更豐厚內涵。

不過，類似這種「名」、「實」不相符應的僧肇看法，又到底有什麼

---

[95] 僧肇在這裡所使用的「可『物』」之「可」字，不僅含有從客觀來說、用以指出對象具有可能被思議的體質或內涵這一意義，而且含有從主觀來說、用以表示主體認為某些名言確實能夠充足思議某個對象的意義。若就詞性而言，前一含義是「可」字的副詞用法，而後一含義則為它的動詞用法。

義理根據呢?或者說,那是由於僧肇發現宇宙萬法的哪些存在情實而後所提出來的一種反常看法呢?

語言符號用來指陳、表述人們所經驗甚至未經歷過的事物或對象,因此,語言符號擁有可讓人們通過它去了解、掌握事物或對象的指向、陳述、表義、傳情等多樣功能[96]。然則,語言符號之所以具備這些功能,並非是由語言符號本身所決定,而是因為人類生活世界存在著許多彼此一致或類似的經驗事象,所以藉由使用某些語詞或概念得以傳述那些人們所能共享的經驗事象,而讓彼此都明白那些語言符號所正在描摹或所打算指向的東西到底是什麼?在哪裡?甚至有怎樣的意義或價值?等等。

在這樣的背景下,人們日常多半會認同一個語詞或概念應該與它所要指向或所正描摹的東西之間維持著任何一種程度的「符應關係」——或者能夠完全符應,或者可以部分指代,否則人們期望透過語詞或概念去傳述自己的所見、所知時,便不免遭遇「指『鹿』」、但卻被他人認作「為『馬』」的困境[97]。換句話說,承認語言符號和其所論陳對象之間的符應性,毋寧是箇合乎常情常理的看法[98]。雖然僧肇的觀解和此類看法有別,但是剋實而論,僧肇是否真的全盤都不採認語言——「名」——和對象——「物」——之間的某種符應關係呢?情況也許未必;因為其中涉及「物」、「實」二概念意指的細部分辨,所以還需進一步展開批判分析和討論。

---

[96] 關於語言的功用,請參見 Bertrand Russell. *Human Knowledge: Its Scope and Limits*, London: Routledge, 1992, pp. 71-77。或參見羅素(B. Russell)著,張金言譯,《人類的知識——其範圍與限度》(北京:商務印書館,1983 年),頁 68-76。

[97]「指鹿為馬」,典出《史記·秦始皇本紀》;詳見瀧川龜太郎,《史記會注考證》(台北:洪氏,1986 年),頁 131 上欄右。不過,本論文在這裡所取用的意思,並不同於該句成語的原初意義。

[98] 例如劉遺民(352-410 A.D.)寫信請教僧肇有關「般若無知」的問題時,便說:「夫物無以自通,故立名以通物。物雖非名,果有可名之物,當於此名矣!是以即名求物,物不能隱。」詳見《大正藏》第 45 冊,頁 153c。

僧肇〈不真空論〉的實相哲學

一、「名言」與「物相」的關係

事實上,世人認為語言與對象——「名」與「物」之間必然保有或理當具備某種符契、對應關係的一般看法,絕不意謂他們——可稱為「名物符應論者」——完全不曉得語言是人們所約定俗成的東西,所以任何語言都沒有決定就是用來指稱某個物體、或者描述某個事件的先在本質。不止於此,即使作為「名物符應論者」,他們也未嘗全不明白一切可作為感官直覺對象、理智思維對象的所謂「物」,不管它是什麼,也都不是在人們為它安上某個語詞後,就能從此把它限定、框住。相反地,他們同樣知道吾人盡可使用不同語詞去表陳某一事物。例如一隻會爬行的無足軟體動物,可以被稱為「蛇」,但也可以被叫作「小龍」之類。

不過,問題關鍵在於人們一般所主張的「名」、「物」符應論點,往往是把語言和對象之間的那種對應或指代關係予以固定化、絕對化,從而認為只要提到一個語詞或概念,也就同時會有一個實際存在的事物與它相符應,而於其中絲毫不致產生錯謬或引起誤解。甚至懷有如此看法的人,在面對自己所知見的任何事物時,還更習慣採用某個固定名稱或語句來陳述它們,而且認為不那樣陳述,便是錯誤的做法。值此之際,僧肇所擬反思的哲學課題,一方面固然是「名」、「物」之間有沒有符應關係的問題[99],但另一方面則是更要檢視語言以及對象本身是否具有「實在性」的問題。因為假使「名」、「物」都分別談不上是「實在」的東西,那麼,所謂它們二者之間的對應或指代關係,也就根本失去其絕對不容否定的意義基礎。然則,僧肇又如何確定「名」、「物」皆不具有實在性呢?

關於名言本身不具備「實在性」的問題,還得要從語言符號的生成

---

[99] 正如僧肇所說:「以物物於物,則所物而可物。」僧肇仍舊肯定那些作為對象的「物」,如果真正具有「實在性」而不是屬於所謂「非物」之類的話,則「名」、「物」之間的符應關係,便仍可有意義地成立。

過程去切入考察。因為如果一個概念或語詞沒有它所以形成或產生的歷程，而它卻又如此呈現或如彼存在，那麼也就意謂它不是一種被造作出來的東西；換言之，它就能只靠自己決定其本身存在。這樣一種能夠自我決定其存在性的東西，正好符合前述實體、本質含義的「真」或「實」概念，因而可謂具有「實在性」。然則，事實卻是語言符號必有它們所以生成的整個過程，而且假使不通過那樣的歷程，則便毫無可能出現任何概念或語詞。因此，揭示那樣的生成歷程，也就可以據此證成名言本身的不實在性或虛在性。

關於語言符號所以形成的整個過程，僧肇有如下說法：

> 夫言由名起，名以相生，相因可相。無相，（故）無名；無名，（則）無說；無說，（便）無聞[100]。

這裡指出言說是由名稱（nāman）或概念所構成；而名稱或概念則依憑人們通過心意識作用所取得的對象形狀、相貌、抑或樣態等存在表徵（lakṣaṇa）以產生；至於對象的存在表徵，還須基於對象具備可被心意識所覺知的存有體質——「可相」[101]，而後方得呈現。因此，假使對象

---

[100] 詳見《肇論》卷1：「夫言由名起，名以相生，相因可相。無相，無名；無名，無說；無說，無聞。經曰：『涅槃非法，非非法，無聞無說，非心所知。』……」（《大正藏》第45冊，頁159b-c。）

[101] 關於「可相」一詞的含義，《肇論》的註釋家，例如宋‧遵式，《注肇論疏》卷6，說：「可相者，執相也。徧計執之，故有『有』、『無』相。」（《卍新纂續藏》第54冊，頁209c。）元‧文才《肇論新疏》卷3，說：「可相者，相由心起；心於相上印可、分別，故言可相。猶言相由心現。」（《大正藏》45冊，頁236a。）明‧德清，《肇論略註》卷6，說：「……名相從妄想而生，故曰：『相因可相。』」（《卍新纂續藏》第54冊，頁361a。）這些註釋都以「可相」為主觀心意識作用所造成的結果，亦即可稱之為「印象」（image）。不過，《中論》卷1〈觀六種品〉說：「相法無有故，可相法亦無。可相法無故，相法亦復無。」（《大正藏》第30冊，頁7c。）此中所謂「可相」，根據吳汝鈞的解釋，則是指那些「可以把特徵附在其上的東西」、亦即「特徵的對象」或「事物」；詳見吳汝鈞，《龍樹中論的哲學解讀》，頁121。另請參見三枝充悳訳注，《中論（上）》（東京：第三文明社，

不具備可能被覺知的存有體質,那麼,人們也勢必無法就之取得任何存在表徵,以形成概念或名稱。一旦缺乏概念或名稱,人們不能有所言說或講論,自然也不會有聆聽他人講說這件事了!

上述說法已經相當程度闡明語詞或概念的生成過程。那就是說人們必須根據那些可以作為認識對象的事物展現出它們為人所覺知的形狀、相貌、抑或樣態等存在表徵,然後才能製造出與之相對應的語詞或概念,否則語詞或概念必然無從產生。可是,關於對象的樣態、相貌、形狀等所謂的「相」,卻又是怎樣被觀思者所確認的呢?它們是對象本身就已具備的東西?或者它們必須有待其他因緣條件才得顯現呢?

二、「物相」的形成因緣

根據認識論針對一般認識活動的研究,概念或觀念是人們憑藉覺知機能,面對那些作為認識對象的事物,展開辨識它們的形狀、樣相、特徵等存在內容,而後形成的認知產品。例如人們的覺知機能遭遇某些生長在土地上、開出不同形狀、呈現諸多顏色的東西,進而確認它們的形相、特徵後,便可構作出一個「花」的概念、或者形成一個「黃花」的觀念。更進一步,藉由聲音、文字等記號或符號,來標識這個貯存於人心、腦海裡的概念或觀念,便有「花」或「黃花」這樣的語詞。從此,這語詞就有它所涵蘊的意義、以及其所要指涉的特定對象。

2002 年),頁 191。單培根在《肇論講義》中把僧肇所說「相因可相」一句,講成:「相的生起,因於有可相之物。」由此可知,他也將「可相」一詞理解為「事物」或「對象」的意思;詳見單培根,《肇論講義》(台北:方廣文化,2006 年),頁 207。然則,《中論‧觀六種品》所提到的「可相(法)」,到底是指那些可被人們所確認為對象的客觀事物?還是指那些能夠掌握對象存在表徵的主觀心意識作用呢?因為研究者對此問題的理解不同,所以反映在翻譯上也略有出入。例如鳩摩羅什所翻譯的青目釋《中論‧觀六種品》、與波羅頗密多羅所翻譯的清辨釋《般若燈論‧觀六界品》、以及法護所翻譯的安慧釋《大乘中觀釋論‧觀六界品》,在其彼此相對應的字句上就有不同的翻譯;請參見三枝充悳,《中論偈頌總覽》(東京:第三文明社,1985 年),頁 136-139。

在概念或觀念的塑造過程中，人們通常就是藉由比較其所觀對象的有無、同異等情況，去把握該許對象的特徵、樣貌、乃至它們彼此之間的關係或規則，然後一個特定的概念或觀念才得以塑造形成。換句話說，如果對象不是先在人們的覺知活動中顯現出它自己，而且同時展露一點別有特色的存在內容，那麼，人們也勢必無法宣稱他自己所看到的對象到底「是」或「不是」什麼東西。

對於人類覺知機能所展現的區別辨識活動，在佛教經論中或稱它為「取相分別」的心智作用[102]。正如僧肇所說[103]，世人面對宇宙萬法時，藉由取相分別之心智作用乃得以形成通常所謂「認知」或「知識」。然而，通過取相分別心智作用所形成的認知，以及基於該認知所形塑出來的概念或觀念、甚至語詞，因為總是只抓住對象的某個側面而不是它的全盤面目，所以它們不足以用來完整描述、抑或不能毫無遺漏地指陳出對象的全貌，毋寧是件極為明顯的事情[104]。不僅如此，由於概念、語詞等名言必須倚靠取相分別心智作用而成立，因此任何名言也都不能自己本身徹始徹終就是某個名言，而是必須對應於取相分別心智作用所獲得的認識結果，轉換成為另外一種意指的名言。換句話說，不管是從名言作為指陳、描摹對象的一種記號或符號來看，名言並不擁有完全指代對象的功用，或是從名言必須依賴心意識活動成果來看，名言無法常保其

---

[102] 例如《大乘入楞伽經》卷3〈集一切法品〉：「復次，大慧！有二種覺智，謂：觀察智、及取相分別執著建立智。觀察智者，謂觀一切法離四句不可得。……云何取相分別執著建立智？謂於堅、濕、煖、動諸大種性，取相執著、虛妄分別，以宗、因、喻而妄建立，是名取相分別執著建立智。……」詳見《大正藏》第16冊，頁605b。又如《大智度論》卷19：「……菩薩知一切語，皆從虛妄、不實、顛倒取相分別生。」詳見《大正藏》第25冊，頁205b。

[103] 詳見《肇論》卷1：「夫智以知所知，取相故名知。真諦自無相，真智何由知？……」(《大正藏》第45冊，頁154a。)

[104] 這是世俗一般認知活動所無法避免的限定性。請參見《肇論》卷1：「夫有所知，則有所不知。以聖心無知，故無所不知。不知之知，乃曰一切知。」(《大正藏》第45冊，頁153a。)

自身總不改變的內涵,莫不都在揭露出名言本身的不實在性。正是由於名言不實在,因此乃得允許人們認為名言本身徹底說來則是「非名言」。所謂「名言本身非名言」,也就是指語言符號必有賴於一些相關因緣條件才得現形,而不是它自己本身就能成立,並且任何語言符號都不可能握有充分表陳出其對象情實的絕對權力。

　　名言無法用來指代其所陳論的事物、或者不可能充分表陳出其對象情實的這種看法,源自於佛教認為取相分別之心智作用,乃不過表現出世人心意識活動在面對宇宙萬法時的一種虛妄執著樣態。因為取相分別心智作用並不建立在對事物生成歷程、以及其存有內涵的徹底把握上,而僅奠基在對事物某個存在階段、以及其某些表層樣相的片面認定上,所以取相分別心智作用下的任何對象,莫不無由全面展露出它的存在真實情況,從而也就夠不上是箇真正實在的東西。換言之,如果是從認知要求能夠反映出對象全貌的角度看,世人一般的取相分別心智作用及其結果,則只得說為具有虛妄執著之性格、顛倒不實的意義。因此,假使人們總要透過取相分別心智作用去認識宇宙萬法究竟怎麼一回事的話,那麼,大概掌握住的也只能是其所觀對象倒映在他心意識活動中的一些浮虛相貌而已!

　　正如鳩摩羅什以食物味道為例所說:

> 法無定性;由分別取相,謂之為味。若不分別時,則非味也。雖食,當如本相也[105]。

　　任何食物都不由自己本身就決定是什麼或有什麼味道,而是通過眾生感覺機能的取相分別作用,食物才在食用者的感知中現出或苦、或酸、或鹹、或甜等各種味道。同樣地,一切由眾因緣所生所滅的宇宙萬法,既然未嘗擁有固定不變的體質,那麼它們也不可能保有決定不改的

---

[105] 詳見《注維摩詰經》卷2〈弟子品〉;《大正藏》第38冊,頁348c。

形相或特徵。因此,從認識論角度看,現似個別事物所具備的形相或特徵——所謂「物相」,不外是通過觀法者的取相分別心智作用所決定的結果。而且因為取相分別心智作用本身同樣處在虛浮不定狀態中,所以任何「物相」終究要表現出變化不定、虛幻不實的性格。

關於宇宙萬法通過觀法者的取相分別心智作用而後得以相對確立其形狀、樣相、特質等存在表徵的情形,僧肇這樣說道:

> 法無美、惡,虛妄分別,謂是美、是惡。……法本非有,倒想為有。既以為有,然後擇其美、惡,謂之分別也[106]!

這裡便指出事物原本並不含有「美」、「惡」之類的價值屬性或存在表徵[107];唯有當人同事物照面後,透過心意識活動的取相分別作用,才賦予事物以美或惡、好或壞……等各種品質上的規定。甚至徹底說來,宇宙萬法的真實情況也根本不是「有」或「存在」這類意指有其限定的語詞所能框定。然則,人們可以因為心念執持住對象某個時段或某個側面的表現,而在肯定它們為「有」的基礎上,去展開取相分別它們「是」什麼、或者具備怎樣的性質、乃至其彼此間保持何種關係等認識活動。

「法本非有,倒想為有。」這一說法旨在揭露世人心意識活動中所確認為「有」或為存在的對象,不必是就其本身來說真正實在的事物。因為一切事物都是假借各式各樣因緣條件所會聚形成的存在體,所以只要因緣不具足、條件有欠缺,便根本找不到自己原先所確認為存在的那個對象;並且,更不可能客觀上有箇事物本身真正實在[108],在那裡靜靜

---

[106] 詳見《注維摩詰經》卷6〈觀眾生品〉;《大正藏》第38冊,頁386b。
[107] 「美」、「惡」到底是屬於價值論範疇的一對概念,還是屬於存有論範疇的一對概念?這個問題可以基於理論思維立場的差異而取得不同答案。
[108] 請參見《注維摩詰經》卷6〈觀眾生品〉:「一切法,從眾緣會而成體;緣未會,則法無寄。無寄,則無住。無住,則無法。以無法為本,故能立一切法也。」(《大正藏》第38冊,頁386c。)

等候世人去對它展開一一符應於其實質內容的各種指陳或描摹。

例如剋就物質存在體——「色」而言,僧肇一方面固然認為佛教學人必須明白「色不自色」的道理,但另方面更要求學人體察「色之(即是)非色」的真相,因而說道:

> 即色(論)者,明色不自色,故雖色而非色也。夫言色者,但當色即色,豈待色色而後為色哉!此直語色不自色,未領色之非色也[109]。

對於「色不自色」的認識,乃是明白物質依因待緣而成立,所以不能獨立自主保證其總是存在。這是一種著眼於物質生成歷程、由縱貫面去檢視物質存在性格的觀點。相對於此,所謂「色之非色」,則是由橫切面審思物質存在體而了解其中絲毫沒有任何「自我同一性」的看法。因為看似現前實存的某個物質現象,必然是隨順其因緣條件而處於不斷變化遷易的狀態[110],所以我們又如何能夠找到一個決定可以用來確認它「是」這個樣子而「不是」那個面貌的自體存在或「真有」呢[111]?換句話說,既然「色」無力維持其自身存在的同一性,則「色」就可以被

---

[109] 引見《肇論》卷1;《大正藏》第45冊,頁152a。

[110] 請參見《注維摩詰經》卷3〈弟子品〉:「……諸法如電,新新不停,一起、一滅,不相待也。彈指頃有六十念過,諸法乃無一念頃住,況欲久停!」(《大正藏》第38冊,頁356b。)

[111] 請參見《注維摩詰經》卷5〈文殊師利問疾品〉:「身相離,則非身。心如幻,則非心。身、心既無,病與誰合?無合,故無病。無病,故不可見也。」(《大正藏》第38冊,頁374b。)《摩訶般若波羅蜜經》卷7〈無生品〉:「舍利弗問須菩提:『何因緣故,色不生,是非色;受、想、行、識不生,是非識;乃至一切種智不生,是非一切種智?』須菩提言:『色,色相空;色空中,無色、無生。以是因緣故,色不生,是非色。受、想、行、識,識相空;識空中,無識、無生。以是因緣故,受、想、行、識不生,是非受想行識。……內空、乃至無法有法空,四念處、乃至十八不共法、一切種智,亦如是。以是因緣故,內空不生,是非內空;乃至一切種智不生,是非一切種智。』」(《大正藏》第8冊,頁270c-271a。)

說成是「非色」。這一「色之(即是)非色」的看法,正揭示出因緣所生物質存在體根本就不具有任何「自性」內涵的虛在意義——僧肇所謂「不真空義」[112]。

物質存在體在本性上是不真實的緣起法象,所以「色」即可說為「非色」。宇宙萬法的「存在」或「有」,徹底說來是「非有」或「非存在」;因為都是眾緣所成而本性空寂的虛假存在、虛假不存在。然而世人憑藉其心意識活動面對如此在本性上「非有」的虛假現象時,卻往往坐實去展開取相分別的認知作用,以至於構作出或是以為「此有」、或是以為「彼有」的認定,因此,為了要給諸如此類的認定安置一個存有位階,便只好說它們是不真實的存在現象。

這些虛假不實的存在現象,既是認識活動將原本並非如此或如彼的對象,硬加上一個是如此或是如彼的認知決定,所以這種取相分別的心智作用相對於它所企圖構及的對象情實,也只能被視為是一種「(顛)倒想」,而不是能夠捨「有」入「空」的真實智慧[113]。這就好比把一條本來不是蛇的草繩當成是蛇[114],對象情實也就被那樣一種顛倒是非的心意識作用給掩蓋住了[115]!

---

[112] 詳見《肇論》卷1:「……是以經云非色者,誠以非色於色,不非色於非色。若非色於非色,太虛則非色,非色何所明?若以非色於色,即非色不異色。非色不異色,色即為非色。」(《大正藏》第45冊,頁156c。)這是視「非色」與「空」為同義,所以元・文才《肇論新疏》便將「色即非色」一詞解釋成是在指陳「色、空相即」之法義;詳見《肇論新疏》卷2:「……『是以經云非色者,誠以非(破斥之辭)色於色,不非色於非色(空)。』牒經以釋色即是空,故牒非色。初出正理,謂凡夫執青、黃等相,皆謂實有者,不了從緣、性空之理,故經破著,即於青、黃色中,求色無實,如幻、如夢,故云非色於色。……」(《大正藏》第45冊,頁226c-227a。)

[113] 請參見《注維摩詰經》卷4:「小捨,捨於怨親。大捨,捨於萬有。捨萬有者,正智之性也。故行捨心,以攝智慧。」(《大正藏》第38冊,頁368c。)

[114] 請參見《大乘入楞伽經》卷7〈偈頌品〉:「……如愚不了繩,妄取以為蛇。不了自心現,妄分別外境。如是繩自體,一、異性皆離;但自心倒惑,妄起繩分別。」(《大正藏》第16冊,頁632c。)

[115] 請參見《注維摩詰經》卷10:「六識,識六塵而已,不能分別是非。分別是非,

類似這種認知上的錯謬又是怎樣造成的呢?那是由於觀法者的心智被各種主觀想像成素所擾動的緣故。例如僧肇在《注維摩詰經》中表示:

> 心猶水也,靜則有照,動則無鑒。癡愛所濁,邪風所扇,湧溢波蕩,未始暫住。以此觀法,何往不倒?譬如臨面湧泉而責以本狀者,未之有也。倒想之興,本乎不住,義存於此乎!一切法從眾緣會而成體;緣未會,則法無寄。無寄,則無住。無住,則無法。以無(住)法為本,故能立一切法也[116]。

因為世俗人心容易受到無明愚痴、貪愛戀著、偏邪見解等種種因素的干擾,所以當他憑藉如許心意識狀態去面對宇宙萬法時,便會由於觀察得不分明、理解得不透徹而導致誤把自己所知見的情況視為是確實能反映出對象本身的全貌,絲毫不自覺它們只是一些顛倒事物情實的個人想像。僧肇在這裡指出世人心智活動欠缺穩固性——「不住」,乃是種種「(顛)倒想」所以發生的原由[117]。不過,世俗心智易受擾動的不穩固

其唯正智乎?是以行者依智不依識也!」(《大正藏》第 38 冊,頁 416c-417a。)
《注維摩詰經》卷 3:「上明外法不住,此明內心妄見,俱辯空義,內、外為異耳!夫以見妄,故所見不實。所見不實,則實存于所見之外。實存于所見之外,則所見【案:「所見」二字,另本作「見所」為是】不能見。見所不能見,故無相常淨也。……」(《大正藏》第 38 冊,頁 356b。)

[116] 引見《注維摩詰經》卷 6;《大正藏》第 38 冊,頁 386c。
[117] 相對於僧肇的註解,吉藏,《維摩經義疏》卷 5,則說:「問:『由非有非無,故有有、無。此則無益【案:「益」字,或作「蓋」字為是】本,何無本?』答:『今文既稱無往【案:「往」字,或作「住」字為是】,則絕四句,妄【案:「妄」字,或作「忘」字為是】百非,言斷慮窮,即是諸法實體,為一切法本;而此實相,更無有本。』問:『既絕四句,何故稱無住耶?』答:『不知何以目之,強名無住。對有法有本,亦強名無本。以理言之,不可說無與不無,亦不可言其本與無本。』『文殊師利!從無住本立一切法。』由無住,故想倒。想倒,故分別。分別,故貪欲。貪欲,故有身。既已有身,則善、惡並陳。善、惡既陳,則萬法斯起。若了達其本,則眾未【案:「未」字,或作「末」字為是】可除。」(《大正藏》第 38 冊,頁 967b-c。)僧肇、吉藏兩人在說法上的差異,乃是分別建立在不同義理層次上所造成的結果,而不是他們有本質性上的思想差異。

性,雖然可讓人們無法準確知見對象的實情或真相,但是從另一方面來看,它卻正好揭露宇宙萬法就是在這樣一種未嘗具有穩固性的「無住」(apratiṣṭhāna)基礎上,才得以一一具體成就其為某某事物的存在真相[118]。這是因為從緣起角度檢視我們通常所稱之為「客體」或「對象」的宇宙萬法時,不管它們是屬於心靈或精神的現象、還是屬於物質的現象,在因緣條件尚未滿足之前,莫不都是一些不可說為「存在」或「有」的東西[119]。換句話說,一個無處寄寓其存在性的對象或客體,實質上也就是根本沒有那樣的東西。然則,這又不意謂世人所面對的是一片死寂、全然斷滅的世界。相反地,世人就是身處在這樣一種本無停住、不斷變轉的「妙存」宇宙中[120],只要會聚充足實現的因緣條件,便可成就或此或彼的各種事物——即使這些個別事物在本質上是取相分別心智作用所執定成體的一種「意義存有者」,亦即它們只在觀法者所運作的心智活動中才顯現出它是某件事或某個物的實存體相,因而終究只能占得「虛在」而非「實在」的存有暨價值定位[121]。

---

[118] 對於《維摩詰所說經》的「無住」觀念、以及其相關思想,袴谷憲昭、松本史朗也做過探討。請參見袴谷憲昭,《本覺思想批判》(東京:大藏,1990年),頁227-235;松本史朗,〈緣起について〉,收錄於《緣起と空》,頁97;松本史朗,〈三論教學の批判的考察——dhātu-vāda としての吉藏の思想〉,收錄於《禪思想の批判的研究》(東京:大藏,1994年),頁554-556。可是,本論文在這一方面有不同於他們的看法,詳見以下的研討。

[119] 請參見《注維摩詰經》卷6:「(鳩摩羅)什曰:法無自性,緣感而起。當其未起,莫知所寄。莫知所寄,故無所住。無所住故,則非有、(非)無。非有、(非)無,而為有、無之本。無住,則窮其原,更無所出,故曰無本。無本而為物之本,故言立一切法也。」(《大正藏》第38冊,頁386b-c。)

[120] 請參見《肇論》卷1:「是以聖人不物於物,不非物於物。不物於物,物非有也。不非物於物,物非無也。非有,所以不取。非無,所以不捨。不捨,故妙存即真。不取,故名相靡因。名相靡因,非有知也。妙存即真,非無知也。……」(《大正藏》第45冊,頁156b。)

[121] 請參見《注維摩詰經》卷5:「夫有由心生,心因有起。……」(《大正藏》第38冊,頁372c。)

（三）名言與對象情實的非符應關係——「名實無當」

由於徹底明白語詞或概念、以及它們所擬陳述的對象都未嘗住著不變，因此僧肇主張世人通常所認定的「名」、「物」符應關係，更徹底看來並不是一種能夠講出宇宙真相、顯示諸法情實的觀點。

正如僧肇論道：

> 夫以名求物，物無當名之實；以物求名，名無得物之功。物，無當名之實，非物也。名，無得物之功，非名也。是以名不當實，實不當名。名、實無當，萬物安在？故《中觀（論）》云：「物無彼、此。」而（此）人以此為此，以彼為彼。彼（人）亦以此為彼，以彼為此。此、彼莫定乎一名，而惑者懷必然之志。然則，彼、此，初非有；惑者，初非無。既悟彼、此之非有，有何物而可有哉？故知萬物非真，假號久矣！是以《成具（光明定意經）》立強名之文，園林託指馬之況。如此，則深遠之言，於何而不在[122]？

語言符號和對象情實之間既然不曾存在一一對當的符應關係，那麼人們縱使想要循著各式各樣只在思維範疇內被肯定賦予以一定意義、同時即可用來思議某些對象的語詞或概念去向外延伸找到一個能夠真正切合於該概念或該語詞的客觀事物，自然不會有成功之時[123]。同樣地，面對存有內涵一向開放而從不穩定的宇宙萬法，任何名言也都無法宣稱自己能夠毫不遺漏地指陳出所論對象的真實情況。

職此之故，若從語言符號與對象情實從未真正具有符應關係的角度來看，世人一般認為某事物存在而是什麼、或者相反地認為某事物不存在而不是什麼的存有是非論斷，又到底具有什麼意義呢？或者說，如果

---

[122] 引見《肇論》卷1；《大正藏》第45冊，頁152c-153a。
[123] 正如李明芳所說：「……『名』可以指物，但物卻不因為有此『名』而就具有如此的『自性』，……」詳見李明芳，《僧肇中觀思想研究》，頁102-103。

它們都只不過是一句話,然而卻根本也說不全盡對象的全盤真相、甚至講不出對象的任何實情,那麼,它們的價值又在何處?

僧肇沒有迴避考究這類問題;然而他的答案是隨龍樹《中論》所說「分別於二諦」的認識,從分別真理言說為兩個層次著手,以便能將一切語言符號的價值意義依著世俗認識活動所攀緣取相的對象範圍去展開其相對肯定的安立。例如僧肇說道:

> 名,生於言。言斷,誰名[124]?
>
> 覺觀麁心,言語之本。真法無相,故覺觀自離。覺觀既離,則無復言說[125]。

名相、言說奠基在覺知、觀想等一般心意識活動之上;而一般心意識活動面對宇宙萬法,則是必須運行其「心有所屬」的攀緣取相作用[126],以此才能形構成語言、生產出名相。相對於此,指向宇宙萬法緣起性空如實真相的所謂「真法」或「真諦」卻不在一般心意識活動所能搆及的對象範圍內,因此僧肇表示:「真法無相,覺觀自離。」而在前引文句中也說:「真諦獨靜於名教之外,豈曰文言之能辨哉!」

然則,據理而談,固是如此,但一則因為佛法「玄旨非言不傳,釋迦所以致教」[127],另則由於「萬法雖殊,無非解脫相,豈文字之獨異」[128],所以在名相、言說仍舊具有傳達說寫者意旨的功能、以及未必一定會讓閱聽者迷滯不解真相的認識前提下,語言符號也可獲得它們所應被賦予

---

[124] 引見《注維摩詰經》卷2;《大正藏》第38冊,頁346b。

[125] 引見《注維摩詰經》卷2;《大正藏》第38冊,頁346b。

[126] 請參見《注維摩詰經》卷5:「什曰:……機神微動,則心有所屬。心有所屬,名為攀緣。攀緣、取相是妄動之始,病之根也。」(《大正藏》第38冊,頁377c。)

[127] 詳見僧肇,〈長阿含經序〉,收載於《長阿含經》卷1:「夫宗極絕於稱謂,賢聖以之沖默。玄旨非言不傳,釋迦所以致教。是以如來出世,大教有三。……」(《大正藏》第1冊,頁1a。)

[128] 引見《注維摩詰經》卷6;《大正藏》第38冊,頁388a-b。

的價值意義。不過,僧肇更要提醒閱聽者務必明白語言符號都是用來虛擬指向「諸法實相」的因緣產物[129],所以閱聽者應當心無所屬、意無所得地「無聽而聽」[130],然後才不至於認「虛」作「實」,陷在把弄語文光景的幻網裡,而竟以為自己真的悟見諸法實相。

伍、結論

然則,果真如同上來所論,那麼,是否就意味著僧肇認為不管什麼時候、什麼地方、甚至在怎樣的意義下,都毫無真正夠得上是「實在」的東西呢?或者能否說他心底壓根都無所謂的「真實(性)」這種觀念或想法,因而也不存在著他所認為是「真的」或是「真理」的言論呢?事實並非如此[131]。

雖然世人一般心意識活動所取相分別的對象只是虛妄不實的存在體,但是僧肇仍然認為人們通過修習佛法還是可能憑藉「般若波羅蜜多」智慧去認識真正稱得上是實在的「諸法實相」[132]。不過,這一諸法實相又意指什麼呢?根據前論,僧肇指出任何事物的「實在性」並無法就著我們所虛誑妄取的對象去發現,而必須深入對象底層才能找到。這

---

[129] 請參見《肇論》卷1:「然則,真諦獨靜於名教之外,豈曰文言之能辨哉!然不能杜默,聊復厝言以擬之。……」(《大正藏》第45冊,頁152a。)

[130] 例如《注維摩詰經》卷5:「所以攀緣,意存有取。所以有取,意存有得。若能知法虛誑,無取、無得者,則攀緣自息矣!」詳見《大正藏》第38冊,頁377c。攀緣、取相的心意識作用止息不作,才能無聽而聽,也才能夠無說而說。另請參見《肇論》卷1;《大正藏》第45冊,頁159b;《注維摩詰經》卷2;《大正藏》第38冊,頁347b。

[131] 請參見伊藤隆壽,〈僧肇と吉藏——中国における中観思想受容の一面〉,收錄於《中国仏教の批判的研究》,頁291。

[132] 請參見《肇論》卷1:「……是以聖人以無知之般若,照彼無相之真諦。真諦無兔馬之遺,般若無不窮之鑒。所以會而不差,當而無是,寂怕無知而無不知者矣!」(《大正藏》第45冊,頁153c。)

一底層就是對象之所以能夠生成、所以能夠存在的因緣關係[133]；而它的另外一層深義也就體現在宇宙萬法「至虛無生」的「空性」之中。因此，「空性」乃成為貫徹一切諸法源底的真實面目。

問題是：這一名為「空性」的諸法實相，既然被認為無法藉由語詞或概念所構作形成的話語來傳述它的真正內涵，那麼，世人如何可能與它覿面相照呢？通常所謂的「超越語言」，又談何容易！但是，基於佛教賢聖總得採取一些能夠打破世俗心智所封執、所錮閉的自性觀念或實體概念，然後才有辦法摸索出一點入門引歸諸法實相的指標，所以僧肇選擇透過「不真」一義的論辯、開闡，來嘗試引導學人歸向諸法性空的真如實相。從領解「不真」所要開顯的「空義」而悟入「至虛無生」的「物性」：這便是學人可憑以歸趣「諸法實相」的一道路徑。換言之，對於僧肇來說，所謂「真實」，是在了悟「不真即空」的佛法義理中被確認的；除此之外，便只剩下有待吾人去面對、去觀思的一切諸法，但那是不可建立真假、虛實乃至有無、生滅……等分別論說的非思議境界。

在〈不真空論〉裡，僧肇偏重論究諸法「虛在」的「即物自虛」義理，而對於「諸法無生」這一思想側面則尚未多所著力。又，對於我們如何可能通達那樣究竟真實的「諸法實相」，也沒有就著主體實踐層次的心智運作側面展開論究。然則，對於前一問題，在〈物不遷論〉中便有相對集中的探討；而對於後一問題，則在〈般若無知論〉中已有更為深入的論議。不過，這些已是另外的論題了[134]！

---

[133] 這裡的所謂「底層」，不是意指某種固定不變的基礎，然後依此基礎以形成「表層」的事物或現象。它只是相對於世人目前所見種種現似個體存在、具有特定形相的事物或現象，而意謂某事物或某現象得以形成之生存歷程、以及其關聯因素的一個說法。換個方式來講，「底層」其實是相較於尚未了悟事物為虛假現象，而指向那已知道事物不過假象之認識情況來說的用語。因此，如果能夠了悟事物只是虛假現象，則便如同涂艷秋所說：「……其實萬物的假相即是它自己的實相。」那麼也就無所謂「底層」及與「表層」的分別。甚至還可認為：「……諸法的現實狀況即是最真實的實相，吾人不需要在現實狀況之外，去尋找實相。」請參見涂艷秋，《僧肇思想探究》，頁 162-163，177-178。

[134] 相關討論，請參見陳平坤，《僧肇與吉藏的實相哲學》（台北：臺灣大學哲學系博士論文，2010 年 7 月），第四章第一節、第五章第一節。

後記

本文曾以「僧肇的實相哲學——以〈不真空論〉為主要典據的義理論述」為名，刊載於《臺大佛學研究》第 19 期（台北：臺灣大學文學院佛學研究中心，2010 年 6 月，頁 1-62）。今值楊惠南先生即將邁入從心所欲之生命期程，為祝 先生七十大壽，遂將原文予以增補、修改成目前樣貌，同時改名「僧肇〈不真空論〉的實相哲學」，以編入壽慶論文集中。

引用書目

一、原典

失譯人名，《別譯雜阿含經》；《大正藏》冊 2。
東晉・瞿曇僧伽提婆譯，《中阿含經》；《大正藏》冊 1。
後秦・鳩摩羅什譯，《大智度論》；《大正藏》冊 25。
――，《小品般若波羅蜜經》；《大正藏》冊 8。
――，《中論》；《大正藏》冊 30。
――，《維摩詰所說經》；《大正藏》冊 14。
――，《摩訶般若波羅蜜經》；《大正藏》冊 8。
後秦・僧肇作，《肇論》；《大正藏》冊 45。
後秦・僧肇撰，《注維摩詰經》；《大正藏》冊 38。
劉宋・求那跋陀羅譯，《雜阿含經》；《大正藏》冊 2。
唐・元康撰，《肇論疏》；《大正藏》冊 45。
唐・玄奘譯，《阿毘達磨大毘婆沙論》；《大正藏》冊 27。
元・文才述，《肇論新疏》；《大正藏》冊 45。

二、專書

牟宗三，《佛性與般若》，台北：臺灣學生書局，1989 年。
吳汝鈞，《中國佛學的現代詮釋》，台北：文津，1995 年。

──,《印度佛學的現代詮釋》,台北:文津,1983 年。

李潤生,《僧肇》,台北:東大,1989 年。

邱敏捷,《《肇論》研究的衍進與開展》,高雄:高雄復文,2003 年。

俞宣孟,《本體論研究》,上海:上海人民,2005 年。

唐君毅,《中國哲學原論・原道篇卷一》,台北:臺灣學生書局,1992 年。

──,《中國哲學原論・導論篇》,台北:臺灣學生書局,1992 年。

唐秀連,《僧肇的佛學理解與格義佛教》,台北:文史哲,2008 年。

涂艷秋,《僧肇思想探究》,台北:東初,1996 年。

許抗生,《僧肇評傳》,南京:南京大學,1998 年。

楊惠南,《吉藏》,台北:東大,1989 年。

劉貴傑,《僧肇思想研究──魏晉玄學與佛教思想之交涉》,台北:文史哲,1985 年。

盧桂珍,《慧遠、僧肇聖人學研究》,台北:臺灣大學出版委員會,2002 年。

三枝充悳,《中論偈頌総覽》,東京:第三文明社,1985 年。

三枝充悳譯註,《中論(上)》,東京:第三文明社,2002 年。

副島正光,《大乘仏教の思想》,東京:講談社,2001 年。

梶山雄一、上山春平,《空の論理》,東京:角川書店,1974 年。

袴谷憲昭,《本覚思想批判》,東京:大藏,1990 年。

D.W. Hamlyn. *Metaphysics*, Cambridge: Cambridge University Press, 1984.

T. Honderich (ed.). *The Oxford Companion to Philosophy* (2nd ed.), New York: Oxford University Press, 2005.

P. Inwagen. *Metaphysics* (2nd ed.), Cambridge: Westview, 2002.

L.P. Pojman. *What Can We Know? An Introduction to the Theory of Knowledge* (2nd ed.), Belmont: Wadsworth, 2001.

H. Putnam. *The Many Faces of Realism*, Chicago and La Salle: Open Court, 1987.

B. Russell. *Human Knowledge: Its Scope and Limits*, London: Routledge, 1992.

三、論文

元弼聖,〈從僧肇之「不真空論」看空的意義以及其影響〉,台北:中國文化大學哲學研究所碩士論文,1995 年。

王月秀,〈僧肇思想研究──以《肇論》為中心〉,台北:輔仁大學中國文學研究所碩士論文,2003 年。

吳晶,〈《莊子・大宗師》「真人」辨析〉,《浙江海洋學院學報・人文科學版》22 卷 1 期,2005 年,頁 100-104。

林鎮國,〈解構形上學的兩種版本〉,收錄於《辯證的行旅》,2002 年,頁 115-137。

俞志慧,〈《論語・述而》「加我數年,五十以學易」章疏證〉,《孔子研究》第 3 期,2000 年,頁 116-118。

孫炳哲,〈肇論通解及研究〉,收錄於佛光山文教基金會編,《中國佛教學術論典 19》,高雄:佛光山文教基金會,2001 年。

翁正石,〈僧肇之物性論——空及運動之討論〉,收錄於佛光山文教基金會編,《中國佛教學術論典 99》,高雄:佛光山文教基金會,2004 年。

黃百儀,〈僧肇《物不遷論》思想研究〉,收錄於佛光山文教基金會編,《中國佛教學術論典 99》,高雄:佛光山文教基金會,2004 年。

楊士偉,〈知識與行動——僧肇聖人概念的批判分析〉,台北:臺灣大學哲學研究所碩士論文,1991 年 12 月。

楊國榮,〈體道與成人——《莊子》視域中的真人與真知〉,《文史哲》第 5 期,2006 年,頁 125-135。

羅因,〈僧肇思想研究——兼論玄學與般若學之交會問題〉,台北:臺灣大學中國文學研究所碩士論文,1995 年。

松本史朗,〈縁起について〉,《縁起と空》,東京:大藏出版,2001 年,頁 11-97。

松本史朗,〈三論教学の批判的考察——*dhātu-vāda* としての吉蔵の思想〉,《禅思想の批判的研究》,東京:大藏出版,1994 年,頁 545-577。

村上嘉實,〈僧肇における真〉,收錄於塚本善隆編,《肇論研究》,京都:法藏館,1955 年,頁 238-251。

D. Parfit. "Why Our Identity Is Not What Matters," In R. Martin & J. Barresi, eds., *Personal Identity*, Malden: Blackwell. 2003, pp. 115-143.

N.P. White. "Plato's Metaphysical Epistemology," In R. Kraut, ed., *The Cambridge Companion to Plato*, Cambridge; New York: Cambridge University Press, 1992, pp. 277-310.

Seng-zhao's Philosophy of Thorough Reality in "Bu-zhen-kong-lun"

Chen, Ping-Kun[*]

Abstract

Using theoretical discussion as the research method, this study attempts to explore the philosophical viewpoints contributed by Seng-zhao in connection with "thorough reality." This study adopts "Bu-zhen-kong-lun" as the major reference literature, besides other essays written by Seng-zhao.

This study stresses that, assuming all people across the world have possibly understood the very significance of "thorough reality," Seng-zhao comes to conclude that it is unlikely to identify the reality of the rules governing the cosmos simply by the facts and phenomena distorted by consciousness. Most truly, the reality lies in the very bottom of phenomena. The bottom per se acts like a network in which the interdependent relationship lies. Therefore, the most profound meaning of reality has to be manifested through emptiness.

Here comes a question. If there is no way to express the meaning of thorough reality by the languages made up of words and concepts, how can people like us understand it? This is the answer -- Seng-zhao uses "unreality" as a guided concept to solve the problem. He argued that all things are unreal and are not an entity that remains unchanged permanently. His viewpoint helps the Buddhism researchers to be enlightened with the "emptiness" manifested by "unreality." This is how Seng-zhao helps people like us to find out the real behind all things. From a doer's standpoint, the essence of "reality" entails

---

[*] Assistant Professor, Department of Chinese Literature, National Sun Yat-Sen University.

the comprehension of "unreality/untruthfulness attesting emptiness," which is objectively expressed as the most marvelous land in which all interdependent relationships occur and perish one after another without consideration to whether any relationship is true or false, unreal or real, being or not-being, born or dead.

Keywords: emptiness (*śūnyatā*), self-nature (*svabhāva*), substance, unreality/untruthfulness, ultimate openness, non-birth, thorough reality (*dharmatā*)

《壇經》研究方法的反省與拓展
——從《壇經》的版本考證談起

何照清[*]

摘要

　　自從《壇經》初現，有關《壇經》版本問題，一直引起許多爭論，它也是許多《壇經》研究者注目的焦點。本文旨在反省過度注重版本，甚至企圖恢復《壇經》原貌的做法，指出這種做法對於作為一種禪宗口語經典的《壇經》，實有其侷限。許多學者醉心於版本考證，認為版本愈早就愈精確，就愈能從中探得惠能真正禪法這種研究法的盲點；或是只取其中某一版本，而排斥其他版本等做法，都值得商榷。筆者認為，其實《壇經》版本或惠能形象，在各時代中，已不斷被改編；因此，恢復《壇經》原貌，是一種不可能達成的理想。經典之所以為經典，有其複雜因素，尤其一旦被奉為聖典，在歷史的流傳過程中，或有被視為爭正統或神聖化的意味，常被不斷的更改增刪。對於被尊奉為禪宗聖經的《壇經》，在歷史流傳過程中不斷被改編，《壇經》的演變史，在某種程度上，反映了中國禪史禪思禪法的演變，如著名的惠能偈從敦煌本的「本來常清淨」到宗寶本的「本來無一物」，這樣被改編的背後說明了什麼？類似的演變還有許多，若能善加探究，實可從中發掘多元議題與價值。對於《壇經》，其實還有許多豐富的議題值得探討，如除了《壇經》心法，尚可結合文化史、社會史、法統之爭等學科探究，相信未來的《壇經》研究可走出愈走愈窄的狹路，進而呈現出更開放、更多元的新風貌。

關鍵字：壇經、惠能、禪宗、版本、還原、方法

---

[*] 作者為聯合大學華語文學系副教授。

壹、還原主義與恢復《壇經》原貌

十九世紀以來，西方史學界流行一股「還原主義」之風，其中尤以蘭克學派為代表。他們認為，通過歷史文獻、版本或語言學等學術方法，歷史學者就可以通過純粹客觀的研究，以還原出歷史的真相[1]；這種由現代學術史看來很有些烏托邦式的歷史學理念，在近代以來佛學史研究不斷專業化的聲浪中，逐漸成為一種主流，中、日、韓所在的亞洲，也感染了這種風氣；《壇經》的研究，自然不能例外。從現行有關各種《六祖壇經》版本的論述來看，試圖還原出「原本」《壇經》的努力一直沒有中斷過。時至今日，這種做法仍是非常流行。例如：1989年韓國精神文化研究院金知見也曾努力為《壇經》做校注，其自敘目的在於：「……力圖再現《壇經》的真實面目，……」[2]，1995年日本學者伊吹敦在〈敦煌本《壇經》の形成──惠能の思想と神會派の發展〉中，力圖依據楊曾文校錄的成果，用自己研究的思路，儘量復原《壇經》最初的原貌及其演變過程[3]，1999年9月大陸出版的《敦煌壇經合校簡注》，依然可見學者們心中那種還原主義的渴盼：「本校本之目的，在於保持與恢復敦煌本之原貌」[4]。類似的期許，在在說明「恢復《壇經》原貌」一直是《壇經》研究者長久以來的心願。

然而這個心願的背後反映了什麼？主張「敦煌寫本就是《壇經》原本」的周紹良認為：

> 最早慧能說法而由法海集記的原本，從來沒有被人追蹤而

---

[1] 蘇世傑，〈歷史敘述中的蘭克現象──蘭克與台灣史學發展〉，《當代》163期，復刊第45期「新史學的面相專輯」。

[2] 金知見，〈敦煌《壇經》隨想錄──反省與展望〉，收入金氏所編《六祖壇經的世界》（第九次國際佛教學術會議紀要）（韓國：民族社，1989年），頁527。

[3] 伊吹敦，〈敦煌本「壇經」の形成──惠能の原思想と神會派の展開〉，《アジアの文化と思想の》論叢，第4號，アジアの文化と思想の會，1995年12月。

[4] 李申合校，方廣錩簡注《敦煌壇經之合校簡注》（山西：古籍，1999年），頁28。

予以認定。由此可見，慧能的禪法思想還沒能給人們以正確的認識。……現在為要搞清楚慧能禪宗思想，有必要把這個本子加以整理[5]。

意思是說對原本的認定最終是為了思想的還原，而這其實是更為複雜和困難的問題。如同許多學者試圖通過探討原始佛教來揭示真佛教的原貌一樣，大家或許過於相信在「原始」與「真實」之間可以建立起等號的關係。透顯聖者思想真髓的渴望，於是就成為還原主義的最初源動力。即使一些具有宗教傾向的學者，也正是在這樣一種信念的支持下，把宗教史的研究嚴格限制在上述的歷史闡述之內。他們認為，一項文本如果夾雜了後人增刪的東西，就不「純」是聖者的真髓，甚至是有違聖教了。作為聖者，其有形的肉體終將褪去，留與後代的是記在文獻的言行，此中又以最接近聖者的紀錄最能反映聖者的原貌；因此，讀解雖或有異，欲探得聖者的真實紀錄，對後代探究者總有著極大的吸引力。正如同有學者所說：

不同時代的人確實會從歷史文本讀出不同的心得，但是只要這文本能完好地保存下來，就一定有人想探知它最初的含意是什麼[6]。

然而，這種作為科學的所謂歷史學的原動力和目標，卻在現代學術史的批判中受到嚴重的考驗。不僅是目標本身成為可討論的問題，達成這一目標的敘述方式，如傳統文獻考證的方法等，也都成為有條件的可能。

回顧上個世紀以來的《六祖壇經》研究，學者們考證《壇經》版本的論述，其耗時不可謂不長、其用力不可謂不勤、其考察亦不可謂不

---

[5] 周紹良，《敦煌寫本壇經原本》〈整理說明〉（北京：文物，1997年），頁1。
[6] Joyce Appleby, Lynn Hunt & Margaret Jacob 著、薛絢譯，《歷史的真相》（*Telling the truth about history*）（台北，正中書局，1998年11月），頁249。

精,然而,何以始終未能獲得比較明確和一致的結論?儘管有關《壇經》的研究從未中斷,大家也推崇《壇經》在禪宗乃至中國文化史的重要地位(凡言禪,皆本曹溪),諷刺的是,頂著這樣一個光環的《壇經》,似乎也同時成了禪宗研究史上的黑洞。大量的專家學者投注許多心血,卻無法獲得滿意的結果;於是有些學者對此乾脆避而不談或含蓄帶過,有些學者甚至懷疑——「歷史上真有惠能這個人嗎?」[7]對此,冉雲華認為:

> 《六祖壇經》所涉及的問題,是既重要且複雜。目前爭論無法達到一項令各方都滿意的結論,除開個人意見不同之外,還有討論的焦點不清。常見的情形是研究學者自說自話,對反對者的理由,尤其是文獻證據,未能詳細檢核,提出反證,加以證明對方的那些證據有問題?那些理由不充分[8]。

《壇經》所牽涉的問題,確實既重要且複雜,先別說其中所蘊含的禪法,僅就《壇經》的作者和版本,都曾引起極熱烈的爭論(如胡適提出《壇經》作者是神會等,引起了許多爭論),甚至延續長達一個世紀的考證研究,還是無法定於一說。

何以長年來許多學者專家投注於《壇經》研究如此多心力,卻未能獲得大家認同的看法?

或許長久以來有關《壇經》的研究與敘述方法已經到了該反省的時候:我們提問的方式是否有問題?所使用的研究方法是否有侷限?

---

[7] 如約翰·麥克雷(John R. Mcrae),〈惠能的傳說與天命——一位目不識丁的聖人和天方夜譚式的帝王〉,更直接地說:「我認為惠能是中國人空想像出來的神話人物,幾乎完全沒有傳記和歷史的根據」,收錄於《佛光山國際禪學會議實錄》(高雄:佛光,1990年),頁287。

[8] 冉雲華,〈敦煌遺書與中國禪宗歷史研究〉,《中國唐代學會會刊》第4期(1993年),頁60。

為了回應這些問題，本文擬先依循著歷來學者專家對《壇經》版本的考證作一簡單回顧，再提出筆者的意見，以就教於方家。

貳、正統與神聖化的背後：從歷史流傳的《壇經》諸本看

細查歷史文獻，現存禪宗史料中，最早提到《壇經》，要算是唐朝的南陽慧忠禪師（卒於西元 775 年）[9]，當時他已慨歎：

> 吾比遊方，多見此色，近尤盛矣！聚卻三五百眾，目視雲漢，云是南方宗旨，把他《壇經》改換，添糅鄙談，消除聖意，惑亂後徒，豈成言教？苦哉！吾宗喪矣[10]！

一般認為，惠能圓寂於西元 713 年，慧忠所感慨的，應該是惠能圓寂後五十多年，他在北方所看到的自稱是「南方宗旨」本的《壇經》[11]，從文獻看來當時《壇經》就已經被更改了。印順認為「南方宗旨」，推定原是六祖晚年或再傳弟子，從曹溪流傳出來的[12]。更改的原因，是有些禪師為了證明自身譜系的合法性。然而這樣更改《壇經》，從慧忠禪師的立場來看（也許慧忠禪師曾看到未被更改的版本），顯然是「削除聖意，惑亂後徒」。如果慧忠的這一批評有一定依據的話，表示原本《壇經》在惠能圓寂後五十多年的八世紀就已經被更改。當然，我們也可以

---

[9] 有關南陽慧忠的事迹，見《宋僧傳》卷 9「慧忠傳」、《景德傳燈錄》卷 5、卷 28「南陽慧忠國師語」，慧忠在唐肅宗、代宗時，是很受朝野敬禮、很有影響力的禪師。有關其師承傳，有數種說法，有認為是弘忍、慧能、青原行思或神會弟子等數說，印順認為其有獨立禪風，出入於東山及牛頭，南宗與北宗之間，其思想與曹溪有關，而又近於當時牛頭宗學。參印順，《中國禪宗史》（台北：正聞，1980 年 12 月 7 版），頁 259-260。

[10] 《景德傳燈錄》卷 28；《大正藏》冊 51。

[11] 《景德傳燈錄》卷 28：「南陽慧忠國師問禪客，從何方來？對曰：南方來。」《大正藏》冊 51，頁 437 下。

[12] 印順，《中國禪宗史》，頁 266。

進一步質疑《景德傳燈錄》所載慧忠這段史料是否可信?顯然,這一公案(事件)還有相當的複雜性[13]。

時間稍後一些,唐朝韋處厚(卒於西元 828 年)所作的〈興福寺內道供奉大德大義禪師碑銘〉中有這樣的紀錄:

> 洛者曰會,得總持之印,獨曜瑩珠,習徒迷真,橘枳變體,竟成檀經傳宗,優劣詳矣[14]!

這裏所反映情況的是,惠能圓寂後一百年左右,中原地區禪門內部已經發生了重要的變化,《壇經》的問題也變得更加疑團紛紜。

> 看起來,還是弘傳神會所傳的南宗頓禪,而實質上是變了,「竟」然變「成」用「壇經」來作為「傳宗」的依約。失去傳法——密傳心印的實質,而換來傳授「壇經」的形式[15]。

---

[13] 胡適,〈慧忠與靈坦都是神會的弟子〉:「這種話似是比較晚起的議論。前段引『禪客』述『南方』的禪說,即宗密所述馬祖(道一)的議論。後段『師』指斥『南方宗旨』,『把他《壇經》改換』,更是《壇經》已盛行的時期的議論了。……更可以推知《傳燈錄》二八的『忠國師語』是不可信的了。」,《胡適學術文集・中國佛學史》,姜義華主編(北京:中華書局,1997 年 12 月),頁 459。另參約翰・喬金森,〈南陽慧忠和壇經邪說〉,《佛光山國際禪學會議實錄》(高雄:佛光,1990 年),頁 314-324。

[14] 《全唐文》卷 715。

[15] 韋處厚為大義禪師作碑銘;大義是道一弟子,所有對神會門下的批評,正代表道一門下的意見。照韋處厚的碑文所說:神會「得總持之印,獨曜瑩珠」,對神會是存有崇高敬意的。即使神會不是獨得慧能的正傳,也是能得大法的一人(那時的洪州門下,還不敢輕毀神會)。但神會的「習徒,迷真」向俗,如「橘逾淮而變枳」一般。看起來,還是弘傳神會所傳的南宗頓禪,而實質上是變了,「竟」然變「成」用「壇經」來作為「傳宗」的依約。失去傳法——密傳心印的實質,而換來傳授「壇經」的形式。所以神會是「優」越的,神會的習徒是低「劣」的,優劣是非常明白了。這是當時道一門下對神會門下的責難,因而造成嫌隙。神會門下未必專重傳授「壇經」的形式,然以傳授「壇經」為付法的依約,從燉煌本「壇經」看來,是確實如此的。神會門下應用「壇經」為付法的依約,所以在當時手寫秘本的「壇經」上,加上些稟承、依約的文句。依大義禪師碑銘,說神會門下

《壇經》研究方法的反省與拓展——從《壇經》的版本考證談起

從上列兩則資料看，慧忠禪師之疑，表明《壇經》在禪宗內部爭正統的意識中已經被更改（南方宗旨）；韋處厚之嘆，則顯示法系的傳承（壇經傳宗）直接地影響了《壇經》的內文。

宗教歷史的弔詭經常是這樣，神聖化的背後總是暗藏了被宗派化的目的論傾向，六祖的語錄一旦被奉為圭臬，就被封神，這一不斷正統化、聖典化的歷史過程本身也同時就在不斷製造新的經典。《壇經》，真可謂是盛名之累了。而所謂的法統竟是通過不斷製造、改寫原本來進行的。

另外，從《壇經》流傳的歷史紀錄中，我們還可以找到一些旁證。如宋朝惠昕〈六祖壇經序〉中說：

> 故我六祖大師，廣為學徒直說見性法門，總令自悟成佛，目為《壇經》，流傳後學。古本文繁，披覽之徒，初忻後厭。……於思迎塔院，分為二卷，凡十一門，貴接後來，同見佛性者。

這就是今日吾人所稱的「惠昕本」[16]。有關「古本文繁」的問題，說

對「壇經」有什麼改變，那只能證明是「壇經傳宗」這部分。……。「壇經」代替了信袈裟，負起「得有稟承」，「定其宗旨」的作用。這就是「壇經傳宗」的意義，也就是道一門下責難荷澤門下的問題所在。……所以神會門下修改「壇經」，以「壇經」為傳宗的依約，大抵在780-800年間。詳參印順，《中國禪宗史》，頁249，251。

[16] 惠昕本，分二卷十一門。編定的時間，考定為宋太祖幹德五年（967）五月。惠昕本於政和六年（1116）再刊，傳入日本，被稱為「大乘寺本」，紹興二十三年（1153）刊本，傳入日本，被稱為「興聖寺本」。大乘寺本與興聖寺本，品目與本文，雖有多少修改，但分為二卷十一門，是相同的，都是惠昕的編本。惠昕本，分二卷十一門。編定的時間，考定為宋太祖幹德五年（967）五月。惠昕本於政和六年（1116）再刊，傳入日本，被稱為「大乘寺本」，紹興二十三年（1153）刊本，傳入日本，被稱為「興聖寺本」。大乘寺本與興聖寺本，品目與本文，雖有多少修改，但分為二卷十一門，是相同的，都是惠昕的編本。參印順，《中國禪宗史》，頁273。

明《壇經》的流傳曾經過從繁到簡的修改過程，這也引起日後版本考證者的注意。這是宋太祖乾德五年（西元 967 年）的紀載，距離惠能圓寂（713 年）已經有二百五十四年的歷史。

《壇經》被更改，是早已經公認的事實。從後出各本的《壇經》的編撰來看，都在圍繞著所謂「原本」或「古本」的問題作文章，如宋朝郎簡《六祖法寶記敘》序中說：

> 六祖之說，余素敬之。患其為俗所增損，而文字鄙俚繁雜，殆不可考。會沙門契嵩作《壇經贊》，因謂嵩師曰：若能正之，吾為出財，模印以廣其傳。更二載，嵩得曹溪古本校之，勒成三卷，粲然皆六祖之言，不復謬妄[17]。

由此可知，宋代人即視寫本文字鄙俚煩雜，直到現在仍有許多學者持此種看法[18]。而從敦煌本的質樸漸漸被潤飾得文雅，也漸漸不似識字不多的口吻，這又說明《壇經》諸本不僅有古今本的增刪，表達的文字也有了被修改修飾的痕跡。如吾人今日所稱的「契嵩本」就有這樣的問題，該本作於宋仁宗至和三年（西元 1056 年），上距惠昕本 99 年。

又，元朝比丘德異的《壇經》序：

> 惜乎壇經為後人節略太多，不見六祖大全之旨。德異幼年

---

[17] 宋・郎簡，〈六祖法寶記敘〉郎所見的「壇經」，「文字鄙俚繁雜」。「繁雜」，與九十年前，惠昕所見的「古本文繁」相同。契嵩得到了「曹溪古本」，校為三卷，大抵是依據古本，而作一番文字的修正、潤飾。從三卷來說，篇幅不少。契嵩曾作「壇經贊」，所敘述的大梵寺說法部分，與燉煌本次第相合，也沒有「五分法身香」。所以契嵩的三卷本，可能大梵寺說法部分，與燉煌本相同。而在其他部分，大大的增多，與古本相近。到契嵩時，應有繁雜鄙俚的古本，契嵩勒成三卷的曹溪古本。參印順，《中國禪宗史》，頁 277。

[18] 詳參潘重規，《敦煌壇經新書》〈緒言〉，財團法人佛陀教育基金會，1994 年 8 月，頁 7-8 所列舉諸學者之觀點。

嘗見古本，自後遍求古本三十餘載，近得通上人尋到全文，遂刊於吳中休休禪庵。與諸勝士，同一受用[19]。

距契嵩本二百三十四年的「德異本」仍然是圍繞古本的問題作文章，時在元朝至元二十七年（西元 1290 年）。

比丘德異自謂幼年曾見到「古本」，然而這些「古本」究竟是否可靠？也是很大的疑問。而更有甚者，就乾脆根據流行的不同本子，結合自己的心得加以「改造」，這在禪的傳承看來或許並不算是什麼異端之見，因為在禪者的心中，經典總是在第二或方便的意義上被使用的。

元朝的宗寶本就是一個例子，宗寶這樣說明自己增刪的原則：

余初入道，有感於斯，續見三本不同，互有得失，其板亦已漫滅，因取其本校讎，訛者正之，略者詳之，復增入弟子請益機緣，庶幾學者得盡曹溪之旨[20]。

宗寶本與德異本僅一年之隔，上距惠能圓寂五百七十八年。

然而這種公開的增刪行動，也曾受到教內的激烈反應。宗寶的美意，就引得明朝化成七年所刊《曹溪原本》的校對者王起隆嚴厲的大加韃伐：

…… 取一對之，則竄易顛倒，增減刪改，大背謬於原本，

---

[19] 元・比丘德異，〈六祖法寶壇經序〉德異本翻刻本極多，憨山大師重刻的曹溪原本，也就是這種本子。依德異的序文。所見的「壇經為後人節略太多」，可能指惠昕本而說。又說從通上人得到的古本，就是三十多年前見過的，就把古本刊出來。到底是刊行古本，還是有所增減呢？德異的至元本，與惠昕本相比，顯然是文句增廣了。凡惠昕本所有的，如「傳五分法身香」，「唐朝徵召」等，至元本也是有的。內容上，「弟子機緣」是大大增廣了，大致與「景德傳燈錄」相近。組織上，將說般若波羅蜜法，與功德及淨土的問答，提前而編於「得法傳衣」之後。參印順，《中國禪宗史》，頁 274-275。

[20] 元・宗寶，〈六祖大師法寶壇經跋〉；《大正藏》冊 48，頁 364 下。

> 未有如是極者。……方冊改本之雲霧不除,曹溪原本之杲日青霄何從見仰,洵可悲可痛!……
>
> ……宗寶之徒,不知妄作,……壇經宗趣,無欠無餘,有何餘可節,有何不足可文,此亦宗寶之盲盲相引者。……願為文明告六祖,公請銷毀,……[21]。

王起隆非常嚴厲地以增益、減損、戲論、相違四謗論宗寶更改之誤,甚至還要加以公請銷毀。儘管這一激烈的批評源於一種護教式的真誠,但問題依然還在:《壇經》的古本究竟可能還原?王起隆口口聲聲說不可違背「原本」,問題是王起隆還是沒能拿出鑒定「原本」的可靠原則和材料。而根據今學者楊曾文的研究,宗寶本與德異本其實沒有重大更動,所以宗寶的增刪行為或許並不值得王起隆如此的激憤[22]。

值得思考的是:禪者原不重文字,何以後來演變得對文字如此字斟句酌錙銖必較?印順對其背後的因素分析得極透徹:

> 禪者是不重文記的,所以雖知道有這部「壇經」,也沒有過分的重視。等到悟真本傳入京洛,神會門下利用次第傳授,而加強其意義,以「稟承壇經」,為「南宗弟子」的依約,補充付法系統而成為「壇經傳宗」本。這一偏重文字,偏重形式的傳授,受到洪州門下的抨擊,然「壇經」也就從此大大的傳開了[23]。

由此看來,《壇經》的內容、文字和形式、版本等之所以受到這麼多的重視,除了惠能禪法的殊勝,其實還有其他複雜因素。從一開始《壇經》版本之所以形成紛爭,可說與法統之爭有一定的關係。

---

[21] 明·王起隆,〈重鋟曹溪原本法寶壇經緣起〉,明化成七年所刊《曹溪原本》的校對者。
[22] 楊曾文校寫,《新版·敦煌新本六祖壇經》(北京:宗教文化,2001年5月),頁313。
[23] 印順,《中國禪宗史》,頁269。

湯用彤也有類似看法,他認為禪宗傳法偽史「蓋皆六祖以後禪宗各派相爭之出產品」[24],胡適對湯氏之說也深表贊同[25]。那麼六祖後,所謂的「壇經傳宗」,也就是自《壇經》被作為傳宗的依據後,《壇經》所肩負的使命就不只是單純地傳禪法,而是被賦予傳宗的目的。或許我們也可大膽推測,在神會系更改《壇經》前,《壇經》的文本並還沒受到過多的重視;也因此某些學者認為《壇經》的作者是神會,多少有其捕風捉影的理由;然而,如此離《壇經》的原貌更是愈來愈遠了。

法統之爭,使得文本與背後的製造者值得探討,或許這可以為運用新文化史的方法研究《壇經》提供有力的切入點。

新文化史的視角,注意從譜系學和知識考古學的意義上去探討《壇經》諸本的形成,與當時禪宗運動中的法統和權力等關係。我們要理解《壇經》,不僅涉及到我們讀者與《壇經》文本的關係;更重要的,對學術史的工作來說,是怎樣在更廣泛的視野上釐清《壇經》諸本與其製造者和權力的關係。上列材料說明,《壇經》文本與作者和權力的關係是非常密切的,法統或者如西方禪學研究者所說的「正統性的欲望」是不斷通過製造、改寫文本來進行的,這是關鍵,也正是不同《壇經》版本研究中非常有意思的方面。正如馬克瑞在〈審視傳承──陳述禪宗的另一種方式〉一文中的提問:「我們應該如何審視禪宗?」他認為該用多元的觀點與變遷不定的分析性類型研究[26]。

馬克瑞強調:

> 在禪宗傳承體系中具有意義的不是發生在釋迦牟尼、菩提達摩、慧能和其他人身上的「事實」,而是這些人物在禪宗的神話裡如何被看待。最重要的是敘事經由什麼過程而

---

[24] 湯用彤,《隋唐及五代佛教史》(台北:慧炬,1986年12月),頁233。
[25] 胡適,〈答湯用彤教授書〉,《胡適學術文集・中國佛學史》(北京:中華書局,1997年),頁35。
[26] 馬克瑞,〈審視傳承──陳述禪宗的另一種方式〉,提要,《中華佛學學報》第13期(2000年),頁281。

被創作、流傳、編輯與修訂,因而傳遍禪宗修行人與支持者全體,直到此軼事成為具可塑性的傳說傳統[27]。

從現有的文獻紀載上看,從唐朝以來,《六祖壇經》的各種版本就已備受質疑,其後的《壇經》史,可說是人們根據自己的經驗或需要去製造各種古本的歷史。這一攀龍附鳳式的運動,使得本來就已模糊不清的《壇經》原貌,變得更加模糊迷離。

過去通常以史料的時間早晚來判斷歷史的真偽,這其實是不太可靠的。因為文本的早晚與文本真實性是兩個不同層面的問題。這裏文本與其製造和背後的權力關係燈是必須考慮的方面。佛爾(Bernard Faure)對北宗史的研究就提供了很好的範例,如他發現《楞伽師資記》、《傳法寶紀》這些雖屬較早期的敦煌文獻,不能簡單就看成為早期禪宗發展的歷史實錄,也不能因此就完全懷疑後出燈錄的記載。因為這些敦煌文獻的製造,其背後也有其特殊的宗派意圖。佛爾就仔細辨明《楞伽師資記》、《傳法寶紀》形成時間雖然差不多,但他們對於早期禪史的紀錄卻是有不同的,這反映了北宗門下不同派系為爭法統的需要[28]。

《壇經》版本的變化其實提供給學者們研究的豐富素材,從敦煌本、惠昕本、契嵩本到宗寶本,由於增刪者的不同,他們與文本之間的關係,甚至各版本出現與當時禪法之間的關係,都是值得重新檢討的。如一般認為敦煌本經過神會一系的更改,那麼這種更改的背後反映了什麼更複雜的問題?而契嵩本的形成,是否也反映了某種動機或理想?又如宗寶如此大膽地增刪的背後又是什麼原因?其中特別值得重視的是,最古的敦煌本與明版系的流布本之間,還有諸宋元本的存在,它們都流傳到日本和朝鮮,現已成為近來研究的新課題,由此也可看到禪宗傳播

---

[27] 同上,頁 281-282。

[28] Bernard Faure. *The Will to Orthodoxy-A Critical of Northern Chan Buddhism*, California: Stanford University Press, 1997.

領域的擴大和民族文化交流的歷史[29]。此外，由《壇經》諸本演變也可以看到六祖惠能形象的演變，比如鈴木大拙認為《壇經》中的惠能傳從形式上看是「自傳性質」的敘述，而實際上更可能是《壇經》編者所作，因為惠能顯然是被放在與神秀對立的意義上來塑造的[30]，佛爾、馬克瑞也都有類似看法[31]。如此，也就是陳寅恪所說的，即使是歷史上的偽材料，也可以變成真史料來使用，亦即馬克瑞在禪史研究中所體驗出來的那句「不是真的，所以更加重要」的「定律」[32]。從這樣的意義上看，歷史上不同時期出現多種不同版本甚至不同思想傾向的《壇經》，恰恰不應該使我們的研究變得困難（不是阻礙我們研究《壇經》），反而更加豐富我們的研究的視野與價值，因為推測《壇經》是「集體產品，比推測它只有一個原本要全面」[33]。其實《壇經》版本的演變，文本提供我們豐富的寶藏，有待我們努力探討，柳田聖山也認為這些文本的異同，顯示了各時代對六祖惠能的理想造像。通過細密的檢討，可以從中得知各階段主張的不同，不外是中國禪宗思想的發展史[34]。如此，或許作為禪宗聖經的《壇經》，實蘊含著中國禪宗史的豐富資源，也驗證了「凡言禪，皆本曹溪」的深刻意義。蔡彥仁的意見很值得我們注意：

---

[29] 柳田聖山著，楊曾文譯〈《六祖壇經諸本集成》解題〉，《世界宗教資料》第 2 期（1984 年 6 月），頁 19。

[30] D.T. Suzuki. *The Zen Doctrine of No-Mind -- the Significeance of the Sutra of Hui-neng*, London: Rider, 1969, pp. 11-14。鈴木大拙認為儘管惠能不是一位學僧，但鈴木認為他並不是如《壇經》中所說的那樣完全沒有文化，《壇經》只是為了刻意製造惠能與神秀對立的戲劇性，才把能大師描寫得那樣的不瞭解經典。實際上，宗教的天才雖然並不需要依靠知識的幫助，像依靠內在生活的豐富性那樣重要，但惠能講法時還是會引用佛教經典，說明他對佛教的知識並不像《壇經》「惠能傳」部分所說得那樣無知。

[31] 馬克瑞，《審視傳承——陳述禪宗的另一種方式》：「正如 Bernard Faure 所主張的，慧能與神秀這兩位南、北宗的代表人物在傳統禪宗的意識形態（ideology）中並不是互相隔絕的兩個人，而是彼此糾結的一對。以 Faure 刻意使用的法文術語來說，即『duel』（『duel』同時表示二元性與競爭性）。」頁 291。

[32] 同上，頁 286。

[33] 杜繼文、魏道儒，《中國禪宗通史》（江蘇：古籍，1993 年），頁 182。

[34] 同前註 29。

> 《六祖壇經》的意義不在其版本的多與歧，而在其歷經不同時代、地域的傳承過程中，不斷的被各派的禪宗信仰者崇奉與研讀，……這種人與典籍互動下所塑造成的傳統，方是我們研究宗教史所應注意的層面[35]。

參、現代《壇經》版本研究的方法與意見分歧

二十世紀以來，因著敦煌本《壇經》的發現，似乎為長期爭論不下的《壇經》還原主義帶來一道曙光。至少，長期以來「宗寶本」獨尊的局面已被打破，新的《壇經》熱又再興起。下文將以版本考據的方式為主，同時也擴及更廣泛的文化史的觀念來加以討論。

首先，帶出二十世紀《壇經》版本考證研究風氣的，當推日本學者松本文三郎、鈴木大拙、宇井伯壽、柳田聖山等人。他們對《壇經》研究的推展都做出了貢獻。日本學者的研究角度，是敦煌本與其他諸本以及禪學流派的關係，由此試圖重新檢討《壇經》版本的演化歷史。但是，就敦煌本是否能夠代表最古本？學者之間仍然存在相當分歧的意見。如宇井伯壽在《壇經考》中提出，敦煌本《壇經》是現存《壇經》最古的本子，是諸本的基礎[36]，而松本文三郎則認為：

> 敦煌本壇經不能稱為善本，又絕非壇經最初的形式，但因有了它，才能判斷唐本壇經是怎麼樣的東西[37]。

中川孝在《六祖壇經》的譯注本《解說》中，也認為敦煌本《壇經》不是最古本，而是神會在法海筆錄慧能傳戒、說法的「祖本」的

---

[35] 蔡彥仁，〈口語宗教經典及其詮釋問題——以《六祖壇經》為例〉，《通識教育季刊》4卷3期（1997年9月），頁60。

[36] 宇井伯壽《壇經考》參楊曾文主編《日本近現代佛教史的佛教研究》，〈七日本的佛教研究〉（浙江人民，1996年3月），頁39。

[37] 松本文三郎著，許洋主譯〈《六祖壇經之研究》〉，《1980年佛學研究論文集》（高雄：佛光，1994年），頁399。

基礎上增補禪宗祖統說及其他內容而成，後來其弟子又加以改編[38]。而柳田聖山根本不承認《壇經》與惠能的關係，他的《初期禪宗史書の研究》從禪學史的立場，對敦煌本《壇經》的作者、形成等，作了新的考察，結論是《壇經》為牛頭禪派與神會禪派互相影響的結果，而敦煌本當形成於《曹溪大師別傳》和《寶林傳》之間[39]。七〇年代，駒澤大學禪宗史研究會出版《慧能研究》，用五種《壇經》版本加以對比研究，成果亦頗可觀[40]。近年來，也出現了如伊吹敦關於原本《壇經》的最新研究[41]，儘管關於《壇經》原本的探討還是學者們關懷的重點，而距離目的仍有相當距離。

現代漢語地區有關《壇經》研究的情況又怎樣呢？由於胡適對《壇經》作者的質疑，引出學界、教界如錢穆、印順等對《壇經》乃至禪宗史進行新的研究。關於《壇經》的討論，也相當的熱鬧，今日我們從《六祖壇經研究論集》一書中，仍可以感受到當時的熱烈光影[42]。

胡適首先提出具革命性的看法，他認為《壇經》根本不是惠能的法語紀錄，而是神會的製造。而且他相當肯定地說：「敦煌本《壇經》為最古本」[43]。這種把敦煌本視為古本《壇經》的看法，雖然缺乏嚴格的歷

---

[38] 中川孝，《六祖壇經》（「禪の語錄」4）〈解說〉（東京：筑摩書房），1976年（昭和51年），頁225-230。

[39] 柳田聖山，《初期禪宗史書の研究》（京都：法藏館，1967年）（昭和42年）。

[40] 駒澤大學禪宗史研究會編著，《慧能研究——慧能の傳記に關する基礎的研究》（東京：株式會所大修館書店），1978年（昭和53年）。

[41] 伊吹敦，參註3。伊吹敦另有〈敦煌本《壇經》是否為傳授本〉，收錄《六祖慧能思想研究——「慧能與嶺南文化」國際學術研討會論文集》（廣州：學術研究雜誌社），1997年。

[42] 張曼濤主編，《六祖壇經研究論集》，現代佛教學術叢刊1，台北：大乘文化，1977年1月出版。

[43] 胡適，〈《壇經》考之一（跋《曹溪大師別傳》）〉。胡適根據敦煌本〈《壇經》的一條懸記：「吾滅後二十餘年……有人出來，不惜身命，第佛教是非，豎立宗旨，即是吾正法，衣不合傳」，認為神會滑台之會在開元二十年（731），正是惠能圓寂後二十年，就判定「這條懸記可證敦煌本《壇經》為最古本」，但是胡適的判定太快，沒經過小心求證。《胡適學術文集‧中國佛學史》，頁478-479。

史學論證和充分的資料說明,卻也在後出的《壇經》研究中得到了一些支持。如郭朋的《壇經校釋》就以「敦煌本」為底本,再以他本校對。郭朋只承認《敦煌寫本》的真實度,而對於其他版本一概不信。他甚至在《隋唐佛教》一書中提出,最初的《壇經》只有一個本子,就是法海當初的紀錄本,也就是後來的《敦煌寫本》,並貶斥敦煌本以外的《壇經》都「搞了一些畫蛇添足、販運私貨的勾當」[44]。不過,郭朋也並沒有比胡適提出更好的理由和更新的資料來證成其說。此外,周紹良也根據語言用語的比較研究,認為敦煌本保存了唐代用語,所以應該是最古的原本[45]。但問題是,《壇經》是不斷被增刪的,後出的本子可能保留部分以前的用語,而且我們還沒有理由肯定唐代的《壇經》只有一個本子流行,又怎麼能夠僅根據用語就確定其為古本呢?再則,敦煌本有「六祖說」的用語,這顯然是神會以後出現的用語,表示這個本子已經有了修訂。

針對胡適的看法,印順對《壇經》的研究用力甚深,其結論是敦煌本為現存最古本,但不是原本;原本的面貌到底如何已不可知,只是可約略推知其大概[46]。

拾文認為《壇經》版本的演變並不像許多中外學者所指,一個由簡到繁的過程,而是一個由繁到簡,又由簡復原的過程;因此對某些學者只承認敦煌本《壇經》而排斥其他版本的做法很不贊同,他提醒大家不要「迷信」敦煌本;而除了敦煌本、惠昕本、契嵩本外,早先還有一種「文繁」的「曹溪古本」存在過(至少元代以前是這樣),這個本子很

---

[44] 郭朋,《隋唐佛教》(山東:齊魯書社,1980 年),頁 534-535。

[45] 周紹良,〈敦煌寫本《壇經》之考定〉,《敦煌寫本壇經原本》(北京:文物,1997 年 12 月),頁 181。

[46] 印順,〈燉煌本壇經校刊記〉:「『壇經』燉煌本,是現存『壇經』的最古本,不是『壇經』的最古本。……經過不斷的增補,糅合已經久了,要從文義、文字作精確的區別,實在是不容易的,只能表示大概而已。」,《華雨集》第一冊(台北:正聞,1993 年),頁 408-409。

可能就是現存的「曹溪原本」[47]。另外，楊曾文校寫的敦博本《壇經》，作為敦煌本的同源異本[48]，雖然有很好的參考價值，但還是不能作為古本來看待。方廣錩通過對《壇經》標題的考察，也發現敦煌本《壇經》並非最早的《壇經》傳本，但證明了胡適曾提出的敦煌本《壇經》經過神會系僧人改纂，為神會系的傳本（這說法較為一般學者接受）；且當時與神會系同時流傳的，還有其他一些《壇經》傳本，這或許能解釋後代《壇經》歧雜多樣的某些原因[49]。而潘重規的《敦煌壇經新書》，鄧文寬、榮新江的《敦博本禪籍錄校》則以「敦煌學」的角度及方法來整理《壇經》；鄧、榮經由敦煌出土的《壇經》鈔本發現「其時敦煌已有不少《壇經》鈔本流行。」而且都屬於私人圖書[50]。因此，遠在早期的敦煌本已如此開放流通了多種本子，這也說明目前所見的敦煌本可能也只是當時在敦煌流行的眾多鈔本中的其中一種鈔本而已；因此，對於《壇經》原本的探討變得更加不容易簡單確定。

與前述考據學的思路有些不同，另外有些學者從禪學思想文化的背景來重新討論敦煌本的意義。他們意識到，《壇經》的歷史本來就是不斷被製造的歷史，敦煌本也不例外，因此，時間的早晚並不代表價值的高低，也不能僅根據時間的早晚來斷定不同版本的真實程度，不同時期的《壇經》恰恰保留了當時禪學發展的歷史紀錄，這其實是反映了禪思想史發展各時期的最好材料。

任繼愈提出，在唐代中期以後，禪宗風行海內，其門徒根據自己的理解和主張「結集」師說，彙編《壇經》，自在情理中。儘管敦煌本與

---

[47] 拾文，〈《敦煌寫本壇經》是「最初」的《壇經》嗎？〉，《法音》第 2 期（1982 年），《敦煌壇經合校簡注》亦收錄。

[48] 楊曾文校寫，《新版‧敦煌新本六祖壇經》。

[49] 方廣錩，〈敦煌本《壇經》首章校釋疏義〉，《中國禪學》第 1 卷（2002 年 6 月），頁 114。

[50] 潘重規，《敦煌壇經新書》。鄧文寬、榮新江，《敦博本禪籍錄校》〈前言‧四、敦博本的價值〉（江蘇：古籍，1998 年 12 月），頁 31。

後來的各種版本出入較大,卻不能說後來各種版本的《壇經》為篡改或偽造。因為《壇經》各種版本的傳法紀載,都是禪宗後代學人逐漸增補的。他甚至認為,敦煌本《壇經》雖然提供了較早的有價值的資料,但也要考慮到,此後的其他版本,成書雖遲,其中包含的思想卻可以很早[51]。這一看法有其深刻之處。任繼愈的學生李申也基本堅持這一看法,並特別強調,我們對於不同版本的判斷還拿不出一個普遍有效的依據,所以對於不同版本的《壇經》都要同等對待。他還對學界流行的以敦煌本否定禪宗歷史所形成的宗寶等本的價值的傾向,進行了批評[52]。李富華也認為,《壇經》的整理從最初「文繁」的古本,到敦煌本、惠昕本作了一定的刪繁和加工,再到宗寶本集諸本之大成,給後人留下了一部較為完整的禪宗「宗經」,應是一種進步,也是明代後宗寶本廣泛流行的一個原因;同時幾種古本或版本的存世,也為後人研究惠能和中國禪宗提供了更為豐富的參照資料,這是我們今天研究者值得慶幸的事,因此他不主張輕易地否定某一種版本的做法[53]。

這類文化史的研究遠不只這些。筆者想表明的是,雖然這些研究還缺乏學術史和方法論的嚴格論證,但這類常識卻包含了一些洞見;現代歷史學方法論的反思,也能夠為其提供一定的支持。也許,我們預設的還原問題,本身就成為一個問題。

肆、從「還原」到「多元」

有關《壇經》研究的歷史似乎表明,以版本考證為主的還原方式,無法達成它所預期的目標。若由現代歷史學的角度思考,也許可以幫助我們瞭解這一點。

---

[51] 任繼愈,〈敦煌《壇經》寫本跋〉,原載《1983年全國敦煌學術討論會文集》(《文史》遺書編下),後收錄《任繼愈學術文化隨筆》,頁118,又收入《敦煌壇經合校簡注》。

[52] 李申,〈三部敦煌《壇經》校本讀後〉,收入《敦煌壇經合校簡注》。

[53] 李富華,〈《壇經》的書名、版本與內容〉,《中國禪學》第1卷,頁95。

「恢復《壇經》原貌」這一課題的設定，從現代學術史的眼光來看，可能是一個永遠無法完成的「理想」。西方學者一再強調：

> 過去事件之完全不可知變成了唯一的事實，相形之下，試圖藉想象力，憑過去殘留下來的片段重現過去事實的原貌，似乎顯得可憐兮兮[54]。

韓德森（John B. Henderson）通過考察中國儒家經學，對那種「極力搜求散簡殘編，一心想要恢復經典舊觀」的努力，得出這樣的感慨：

> 古代之典籍本無完整性可言，此一努力終屬徒勞[55]。

話雖然說得有點極端，引出的問題卻值得深思。歷史學研究的使命究竟是什麼？當柯林烏宣布「一切歷史都是當代史」的時候，他背後要說的是，一切還原主義的歷史學觀念總歸於烏托邦。我們面對的歷史是很複雜的，就經典史的研究而言，可以說，我們面對的是書寫的歷史，它與發生的歷史之間的關係究竟該如何建立？這是相當複雜且艱難的問題。此中更值得我們思考的是，禪師一向是重於口傳心授，不重視文字的傳承，禪宗經典的集成，也多是由弟子根據口述的記錄整理而成[56]。

---

[54] 薛絢譯，《歷史的真相》，頁 238。

[55] 轉引自：李淑珍，〈當代美國學界關於中國註疏傳統的研究〉，《中國文哲研究通訊》，「經典詮釋專輯」9 卷 3 期（1999 年 9 月）。

[56] 李淑珍，〈當代美國學界關於中國註疏傳統的研究〉。文中所提供許多觀點，對於我們處理《壇經》也有相當的參考價值。李氏引范佐仁（Steven Van Zoeren）的話：「真實的孔子及其弟子是活在一個口述為主的文化（oral culture）……後者死守師說，前者則積極地以個人生命情境詮釋所學……仍保留了許多口述傳統的特徵，例如愈來愈刻意求工的傾向，以及逐漸添入的後代人物關懷議題。」這裏同樣適用於惠能，《壇經》也面臨相同問題。李氏又提到：「何以一個容許教義相對流動，不斷修正的學派會轉變為以固定經典為核心？范佐仁以為，孔門弟子或再傳弟子對夫子學說起了爭議，各立門戶、各傳所學。隨著競爭日趨激烈，才把口傳經說以書寫形式固定下來，以排擠他家異說，《論語》、《左傳》的情形就是如此。不過，《詩經》的情形又不相同。……《論語》在孔子身後從『口述教材』轉為『書寫教材』……」，以上兩段話，對《六祖壇經》版本的研究，很有啟發性。《壇經》的歷史，也正是禪學發展的一個縮影。見該專輯頁 17。

由口傳到書寫，其中不只是簡單的複製，而是經過了非常複雜且微妙的意義轉換。呂格爾（Paul ricoeur）在討論口語與書寫文本的關係時，提出過很深入的意見。他發現，由口語轉到書面語的過程中，許多意義已經流失，因為口語在場的那種「情境」（context）——有時候這種情境是構成意義的非常重要因素——在書寫的文中卻是「缺席」（absence）的。所以，在一定意義上，通過書寫的文本永遠無法表現口語在場的完整意義[57]，西方學者也對口傳與書寫加以區分：

> 口傳歷史幾乎都是將往事作精彩重述的成果，由講述人再塑並傳播眾人集體記憶中的故事。至於書寫的歷史，其文本即是有各自屬性的事物了。書寫的歷史保存在經久不變的形態中，在時間中將某種解釋凝固[58]。

這些觀念，對於我們處理非常具有口語化意義的禪宗史經典，在方法論上有很大的參考價值。

蔡彥仁就把這種「口語經典」的特性應用到〈壇經〉的研究中。他認為，「口語經典」與一般書寫的經典，從形成、寫定到其特質都有極大的不同，因此，研讀《壇經》就應該防止慣以「書寫文本」（written text）等同「經典」（scripture），而忽略其不但是一部宗教經典，更是一部在本質與立意上是反文字的「口語宗教經典」（oral scripture）。「口語宗教經典」有其特殊的產生背景、功能、詮釋、承傳等，與一般書寫文本不盡相同。吾人如對這些特性有所瞭解，相信對《壇經》的探討應可得出更具說服力的成果[59]。

就文本與意義的關係上看，學者對於《壇經》意義的讀解，比較多

---

[57] Paul Ricoeur. *From Text to Action: Essays in Hermeneutics*, 2, Evanston: Northwestern University Press, 1991, pp. 106-109.

[58] J. Appleby, L. Hunt & M. Jacob 著、薛絢譯，《歷史的真相》，頁 246-247。

[59] 蔡彥仁，〈口語宗教經典及其詮釋問題——以《六祖壇經》為例〉，頁 55-69。

地走從文字明到義理明的路線。問題是,作為宗教性的經典文本,《壇經》的思想有時候不能夠簡單從文字表面的意義來加以判斷和還原,也就是說訓詁明並不能保證義理明,任繼愈的提醒值得我們深思:

> 更重要的是按照禪宗的思路來整理《壇經》,不要順理了《壇經》的字句,卻背離了禪宗思想[60]。

印順在他的《中國禪宗史》序中也曾提出,必須把禪在歷史時空中的方便演化與超時空的經驗結合起來,才能夠理解禪的意義[61]。這一意見有很深入的方法論的意義。一個世紀來,《壇經》版本的考證,前賢做了許多貢獻;但是《壇經》畢竟是一部宗教性的經典,他除了有文字和經驗歷史的方面,還具有特殊的宗教特性有待處理。面對這些問題,就必須對《壇經》的語言與意義做更複雜深刻多元的考慮。像許多宗教經典一樣,《壇經》除了記載歷史,還在講故事,而故事的意義通常是透過隱喻的方式來表現的。如《壇經》的語言往往具有「隱喻」的性質,惠能在《壇經》中就明確說「《法華經》無多語,七卷儘是譬喻因緣。」杜繼文對此有深刻的看法,如他認為《壇經》做為佛經的一種,也不例外,它的記事,完全可以看作「儘是譬喻因緣。」……其實,《壇經》之所以稱作「經」而不稱「傳」,正如《傳燈錄》不稱「僧史」一樣,它為自己定下的任務,可能就是給讀者一種「思想的創造」,而不一定是在進行歷史的陳述。由此也可以理解,為什麼《壇經》已經成為「經」,卻依舊要被再三改編增補,使惠能的面貌也一再變型[62]。

佛爾(Bernard Faure)注意到禪宗語言「語用學」的面向,就是說,禪的文本的瞭解,有時候不能夠孤立地從語言本身的意義來看,而要放到語言使用的情境,如維根斯坦說的「語言的意義在於他的用法」

---

[60] 任繼愈,〈以禪宗方法整理《壇經》〉,《敦煌壇經合校簡注》,頁4。
[61] 印順,〈《中國禪宗史》序〉,頁8。
[62] 杜繼文,〈《敦煌壇經之合校簡注》序〉,《敦煌壇經合校簡注》,頁7。

中來加以瞭解。佛爾還把禪的語言分為兩類：一種是符號的敘事，一種是暗含。所謂符號的敘事，即是禪宗的「死句」；禪宗真正要告訴我們很重要的是「譬喻」，這才是禪宗的「活句」；他認為，禪宗使用靈活的語言，不僅是要表示禪境的深密，要求我們不死在句下，更要緊的，是禪的語言往往具有「行事」的方面，即它的目的是要我們去作事、去修行。它不是教我們「瞭解某種意思」，而是要去「完成某種行動」[63]。透過語用，不單是從語義來瞭解《壇經》的意義，卻是具有很深刻的價值。如我們在處理禪史上師徒之間的情境，就有許多不是文字語言所能記載表達的。如五祖對惠能杖地三下的暗示，以及傳密法之間過程。六祖傳法給惠明，惠明說除了密語密意外，還有密意否？惠能回道：「與汝說者，即非密也」，足證所謂的密語密意是無法用語言文字可表達清楚的，這些都是為了完成某種修道的行動。

其實，近人對於《壇經》的體會，早已發表過類似的意見，如王驤陸就認為，《壇經》流傳一千三百餘年，輾轉傳抄，文字當有錯誤處，若依義不依文，不必住於文字而多所紛爭，但求義理通順而已。況文字乃可思議之物，而所表者，正此不思議之境，此境千聖所不識，全乘菩薩所不知，又豈文字所能闡明者耶[64]。

---

[63] Bernard Faure. *Chan Insights and Oversights an Epistemological Critque of the Chan Tradition*, Princeton University press, 1993, pp. 118-123。中文部分可參考龔雋，〈作為思想史的禪學寫作──以漢語語境禪學研究為中心的方法論考察〉，《佛學研究中心學報》第 5 期（2000 年 7 月），頁 102-104。

[64] 海鹽王驤陸述旨《大鑒禪師法寶壇經述旨》（台北：諾那・華藏精舍，金剛贈經會印贈，1992 年七版）。其中還有許多精采理論，如：「六祖本不注重文字，後人記述，又未能盡合祖意。似系拉雜記載，又非一人手筆，故前後深淺顛倒不一，亦無從改正，今只就文而論，讀者當放眼于文字之外，自得超然之境，合般若之機矣！」、「……今但點明其眼目述其旨而已。……此經正說眾生自性中之眼目，故清淨不在文字，唯讀者自己覺知。倘不著意於文字而自見本性清淨之相，則由只眼而化為千眼，千眼而千手矣！是在讀者。」、「喜讀此經者，當然另有見地，決不徒取文字。如標指月，所重在月，但亦不能廢指耳。」、「……是以六祖所說，不異佛說，名之曰經，無多讓也。惜當時門人紀錄，亦有未盡。六祖開示，應機而

宗教詮釋學的研究表明，對於宗教文本的詮釋不能簡單還原成一「理性的翻譯」（rational translation），它同時是一種解釋者的「解釋」（commentary），而且這種解釋自身也被賦予深密的性質，要揭示宗教文本背後的聖性的意義，通常是解釋者必須獲得一種體驗式的「照亮」（illumination）[65]。在這裏，宗教經驗或其生活的世界可能成為瞭解經典意義的重要背景。這同樣消解了那種本質論的還原主義的可能，經典的意義可能由於解釋者的參加變得更加豐富。讀者如何解讀文本？這又牽涉到「詮釋學」的問題（讀者與文本之間的關係，讀者可以再創造）。如果從這一角度來看，我們不一定要在歷史上先後出現的不同《壇經》版本間釐清正統與歧出，而更合理的方式，是把這些不同歷史時期的《壇經》理解為對於原本《壇經》（——儘管原本的意義已經杳然不可詳知——）的解讀的歷史，這裏透現出的，不僅是對歷史上《壇經》理解的變化，重要的是，這已經就表現了中國禪思想史的演化，可藉此看出各版本出現的時代與當時的禪法之間的關係。

伍、結語

對於《壇經》版本的確認，從《壇經》初現就未曾中斷過；它不僅在歷史上不斷被討論，從本世紀初敦煌本的出現，即由日本帶頭走出《壇經》版本考證的熱潮，再到諸多學者對敦博本所做出的貢獻，確實令人敬佩，這其中終於取得多數人較能接受的結論：多數學者認為「敦煌本」《壇經》是現存最早的版本，且至少經歷神會一系的更改，所以敦煌本也不是最古本。而站在容受諸本並存的立場，目前版本考證的階

施，前後淺深不一，未見性人，如讀公案。欲於文字中求悟，轉又遙遠。此經第三次開講，但述宗旨，讀者還當自悟。果能自悟本來，自得心印，何事多求。倘未明心要，學法何益？求於文字者，反誤根本矣！」，頁 4-5。

[65] James M. Robinson. *Hermeneutic since Barth, in: New Frontiers in Theology*, volume2, The New Hermeneutic, New York: Harper and Row, 1964.

段性任務應可暫告一段落。由前述討論可知,經典在流傳過程中,歷經不斷被增刪與製造,所以經典原貌已無法得知,因此恢復《壇經》原貌的理想也該停止。

經典之所以為經典,有其複雜因素,尤其一旦被奉為聖典,在歷史的流傳過程中,或因被視為爭正統或神聖化的需要,常被不斷的更改增刪。如同西方的《聖經》,也經歷不斷被更改的命運。作為禪宗聖典的《壇經》,形成過程也是相當複雜的,在現存的幾十種版本的《壇經》,仔細探究有其各層面的不同處。如唐‧法海集《南宗頓教最上大乘摩訶般若波羅蜜經六祖惠能大師於韶州大梵寺施法壇經一卷》,說明了是法海「集」的版本。元‧宗寶編《六祖大師法寶壇經一卷》,也說明了是宗寶「編」的版本。筆者認為,版本的變化反映歷代更改者的動機、心聲(言為心聲),也反映了改編者對於《壇經》思想的「改造」,因此,不同版本《壇經》背後不僅存在一個「抄者」、「集者」、「編者」甚至可能是一個「製造者」。

除了上述觀點,讀者如何解讀文本?這是早已受到重視的「詮釋」問題。在西方思想史研究中,「知識考古學」、「系譜學」的應運,不僅要我們意識到讀者與文本之間的關係,也注意到作者(製造者)與文本(文獻)之間的複雜關係,甚至文本與權力和社會之間的互動關係,也是我們瞭解古代經典時,可以考慮的重要層面。這種新文化史的研究法,反映了單純從傳統考據,或經典的內在意義上來解釋經典的方法,還有其不足。文本的可靠性不單是一時間系列上的先後問題,文本本身的出現就成為問題。

研究《壇經》文本的學者都深刻明瞭,《壇經》版本變化的複雜性,從敦煌本、敦博本到宗寶本,變化非常大。如經名的演變、《壇經》內容由不分品目一文到底,到後出版本的分門別品。記載的文字從口語質樸到文雅修飾,內容從簡略到逐漸豐富和變化。如無盡藏向惠能請示涅槃佛性的內容,青原、懷讓、臥輪語惠能間的問答等,都在德異本以後

才出現；又如有關《壇經》的傳授者及流通等在敦煌本中有記載，而在後出的版本反而沒有。另外著名的惠能偈從敦煌本的「本來常清淨」到宗寶本的「本來無一物」，這樣被改編的背後說明了什麼？這些問題所反映的不僅是版本不同而已，其背後反映了法統之爭或是禪思想的變化。

那麼除了上述，有關《壇經》的研究還隱藏了什麼複雜性？

一個呼之欲出的問題是，除了《壇經》的版本、作者外，被標榜為全由自性自心流出的《壇經》該如何研究？這其實是潛伏在教內外，或說隱藏在許多愛好《壇經》者心中的問題，唐一玄如此分析：

> 壇經可講乎？曰：可。凡六祖惠能之生平史實，頓漸分途之南北弘揚……以及流傳版本之異同，皆有其可講可論之處，皆是文史研究者考據研究之最佳課題，……[66]

上述範圍是有關《壇經》可研究的部分，如之前有關《壇經》版本、作者的研究與討論，都是可研究的。而作為禪宗這樣一部聖典，有許多也不是文字語言可完全表達，《壇經》確實也有不可說的部分：

> 《壇經》為六祖「禪經驗」之紀錄，此禪經驗不可以識識，不可以智知，……其可思擬講說者已離「證量」而轉步於智性理論之衢途，此壇經之所以不可講也[67]。

回顧所有提及《壇經》的相關論述，有些學者投注心力在考證版本文字，另有些人則一再提出警告：不可在文字中求。令人擔心的是，當大家醉心於版本考證，認為版本愈早愈精確，就愈能探得惠能禪法的

---

[66] 唐一玄，〈「六祖壇經」分品講話條目序〉，《壇經講話》（一玄老人全集編輯委員會，1993年6月），頁1。

[67] 同上，頁2。

同時，是否會在意義上離惠能禪法愈來愈遠？面對《壇經》這部禪宗聖典，在可說與不可說之間我們該如何拿捏？其實《壇經》早已提醒我們：

諸佛妙理，非關文字。

心迷《法華》轉，心悟轉《法華》。

惠能也親身示範讀經的方式：是「轉經」而不是「被經轉」。因此對於《壇經》中不可說的部分，非識智辯聰可知可解的部分，或許研究者應保持沈默，如王驤陸所說：

至宗下微妙之旨，全由自悟，非文字語言之可及[68]。

劉洙源也說：

壇經一書，諸佛心要，不可妄解……[69]。

那麼，對於號稱禪宗聖經的《壇經》，我們還能做些什麼？金知見的建議言猶在耳：

只要《壇經》的後期研究基於對前期研究的深刻反省，一定能走出孤立無援的峽谷，探索出一條更加廣闊的研究道路[70]。

面對著既重要且版本複雜的《壇經》，研究者卻常自說自話或焦點

---

[68] 王驤陸，《六祖法寶壇經述旨》（台北：諾那・華臧精社，金剛贈經會印贈，1992年七版），頁 3-4。

[69] 劉洙源，《佛法要領》（高雄：慈慧印經處，1884 年 5 月），頁 42。

[70] 冉雲華，〈敦煌遺書與中國禪宗歷史研究〉，頁 60，或參頁 4 註 8。

不清，致使常走入「勞而少功」的困境；否則以大量學者投入的心血衡之，當有更豐碩的成果。或許駒澤大學所做的《慧能研究》可以是典範之一，未來或可組成合作團隊研究《壇經》各版本之差異，進而探討各版本間何以有這些差異？他們背後反映的意義又是什麼？並且如果對於《壇經》的處理不限於主流研究的那種還原主義的理想，而是面向多元開放的空間，相信仍有不少問題可以繼續深入討論。如有關《壇經》的義理研究，雖然歷來也有不少，相對於主流的版本研究，還是有待努力。另一種借西方哲學來解釋《壇經》思想的工作，雖然可以帶出不少有哲學方面的議題，但又常缺乏對相關歷史版本學的成果做基礎，因此，如何在反省各種方法的優長與侷限，進而在研究方法上更具開放性與多元性，就成為我們新世紀《壇經》研究的一種新風貌了。

引用書目

一、原典

唐・法海集，《南宗頓教最上大乘摩訶般若波羅蜜經六祖惠能大師於韶州大梵寺施法壇經》；《大正藏》冊 48。

元・宗寶編，《六祖大師法寶壇經》；《大正藏》冊 48。

宋・釋贊寧，《宋高僧傳》；《大正藏》冊 50。

宋・釋道原，《景德傳燈錄》；《大正藏》冊 51。

二、專書

王驤陸，《大鑒禪師法寶壇經述旨》，台北：諾那・華藏精舍，1992 年。

印順，《中國禪宗史》，台北：正聞，1980 年。

——，《燉煌本敦經校刊記》；《華雨集》第 1 冊，台北：正聞，1993 年。

李申合校，方廣錩簡注；《敦煌壇經之合校簡注》，山西：古籍，1999 年。

杜繼文、魏道儒，《中國禪宗通史》，江蘇：古籍，1993 年。

周紹良，《敦煌寫本壇經原本》，北京：文物，1997 年。

姜義華主編，《胡適學術文集・中國佛學史》，北京：中華書局，1997年。

胡適，《胡適學術文集・中國佛學史》，北京：中華書局，1997年。

唐一玄，《壇經講話》，高雄：一玄老人全集編輯委員會，1993年。

張曼濤主編，《六祖壇經研究論集》，台北：大乘文化，1977年。

郭朋，《隋唐佛教》，山東：齊魯書社，1980年。

湯用彤，《隋唐及五代佛教史》，台北：慧炬，1986年。

楊曾文校寫，《新版・敦煌新本六祖壇經》，北京：宗教文化，2001年。

劉洙源，《佛法要領》，高雄：慈慧印經處，1884年。

潘重規，《敦煌壇經新書》，台北：財團法人佛陀教育基金會，1994年。

鄧文寬、榮新江，《敦博本禪籍錄校》，江蘇：古籍，1998年。

中川孝，《六祖壇經》，東京：筑摩書房，1976年。

日本駒澤大學禪宗史研究會編著，《慧能研究——慧能の傳記に關する基礎的研究》，東京：大修館書店，1978年。

柳田聖山，《初期禪宗史書の研究》，京都：法藏館，1967年。

J. Appleby, L. Hunt & M. Jacob 著、薛絢譯，《歷史的真相》，台北：正中書局，1998年。

B. Faure. *The Will to Orthodoxy -- a Critical of Northern Chan Buddhism*, California: Stanford University Press, 1997.

――. *Chan Insights and Oversights an Epistemological Critique of the Chan Tradition*, Princeton: Princeton University press, 1993.

P. Ricoeur. *From Text to Action: Essays in Hermeneutics* (Volume 2), Evanston: Northwestern University Press, 1991.

J.M. Robinson. *Hermeneutic Since Barth, in: New Frontiers in Theology* (volume2: The New Hermeneutic), New York: Harper and Row Publishers, 1964.

D.T. Suzuki. *The Zen Doctrine of No-Mind -- the Significeance of the Sutra of Hui-Neng*. London: Rider, 1969.

三、論文

方廣錩，〈敦煌本《壇經》首章校釋疏義〉，《中國禪學》第1卷，2002年6月，頁114。

冉雲華，〈敦煌遺書與中國禪宗歷史研究〉，《中國唐代學會會刊》第4期，1993年。

伊吹敦，〈敦煌本《壇經》是否為傳授本〉，收錄於《六祖慧能思想研究——「慧能與嶺南文化」國際學術研討會論文集》，廣州：學術研究雜誌社，1997年。

任繼愈,〈敦煌《壇經》寫本跋〉,收錄於《1983年全國敦煌學術討論會文集》,蘭州:甘肅人民,1987年。

李申,〈三部敦煌《壇經》校本讀後〉,收綠於《敦煌壇經合校簡注》,山西:古籍,1999年。

李淑珍,〈當代美國學界關於中國註疏傳統的研究〉,《中國文哲研究通訊》9卷3期,1999年。

李富華,〈《壇經》的書名、版本與內容〉,《中國禪學》第1卷,2002年。

松本文三郎著、許洋主譯,〈《六祖壇經之研究》〉,收錄於《1980年佛學研究論文集》,高雄:佛光,1994年。

拾文,〈《敦煌寫本壇經》是「最初」的《壇經》嗎?〉,《法音》第2期,1982年。

柳田聖山著、楊曾文譯,〈《六祖壇經諸本集成》解題〉,《世界宗教資料》第2期,1984年。

約翰・喬金森,〈南陽慧忠和壇經邪說〉,收錄於《佛光山國際禪學會議實錄》,高雄:佛光,1990年。

馬克瑞,〈審視傳承——陳述禪宗的另一種方式〉,《中華佛學學報》第13期,2000年。

蔡彥仁,〈口語宗教經典及其詮釋問題——以《六祖壇經》為例〉,《通識教育季刊》4卷3期,1997年。

蘇世傑,〈歷史敘述中的蘭克現象——蘭克與台灣史學發展〉,《當代》第163期(復刊第45期),2001年。

龔雋,〈作為思想史的禪學寫作——以漢語語境禪學研究為中心的方法論考察〉,《佛學研究中心學報》第5期,2000年。

伊吹敦,〈敦煌本「壇經」の形成——惠能の原思想と神會派の展開〉,《アジアの文化と思想の論叢》第4號,1995年。

金知見,〈敦煌《壇經》隨想錄——反省與展望〉,收錄於《六祖壇經的世界》(第九次國際佛教學術會議紀要),韓國:民族社,1989年。

J.R. Mcrae,〈惠能的傳說與天命——一位目不識丁的聖人和天方夜譚式的帝王〉,收錄於《佛光山國際禪學會議實錄》,高雄:佛光,1990年。

從《瑜伽論記》析論〈真實義品〉「離言自性」的語言哲學及對「說一切有部」語言觀的批判*

趙東明[**]

摘要

本論文要處理的問題有兩點：（一）、從《瑜伽論記》的解說，析論《瑜伽師地論・菩薩地・真實義品》之「離言自性」（梵 nirabhilāpya-svabhāvatā），試圖釐清這一概念的意義，及其語言哲學內涵。（二）、嘗試分析在《瑜伽論記》的記載中，基於〈真實義品〉「離言自性」的語言哲學，而批判「小乘人」（「說一切有部」）之語言觀存在的三個過失。

關於這兩個本文的論題，筆者的觀點是：(1) 所謂的「離言自性」

---

* 略語表：

OKR:Janice Dean Willis. *On Knowing Reality: The Tattvārtha Chapter of Asaṅga's Bodhisattvabhūmi: Translated with an Introduction, Commentary, and Notes*, Delihi: Motilal Banarsidass, First Indian Edition, 1982.
U.W.B:Unrai Wogihara (荻原雲來), *Bodhisattvabhūmi: A Statement of Whole Course of the Bodhisattva (being Fifteenth Section of Yogācārabhūmi)*, Tokyo: Sankibo Buddhist Book Store, 1971.
《索引》：宇井伯壽，《菩薩地索引：梵漢對照》，東京：鈴木學術財團，1961。
《瑜伽論》：唐・玄奘譯，《瑜伽師地論》；《大正藏》冊 30。
《地持經》：北涼・曇無讖譯，《菩薩地持經》；《大正藏》冊 30。
《善戒經》：劉宋・求那跋摩譯，《菩薩善戒經》；《大正藏》冊 30。
《倫記》：唐・遁倫集撰，《瑜伽論記》；《大正藏》冊 42。
《基纂》：唐・窺基，《瑜伽師地論略纂》；《大正藏》冊 43。
[**] 作者為中央研究院中國文哲研究所博士後研究員。

（相當於「勝義諦」）是指就勝義而言，實「有」離開語言活動的「唯事」（梵 vastu-mātra，可說是事物之「終極指涉對象」）之存在；而和「假說自性」（相當於「世俗諦」），相搭配的概念。(2) 在《瑜伽論記》中，這「離言自性」的「唯事」，是指清淨之「依他起性」和「圓成實性」；而「遍計所執性」和雜染之「依他起性」，則是屬於「假說自性」，即語言活動的範圍。(3)〈真實義品〉建立「離言自性」的「實有『唯事』」，是為了澄清「空」的教義，為了建立遠離「增益執」與「損減執」之「善取空」（或「中道」）而成立的。(4)「增益執」是指「小乘人」（「說一切有部」）的過失，他們以為名言「色等『法名』」（「能指」）所指涉的「色等『想法』」（「所指」），是有其自性、法體的，不能明瞭實際上除了「離言自性」的「實有『唯事』」外，名言「色等『法名』」（「能指」）及其指涉的「色等『想法』」（「所指」）都是屬於「一切唯假」的「假說自性」層面。(5) 依據《瑜伽論記》的記載，小乘人（「說一切有部」）這樣的語言觀有三個過失：「一、隨名多體失；二、名前無體失；三、名前生覺失。」(6) 筆者以為，值得注意的是：依據《瑜伽論記》，〈真實義品〉建立「一切唯假」（言說活動的「假說自性」層面），和「假必依實」（離言說活動的「離言自性」層面）的語言哲學，並以此說明「空」義。建立了離開語言活動的「離言自性」之「唯事」是實「有」的，而並非瑜伽行派後來發展的「唯識」說。就此而言，這是對中觀學派「空」教義的一種澄清，也就是〈真實義品〉所謂的「善取空」者！

關鍵字：假說自性、離言自性、「能指」（「色等『法名』」）、「所指」（「色等『想法』」）、「終極所指」（「唯事」）、增益執、善取空、語言哲學

從《瑜伽論記》析論〈真實義品〉「離言自性」的語言哲學
及對「說一切有部」語言觀的批判

壹、引言*

關於《瑜伽師地論・菩薩地・真實義品》所說的「離言自性」（梵 *nirabhilāpya-svabhāvatā*）到底意味著什麼？學術界目前尚未有過深入的研究。美國學者 Janice Dean Willis 於 1982 年的著作 *On Knowing Reality*[1]一書中，曾有過一些基礎的研究與考察（〈真實義品〉之英譯與註釋）。日本學者袴谷憲昭則曾就「離言」（梵 *nirabhilāpya*）一詞的思想背景作了一些考察，寫成了〈離言（*nirabhilāpya*）の思想背景〉一文[2]。而在國內，印順於其《印度佛教思想史》[3]和《唯識學探源》[4]；以及呂澂在《印度佛學思想概論》[5]中，都曾零星地提到「離言自性」的意涵。可以說，關於〈真實義品〉「離言自性」這一概念及其語言哲學，還有很大地探討空間。

而唐・玄奘（602-664）翻譯的《瑜伽師地論》・〈菩薩地〉・〈真實義品〉，就漢譯本而言，同（異）本異譯有：北涼・曇無讖（385-433）於西元 414-433 年譯出的《菩薩地持經》・〈菩薩地持方便處真實義品〉；劉宋・求那跋摩（367-431）於西元 424-431 年譯出的《菩薩善戒經》・〈菩薩地真實義品〉[6]。此三個漢譯本，皆收於《大正藏》第三十冊，後二者乃由《瑜伽師地論》之〈菩薩地〉抄出，並加以整理成「經」之體裁，內容上則有所出入[7]。而漢譯本《瑜伽師地論》的註釋中，含有〈真

---

* 本文之寫作，承蒙政大哲學系林鎮國教授所提供的研究指引與資料借閱，以及詹偉倫先生在日文資料之閱讀上所提供的幫助。並感謝臺大哲學系蔡耀明教授給予的私下修正建議。惠我良多，特此致謝！
[1] OKR, 1982.
[2] 見袴谷憲昭，〈離言（*nirabhilāpya*）の思想背景〉，《駒沢大学仏教学部研究紀要》第 49 期（1991 年），頁 125-169。
[3] 見印順，《印度佛教思想史》（台北：正聞，1993 年），頁 251-254。
[4] 見印順，《唯識學探源》（台北：正聞，1998 年），頁 205-207。
[5] 見呂澂，《印度佛學思想概論》（台北：天華，1993 年），頁 206-207、220。
[6] 見平川彰著、莊崑木譯，《印度佛教史》（台北：商周，2002 年），頁 317。
[7] 關於《菩薩地持經》和《菩薩善戒經》，自古以來即有「同本異譯」和「異本異譯」兩種說法。（見小野玄妙編，《佛書解說大辭典》冊 9，東京：大東，1974 年，頁 404-405）。

實義品〉的註釋書，有：唐・窺基（632-682）所撰之《瑜伽師地論略纂》；以及唐代・新羅僧遁倫（生卒年不詳）集撰之《瑜伽論記》。另，民國・太虛（1889-1947）撰有《瑜伽真實義品講要》、《瑜伽師地論菩薩地真實義品親聞記》[8]；民國・韓清淨（1873-1949）有《瑜伽師地論科句披尋記彙編》。

而梵文本《瑜伽師地論》・〈菩薩地〉的文獻，日本學者荻原雲來（Unrai Wogihara）於 1930-1936 年整理出版：*Bodhisattvabhūmi: A Statement of Whole Course of the Bodhisattva (Being Fifteenth Section of Yogācārabhūmi)*[9]。N. Dutt 於 1966 年整理出版：*Bodhisattvabhūmi, Being the XVth section of Asaṅga's Yogācārabhūmi*[10]。另外，宇井伯壽於 1961 年，整理出了：《菩薩地索引：梵漢對照》[11]。此外，惠敏法師於 2000 開始年建構詳細的「《瑜伽師地論》資料庫」（目前還在擴充建構），將《瑜伽論》的不同漢譯本及梵、藏本製成網路資料庫，非常便於查詢與閱覽[12]。

英文譯本由 Janice Dean Willis 於 1982 年翻譯出了：*On Knowing Reality: The Tattvārtha Chapter of Asaṅga's Bodhisattvabhūmi*[13]。日文譯

---

[8] 見《太虛大師全書・7・法藏・法相唯識學》（台北：善導寺佛經流通處，1950-1959 年），頁 122-237。

[9] U.W.B, 1971.

[10] N. Dutt. *Bodhisattvabhūmi, Being the XVth section of Asaṅga's Yogācārabhūmi, Panta*, 1966。荻原雲來本之寫本上殘缺頗多，但是 N. Dutt 本是依據羅睺羅僧克里帖衍那（Rāhula Sāṃkṛtyāyana）在西藏發現的梵文本出版，共有 266 葉，只缺一葉就是完本。（見平川彰著、莊崑木譯，《印度佛教史》，台北：商周，2002 年，頁 317，註 93）。

[11] 宇井伯壽，《菩薩地索引：梵漢對照》（東京：鈴木學術財團，1961 年）。其他《瑜伽師地論》・〈菩薩地〉的相關資料，可參考：Hajime Nakamura（中村元）. *Indian Buddhism: A Survey with Bibliographical Notes*, Delihi: Motilal Banarsidass, First Indian Edition, 1987, pp. 257-258。

[12] 見釋惠敏等，《瑜伽師地論》資料庫：http://ybh.chibs.edu.tw/

[13] OKR, 1982.

從《瑜伽論記》析論〈真實義品〉「離言自性」的語言哲學及對「說一切有部」語言觀的批判

本方面,日本學者相馬一意於1986年譯出了:〈「菩薩地」真實義章試譯〉[14]。此外,高橋晃一於2005年以 vastu(事)此一概念為中心出版了一本研究專書:《『菩薩地』「真實義品」から「攝抉擇分中菩薩地」への思想展開——vastu 概念を中心として》[15]。

雖然關於〈真實義品〉的基礎研究資料還算不少(如上之梵、漢、英、日文獻)。然而,〈真實義品〉「離言自性」的意義及其語言哲學觀,卻尚未見有深入地研究。

因此,本文要處理的問題,在於:(一)、以《瑜伽論》的註釋書——《倫記》的解說為主(亦有少部分《基纂》之解釋),析論《瑜伽師地論‧菩薩地‧真實義品》的「離言自性」這一概念,並試圖釐清「離言自性」的語言哲學架構:亦即「假說自性」之名言「色等『法名』」(「能指」)與其所指涉的「色等『想法』」(「所指」);及和其最終依住處——「離言自性」之「唯事」(「終極所指」)之關係,及其意義之分析。(二)、本文亦嘗試分析《倫記》所記載多位學者(窺基、神泰、惠景……等),基於〈真實義品〉「離言自性」的語言哲學,而指出「小乘人」(應是指「說一切有部」[16])語言觀的三個過失。以上這兩個部分,乃是本文要分析的問題與重點。

---

[14] 相馬一意,〈「菩薩地」真實義章試譯〉,《南都佛教》第55號(1986年),頁105-126。Kazui Soma. *A Japanese Translation of Tattvārthapaṭala, the Fourth Chapter of the Bodhisattvabhūmi, NANTO BUKKYO* (*Journal of the Nanto Society for Buddhist Studies*), No.55, Nara: The Nanto Society for Buddhist Studies, March, 1986, pp. 105-126。

[15] 高橋晃一,《『菩薩地』「真實義品」から「攝抉擇分中菩薩地」への思想展開——vastu 概念を中心として》(東京:山喜房佛書林,2005年)。

[16] 在〈真實義品〉中完全沒有提到批判的對象是誰,然而,在《倫記》中則將「小乘人」視為批判的對象,而且在批判時,多次提到是「說一切有部」的觀點(如神泰、惠景等人)。因此筆者認為,至少就《倫記》而言,此批判的對象,應是指「說一切有部」。此外,「說一切有部」「三世實有、法體恆有」的論點,也確實符合〈真實義品〉所批判的對象。所以,筆者推測〈真實義品〉中的批判對象,應該就是「說一切有部」。

貳、《瑜伽師地論・菩薩地・真實義品》之「離言自性」及其語言哲學觀

根據 Janice Dean Willis 的觀點，〈真實義品〉主要是說明「名言」（names，梵 *prajñapti*：假名）與其「指涉對象」（referents，梵 *vastu*：事）之間的關係。筆者以為，這可說是〈真實義品〉「離言自性」的語言哲學。亦即筆者以為：〈真實義品〉使用「色等『法名』」作為「能指」（事物之名稱或命名）；使用「色等『想法』」作為「所指」（看到或觸摸到之事物）；使用諸法「唯事」，作為離開語言活動，事物之「終極所指」、「終極依住」或「終極指涉對象」（此點詳下說明）。此外，Willis 並認為作者無著（Asaṅga）[17] 此品的主要關懷，在於「空」（*śūnyatā*）教義的澄清[18]（意即說明何謂「善取空」者）。關於認為〈真實義品〉是在說明「空」義這點，日本學者西義雄亦認為，此品和龍樹（Nāgārjuna）《中觀論頌》第二十四品（〈四諦品〉）以「二諦」解釋「空」的：「諸佛依二諦，為眾生說法；一以世俗諦，二第一義諦。若人不能知，分別於二諦；則於深佛法，不知『真實義』。若不依俗諦，不得第一義；不得第一義，則不得涅槃。」[19] 有關[20]。不過，關於「真實義」一詞（梵 *tattvārtha*）[21] 這一〈真實義品〉的品名，本文限於篇幅，無法詳論。以下，筆者將先說明〈真實義品〉提出的「假說自性」與「離言自性」。

---

[17] 關於《瑜伽師地論》的作者，漢傳據玄奘的傳譯為彌勒（Maitreya）所著，而藏傳佛教則視為無著（Asaṅga）所撰。

[18] OKR, pp. 19-20.

[19] 姚秦・鳩摩羅什譯，《中論》卷 4；T.30.32.c。
漢譯本此句：「則於深佛法，不知『真實義』」，梵文原文為：「*te tattvaṃ na vijānanti gambhīraṃ buddhāśasane.*」（見三枝充惪，《中論偈頌總覽》，東京：第三文明社，1985 年，頁 748）。

[20] 見西義雄，〈真俗二諦說の構造〉，收於宮本正尊編，《佛教の根本真理》（東京：三省堂，1972 年），頁 197-198，205-209。

[21] 關於「真實義」（「*tattvārtha*」）一詞的意義，可參見：OKR, pp. 37-38。

一、〈真實義品〉之「離言自性」與「假說自性」

在〈真實義品〉中,「離言自性」其實還有一個相搭配的概念,那就是「假說自性」。印順認為,這兩者相當於解釋「空」義的「勝義諦」和「世俗諦」這「二諦」說[22]。而呂澂則認為,這是無著、世親解釋「空」義之「三自性」說的前理論架構[23]。總之,從〈真實義品〉的內容來看,「離言自性」與「假說自性」,確實是為了說明「空」(「善取空」)之教義而提出的。

(一)〈真實義品〉的「離言自性」一詞

玄奘譯〈真實義品〉中出現的「諸法『離言自性』」一句,梵文為:*nirabhilāpya-svabhāvatā sarva-dharmāṇāṃm*,從梵文「一切諸法」(*sarva-dharmāṇāṃ*)一詞是「屬格」(genitive)關係,可以知道,此句是說明「屬於一切諸法的」(*sarva-dharmāṇāṃ*)「離言自性」(*nirabhilāpya-svabhāvatā*)。Willis 將此句翻譯為「the inexpressible character of all dharmas」或「the inexpressible essential nature of all dharmas」。其中玄奘譯的「離言自性」(梵 *nirabhilāpya-svabhāvatā*)一詞,曇無讖譯「離於言說」,求那跋摩譯「不可宣說」,Willis 則翻譯為「the inexpressible character」或「the inexpressible essential nature」[24]。從梵文來看,「*nir*」是接頭詞「*nis*」的連音變化,表示「離開」;「*abhilāpya*」是「言說」;「*svabhāvatā*」是「自性」之意;所以,這整個詞是表示:「離開言說的『自性』(自己本身存在的性質)」。日本學者神子上惠生則認為,所謂的「離言自性」,就勝義的立場言,即是「自

---

[22] 見印順,《印度佛教思想史》(台北:正聞,1993年),頁252。

[23] 呂澂:「《菩薩地》只說到「假說自性」和「離言自性」兩方面,無著、世親嫌其簡單,還不足以說明認識的關係,因而又加上了「依他起」作為兩者的樞紐,這樣「依他起」便成了三性說的中心。」(見呂澂,《印度佛學思想概論》,台北:天華,1993年,頁220)。

[24] OKR, pp. 100-101.

性的本質」（svabhāva-dharmatā）[25]。而印順認為此「離言自性」一詞，有從部派佛教「經量部」發展而來的源流[26]。

〈真實義品〉「離言自性」中的「自性」一詞，是指諸法的「特性」（character）或「本性」、「本質」（essential nature）[27]而言。〈真實義品〉認為「一切諸法『有』『離言自性』」，這是站在正面、肯定、「有」的角度，認同使用「自性」一詞的。瑜伽行派正面地使用「自性」一詞，從他們以「三自性」說來解釋「空」，亦可得知。而且，瑜伽行派使用「自性」一詞，是站在遠離增益執（有）與損減執（無）的立場（中道）而言的。就這一方面說，〈真實義品〉以「離言自性」來詮釋「空」，這種離開有、無二邊的「中道」（「空」），和龍樹遠離有、無的中道精神卻又是相同的[28]（大體上，大乘佛教各宗派皆認同「中道」（「空」）是遠離有、無二邊的）。

（二）〈真實義品〉的「假說自性」

在〈真實義品〉中，有一個和「離言自性」相搭配的概念，亦即「假說自性」（梵 prajñapti-vāda-svabhāva，曇無讖譯「假名自性」，求那跋摩譯「世流布」，Willis 譯為「essential nature solely by virtue of verbal designation」。本文限於篇幅，不詳談此「假說自性」）。因為「離言自性」實際上是無法用語言文字表達的。所以，我們有必要先瞭解可以用語言文字表達的「假說自性」。所謂的「假說自性」，是〈真實義品〉在說明「真實義」相為「有」、「非有」「無二」所顯時提出的，玄奘譯《瑜伽論》：

> 又安立此「真實義」相，當知即是「無二」所顯。所言二

---

[25] 見神子上惠生，〈瑜伽師地論における言葉と意味〉，《仏教文化研究所紀要》第 14 期（1975 年），頁 48。
[26] 見印順，《唯識學探源》（台北：正聞，1998 年），頁 207。及其《說一切有部為主的論書與論師之研究》（台北：正聞，2002 年），頁 565-566。
[27] OKR, pp. 100-101.
[28] Ibid., p. 111.

從《瑜伽論記》析論〈真實義品〉「離言自性」的語言哲學
及對「說一切有部」語言觀的批判

者：謂「有」、「非有」。此中「有」者，謂：所安立「假說自性」，即是世間長時所執，亦是世間一切分別戲論根本，或謂為色、受、想、行、識，或謂眼、耳、鼻、舌、身、意，或復謂為地、水、火、風……最後乃至或謂涅槃。如是等類，是諸世間共了諸法「假說自性」，是名為「有」。言「非有」者，謂即諸色「假說自性」，乃至涅槃「假說自性」，無事、無相，假說所依，一切都無，假立言說，依彼轉者，皆無所有，是名「非有」。先所說「有」，今說「非有」。「有」及「非有」，二俱遠離，法相所攝真實性事，是名「無二」。由「無二」故，說名「中道」，遠離二邊，亦名「無上」。[29]

引文說到，所謂的「有」，就是語言文字所安立的「假說自性」，是指：色、受、想、行、識、眼、耳、鼻、舌、身、意、地、水、火、風……等等，乃至涅槃。這些依世人共同認知的「假說自性」之語言文字，所假立的名稱。而所謂的「非有」，則是指依「假說自性」而安立的「有」這些事物，究其實而言，都是假名所立，而無實體，其本質是「非有」。而「真實義」則是離開「有」、「非有」的「無二所顯」。

從上面的引文可知，簡單地說，諸法的「假說自性」，就是指以語言文字對事物或諸法所安立的各種名稱（如色、受、想、行、識……等乃至涅槃）。因為這些名稱都是依世人所共許的「假說」而成立的，而非事物或諸法的真實樣態或性質，所以稱為「假說自性」。呂澂說得好：「一、假說自性，即指人們對於事物、現象藉助名言的了解；二、離言自性，即指離開名言的事物現象的本身。」[30]

---

[29] 見《瑜伽論》卷 36；T.30.486.c-487.a。
又，此段梵文本見：U.W.B, p. 39。曇無讖譯文見：《地持經》卷 1；T.30.893.a。求那跋摩譯文見：《善戒經》卷 2；T.30.968.b-c。Willis 英文譯文見：OKR, pp. 80-86。
[30] 見呂澂，《印度佛學思想概論》（台北：天華，1993 年），頁 206。

(三)《倫記》中「假說自性」、「離言自性」和「三自性」之關係的說明

關於「假說自性」、「離言自性」和「三自性」，即：「遍計所執性」（梵 parikalpita-svabhāva）、「依他起性」（梵 paratantra-svabhāva）、「圓成實性」（梵 pariniṣpanna-svabhāva）之間的關係，《倫記》卷9之上提到：

> 於一切法「離言自性」者，即是「依他」及「圓成實」，此之二性，性離名言。「假說自性」者，即是「遍計所執」，隨其假說，計度執有，名假說性。若無分別智證真如時，若離言性、若假說性，同一真如心境，重言「平等，即是無分別智，所行境界。」言「如是境界……至所知邊際等」者。此真如理，對苦、空等，為最第一、無有上，故稱「無上」。若見此理，證究竟名「所知邊際」。齊此已外，一切智人，正勤思釋，更無去處，皆悉退還，不能越度[31]。

《倫記》提到，「離言自性」就是「依他起性」和「圓成實性」。因為此二自性，其本性是離開語言活動（名言）的。而「假說自性」，就是「遍計所執性」。當獲得無分別智證得真如之時，「離言自性」和「假說自性」，都是同一真如之心境，故言「平等平等」（此句為《瑜伽論》之引文，「重言平等」即此意）。上面《倫記》的引文，其實是在解釋《瑜伽論》「所知障淨智所行真實」[32]的這段話：

> 云何「所知障淨智所行真實」？謂於所知能礙智，故名「所

---

[31] 見《倫記》卷9之上；T.42.502.c。
[32] 〈真實義品〉有「四種真實」之說：「一者、『世間極成真實』；二者、『道理極成真實』；三者、『煩惱障淨智所行真實』；四者、『所知障淨智所行真實』。」（見《瑜伽論》卷36；T.30.486.b）。

從《瑜伽論記》析論〈真實義品〉「離言自性」的語言哲學
及對「說一切有部」語言觀的批判

知障」。從「所知障」得解脫智所行境界，當知是名「所知
障淨智所行真實」。此復云何？謂諸菩薩、諸佛世尊，入法
無我。入已善淨，於一切法「**離言自性**」、「**假說自性**」，
平等平等，無分別智，所行境界。如是境界，為最第一、
真如、無上、所知邊際，齊此一切正法思擇，皆悉退還，
不能越度[33]。

接著上面《倫記》之引文，遁倫提到了很重要的記載，那就是依據神泰（唐代僧，生卒年不詳，著有《俱舍論疏》二十卷）和圓測（613-696）兩人的說法，「假說自性」、「離言自性」和「三自性」之間的關係，在印度有兩種不同的說法：

泰（案，指：神泰）、測（案，指：圓測）同述：「於一
切法……乃至平等平等者。」西方有二釋：**初釋云**：「真
實性」，「離言自性」。「分別性」，情所取法，是言說所說
自性，「真實性」所離也。「假說自性」者，「依他性」，是
「假說自性」法也。「平等、平等」者，菩薩證能取空，證
二性時，皆無能取、所取，故言：「平等、平等」者也。
第二難陀釋論云：「依他」、「真實」，皆離「分別性」，故
並是「離言自性」也。於「分別性」「假說自性」中，說有
能取、所取，菩薩入法無我時，於「假說自性」中能取、
所取皆遣，故云：「平等、平等」[34]。

上引文的第一種說法，神泰和圓測沒有說明是印度何人所持的觀點：
「真實性」（即「圓成實性」）是「離言自性」；而「依他性」（「依他起

---

[33] 見《瑜伽論》卷36；T.30.486.c。
另，此段梵文本見：U.W.B, p. 38。曇無讖譯文見：《地持經》卷1；T.30.895.b。求那跋摩譯文見：《善戒經》卷2；T.30.968.b。Willis 英文譯文見：OKR, pp. 78-79。
[34] 見《倫記》卷9之上；T.42.502.c-503.a。

性」)和「分別性」(「遍計所執性」),則是「假說自性」。第二種說法神泰、圓測說是難陀的觀點:「圓成實性」、「依他起性」皆離開分別,故是「離言自性」;「遍計所執性」,則是「假說自性」。其實,這兩個觀點,不見得有什麼矛盾。關鍵在於「依他起性」有所謂的「二分依他性」[35]。前一種說法,是指雜染不淨的「依他起性」(使「遍計所執性」成為可能的「依他起性」),是「假說自性」。而後一種說法,是指清淨的「依他起性」(使「圓成實性」成為可能的「依他起性」),是「離言自性」。總之,雖然這兩種說法有不同處,但關鍵在「二分依他起性」上,兩說皆認同「圓成實性」是「離言自性」,「遍計所執性」,是「假說自性」。然而,前一說認為(雜染)「依他起性」是「假說自性」;而後一說,則認為(清淨)「依他起性」是「離言自性」。

二、〈真實義品〉「離言自性」的語言哲學——「一切唯假」與「假必依實」之「唯事」

上面,筆者論述了〈真實義品〉為解釋「空」義而提出的「假說自性」、「離言自性」,以及在《倫記》中其和「三自性」之關係。現在,筆者將論述諸法「離言自性」的語言哲學,亦即:「假說自性」層面,「一切『唯假』建立」(「一切唯假」);「離言自性」層面,實「有」之「唯事」的提出;以及〈真實義品〉對語言(「能指」)與語言指涉之對象(「所指」)和諸法、事物最後真實樣態(「終極所指」)的論述。首先,是以何道理應知諸法「離言自性」?也就是諸法「一切唯假」的觀點。

(一)以何道理應知諸法「離言自性」?——「一切唯假」

諸法「離言自性」的理由何在?是何種道理,我們能夠知道諸法有「離言自性」呢?玄奘譯〈真實義品〉:

---

[35] 關於「二分依他性」,參見:勝呂昌一,〈二分依他性說の成立〉,《印度學佛教學論集:宮本正尊教授還曆記念論文集》(東京:三省堂,1954年),頁339-350。

以何道理應知諸法「離言自性」？謂：一切法假立自相，或說為色、或說為受，如前廣說，乃至涅槃，當知一切「唯假」建立。非有自性，亦非離彼，別有自性。是言所行、是言境界，如是諸法，非有自性，如言所說；亦非一切，都無所有。如是非有，亦非一切，都無所有。云何而「有」？謂離「增益」，實無妄執，及離「損減」，實有妄執。如是而「有」，即是諸法「勝義自性」，當知唯是「無分別智」所行境界[36]。

如上引文所言：一切諸法，如色、受、想、行、識……乃至涅槃等法，都無自性，都是隨名言而假立的。因為一切諸法都是隨名言而假立的，所以，一切諸法，就其真實本性而言，都是無法用語言來形容的。因

---

[36] 見《瑜伽論》卷36；T.30.488.a。

此段梵本作：「*atra kayā yuktyā nir-abhilāpya-svabhāvatā sarva-dharmāṇāṃ pratyavagantavyā. yeyaṃ sva-lakṣaṇa-prajñaptir dharmāṇāṃ yad uta rūpam iti vā vedaneti vā pūrvavad antato yāvan nirvāṇam iti vā. prajñapti-mātram eva tad veditavyam. ……sa punaḥ pāramarthikaḥ svabhāvaḥ sarva-dharmāṇāṃ nir-vikalpasyaiva jñānasya gocaro veditavyaḥ.*」（U.W.B, pp. 43-44.）

曇無讖譯作：「云何知一切法『離於言說』？此施設假名自相諸法，所謂色、受、想、行、識，乃至涅槃，當知假名，無有自性……如是有，是名第一義自性，離一切妄想，智慧行處。」（見《地持經》卷1；T.30.894.a）。

求那跋摩譯作：「善行菩薩諦知法界『不可宣說』，知法界性，知『世流布』。『世流布』者，色、受、想、行、識，乃至涅槃。色乃至涅槃，不名真實……」（見《善戒經》卷2；T.30.969.b）。

Willis英文譯作：「Now by what philosophical reasoning is the inexpressible character (*nirabhilāpya-svabhāvata*) of all dharmas to be understood? As follows: Whatever is a designation for the individual characteristics of the dharmas, for example, "form" or "feeling" or the other personality aggregates, or, as before explained, even up to "*Nirvāṇa*," that should be understood to be only a designation (*prajñapti-mātram*). It is neither the essential nature (*svabhāva*) of that dharma, nor is it wholly other than that. ……Moreover, one should understand that only the sphere of cognitive activity which is completely freed of discursive thought is the domain of knowledge of the supreme essential nature (*paramārthikaḥ svabhāvaḥ*) of all dharmas.」OKR, pp. 100-101。

此，我們可知一切諸法必然有「離言自性」的存在。這樣的觀點，其前提是，語言無法表達諸法的真實性質，而成立諸法就其真實樣態而言，是不可宣說的（即是「離言自性」的）。Willis 認為上引文「當知一切『唯假』建立」）中的「唯假」一詞（梵 *prajñapti-mātra*），是一個關鍵詞（key term），他翻譯為「『just』or『only』designation」[37]。

和中觀學派認為「一切唯假（名）」一樣，〈真實義品〉也同樣持這種觀點。然而，和中觀學派不同的是，〈真實義品〉的「唯假」（*prajñapti-mātra*），是就離開「一切都無所有」，而站在「有」的立場而言的。而且，這樣的「有」，是站在離開「增益」即無（妄執），而離開「損減」即「有」（妄執），的立場而說「有」的。這樣的「有」，是諸法的「勝義自性」，也是「無分別智」所行的境界。這種「有」的立場，正突顯出初期瑜伽行派的「唯假」，和中觀學派之「唯假」的差異處。而〈真實義品〉的「唯假」，其特殊處，是在語言活動之內，「一切唯假」；而在語言活動之外，則假必依實，必依實有「離言自性」之「唯事」。所以，筆者下面將論述〈真實義品〉中非常重要的語言哲學觀點：「離言自性」之「唯事」說的提出。而因為理解「離言自性」，就能理解「善取空」，所以，亦要談及和「善取空」的關係。

(二)〈真實義品〉「離言自性」的語言哲學與「善取空」的關係——「假說自性」層面「一切唯假」與「離言自性」層面「假必依實」之「唯事」

當我們使用語言文字來表達我們認識到的諸法或事物時，亦即使用「名言」（names，「能指」）來稱呼「指涉對象」（referents，「所指」）時。作為語言活動的「能指」、「所指」真能表達諸法、事物的真實樣態嗎？還是事物本身存在著有語言文字所無法表示的「終極指涉對象」（即「事」，梵 *vastu*，詳下）呢？

---

[37] OKR, pp. 100-101.

1.〈真實義品〉之「離言自性」及其和「善取空」的關係

(1)〈真實義品〉「離言自性」之「唯事」與「色等『法名』」、「色等『想法』」

〈真實義品〉認為諸法或事物，在離開語言活動的範圍，是有「離言自性」之「唯事」的。所以，屬於語言活動的「能指」（事物之名稱，〈真實義品〉中使用「色等『法名』」）與「所指」（所看見或觸摸到的事物，〈真實義品〉中使用「色等『想法』」）。這種語言活動上，「能指」與「所指」的關係，其實並不能表達諸法或事物真實的樣態，所以是「一切唯假」的。諸法或事物的真實樣態，或稱「終極所指」、「終極依住」或「終極指涉對象」，即「事」（諸法「唯事」），是屬於無法以語言文字表示之「離言自性」的。玄奘譯〈真實義品〉提到：

> 復由至教，應知諸法「**離言自性**」。如佛世尊《轉有經》中，為顯此義，而說頌曰：「以彼彼諸名，詮彼彼諸法；此中無有彼，是諸法法性。」云何此頌，顯如是義？謂於「**色等『想法』**」，建立「**色等『法名』**」；即以如是色等「法名」，詮表隨說色等「想法」。或說為色、或說為受、或說為想、廣說乃至說為涅槃。於此一切色等「想法」、色等「自性」都無所有，亦無有餘色等性法；而於其中，色等「想法」「離言義性」，真實是有。當知即是「勝義自性」，亦是「法性」[38]。

---

[38] 見《瑜伽論》卷 36；T.30.489.a。

此段梵本作：「āpt' āgamato 'pi nir-abhilāpya-svabhāvāḥ sarva-dharmā veditavyāḥ. yathōktaṃ bhagavatā evam evârthaṃ gāthā'bhigītena paridīpayatā Bava-saṃkrānti-sūtre. yena yena hi nāmnā vai yo yo dharmo 'bhilapyate na sa saṃvidyate tatra dharmāṇāṃ sā hi dharmateti. kathaṃ punar iyaṃ gāthā etam evârthaṃ paridīpayati. rūp' ādi-saṃjñakasya dharmasya yad rūpam ity evam-ādi nāma.」（U.W.B, p.48.）。

另，曇無讖譯文見：《地持經》卷 1；T.30.894.c-895.a。求那跋摩譯文見：《善戒經》卷 2；T.30.970.a-b。Willis 英文譯文見：OKR, pp. 118-120。

上引文說到，諸法的「離言自性」，佛陀在《轉有經》中，就曾說過：「以彼彼諸名，詮彼彼諸法；此中無有彼，是諸法法性。」[39]〈真實義品〉將這句頌文解釋成：當我們用「名言」（names，「假名」，梵 *prajñapti*，引文的『法名』），來指稱其「指涉對象」（referents，引文的『想法』）時（謂於「色等『想法』」，建立「色等『法名』」）。此中「法名」，是「能指」，而「想法」是「所指」。而且，固定、具實在自性的「指涉對象」（「所指」），其實是不存在的（「於此一切色等『想法』、色等『自性』都無所有」）；而且語言「指涉對象」（「所指」）的真實樣態（即「事」，梵 *vastu*），其實是無法用語言來說明的。這種諸法皆有的，無法用語言來說明的真實性質，也就是「唯事」（梵 *vastu-mātra*），就稱為諸法的「離言自性」。這點，呂澂亦說到：「離言自性，即指離開名言的事物現象的本身。」[40]而且這種「離言自性」，是就「勝義諦」而言的「自性」，也就是指「法性」（梵 *dharmatā*）[41]。其中玄奘譯「唯事」一詞（梵 *vastu-mātra*），曇無讖譯作「事分齊」，是指離開言語活動，而為名言（「能指」）所指涉的諸法、事物（「所指」）之「終極指涉對象」。Willis 將「唯事」譯作「bare given thing」、「the

---

[39] 漢譯《佛說轉有經》有這句話：「善逝後說時，所有諸言語，皆是假名說。假名想住故，離於言語法，而無有可說。隨所有言說，而說彼諸法，彼不在於彼⋯⋯名本空無名，一切法無名，而以假名說。」（見元魏・佛陀扇多譯，《佛說轉有經》；T.14.949.c）。

[40] 見呂澂，《印度佛學思想概論》（台北：天華，1993 年），頁 206。

[41] 日本學者神子上惠生認為，所謂的「離言自性」，乃是就勝義的立場言，也就是「自性的本質」（*svabhāva-dharmatā*）。他並解釋：「謂於色等『想法』，建立色等『法名』」為：「對於具有『色』等名稱的事物，使用『色』等名稱（去指涉）。」由此可知，所謂的「名」（梵 *nāman*），指的是事物的名稱。例如，色、受、想、行、識⋯⋯涅槃等名稱是「名」。而且「名」所指涉的是具有名稱的東西或事物（梵 *vastu*），一般世俗不解此理，以為其所指示的是「自性」，亦即色的自性、受的自性⋯⋯涅槃的自性等等。然而，這樣的自性實際上是不存在的。所存在的，只有作為命名對象所依的「事」（梵 *vastu*）。（詳見：神子上惠生，〈瑜伽師地論における言葉と意味〉，《仏教文化研究所紀要》第 14 期，1975 年，頁 48，50）。

given thing itself」或「just a given thing」[42]。〈真實義品〉認為,這諸法、事物的「終極指涉對象」,即「唯事」,雖然離開語言活動,而無法表達,但卻是真實「有」(存在)的,而不能說不存在的。所以,諸法的「離言自性」,就是諸法的「唯事」。或者說,「唯事」,就是諸法及其「名言」所依的真實存在之離開語言活動的本質(「離言自性」)。

(2)〈真實義品〉的「善取空」者——即正確地理解「離言自性」

〈真實義品〉並認為,若能對「離言自性」之「實有『唯事』」有正確的理解,就是「善取空」(求那跋摩譯作:「真解空義」)者。可以說,所謂的「善取空」,就是能正確地理解「離言自性」。也就是說,〈真實義品〉「離言自性」的語言哲學,是和其對「空」(「善取空」)的詮釋觀點相關聯的。玄奘譯《瑜伽論》:

> 云何復名「善取空」者?謂由於此,彼無所有,即由彼故,正觀為空。復由於此,餘實是有,即由餘故,如實知有。如是名為悟入空性,如實無倒。謂於如前所說一切色等「想事」,所說色等假說性法,都無所有,是故於此色等「想事」,由彼色等假說性法,說之為空。於此一切色等「想事」,何者為餘?謂即色等假說所依。如是二種,皆如實知。謂於此中,「實有『唯事』」;於「唯事」中,亦有「唯假」。不於實無,起「增益執」;不於實有,起「損減執」。不增不減,不取不捨,如實了知如實「真如」「離言自性」。如是名為「善取空」者,於空法性能以正慧妙善通達[43]。

---

[42] OKR, p. 109, 117.
[43] 見《瑜伽論》卷 36;T.30.488c-489.a。
另,此段梵文本見:U.W.B, p. 47-48。曇無讖譯文見:《地持經》卷 1;T.30.894.c。
求那跋摩譯文見:《善戒經》卷 2;T.30.970.a。Willis 英文譯文見:OKR, p. 117。

引文的「彼」字，是指「色等想法、想事」，而「此」字，則是指作為「色等想法、想事」之所依的「唯事」。所以「由於此，彼無所有，即由彼故，正觀為空」是說由於「此」實有之「色等想法、想事」之所依的「唯事」，而「彼」「色等想法、想事」乃是不真實的，即由「彼」「色等想法、想事」及其假名，正觀其為「唯假」為「空」。而「復由於此，餘實是有，即由餘故，如實知有。如是名為悟入空性，如實無倒」是說，再由「此」實有之「色等想法、想事」之所依的「唯事」，可以知道除了「色等想法、想事」「唯假」之外，「此」「唯事」乃為真實，如實地了知「此」「唯事」乃為真實，就稱為如實無倒的悟入空性。簡單地說，〈真實義品〉所謂的「善取空」者，就是引文這句：「不於實無，起『增益執』；不於實有，起『損減執』。」什麼是「不於實無，起『增益執』」呢？就是「色等想法、想事」（「所指」）及其安立之「名言」（「能指」），實際上是虛妄遍計所成，是不真實的存在，只是假名、「唯假」（「一切唯假」）而已；不可於此「一切唯假」上，起「增益執」而說其有自性、法體之存在。「不於實有，起『損減執』」，則是說「色等想法、想事」，雖然是假名、「唯假」，但是「於此中，實有『唯事』」，也就是有離開語言活動，而為名言（「能指」）、「色等想法、想事」（「所指」）所依的「唯事」（諸法、事物的「終極指涉對象」）是真實的存在，這就是諸法的「真如」，也就是諸法的「離言自性」；不可於此實「有」上，起「損減執」，而說此實有不存在。也就是，若能理解實有「離言自性」之「唯事」，並遠離「增益（梵 samāropa）執」與「損減（梵 apavada）執」的過失，就稱為「善取空」者！

關於〈真實義品〉的「善取空」者，印順在《印度佛教思想史》一書中認為〈真實義品〉的見解是屬於「他性空」[44]，與如來藏說[45]無異：

---

[44] 印順以為瑜伽行唯識學派是「他空見」的觀點，學界已有質疑。見：黃英傑，〈藏傳佛教「他空見」研究——以國然巴《辨別正見》為中心〉（新竹：玄奘大學宗教研究所碩士論文，2003），頁 113-122：第五章第二節〈印順的他空說與他空見〉。

[45] 關於「如來藏」的「他空」，可參考：釋恆清，《佛性思想》（台北：東大圖書，1997 年），頁 138-139。

『論』(案,指:《瑜伽論》)上說:「由彼故空,彼實是無;於此而空,此實是有」。這一善取空的基本見解,正是「異法是空,異法不空」的「他性空」,與如來藏說相同。經上說「一切法空」,應該解說為:於色等一切法,假說而自性無所有的,所以說是空。但假說的一切法,依「實有唯事」而有,假是依實而成立的,這所以是有(空所顯性)。這一空與有的基本定義,為瑜伽學者所信守[46]。

印順所言瑜伽行派基本的「空、有」立場,可謂真知灼見。〈真實義品〉之「善取空」,確實是說明色等一切諸法唯假名,無自性故「空」;然此「空」,是依「有」而建立的,此「有」,就是有諸法「離言自性」的「實有『唯事』」。是以,〈真實義品〉所言的「善取空」,是假說為空,實際上卻是依實而「有」之「空」,這屬於「離言自性」的「唯事」之「有」,是不能空掉的。亦即,在語言活動的範圍之內,「一切唯假」;而在語言活動的範圍之外,則「假必依實」(依「離言自性」之「實有『唯事』」)。這就是〈真實義品〉所說,能理解實「有」「離言自性」之「唯事」的「善取空」者!

2.《倫記》中屬於「假說自性」層面的「色等『法名』」(「能指」)與「色等『想法』」(「所指」)——「一切唯假」

　關於上面《瑜伽論》引文中的「想法」(或「想事」)一詞(筆者認為可以用「所指」稱之),依《倫記》解釋上引《瑜伽論》之文:「謂於色等『想法』,建立色等『法名』;即以如是色等『法名』,詮表隨說色等『想法』。或說為色、或說為受、或說為想、廣說乃至說為涅槃。」[47]一句時,提到「想法」一詞有兩種解釋。《倫記》:

「謂於色等想法……乃至說為涅槃者。」泰(案,指:神

---

[46] 見印順,《印度佛教思想史》(台北:正聞,1993年),頁252-253。
[47] 見《瑜伽論》卷36;T.30.489.a。

泰）云：**此文釋上兩句：於「色等『想所緣法』」，建立「色等『分別性』『法名』」，即以如是「色等『分別性』『法名』」，詮表說「色等『想所緣法』」，或說為色，乃至說為涅槃也。又釋：「想」者是「名」，謂：於「色等『名所目法』」上，建立「色等『法假名』」，即以如是「色等『法假名』」，詮表說「色等『名所目法』」也**[48]。

上引文中，《倫記》對「想法」一詞的兩種解釋是：(1) 關於「想法」的第一種解釋，是指「想所緣法」，即「以想蘊所緣取而成的諸法」，這是神泰的觀點，他解釋：「謂於色等想法……乃至說為涅槃者」一句，說是：「以想蘊所緣取而成的色等諸法」（「色等『想所緣法』」），建立如「色」等之類的「分別性」（「遍計所執性」）之「法名」（「色等『分別性』『法名』」）；這樣我們即以像「色」等之類的「分別性」（「遍計所執性」）之「法名」（「色等『分別性』『法名』」），來詮表「以想蘊所緣取而成的色等諸法」（「色等『想所緣法』」），或說為色、受、想、行、識……乃至涅槃等。(2) 除了神泰之說外，《倫記》還提到「想法」一詞的另一種解釋，這是將「色等『想法』」中的「想」字解釋作與「名」字同義（「『想』者是『名』」）。所以，第二說認為，「想法」一詞，就是指「名法」（「名所目法」），也就是「可以用語言名字所表示的諸法」。所以《瑜伽論》的引文應該解釋成：將「色等『可以用語言名字所表示的諸法』」（「色等『名所目法』」），建立如「色等的『諸法之假名』」（「色等『法假名』」）；這樣我們即能以像「色等的『諸法之假名』」，來詮表「色等『可以用語言名字所表示的諸法』」（即以某個固定的假名，來詮表指涉的諸法、事物）。

然而，筆者以為，《倫記》的這兩種說法，要說明的，都是在「假說自性」的層面（即「遍計所執性」及染分「依他起性」）上，「色等

---

[48] 見《倫記》卷9之上；T.42.510.a。

『法名』」(「能指」)和「色等『想法』」(「所指」)都是不真實的,也就是「一切唯假」的。而真實「有」的,就是下面要說的「離言自性」之「唯事」。

3. 《倫記》中屬於「離言自性」層面不可言說之「唯事」(諸法、事物之「終極所指」或「終極依住」)——「假必依實」

筆者認為,上面《瑜伽論》引文中的「想法」一詞,可以用「所指」稱之,這是和作為「能指」的「法名」相成對的一組語詞。而在「能指」之「法名」與「所指」之「想法」外,事物不可言說的本性(「離言自性」),也就是事物之真實樣態,是指「事」,梵文「*vastu*」一字。「事」,是「能指」之「法名」與「所指」之「想法」的基礎與依住處,是諸法、事物自身最後真正的「終極所指」(「終極依住」或「終極指涉對象」,即事物離言說之最終依住處)。Willis 將「事」的梵文「*vastu*」一詞翻譯成「giving thing」,他並認為「事」是「依他起性」(「緣起性」)的[49]。配合上面《倫記》對「想法」(「所指」)一詞的兩種解釋,不論是第一種「以想蘊所緣取而成的諸法」,或第二種「想法」即「名法」(「可以用語言名字所表示的諸法」),這兩種對「想法」(「所指」)一詞的解釋,都需要有不可言說的「事」(諸法、事物自身)作為其基礎。

《倫記》則是這樣解釋「事」的:「『事』者是體,以色名所由體。舊論(案,指真諦譯的《十七地論》)云『事分齊』」[50]。而《解深密經・勝義諦相品》則曾這樣解釋過「事」:「何等為『事』?謂諸聖者,以聖智、聖見離名言故,現等正覺,即於如是『**離言法性**』[51],為欲令他現等覺故,假立名想謂之『有為』。善男子!言『無為』者,亦是本師

---

[49] OKR, p. 72, 108.
[50] 見《倫記》卷 9 之上;T.30.510.a。
[51] 「離言法性」一詞,據 Lamotte 依藏譯本還原的梵文為「*anabhilāpya-dharmāta*」(Etienne Lamotte. *Saṃdhinirmocana Sūtra: L'explication des Mysteres; Texte tibetain*, Louvain: Louvain University, 1935, p. 38)。

假施設句。」[52] 由此可見，作為諸法、事物自身的「事」，是離開語言活動，而為事物的真實樣態。也就是說，這離開言說活動的「離言自性」之諸法、事物的真實樣態（「終極所指」、「終極指涉對象」或「終極依住」），就是「事」（梵 vastu）或說成諸法「唯事」（梵 vastu-mātra）。

筆者以為，上述所謂的「色等『法名』」或「色等『法假名』」，是指事物的「名稱」或「名字」，也就是作為可以指涉事物（「能指」）的「名言」，這是唯假名的。例如「黃色」（「yellow」）一詞，就是一個「色等『法名』」，是用來指涉我們看到的某種特定之顏色（黃色）。而這個我們所看到的某種特定之顏色（如「黃色」），是我們凡夫的意識，「以想蘊所緣取而成的色等諸法」（「色等『想所緣法』」），也就是「色等『想法』」，這是被「黃色」（「yellow」）一詞，這事物的「名稱」或「名字」（「能指」）所指涉的對象（「所指」）。依據《倫記》對〈真實義品〉的解說，不論是「色等『法名』」（「能指」）和「色等『想法』」（「所指」），都是屬於言說活動的「假說自性」層面，都是「一切唯假」的。

而諸法、事物的真實樣態，或「終極依住」處、「終極所指」或「終極指涉對象」，則是屬於離開言說活動的「離言自性」層面，這屬於離開言說活動的「離言自性」之諸法或事物的「終極所指」（「終極指涉對象」或「終極依住」），就是「事」（梵 vastu）或說成諸法「唯事」（梵 vastu-mātra）。然而，若還要追問這離開語言活動的「唯事」，到底是指什麼東西？或許只能說，這是「某種真實存在，卻不可言說的東西！」[53]。

---

[52] 見唐・玄奘譯，《解深密經》卷1；T.16.698.a。

又，林鎮國曾對《解深密經》中，為何語言不能表達勝義作過一些分析。他將《解深密經》此段的「聖智、聖見，離名言」英譯成：「wisdom detached from language」，將「離言法性」（「anabhilāpya-dharmātā」）一詞，英譯成「the inexpressible state of affair」。（詳見：Chen-kuo Lin（林鎮國）. "Language and Consciousness in the Saṃdhinirmocana sūtra," *Presented at the Seminar on Yogācāra Buddhism in China IIAS*, Leiden: Leiden University, June 8-9, 2000, pp. 2-4）。

[53] 惠敏曾對《瑜伽論》中的「唯」字和「事」字，做過一些分析。他認為「事」，和說一切有部阿達磨論師依五蘊、六處、十八界之說，而開創的「五事」（或「五

從《瑜伽論記》析論〈真實義品〉「離言自性」的語言哲學
及對「說一切有部」語言觀的批判

然而,這裡會出現一個值得深思的語言哲學問題:〈真實義品〉提出的「唯事」一詞,也是屬於一種語言文字,如何能用以表詮離開語言活動的諸法、事物之「終極所指」呢?亦即,作為諸法、事物的「終極所指」,因為是離開語言活動的,所以必然無法用語言文字加以形容或表詮。那麼,〈真實義品〉提出的「唯事」一詞,所能表詮的意涵與範圍,就有一定的限制了。因此,筆者以為,〈真實義品〉提出的「唯事」一詞,應該要被視作是一種依靠語言文字的暫時性或替代性說法,用以理解那離開語言活動的「某種真實存在,卻不可言說的東西!」。此方面,日本學者神子上惠生認為:諸法的「離言自性」,是語言所不能表達出來的;而之所以說出,乃是為了使人們理解到「有」諸法的「離言自性」存在[54]。

法」):「色、心、心所、心不相應行、無為」有關,又可和《瑜伽論》的「相、名、分別、正智、真如」這「五事」(或「五法」)相搭配。他並認為:「〈菩薩地〉中有關唯事之表現的「事」,可說是主要以相、名、分別、正智、真如等五事為其內容。」不過,筆者以為,〈真實義品〉中,所說離開語言活動的「離言自性」之「唯事」,和仍然含蓋語言活動的「五事」(「相、名、分別」,皆是語言活動),是有差異的。然此還有待深入之研究。

此外,惠敏還提到:「為了理解為何以五事為實在的基準,或許探究有關「事」(vastu)的語義是一個重要的關鍵。關於此點,佐佐木現順曾如下地論述: (1) vāstu(Vedic skt.; 吠陀語)、(2) vatthu(Pāli; 巴利語)、(3) vastu(Buddhist skt.; 佛教梵語)等有關「事」的三種語言形態的關係。即: (1) vastu(Vedic skt.)的原意是場所、家(dwelling place)。(2) vatthu(Pali)除了保持此一原意,進而附加上 a real thing, object, reason, basis, subject-matter 等五個哲學性的意涵。(3) vastu(Buddhist skt.)則更被當作「絕對的實在」(e.g., LAS 147, 6 vidyate tathatā-vastu āryānam gocaro yathā; 漢譯《楞伽經》中,此一 vastu 被譯為「事」、「本有」、「妙物」)的意思來使用。若借用此一語義解說的論點而探究此「唯事」之「事」的話,我們必須特別注意「事」(vastu)的 a real thing(實物)之意涵。」(見釋惠敏,〈〈聲聞地〉中「唯」之用例考察〉,《中華佛學學報》第 7 期(1994 年 7 月),頁 19-38,34,35)。

[54] 見神子上惠生,〈瑜伽師地論における認識と言葉〉,《龍谷大學論集》第 407 期(1975 年),頁 28-31。

又,另一個值得比較的哲學問題是:〈真實義品〉提出的「唯事」一詞,是否接近德國哲學家康德(Immanuel Kant, 1724-1804)所提出的「物自身」(thing in itself)這一概念呢?關於這些問題,本文無法詳述,還有待於將來深入之研究。

363

所以，我們可以知道，所謂的「離言自性」，是說明諸法的真實性質、樣態，亦即就勝義而言，事物清淨之「緣起性」及「法性」是不可以用言語文字來表達的。玄奘譯「諸法『離言自性』」，梵本：「*nirabhilāpya-svabhāvatā sarva-dharmāṇāṃ*」一句，曇無讖譯為「一切法離於言說」，而求那跋摩譯成「法界不可宣說」，後二譯在漢語語境中的意義，其實比玄奘的翻譯來的容易理解。而玄奘翻譯的「離言自性」一詞，可以說雖是忠於梵文本「離言自性」一詞的原文（「*nirabhilāpya-svabhāvatā*」），然而在漢語語境中的意義，即諸法的真實性是不可言說的，反而會讓人比較不容易理解。不過，筆者以為，再理解了「離言自性」的意義後，再來看此三譯，會覺得玄奘的翻譯還是比較貼切的。

三、從《瑜伽論記》的說明勾勒〈真實義品〉「離言自性」的語言哲學：圖形——理解「假說自性」、「離言自性」與遠離「增益執」、「損減執」的「善取空」者

經過上面詳細的論述後，我們可以知道，〈真實義品〉「離言自性」的語言哲學，是和其對「空」（「善取空」）的詮釋觀點相關聯的。依《瑜伽論記》的說法，〈真實義品〉認為：一切諸法唯假施設，亦即在「假說自性」的層面，包括名言「色等『法名』」（「能指」）及其所指涉的「色等『想法』」（「所指」），都是「一切唯假」。然而，此「一切唯假」之假施設，必依住在實有離開語言活動的「離言自性」之「唯事」（可說是事物離開語言活動的「終極所指」或「終極依住」）上。正是站在這樣的觀點，〈真實義品〉批判小乘人（指「說一切有部」）實在論的語言觀為一種「增益執」，亦即，〈真實義品〉認為小乘人不明白諸法在「假說自性」的層面是「一切唯假」，而執著「色等『想法』」（「所指」）是有自性、法體的。而〈真實義品〉認為大乘的「惡取空」者，則是否定假必依實有「離言自性」之「唯事」，這是一種「損減執」的錯誤觀點（此部分，本文限於篇幅無法詳述）。

從《瑜伽論記》析論〈真實義品〉「離言自性」的語言哲學及對「說一切有部」語言觀的批判

而能夠理解這樣在「假說自性」（相當於「世俗諦」）層面，「一切唯假」；和在「離言自性」（相當於「勝義諦」）[55]層面，「假必依實」；並遠離「增益執」與「損減執」之過失。〈真實義品〉認為，這就是能真正地理解「空」義的「善取空」者！

為了更清楚地理解〈真實義品〉「離言自性」的語言哲學——亦即理解「假說自性」、「離言自性」與遠離「增益執」、「損減執」之過失的「善取空」者，到底是在說什麼？下面，筆者依據《倫記》的說明（「三自性」的部分），和參照印順的觀點（「二諦」的部分），以及筆者自己的看法，製作而成了：〈真實義品〉「離言自性」的語言哲學：圖形——理解「假說自性」與「離言自性」的「善取空」圖（「假說自性」、「離言自性」，乃在說「空」，就如同《解深密經》的「三自性」）：

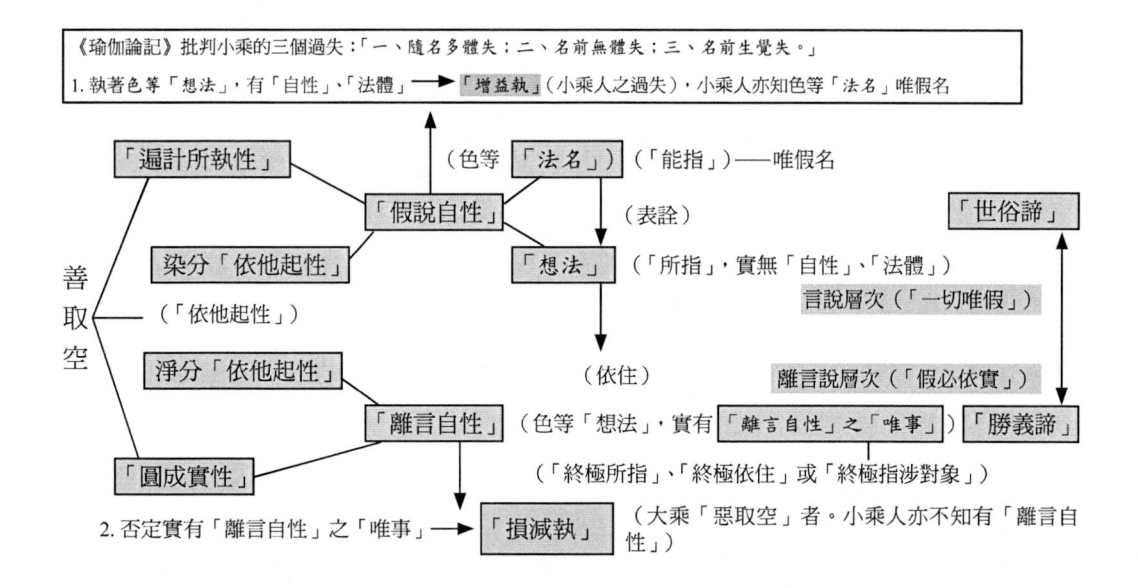

《瑜伽論記》批判小乘的三個過失：「一、隨名多體失；二、名前無體失；三、名前生覺失。」
1. 執著色等「想法」，有「自性」、「法體」 → 「增益執」（小乘人之過失），小乘人亦知色等「法名」唯假名

善取空
- 「遍計所執性」 → 「假說自性」 ←（色等「法名」）（「能指」）——唯假名
- 染分「依他起性」 （「依他起性」）
- 淨分「依他起性」 → 「想法」（「所指」，實無「自性」、「法體」）（表詮）
- 「圓成實性」 → 「離言自性」（色等「想法」，實有「離言自性」之「唯事」）（依住）
  （「終極所指」、「終極依住」或「終極指涉對象」）

言說層次（「一切唯假」） ↔ 「世俗諦」
離言說層次（「假必依實」） ↔ 「勝義諦」

2. 否定實有「離言自性」之「唯事」 → 「損減執」（大乘「惡取空」者。小乘人亦不知有「離言自性」）

上面之：理解「假說自性」與「離言自性」的「善取空」圖，有兩個重點：

---

[55] 和「二諦」搭配，是印順的觀點。見印順，《印度佛教思想史》（台北：正聞，1993年），頁252。

1. 小乘人不知有「離言自性」之「唯事」（事物離開語言活動之「終極所指」）的存在。並且在「假說自性」上，執著「色等『想法』」（「所指」）為實有自性、法體，這是在實無事上起「增益執」。然小乘人亦知「色等『法名』」（「能指」），唯假名之存在。所以，《倫記》批評小乘人的這種語言觀，犯了三個過失：「一、隨名多體失；二、名前無體失；三、名前生覺失。」（這是本文下面要詳論的）。

2. 大乘「惡取空」者，則知在「假說自性」上「一切唯假」，亦即「色等『法名』」（「能指」）、「色等『想法』」（所指），都無所有，「一切唯假」。然否定實有離開語言活動之「離言自性」的「唯事」（事物離開語言活動之「終極所指」）之存在，這是在實有事上起「損減執」（限於篇幅，本文未詳論此點）。

承繼上圖，筆者對〈真實義品〉「假說自性」與「離言自性」的看法，可以畫成如下圖示（這是筆者自己的觀點，特別從上圖中挑出以利理解）：

〈真實義品〉的「假說自性」與「離言自性」圖：

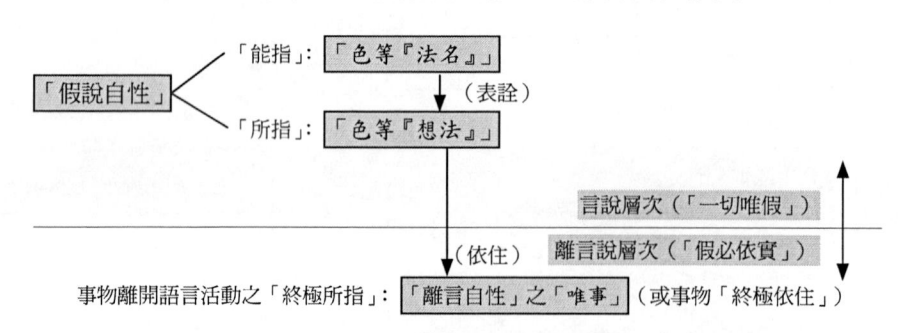

```
                  「能指」：「色等『法名』」
「假說自性」                      ↓（表詮）
                  「所指」：「色等『想法』」
                              │
─────────────────────────────┼────  言說層次（「一切唯假」）
                         （依住）   離言說層次（「假必依實」）
事物離開語言活動之「終極所指」：「離言自性」之「唯事」（或事物「終極依住」）
```

藉著筆者上面的圖示，我們應該可以比較容易的理解《倫記》解說〈真實義品〉之「假說自性」與「離言自性」的語言哲學觀（主要是「離言自性」）。而若能正確地理解這點，就是所謂的「善取空」者！

參、分析《瑜伽論記》解說〈真實義品〉「離言自性」之語言哲學時對「說一切有部」語言觀的批判

〈真實義品〉站在上述這種「離言自性」之「唯事」為實「有」的語言哲學觀，批判小乘人實在論的語言觀為一種「增益執」。根據《倫記》的說法，〈真實義品〉認為小乘人（指「說一切有部」）不知有「離言自性」之「唯事」（事物離開語言活動之「終極所指」）的存在。並且在「假說自性」上，執著「色等『想法』」（「所指」）為實有自性、法體，這是在實無事上起「增益執」。然小乘人亦知「色等『法名』」（「能指」），唯假名之存在。所以，《倫記》才會批判小乘人（「說一切有部」）的這種語言觀，犯了三個過失：「一、隨名多體失；二、名前無體失；三、名前生覺失。」這部分是本文下面要接著詳細論述的。

以下，筆者將先「略述」「說一切有部」實在論的語言觀。再依《倫記》的記載，分析小乘人（「說一切有部」）在語言觀方面，所犯的三個過失。

一、「說一切有部」實在論語言觀「略述」

「說一切有部」（梵 Sarvāstivādin，即「薩婆多部」）認為，「名言」（能指）所指涉的對象（「所指」），有其真實之自性、法體存在，這可以說是一種實在論（realism）的觀點。〈真實義品〉認為這種觀點是錯誤的（即「增益執」）。而說一切有部的這種理論，是建立在所謂的「實有」和「假名有」之觀點上的：

「根基」「實有」（梵 dravya-sat）——primary existents（「第一順位的存在」，
　　　↑（依住）　　　　　　　　　（如「色、受、想、行、識」）
「所指」「假名有」（梵 prajñapti-sat）——secondary existence（「第二順位的存在」，如「人」）
　　　↑（表詮）
「能指」「假名」（梵 prajñapti）——事物之名稱、命名（如「人」〔「補特伽羅」〕一詞）

對「說一切有部」來說,「*prajñapti-sa*」[56]（「假名有」,第二順位的存在）之意義,是由和其對反的「*dravya-sat*」（「實有」,第一順位的存在）而來的。印順認為這是說一切有部發展的「二諦說」:「以一一實法有為勝義,依實而和合相續假法為世俗」[57]。「假名有」（「所指」）是第二順位的存在,也是「假名」（梵 *prajñapti*,事物之名稱、命名,即「能指」）之名言、語言所表詮的對象。雖然第一和第二順位的存在（「實有」和「假名有」）,都是語言活動所指涉的範圍（都是「所指」）。但這之中,第二順位的存在是沒有自性的「假名有」,而第一順位的存在——「實有」則有其真實之自性、法體。所以,對說一切有部來說,屬於名言、命名的「假名」（「能指」）,其實體,就是「實有」[58]（「所指」）,而且是真實存在的,它才是語言依住的根基。比如就字詞「人」（即「補特伽羅」,梵語「*pudgala*」,意譯「有情」）,這一名稱、命名（「能指」）而言,這個字「人」所表詮的是「人」這個「*prajñapti-sat*」（「假名有」,「所指」）,雖然它們都是「假名」（而無自性的）;然而,因為其以「色、受、想、行、識」這些「*dravya-sat*」（「實有」）為依住「根基」。所以,說一切有部認為,「名言」（「能指」）和其「指涉的對象」（「所指」）有真實符應的關係;而且「名言」（「能指」,即

---

[56]「*prajñapti-sat*」一詞中,「sat」是「有」、「實在」、「殊勝」之意。而「*prajñapti*」鳩摩羅什（344-413,一說350-409）在《大智度論》中漢譯為「波羅聶提」,亦曾翻譯為「假、假（安）立、假施設、虛假、假名（字）、施設假名、立名、言語」等。「*prajñapti*」乃由表示「認知」的語根√ *jña* 附加表示「先、前……」等義的接頭詞「pra-」所產生的陰性名詞,所以此字多少和認識活動有關。巴利語作「*paññatti*」據 P. S. Jaini 的看法,此字在南傳藏經中出現的次數並不少,就使用的場合言,總是用以指述其自身並不被認為是真實的名稱和概念。（見:萬金川,《龍樹的語言概念》（南投:正觀,1995 年）,頁 57-58。又見:P.S. Jaini. "The Vaibhāṣika Theory of Words and Meanings," *Bulletin of the School of Oriental and African Studies* 22 (1959): 99-100。

[57] 見印順,《說一切有部為主的論書與論師之研究》（台北:正聞,2002 年）,頁 524。

[58] Collett Cox. "From Category To Ontology: The Changing Role Of Dharma In *Sarvāstivāda* Abhidharma," *Journal of Indian Philosophy* 32 (2004): 568-574.

「假名」)其所指涉的對象(「所指」,即「假名有」),是以有自性、法體的「實有」,為依住根基的。

也就是,對說一切有部來說,不存在沒有名字的事物,不可言喻的事物,無法給予命名。這種不存在不可用言語表達之事物的觀點,不只存在於說一切有部,亦在上座部佛教(巴利 Theravāda,銅鍱部)的文獻中發現,這似乎是部派佛教阿毘達摩佛學的一個顯著特徵。覺音(Buddhaghosa)認為沒有事物可以逃出被命名的範圍;當我們說某事物是無法言喻時,這個事物就被命名為「不可言喻的」。而無法言喻的事物是沒有意義的,這在阿毘達摩的系統中是不存在的[59]。

二、分析《瑜伽論記》解說〈真實義品〉「離言自性」之語言哲學時對「說一切有部」實在論語言觀所提出的三個批判

〈真實義品〉在解說完「以何道理應知諸法『離言自性』」後,接著提出一些觀點加以批判,依遁倫《瑜伽論記》的解說,首先是批判小乘人(應是指「說一切有部」,見註 15),之後則是批判大乘「惡取空」者(關於對「惡取空」的批判,本文限於篇幅,故不論述)。《倫記》:

> 上來「立正宗」,自下第二「破邪執」。基(案,指:窺基)云:「此下重破外計也(案,指:唯識宗之外)」。於中有二:初、破「小乘」執有遍計隨言說法;二、「有二種人」下,破初學「大乘」「惡取空」,謗無一切離言說法。前中有二。初有三......又此三,復次即顯三失:「一、隨名多體失;二、名前無體失;三、名前生覺失。」[60]

---

[59] Paul M. Williams. "Some Aspect of Language and Construction in the Madhyamaka," *Journal of Indian Philosophy* 8 (1980): 1-2.
「部派佛教」的語言觀,因牽涉太廣,本文限於篇幅,無法詳細論述;本文此段僅在「略述」「說一切有部」之語言觀的要點。

[60] 見《倫記》卷 9 之上;T.42.506.b-c。

依《倫記》的說法，小乘人的過失可以歸納為三點：「一、隨名多體失；二、名前無體失；三、名前生覺失。」也就是：(1) 隨同一事物之不同名稱，而有多個法體的過失；(2) 事物命名前無法體的過失；(3) 命名前就產生覺知的過失。以下，筆者將分別論述這三個過失：

（一）隨名有多體之過失

《倫記》所謂的「隨名多體失」，乃是指隨同一個事物，當我們給予不同的名稱時，將會產生多個法體的過失。這是因為小乘人（「說一切有部」）認為：隨著事物的命名，會有相對應的自性、法體，一個名稱，對應一個法體。然而，我們常賦予同一個事物，不同的名稱，這些事物就其本身而言是同一的，雖然有不同的名稱，但不應該會有不同的法體，所以小乘隨一名稱有相對應之自性、法體的觀點，會有此「隨名多體」的過失。

1. 《倫記》解說〈真實義品〉的觀點

玄奘譯〈真實義品〉：

> 若於諸法、諸事，隨起言說，即於彼法、彼事有自性者，如是一法、一事，應有眾多自性。何以故？以於一法、一事，制立眾多假說而詮表故，亦非眾多假說詮表決定可得。謂隨一假說，於彼法、彼事，有體、有分，有其自性，非餘假說。是故一切假說，若具不具，於一切法、於一切事，皆非有體、有分，有其自性[61]。

引文中的「法」（梵 dharma）、「事」（梵 vastu），筆者以為，就是上面曾分析過的「想法」、「想事」，即相對於名言（「能指」）之「指涉對象」（「所指」）。《倫記》引用神泰的解說：「泰（案，指：神泰）云：

---

[61] 見《瑜伽論》卷36；T.30.488.a。此段梵文本見：U.W.B, p. 44（可對照：《索引》第一部：p. 42）。另，曇無讖譯文見：《地持經》卷1；T.30.894.a-b。求那跋摩譯文見：《善戒經》卷2；T.30.969.b。Willis 英文譯文見：OKR, pp. 102-103。

言若於諸『法』、『事』,置有自性者,如《入正理論》說:『聲』是『有法』;聲『無常』、『空』、『無我』等是『法』。『事』者,是『有法』事。」[62] 引文中,神泰以《因明入正理論》,對「有法」和「法」的定義來解說:「有法」,就是因明論式「宗」(如:「聲無常」)中的「主詞」(如「聲」),「法」就是,「宗」中的「賓詞」(如「無常」);而「事」,則是指「宗」之「主詞」「有法」的「事」。神泰這樣的解說,似乎過於狹隘(「法」應當包含一切諸法),而且以後期唯識學所發展出的因明,來解釋前期唯識學的著作《瑜伽論》,似乎也不太恰當。太虛對「法」、「事」,則這樣解說:「諸法、諸事義本相通,然可假別為二:即以五官所感覺之色等五塵為諸事,而以聽聞經典上所說之涅槃等為諸法。」[63] 簡而言之,這裡的「法」、「事」,應是「想法」、「想事」,也就是「名言」(「能指」),所表詮的「指涉對象」(「所指」);前文提過,《瑜伽論》認為這作為「所指」的「想法」、「想事」(即此處的「法」、「事」),是沒有自性、法體的。

然而,小乘人(「說一切有部」)認為,一「法」、一「事」,皆有和其相應的名稱(沒有東西是不可言說的);而且,這些一「法」、一「事」,皆有其自性、法體存在。但是《瑜伽論》認為這樣的觀點是錯誤的,這是在實無事上起「增益執」,因為名言(「能指」)所表詮的「想法」、「想事」(此處之「法」、「事」,即「所指」),其實是沒有自性、法體的。《倫記》記載了小乘人的觀點:

> 前說:色等諸法,若隨假說,有自性者。謂:小乘宗三世諸法,一一各有三世名字,以詮召之,是即法體先有,後以名詮[64]。

---

[62] 見《倫記》卷9之上;T.42.507上。
[63] 見《太虛大師全書・7・法藏・法相唯識學》(台北:善導寺佛經流通處,1950-1959年),頁175-176。
[64] 見《倫記》卷9之上;T.42.507.a。

引文說明，小乘佛教（「說一切有部」）認為「三世實有，法體恆有」所以，隨著三世諸法之自性、法體，便有一一相對應的名稱，以表示這些諸法。也就是，先有事物之自性、法體，然後才以名稱命名之。而且，一切諸法皆可宣說，沒有語言所無法表示的法存在。

2.《倫記》中惠景的說法

《倫記》記載惠景（唐代僧，生卒年不詳）在解釋上面玄奘譯《瑜伽論》那段引文時，說到：

> 景（案，指：惠景）云：言：「若於諸法、諸事，隨起言說，即於彼法、彼事，有自性者」。此牒立也。小乘人立名能召法，故隨言說有法體。如是「一法、一事，應有眾多自性」者，若隨說有法，有法性者，如世一法，有眾多名，法體隨言應多。且如一眼，有眾多名，或說為眼、或說能見，如是一眼，隨彼多名，應有多體。世親菩薩取此中意，《攝論》中說：名若定表，名多體多故。「何故……乃至而詮表故」者，此釋法體隨名多過，言亦非眾多假說詮表決定可得，乃至非餘假說者，論主前難：若「隨起言說，即有自性，是即一法有其多名，隨說多名，應有多體。」恐彼外人得如此難，我即印言：「隨其多名，即有多體。」故此遮云：「亦非眾多假說詮表，決定即有多體可得。」謂隨一多假說眼時，有眼別體，非餘根，名見、名目，乃至隨說目、名，即有目體等。言：「是故一切假說，若具不具，乃至有其自性者。」汝前三宗，隨起言說，即有自性。然彼一法隨多言說，無多自性，將知一切假說分別，皆有自性，一法有多名各具，一法但一名名不具[65]。

---

[65] 見《倫記》卷 9 之上 T.42.506.c。

以上,《倫記》記載惠景說,小乘人以為:「若於諸法、諸事,隨起言說,即於彼法、彼事,有自性」,這是因為小乘人認為「名言」(「能指」)可以表詮「諸法」(「所指」)。所以,隨著作為「能指」之「名言」的出現,就會有相對應的作為「所指」之「法體」的出現;而且,每一「法體」,皆有其「自性」。然而,這樣便會產生:「一法、一事,應有眾多自性」的過失,而這樣個觀點,世親在《攝大乘論釋》中就曾批判過(本文限於篇幅,無法論述)。雖然,小乘人又可論辯說:「隨其多名,即有多體」,然而,我們知道對相同之一法、事,會有不同之許多名稱出現的情形,例如「眼睛」,我們有時稱為「眼睛」、有時稱為「能見」。假使,一個名稱(「能指」)對應一個法體(「所指」),那麼,同一個眼睛便應有多個法體、自性才對,然而這樣是和常識相違背的。也就是,我們不能由同一事物有許多不同的名稱,而得出有多個法體的結論,此即:「亦非眾多假說詮表,決定即有多體可得」。

接著惠景又自設問答,提出在大乘的觀點中,一一剎那有皆「相分」、「見分」二分,所以,於一眼之「本質」法體上,隨一一剎那,便有眾多之名,這樣,作為「相分」之眼,亦隨著眾多之名,經意識之分別,而有眾多的「相分」法體存在。如此,怎麼能夠駁斥小乘「隨名多體」的過失呢?《倫記》:

> 問曰:大乘中一一剎那,皆有「相」、「見」二分,即於一本質眼上,有眾多名,隨一一名,意識分別,能有「相分」之眼,隨名而起。是即法體隨多,亦無過,云何難言:若隨言說,有法性者,名多體多,以為過耶?
> 解云:小乘所立,一切法皆可言說,是故諸法,隨名詮召,說有體者,據其「本質」,今難「本質」隨名多過,不論「相分」。小乘宗中說,「相分」是有解行,能緣所攝,是故不得就心「相分」,隨名說多。以大乘中明唯識

373

> 義,立有「相」、「見」,未彼小乘心緣境時,所有行相,非是能緣,乃是彼「本質」境界影像。是故此中所明立、破,但論「本質」,汝說「本質」,隨名而有,即有名多,體亦多過[66]。

引文中的「本質」一詞,是法相宗的專有名詞,與「影像」相對稱,並為「影像」之所依。「影像」乃心及心所認識對象時,內心所變現的認識對象之相狀,為直接的認識對象。反之,「影像」的實質根據,以及所依之自體,即稱為「本質」,為間接的認識對象[67]。惠景說,小乘人認為一切法皆可以用語言來表達,所以,隨一一諸法之名(「能指」),而有法體(「所指」):「小乘所立,一切法皆可言說,是故諸法,隨名詮召,說有體者」。這「自性、法體」,就是小乘人所認為事物的「本質」。而現在,惠景所要駁斥的,正是這種認為隨著同一事物有多個不同之名稱,而有多個自性、法體(「本質」)的說法;而不是像大乘唯識學建立「相分」、「見分」二分,來說明事物的「本質」(即「自證分」)於一一剎那中,轉變出「被認識的對象」(「相分」、「所量」)和「能認識的主體」(「見分」、「能量」)一樣。大乘唯識學隨一一剎那有「相分」、「見分」二分,所以就被認識的對象(如眼)而言,有眾多名稱(「能指」),可以稱呼作為「相分」之眼(「所指」);但是這「相分」之眼(「所指」),並不是事物的「本質」(唯識學認為事物的「本質」,是離言說的「事」,即「自證分」)。所以,不會像小乘一樣有「隨名多體」的過失產生。

(二)命名前無體之過失

除了上述「隨名多體」的過失外,依「說一切有部」實在論的語言

---

[66] 見《倫記》卷9之上 T.42.506.c-507.a。
[67] 參考:勝呂昌一,〈影像門の唯識說と本質(ほんぜつ)の觀念〉,《印度學佛教學研究》第4期(2卷2期)(1954年),頁210-212。

觀，每一事物的名稱（命名），皆有相對應的自性、法體，但是倘使真是這樣的話，在還沒有對事物命名之前，事物不就沒有法體存在嗎？玄奘譯《瑜伽論》：

> 又如前說：色等諸法，若隨假說，有自性者。要先有事，然後隨欲制立假說。先未制立彼假說時，彼法、彼事，應無自性。若無自性、無事，制立假說詮表，不應道理。假說詮表既無所有，彼法、彼事，隨其假說，而有自性，不應道理[68]。

引文中說到，要先有諸法、諸事（「所指」），才能隨諸法、諸事建立名稱言說，即對事物命名（「能指」）。所以，在還沒有用語言稱呼諸法、諸事之前，諸法、諸事，應無自性、法體存在。假使真是隨著用語言對諸法、諸事加以命名，才隨著產生諸法、諸事之法體的話，那麼，在諸法、諸事還未命名之前，應該無法體存在才是。然而，若無法體存在，如何能用假說來命名呢？所以，這就產生了「名前無體」的過失。關於「名前無體」的過失，《倫記》中說到：

> 未言說前，設當無體，復有何過？下次難言：「若無自性、事，制立假說詮表，不應道理」者。若未立名，未有法體；未有法體，而立名者，不應道理！言：「假說詮表，既無有所……至不應理」者。若未名，未有法體，未有法體，不可施名。既無有名，而世法體，隨假說有，不應道理！基（案，指：窺基）云：「汝既言隨名即稱目，有所

---

[68] 見《瑜伽論》卷36；T.42.488.a-b。

另，此段梵文本見：U.W.B, pp. 44-45（可對照：《索引》第一部：p. 43）。曇無讖譯文見：《地持經》卷1；T.30.894.b。求那跋摩譯文見：《善戒經》卷2；T.30.969.b-c。Willis 英文譯文見：OKR, p. 104。

> 目者;先未成立假說名前,彼所詮事,應無自性,以隨名
> 方有事故。即名未起,彼事無也;未起名前,彼事既無,
> 而現詮表能詮之名,不應道理!假說之名,既無所有,所
> 有所詮法、事,隨能詮名有自性,不應道理!展轉破之。」[69]

《倫記》說得很清楚:「若未立名,未有法體;未有法體,而立名者,不應道理!」意思是:假使事物還未命名前,沒有法體存在的話,我們要問,依名字對應法體的實在論之觀點,既然沒有法體,如何能命名呢?這不是自相矛盾嗎?《倫記》接著引用窺基的說法(亦出現在《基纂》中)[70]加以解釋。窺基亦認為,假使在還未命名前,沒有事物存在的話,那麼,既然事物不存在,如何能加以命名呢?這是沒有道理的(「即名未起,彼事無也;未起名前,彼事既無,而現詮表能詮之名,不應道理!」)。所以,假說之名,並沒有自性,因此,被名言所詮表的事物,也可以推出沒有自性、法體的存在。這就是《倫記》中「名前無體」的過失。筆者以為,這是以作為「能指」之名稱、名言為優先存在之前提,而說明小乘人「若未立名,未有法體」觀點;會產生既然根本沒有作為「所指」之法體,如何能立名稱(命名)的:「未有法體,而立名者,不應道理!」之問題。

(三)命名前有覺知之過失

依《倫記》的說法,小乘人的第三個過失是:「名前生覺」。玄奘譯《瑜伽論》:

> 又若諸色,未立假說詮表已前,先有色性,後依色性,制
> 立假說,攝取色者,是則離色假說詮表,於色「想法」,
> 於色「想事」,應起色覺,而實不起。由此因緣,由此道

---

[69] 見《倫記》卷9之上;T.42.507.b。
[70] 見《基纂》卷10;T.43.137a-b。

理，當知諸法「離言自性」，如說其色，如是受等，如前所說，乃至涅槃，應知亦爾[71]。

這是說，假若在還未對事物命名前就有事物之法體、自性存在的話，如此，我們應是先依此事物之法體、自性，予以相對應的名稱。這樣的話，我們應該會在還未對事物命名前就：「於色想法，於色想事，應起色覺」，即對事物（如色）的「想法」、「想事」，即「名言」（「能指」）所指稱的「指涉對象」（「所指」），有所覺知才是，可是實際上卻不然。上面曾說明過《倫記》對「想法」一詞的兩種解釋：第一種是「以想蘊所緣取而成的諸法」；第二種是「想法」即「名法」，即「可以用語言文字所表示的諸法」。這裡應該是把「想法」當作「名法」來解釋。實際上，我們無法在對事物命名前，就對事物（如色）的「想法」、「想事」有所覺知或瞭解其意義。這是因為我們對事物的覺知、認識，是離不開語言活動的。這就是「名前生覺」的過失。由此，我們即可知道諸法的「離言自性」是存在的。以下，依《倫記》的記載，論述幾個說法。

1.《倫記》中惠景的說法

《倫記》記載惠景的說法：

> 景（案，指：惠景）云：別有薩婆多等諸小乘師，復救義云：我所說隨諸言說有法性者，先有色體，隨言說顯，故說言有，非辨法體，故今牒破。又「若諸色……至攝取色者。」此牒執也，是即「離色……至而實不起者。」前未立色名，先有色體，是即離色字，於彼色法，應起色覺。若未立色名，已生色覺，何勞立名，以顯於色。若未立色名，未生色覺，明知名前，未有色體，故云而實不起[72]。

---

[71] 見《瑜伽論》卷 36；T.30.488 中。
另，此段梵文本見 U.W.B, p. 45.（可對照：《索引》第一部：pp. 43-44）。曇無讖譯文見：《地持經》卷 1；T.30.894.b。求那跋摩譯文見：《善戒經》卷 2；T.30.969.c。Willis 英文譯文見：OKR, p. 105.
[72] 見《倫記》卷 9 之上；T.42.507.b。

惠景認為「名前生覺」的過失，是部派佛教「薩婆多部」（梵 *Sarvāstivādin*，即「說一切有部」）為挽救上面「名前無體」的過失而產生的。假使還未對事物（如色）命名，就有事物之法體存在的話，那麼我們就應該可以離開事物的命名，而對事物有所覺知才是。但如果是還未對事物命名之前，就有能有對此事物的覺知產生的話，這樣，我們又何必為事物命名，以顯示此事物呢？所以，我們可以知道，在還未對事物命名前，是無法對此事物產生覺知的（這用唯識學的術語來說，約略等於是說「現量」是無法用語言文字說出的，若一用語言文字說出，即非「現量」；而我們對事物的覺知，根本無法離開分別的語言活動）。因此，在未對事物命名前，是沒有自性、法體存在的。《倫記》又記載惠景自設問答：

> 景云：問曰：如聞色分別時，意識「見分」即有「相分」影像色名起，云何而言，隨言說法，無有自性？又復意識緣名，分別影像之色，影像之色，即是「依他」，云何後說「依他」是「離言法性」？
> 解云：意識「相分」影像之色，實是「依他」如幻化法；意識「見分」緣名，分別此「相分」時，不作因緣虛幻法解，乃依此「相分」「依他」色上，種種搆畫，執有定性。執有定性，倒情所立自性，是「遍計所執」，隨言說法，畢竟無。「相分」依非隨言說倒情所立，故不得說「相分」「依他」，種種搆畫，都不稱彼「相分」「依他」，是故「依他」還是「離言諸法自性」[73]。

惠景自己問到：就好比聽聞到色一名，而產生分別時，作為能認識的意識「見分」，就會有作為被認識的「相分」影像生起色之名（屬於「依

---

[73] 見《倫記》卷 9 之上；T.42.507.b-c。

他起性」),這樣如何能說言說法沒有自性呢?而且,意識緣於色之名稱時,會有「相分」分別影像之色產生,這影像之色,是「依他起性」,如何能說「依他起性」是「離言法性」(即「離言自性」)呢?

惠景是這樣回答的:意識所產生的「相分」分別影像之色,是「依他起性」所產生的如幻之法。作為能認識的意識「見分」,緣於色一名,分別此「相分」分別影像之色時,並不當作是因緣虛幻法;而是依此「相分」「依他起」之色上,作種種構畫,而執著有定性(自性)。這種對此「相分」「依他起」分別影像之色,所產生的執著,是顛倒情執所產生的「自性」見,是屬於「遍計所執性」,是隨言說法而有的,也是畢竟無體的。此「相分」「依他起」分別影像之色,是不隨言說顛倒情執而成立的。所以,我們並不是對此屬於「依他起性」的「相分」分別影像之色,產生種種構畫(而是「遍計所執性」的執著產生的),因此,此「依他起性」依然是「離言法性」(即「離言自性」)。

2.《倫記》中神泰的觀點

除上述惠景的說法外,《倫記》還記載了神泰的看法:

> 泰(案,指:神泰)云:如初生小兒,未解柱青、黃、長、短等色名,故當爾見柱,不起青、黃、長、短等覺,後由依柱青、黃、長、短等假名故,方起此覺。若未立名前,見柱時,於柱青、黃等色法,之柱等色事,應起青、黃、長、短等覺,而實不起。故知眼識見柱,「依他性」不可言說。法外所有立青、黃、長、短等可言說,「分別性」自性,能隨言說起也[74]。

神泰認為,就好像剛出生的小孩,並不知道柱子之性質(自性、法體),有青、黃、長、短……等色名,所以當這個小孩見到柱子時,並不會

---

[74] 見《倫記》卷9之上;T.42.507.b-c。

有對於柱子之性質（自性、法體），如青、黃、長、短……等諸法、事的覺知。直到小孩後來漸漸長大，知道青、黃、長、短……等的假名之使用後，才會對此青、黃、長、短……等柱子之性質（自性、法體）有所覺知。這可以證明在還未對事物命名前，我們是無法對事物之性質（自性、法體）有所覺知的（如未對柱子命名前，對柱子的色法、色事，並沒有青、黃、長、短……等的覺知：「若未立名前，見柱時，於柱青、黃等色法，之柱等色事，應起青、黃、長、短等覺，而實不起。」）。所以，神泰認為，我們可以知道當意識見到柱子等色法、色事時，「依他起性」是不可以用語言表達的（即屬於「離言自性」層面）；所有對柱子的青、黃、長、短……等，可言說的色名，皆是「遍計所執性」（「分別性」）[75]。而「遍計所執性」，是隨著使用語言而升起的（即屬於無法離開語言活動的「假說自性」層面）。

除此之外，神泰還說明了大乘佛教（唯識宗）對語言的看法。《倫記》：

> 泰（案，指：神泰）云：如薩婆多等，眼見青、黃等色，稱眼所見，說是青、黃等色，乃至意識，緣涅槃，隨意識所緣，說有定性散滅涅槃。故一切法可言說，說自心識所緣分齊。今大乘（案，指：唯識宗）不爾，如眼識緣色之時，眼識是證量知，境稱眼識行解，乃證「依他性」色，不可言說。同時分別意識，所證色分齊，亦不可說其色相貌，故證量所知稱「法」，能證、所證，皆不可言說。從眼識後起意識，始分別之，我眼見色，說眼所見，是青、黃等色，乃至說無漏滅智後起後智，云我從涅槃，說是涅

---

[75] 這裡值得注意的是，在《倫記》中，圓測和神泰二人，是以真諦的舊譯名詞（「分別性」、「依他性」、「真實性」）來說明「三自性」。這和窺基、惠景等人使用玄奘的新譯詞（「遍計所執性」、「依他起性」、「圓成實性」）是不一樣的。這是否反應出唯識新、古學的差異，有待深入地探討。

槃,故言說說諸法,是色乃至是涅槃,皆不稱證量所知,
能是假說色自相,乃至說涅槃自相[76]。

神泰在這裡批判了部派佛教「薩婆多部」(即「說一切有部」)對語言的觀點。薩婆多部認為,當眼睛看到青、黃等色之時,稱眼睛所見之青、黃等色法,為青、黃等色名;如此,當意識緣於青、黃等色法……乃至涅槃時,都可以對其加以命名。這就是薩婆多部:「一切法可言說」的觀點。而大乘唯識學的立場則不是如此:當眼睛見到色法時,眼識是能自己證知的「自證分」(「證量知」,「五識」所產生的認識一定是「現量」,同時也可以「自證」),所生起的色法(外境),是屬於「依他起性」的「相分」分別影像之色。這眼識的「依他起性」「相分」分別影像之色,是不可以用語言來說明的。要等到在眼識之後升起意識時,才有分別的作用,才能說出見到色或見到青、黃等色,乃至生起無漏智、後得智之時,意識緣於涅槃都是如此。所以,所有能言說的諸法,從色……乃至涅槃,都不屬於「現量」所能證知的,而是假說的色自相,乃至假說的涅槃自相(屬於「假說自性」的「遍計所執性」)。亦即神泰認為,大乘唯識學的觀點是,只要涉及語言的活動與使用,一定是屬於「遍計所執性」。

以上,筆者分析了《倫記》解說〈真實義品〉「離言自性」之語言哲學時,對小乘人(「說一切有部」)實在論語言觀之「增益執」所提出的三個批判。

肆、結語

本文針對《瑜伽師地論・菩薩地・真實義品》「離言自性」這一概念的語言哲學,進行深入地解析。並且,本文從唐代法相宗對《瑜伽

---

[76] 見《倫記》卷 9 之上;T.42.505.b。

論》的註釋書:《倫記》中探尋研究材料,發現了一些和「離言自性」之語言哲學相關的精彩討論。

〈真實義品〉中的「離言自性」,是指諸法緣起性、法性的「勝義自性」是不可以言說的。正是在這「離言自性」的理論上,〈真實義品〉批判小乘人(「說一切有部」「實在論」者)的「增益執」,亦批判大乘的「損減執」(「惡取空」者)。〈真實義品〉提出的重要觀點,就是諸法有「離言自性」的「實有『唯事』」(「唯事」,梵 *vastu-mātra*,Willis 譯作「bare given thing」、「the given thing itself」或「just a given thing」)。

小乘人(「說一切有部」)以為名言(「能指」)所指涉的「色等想法」(「所指」),是有其自性、法體的。〈真實義品〉批判這是不能明瞭存在有「離言自性」之「唯事」,而在「一切唯假」的「假說自性」上,起「增益執」。實際上,除了「離言自性」的「實有『唯事』」外,名言(「能指」)及其指涉的「色等想法」(「所指」)都是「一切唯假」。只有在語言活動之外,「離言自性」的「唯事」,這諸法、事物的真實樣態、終極指涉對象,才是真實的。依據《倫記》的說法,小乘人(「說一切有部」)實在論的語言觀,有三個過失:「一、隨名多體失;二、名前無體失;三、名前生覺失。」在這方面,《倫記》記載了唐代法相宗學者窺基、惠景、神泰……等人的觀點。同時《倫記》也說明了〈真實義品〉認為在名言(「能指」)及其指涉的「色等想法」(「所指」)外,這語言所無法指涉之終極存在的「離言自性」之「唯事」,是指清淨之「依他起性」和「真如」理之「圓成實性」;而「遍計所執性」和雜染之「依他起性」,則是屬於「假說自性」。就這點而言,在〈真實義品〉中並沒有提及,這是唐代法相宗學者的看法。

由〈真實義品〉建立「離言自性」的「實有『唯事』」這點,我們可以知道,這是為了澄清「空」的教義。為了建立遠離「增益執」與「損減執」之「中道」(或「善取空」)的教義。這和初期瑜伽行派《解深密經》中的「識所緣,『唯識』所現」是不一樣的,和後期唯識學「識

轉變」的觀點自然更不相同了。〈真實義品〉建立「離言自性」的「實有『唯事』」，還未將這「唯事」歸於心識所現。從這一點來看，〈真實義品〉的成立可能還早於《解深密經》（這僅是筆者以思想的先後性作出的推論，還有待其他資料的詳細考證）。而且，它反應出初期瑜伽行派對「空」教義以及語言的認識，是除了離開語言活動的「離言自性」之「唯事」為真實「有」之外，一切語言活動，名言（「能指」）及其指涉的「色等想法」（「所指」），都是不真實的「一切唯假」（「假說自性」）。從這一點來看，〈真實義品〉是以「一切唯假」，而「假必依實」說「空」（「善取空」），建立了離開語言活動實「有」真實「離言自性」之「唯事」說（〈真實義品〉這種實「有」「唯事」之「有」，是離開一般所謂「有」、「非有」的「無二所顯」），而還沒有出現「唯識」的說法。這在唯識學的發展過程中，應該是很值得注意的！（本文為紀念臺大哲學系退休教授楊惠南先生七十壽慶，於民國101年3月15日重新修訂完稿）。

引用書目

一、原典

姚秦・鳩摩羅什譯，《中論》；《大正藏》冊30。
北涼・曇無讖，《菩薩地持經》；《大正藏》冊30。
劉宋・求那跋摩，《菩薩善戒經》；《大正藏》冊30。
後魏・佛陀扇多譯，《佛說轉有經》；《大正藏》冊14。
唐・玄奘譯，《成唯識論》；《大正藏》冊31。
———，《瑜伽師地論》；《大正藏》冊30。
———，《解深密經》；《大正藏》冊16。
唐・遁倫集撰，《瑜伽論記》；《大正藏》冊42。
唐・窺基，《成唯識論述記》；《大正藏》冊43。
———，《瑜伽師地論略纂》；《大正藏》冊43。

E. Lamotte. *Saṃdhinirmocana Sūtra: L'explication des Mysteres; Texte tibetain*, Louvain: Louvain University, 1935.

U. Wogihara. *Bodhisattvabhūmi: A Statement of Whole Course of the Bodhisattva* (*Being Fifteenth Section of Yogācārabhūmi*), Tokyo: Sankibo Buddhist Book Store, 1930-1936.

二、專書

太虛,《太虛大師全書・7・法藏・法相唯識學》,台北:善導寺佛經流通處,1950-1959年。

平川彰著、莊崑木譯,《印度佛教史》,台北:商周,2002年。

印順,《中觀論頌講記》,台北:正聞,1992年。

──,《印度佛教思想史》,台北:正聞,1993年。

──,《唯識學探源》,台北:正聞,1998年。

──,《說一切有部為主的論書與論師之研究》,台北:正聞,2002年。

呂澂,《印度佛學思想概論》,台北:天華,1993年。

萬金川,《詞義之爭與義理之辯》,南投:正觀,1998年。

──,《龍樹的語言概念》,南投:正觀,1995年。

韓清淨,《瑜伽師地論科句披尋記彙編》,台北:新文豐:1998年。

釋恆清,《佛性思想》,台北:東大圖書,1997年。

三枝充悳,《中論偈頌總覽》,東京:第三文明社,1985年。

宇井伯壽,《菩薩地索引:梵漢對照》,東京:鈴木學術財團,1961年。

高橋晃一,《『菩薩地』「真實義品」から「攝抉擇分中菩薩地」への思想展開──*vastu*概念を中心として》,東京:山喜房佛書林,2005年。

葉阿月,《唯識思想の研究──根本真實としての三性說を中心にして》,台南:高長印書局,1975年。

A.K. Warder 著、王世安譯,《印度佛教史》(*Indian Buddhism*),北京:商務印書館,2000年。

H. Nakamur. *Indian Buddhism: A Survey with Bibliographical Notes*, Delihi: Motilal Banarsidass, 1987.

G.H. Sasak. *Linguistic Approach to Buddhist Thought* (2nd ed.), Delihi: Motilal Banarsidass, 1992.

J.D. Willis. *On Knowing Reality: The Tattvārtha Chapter of Asaṅga's Bodhisattvabhūmi: Translated with an Introduction, Commentary, and Notes*, Delihi: Motilal Banarsidass, 1982.

三、論文

曹志成,〈清辨二諦思想之研究〉,台北:中國文化大學哲學研究所博士論文,1996年。

陳一標,〈賴耶緣起與三性思想研究〉,台北:中國文化大學哲學研究所博士論文,2000年。

黃英傑,〈藏傳佛教「他空見」研究——以國然巴《辨別正見》為中心〉,新竹:玄奘大學宗教研究所碩士論文,2003年。

楊維中,〈唯識宗語言哲學初探:名言及其意義的生成與消解〉,《宗教哲學》5卷2期,1999年,頁137-150。

蔡伯郎,〈唯識的三性與二諦〉,台北:中國文化大學哲學研究所博士論文,2000年。

釋惠敏,〈〈聲聞地〉中「唯」之用例考察〉,《中華佛學學報》第7期,1994年,頁19-38。

勝呂昌一,〈二分依他性説の成立〉,收錄於《印度學仏教學論集:宮本正尊教授還曆記念論文集》,東京:三省堂,1954年,頁339-350。

——,〈影像門の唯識説と本質(ほんぜつ)の観念〉,收錄於《印度學仏教學研究》第4期(2卷2期),東京:駒沢大学における第三回學術大會紀要,1954年,頁210-212。

西義雄,〈真俗二諦説の構造〉,收於宮本正尊編,《佛教の根本真理》,東京:三省堂,1972年,頁197-218。

神子上惠生,〈瑜伽師地論における言葉と意味〉,《仏教文化研究所紀要》第14期,1975年,頁46-55。

——,〈瑜伽師地論における認識と言葉〉,《龍谷大学論集》第407期,1975年,頁28-35。

相馬一意,〈「菩薩地」真實義章試譯〉,《南都佛教》第55號,1986年,頁105-126。

袴谷憲昭,〈離言(*nirabhilāpya*)の思想背景〉,《駒沢大学仏教学部研究紀要》第49期,1991年,頁125-169。

C. Cox. "From Category to Ontology: The Changing Role of *Dharma* in *Sarvāstivāda Abhidharma*," *Journal of Indian Philosophy* 32 (2004): 543-597.

C.-k. Lin. "Language and Consciousness in the *Saṃdhinirmocana sūtra*," Presented at the *Seminar on Yogācāra Buddhism in China IIAS*, Leiden: Leiden University, June 8-9, 2000, pp. 1-11.

P.S. Jaini. "The *Vaibhāṣika* Theory of Words and Meanings," *Bulletin of the School of Oriental and African Studies* 22 (1959): 95-107.

P.M. Williams. "Some Aspect of Language and Construction in the Madhyamaka," *Journal of Indian Philosophy* 8 (1980): 1-15.

四、其他

釋惠敏等,《瑜伽師地論》資料庫,參考網址:http://ybh.chibs.edu.tw/

釋慈怡主編,《佛光大辭典》,高雄:佛光大藏經編修委員會,1988 年。

──,《佛教史年表》,台北:佛光,1987 年。

小野玄妙編,《佛書解說大辭典》,東京:大東,1974 年。

M. Monier-Williams. *Sanskrit English Dictionary*, New Delhi: Munshiram Manoharlal Publishers Pvt.Lld., 2002.

從《瑜伽論記》析論〈真實義品〉「離言自性」的語言哲學及對「說一切有部」語言觀的批判

An Analysis of "*Nirabhilāpya-Svabhāvatā?*" of the *Tattvārtha Chapter* and Its Criticism of *Sarvāstivādin's* View of Language

Chao, Tung-ming*

Abstract

This article will address two issues: 1. From the perspective of *Yuqielun ji*'s records, analyze the philosophy of language of the concept "*nirabhilāpya-svabhāvatā* (the inexpressible essential nature)" in the *Tattvārtha Chapter of Bodhisattvabhūmi of Yogācārabhūmi-śāstra*. 2. Expound the *Tattvārtha Chapter*'s criticism of *Sarvāstivādin*'s view of language from the three mistakes stated in *Yuqielun ji*'s records.

My views on the above two issues are: (1) The "*nirabhilāpya-svabhāvatā*" is simply the "*vastu-mātra* (the given thing itself, ultimate referent)," which belongs to the domain of knowledge of the supreme essential nature of all dharmas (just like the "*paramārtha-satya* [ultimate truth]"); and it complements the concept of "*prajñapti-vāda-svabhāva* (the essential nature conceptualized by verbal designation)" (just like the "*saṃvṛti-satya* [conventional truth]"). (2) In *Yuqielun ji* the "*vastu-mātra*" of "*nirabhilāpya-svabhāvatā*" means pure "*paratantra-svabhāva* (the 'dependent on others to arise' self-nature)" and "*pariniṣpanna-svabhāva* (the 'perfect accomplished real' self-nature)." The "*parikalpita-svabhāva* (the 'everywhere schematizing what is grasped' self-nature)" and foul "*paratantra-svabhāva*" belong to the domain of "*prajñapti-āda-svabhāva*," which is the domain of verbal designations. (3)

---

* Academia Sinica, Institute of Chinese Literature and Philosophy, Postdoctoral Research Fellowship.

The establishment of the "*vastu-mātra*" of "*nirabhilāpya-svabhāvatā*" in the *Tattvārtha Chapter* is to clarify the concept "*śūnyatā* (emptiness)" and to establish the "*su-gṛhītā śūnyatā* (emptiness correctly apprehended)" (or the "Middle Path") that distances itself from the errors "*samāropa-abhiniveśa* (affirming error)" and "*apavada-abhiniveśa* (denigrating error)." (4) The error "*samāropa-abhiniveśa* (affirming error/ the attachment of affirming too much)" refers to *Sarvāstivādin*'s mistaken view of language. They don't realize that only the "*vastu-mātra*" of "*nirabhilāpya-svabhāvatā*" is authentic reality. Instead, they mistakenly view the "referent (dharmas [such as 'form,' etc.] conceptualized by our mind)" to have its own "*svabhāva* (self-nature)" or "substance." In fact, both the "name (names [such as 'form,' etc.] of the dharmas)" and the "referent" belong to the domain of verbal designations of "*prajñapti-vāda-svabhāva*." (5) According to *Yuqielun ji*'s records, *Sarvāstivādin*'s view of language has three mistakes: "① If we assign many different referring names for a thing, then the same one thing will have many different substances. ② Things do not have substances before we assign referring names. ③ We have cognition of things before we assign referring names to them." (6) It must be noted that, according to *Yuqielun ji*'s records, the *Tattvārtha Chapter* establishes the philosophy of language that "all dharmas are '*prajñapti-mātram* (only a designation)'" (the domain of verbal designations of "*prajñapti-vāda-svabhāva*)" and that "verbal designations refer to the authentic reality ('*vastu-mātra*')" (the domain of the reality "*nirabhilāpya-svabhāvatā*," and free from verbal conceptual construction). And the "*vastu-mātra*" of "*nirabhilāpya-svabhāvatā*" is what really exists and is used to explain the concept "*śūnyatā* (emptiness)." This concept "*vastu-mātra* (the given thing itself)" is different from the *Yogācāra* Buddhism's famous concept "*vijñapti-mātra* (consciousness only)," and this explanation clarifies the *Mādhyamika* Buddhism's concept "*śūnyatā*," the so-called *"su-gṛhītā śūnyatā* (emptiness correctly apprehended)."

Keywords: *prajñapti-vāda-svabhāva* (the essential nature conceptualized by verbal designation), *nirabhilāpya-svabhāvatā* (the inexpressible essential nature), name (names [such as "form," etc.] of the dharmas), referent (dharmas [such as "form," etc.] conceptualized by our mind), ultimate referent (*vastu-mātra*, the given thing itself), *samāropa-abhiniveśa* (affirming error/ the attachment of affirming too much), *su-gṛhītā śūnyatā* (emptiness correctly apprehended), philosphy of language

華嚴宗形上學命題的知識意義

杜保瑞[*]

摘要

　　本文以討論華嚴宗哲學的知識意義為目標，首先說明《華嚴經》的著作意義，其次說明華嚴宗派的成立意義，以及華嚴宗教義宗旨的哲學意義。本文之論述以呂澂教授對華嚴宗哲學的批評為焦點，藉由其他當代學人方東美、唐君毅及方立天先生等人的觀點以解消呂澂先生的批評。主要指出，《華嚴經》的出現，並不單純只是為社會需求而編纂，而是有其理論創作的用意，此即是其言於一切圓滿的佛境界的世界觀及修養論系統哲學。至於華嚴宗教派的出現，更不是為應付中國王朝政治之需而立宗，而是有所悟解於《華嚴經》高明廣大意旨而建立的哲學詮釋系統。就「法界觀」言，是一在佛智證悟境界中的對一切世界現象的清淨義的終極論述立場，並非歷史現實的翻版而已，更非有觀無教。同時，「法界觀門」確實是有唯心論意義，但這是一切大乘佛教的共義，並非華嚴宗有此一義即為缺失。此外，「法界觀門」是連著修證意義而設說的，並非有觀無教之系統。就「五教說」而言，是一藉判教系統而對修行工夫的次第進階之論述，既有世界觀的進階，更有修行工夫的進階，並非一邏輯混亂的判教系統，固有取意於天台判教之說，但因更注重清淨世界海之義蘊，而更有超越天台之說者。

關鍵字：華嚴經、華嚴宗、法藏、法界緣起、華嚴五教觀

---

[*] 作者為臺灣大學哲學系教授。

壹、前言

　　華嚴宗哲學堪稱中國佛學甚至中國哲學中體系最為龐大、思辨最為深邃的哲學系統，它命題豐富、意旨悠遠、並且深奧難懂。華嚴宗哲學命題從哲學問題的角度來看，是充滿了形上學義涵的，其中六相圓融理論、十玄門理論、四法界觀理論[1]、以及判教說的五教理論，皆具備豐富的形上學奧旨，但是它卻是在終極圓滿的修行境界中所發出的思辨觀解系統，因此也是一套深刻的工夫境界論哲學。

　　自來佛學研究，多從修行意旨、宗派意識、名相定義等角度討論各個宗派的理論，然而華嚴宗哲學體系過於龐大，上述種種角度亦皆只能見其一隅，難以盡現宗旨，顯現其為由宗教而哲學而貢獻於人類世界觀思維的要點。華嚴宗哲學當然有修行宗旨，但是修行意旨是所有佛教哲學的必有理論項目，至於華嚴宗的修行意旨當然是站在《華嚴經》的哲學世界觀的高度下的工夫理論，必須徹見《華嚴經》世界觀的底蘊，才能掌握華嚴宗修行工夫的知識意義。華嚴宗哲學當然有宗派意識，但是宗派意識是為維護所創造的哲學理論形態以為理念的追求，並非為宗派而宗派、為權力而宗派、為世俗價值而宗派，宗派間的教義之爭或有社會世俗較勁之現象，但是教義的成立根本上還是屬於哲學理論的知識意義，並非僅靠宗教競爭意識即能支持教義主張。華嚴宗哲學當然有數不清的佛教名相，更有其特殊選取及特殊使用的華嚴名相，但是名相是為說明義理而設，僅僅分辨華嚴宗各個名相的意思尚不能深入理解華嚴宗哲學的風格。本文之作，企圖從華嚴宗哲學問題的研究進路，適度地再予界定華嚴宗形上學命題的知識意義。

---

[1] 參見佛學辭典：【四法界】華嚴宗所立，即事法界、理法界、理事無礙法界、事事無礙法界。世間萬法差別之相，各有其不同，不能混淆，名事法界；真如平等的理體，為萬法所依，名理法界；真如能生萬法，故萬法即是真如，理體事相，互融互具，無礙通達，理即是事，事即是理，名理事無礙法界；諸法互攝，重重無盡，不相妨礙，一多相即，大小互容，舉一全收，具足相應，名事事無礙法界。

本文所謂的哲學問題的研究進路，就是首先定位華嚴宗教義中的宗教世界觀及修行工夫皆是一套一套的哲學理論，是中國大乘佛學的哲學理論，是中國哲學的哲學理論，是人類哲學史上的哲學理論。是理論的哲學就是有問題意識、有預設立場、有概念使用、有思辨推演、有觀點主張的理論。就中國哲學理論研究的特殊關懷而言，是要說明世界真象及人生意義的，佛教哲學當然是有世界觀、形上學的主張，當然更有生命意義及修養工夫的主張。本文之作，即將以研究中國哲學的宇宙論、本體論、工夫論、境界論四項基本哲學問題為進路，為華嚴宗哲學的形上命題釐清其知識意義，使華嚴宗哲學命題在中國佛學史的發展意義及中國哲學史的發展意義上能獲得清新的面目。

華嚴宗哲學命題的知識意義首先是在佛學史上的有其新意，這個新意是立基於《華嚴經》的意旨而得來的，迭經智儼與法藏的創作而確立[2]。因此本文之探究將從《華嚴經》作為哲學理論基地的知識意義討論起，進而針對智儼與法藏的重要理論進行說明，主要將從「法界觀」與「五教觀」兩項進行。

貳、《華嚴經》與華嚴宗哲學研究的定位

我們對一部《華嚴經》的理解應該是有多方面的角度，中國佛學史上的其他宗派也重視《華嚴經》、研究《華嚴經》、發表《華嚴經》研究觀點，因此《華嚴經》並不專屬於華嚴宗，同時，華嚴宗也不僅有《華嚴經》，《華嚴經》也不僅只是自己一經而不需關涉它經它論。就佛教哲學理論發展而言，論是論師的建構，固然即是理論創作發展之作，但是

---

[2] 就華嚴哲學的理論建構而言，史傳初祖杜順禪師的作品恐為後人依託之作，故而從理論性作品以論究理論創作而言，仍應定為二祖智儼及三祖法藏的貢獻。參見：「華嚴宗推崇杜順，是說他曾經著述《法界觀》和《五教止觀》的緣故。……但是那兩種著述是否真為杜順手筆，頗有疑問。」呂澂，《中國佛學思想概論》（台北：天華，1988年2月1日三版），頁389。

佛經也是理論創作發展之作,只是以佛說法的形式發言。《華嚴經》的集結,既有神話傳說的部分[3],也有歷史軌跡中的編纂歷程[4],當作佛教內部宗派發展的結果是一個認識進路,但是其中的教義更迭才更是核心意義與根本價值,如果沒有教義發展,就沒有新的經典的集結構作,更無法建立宗派,因此《華嚴經》是偽經也好,是論著也好,《華嚴經》

---

[3] 《華嚴經》的神話傳說,參見釋成一言:「大方廣佛華嚴經者,乃我毘盧世尊一代時教中之根本法輪也。以其陳義太過高遠,非下根小智所能接受,故於世尊入寂之後,即由文殊大士主持結集,藏之龍宮,垂六百餘年,隱而不傳。迨龍樹菩薩興,始入龍宮誦出,此一一乘慧日方重朗於義天焉。相傳,文殊大士於世尊滅後,與阿難海眾於鐵圍山間結集此大華嚴經時,就世間大中小三種根基,將經分為上中下之三部。上部經有十三千大千世界微塵數偈一四天下微塵數品;中部經有四十九萬八千八百偈,一千二百品,下部經則有十萬偈,四十八品。龍樹菩薩觀前二部經,渺若淵海,非人世慧力之所能及,乃誦得後部經,歸於五天。」〈華嚴經之傳譯經過與其內容組織〉,收錄於《華嚴文選》(台北:萬行雜誌社,1991年9月再版),頁7。

[4] 《華嚴經》的編纂過程,參見呂澂先生言:「印度原來就沒有華嚴經的完本,……華嚴經可能是在西域地方從各小品集為大部的。……華嚴經的編纂地點不會離中國太遠」《中國佛學思想概論》,頁400。又見魏道儒先生言:「現代學者……認為在集成本之前譯出的某些單行經,是集中發揮某種學說而產生的,並經過不斷補充發展,形成若干單品經。……概言之,集成本所樹立的至高崇拜對象盧舍那佛,所構想的華藏世界海以及法界理論等,是貫串全經的,這在多數前出單行經的相關部分是沒有的。集成本作者依據一定的整體思路,對所匯集的單品經系統修改過。所以,六十華嚴中所匯集的各個單品經,並不能在義理上完全與前出單行經劃等號。它們的區別在於:某些單行經代表了華嚴經學的原初型態,程度不同地透露出《華嚴經》形成過程的歷史真實,集成本代表華嚴經學的成熟型態,突出展示集成本作者們新的華嚴經學,並努力使之貫串全經。……第一階段,以《兜沙經》、《本業經》為主的文殊經典,約形成於公元一世紀下半葉至二世紀中葉,其產生地在貴霜統治下的北印度和我國新疆地區。……第二階段,以竺法護所譯《興顯經》、《度世品經》和《等目菩薩所問三昧經》為主的普賢類經典,其產生不遲於公元200年左右,其中,《等目菩薩所問三昧經》的產生時間應最早。……第三階段,《入法界品》應形成於文殊和普賢兩類經典的主體部分完成之後,其產生不早於公元250年,大約編成於和闐地區。……六十華嚴的編成應在支法領去于闐之前數十年,可以大制定在公元300年左右。它是在以普賢類經典統攝文殊類經典的基礎上,匯集在古印度各地形成的相關單行經,並進行了系統化整理和改造之後形成的。」《中國華嚴宗通史》(江蘇:古籍,1998年7月),頁41-47。

都是《華嚴經》佛教教義哲學著作，而華嚴宗則是諸多發展《華嚴經》佛教教義哲學的一個系統，是一個極高明廣大的哲學理論系統。

　　華嚴宗的哲學建構固然是一宗派的現實，但是華嚴宗始終是佛教哲學系統，因此與其說華嚴宗是一佛教宗派，無寧說華嚴宗是佛教教義創作發展歷程上的一個環節，佛教哲學不發展則已，要發展就是一個綿延的歷史進程與不斷創發的理論建構，佛教哲學事實上不斷創發，除非是宗派意識才有必要去堅持原始傳統教義才是唯一佛說之真理系統，宗派意識是人類文明中的現實，創作理論者無法不使其產生，但是理論創作亦是人類文明的現實，謹守宗派的宗教運動團體也不可能阻擋理論的創作。既然佛教史的現實是宗派迭立、理論迭創，我們即可將宗派運動當成是理論進程中的一個歷史實踐團隊的活動，而將理論創作當成是一個學派哲學思辨的不斷創進的歷程。發生在印度佛教的階段性宗派及學派是一個既是理論創作的進程也是一個宗教實踐運動的歷程，同樣地，發生在西域地區及中國土地上的佛教各宗各派依然是一個同時是理論創作的進程及宗教實踐運動的歷程。

　　以此來看待華嚴宗依《華嚴經》而建立的哲學理論創作意義，我們可以更聚焦於佛教教義哲學理論創作發展脈絡上的意義，而放下宗派競爭的社會歷史意義。並非華嚴宗的出現與活動沒有中國佛教宗派競爭的意義，而是本文研究的重點在於華嚴宗哲學創作的理論意義，不在華嚴宗派與它宗較勁的社會政治歷史意義，而且，華嚴宗哲學理論的成立是依理論標準而決定，並非依社會現實而成立。理論建構本身若無足夠的理論性，而光依靠社會意見或社會需求，那也是不可能被建構出來的。依此來看華嚴宗哲學在中國佛教宗派中的意義，華嚴宗哲學是中國佛教教義哲學創作發展上面對新進程、新問題所提出的新理解的哲學創作，並非為宗教對社會的控制而設，因此我們應該從華嚴宗所面對的理論問題以為認識的進路來研究華嚴宗哲學，而不是將之視為宗派競爭的需求才來建立不同理論、使用不同名相、依據不同經典、發展不同教義的意義。

就此而言，華嚴宗所面對的佛教哲學理論問題自然是眾多的，但就華嚴宗哲學所創作的理論重點來看，華嚴宗哲學有其特殊關切的理論問題，也有其全面詮解的整體佛教哲學問題。華嚴宗哲學體系及其他各宗哲學體系皆是就自宗所核心關切的理論問題建構系統，然後旁及整體佛教哲學問題提出相關詮解意見。就自宗核心關切問題而言，它通常只是整體佛教教義哲學中的某種問題，依此建立理論之後，才旁及整體佛教哲學問題而對之皆有發言而重新定位。因此，找出這個華嚴宗哲學首出的核心關切問題，就是切入華嚴宗哲學的關鍵角度。

　　《華嚴經》說闢盧遮那佛境界[5]，從佛境界說整體世界，在說世界中說對世界的觀門，在說觀門中說修證工夫，在說修證工夫中說五教判教，這是華嚴宗哲學的主軸核心問題的思路。在這個主軸中，華嚴宗哲學系統當然應該同時詮解整體佛教哲學中的相關理論問題，那就包括緣起法的解說、佛經判教的定位、三教辯證的定位、宗派教義差別的澄清等等。因此研究華嚴宗哲學，首先需就華嚴宗祖師對《華嚴經》的定位說起，並且重點不只是作為宗教史意義上的《華嚴經》定位，而是作為佛教教義哲學創作發展歷程上的理論定位。

　　方東美教授言：

> 中國華嚴宗的哲學是為什麼事而產生的呢？其實華嚴宗的哲學就是從杜順大師開始提出法界觀，然後智儼大師承繼而撰述十玄門，再產生一個大宗師法藏的無窮緣起，然後澄觀大師再把這些觀念綜合起來，並且還受到禪宗的影

---

[5] 參見楊政河教授言：「從經文中，讓我們會立即發現華嚴經並不像其他的大乘經典，都從宇宙的低層世界逐漸提升，到了最後才把成佛的果位烘托出來。因為華嚴經是一開始便把人類所要求的最高精神的理想對象──闢盧遮那佛，這尊具有至高無上的最高真理、最後所要成就的菩提佛果、究極的事實彰顯出來。並能令一切有緣眾生，都直接去面對他，對他產生堅定的信念，由此而發心，向他學習，以他為榜樣。所謂，初發心時即成正覺。這也就是華嚴經初會的真正本義。」《華嚴哲學研究》（台北：慧炬，1987年3月），頁34。

響,不僅僅籠罩一切理性的世界,而且可以說明這個理法界才是真正能夠說明一切世俗界的事實構成。然後才能形成事事無礙法界,成立一個廣大無邊的、和諧的哲學體系。希望能透過這一個觀點,把從前佛學上面所講的十二支緣起論的小乘佛學,原始佛教的缺點給修正過來。如此也將能對所謂賴耶緣起,如來藏、藏識緣起,那一派理論的對立矛盾性,都一一給剷除掉,然後大乘起信論裏面體用對立的狀態,所迫切需要那種橋樑,也把它建設起來。最後可以建立一個「二而不二,不二而二」的「即體即用,即用歸體」無所不賅的形而上學的體系[6]。

方東美先生可以說完全是站在佛教教義發展的哲學建構角度來定位華嚴宗哲學的意義,這就包括說明了華嚴宗建立了一個新的形上學世界觀的理論系統,在此系統中清淨化了整個修證聖智者的社會事業意義,並將前此之種種緣起法理論一一超越,解消其間的對立衝突,而成就一形上學及修證理論的新系統。但是呂澂先生卻從社會意識角度來定位華嚴宗和《華嚴經》的關係,他說:

> 我們還可以略為推論《華嚴》無盡緣起的社會根源,來作華嚴宗思想方面的批評。在印度,華嚴一類經典是當公元第二世紀中頃先流行於南方的。……那時候正是崛起於南方的案達羅王朝的盛期,在社會制度上由四種性結合著南印土著間原有的「闡提」區別,使階級制度變得極其複雜,逐漸分化階層到千種以上。佛學家的立場一向是主張消滅階級的。他們對於四種性以及七階級,曾經從人們生死的本質相同的理論基礎上反對這樣人為的歧視,到了這

---

[6] 方東美,《華嚴宗哲學》上冊(台北:黎明,1981年),頁413。

一時期，階級制度變化了，他們主張人類平等的內容自然也有些不同。《華嚴經》的無盡緣起思想從一方面看不妨認為反映了通過階級所見到的緣起理論不單是解釋自然的，而著重在分析社會的，當然，在指導行動上，憑藉這一點理論基礎還嫌不夠，所以後世佛學家更進而從人們對於社會共同認識的根源上，推動性質的轉變，來貫徹消滅階級間不平等的主張，這便是轉依學說的一種來源。從龍樹時代到無著、世親時代，印度的社會制度大體維持著上述的情況，有關華嚴的思想理論，也就依照上述的進程而發展。但是華嚴經一再傳來中國，經過華嚴宗的解釋闡揚以後，所表現的思想就大大的不同。無盡緣起說既然膠著在自然現象的看法上，喪失了社會的意義，而轉依離垢的踐行也變成根據於一切現成的反本還源。這樣變化的原因，一方面是由於華嚴思想原有的社會根源不存在於我國，就難以索解那些思想的實質，另方面又由於受了當時盛行的起信論思想的影響，不期然地會和它聲氣相通，起信論思想發生於周末隋初，正當佛教一再受到破壞而重行抬頭的時候，佛徒和官方相結合著要求鞏固經濟方面共同的利益，它恰恰給以有力的幫助。所以它的思想實質會那樣肯定現實基礎的價值，又那樣採取保守的途徑，華嚴宗在這一思想的籠罩下，自然對於華嚴經原來一些進步意義會完全忽略不管了。由此從思想方面說，華嚴宗和華嚴經各有分際，是不應混同的[7]。

呂澂先生這樣的評價是很負面的指控，一方面說明《華嚴經》的理論意義並非華嚴宗的發展方向而區隔《華嚴經》與華嚴宗，二方面說華

---

[7] 呂澂，《中國佛學思想概論》（台北：天華，1988年三版），頁403-404。

嚴宗立教的社會目的而竟影響了哲學思想。首先，就《華嚴經》的經文內容的社會理想意義而言，這其實只能是呂澂先生個人的推想，《華嚴經》有其言說佛化世界的宇宙論知識，從思想史研究角度固然可以推說佛經觀念源自人類社會的推想，但這就把佛經作為真理觀本身的知識傳達當成全是社會議論的意見構圖，本身只是一種社會宣傳目的的小說式藍圖而非證佛境界的世界觀展示，於是佛教世界觀並非指導現實人生的理想趣地，而是改善社會現象的神話杜撰，如果佛經所說知識不是佛境界確然的體證真相，那麼整個佛教經典的教義哲學建構即無須多此一舉，此時中國儒家學說就家國天下立言之大中至正之教即已充分足夠，則無須更為此一重重無盡的佛化世界圖像之建構矣。至於佛經精神中有改善社會現象種種問題的目的卻是本當如是，證佛境界的達至之時又豈僅是改善時間歷史中的印度階級問題而已，應當是所有人類史的問題皆已解決了，所以僅僅以印度某時社會問題之解決而定位《華嚴經》的宇宙論知識的建構目的來定位《華嚴經》實是過於窄化於一思想史研究進路的觀點。這種以佛經世界觀構圖為人類社會的仿本之說，將不僅使《華嚴經》系統喪失知識意義，就連即使是原始佛教的阿羅漢境界亦需拉下來至人間世了，如此則佛教的宗教意義將一盡全失矣。

　　說《華嚴經》不應僅從社會歷史目的而說，說華嚴宗亦然，呂澂先生以華嚴宗側重說世界觀，又全為唯心論的一切現成、一切圓滿、一切無須再為努力之意象，就是為服務官方利益之說，實是嚴重扭曲理論意義與宗派目的。華嚴宗的理論意義就是佛教教義哲學發展中的創作意義，華嚴宗的立教派目的就是為暢說此一依據於《華嚴經》的以佛境界看現象、說世界、提觀法、做工夫的目的。至於說與社會利益結合的現象這是在所有佛教宗派皆有之現象，天台智者的與隋皇朝的合作，北宗神秀、華嚴法藏、法相玄奘與唐王朝的合作，都是事實，但是這些只能指明歷史軌跡，而不能決定教義宗旨，更不能解釋為立教目的，這是混亂宗教哲學與政治操作的研究態度。並不是宗教運動中沒有政治，而是

不能以政治現象決定宗教意義與目的,否則中國大乘佛教之各宗各派其實沒有誰能免於政治互動,那麼是否所有宗派都是政治工具了呢?

參、《華嚴經》在華嚴宗哲學系統內的理論定位

《華嚴經》以闡盧遮那佛說法為經文內容主體,說佛境界的開展、攝授與意境,說以佛境界觀世界的現象意義之一切清淨,華嚴宗祖師即以佛境界觀世界的眼光說世界的觀法意義,而成就形上學命題。形上學命題為整體存在界終極意義的總說法,這個問題在佛教教義哲學史的發展上,始終在不斷創新發展中,關鍵在於教義發展的重點問題走到那裡,以及佛教論師的義解深度走到那裡。佛教教義哲學的建構當然是一依據問題意識的發展及理論建構的深化而創建的歷程,原始佛教說明現象世界的感受意義是苦,大乘有宗說明現象的存在依識而有,因而生滅無常,大乘空宗說明現象的意義是空,因此修證的途徑是體空證空的空性智慧。從說現象到說主體,從說主體到說整體,理論的設施既需照顧主體存在的現象意義以及生命終極的理想性何在,也需照顧現象存在的生滅意義以及整體存在的根本意義,無論問題設定在哪裡以及理論進展至哪裡,從原始佛教到部派佛教到大乘佛教,幾個基本佛教教義哲學的立場始終不變,那就是主體存在在現象世界中的感受是苦,因此應追求一捨離此苦的途徑,現象存在的根本來自於意識的自我構作,因此現象的生滅是無常,現象的生滅既是無常,因此現象的根本意義是空,現象的根本意義是空,因此執著現象正是眾苦之來源,智慧之道即應是一體空證空的追求智慧的行為。印度佛教教義哲學發展至此,佛經的編輯及教義的思考卻尚未停止,南傳、北傳、東傳各路進發,既有佛經的新集結新編輯,又有論著的新問題新創作,在中國佛教運動中的教義創作是表現在佛經主體全譯之後的哲理創作階段,格義、譯經、詮解、重述是一個階段,全新創作是另一個階段。《大乘起信論》、天台、華嚴、禪宗則是這個創作的階段。

創作階段的作品都有核心面對的哲學問題,沒有問題就沒有創作,其中《起信論》所面對的問題是現象的產生的根本染淨問題,唯識重說現象依識而有,因而需為現象中的種種雜染給予說明,雜染說清楚了,清淨的根源及成佛的必然性問題卻未能解決,般若重說現象的意義是空,因此工夫施作的途徑即是空性智慧的一路徹底前進,但是前進之後的主體境界以及現象意義亦需同時整體結構地說明。

至此,一般被認為在中國創作的《大乘起信論》回應了這樣的理論需求問題,代表了將現象整體說為同時具淨染二義但以淨為根本的立場,並保證了主體之絕對可以完全清淨的修證可能[8]。

天台宗面對的教義哲學問題,主要是佛陀本懷及佛教經論的知識性格定位的問題,前者以《法華經》精神為天台宗立論的宗旨,後者以五時八教說全面地定位一切經論的知識性格及理論交涉關係。

至此,中國佛教哲學在主要大經皆已譯出,在佛教教義哲學主張緣起性空、萬法唯識、一切眾生皆可成佛的幾大理論前提下,是走到了必須安排成佛境界的世界觀認識的問題的時候了,而《華嚴經》中宣佛境界的經文意旨,正好為了這樣理論目標提供佛經依據,未能體此者以為

---

[8] 參見,唐君毅先生言:「大乘起信論所言成佛因緣,乃既許此眾生有如來藏為成佛正因,使人有以信其自力,又有諸佛菩薩之慈悲護念,使人兼信此諸佛菩薩之他力者。兼此二信,即能起大乘之大信。」《中國哲學原論原道篇》,台北:台灣學生書局,1980年3月,第4版,頁245。另見,杜保瑞:「諸佛護持之真如薰習作用非是根本因而是外力助緣,此外力助緣依於諸佛發願唸力亦為一必然存在之持續作用力,其內因真如薰習作用力亦因真如本體乃眾生恆有自有之動力而亦為一必然存在之勢力,此真如薰習之內因外緣二力之作用乃保證眾生心於生滅妄識境界中之必然可以成佛之因緣,此內因外緣皆本來存在,皆眾生缺一不可之成佛保證,而眾生實不缺之,內因以眾生心真如相乃法體恆存之作用力,外緣以諸佛誓願力故亦為一持續作用於諸眾生之外力,此外力實與眾生心真如法體自體相應,從本以來即是眾生自體清淨本體,所以眾生本來是佛,諸佛本來即以救渡眾生為佛本懷,所以迷染於現象世界之眾生心識本來即佛,故而眾生於去染求淨歷程中之諸內因外緣亦皆眾生本來本具之自體本性,眾生於成佛歷程中本來即時時受薰於自體真如及諸佛護持之中。」〈大乘起信論的功夫理論與境界哲學〉,《普門學報》第10期(2002年7月),頁177-222。

《華嚴經》即是唯識學說的系列，以為《華嚴經》即是般若思想的又一經，以為《華嚴經》是為涵攝禪宗說工夫的宗趣，事實上，《華嚴經》確實是包攝唯識、般若及頓悟之教的種種教義，然而華嚴宗師之所見卻又更進一層。如果說唯識學是說現象的佛教宇宙論進路的哲學形態，般若學是說終極實相的佛教本體論進路的哲學形態，頓悟禪學是說直接修行的佛教工夫論形態，那麼華嚴宗祖師即是依《華嚴經》而說一成佛終境的佛教境界哲學形態[9]。《華嚴經》內的毘盧遮那佛所宣說的種種講經事蹟以及世界海結構就是由成佛境所流出的說整體存在界的世界觀理論，它首先是成佛者境界，但依佛教唯識教義而言，佛境界即佛思維所及之一切對象，一切對象而成為整個現象世界的整體存在界，因此即是佛教世界觀的宇宙論哲學。而佛性根本清淨，因此整個佛境界所展現流佈的世界的實相亦即是般若清淨的本體，因此亦宜以佛性之清淨自性而說為佛教的本體論。而就在以佛境界說世界的佛智觀法中，華嚴祖師說出了佛智觀法的形上學命題，並即以法界概念以顯示此一整體存在界之為佛境界遍在之世界，而說法界觀法之六相說及十玄說[10]，此即其世界

---

[9] 唐君毅先生言：「至於由十地經論攝大乘論之譯出，中國之地論宗攝論宗之成立，至大乘起信論之出現，再至華嚴宗之成立，則為沿印度瑜伽法相唯識之道路，而進以融攝般若之學所成之又一圓教。」（《中國哲學原論原道篇》，頁272）。我們從理論發展的眼光看華嚴宗哲學的創作，就是一唯識般若學之後的再創作系統，筆者乃以境界哲學進路的形上學說之，即是說其為佛境界心智中之世界觀原理。

[10] 參見佛學辭典：【六相】一、總相，謂一塵含藏萬法，如綜合瓦磚木石等，而成一屋。二、別相，謂萬法有色心理事等差別，如一屋中的瓦磚木石等，體性各別。以上總別二相，是就體言。三、同相，謂萬法雖別，然能融即成為一體，如瓦磚木石等，能互相和合，成為一屋。四、異相，謂諸法雖能融即為一，但亦不失諸法差別的本質，如磚瓦木石，其形類功用，皆各不同。以上同異二相，是就相言。五、成相，謂諸法雖差別，因融即故，互相而成為一體，如瓦磚木石，有互相成就之性，才能建立為體。六、壞相，謂諸法雖可融即，成為一體，然若各住各位，則仍現諸法之相，而不成一屋，如瓦磚木石，各住本位而不合作，則房屋相壞。以上成壞二相，是就用言。凡夫所見事相各各差別，聖人則六相圓融，因諸法體性平等，沒有差別。

觀形上學的構作。因此，就佛境界說世界以及就佛境界說智慧，當然不同於以往為說生命之苦的世界觀及智慧觀，也不同以往為說現象世界的構成的唯識觀法，以及為說緣起性空的般若觀法，故而有華嚴祖師擺設過去種種觀法的意義、位階、次第、程度的五教觀法，藉由判教而另置一路，彰顯華嚴佛境界形上學觀念的終極圓滿意義。五教觀法亦即同時是一修證次第的智慧境界，不僅作為判教之說，更作為修行證量的階次之說。

這個華嚴宗哲學立教宗旨的問題，方東美教授言之極為深入：

> 本來在整個佛學的領域中，是討論宇宙論或宇宙發生論諸問題，它可說是從小乘佛學起就有十二支因緣的緣起說，這是拿十二因緣來說明這一個世界的形成。不過在佛學裏面確有許多對因緣論的不同說法，譬如在小乘佛學或原始佛教的領域中，對於十二因緣的說法，若根據日本人所用的名詞可稱為業感緣起說，事實上應當稱其為業惑緣起說才對，在大乘佛學裏面，譬如法相唯識宗便有所謂的阿賴耶識緣起說，在如來藏系的佛教裏面，卻有如來藏緣起說，至於華嚴經在說明整個世界的形成時，認為是由一真法界的全體所構成，它還是根據緣起說而來，不過這個緣起說，既不說是業惑緣起，也不說是阿賴耶緣起，它可以說是透過如來藏系裏面，修正如來藏的這一概念，然後再根據晉譯華嚴經「如來性起品」的名詞，而稱為「性起」。什麼叫做性起呢？那是稱性而起，因為在一切因緣的總出發點，就是為達到美滿的佛性，以集中一切價值在一起，而成就這一個精神主體的就稱之為「法身」，那是體，就佛的法性看起來，那是佛性。從佛性產生之佛性可以遍在一切處，如果根據華嚴家的專門名詞來說叫做「互攝性原

理」，即有所謂相即相入相攝，透過這許多姿態，便能把原來超越的佛性，一一給予滲透，貫注到宇宙裏面的每一種存在體。從器世間裏面的各種物質形態，到生命世間裏面的各種生命形態，再到精神世間上面的各種精神形態，都一起滲透貫注之後，便形成所謂無盡法界緣起，由此便產生了一套華嚴經的宇宙緣起論[11]。

對於這一套緣起論或發生論，正是要說明宇宙緣起的產生過程，不可能像原始佛教上面所說的從煩惱、迷惑、無知的立場來說明緣起。假使是這樣的話，那麼他的根本出發點就不純潔，如此又將如何能產生一套純潔的世界出來呢？因為大乘佛學不可能再回頭，所以不可能採取原始佛教或小乘佛學裏的「業惑緣起說」，另外他也不可能像法相唯識宗只是根據阿賴耶識來說明一切法的緣起，因為阿賴耶識在楞伽經裏面，是屬於染淨同位的說法，一方面是染位的阿賴耶，另方面又是淨位的真如，照這一種說法來看，到底應該要如何才能把第八識裏面的一切煩惱、一切迷惑，都排遣出去，而成為清淨法身，這是一個很大的問題。……這樣子才逼出了解深密經，在八識之外，八識之上再提出 atman，即所謂第九識，把第九識當作純淨識。如此才算是解決了善惡能所二元對立的問題。然而在華嚴經裏面，他起碼是要像佛學裏面的如來藏系的那些經典，譬如像解深密經、密嚴經、大乘起信論等所說的，才可以超脫法相宗所說的價值學二元對立的這一種理論困難。也可以說，我們必須要能夠把握住佛性本身，將它當作是清淨的真如，或當作是一個如來藏，因為他本身的精神就是

---

[11] 方東美，《華嚴宗哲學》上冊，頁117-118。

美滿價值的典範,由此出發,才能解釋宇宙的緣起作用,或宇宙的發生作用,因為這個作用本身,一定要從佛性的本體講起,否則,我們便無法解說,宇宙裏面怎麼能夠超脫罪惡的問題,解決罪惡問題?然後在這個上面找出更高的精神經驗,體會最高的法身,然後從法身的根本智中,去認識這個本體的作用情形,甚至可以瞭解,其作用到底是如何展開而構成宇宙萬象[12]。

方東美先生以一代哲學大家的理解,能以宗教視佛學,又能以哲學視佛學,而更能抉撥宗教中的哲學,確實是極為難得的。前文即是企圖從哲學理論本身的演變的需求中去說明華嚴宗哲學建構的理論意義,華嚴宗哲學建構最重要的理論意義即在於終極地建立一根本清淨的世界觀理論,並非一切現成地以諸惡為善,而是一切肯定地以諸行皆是朝向終極成佛的歷程,因此必須說出成佛境中的世界觀意義,一切清淨仍是清淨於佛境界位格,並非有限的暫時的現象中的迷執眾生的意境。不僅眾生必可成佛有其《起信論》言於心真如的內在保證,亦需終極成佛境下的整體存在界的根本存在意義是根本清淨的,才有其理想的圓滿完成。這就是佛教哲學理論本身必然的發展,是一個理論發展需求的智悟結果,不是任何非理論目的的社會需求的意見構作。

肆、華嚴宗法界觀法的知識意義

法界概念是華嚴宗形上學命題中使用最為頻繁及深刻的概念,主要是因為當華嚴宗祖師以《華嚴經》的佛境界思索一切佛教哲學命題的時候,既不著重於個別眾生生命的無明而起的生命歷程,也不重視現象世界重重無盡的世界結構的客觀宇宙論問題,而是關心無論是多少個世界

---

[12] 方東美,《華嚴宗哲學》上冊,頁 118-119。

多少類眾生都是同在一佛境界展現的世界海中的問題，此一佛境界之世界是存在於佛智觀解內之一大緣起的整體世界，以其一大緣起為整體而整體觀解為法界，所以法界觀是就整體存在界而觀之世界，也是以清淨佛智而觀之境界中的世界，既是整體的也是清淨的，是最高智慧主體的整體觀解領域，既是以整體而觀，就是建立形上學的普遍命題，既是最高智慧主體之觀解，用於眾生心中時，則同時是眾生修行的工夫。眾生修行的工夫決定於眾生心中所認定的世界觀，因此五教觀法即是一世界觀之理論與修證階次的理論。

智儼法師於《華嚴一乘十玄門》中即說：

> 明一乘緣起自體法界義者，不同大乘二乘緣起，但能離執常斷諸過等。此宗不爾，一即一切，無過不離，無法不同也。今且就此華嚴一部經宗，通明法界緣起，不過自體因之與果。所言因者，為方便緣修，體窮位滿，即普賢是也。所言果者，謂自體究竟寂滅圓果，十佛境界，一即一切。

佛教世界觀就是緣起論，緣起論著重於說明緣起故無性，本體空故。但說法的起點是為解說生命苦痛的根源，因此在無明緣起或阿賴耶識染法緣起諸說中強調現象的不真實而應捨離之義。然而，《華嚴經》的宗旨卻不然，眾生對現象的執著固然是苦痛的根源，但是現象的存在並非沒有意義，現象存在的意義就是眾生生命的意義，眾生生命的意義就是追求一乘成佛的意義，在眾生追求一乘成佛而有流轉現象的一切歷程中，以眾生終極必然成佛而言，這一切現象中的歷程即是一極有意義的歷程。就成佛境而言，佛觀一切現象及一切眾生的生命歷程即皆是清淨無比的根本智慧的發露的歷程。因此整體現象即是一切眾生的成佛歷程所成的世界，緣起的整體即是眾生自己的成佛歷程，因此整體共構一

法界,即是眾生成佛之遍歷之世界,因此以整體存在界說為眾生生命意義的歷程,以此說緣起,而以法界緣起說生命真象及現象世界。

說因是說成佛歷程之修證活動,由普賢精神代表,說果是說歷程的終極意義一切圓滿寂滅,以佛境界而言。從此以下即能展開華嚴宗形上觀解的「六相圓融」及「十玄門」及「四法界」諸說者,此皆直接就著成佛境界者體貼現象而說的,是在佛境界中看待一切現象世界的諸理諸事之意義而為說者。

既然眾生以成佛為終極生命意義,成佛之後的主體境界是遍在一切現象世界的存在實況,因此現象世界的意義在成佛境中就轉變了它原來尚在迷染眾生心中的意義,因此對於大小二乘位階的認識境界,當然需要有一更新的改變。

法藏法師在《華嚴經旨歸》中就十個項目介紹此經:「一說經處、二說經時、三說經佛、四說經眾、五說經儀、六辯經教、七顯經義、八釋經意、九明經益、十示經圓」。在〈示經圓第十〉中說到:

> 夫以法界圓通,緣無不契。謂上九門所現之法,總合為一大緣起法,隨有一處,即有一切無礙圓融,無盡自在。若隨意分開,亦有十門,……準思之,以同一無礙大緣起故,自在難量,不思議故。是為華嚴無盡法海,窮盡法界,越虛空界,唯普賢智,方窮其底[13]。

這也是明指華嚴宗思路是就著整體存在界做統觀遍思而建立的命題,這就能說明華嚴宗哲學是佛教哲學中最具形上學問題意識的一個宗派,論究整體存在界的形上學問題意識其實是一切宗教哲學教義必須終極面對的理論問題,在各宗教教義發展過程中總是要最終處理的,華嚴宗因取徑於成佛境界而說世界而稱法界,故而一說佛境界即是說整體存

---

[13]《中國佛教思想資料選編》第 2 卷(台北:弘文館,1986 年),頁 97。

在界,即是說形上學原理,而法界概念即是華嚴宗人所說種種現象世界之概念,現象因意識所對而成世界,一意識所對之現象世界即一法界,當以佛境界觀世界時,則整體世界共為一大緣起之同一法界,而佛智無限遍在,故而一切現象意義交融,一切法界同入一大緣起法界,因佛智而交融互攝而認識無礙。

法藏於《華嚴經義海百門》中說:

> 夫緣起難思,諒遍變通於一切,法界叵測,誠顯現於十方。

在其中〈緣生會寂門第一之二入法界〉中說:

> 入法界者,即一小塵緣起,是法,法隨智顯,用有差別,是界。此法以無性故,則無分齊,融無二相,同於真際,與虛空界等,遍通一切,隨處顯現,無不明了。……若性相不存,則為理法界,不礙事相宛然,是事法界。合理事無礙,二而無二,無二即二,是為法界也[14]。

法界就是現象世界的整體,一小塵為一眾生心識,由智慧故,一作用即遍世界,因用故,有種種差別,而顯現為整體存在界的繁興演化,世界既是由識所變,卻在智悟中不執性相而掌握真如根本之理,從而隨順應對現實而事事無礙,此一現世界一切行進意義清淨的結構,即是法界之意。方立天教授說:

> 法界緣起論是對獲得解脫的佛的境界的描繪,是對悟的世界、淨的世界的描述,而不是著眼於對客觀世界現象的分析。但是佛的境界與客觀世界又不是絕對對立的,佛的境

---

[14]《中國佛教思想資料選編》第2卷,頁108。

界既是客觀世界的昇華、超越,又是對客觀世界的涵蓋、容攝,對佛的境界的描述中包含了對客觀世界的分析。在法藏看來,宇宙的真實相包括了佛的境界和現實世界,法界緣起論集中反映了華嚴宗人對宇宙現象的整體看法[15]。

華嚴宗人說法界的概念名相系統是很多的,四祖澄觀的著作中有傳說為初祖杜順禪師的《法界觀》,其中有「真空觀」、「理事無礙觀」、「週遍含融觀」,此說已見於法藏之作中,學界一般認為這其實是後人偽托之說,即說為法藏之意見即可[16]。所以實際上對法界緣起提出觀門的思想者,應以智儼的「十玄門」的說法為先,其為:

同時具足相應門、因陀羅網境界門、秘密隱顯俱成門、微細相容安立門、十世隔法異成門、諸藏純雜具德門、一多相容不同門、諸法相即自在門、唯心迴轉善成門、託事顯法生解門[17]。

法藏沿用之後又有改動[18],一般認為,法藏的改動是為更一致地顧

---

[15] 方立天著,《法藏》世界哲學家叢書(台北:東大圖書,1991年),頁84。
[16] 唐君毅先生言:「法藏之三觀,澄觀華嚴疏抄卷十謂為杜順所說,然今傳杜順書多同法藏書,可能即法藏所著。」《中國哲學原論・原道篇》,頁328。不過,方東美先生一直以歷來所述之著作意見說為杜順禪師之作品,卻於此並無質疑。
[17] 智儼,《中國佛教思想資料選編・第2卷・華嚴一乘十玄門》(弘文館印行),頁22。
[18] 參見劉貴傑教授言:「十玄門又稱十玄緣起,主要在闡明佛教的各種法門彼此都是互相關聯、互相攝入而又周遍含融的。是四法界中事事無礙法門所含義理的表述,可以說是華嚴宗法界緣起論的精義。由於它要求在觀察一切事務時,把所有現象都看做是圓融無間的,所以又被稱為十玄無礙。十玄門首創於智儼,其說稱古十玄,後來法藏予以改善,稱為新十玄。新舊二說的內容基本一致,僅次第略有不同。然而,法藏十玄門的名稱、次第,曾先後發生過變化。直到澄觀《大方廣佛華嚴經疏》出現,法藏的十玄門才被定型,而澄觀所判定的法藏十玄門,其名目、次第完全等同於法藏《華嚴經探玄記》的十玄門。……澄觀把法藏的十玄門歸納在自己的四法界中的事事無礙法界,他說『第四,周遍含融,即事事無礙。且依古

及十玄門僅從事事無礙觀門進路而說此十玄門[19]，澄觀繼而確定四法界說，「理法界、事法界、理事無礙法界、事事無礙法界」的四法界觀法，華嚴宗「四法界觀」是觀法界總體的智慧觀法，它是基於體系燦然龐大的《華嚴經》的詮釋而建立的，表面上是一套觀法界的形上學命題，但是觀法的背後是般若智慧的運作，亦即是立基於主體工夫的境界展現，因此從主體修證的進路詮釋四法界觀的意旨將能更準確掌握其理論意義。由此，法界觀法即成為境界哲學，華嚴宗形上學命題的建立是成立於主體修證的境界而有，這又是中國哲學方法論的特色。

呂澂先生對於華嚴宗以法界緣起說以說世界的說法，有三路的批評，其一是認為此說過於傾向唯心論色彩，他提出批評道：

> 這樣徹頭徹尾的唯心思想，雖然在《華嚴》中沒有明文，但是賢首受到慈恩宗以及起信論等的影響，就走向了這樣的玄境。總之，賢首宗的無盡緣起說把佛家所講的緣起歸結於佛境，這一切都是出自深度的思辨。儘管其中多少也接觸到事物間的因果關係，但就整個說來，他們並不是從實際引伸出規律來的，只能看作是在深秘判斷中的某些事物現象的反映[20]。

呂澂先生承認華嚴宗是講佛境界的，但認為由佛境界而說的世界觀便成了唯心論的，而唯心論並非《華嚴經》明文的立場，這只是華嚴宗

德，顯十玄門」(《大方廣佛華嚴經疏》卷2)，由此便結束了十玄門的演變進程。」《華嚴宗入門》(台北：東大圖書，2002年5月)，頁118。

[19] 參見佛學辭典：【十玄門】又名十玄緣起，華嚴宗所立，係示四種法界中，事事無礙法界之相，能通此義，則可入於華嚴大經之玄海，故名玄門。又此十玄妙法，互為緣而起他，故曰緣起。即：同時具足相應門、廣狹自在無礙門、一多相容不同門、諸法相即自在門、隱密顯了俱成門、微細相容安立門、因陀羅網法界門、託事顯法生解門、十世隔法異成門、主伴圓明具德門。

[20] 呂澂，《中國佛學思想概論》，頁219。

人自己的思辨所生的觀點。又說：

> 華嚴經裏所有無盡緣起的義理，很明顯地乃從般若思想展開而來。它根據般若的法性本淨傳統看法，進一步闡明法界諸法由於性淨而形成平等，乃至等同一體，這樣得到了一多相即相入的無盡無礙等概念。賢首應用十玄門對這方面的解釋，卻側重唯心而發生了偏向。他雖然最後也避免用唯心的名目，可是實質上以心色來分主伴還是顯然有差別的。因此他著《華嚴經旨歸》就強調著無盡緣起十種因仍以唯心無性為本。這和《華嚴》原意是不盡相符的。《華嚴十地品》的第六地說到觀察緣起有「三界唯心」一句話，後世瑜伽一系的論著也時常用它作論據，好像唯心思想本來就發生於華嚴似的，不過依照世親《十地經論》的解釋，經文用意在對治凡愚不明白向何處去求解脫，所以特別指出解脫的關鍵所在，應當就心即人們意識的統一狀態所謂阿賴耶的部分去著眼，這並不是說由心顯現一切或隨心變現那樣的唯心，當然不能據此曲解《華嚴》思想為唯心一類的[21]。

呂澂先生的意見是反對過度唯心論傾向的華嚴宗法界緣起說，並認為《華嚴經》未有此一傾向。而將《華嚴經》義理拉向般若及唯識學處。呂澂的做法，好像般若及唯識就不是唯心論的了。呂澂先生以說般若在說平等，並非說唯心，說唯識在說解脫，亦非說唯心。然究其實，佛教哲學不可能不是唯心論的，整個唯識學說就是唯心論的系統，不可能存在著一套哲學理論以說明主體修證之用功於心上轉識成智即可清淨而卻不必要同時預設著整體存在界亦是意識變現的非唯心論的佛教唯識

---

[21] 呂澂，《中國佛學思想概論》，頁 402。

學。呂澂先生說唯識學的重點在強調工夫作用於心上,這其實正好不是唯識學的重點,當然唯識學亦需說工夫論,一旦言及工夫論就必定是由主體的心來主宰作用的,事實上,唯識學也好,般若學也好,所有佛教哲學系統在言說工夫時都必須必然就是作用在心上的,問題不在心不心,而是在說宇宙論還是在說工夫論。而唯識學說的言說重點是就現象世界的唯識變現而說其為妄法因緣,而趣使知所捨離,其實正好是在說宇宙論的問題的。唯識學說既然說出了主體為中心的世界現象的妄法因緣是一唯心世界,便不能始終不同時面對整體世界、以及主體未至清淨位時的現象世界、以及主體進至清淨位後的佛化世界亦是為一唯心世界,呂澂先生反對佛教說整體現象世界是唯心論的立場是甚為奇怪的。

呂澂先生對華嚴宗法界緣起說法的第二個反對思路是針對此說來自於主體自作抽象思辨的形上觀解,有觀無教,缺乏行證的理論。其言:

> 在華嚴宗的宗義裏,無盡緣起說並沒有能夠很好的和普賢行願結合起來發揮這一宗的特色,華嚴宗徒雖然竭力闡揚法界觀乃至六相十玄等等觀法,但不自覺地停止在靜觀的階段,實際的意謂很為淡薄,說得屬害一些,僅僅構成一精緻的圖式而已。後世天台家很不滿意地給以有教無觀或者有觀無行的批評,在我們看來,這並不算是苛刻的[22]。

其實,說得簡單一些,觀解即是行證的一個環節,說得深刻一些,華嚴宗就成佛境說主體心行,即必當只是觀解才是真正的行證,不能觀解具體的一一事項的理事無礙,就不能實際在操做中入事事無礙法界,而所謂在操做中入事事無礙法界,即是行證,而入事事無礙法界又當然即是抽象觀解的工夫,是在思辨上作觀解行證的工夫,但也就是真實地在現象中做實際的工夫操做,在最高智慧的運作中,行證、操做與觀解

---

[22] 呂澂,《中國佛學思想概論》,頁 403。

已無須在意義上仍作區分,亦即有觀即有教。

呂澂先生的批評之路的第三項是以華嚴為不假修行、一切現成,單靠觀解就是學佛,其言:

> 華嚴宗用十玄解釋緣起,意在發揮性起的理論,以為此心本來具足一切功德,不假修成而隨緣顯現,佛和眾生只有迷悟的不同,主伴的各異而已。華嚴宗就從這種論點和天台宗所謂性具立異,而中國佛學裏「一切現成」的思想發展,到此也可以說是登峰造極了[23]。

呂澂先生這一項批評就顯得近乎是謾罵了,說一切現成就是指控不需修行了。其實這是呂澂先生沒有把握到華嚴宗就佛境界說世界真象的思路,佛境界依性而起,一切繁興演化皆是清淨,這就是《華嚴經》由毘盧遮那佛說終極佛化世界的意旨,世界終極是清淨的,不只眾生由清淨佛性變現,雖經染污歷程而最終必仍證入清淨,而是此一染污歷程亦全在佛心境中歷歷分明、事事無礙、根本清淨,此說尚不妨礙在眾生凡夫位時的尚在迷染之境之亦為在佛智觀解中仍為清淨,故而即如呂澂先生所說「佛和眾生只有迷悟的不同,主伴的各異而已。」華嚴思想並非說眾生在迷時即是清淨境界,而是說眾生在迷時亦必是一終究成佛的趣向清淨的歷程,此義即已顯現於佛境界的觀照之中,故說為根本性起而清淨。華嚴宗之說法決不是不負責任地說眾生狀態是一切現成、無須修行,就眾生說當然仍須修行,此一修行以佛境界觀之則必然可成,亦當下清淨,此一眾生心境若當下以法界緣起之智慧觀解時,即亦已是當下清淨矣。

以上由對呂澂先生對華嚴宗的批評的再為疏解,反而更易於說清楚華嚴宗形上觀點的知識意義。

---

[23] 呂澂,《中國佛學思想概論》,頁 399。

伍、華嚴五教觀的知識意義

　　五教觀在中國佛學史上一般被認為是華嚴宗的判教理論，判教理論一方面必須照顧到對所有佛教經論的教義功能意旨的分類及分判高下，另方面即需突顯己宗所宗之佛教經論的終極圓滿義，然依建立判教觀念者自身的理論視野，種種判教系統自然互異各別。其中天台五時八教說就佛教經論意旨分類的功能來說，確乎是自來最為清晰完備的系統，除五時說未必符合史實以外，八教說僅就教義分類而言，是有充分的合理性的。然每一判教系統都有根本關懷，化法化儀之說就教義內容與修證形態說其分類，意旨清晰，甚有價值。然並非即不能再有其他說諸教義經論的系統，只要有明確的問題意識，清楚的經論知識，自可再立系統以為悟解之需。華嚴五教說迭經諸次發展且綜合諸種脈絡而陳說[24]，顯現為一教化目的為中心的判教系統，在照顧到佛教教義意旨升進的客觀知識面前提上，其實是提出修證次第的觀解工夫，在法藏的《一乘教義分齊章》中的華嚴五教說如下：

第四，分教開宗者，於中有二：初就法分教，教類有五，後以理開宗，宗乃有十。初門者，勝教萬差，要唯有五：一小乘教，而大乘始教，三終教，四頓教，五圓教[25]。

　　我們如果從傳說為杜順所著的《華嚴五教止觀》的內容來看，則華嚴五教觀是更多顯現為從修證進路所作的判教觀點：

---

[24] 方立天教授言：「現題為杜順所作的《華嚴五教止觀》，其五教內容與法藏的五教說是一致的。但該書和法藏的《華嚴遊心法界記》基本相同，而且書中出現杜順後武周時才改稱的佛授記寺名，又轉用了不少玄奘的譯語，似非杜順原作。上面提過，五教的區分是智儼繼承地論攝論兩派餘緒而創立的，但名目一直沒有確定，法藏是在智儼判教的基礎上再吸收天台宗的判教說加以重新組織而成五教說的。」《法藏》，頁 51。

[25] 法藏，〈一乘教義分齊章〉，收錄於《中國佛教思想資料選編》第 2 卷，頁 141。

一法有我無門（小乘教），二生即無生門（大乘始教），三事理圓融門（大乘終教），四語觀雙絕門（大乘頓教），五華嚴三昧門（一乘圓教）。

第一法有我無門。夫對病而裁方，病盡而方息，治執而施藥，執遣而藥已。為病既多，與藥非一，隨機進修，異所以方便不同。……眾生從無始以來，執身為一，計我我所，……如來慈悲為破此病故，都開四藥以治四病。……二生即無生門。生即無生門者，就此門中，先簡名相，後入無生門。……又諸法皆空，相無不盡，於中復為二觀：一者無生觀，二者無相觀。言無生觀者，法無自性，相由故生，生非實有，是則為空，空無毫末，故曰無生。……第二無相觀者，相即無相也，何以故，法離相故。……第三事理圓融觀。夫事理兩門圓融一際者，復有二門：一者心真如門，二者心生滅門。心真如門者是理，心生滅者是事，即謂空有無二，自在圓融，隱顯不同，竟無障礙。言無二者，緣起之法，似有即空，空即不空，復還成有。有空無二，一際圓融，二見斯亡，空有無礙。……第四語觀雙絕門，夫語觀雙絕者，經云：「言語道斷，心行處滅」者是也。即於上來空有兩門，離諸言論心行之境，唯有真如及真如智。何以故？圓融相奪，離諸相故，隨所動念，即皆如故。竟無能所為彼此，故獨奪顯示染不物。……第五華嚴三昧門。但法界緣起，惑者難階，若先不濯垢心，無以登其正覺。故大智論云：「如人鼻下有糞臭，沈麝等香亦為臭也」。故維摩經云：「無以生滅心行，說實相法故。」須先打計執，然後方入圓明。若有直見色等諸法從緣，即是法界緣起也，不必更須前方便也。如其不得直入此者，

415

宜可從始至終,一一徵問,致令斷惑盡迷,除法絕言,見性解,方為得意耳。問曰:云何見色等諸法,即得入大緣起法界耶?答曰:以色等諸事,本真實亡詮,即妄心不及也。故經云:「言說別施行,真實離文字。」是故見眼耳等事,即入法界緣起中也。何者?皆是無實體性也,即由無體,幻相方成。以從緣生,非自性有,故即由無性得成幻有,是故性相相渾融,全收一際。所以見法即入大緣起法界中也。問:既言空有無二,即入融通者,如何復云見眼耳等,即入法界中耶?答:若能見空有如是者,即妄見心盡,方得順理入法界也。何以故?以緣起法界離見亡情,繁興萬像故[26]。

由前文可見,五教止觀一開頭就是對治眾生病症的教法分類之學,後來稱為小乘教的法有我無門,則以破除種種我執之見為修證目標,生即無生門即大乘始教,則以析相入空為修證的程途,事理圓融觀則為進入實際生活世界,即事即理,故而事理圓融,事理圓融即空有無二,以此入緣起現象真實世界中有行證之智慧。語觀雙絕門即大乘頓教,圓融亦相奪,雙奪而即入語觀雙絕,即無言,「蕭然物外,超情離念,迥出擬議,頓塞百非,語觀雙絕,故使妄心冰釋,諸見雲披,唯證相應,豈關言說。」[27],故而大乘頓教是於去我執、去名相、融事理、而進至言語道斷、心行處滅之頓悟境界之教法。至於所說圓教即說華嚴三昧境,華嚴三昧境則是重入整體一大緣起世界海的全體清淨境界狀態,此在一切詭心皆已洗滌清淨之後的直入法界之境界,雖主體已全至於「離見亡情」,但也即因此以一絕對證悟者身份而交融於「繁興萬像」中。也就在這個華嚴三昧中,華嚴宗哲學的法界緣起觀之以整體世界海為一在絕

---

[26] 杜順,〈華嚴五教止觀〉,收錄於《中國佛教思想資料選編》,頁 2-10。
[27]《中國佛教思想資料選編》第 2 卷,頁 9。

對智悟主體的清淨心智中流衍佈達而法界圓融、無礙緣起，如其言：

> 問法既如是，智復如何？答：智順於法，一際緣成，冥契無簡，頓現不無先後。故經云：「普眼境界清淨身，我今演說人諦聽。」解云：「普眼者，即是法智相應，頓現多法也，即明法唯普眼智所知簡，非餘智境界也。境界者，即法明多法互入，猶如帝網天珠，重重無盡之境界也。清淨身者，即明前諸法同時即入終始，難原緣起集成，見心無寄也。」然帝釋天珠網者，即號因陀羅網也。此帝網，皆以寶成，以寶明徹，遞相影現，涉入重重，於一珠中同時頓現，隨一即爾，竟無去來也[28]。

此處所說之圓教已是證入佛位的最高級教法境界，在此之後之所論者即是華嚴宗之形上學命題所展示之諸種法界觀法之命題者。由此可見，華嚴五教觀法固然是針對諸種經論宗派而進行的理論型態分類，但是自始至終都是對準修證法門的層層上進而至華嚴三昧成佛境的脈絡來做區分的。方東美先生就是以修證法門的階次說此華嚴五教止觀的：

> 所以我們說杜順大師的「華嚴五教止觀」，是修行實踐的方便法門，由淺入深，步步高昇，順理圓通，便可以領會其中之層層進境[29]。

我們如果再比照華嚴宗五教觀的其他幾套更精簡的對比說法，則這個意象自是更為明白。參見方立天教授的整理：

> 《金獅子章》以因緣為小教，無自性空是始教，幻有宛然

---

[28]《中國佛教思想資料選編》，頁12。
[29] 方東美，《華嚴宗哲學》上冊，頁312。

是終教,二相(假有、真空)雙亡是頓教,情盡體露是圓教。《遊心法界記》以法是我非為小教,緣生無性是始教,事理混融是終教,言盡理顯是頓教,法界無礙是圓教。這種種表述上的差異,表現了法藏在判教上的重要變化,即不再採取天台宗的判教標準,而是變換參照系,或從緣起說展開,或結合止觀學展開,從而形成一種嶄新的自圓其說的解釋,較富有哲學理論意義[30]。

華嚴宗五教判教觀自有其簡明分疏佛教經論宗派的架構,亦有其彰顯華嚴佛境界的法界觀法的理論宗趣在,然而,當代學者呂澂教授卻對此頗有批評,呂澂先生批評到:

> 法藏由智儼的五教說改成自己的說法,在天台的藏通別圓的基礎上又加了頓,這一來就和天台的判教標準不同,而這分法本身就存在著矛盾了。天台的頓教歸於佛說法的形式,即所謂化儀,而藏通別圓則屬於佛說法的內容,即所謂化法。這說法是合理的。……以頓教隨順了禪宗,未免有趕潮流之嫌[31]。

> 天台這樣將五時八教分成形式和內容兩種不同的範疇來說,是合理的,賢首硬把它們混為一談,使得一種分類裏用上了兩個標準,在邏輯上顯然是犯著根本錯誤的[32]。

呂澂先生完全認同天台法儀之分的合理性,法儀之分卻實有其合理性,但化法四教豈不也和化儀四教交涉互入,還另需併同五時之教再做

---

[30] 方立天,《法藏》,頁58。
[31] 呂澂,《中國佛學思想概論》,頁213。
[32] 呂澂,《中國佛學思想概論》,頁395。

溝通。這是一個三套系統的判教論，解析開展有其貢獻，但因無論如何仍須再收合融會，則此時即顯繁瑣不已矣。

華嚴判教為教化而設，天台化法、化儀也可以說一為觀一為教而設，說觀也即是為說教，說教也即是依據觀，合教觀而說與不合教觀而說也只是教觀概念的合說分說，因此華嚴自可合教觀於一系而說，五教中之每一教既是說世界觀的形上學系統，也是說工夫論的行證系統，說頓教工夫當然也有此工夫所據之知識系統，可以說小始終三教從基本教義到終極教義，再轉入頓教說根本工夫，再上至圓教說終極境界。也可以說小始終是說教的漸教，而繼之以頓教，《華嚴五教止觀》即已說此事：

> 或分為二，所謂漸頓，以始終二教所有解行，並在言說，階位次第，因果相承，從微至著，通名為漸。故楞伽云：「漸者，如菴摩勒果，漸熟非頓。」此之謂也。頓者，言說頓絕，理性頓顯，解行頓成，一念不生，即是佛等。故楞伽云：「頓者，如鏡中像，頓現非漸。」此之謂也。以一切法本來自證，不待言說，不待觀智。……或開為三，謂於漸中開出終始二教，即如上說深密等經，三法輪中後二是也。依是義故，法鼓經中以空門為始，以不空門為終。……此則約空理有餘，名為始教，約如來藏常住妙典，名為終教。就依言中，約終始二教，說空不空二真如也[33]。

所以可以說華嚴判教系統在佛智境界的最高觀照下，從觀的思維的逐漸深入，到教的淺深的逐漸高提，到經頓悟證入而徹底圓滿的終境，本就是合教觀而說，成佛境本就是佛教止觀之終極目標，當然可以合教

---

[33]〈華嚴一乘教義分齊章〉，收錄於《中國佛教思想資料選編》第 2 卷，頁 141。

觀而說為一層層上進的判教系統。其實,說觀之時即必已蘊含著教,在知識系統的理論建構中之觀門者,當然蘊含著如何實踐的教法,止觀不二,即教觀不二,化法化儀亦實質地進行著種種的交融互攝的流通。至於呂澂教授所言的將頓教入教為收禪宗入教之趨潮流之意,實是說偏了禪宗也說小了華嚴,既不尊重禪宗也不尊重華嚴宗。

唐君毅先生對華嚴五教觀有一深入詳實的解說,唐先生當然同意華嚴之說有由天台學藉義而來之事實,但是卻更為肯定華嚴五教之義蘊,其言:

> 今觀法藏之五教之說,其以小始終頓圓標五教之名,蓋於佛所說之教義,乃由小而大,大之由始而終,與教之由漸而頓,由偏而圓之義,實最能豁顯。此與藏通別圓之名之義尚曖昧,待解說而明者,固有其優勝之處也[34]。

唐先生之意也即是華嚴論著中已有明言,由小至大、由漸至頓、由偏至圓,而成一綜攝上達之系統。問題不在分類項目的是否有異質性,而是各項異質特點本就是在具體的宗派經論中同時呈現的,任一部經論本身本就既顯觀義亦顯教法,理論系統的建構本身皆是同時包含世界觀及工夫論的,既有理論系統的創新,就有新創者之工夫及境界的再為上揚的說法,於是就需更為重新疏理其分判標準。唐君毅先生就明指華嚴於諸佛教經論宗派教義的推進分判之觀點:

> 要言之,皆以印度之大乘般若唯識法相及大乘起信論之上,尚須歷一頓教,方抵於一最高之圓教。……華嚴宗人以大乘起信論為終教,乃由視起信論之言心真如之兼空不空,有進於唯識法相般若之教義。其位頓教於大乘終教之

---

[34] 唐君毅,《中國哲學原論原道篇》,頁274。

後，以通圓教，則由其特有取於頓教之絕言會旨之故。此即更開後之華嚴宗與禪宗相接之機[35]。

小乘教今不論，始教以般若、唯識同置，即明見真空妙有之必為更超越法有我無之小乘教，而起信論言真如生滅即自身同置空有，故為教義上之大乘終教，說大乘教以觀說以漸教說，說禪宗以教說以頓教說，唐先生也根本不諱言華嚴此說更真能與中國禪宗接和之實。能接禪宗則更顯華嚴五教觀之合理論與修證為一之特質，唐先生也就明白地說華嚴判教系統是針對修行證位階次上說之系統：

> 茲按法藏於華嚴一乘教義章卷一及華嚴探玄記卷一，言其五教十宗之說嘗曰：「就法分教，教類有五。後以理開宗，宗乃有十」。此中教與宗之不同，在教乃自教人如何修行，以有其斷證階位等殊上說，立宗則只自其所尚之根本義理說[36]。

---

[35] 唐君毅，《中國哲學原論原道篇》，頁275。

[36] 唐君毅，《中國哲學原論原道篇》，頁275。參見佛學辭典中的五教十宗：「【五教十宗】華嚴宗將釋尊一生所說的教法，判為五教十宗，五教是由法分出，十宗是由理分出。五教者：一、小乘教，是教鈍根小機之法，但說生空，而未說法空，故又稱為愚法聲聞教。二、大乘始教，是出小乘，初入大乘的教法，雖說大乘，而未及究竟微妙的理性，故名始教，有相始教與空始教之分。三、大乘終教，是對大乘純熟的根機，所說理之教。四、大乘頓教，是說大乘頓悟的教門者。五、一乘圓教，是圓滿最上的教法，明性海圓融，緣起無盡，極諸法的體性者。十宗者：一、如小乘犢子、法上、賢冑、正量、密林山等部，說我法俱實有者，名我法俱有宗。二、如小乘雪山、多聞、化地等部，說一切無我，而法體恆有者，名法有我無宗。三、如小乘雞胤、法藏、飲光、制多山、西山住、北山住等部，說現在法有，過未法無者，名法無去來宗。四、如小乘說假部，說現在法為假有，亦為實有者，名現通假實宗。五、如小乘說出世部，說世間虛妄，出世真實者，名俗妄真實宗。六、如小乘一說部，說諸法但有假名，無有實體者，名諸法但名宗。七、如大乘始教的般若經中觀論等，說示諸法皆空者，名一切皆空宗。八、如大乘終教的楞伽經起信論等，說示真如體性的教義者，名真實不空宗。九、如大乘頓教的禪宗，絕諸言慮，直證真理者，名相想俱絕宗。十、一乘圓教，說示圓滿具足萬德法界的教義，名圓明具德宗。」

關於前此呂澂教授所批評於華嚴法界觀門之有觀無教之說者，其實，法界觀門諸義就是一乘圓教的五教終教境中的觀門，此一觀門非一空懸之理境，非一純思辨的系統，而是圓教中主體成佛境的思辨開展，是在成佛境中遍觀繁興萬象的一切圓融的思辨慧解，因此法界緣起觀門也是一修行程途中的主體思維工夫之義蘊，唐先生更且言於若非經五教昇進的修行工夫意旨，則更不能理解法界緣起諸觀的理論意義。其言：

> 據此上引法藏一乘教義章所言五教十宗之說，吾人當注意其所謂十宗中前六，皆小乘教。……而以第六之諸法但名宗，過渡至大乘始教之一切皆空宗，更由此一切皆空宗，過渡至真德不空宗，以言真正之實有。其後之相想俱絕宗，雖絕相想，但亦有實理。圓明具德宗則言一切全體具足之實有。故此十宗之排列，即表示一次第縮減一般所謂實有之範圍，而趨向於空，更由空而趨向真德之不空，而有之一辯證的思想歷程者也。於此中之大乘始教，若於般若宗之說空外，再加法相唯識宗，為始教之重說有者，而以終教之大乘起信論及楞伽之言如來藏者，為真實空亦真實不空之一綜合之教，則可說此大乘教中，有一正反合之辯證歷程，然此皆屬有言教之漸教，而後之頓教，則以絕言教為教，又與其前之以言教為漸教者相對反，而最後之圓教，則又當為緣此對反再升進所成之合。今即擬本此意，以觀法藏圓教義之如何形成，而先述其若干對般若三論宗義與法相唯識宗義重加之解釋，以歸於大乘起信論之旨，再透過其言頓教義，以歸於其言法界緣起之四法界十玄六相，以使人修法界觀之論。此則略不同一般之言法藏或華嚴宗義，恆直下說其四法界，十玄六相之說者。此直下說其四法界，十玄六相之論者，恆先不注意其思想，乃

由若干對般若唯識等之義，重加解釋而形成，故亦不重其
再成就一法界觀，以為修行之資。則十玄六相等論，純成
一套無學術淵源之玄談。故非今所取也[37]。

唐先生自是在一方面說明華嚴義理的高於大小乘諸說，另方面強調華嚴五教觀依修證程途而上提的義蘊，既有修證工夫而進至成佛境，則才有在佛境界中運思辨析的法界緣起觀門。

陸、結論

本文以討論華嚴宗哲學的知識意義為目標，論述以呂澂教授對華嚴宗哲學的批評為焦點，藉由其他當代學人的觀點以解消呂澂教授的批評。主要指出，《華嚴經》的出現，並不單純只是為社會需求而編纂，而是有其理論創作的用意，此即是其言於一切圓滿的佛境界的世界觀及修養論系統哲學。至於華嚴宗教派的出現，更不是為應付中國朝代政治之需而立宗，而是有所悟解於《華嚴經》高明廣大意旨而建立的哲學詮釋系統。就法界觀法言，是一在佛智證悟境界中的對一切世界現象的清淨義的終極論述立場，並非歷史現實的翻版而已，更非有觀無教。就五教觀門而言，是一藉判教系統而對修行工夫的次第進階之論述，既有世界觀的進階更有修行工夫的進階，並非一邏輯混亂的判教系統。

本文之作，對於《華嚴經》及華嚴宗之知識系統並未有新證、新說，僅只是對於當代理解系統進行疏解，以使華嚴宗哲學的知識意義更為解明。

---

[37] 唐君毅，《中國哲學原論原道篇》，頁 277-278。

引用書目

一、原典

東晉・佛馱跋陀羅譯,《大方廣佛華嚴經》;《大正藏》冊9。

二、專書

弘文館編,《中國佛教思想資料選編》,台北:弘文館,1986年。

方立天,《法藏》,台北:東大圖書,1991年。

方東美,《華嚴宗哲學》上冊,台北:黎明,1981年。

呂澂,《中國佛學思想概論》,台北:天華,1988年。

唐君毅,《中國哲學原論原道篇》,台北:臺灣學生書局,1980年。

楊政河,《華嚴哲學研究》,台北:慧炬,1987年。

劉貴傑,《華嚴宗入門》,台北:東大圖書,2002年。

魏道儒,《中國華嚴宗通史》,江蘇:古籍,1998年。

三、論文

釋成一,〈華嚴經之傳譯經過與其內容組織〉,收錄於《華嚴文選》,台北:萬行雜誌社,1991年,頁7。

杜保瑞,〈大乘起信論的功夫理論與境界哲學〉,《普門學報》第10期,2002年,頁177-222。

儒理與禪法的合流
——以大慧宗杲思想為中心的考察

林義正[*]

摘要

　　佛教自傳入中土以來，就一直與中土的儒道思想彼此發生既融合又批判的局面，但總的方向是走向三教合一，此一趨勢，盛於唐宋之際，至宋明而大成。本文以南宋大慧宗杲禪師對儒釋的見解為考察的中心，透過以下章節：（一）前言，（二）大慧宗杲所面臨的時代問題，（三）大慧對時代問題的回應，（四）大慧對儒釋的看法，（五）大慧的看話禪，（六）結論，來論述。大慧的看話禪是本著大乘佛教的精神，關心世間，接受儒家的忠孝倫理。究竟他是如何來論證「儒即釋，釋即儒」？他常採用所謂的「殊途同歸」、「名異體同」等策略，其實均只是表面而非究極，其極歸本於悟，於悟中現其不分別也。此儒釋合流的禪法，正好與當時天童正覺走道釋合流的默照禪法相對照。他們各自代表臨濟宗與曹洞宗在宋代二大禪宗的流別，其一偏主禪儒合一，另一偏主禪道合一，其間的互諍，似乎又映現了先秦儒道互諍的影子。由於本文的目的僅在論及大慧儒釋合流的思想，所以，有關天童正覺的默照禪法，僅在行文時略為提及，以便對照而已，其詳有待後續研究。

關鍵字：三教合一、看話禪、默照禪、禪法

---

[*] 作者為臺灣大學哲學系榮退教授。

壹、前言

　　佛教自東漢明帝年間（60A.D.）正式傳入，從適應到成長，歷經了五、六百年之久，最後轉化成中國佛教。禪宗是中國佛教中繼天台、華嚴二宗而成立，它標示著「教外別傳」的「宗」，以「不立文字，直指人心，見性成佛」為宗旨。依學者們的研究，中國禪宗雖以菩提達摩為東土初祖，但主要是由初唐時道信（580-651）、弘忍（601-674）奠定基礎，經神秀（606-706）、慧能（638-713）南北的開展。後來，南宗慧能一系獨盛，五家（溈仰、曹洞、雲門、臨濟、法眼）陸續成立，到了北宋，臨濟宗分裂成楊岐、黃龍二派，合前五者，後世稱作「五家七宗」[1]。但事實上，自唐武宗會昌（841-846）毀佛之後，佛教義學受嚴重打擊，而山林的禪宗因能自力更生，反而得到發展，不過到了北宋，禪宗也衰落了。在南北宋之際，為了挽救時代，振興禪宗，其代表人物當屬臨濟宗楊岐派下的大慧宗杲（1089-1163），與曹洞宗一系的天童正覺（1091-1157）了。佛教從傳入到在中土生根，彼此之間既有融合又有批判，但總的方向是走向三教合一[2]。以禪宗的發展而論，從如來禪到祖師禪，由祖師禪再到分燈禪。如來禪尚不失印度佛教色彩，而祖師禪、分燈禪已是道地的中華禪了。有學者說祖師禪主要是受到儒家心性論的影響，而影響分燈禪的主要是老莊的自然學說[3]，這似乎有先儒後道之別。其實，佛教的傳入是以道家為橋樑的，禪宗最後成立，與中土儒、

---

[1] 參閱印順，《中國禪宗史》（台北：正聞，1983年10月）序頁1。魏道儒，《宋代禪宗文化》（鄭州；中州古籍，1993年9月），頁9，24。楊惠南，《禪史與禪思》（台北：東大，1995年4月），頁119。

[2] 參見郭朋，《中國佛教思想史》上卷（福州：福建人民，1994年9月）前言，頁9-12。就佛教而論，其思想欲在中土生根勢必要同儒家、道家思想相融合，其融合的方式有從同歸論，有從互補論，有從判教論等等不一，但無不以謀求三教兼容、融通為上策，凡此均可納入「三教合一」一語所指涉的範圍。

[3] 賴永海，〈祖師禪與分燈禪〉，見《禪學研究》（南京：江蘇古籍，1992年8月）第1輯，頁16，22。

道思想相融合,其融合當不分先後,只有融合形態有別而已。以分燈禪而言,分別代表宋代禪宗的二大支,即臨濟宗楊岐派下的大慧宗杲,偏主禪儒合一;而曹洞宗一系的天童正覺偏主禪道合一[4]。大慧宗杲的禪儒合一思想對宋代理學的影響不小,值得關注。面對當時整個社會文化的問題,大慧禪師有何因應?他對儒釋有何看法?有沒有會通的見解?其看話禪的主張如何?這是本文所要論述的焦點所在。

貳、大慧宗杲所面臨的時代問題

依宋・祖詠所編《大慧禪師年譜》[5],大慧宗杲生於北宋哲宗元祐四年(1089),卒於南宋孝宗隆興元年(1163),享年七十五歲。從他三十七歲在圓悟克勤處悟道開始,分坐訓徒,便展現出他卓拔的禪思,而這個時候正是金人南侵,徽、欽二帝被擄,史稱「靖康之難」,北宋亡後,高宗即位南京。在面對國難當前的情況下,如何來對付金人,不免有不同立場的政治考量,於是形成主戰與主和二派。在二派的政爭中,大慧因應和主戰派張九成,以議論朝政同遭論列,被削僧籍。於五十三歲時,流放衡州,後移梅州共約十五年之久。至六十八歲始復僧籍,詔主明州阿育王山,後遷徑山。孝宗即位,賜號「大慧禪師」,隔年八月初十去世。

從以上簡略的說明,他所處的正是國難當前,如何抵擋外敵侵逼,避免宋王朝滅亡的時刻。禪師本來是以了脫生死為第一要事,鮮少以現實政治的得失為考量的,但是當面臨民族存亡的大義時,具有文化意識的禪師,很難不加以正視,而他正好是這樣一位禪師,他自己曾說:

---

[4] 參見石井修道,《宋代禪宗史の研究——中國曹洞宗と道元禪》(東京:大東,1987年)。石井教授說宏智正覺的思想受老子思想影響很深(頁508),其〈默照銘〉、〈至游庵銘〉中充滿著《莊子》、《列子》的用語(頁347)。石井的說法啟發筆者進一步作此推斷,以與大慧的儒釋合流思想相對照,頗具新意。

[5] 見《中華大藏經》第2輯2冊,頁1688-1720。

「予雖學佛者，然愛君憂國之心，與忠義士大夫等。」[6]對他來說，個人生死解脫的真諦誠然是第一等大事，但國家興亡的俗諦亦同樣是件大事。

另外，因宋王朝的建立是有取於唐朝藩鎮亡國之鑑，故立國之初即有意削弱地方勢力，走向中央集權，採行重文握武的策略。為了防止官吏擅權而進行行政改革，不幸未能解決小人擅權的問題，反而形成機構腫脹，冗員太多，彼此牽制，幹才有志難伸。在改革過程中，黨爭頻繁，官場變換，宦海浮沈，生活的不安定感，促使士大夫轉向禪法，尋求精神寄託[7]。再者，國家為了苟和，歲貢異族，加重稅賦，百姓苦難之餘，亟求宗教的慰藉，就往道、佛尋求精神支援了[8]。當時士大夫普遍參禪的舉動，正反映了當時上層人士內心的苦悶，而宋王朝也知道利用道佛的信仰來安定人心，對佛、道兩教採取扶植的政策，這就是當時社會的實際狀況。

在這個時期，提供這項精神慰藉的主要來源是禪宗、淨土宗。對知識份子而言，主自力解脫的禪宗最受歡迎，而當時的禪宗不外流行曹洞的默照禪法與臨濟的公案禪法。但是這二者，大慧都不以為然，因為前者溺靜，後者僵化，無法能令人真正開悟，了脫生死。所以，他在面臨禪法衰敗之際，便時時思考如何改弦易轍，中興臨濟，提出他認為有效的「看話」禪來。

---

[6] 《大慧普覺禪師語錄》卷24，見《大正藏》冊47，頁912下（以下僅標《語錄》卷數及頁碼）。

[7] 參見錢穆，《國史大綱》下冊（台北：臺灣商務，1980年，修訂7版），頁391-452。杜繼文、魏道儒，《中國禪宗史》（南京：江蘇古籍，1993年8月），頁378-379。

[8] 郭朋，《宋元佛教》（福州：福建人民，1985年4月），頁1-2。李養正，《道教經史論稿》（北京：華夏，1995年10月），頁183-184。

參、大慧對時代問題的回應

依筆者的考察，以上所列的三大問題，將是理解大慧一生思想與行動的重點所在。這三大問題是彼此環繞在一起的，大慧對國家存亡、社會安危具有深切的關懷，甚至他晚年還不忘孝道。他的一生，除被削籍的那段時間以外，均積極投入普說，開示僧俗，革除禪弊，廣交士大夫，給予精神的鼓舞，這對國家、社會具有安定的貢獻，晚年得到孝宗皇帝賜號「大慧禪師」，顯示極大的尊寵。凡此種種，從其弟子所編《大慧普覺禪師年譜》及《大慧普覺禪師語錄》三十卷中得其大略。現收錄於《大正藏》中的三十卷語錄，其實是包含了秉拂、示眾、上堂語、頌古、偈頌、讚佛祖、普說、法語、書等，還附上了張浚的〈大慧普覺禪師塔銘〉，值得提及的是大慧的〈普說〉、〈法語〉不只於《大正藏》中所載，《中華大藏經》第三輯第四冊卍字藏中尚有慧然、薀聞、道先錄，祖慶校勘，黃文昌重編的《大慧覺禪師普說》五卷，除第五卷大同於《大正藏》之〈普說〉外，其餘四卷均不載於其中，此甚可貴。另外，要了解大慧的禪法是不能不注意到他這本以「述而不作」的方式來表現的《正法眼藏》，這是他在削籍流放衡州期間，僧人向他請教問題，推託不得，引些古德機緣法語代為作答，弟子沖密、慧然隨手記錄，後呈其題名，此書有宗杲的「著語」，當不可忽視。至於《辯邪正說》乃其四十六歲時在福建洋嶼時見「宗徒撥置妙悟，使學者困於寂默」[9]而作，此書今不傳，其要或當不外於《語錄》中對默照禪所批判諸要點吧！其他像《宗門武庫》或是《禪宗雜毒海》僅聊備參考。

---

[9] 見《年譜》(《中華大藏經》第 2 輯 2 冊，頁 1702 上)。按《辯邪正說》依《年譜》作《辨正邪說》，《朱子語類》卷 126「釋氏」類有一則：「昔日了老專教人坐禪，杲老以為不然，著《正邪論》排之。」亦同，但依大慧答曾侍郎天游第五書，云「今諸方漆桶輩，只為守方便而不捨，以實法指示人，以故瞎人眼不少，所以山野作《辨邪正說》以救之。」(見《語錄》卷 25，919 上)，則《年譜》及朱子所說恐均訛誤，當依大慧親書為準。

大慧廣交士大夫、官僚,這從回信的對象中得知,其人物有丞相、參政、樞密、司理、給事、侍郎、內翰、提刑、待制、通判、運使、宗丞、直閣、郎中、舍人、狀元、教授、判院、知縣、太尉、和尚、長老、居士等。日本學者阿部肇一就說他是「當世致力向官場去展開弘揚佛法的第一人」[10],在以上人物當中,最值得注意的是當時主戰派的張浚、張九成,大慧跟他們關係顯然是比較密切的。丞相張浚奏請大慧任徑山住持,大慧主徑山,法席隆盛,宗風大振,號稱「臨濟再興」,寺中坐夏者有一千七百餘眾,而張九成便是他法席中的常客。不巧政局改變,主和派抬頭,張浚被黜,朝庭方面對大慧這股正盛的宗教力量不放心。時主戰派的張九成以父卒哭,登山修崇,請大慧說法,會中因大慧的言論有贊張九成為「神臂弓」,隔日,又有回答臺州了因禪客致問之語又涉及了「神臂弓」語,在朝庭有意整肅張九成的情況下,以大慧應和他,一並加以論列,追牒,流放衡州。《年譜》記云:

> 是年(紹興十一年)四月,侍郎張公九成以父卒哭,登山修崇。師陞座,因說「圜悟謂張徽猷昭遠為鐵刮禪,山僧卻以無垢禪如神臂弓」,遂說偈曰:「神臂弓一發,透過千重甲,子細拈來看,當甚臭皮韈。」次日,侍郎請說法,台州了因禪客致問,有「神臂弓一發,千重關鎖一時開;吹毛劍一揮,萬劫疑情悉皆破。」之語。未幾,遭論列,以張坐議朝廷除三大帥事,因及徑山主僧應而和之。五月二十五日准敕九成,居家持服,服滿別聽指揮,徑山主僧宗杲追牒,責衡州[11]。

　　「無垢」是張九成的居士稱號,大慧以「無垢禪如神臂弓」等於推

---

[10] 阿部肇一,《中國禪宗史》,關世謙譯本(台北:東大,1988年7月),頁705。
[11] 見《年譜》(《中華大藏經》第2輯2冊,頁1708上)。

贊主戰派張九成是如神臂弓般地克敵人物,在偈中把主和派的敵方秦檜當作「臭皮韈」,當然在政治整肅的環境中,被視作同黨,以訕謗朝政遭削籍。另外,在張浚所作的〈塔銘〉[12]中,有這樣的記述:

> (大慧)始應給事江公少明之請,住小谿雲門菴;而浚在蜀時,勤親以師囑謂真得法髓;浚造朝,遂以臨安徑山延之,道法之盛冠于一時,百舍重趼,往赴惟恐後拜其門,惟恐不得見,至無所容,敞千僧大閣以居之,凡二千餘眾。所交皆俊艾,當時名卿,如侍郎張公子韶,為莫逆友,而師亦竟以此遇禍。蓋當軸者恐議己,惡之也。毀衣焚牒,屏居衡州,凡十年徙梅州,梅州瘴癘寂寞之地,其徒裹糧從之,雖死不悔。噫!是非有以真服其心而然耶?

張九成在《宋史》中被說「早與學佛者游,故其議論多偏。」[13],此中「學佛者」恐當指大慧宗杲吧!大慧是一位極有主見、積極、富於批評的禪師,對當時國難當前,民心不安,士大夫逃禪的現象有深切的感觸,他力圖扭轉消極心理,改革文字禪、溺於靜坐和依靠他力信仰的佛法,就與那些積極有為的士大夫同氣相求,難怪深得士大夫的爭相參學與推許。阿部肇一說:「宗杲的禪宗教化,就是在突破這些流弊,與積極地現實的教化運動,以實踐道的途徑,來達到救國行動的目的。」[14],說的極為真確。

大慧對於來書求教的士大夫,給予多層面的指引。以下援引數段法語如下:

---

[12]《語錄》卷6,頁837上。
[13] 宋史卷374,見《新校本宋史并附編三種》(台北:鼎文,1978年9月)第14冊,頁11579。
[14] 同註10,頁711。

> 士大夫學先王之道，止是正心術而已。心術既正，則邪非自不相干，邪非既不相干，則日用應緣處，自然頭頭上明，物物上顯。心術是本，文章學問是末。近代學者多棄本逐末，尋章摘句，學華言巧語以相勝，而以聖人經術為無用之言，可不悲夫！〈示羅知縣孟弼〉[15]

光從以上這段話看，這與儒者的教導沒有什麼不同，可是他畢竟是位禪師，他要引導人學「出生死法」。所以，又說：

> 孟弼正是春秋鼎盛之時，驀地得早能回作塵勞惡業底心，要學出生死法，非夙植德本，則不能如是信得及，把得住，作得主宰。時時以生死在念，真火中蓮華也。

對士大夫來求禪道者，他有許多批評，譬如在〈法語〉中云：

1. 近世士大夫多欲學此道，而心不純一者，病在雜毒入心。雜毒既入其心，則觸途成滯；觸途成滯，則我見增長；我見增長，則滿眼滿耳只見他人過失。……士大夫學此道，多求速效，宗師未開口時，早將心意識領解了也。〈示鄂守熊祠部叔雅〉[16]

2. 士大夫要究竟此事，初不本其實，只管要古人公案上求知解，直饒爾知盡一大藏教，臘月三十日生死到來時，一點也使不著。〈示徐提刑敦濟〉[17]

3. 士大夫多以有所得心，求無所得法。何謂有所得心？聰明靈利、思量計較者是。何謂無所得法？思量不行，計

---

[15]《語錄》卷20，頁898上。
[16]《語錄》卷21，頁898中、下。
[17]《語錄》卷21，頁899中。

量不到，聰明靈利無處安著者是。〈示徐提刑敦立〉[18]

以上指出士大夫學道的毛病：在心思不純，求速效，於公案上求知解，不知道以無所得心求無所得法。針對士大夫的毛病，他提出只要時時以生死事為念，心術已正，日用應緣，不著用力排遣，心意識不須按捺，自然貼適。若有心求無所得法，則離道愈遠。他提出「趙州狗子有無佛性」話，參一「無」字即可令世間情念自然怗怗地。總之，他不贊成士大夫遠離人倫，拋卻事務，以求禪道。他指出一切法皆對症之藥，病去藥除，切忌執藥成病，故指出：

> 世間、出世間法，不得言一，不得言二，不得言有，不得言無。一二有無，於光明藏中亦謂之毒藥，亦謂之醍醐。醍醐毒藥本無自性，作一二有無之見者，對病醫方耳[19]。

大慧身為一位臨濟楊岐派下的禪師，對當時叢林中的禪法有敏銳的觀察，他一再指出弊端，思予改革。現舉出以下幾點，作為他對此問題的回應。

1. 近世叢林有一種邪禪，執病為藥，自不曾有證悟處，而以悟為建立，以悟為接引之詞，以悟為落第二頭，以悟為枝葉邊事，自己既不曾有證悟處，亦不信他人有證悟者，一味以空寂頑然無知喚作威音那畔、空劫已前事[20]。
2. 近世學語之流，多爭鋒逞口，快以胡說亂道為縱橫，胡喝亂喝為宗旨，一挨一拶，如擊石火，似閃電光，擬議

---

[18]《語錄》卷23，頁907下。
[19]《語錄》卷21，頁898下。
[20]《語錄》卷21，頁901下。

不來,呵呵大笑,謂之機鋒俊快,不落意根,殊不知正是業識弄鬼眼睛,豈非謾人自謾,誤他自誤耶[21]?

3. 近代佛法可傷,為人師者,先以奇特玄妙蘊在胸襟,遞相沿襲,口耳傳授以為宗旨,如此之流邪毒人心,不可治療[22]。

4. 近年以來,禪有多塗:或以一問一答,末後多一句為禪者;或以古人入道因緣,聚頭商搉(榷)云:這裡是虛,那裡是實,這語玄,那語妙;或代或別為禪者;或以眼見耳聞,和會在三界唯心、萬法唯識上為禪者;或以無言無說,坐在黑山下鬼窟裡,閉眉合眼,謂之威音王那畔、父母未生時消息,亦謂之默而常照為禪者;如此等輩,不求妙悟[23]。

以上第一則乃第四則中所列的第四種默照邪禪,第二則指自誤誤人的機鋒禪,第三則所指乃第四則中的第二種落入文字、按語代別的文字禪,其他第四則中的第一種指落入末後一句的言語禪,第三種指落入和會教相的禪,一共有五種。其實大慧所批評的當不只這些[24],不過其中以批評默照禪為最多而嚴厲,當時他對文字禪發展認為有違背禪的真實體悟時,毅然焚毀其師的名作《碧巖錄》。

---

[21]《語錄》卷 24,頁 915 中。
[22]《語錄》卷 23,頁 910 下。
[23]《語錄》卷 30,頁 941 中、下。
[24] 開濟,《華嚴禪——大慧宗杲的思想特色》(台北:文津,1996 年 6 月),頁 166-171 中,曾歸納大慧為時人的禪取綽號,共有四十八個,其中帶有負面字眼者,如老婆禪、相似禪、枯禪、口鼓子禪、葛藤禪、蝦蟆禪、廁禪、過頭禪、無事禪等等均可參考。

肆、大慧對儒釋的看法

佛教自以道家為橋樑,輸入中土以來,就與中土的二大教自然發生既交流又競爭的局面。從三教交流史的觀點上看,自《牟子理惑論》開始,就走向三教合一論,到了唐代,官方大體上還是採取三教並行發展的政策,宋代亦然。可是隨著三教之彼此競爭,不免相互批判,因此其會通的理論層面也不斷地提高。基本上宋代的佛教是以融入儒、道,肯定世法,再引向末後一著的解脫生死為主,其最後的理念是世、出世無別,僧俗交參,釋儒相即,凡聖等一。

筆者從其傳記中得知,大慧在面臨國難當前的情況下,雖身為一出家僧人,卻以實際行動來穩定民心,開導習儒的士大夫隱退消極的心態,在苦難中給予精神上的支援。對儒釋會通的看法,他沒有專門論著來討論,但是,從他與當時某些士大夫的書信或開示語錄中略知一二。

北宋在繼五代亂局之後,思求安定,新儒學相應而起。錢穆先生說此時的學術骨幹是尊王與明道[25],而尊王一項,就禪宗來講,大慧依循其師圓悟克勤,甚至是楊岐方會以來的傳統,譬如在法會升座前拈三瓣香云:第一瓣香是祝延今上皇帝聖壽無窮,第二瓣香是奉為知府龍圖,駕部諸官,伏願常居祿位,第三瓣香是奉酬其師法乳之恩[26],這就是以佛教容受儒教的具體例子。至於明道一項,三教各道其道,但有的士大夫主張儒釋立教雖異,而勸人為善則同;有的士大夫仍然堅持韓愈以來新儒家的排佛路線,故不免與佛教相衝突。大慧對以上二種態度,前者予以讚賞,後者予以澄清或辯解。有一次,在〈喻知縣請普說〉中,他說:

---

[25] 錢穆,《國史大綱》,頁418。
[26] 見《大正藏》冊47中之楊岐方會,《楊岐方會和尚後錄》頁646中,五祖法演《法演禪師語錄》卷上頁649上,圓悟克勤《圓悟佛果禪師語錄》卷3頁725中、卷4頁727下有「恭祝南山聖壽,奉為今上皇帝萬歲萬萬歲」句,《語錄》卷1頁811中、829中,大慧在他處亦有「上祝吾皇億萬春」「皇恩佛恩一時報足」(833中)。

常記得馮濟川說他作侍講時,主上問:「卿學釋氏與儒教為同?為不同?」對曰:「若論立教,則有不同;若論勸人為善,則同。」餉間下來,後省諸公問其所以對,濟川曰:「若謂其同,則說不行;若謂不同,卻說得行。然於理則同,於事則不同。何故?名教要相生,男要婚,女要嫁,又要有後,所以嗣香火,故有君君、臣臣、父父、子子,此萬不可廢卻。到釋迦老子教人不得殺生,不得食肉,又不許娶,既不許娶,則不相生,不食肉則不殺,此所以為不同。然而釋氏主出世間教,儒主名教,後世聖人依孔子之說,則天下治,違之則亂。釋氏之道亦復如此,悟之則超凡入聖,迷之則生死流轉,此所以為同。」山僧聞說,甚賞音他[27]。

馮濟川的看法顯然不脫唐以來儒釋一致論的見解,今大慧贊賞他,正表示與他站在同一立場。而最正面的言論,則見〈湯丞相請普說〉:

釋迦老子說一大藏教,只是醫眾生心病底藥方,至於九經十七史,亦只是正心術底藥方,世、出世間初無二致[28]。

大慧的主張簡潔的說,就是「三教聖人所說之法,殊途同歸」[29]。至於後者,他以為這是士大夫的誤解,他們不但不了解佛,亦不了解老。此點可見他「示張太尉益之」的法語:

士大夫不曾向佛乘中留心者,往往以佛乘為空寂之教,戀著箇皮袋子,聞人說空說寂,則生怕怖;殊不知,只這怕

---

[27] 《中華大藏經》第 3 輯第 4 冊《大慧覺禪師普說》卷 4,頁 1460 下。
[28] 同上卷 4,頁 1450 上。
[29] 同上卷 3,頁 1435 下。

怖底心，便是生死根本。佛自有言：「不壞世間相而談實相」，又云：「是法住法位，世間相常住」，《寶藏論》云：「寂兮寥兮，寬兮廓兮，上則有君，下則有臣，父子親其居，尊卑異其位。」以是觀之，吾佛之教，密密助揚至聖化者亦多矣，又何嘗只談空寂而已。如俗謂李老君說長生之術，正如硬差排佛談空寂之法無異。老子之書元不曾說留形住世，亦以清靜無為，為自然歸宿之處；自是不學佛老者以好惡心相誣謗爾，不可不察也。愚謂：三教聖人立教雖異，而其道同歸一致，此萬古不易之義，然雖如是，無智人前莫說，打爾頭破額裂[30]。

大慧認為那些批佛老的新儒家沒有深入了解佛老，其實佛教不只談空寂，而且也與儒教相同，肯定世間倫理，《老子》並不談「留形住世」，而是談「清靜無為」，其實佛教多有密密助揚儒老之功。三教在說法上固然有別，但其「道」是同歸一致，「太（大）底世間法即佛法，佛法即世間法」[31]，這對沒有智慧理解到這一層的人而言，簡直是不可思議的事。因此，為澄清世人對佛教的誤解，他援引三段佛教經論來證明，最重要的是，佛教如何說「不壞世間相而談實相」？他說：

> 妙喜為爾說破：奉侍尊長，承順顏色，子弟之職當做者，不得避忌；然後隨緣放曠，任性逍遙，日用四威儀內，常自檢察，更以「無常迅速，生死事大」，時時提撕。無事亦須讀聖人之書，資益性識，苟能如是，世間、出世間俱無過患矣[32]。

---

[30]《語錄》卷22，頁906上、中。
[31]《中華大藏經》第3輯第4冊《大慧覺禪師普說》卷三，頁1411上。
[32]《語錄》卷22，頁906-907下、上。

總說一句,就是學佛未必一定要出家,甚至居家修行,反而更為得力。他說:

> 士大夫學道,與我出家兒大不同。……我出家兒在外打入,士大夫在內打出。在外打入者其力弱,在內打出者其力彊;彊者謂所乘處重,而轉處有力,弱者謂所乘處輕,而轉處少力[33]。

可見他的禪法不認為世法與出世法為二,因此,僧俗可以交參而同會一處。同理,學儒與學佛亦可不二。為了說明儒學與佛學可以相通,他說:

> 三教聖人所說之法,無非勸善誡惡、正人心術。心術不正則姦邪,唯利是趨;心術正則忠義,唯理是從。理者理義之理,非義理之理也。如尊丈節使,見義便為,逞非常之勇,乃此理也。圭峰禪師云:「作有義事是惺悟心,作無義事是狂亂心。狂亂由情念,臨終被業牽;惺悟不由情,臨終能轉業。」亦此理也。佛云:「理則頓悟,乘悟並銷。事則漸除,因次第盡。」亦此理也。李長者云:「圓融不礙行布,即一而多;行布不礙圓融,即多而一」亦此理也。永嘉云:「一地具足一切地,一法遍含一切法,一月普現一切水,一切水月一月攝。」亦此理也。《華嚴》云:「佛法世間法,若見其真實,一切無差別。」亦此理也。其差別在人不在法也[34]。

以上說明三教聖人所說之法都在勸善誡惡,正人心術,目標一致。

---

[33] 《語錄》卷21,頁900上。
[34] 《語錄》卷24,頁912中、下。

他以「忠義」即理，此理是「理義」之理，非「義理」之理。就「理義」之理而言，是三教一致的，此與「義理」之理不同，因「義理」之理乃依人各自的主張而有所不同。「理義」之理是「法」，是指真實之法，沒有佛法與世間法的差別。他又進一步說，為學、為道其實也是一致的。他說：

> 大率為學、為道，一也。而今學者往往以仁義禮智信為學，以格物忠恕、一以貫之之類為道，只管如摶謎子相似，又如眾盲摸象，各說異端，釋不云乎：「以思惟心，測度如來圓覺境界，如取螢火燒須彌山，臨生死禍福之際都不得力。」蓋由此也。楊子云：「學者所以修性」，性即道也。黃面老子云：「性成無上道」，圭峰云：「作有義事，是惺悟心。作無義事，是狂亂心。狂亂由情念，臨終被業牽；惺悟不由情，臨終能轉業。」所謂義者，是義理之義，非仁義之義。而今看來，這老子亦未免析虛空為兩處。仁乃性之仁，義乃性之義，禮乃性之禮，智乃性之智，信乃性之信。義理之義，亦性也。作無義事，即背此性；作有義事，即順此性。然順背在人，不在性也。仁義禮智信在性，不在人也[35]。

本段之要旨在批評當時的學者妄分「為學」與「為道」為二，及漢代揚雄妄分「學」與「性」，圭峰宗密妄分「義理之義」與「仁義之義」。他認為學者分別「○○為學」與「○○為道」，各說異端，簡直如瞎子摸象。根據他的了解，揚雄言「學者所以修性」，此性即道，所以此話等於說「學者所以修道」，是把「學」與「道」區分為二；同樣地，圭峰亦把「義」區分為佛儒各自表敘之義。根據大慧後來的理解，認

---

[35]《語錄》卷28，頁932下。

為圭峰宗密此說猶不免於虛妄中強生分別。因此他不願意苟同宗密採用「義理」[36]（專指佛理）這樣的用法，而採用「理義」（不分儒釋之理），所以才說「理者理義之理，非義理之理」。他的「理義」說是統合宗密的「義理」說與儒家的「仁義」說、「恩義」說。筆者通觀其前後文，推知其所謂「理義」之「理」亦即儒家所謂「仁義禮智信」之「性」與宗密所謂「義理」之「義」，簡言之，「理」、「性」、「義」三者，一也。對人而言，賢愚同具此仁義禮智信之性，可是之所以有忠義、姦邪之別，完全在人之順背其性而來。大慧說「性」以《華嚴經》之「性起」說為前提，再合會孟子「性」說，他說：「若識得仁義禮智信之性起處，則格物忠恕、一以貫之在其中矣。」所以「為學、為道，一也」。然後論及「法」，他說人們以為三教聖人所說之「法」有別，其實「法」本身無別，就像「姦邪忠義二人同讀聖人之書，聖人之書是法，元無差別；而姦邪忠義讀之，隨類而領解，則有差別」[37] 這個差別是因人而起，其誤在人，與法無關；若真正見法，理當一致。又說性是人人具有，在聞聖教後，每因個人因緣不同，見性的時節亦不同，如春行草木。他說：

---

[36] 依大慧語錄，「理義」與「義理」之用法是有不同的，大慧依宗密八句偈之自注「義謂義理，非謂仁義恩義，意明。」（見《景德傳燈錄》卷13末）而引述說「所謂義者，是義理之義，非仁義之義。」所以，「義理」是宗密專指佛理的用語，有意與儒家仁義恩義分開，但是大慧不以為然，認為即此恩義即仁義，仁義即性，亦即他所特「理義」之義。可惜此微意竟少有人能辨明。《朱子語類》卷126「釋氏」類有一則：郭（德元）又問：「圭峰云：『作有義事，是惺悟心。作無義事，是狂亂心。狂亂由情念，臨終被業牽；惺悟不由情，臨終能轉業。』又自注云：『此義非仁義之義，乃理義之義。』甚好笑。」（朱子）曰：「它指仁義為恩愛之義，故如此說。他雖說理義，何嘗夢見，其後杲老亦非之，云：『理義之義，便是仁義之義，如何把虛空打做兩截。』」按朱子師生均錯把圭峰所言「義理」作「理義」，這是用大慧宗杲的「理義」作為圭峰的「義理」，但其述圭峰之分別儒釋與大慧之不分別儒釋，其義無差，只不過混同其間的用語，沒有辨出大慧用語之精審處罷了。

[37] 《語錄》卷24，頁912下。

儒理與禪法的合流——以大慧宗杲思想為中心的考察

> 大率聖人設教，不求名，不伐功，如春行花木。具此性者，時節因緣到來，各各不相知。隨其根性，大小、方圓、長短，或青或黃，或紅或綠，或臭或香，同時發作。非春能大能小，能力能圓，能長能短，能青能黃，能紅能綠，能臭能香，此皆本有之性，遇緣而發耳[38]。

根據筆者所知，大慧提及「為學、為道，一也」凡四次[39]，依此來接引士大夫，認為佛道與儒道不二，所謂「學到徹頭處」便是「這個消息」，「這個消息」便是「使得十二時」或云「轉物」，亦即達「物我一如」之聖人境界。他以自身的體悟說：「菩提心則忠義心也，名異而體同。」[40]一般以為菩提心即佛心，忠義心即儒心，世間與出世間是相背離的，可是他認為這僅是稱謂不同而已，其實所指是一樣的。

對士大夫在奔走勞塵之時，能回來學無上菩提，予以嘉許，並認為應堅固此心，落於學儒之中，他曾在給成季恭的信上說：

> 季恭立志學儒，須是擴而充之，然後推其餘，可以及物。何以故？學不至，不是學；學至而用不得，不是學；學不能化物，不是學；學到徹頭處，文亦在其中，武亦在其中，事亦在其中，理亦在其中。忠義孝道，乃至治身治人、安國安邦之術，無有不在其中者。釋迦老子云：「常在於其中，經行及坐臥」，便是這箇消息也。未有忠於君而不孝於親者，亦未有孝於親而不忠於君者。但聖人所讚者，依而行之；聖人所訶者，不敢違犯；則於忠於孝、於

---

[38]《語錄》卷28，頁933上。
[39] 見《語錄》中「示莫宣教潤甫」（頁913上中）二次，「答汪狀元聖錫」第二書（頁932-933）二次。
[40]《語錄》卷24，頁912下。

事於理,治身治人,無不周旋,無不明了[41]。

他認為學儒學到徹頭處,無不與道相契,則文、武、理、事、忠、義、孝、道具在其中。在示莫潤甫的書信中,他要士大夫博覽群書,但不要被語言文字所轉。他說:

> 近世學者多棄本逐末,背正投邪,只以為學為道為名,專以取富貴、張大門戶,為決定義;故心術不正,為物所轉;俗諺所謂:「只見錐頭利,不見鑿頭方」,殊不知,在儒教則以正心術為先;心術既正,則造次顛沛,無不與此道相契。前所云「為學為道一」之義也。在吾教則曰「若能轉物,即同如來」,在老氏則曰「慈」、曰「儉」、曰「不敢為天下先」。能如是學,不須求與此道合,自然默默與之相投矣!佛說一切法,為度一切心;我無一切心,何用一切法。當知讀經看教,博極群書,以見月亡指,得魚亡筌,為第一義,則不為文字語言所轉,而能轉得語言文字矣[42]!

大慧對儒釋經典義理之會通是有他的尺度的,如上所說,他主張讀經要得意忘言,不要為文字語言所轉,但也不是師心自用,妄加和會。在此,筆者找到大慧給劉寶學子羽(字彥修,1097-1146)的一封信[43],信中對其弟子翬(字彥沖,1101-1147),不顧文義脈絡,牽合《金剛經》與《易傳》中的句子甚為可笑。此兩兄弟因為均受到默照禪法的影響,故偏溺於靜,所以大慧在信中予以開導,認為靜只是手段,不是目的。當他提及其弟彥沖給他的信中引孔子稱「易之為道也屢遷」和會佛

---

[41]《語錄》卷24,頁913上。
[42]《語錄》卷24,頁913上。
[43]《語錄》卷27,頁925下-926上。

書「應無所住而生其心」為一貫，又引「寂然不動」與土木無殊，表示不敢相許。大慧說如此和會「非但不識佛意，亦不識孔子意。」為何這樣說呢？他說：

> 向渠道：「欲得不招無間業，莫謗如來正法輪」，故經云：「不應住色生心，不應住聲香味觸法生心」，謂此廣大寂滅心，不行以色見聲求。「應無所住」，謂此心無實體也。「而生其心」，謂此心非離真而立處，立處即真也。孔子稱「易之為道也屢遷」，非謂此也。屢者荐也，遷者革也。吉凶悔吝生乎動，屢遷之旨，返常合道也。如何與「應無所住而生其心」，合得成一塊？

可見大慧對《易傳》與《金剛經》的義理均有深入的理解，他認為義理之和會可以比觀，但不必牽合。他認為圭峰禪師的和會儒釋，就很得當。他說：

> 圭峰云：「元亨利貞，乾之德，始於一氣。常樂我淨，佛之德也，本乎一心。專一氣而致柔，修一心而成道。」此老如此和會，始於儒釋二教，無偏枯，無遺恨。

他很認同圭峰把佛老放在同一義理的高度，不妄加比附，若依劉彥沖的差排，就把兩大聖人拉到未開悟的參學者的地位，想到他把孔子之「屢遷」，佛之「無所住」視同一義，那是把勝義當成俗義，就有「想讀至此，必絕倒也。」的訝異。

以上所提及的，都是大慧對他人有關儒釋和會見解的評論。其基本立場正如他自己一再宣稱的「三教聖人立教雖異，而其道同歸一致」。但要找到有關他自己直接和會儒釋經義的例子就非常不易，筆者在《嘉泰普燈錄》卷二十三中勉強提出了二則，首先看他如何理解《大學》的

「格物」之旨,其次是如何解釋《中庸》前三句。張九成有一回奉祠還里,至徑山,與馮給事諸公議格物,此事《年譜》繫於紹興十年庚申(1140),即大慧被削僧籍前一年。

> 慧曰:「公只知有格物,而不知有物格。」公(九成)茫然。慧大笑。公曰:「師能開諭乎?」慧曰:「不見小說載:唐人有與安祿山謀反者,其人先為閫守,有畫像在焉。明皇幸蜀見之,怒,令侍臣以劍擊以像首,時閫守居陝西,首忽墮地。」公聞,頓領深旨,題不動軒壁曰:「子韶格物,妙喜物格,欲識一貫,二箇五百。」慧始許可[44]。

從這對話中,吾人無法得知大慧對格物是如何理解的,在此他只是順著張九成的理解而許可他,但大體上,兩者都認為「格物」與「物格」是一貫的。後來朱熹批評張九成的格物說,指出「張氏之云,乃釋氏看話之法,非聖賢之遺旨也。」[45] 奇特的是大慧引了唐人這樣神奇的小說,令張九成頓領深旨,究竟大慧是不是真的相信有此事?今參見《宗門武庫》中亦有類似神奇的記載[46],看來大慧是相信有此等神祕事。另一事在丙子(1156)春,張九成蒙恩北還時,其外甥于憲來接,路過新淦,見大慧,令其甥拜見請益。

> 憲知其嘗執卷,遂舉子思《中庸》「天命之謂性,率性之謂道,修道之謂教」三句以問。慧曰:「凡人既不知本命元辰下落處,又要牽好人入火坑,如何聖賢打頭一著不鑿破?」憲曰:「吾師能為聖賢鑿破否?」慧曰:「天命之謂

---

[44] 宋·正受編,《嘉泰普燈錄》;《卍續藏經》冊 79,頁 431。

[45] 《朱熹集》(成都:四川教育,1996 年 10 月)第 7 冊,卷 72,頁 3784。此段亦可參見鄧克銘,《張九成思想之研究》(台北:東初,1990 年 10 月),頁 19-20,92-97。

[46] 見《大正藏》冊 47,《大慧普覺禪師宗門武庫》,頁 945 上。

性,便是清淨法身。率性之謂道,便是圓滿報身。修道之謂教,便是千百億化身。」憲得以告。舅氏曰:「子拜何辭?」[47]

本段對話極不易解,如果從儒家立場來考慮,當知《中庸》開宗明義三句實表貫通天人之聖賢成道語。在于憲問下,大慧先是說如果一個人本身未見性,卻又好為人師,豈不是導人入火坑?所以說,對成聖成賢之道不能沒有真切的把握。於是于憲再問如何能真切把握這個要點?大慧打開了儒釋會通之鑰,他以法身、應身、報身來詮釋性、道、教。儒為世間教,佛為出世間教,而各有其理論來支持,今在理論上作此一詮釋,其合理之基礎何在?實令人難以思議,但從唐以來三教一致論的趨勢下,如北宋明教大師契嵩(1007-1072)就以五戒同體於五常,那麼其後的大慧如此說也就不足為奇了。

大慧主張儒釋合一,有他接引當時士大夫一時苦悶逃禪的用意,他不認為儒釋是不相融的,他在「張侍郎請陞座」的法會上最直截的表示是:

> 還知徑山落處麼?若知徑山落處,禪狀元即是儒狀元,儒狀元即是禪狀元。即今拈卻禪與儒,且道:當面一句作麼生道?要知死底張宣教便是活底狀元爺[48]。

另外在「答汪狀元聖錫」第一書中,更明白地表示:

> 頃在山頭每與公說這般話,見公眼目定動領覽得九分九氂,只欠囮地一下爾。若得囮地一下了。儒即釋,釋即儒。僧即俗,俗即僧。凡即聖,聖即凡。我即爾,爾即我。天

---

[47] 同註44。
[48] 《語錄》卷4,頁828下。

即地,地即天。波即水,水即波。酥酪醍醐攪成一味,鉼盤釵釧鎔成一金,在我不在人。得到這箇田地,由我指揮,所謂我為法王,於法自在,得失是非,焉有罣礙[49]?

就先前所說,大慧在說明儒釋會通上,或引佛說、李長者說、永嘉真覺禪師說、《華嚴經》,無非依其所示圓融無礙之理境來證成世法與出世法之不二,但對未達至明心見性的凡夫而言,的確太不可思議了。對儒釋會通的課題,如前述劉彥沖般地和會一樣,尋章摘句,或以語言解析,理論比較均不免永在真法之外徘徊。這對已開悟的大慧禪師而言,為了提供禪和子、士大夫真正領悟禪,不惜焚毀其師的名著《碧嚴錄》,不惜力排當時溺靜的默照禪,而開發禪的新形式——看話禪,筆者從以上二段得知,大慧真正的儒釋會通不在他的言說與書信,而在他的親證。如何才能親證呢?這等於說要如何才能明心見性一樣,故以下將論他的看話禪。

伍、大慧的看話禪

筆者以為要論大慧看話禪必得先知「徑山落處」,其實「徑山落處」當是大慧的悟處。《語錄》所謂「囫地一下」、「噴地一發」或云「忽然打破漆桶」、「忽然打失布袋」都同指開悟的那一剎那,開悟即是見到自己的本來面目,或云證到自己本地風光。此時當下即入佛地、不可思議大解脫境界。從這個境界看來,儒釋本來就是通而為一的,其實豈僅如此,「佛地上本無疑,無悟無迷,無生無死,無有無無,無涅槃無般若,無佛無眾生,亦無恁麼說者,此語亦不受,亦無不受者,亦無知不受者,亦無恁麼說不受者」[50]。問題是如何悟入此等境界?大慧曾在示妙明

---

[49]《語錄》卷28,頁932中。

[50]《語錄》卷28,頁932上。

居士（李知省伯和）的法語中說：

> 道由心悟，不在言傳。近年以來學此道者，多棄本逐末，背正投邪，不肯向根腳下推窮，一味在宗師說處著到，縱說得盛水不漏，於本分事上了沒交涉。古人不得已，見學者迷頭認影，故設方便誘引之，令其自識本地風光，明見本來面目而已[51]。

那麼究竟有什麼方便善巧？有的，那就是參個話頭（公案）！像「乾屎橛」、「竹篦子」話、「露」話等等[52]，不過他最常用的是趙州「無」字公案。他說：

> 疑「生不知來處，死不知去處」底心未忘，則是生死交加；但向交加處，看個話頭——「僧問趙州和尚：『狗子還有佛性也無？』州云：『無。』」但將這「生不知來處，死不知去處」底心移來「無」字上，則交加之心不行矣！交加之心既不行，則疑生死來去底心將絕矣！但向欲絕未絕處，與之廝崖，時節因緣到來，驀然噴地一下，便了教中所謂「絕心生死、止心不善、伐心稠林、浣心垢濁」者也[53]。

---

[51]《語錄》卷23，頁910上。

[52] 依日本市川白弦，《大慧》（東京：弘文堂，1941年），頁177，曾歸納大慧對弟子提示的話頭有二十個：1.趙州無字。2.趙州柏樹子。3.首山竹篦。4.雲門露字。5.玄沙三種病人。6.國師三喚。7.國師圓相。8.香嚴上樹。9.不是心，不是佛，不是物。10.名甚麼。11.禪還受教也無。12.路逢達道人，不將語默對時如何。13.不與萬法為侶者，是甚麼人。14.恁麼也不得，不恁麼也不得，恁麼不恁麼總不得，作麼生。15.一切智清淨，無二無三無分別無別無斷故，作麼生會。16.道不用修，但莫污染，如何。17.巖頭纔跨德山門，便問是凡是聖云云。18.馬大師道：自從胡亂後三十年，不曾少鹽醬，意作麼生。19.六祖不思善惡乃至密語密意盡在汝邊。20.五祖道：趙州狗子無佛性也勝拈兒十萬倍，如何。

[53]《語錄》卷23，頁911上。

大慧以為眾生受制生死煩惱，在於疑情未破，疑情若破了，生死心絕，無佛見法見。疑情千千萬萬，但歸結亦只是一疑，只要能破此一疑就能解決此一問題。他在答呂居仁、呂隆禮兄弟的信當中均重覆了以下一段話：

> 千疑萬疑，只是一疑，話頭上疑破，則千疑萬疑一時破。話頭不破，則且就上面與之廝崖。若棄了話頭，卻去別文字上起疑，經教上起疑，古人公案上起疑，日用塵勞中起疑，皆是邪魔眷屬[54]。

可見大慧以為疑情妄念起時，勸人但從看個話頭入手，以話頭來定住疑情。那個話頭最為常用？他常舉「僧問趙州和尚：『狗子還有佛性也無？』州云：『無。』」公案，看個「無」字，只這一字便是斷生死路頭底刀子[55]。但是如何看？他說：

> 看時不用博（摶）量，不用註解，不用要得分曉，不用向開口處承當，不用向舉起處作道理，不用墮在空寂處，不用將心等悟，不用向宗師說處領略，不用掉在無事甲裡，但行住坐臥提撕「狗子還有佛性也無？無。」，提撕得熟，口議心思不及，方寸裡七上八下，如咬生鐵橛沒滋味時，切莫退志，得如此時，卻是箇好底消息[56]。

大慧以看話為入道的方便法門，其主要用意在將眾生諸多妄念以一「話」（公案）來拴住它，但千萬不要任由心意識再起思量分別，探求此一公案是誰說的？是什麼時候說的？是什麼情境下說的？是對誰說的？它的真正意思是什麼？為什麼說它的真正意思是這樣而不是那樣？

---

[54]《語錄》卷28，頁930上、下。

[55]《語錄》卷22，頁903下。

[56] 同上，頁901-902下上。〈法語〉中「博」字，依大慧，〈書〉，頁930中、934下校之，當作「摶」為確。

這話有什麼作用？能否達到它的作用？此話之意境如何？是那一層意境？為什麼是那樣的意境？我參此話頭是否會開悟？什麼時候會開悟？開悟的境界是怎樣呢？等等，總之，這一切疑情都是隨外境轉，即使不是隨外境轉，也是任由自己意識思量卜度，這一切都與以「無」字拴住妄念無干，甚至背道而馳。大慧主張用「無」字話頭的目的就在對治隨順文字起念者（文字禪就有死在句下的毛病），同時也對治著不思不想，一任靜坐而墮於空寂者（默照枯禪就有錯把手段當目的，忘了立處即真的毛病）。在行住坐臥裡，意識無時無刻無不傾全力集中提撕於此一「無」字話頭上，久久行之，則由話頭之「無」，進入思維之「無」，再由思維之「無」進入體驗之「無」，「無」已成無念的體驗境地，它已斷離了主客對待的認識格局，斷離了能所對待的思維格局，一切還歸自然，立處即真。大慧在此有他更深刻的說法：

> 若得心智路絕，說種種事，皆此法也。此法既明，即此明處便是不思議大解脫境界，只此境界亦不可思議。境界既不可思議，一切譬喻亦不可思議。種種事亦不可思議，只這不可思議底，亦不可思議，此語亦無著處。只這無著處底，亦不可思議。如是展轉窮詰。若事若法。若譬喻若境界，如環之無端，無起處無盡處，皆不可思議之法也。所以云：菩薩住是不思議，於中思議不可盡。入此不可思議處，思與非思皆寂滅。然亦不得住在寂滅處。若住在寂滅處。則被法界量之所管攝。教中謂之法塵煩惱。滅卻法界量。種種殊勝一時蕩盡了。方始好看庭前柏樹子、麻三斤、乾屎橛、狗子無佛性、一口吸盡西江水、東山水上行之類。忽然一句下透得，方始謂之法界無量迴向。如實而見，如實而行，如實而用，便能於一毛端現寶王剎，坐微塵裏轉大法輪，成就種種法，破壞種種法，一切由我[57]。

---

[57]《語錄》卷27，頁927-8下、上。

上段中，有「入此不可思議處，思與非思皆寂滅。然亦不得住在寂滅處。」因為住在寂滅處，尚有「法塵煩惱」，故必要再向句下透得，才能回向無量法界。如實而見，如實而行，如實而用，成就種種法，破壞種種法，一切由我。到此一境界真是生死由我，得大自在也。

　　針對大慧在儒理與禪法合流的見解，如上所論，他以「理義」來泯除儒釋的「仁義」與「義理」，以「名異體同」來說「菩提心」即「忠義心」，以《華嚴經》的「性起」說來融通儒家五常之性，說明忠義與姦邪乃在順背此性而已，其分在人不在性。他曾說過：「三教聖人立教雖異，而其道同歸一致，此萬古不易之義。」更簡潔地說就是：「儒即釋，釋即儒」。問題是這樣的「即」法含藏著諸多不可思議處，因為要論斷這一點，在哲學上必然要求澄清兩者終極目標是否一致？「理」、「心」與「性」三概念之指謂是否真的無別？儒釋兩系統真的能「相即」麼？這在世間法上，恐怕不能無疑。依筆者的研究，大慧證成此一論點的最終根據，不在哲學論證，而在訴諸他個人的禪悟。但是哲學的思考畢竟是理性的分析，其特質是主客對立、能所對立、動靜對立……終究還是分別的。然而，在禪的終極體驗下，解脫了一向不自覺的「分別對立」意識的束縛，呈現一多相即、主客合一、能所合一、動靜合一……的不可思議境界。若順此一境界看來，恐怕連大慧所說的「儒即釋，釋即儒」，也會是多餘的。

陸、結論

　　自佛教傳入中土以來，就一直與中土的儒道思想發生既相互吸收又彼此競爭的局面，在發展上，其主流仍是走向三教合一之路。但是如何合一呢？只要有人從儒、道的立場視佛教為異端，佛教為了適應在中土的生存，就必得設法與儒道思想相融合，隨著批判層面的提高，佛教的融通力也要不斷地增強。本來小乘佛教是以生死解脫之出世法為主要關

懷，但是接受大乘佛教精神的中國佛教就不同了，它還要關心世間，接受儒家的忠孝倫理。大慧禪師的看話禪走的就是禪法與儒理合流的路子，而與當時天童正覺的默照禪走禪法與道家融合的路子正好相對，這樣似乎又映現了先秦儒道互諍的影子，這是不是意謂著兩者更高一層的融通課題又會是中土儒道會通的再現呢？這在儒道釋三教交流史上是頗為有趣而又值得研究的課題。

後記

本文曾刊於《佛學研究中心學報》第 4 期（1999 年 7 月），今逢平坤學棣來函，謂慶祝楊惠南先生七十大壽，擬出《從印度佛學到中國佛學》論文集乙冊，吾嘉許之，此誠佛學界之美事，遂酌訂前文，獻之，以廣篇幅。（2012 年 3 月 12 日）

引用書目

一、原典

宋・祖詠編，《大慧禪師年譜》；《中華大藏經》第 2 輯冊 2。
宋・正受編，《嘉泰普燈錄》；《卍續藏經》冊 79。
宋・蘊聞編，《大慧普覺禪師語錄》；《大正藏》冊 47。

二、專書

印順，《中國禪宗史》，台北：正聞，1983 年。
朱熹著、郭齊、尹波點校，《朱熹集》，成都：四川教育，1996 年。
李養正，《道教經史論稿》，北京：華夏，1995 年。
杜繼文、魏道儒，《中國禪宗史》，南京：江蘇古籍，1993 年。
阿部肇一，《中國禪宗史》，關世謙譯本，台北：東大，1988 年。
郭朋，《中國佛教思想史》上卷，福州：福建人民，1994 年。

──，《宋元佛教》，福州：福建人民，1985年。

開濟，《華嚴禪——大慧宗杲的思想特色》，台北：文津，1996年。

楊家駱主編，〈宋史〉，收錄於《新校本宋史并附編三種》，台北：鼎文，1978年。

楊惠南，《禪史與禪思》，台北：東大，1995年。

鄧克銘，《張九成思想之研究》，台北：東初，1980年。

賴永海，《禪學研究》，南京：江蘇古籍，1992年。

錢穆，《國史大綱》，台北：臺灣商務印書館，1980年。

魏道儒，《宋代禪宗文化》，鄭州：中州古籍，1993年。

市川白弦，《大慧》，東京：弘文堂，1941年。

石井修道，《宋代禪宗史の研究——中國曹洞宗と道元禪》，東京：大東，1987年。

自然與自性
——論北宋自然禪偈中的時空感知及其作用

陳嘉璟[*]

摘要

文章以北宋自然禪偈為主，探察各宗詩偈的時空表現，感知樣貌及其對禪道自性的表徵作用。如曹洞宗有隨順時序流轉的時間表達，藉以喻擬解脫後的自由之感。因偏於攝心靜坐、潛神內觀的教法，使其顯現心性時空之特點。而雲門三句中，「函蓋乾坤」屬空間性喻擬，「截斷眾流」為時間性表達，「隨波逐浪」則言隨緣適性的解脫境。此外，法眼宗以湖水在時空中的變化，言理事無礙的永明要旨。至臨濟提「一精靈分六合」概念，使禪者開啟生活世界中「觸類是道」的悟入可能。其打喝教法突顯的軀體經驗，是一種朝向外在實體空間的轉向。之後的黃龍三關，生緣提問是時間性的追索，以手足喻擬佛我眾生的本質無別，是身體部位的喻示。楊岐宗的時空表現，則見於「楊岐境」之揭露。

大抵而言，各家雖有南宗禪法的共通點，但也有教法與僧人的個別差異。石頭宗著重在心源處上用功，顯內在思維感悟的時間特徵；馬祖系則偏自境上見性，凸出主體在空間的動態之相。自審美角度而比觀，前者因內游思觀特點，較屬「自性自然」路數而與羅曼‧英加登思路接近。後者特重時空的觸知體悟，故顯「物性自然」的感知類型而與杜夫海納及梅洛龐蒂相近。約而言之，由圖象化詩語轉進至對抽象禪義的悟解過程中，意象群之上的時空框架，提供了一個中介的作用，它是詩語悟入途徑中的不可或缺環節。且其中的關鍵，更在於作為主體「前意識」的軀體感知之用，其為僧偈以自然隱喻禪道自性的首要基礎。而在天然自然與無為自然所顯現的主客親密關係中，吾人可直言：禪道即自然！

關鍵字：自然僧偈、禪道自性、時空感知、身體隱喻、審美知覺

---

[*] 作者為成功大學中國文學研究所博士。本文經台哲會 2010 年學術研討會發表文改寫而成，時講評人林鎮國老師提示諸多寶貴意見，特此致謝。

壹、前言

　　時間和空間是事物存在的基本形式，是與一切實存相關的架構，只有在時空的條件下，我們才能設想任何事物，它們無所不在。禪宗裡，青原惟信禪師親近自然山水的「見山是山」著名公案[1]，即藉人與自然山水互動的時空變化，揭示主體心性躍升的開悟歷程，此是以時空流變表達悟道階次的典型例子。這可看出自然環境對禪者的觸發作用，也顯示時空變化的感知對修行主體的重要性，可說與開悟的禪機有著緊密的關聯。由此，探論自然禪詩中的時空表現極具意義，本文即以北宋禪偈為主，觀察各宗禪詩的自然書寫，以探看禪修主體對自然時空的感知樣貌，及其對禪道自性的表徵作用。

　　以北宋自然禪偈作為分析的根據，是因其時是詩頌發展的重要時期，且禪僧居所本即與山林親近，語錄中存有大量以自然環境為背景，而寄寓禪道體會的詩偈。再以宗派而論，禪宗入宋後的發展除延續五家之外，又自臨濟一系開出黃龍與楊岐二宗，達至禪史上所稱的五家七宗規模。其中，溈仰一宗因入宋後已脈絕故不論之外，對此期文獻的研究，有助於對南宗禪法的青原一系，含曹洞、雲門與法眼宗，以及南嶽系的臨濟宗，及其下創的黃龍與楊岐等派思想之探察。故以北宋僧人禪偈為據，可隱探各宗思想之源，又可下察臨濟後開之黃龍與楊岐禪詩樣貌，可令各家禪詩時空雛貌得以略見[2]。

　　然則，僧人何以常選擇自然山水為禪義的表徵符碼？法國現象學美

---

[1] 青原惟信禪師云：「老僧三十年前參禪時，見山是山，見水是水。及至後來親見知識，有箇入處，見山不是山，見水不是水。而今得箇體歇處，依前見山祇是山，見水祇是水。」宋·普濟，《五燈會元》卷17；《卍續藏》冊80，頁361下。

[2] 北宋為繼唐之後，禪宗的另一高峰期。此時的詩偈創作活動，遠較唐五代蓬勃發展。除「讚」體逐漸成為獨立的體裁，頌古詩也大量湧現，是禪僧詩偈名家相繼出現的時代。參蔡榮婷，〈北宋時期禪宗詩偈的風貌〉文中對此期詩偈的諸種風貌，有詳盡之考察與分析。《花大中文學報》第1期，（2006年12月），頁205-226。

學家杜夫海納（Mikel Dufrenne），在人工化藝術作品審美經驗對象的探討之外，特別提出自然審美對象的特徵。他認為，自然充斥著許多不相干的因素，形式不簡明、輪廓不分明，如光線的變化、雲彩的移動與地平線的被遮擋等等，自然常在不停地「臨場做戲」。這是「呈現」，而非「再現」。又以為，風景的空間是刺激人身體的一個真實空間。在自然景象面前，人往往受影響而被納入世界的自然變化中。自然對象能激起世界的各種感性面貌，此具「不可預見性」和「不可思議性」[3]。杜氏除說明人與自然對象的互動特點之外，亦提出自然審美對象所表現的非穩定性、與其可能展現的意義開放性特徵，凡此都可讓我們解釋僧人喜擇自然物象以為禪義表徵的緣由。

　　自然實景與人之交流如此，做為文藝類型的禪宗詩偈，屬性又若何？我們認為，以自然對象描繪為主的禪偈，其審美對象的屬性應是兼有兩者的性質。僧偈是僧人透過感官的感覺力，直接與自然進行交流的，雖不一定是親臨山水所作，且目的多在禪悟[4]，然禪主體與自然的交流，所書亦多成為審美之對象[5]。因此，自然禪偈既是禪修悟入的基礎（根據），然就其為「詩歌」形態的存在觀之，它也是「藝術作品」，可被視為「審美客體」來看待。若依杜夫海納說法，僧偈當是打上禪家人性烙印的「準主體」，是一深具禪義內涵、而又兼有詩歌美質的作品。另外，「禪詩」本應包含文士與僧人的創作，兩者在形式與內容方面都

---

[3] 皆見〈自然的審美經驗〉一文。又言：「存在於自然對象之中，就像存在於世界上；我們被拉向自然對象，然又受自然對象的包圍和牽連。」米蓋爾‧杜夫海納（Mikel Dufrenne）著、孫非譯，《美學與哲學》（*Esthetique et philosophie*）（台北：五洲，1987年8月），頁40-44。

[4] 楊惠南先生提出真正禪詩的三條件：分別是作者身份須為禪師、必須與禪的修證有關，以及是從禪籍中所轉錄出來的。見氏著，《禪思與禪詩——吟詠在禪詩的密林裡》〈自序〉（台北：東大圖書，1999年1月），頁5。此定義極為重要，若認真加以思量，會對中國文學裡的禪文學產生深遠的影響。

[5] 禪修與審美雙方的主客體，從某角度來看是相伴而疊現共存的，端賴觀看的視角而定。

有可供對照之處。限於篇幅,此處僅以北宋禪偈,特別是富於文藝修養的僧人之作以為考察的對象[6]。

再次,將自然禪偈視為是主體自性經驗的載體時,可以繼之思考自然客體(或自然意象)與禪道主體的自性本心,兩者在互動過程的機制作用。禪詩往往是在自然美景的詩語中,顯露出不可言傳的抽象法義。亦即,一首至少「可獨立成為一個完整的語義單位」的詩歌文本,常常是對周圍環境、天候物象,或與對機者互動的圖象、具象化的現象式描繪。雖為一或數個意象所組構而成,但一般似乎只以直觀式的統覺領會,簡說主客體的融合,並無有一相對之下、較為明晰的闡解途徑之論述[7]。故文章在呈現各宗禪法的時空特點後,將嘗試進入到以主體身軀感知為主的相關討論。試從諸多對禪者存在活動作描述的自然意象中,去尋找或明或顯的時空表現及其特徵,在所喻示的禪理內涵之外,期能進而一探聯繫主客體的身軀知覺之用。

因此,文末將以當代認知語言學中的若干研究成果,特別是「隱喻」(Metaphor)的相關研究,來解釋詩歌語言作為禪義實踐的可能依據。探討詩歌語言的特點與隱喻作用,以見自然詩偈表徵禪道自性之效。再者,亦試引現象學美學家對自然對象與藝術作品的審美觀點,以說南禪行者「靈知靈覺」的身體經驗,對時空感知的基源性,及其聯繫自然客體與悟入自性過程中的重要作用。最後,再從青原與南嶽二系時空感知特徵的差異,揭示自然禪詩中的動、靜兩類的不同時空風格。我

---

[6] 對於「禪詩」的指涉,語錄禪偈是否可稱為如同中國文學史上慣稱的「詩」,則是須另文討論的。從形式上而言,夾雜在若干論議式的對話,與打喝動作之中的單句詩偈,雖可自成一格式塔式(Gestalt)的(完整、自足的)單位禪義表達,但仍需被納入語錄文脈、從師徒的對話中來理解,此是語錄詩偈與傳統詩歌的最大不同。

[7] 筆者在此絕非欲將「不可解」的詩歌,硬要以「思維性」的言詮意路來加以「誤讀」。而是作為一個開悟媒介的「禪詩」,其在引人「悟道」的目的要求下,其能影響「讀者」(參禪者),必有其「影響」的可能過程、機制與途徑,或許當中有值得探索的地方。

們認為，從詩歌單位或意象群之上架構出來的時空表現，更接近所喻示的抽象禪道法義而令人易於領會悟。因而可說，從詩歌意象中彰顯的時空感知特點來看所隱喻的禪義內涵，實是眾多對「文字禪」理解的一個可能入路[8]。

貳、曹洞、雲門與法眼宗之時空表陳

一、明暗回互與心空默游曹洞時空

由洞山良价（807-869）與曹山本寂（840-901）共創的曹洞宗，是以參佛祖未生之前、本來面目的「空劫外事」為目標，強調理事融滲的回互智慧[9]與開悟過程的五位偏正[10]禪法[11]。其深受石頭希遷《參同契》影響，言理事參同的回互智慧。認為萬象事物都是獨立的個體（不回互），然又能夠相互涉入的（回互）觀點，以此說各法的理事無礙。希遷在說明回互思想時，舉明暗概念，即白天與黑夜的相互轉代景象來加以解釋。強調應泯除理事聖俗，或生滅成壞的差別。因而「黑白」意象成了曹洞宗自然禪詩的重要色彩圖象。若依視覺色辨觀之，黑白明暗是空間的感知，但依日夜交替發生的前後順序而言，則屬時序的意識，凡此皆滲入青原系僧偈中，成為不斷被運用的自然意象。

---

[8] 一般禪宗詩偈，是指押韻的韻文作品，以及佛教文獻稱為偈、頌、讚、歌等的詩歌作品。參蔡榮婷，〈北宋時期禪宗詩偈的風貌〉文，頁209。本文對禪偈的時空探察，則嘗試將範圍擴大到語錄中具詩歌美質的短句，以及在當代認知隱喻學視點下，臨濟系等屬肢體動作的禪法也納入討論。

[9] 《五家宗旨纂要》言其：「君臣道合，正偏相資。鳥道玄途，金針玉線。內外回互，理事混融。不立一法，空劫以前自己為宗。良久處明之。」清・三山燈來著、性統編，《五家宗旨纂要》卷中；《卍新纂續藏經》冊65，頁266中。

[10] 良价言正偏、功勳五位，至曹山本寂言君臣五位說。

[11] 《人天眼目》卷3亦言：「曹洞宗者，家風細密言行相應，隨機利物就語接人。……大約曹洞家風，不過體用偏正賓主，以明向上一路。要見曹洞麼，佛祖未生空劫外，正偏不落有無機。」宋・智昭，《人天眼目》卷3；《大正藏》冊48，頁320下。

希遷再傳弟子雲岩曇晟（780-841）提「寶鏡三昧」法門，意人觀萬象如寶鏡，鏡影（事）是實物（理）的顯現，言事相能彰顯理體（境界）之理。《寶鏡三昧》的「銀碗盛雪，明月藏鷺」，運用了當代認知語言學所說，空間動覺意象圖示中的「容器圖式」（ontainer Schema）喻[12]。以「銀碗」與「明月」納藏「白雪」與「鷺鳥」意象，從物品被空間收納的圖象概念，來說明抽象的理事相即之理。而「夜半正明，天曉不露」是典型黑白時空之表現。另外，「不去不來，不起不住」為無住時間之表陳；「細入無間，大絕方所」則是無住空間的喻擬[13]。此宗為解釋抽象的回互概念，運用了大量的自然對比意象：「母子、根葉、本末」涉及空間意象，「明暗」則於空間感知中暗含了時間的推移，此皆為曹洞時空隱喻的基本模式[14]。

時至北宋，宏智正覺（1091-1157）[15]〈偈頌〉言：「一頭白髮幾回春，方信閒身似癡人。直下放教平穩去，更將何法作根塵。法無根塵，心無向背。心無向背，道合自然。道合自然也，日日好日，年年好年。」[16]從對時間悠然流逝的感懷，引至對心法無住之領會，因而隨順時序之流轉。相對於時間意象的少數，僧偈中對空間的表出更多。敘述石頭和

---

[12] 此是 George Lakoff 於 1987 年，《女人、火與危險事物》（Women, Fire, and Dangerous Things）書中提出的觀點，以此圖式可界定大部分 IN 與 OUT 之區別。可參王寅，《認知語言學》（上海：上海外語教育，2010 年 3 月），頁 190。

[13] 宋·智昭，《人天眼目》卷 3，頁 321 上、中。《寶鏡歌》、《玄中銘》等思想後為洞山良价所承，曹洞宗其後所發展的五位功勳、偏正回互等禪學思想可說皆源自於此。

[14] 吳言生歸納曹洞宗理（本體）事（事相）對立回互的兩大意象群，分為哲學、意識、人物、山水與其他五類。其中很多涉及、或隱含時空的意象，如時間方面有「初夜；日出」、「五更；天曉」；空間方面有「皓月；輕烟」、「青山；白雲」與「頭；影」等。見氏著，《禪宗詩歌境界》（北京：中華書局，2002 年 10 月），頁 146-147。

[15] 禪師是隰州隰川人，得法於舒州丹霞子淳禪師，為青原下十三世。

[16] 宋·普崇、法為編，《明州天童山覺和尚上堂語錄》，《宏智禪師廣錄》卷 4；《大正藏》冊 48，頁 53 下。正覺詩歌出現大量的「自然」詞彙，此是承繼曹洞宗受道玄思想所影響的特徵之一。

尚晚年山居生活的〈草庵歌〉，可視為本宗詩偈空間意象表現的精神源頭[17]。投子義青（1032-1083）亦針對洞山答「何為祖師西來意」之句（「待洞水逆流即向汝道。」）而頌：「古源無水月何生（靈光獨燿，迥脫根塵）？滿岸西流一派分（盡從這裏流出）。蔥嶺罷詢熊耳夢（莫寐語），雪庭休話少林春（誰敢多言恃語）。」[18] 即以「洞水逆流」的反常空間意象起興，言理事相即、萬象自理而出，與真如無法言說之理。

類此以現實的反常景象，表露法理空間的不可言說與流動性，在太陽警玄禪師（943-1027）詩偈中運用得特別多。如回覆「如何是清淨法身」時，其言「白牛吐雪彩，黑馬上烏雞。」[19] 人問「如何是透法身句」時，禪師回答：「洋海底紅塵起，須彌頂上水橫流。」[20] 四句的表出都建立在反常的空間意象上，動詞聯繫的前後二名詞，分別是理體與事相的意象表徵。句中之「吐」，屬空間動覺意象的容器圖示，「上」則是空間上下「up-down」的概念。警玄詩在大自然描寫中的許多黑白意象特點，是對本宗明暗偏正五位說意象運用的繼承，當中的黑白色調則顯現出水墨般的美感。

曹洞宗重深山養道，主攝心靜坐、息諸外緣而潛神內觀，弟子多承此風。正覺禪師特喜在「真贊」系列詩偈中，表出靈照妙觀的禪觀體悟：如「曲木床頭，心空默游。沙寒黃葦雪，風細白蘋秋。靜可久兮山瘠樹老，動無羈兮雲行水流。」[21] 是心空默游的動靜一如體會。另「靜而神，默而真，方寸絕四壁，大千成一塵。拈來百草頭邊看，浩蕩華華葉

---

[17] 其以七言句，由實體居所起興，引發對色身真我與法理空間的論義。見宋・道元編，《景德傳燈錄》卷30；《大正藏》冊51，頁461。
[18] 宋・從倫，《林泉老人評唱投子青和尚頌古空谷集》卷1；《卍新纂續藏經》冊67，頁273中、下。
[19] 宋・普濟，《五燈會元》卷14，頁288中。
[20] 宋・普濟，《五燈會元》卷14，頁288中。
[21] 宋・清荽、法恭編，〈明州天童山覺和尚真贊下火〉，《宏智禪師廣錄》卷7；《大正藏》冊48，頁80上。

葉春。」[22]則是擬萬象於一心，塑芥子納須彌的豐美空間形象，以喻擬贊主的精神人格。對真心廣大、流布萬象，以及理事的分合無礙，亦常以水月川海的空間意象表陳[23]。此外，丹霞子淳（1064-1117）頌洞山禪語言：「歸家豈坐碧雲床，出戶不行青草地。南北東西本自由，渠無向背那迴避。」[24]是從空間言解脫時的自由無礙感，向背方位恰是正偏的替代意象。

這種身心的自由感，在宏智正覺詩偈中被大量表現著，均用山水雲海為喻。如其〈送化主偈頌〉即言：「山谷之響，水監之像。白雲之心，太虛之量。應機也乍卷乍舒，據令也全收全放。三千世界爾彙緣，百億分身君伎倆。風行空，船駕浪，施受通同無住相。一言相送知不知，千僧在你缽盂上。」[25]言心體之量猶如虛空宇宙般地廣闊，可收放自如而分身並現。更以空間形體的一多與大小無礙，表達出心性與形軀、理體與事法兩者的流動自由無礙。而此靈覺的心性，是可以超脫一般凡夫，生命處於生死流轉之限制的。正覺師即用「金繩拽轉泥牛鼻，半夜驅來海上耕」類此反常的空間，來譬喻佛性靈覺心的醒覺能超脫生死[26]。

---

[22] 宋・正覺撰、師儼編，〈明州天童覺和尚真贊〉，《宏智禪師廣錄》卷9，頁110上。
[23] 如宏智正覺〈真贊〉云：「面孔誰傳，身心自然。鑑含萬像，海吞百川。」（〈祖印漸長老寫師像求贊〉）見師儼編，〈明州天童覺和尚真贊〉，《宏智禪師廣錄》卷9；《大正藏》冊48，頁102中。
[24] 宋・慶預，《丹霞子淳禪師語錄》卷下，〈增輯丹霞淳禪師語錄頌古〉；《卍新纂續藏經》冊71，頁764上。
[25] 宋・普崇、法為編，《明州天童山覺和尚上堂語錄》，《宏智禪師廣錄》卷4，頁53下-54上。另外，「氣清山秋，用光月浮。一無所寄，六不得收。任騰騰而異類，活鱍鱍而隨流。天上天下，雲水自由。」亦言自由的時空。宋・正覺撰、師儼編，《明州天童覺和尚真贊》，《宏智禪師廣錄》卷9，頁106中。
[26] 宋・集成等編，《泗州大聖普照禪寺上堂語錄》，《宏智禪師廣錄》卷1；《大正藏》冊48，頁5上。

二、雲門三句與法眼理事圓融表現

雲門宗文偃（847-872）禪師的思想，是承希遷「一切現成」、「即事而真」而來。接引機用與修行總綱，即著名的「雲門三句」[27]。首句「函蓋乾坤」，喻擬真如自性之心，可至大無外地布滿天地宇宙之間。此自性法身的廣大遍在顯現，是立體縱深的空間表達。次句之「截斷眾流」，則類現象學所言之「懸擱」。於採截流法，試圖阻斷學人的情識邊見與妄念之流外，也喻示開悟時的不容擬議與頓悟當下的時間特徵。末句「隨波逐浪」，亦運用水浪波濤的空間意象，隨順著時間的流動而表出隨緣適性與對機接引的詩性感悟。此宗入宋後，雪竇重顯（980-1152）的頌古詩尤為著名。重顯富有文學修養，亦留意辭藻修飾，常以詩文形式之要求以韻讚祖師公案，因而詩頌廣受當時文人士大夫喜愛，受到普遍的歡迎。

雪竇於〈送法海長老〉言：「雲在清宵水在瓶」。此以容器圖示的動覺空間意象，運用雲水被納藏到青天與缽瓶之內，而譬喻事理圓融的關係。其〈送清杲禪者〉詩亦云：「春雨濛濛，春風颺颺。動兮靜兮，匪待時出。雲霞閑澹[28]作性，金鐵冷落為骨。知我者謂我高蹈世表，不知我者謂我下視塵窟。道怂隨方，情融羈鎖。紫果一尋，青山萬朵。行行思古人之言，無可不可，南北東西但唯我。」[29]詩前段寫景，表達無論春風或春雨，人的動靜行止是不待時出的。此既寫實景，又顯露禪者的行藏之風。繼之，以淡霞冷鐵譬況其性，再引《詩經》句表露行者處世風度，並穿插八尺藤菜地景與萬朵青山的山野繪寫，最終在超脫古人言語之下，自信言出四方空間任我獨行的解脫自由心境。

重顯有不少極富唐詩美感之作，在眾多美麗意象的烘襯中，透顯出

---

[27] 清・三山燈來著、性統編，《五家宗旨纂要》卷下，頁279。
[28] 四庫本並無以上20字，於此依《全宋詩》本。北京大學古文獻研究所編，《全宋詩》冊3，《釋重顯詩》，（北京：北京大學，1998年12月），頁1639-1640。
[29] 宋・明覺（雪竇禪師），《祖英集》卷上；《四庫全書》集部，別集類，頁11。

禪門的深刻哲理。這種表述方式,是與宋代理趣議論詩風有別的。如〈春日示眾〉二首云:「門外春將半,閒花處處開。山童不用折,幽鳥自銜來。門外春將半,閒花處處開。山童曾折後,幽鳥不銜來。」[30] 詩意極其簡單,四句一個單元,中間只有山童「不折」花之因,招引幽鳥「自來」的景致。下半段只變化折花之因,致使幽鳥不再來的結果。全詩句式複疊而極富節奏之感,旋律優美且耐人尋味。在時間意象的自然流變中,具象化地展現雲門宗順於因果、一切自然現成的智慧。在詩意化的美感下,令人更易體會出雲門山水即真如、水月兩忘,以及隨緣適性、一切現成的宗門禪道,這些都是立於其時空意象框架之上的表達。

最晚成立,影響五代末期最大的法眼宗,宗風與雲門有關。開宗的法眼文益(885-958)禪師曾訪漳州(羅漢)桂琛禪師,在論「一切現成」下開悟。由此強調盡由心造,有心不可住著任何境地之主張。文益用華嚴六相圓融義,以說世界的理事無別與圓融不二之理,強調一切法的理事圓融,與本來如此的觀點。可說體現了青原人的理事回互、圓理於禪,與三界唯心、萬法唯識之特點。至文益的再傳弟子永明延壽(904-975),曾禮龍冊寺翠巖參禪師與天台山的德韶禪師。其發揮了文益的主張之外,更受宗密絕對真心與知是心體、頓悟漸修,以及禪法和會說的影響。著《宗鏡錄》百卷,有舉心為宗、照萬物為鏡之心。延壽禪師在禪法方面禮尊達摩,教法則以賢首為尚,倡禪教合一思想。

延壽師對自然時空的表陳,可見其回覆「永明妙旨」詢問時之詩偈:「欲識永明旨,門前一湖水。日照光明生,風來波浪起。」[31] 實則言此偈前,禪師只交代「再添些香」等不相干話回應。待學人謝師「指示」後,延壽欣喜學人不以一般思維參究時,方正面以門前湖水喻說。詩末二句,顯是對一池湖水在時空中的自然變化做描述。隨時間前後的推移及日照風拂的外境改易,而有了波光瀲灩與湖水盪漾的不同景象,

---

[30] 宋・明覺(雪竇禪師),《祖英集》卷下,頁 11。

[31] 宋・道元編,《景德傳燈錄》卷 26;《大正藏》冊 51,頁 421 下。

這一切都是自然而然的事物變化。此處即以湖水意象喻擬自性本心，而言自性理體與事象的互融無礙。念起念滅，一切均須無執無住。事實上延壽所言的一心，正是統攝真妄與事理的、理事不二不離之一心。禪師於此即隨順自然時空中，物象秩序的遷移變化來談本家之宗旨[32]。

《全宋詩》卷2收錄延壽禪師69首〈山居詩〉，詩中除描繪閒適的山居生活之外，常從對大自然山水的體會，引生對禪道自性的感悟：「千途盡向空源出，萬景終歸一路通。忽爾有心成大患，坦然無事卻全功。春開小岫調新綠，水漾漂霞蘸晚紅。莫道境緣能幻惑，達來何處不消融。」[33]首二句均以繁多實景途徑，喻擬萬象終歸源於自心本性的空慧。三四句，則言心的不可住著。詩前半段以實體道路、萬景通向抽象的法理空智，是藉實存空間表露多納於一的形上抽象法義之運用。五六句轉為純山景之描繪，寫出斑斕紅綠、鮮美色澤的麗春風光。末二句以論義方式言山景的滌心作用，是由抽象法義空間又回歸實存空間的作用。可說全詩由虛實交錯的空間所組構而成，是首具宋詩議論風格的自然禪詩。

參、臨濟、黃龍與楊岐宗的時空表達

一、臨濟全機大用的陽剛動態時空

宗風峻烈的臨濟宗，由臨濟義玄（？-867）所開創[34]。義玄禪師據學人根性的特點，在接引學人方面，形成一套以三玄三要、四賓主、四料簡、四照用與四喝為主的門庭施設。以「四料簡」來說，是依不同根

---

[32] 另外，在回答學人如何會永明家風時，延壽禪師答言：「牛胎生象子，碧海起紅塵。」此皆運用反常的不可思議空間，來表陳禪道法義的不可言說（思維）性。宋·道元編，《景德傳燈錄》卷26，頁422上。

[33] 北京大學古文獻研究所編，《全宋詩》卷2，《釋延壽詩》（北京：北京大學，1998年12月），頁18-27。

[34] 〈臨濟門庭〉：「大機大用，脫羅籠，出窠臼。虎驟龍奔，星馳電激。轉天關，斡地軸。負衝天意氣，用格外提持。卷舒擒縱，殺活自在。」宋·智昭，《人天眼目》，頁311中、下。

器所採取的不同教法，意在破除學人的我法二執。義玄於論述時，採用了不少詭譎與不可思議的時空意象[35]。其中，在「四照用」與「四喝」教法裡，師徒間更常以身體的肢體動作，與非一般語言的口喝行為，來傳達禪義的教示與體證內容[36]。「喝」是以心聽聲的念動[37]，棒打的含義略同於喝，用於喚醒迷惑更深之人。這些棒打聲喝，皆運用了吾人身軀在實際空間的互動，它雖無一般口語、文字之樣貌，然實具表意功能，因而可說是一種廣義的語言，皆喻示了離相絕思的禪義體證心得。

義玄承道一、希運之「觸類是道」思想，進一步提出屙屎送尿、著衣喫飯等「平常心是道」的禪修風格[38]。其更突出馬祖自我真心是佛的自信觀點[39]，形成臨濟禪法中的「無位真人」與「無依道人」的自由解脫、任運無礙主體特點。此種重心性直顯，從心直入般若觀照以達實相的特徵，使其展現出十分多元的悟入方式。在口語文字運用之外，呈顯出身體的感官知覺與其相涉的時空環境，二者相互融入的各式活潑教法，表現出極富啟發性的教學型式。當中，義玄承希運[40]所言之「一精靈分為六和合」說頗值得注意[41]。此自心佛性隨六根與現實環境互動而顯的觀點，凸出了自心起用處見性的「見聞知覺」作用之重要。這些強調身體六根對應外在六塵之境的互動感知，本是慧能以後江湖禪宗所共具的特點[42]。

---

[35] 詩偈見宋・智昭，《人天眼目》卷1，300上、中。

[36]「四照用」見宋・智昭，《人天眼目》卷1，304中。

[37] 閆孟祥，《宋代臨濟禪發展演變》(北京：宗教文化，2006年11月)，頁126。

[38] 唐・惠然，《鎮州臨濟慧照禪師語錄》；《大正藏》冊47，頁498上。

[39] 言：「爾要與祖佛不別，但莫外求。爾一念心上清淨光，是爾屋裏法身佛。爾一念心上無分別光，是爾屋裏報身佛。爾一念心上無差別光，是爾屋裏化身佛。」唐・惠然，《鎮州臨濟慧照禪師語錄》；《大正藏》冊47，頁497中。

[40] 希運曾言：「所言同是一精明分為六和合者。一精明者，一心也。六和合者，六根各與塵合。」《黃檗希運禪師傳心法要》，《景德傳燈錄》卷9，頁272下。

[41]「心法無形，通貫十方。在眼曰見，在耳曰聞。在鼻嗅香，在口談論。在手執捉，在足運奔。本是一精明，分為六和合。一心既無，隨處解脫。」唐・惠然集，《鎮州臨濟慧照禪師語錄》，頁497下。

[42] 毛宗賢，《中國曹洞宗通史》(南昌：江西人民，2006年)，頁72-87。

臨濟入宋後，文字禪首倡者汾陽善昭（947-1124）[43]，有反省語言的「三玄三要」教示[44]。禪師有一偈，首句言以七星劍之燦爛，及壯闊無煙塵的空間意象，來表徵自性本體的察照妙用。次言真如不可以思維方式直接表意，否則有利鉤穿腮，招致裂面的可怕後果。此處極其強烈的軀體受刃意象，顯出臨濟峻烈的宗風特點。其後在形容雖藉言說、然要根境俱忘時，善昭使用了山崩海竭、寒灰蕩盡的空間意象，以描述不應執持主客二境的教示。繼之，則以匣中七星劍透射出的閃耀光芒，喻擬不著言說、隨機應變的靈活教法。最後以「不須垂釣下鉤」動作，說明對已明本心的弟子，毋須採用固定教法，並以「楚歌聲曲」隱喻開悟後的境界。全偈在教示言句的權實照用，誘人直觀悟入言外真境方面，都運用了具體的空間形象以表徵之[45]。

師承汾陽善昭的慈明楚圓（986-1039），晚年將臨濟禪法以河北為中心，轉至南方的湖南長沙一帶，而擴大了臨濟宗的傳播範圍，並由此下開黃龍與楊岐兩派。然楚圓禪師之三玄三詩偈，在所運用的意象與風格方面，顯然比汾陽禪偈來得柔和與詩意許多。如其第二玄言：「靈利衲僧眼未明，石火電光猶是鈍，揚眉瞬目涉關山。」此用肢體語言所塑造的時間短語，及與遠方空間異地間的剎時聯繫，形容掌握到認識真

---

[43] 善昭融和參悟各家的心得，有三訣（指導學人）、三句（為接引學人）、三玄、三要、四轉語、四喝、四賓主、五位、六相、汾陽十八問等獨具的接引學人禪法。
[44] 頌云：「第一玄：照用一時全，七星光燦爛，萬里絕塵煙。第二玄：鉤錐利便尖，擬議穿腮過，裂面倚雙肩。第三玄：妙用具方圓，隨機明事理，萬法體中全。第一要：根境俱忘絕朕兆，山崩海竭灑飄塵，蕩盡寒灰始得妙。第二要：鉤錐察辨呈巧妙，縱去奪來掣電機，透匣七星光晃耀。第三要：不用垂鉤并下釣，臨機一曲楚歌聲，聞者盡教來反照。三玄三要事難分，得意忘言道易親。一句明明該萬象，重陽九日菊花新。」宋・智昭，《人天眼目》卷1，《汾陽無德禪師語錄》，頁302上、中。
[45] 善昭回答「真正修道人不見世間過，未審不見箇甚麼過」時亦言：「雪埋夜月深三尺，陸地行舟萬里程。」前為暗冷的空間意象，後則以錯置交通工具之行駛，拉出廣大的空間覺知外，又隱含了無窮的時間之感。宋・普濟，《五燈會元》卷1，頁234下。

理方法的與否。而第三玄所言:「萬象森羅宇宙寬,雲散洞空山嶽靜,落花流水滿長川。」則從橫向的寬闊空間,移至遠方山嶽洞口的縱深,再回返至腳跟大地、近距離俯角的落花流水景象。全詩視角轉換立體縱橫,充滿美麗飽滿而時空交錯的山水意象,將深刻禪義渾然地融入詩意景象中[46]。

二、黃龍三關與惠洪論議時空表現

黃龍宗的時空表現,可見於接引學人的「黃龍三關」禪法上。黃龍慧南(1002-1069)以臨濟無位真人為宗,用其全機大用、殺活自在與徹心截流之法。三關禪法是以觸事而真見解,用簡單、觸機即悟方式令人離卻文字禪弊,重返直捷明快的臨濟禪法。「三句」首關問:「人人有箇生緣,上座生緣在什麼處?」是問來世界的緣由。次言「我手何似佛手?」,是欲揭人佛關係不二的智慧。末提「我腳何似驢腳?」問題,則言他類眾生與我不二之理的體認。「觸事而真」本就凸出軀體與環境相涉的空間感知,此三轉語留意身旁可資利用的條件:追問生緣是時間性的追溯;二、三關則將以往對佛我、人與自他眾生關係平等的抽象佛理,分別以軀體中的手、足部分加以提問,此是一典型的、身體空間譬喻[47]。

惠洪覺範(1071-1128)是以詩文著稱的僧人[48],其於古典詩歌中有不少富含時空感知之作。如〈十五日立春〉詩云:「千年像教唐朝寺,雪後新年晴復陰。殘僧無事春又至,游客不來山自深。長廊掃葉望空翠,小閣卷經橫水沉。三生白業有言說,一念淨心無古今。」[49]首二句以

---

[46] 宋‧智昭,《人天眼目》卷1,302中。

[47] 宋‧智昭,《人天眼目》卷2,頁310中。

[48] 《四庫全書‧林間錄‧提要》言釋德洪,一名惠洪,號覺範,筠州新昌(今江西宜豐)人。曾隨真淨遷洪州石門。工書善畫,尤擅繪梅竹(《圖繪寶鑑》),多與當時知名士大夫交游,於北宋僧人中詩名最盛。

[49] 宋‧德洪覺範,《石門文字禪》卷10,《嘉興大藏經》(新文豐版)冊23,頁619上。

千年古寺對應當下的時間點，是古今新舊的對比。三、四句則以主體人之不來，映襯時節的復現，「又」字點出人間周而復始的時間輪迴。末二句，更以過、現、未三生善業的可以言說，再以禪家之一念淨心（無念），即無念無住的內觀時間，從非分別智將古今時空消融為一，將前述外在客觀的時間，全都收束到禪家的內證體悟時空。全詩以時間變遷為軸心言立春之感懷，饒富時間意識。

此外，惠洪在〈自豫章至南山月下望廬山〉言：「吾生飽食隨東南，去亦無求住無取。」[50] 顯示了無執灑脫、來去自如的心境。來去，是主體對時間的往返感知，也同時是空間的表現，僧人於此展露了禪者的無執智慧。而此來去無礙的主體，在宋代更常以一種顯明的、主動的姿態表現出來。惠洪〈舟行書所見〉詩：「剩水殘山慘淡間，白鷗無事小舟閒。箇中著我添圖畫，便似華亭落照灣。」[51] 即為一例。在整個如畫的舟行所見空間中，僧人更肯定地明指主體「我」的加入，將可令整個「畫面」增添美感。這種對自我的肯定，強調主體我涉入藝術作品時空的特點，正是宋代主意藝術的典型特點。若索其緣由，當與南禪高揚自性、肯定主體自信的時代風氣有關。

再看空間譬喻。惠洪詩云：「稽首一切智成就，譬如一月落萬水。乃知洪崖橋上看，不離文殊一月體。」從詩題可知，禪師遊翠巖見文殊瑞相，瞻仰之餘，更從根本法理反省此一現象。因以水月喻言法身空間的遍在，及現象本體的一多關係[52]。另〈飛來峰〉詩言行遊出門，目睹飛來峰如在眉睫之上，其勢若翔舞，不為千嶂所遮之秀色。對此壯闊景象，使其發出：「萬物皆我造，何從有來往？大千等毫末，古今歸俯仰。心知目所見，皆即自幻妄。如窺鏡中容，容豈他人像？頗怪胡阿師，乃作去來想。」[53] 的感慨。詩言萬物皆心性所造，本然而然，故無有來去之

---

[50] 宋・德洪覺範，《石門文字禪》卷2，頁583下。
[51] 宋・德洪覺範，《石門文字禪》卷16，頁651中。
[52] 詩題見宋・德洪覺範，《石門文字禪》卷15，頁645下-646上。
[53] 宋・德洪覺範，《石門文字禪》卷3，頁590上。

相。在般若禪慧的平等無住空觀下,大小的空間與今昔的時間差異都不復存在,悠長的古今時間也都歸於剎那的瞬間。詩以山名起興論議無住時空禪理,是首論議式的禪偈[54]。以詩僧著稱的惠洪,不少詩作更與宋文人詩風相近。

三、楊岐官能覺受下之不思議禪境

此宗創始人是楊岐方會（992-1049）[55],在黃龍派斷絕後,此派發展了臨濟禪,對後世影響極大。其融會臨濟與雲門兩宗的風格,兼有道一的機用,義玄立處皆真、不容擬議,直透心源、悟徹本心的禪風,以及雲門一切現成的禪法特點[56]。方會於回應「如何是楊岐境」時言:「獨松巖畔秀,猿向下山啼。」又答「如何是境中人」時云:「貧家女子攜籃去,牧童橫笛望源歸。」後更言:「霧鎖長空,風生大野,百草樹木作大師子吼,演說摩訶大般若。」[57] 首二句呈現孤挺青松與山間迴盪的猿啼意象,以詩性的、自然本真景象喻擬不可說的禪道悟境。三、四句寫山野人家的活動,表現開悟後人於空間中的自由之感。末三句以自然空間意象,表徵自性的函蓋乾坤與一切現成,既顯現雲門風格又展露出自家之氣度[58]。

方會禪師的詩偈,尚表現出一種感官上的冷熱覺受特點。《五燈會元》載師示眾云:「雪!雪!處處光輝明皎潔,黃河凍鎖絕纖流。赫日

---

[54] 雪竇認為,無論是內在的心知,或目見的外在現象,都是空幻不實的。鏡中容貌雖非真實景象,但仍是自我本心的映射,故評論胡僧以「飛來」命名之非是。

[55] 方會禪師,袁州宜春（今江西宜春人）,為臨濟宗第八代傳人。得慈明楚圓啟發而悟道,後至袁州楊岐山（今江西萍鄉北）弘禪,有《楊岐方會和尚語錄》傳世。

[56] 所謂「提綱振領,大類雲門」,而其「驗勘鋒機,又類南院。」宋·惠洪,《楊岐會禪師》,《禪林僧寶傳》卷28;《卍新纂續藏經》冊79,頁548中。

[57] 宋·仁勇等編,《楊岐方會和尚語錄》,頁640中。

[58] 故其後云:「三世諸佛在爾諸人腳跟下轉大法輪,若也會得,功不浪施。若也不會,莫道楊岐山勢峻,前頭更有最高峰。」宋·仁勇等編,《楊岐方會和尚語錄》,頁640中。

光中須迸裂,須迸裂。那吒頂上喫蒺藜,金剛腳下流出血。」[59]以北國隆冬,雪地黃河冰封,耀眼光照似欲劈裂凍流的酷寒景致,以及哪吒頂刺蒺藜、金剛腳下流血的身體受創意象以表禪義。寒冰酷冷節候之外,另有熱冷交流的景象。上堂偈云:「踏著秤錘硬似鐵,啞子得夢向誰說。須彌頂上浪滔天,大洋海裏遭火爇。參!」[60]前從身體感知出發,表露內證自悟境界的不可言說;後則以山頂橫絕洶湧的浪濤,與冰涼海水衝決熱流等反常的空間景象,喻示開悟時的不容擬議與直心見性的不思議境。類此近於酷冷殘暴的意象,皆顯現了臨濟系痛快淋漓的陽剛風格。

再看方會弟子的表達,白雲守端和尚(1024-1072)面對郭功甫扣問心法時頻頻追問「牛醇乎?」,後並為其陞堂,發揮之一偈曰:「牛來山中,水足草足。牛出山去,東觸西觸。」[61]牛,是本心自性的譬喻,叢林裡多所拈提。「醇」通「純」字,是反問心性的體悟狀況。詩偈言牛於山中,水草豐美可食。出山之後,亦可四處遊走覓食。「觸」,是獸類以犄角抵物之謂。「東西」,為方位詞,遍指任意的空間。詩偈是以山野農家慣見的自然景物,喻擬著衣吃飯、觸類是道而任運的心性開悟特徵,禪師以自然鄉野空間慣見的牛隻為喻,既有佛典常用的心性喻義於其中,又顯出極富詩性空間的觸動之感。

而著有《碧巖錄》,影響南宋文字禪極大的圜悟克勤師(1063-1135),禪偈中亦有不少時空的表現。其〈偈〉言:「蝸牛角上三千界,雲月溪山共一家。既爾業緣無避處,不如隨分納些些。」[62]以狹小的蝸牛角上能載承無量的廣大世界,及雲月溪山的並存景觀,而說自性解脫後的無礙心境,此是運用了上下與並列式的空間意象,以作禪義內涵的喻依。克勤另有一〈偈〉云:「雲騰致雨,世界索然。日照天臨,

---

[59] 宋・普濟,《五燈會元》卷19,頁388下。
[60] 宋・普濟,《五燈會元》卷19,頁388上。
[61] 宋・曉瑩,《羅湖野錄》卷4;《四庫全書》子部,釋家類,頁10。
[62] 宋・師明,《續古尊宿語要》卷3,《卍新纂續藏經》冊68,頁418上。

乾坤廓爾。文殊臺裏,萬菩薩縱然顯現;晴是晴,雨是雨。山是山,水是水。(阿那箇是萬菩薩?)風暖鳥聲碎,日高花影重。」[63] 是以自然節候的雲雨日照,山水的各住其位,而言立處皆真、一切現成之理。可見富於文藝修養的禪師,將一切現成義理以各式自然空間表出的手法。

肆、意象與喻意之間的時空知覺作用

以「不立文字」為精神的禪家,不以論議話語表達對開悟的說明,喜以詩偈、特別是具形象特色的自然詩歌來傳達不可說的真理。然就禪偈的接受者而言,何以能從詩歌中,充滿圖象化的自然意象中,去理解、悟入禪師背後所欲傳達的形上內容,以趨進其內蘊的禪慧呢?是透過何種機制,關鍵角色為何?凡此皆是值得令人加以深思與探察的。

一、以軀體感知為首要的隱喻時空

如何能從觸目所見的圖式、具象化的詩偈意象群中,「跳躍」至對抽象指涉意涵,即形上禪義的把握,其感悟過程若何?筆者認為,一項可能的機轉,是端賴主體透過對意象群統貫之上的、時空意識之中介而達成的。更進一步地說,此內在於主體的時空意識,更來自於創作者的軀體肉身,在自然環境的生活世界中,其感官六根接觸外在六塵感知而成的。同樣地,它也是禪偈接受者,自諸多自然意象領會禪義的媒介。亦即觀者透過意象所提取的,呈現在詩偈中的、或隱或顯的時空表現,形塑更內在的心性時空意識的領會,以進而把握到詩歌的禪義內涵。因而形塑主體時空意識的主體感知作用,就扮演著具關鍵性的角色。我們發現,當代認知語言學中所言的隱喻機制的相關研究,可為我們做一參照。一個可能的機制如下圖示:

---

[63] 宋・師明,《續古尊宿語要》卷3,頁420上。

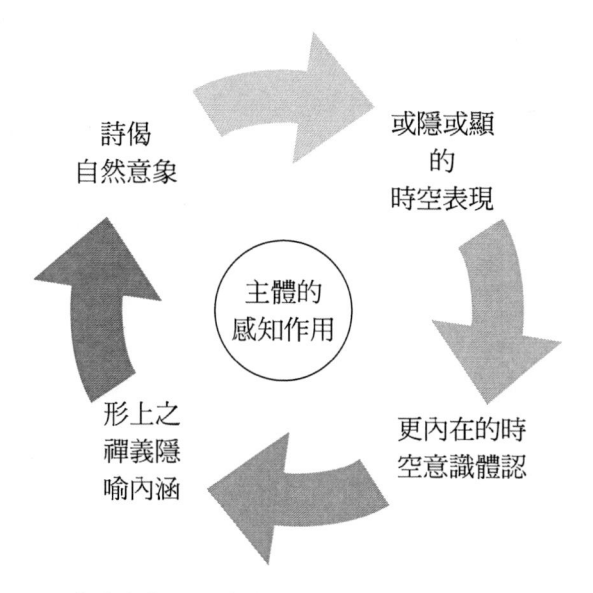

聯結自然意象與自性禪道之時空表出圖示

因此，對禪道喻義與僧偈自然意象間的聯繫，可嘗試以認知語言學的隱喻說來觀察。有別於傳統修辭學的用法，Lakoff 和 Jonhson 等人將「隱喻」也視為是一種認知方式，認為它可將兩個不同的認知概念加以聯繫在一起。由於隱喻是運用具象的感覺形式來表達，因此被視為是具有詩性的功能。而詩語本身以少（字詞）總多（意義）特點，也被視為具有隱喻的功能。實則兩者皆藉具象化的圖象，來表述抽象的意義或概念。因此，吾人可將自然禪偈視為是禪道意義之隱喻來探討。在對隱喻功能的說解中，Lakoff 等人提出許多的「意象圖式」[64]。這些圖式都含具體概念，有不少是屬於人對環境與對象感知的動覺經驗類型。這種物質性與空間性的結構，往往可令人聯繫到對抽象概念的認識。這有助於我們說明詩歌意象所含具的，對禪義指涉的功能與作用。

值得注意的是，隱喻學中所凸出的主體感知之用。隱喻理論中之各式圖式，特別是空間性的「動覺意象」等圖示，皆以身體的感官知覺經

---

[64]「意象圖式」（Image Schemas）語中之「圖式」，又譯為「基模」。其是一種聯繫感官知覺與理性的中介——即「心象」。由於本文主題在自然意象，故擇用性質更為接近的「圖式」譯詞。

471

驗出發[65]。這令人相對思考到作為禪修經驗，以及詩歌接受者的主體感知作用。以自然禪偈而言，回到僧人初始面對的自然環境，做為人境交流的依據即在禪家的身軀感知。特別是南宗禪法裡，極其突顯眾生心的「靈知靈覺」作用，主張「見聞覺知即心」，重視六根對生活世界的體驗。因而行住坐臥、揚眉瞬目與饑餐渴飲等，皆為悟道的憑藉[66]。此重視軀體經驗（bodily experience），是一種心性覺知的改易，可視為是朝向外在實體空間的轉向。有此轉向，南禪僧侶，特別是臨濟一系方能展開即事而真、觸目是道的禪修體驗。這也是將動作教示也視為禪詩來探究的原因。

其次，無論從禪修角度看禪義活動的實踐，或從作為文藝作品的自然詩偈之觀者來看，對應於禪修的實踐主體，審美活動中的主體審美感知亦值得留意。相對於前者的純粹認知導向，後者特別關涉到對作品對象的審美認知與判斷。特別重視審美對象客體，為法國現象學美學家的杜夫海納，其說特別適合解釋人對自然禪偈的領受。杜氏在對自然的審美經驗中，特重「感知」與「知覺」。認為「知覺」是主體的「前意識」，在主體面對審美對象時，其有首要的基始地位。言自然審美客體的感性形式，具開放與豐富多元性，主體與之交流不要求理解力做中

---

[65] Lakoff, George 和 Johnson, Mark 認為，我們對抽象概念的掌握，其原初是來自於肉身在自然環境的持續活動所產生的。身體的「感官知覺肌動」（sensory-motor experience）經驗，是一切體認的基礎。以此為據，透過「成系統的相互關聯」（systematic correlates）作用，便可與吾人的抽象概念相接合。依此，往往能透過前者去推導、形成對許多非知覺經驗的他域後者之理解。見 Lakoff, George, & Mark Johnson. *Metaphors We Live By*, Chicago: The University of Chicago Press, 1980, pp. 56-60 之說解。周世箴〈中譯導讀〉長文，亦有詳說。參氏譯註、雷可夫（George Lakoff）& 詹森（Mark Johnson）著，《我們賴以生存譬喻》（台北：聯經，2007 年 3 月），頁 15-162。

[66] 南禪將抽象的佛性與般若、形上的抽象法義，導向於對心的實踐。關鍵在從客觀的佛性，轉到人身軀體的心上來說。由心的觸動與六根感官的覺知（一精靈分六和說），這種「感知的主體」，方能轉向與外在生活世界的相通，並開啟「觸類是道」的悟入可能。

介,而是通過感官直接進行的[67]。這也適用於禪主體與自然對象之互動理解。佛教內部的「六根通染淨」說,則可為感官審美與禪道慧悟之接和提供了機制的說明[68]。

二、宋禪偈自性時空的常態與變形

由上觀點,以下綜看禪偈時空的相關問題。先看時間。一般現實時間常是線性、外在客觀的順序流動樣態,故有過去、現在與未來的連續與次序分別。然而,詩偈對時間的表述較顯然較為少數,此因其屬抽象性質而不易被表出之故。禪偈對客觀時間的描繪,以僧人的感懷居多[69]。相對的,在禪義法理的表現方面,卻往往是以變型的型態出現的。且對時間的體驗,常涉及到生死的觀點。禪者的法義時間觀,可溯自惠能三無思想中,般若智的無念無住觀點[70]。從自性的時間來看,一切外在客觀時間的變化,皆為吾人心識的變現。頓悟當下即泯除一般的長短前後分別相,並能隨心念剎那生滅而不起妄念執著。禪偈於此多以違逆的時序、或對峙的意象來加以表陳,顯現出不可思議的法義時間特徵。

次言空間。相較於時間體驗,空間更具原初性,它可說是時間概念形成的基礎。依 Lakoff 隱喻理論,空間隱喻(Spatial Metaphor)有其首出與重要性。以空間概念為始,向其他認知域進行映射,可獲得對非

---

[67] 皆見米・杜夫海納著、韓樹站譯、陳榮生校,《審美經驗現象學》,頁 50-61。杜氏認為,對自然的審美經驗,不像在作品面前那樣純粹,在我們進一步與事物渾然一體等方面,它更接近於普通知覺。又引梅洛・龐蒂言自身向世界敞開著。言「人愈深刻地事物在一起,他的存在也愈深刻。」

[68] 部派佛教中,大眾部等主張:「眼等五識身,有染有離染。」印・世友造、唐・玄奘譯,《異部宗輪論》;《大正藏》冊 49,頁 15 下。此即為大乘佛教道藝相通之審美觀,建立了理論的基礎。

[69] 宋朝運用的計時動量詞,有年、歲、載、稔、月、日、朝、夜、宵、宿、春、夏、秋、世、代、旬、晌、時、刻等字。金桂桃,《宋元明清動量詞研究》,武漢:武漢大學,2007 年 6 月,頁 102。這些在詩偈中也有運用。

[70] 指「無念為宗、無相為體、無住為本」思想。唐・慧能著、元・宗寶編,《六祖大師法寶壇經》;《大正藏》冊 48,頁 353 上。

空間性與抽象意義的認知理解。亦即依藉空間方位,有助於我們對抽象概念(如時間)的理解。上述詩偈中的自然時空意象也以空間意象居多,可見此現象之普遍。此外,Lakoff(1987)區分出感覺(Percetion)、心智(Metal)與意象圖式三種意象。其中「意象圖式」是一種超越特定感知,為意義的框架內容的意象,並提出與空間概念緊密相連的六類「動覺意象圖式」[71]。回看僧偈,以身體經驗出發,有各式「動覺意象圖示」的表出,如「銀碗盛雪,明月藏鷺」即「容器圖式」(ontainer Schema)喻之表達。

此外,禪偈凸出的空間動感,尚表現在對空間動量詞的運用上[72]。宋代時期的器官動量詞還不太常見,但主要的「拳、掌、腳」等字之使用,卻在語錄中大量出現。另外,同形動量詞「喝」,以及打類動作必然會憑借到的竹箆、拄杖、拂子、藤條與棒子等工具動量詞,在宋代僧人語錄中也有大量的運用[73]。可見詩偈中,禪師身體動作在空間中活動的情況。而這些肢體棒打聲喝的作為,是藉空間感知的直觀體驗表達抽象禪理概念的。洪州與石頭系門下,同有用身體動作表達禪義的方便施設,但在空間感方面,石頭一系顯然不如洪州宗具有強烈的動態感知。可說前者著重於思維處參究,而後者特別是臨濟禪法,更突出以見聞覺知為主,肢體涉入的強烈空間感知。

如同變型的時間一般,詩偈中也有不少變異形態的不思議空間。一般空間為三維度,漢語對空間隱喻的研究,常以上下、高低、大小與深

---

[71] George Lakoff 於《女人、火與危險事物》書中,分「動覺意象圖式」主要有六類:「容器圖式」、「部分―整體」、「連接圖式」、「中心―邊緣」、「始源―路徑―目的地式」與「其他圖式」等六類。可參王寅,《認知語言學》解說(上海:上海外語教育,2010 年 3 月),頁 188-191。

[72]「動量詞」是與「數詞」結合起來計量「有量動詞」所表示動作行為的次數、時長、程度等量的單位詞。金桂桃,《宋元明清動量詞研究》(武漢:武漢大學,2007 年 6 月),頁 2。

[73] 金桂桃,《宋元明清動量詞研究》,頁 200-203。

淺等兩端一組組的對立概念，顯示外在實體空間的分別思維性。但詩偈中往往有不少透過對外在客觀自然景致，表現空間錯置的意象之運用，目的皆在於對禪義的表達與領略。而禪義變型空間的依據，是般若禪智對分別思維的掃蕩作用，亦是源自於惠能三無說的禪慧展現。另外，深受華嚴過去、現在與未來，三際回互觀點之影響，亦使禪家時間由單一的流動轉趨雙向互攝，並推擴至方位與長短空間的互入表現，凡此皆深深影響了南宗禪法的時空觀念。禪師即藉自然景象，將此不思議法變形表出，可說這些異變空間正是禪家試圖寄寓禪義的常見手法。

伍、僧偈的自性表出與動靜審美風格

從認知語言學的隱喻機制，及現象學美學家對主體感知自然對象的觀點，使人對自然禪偈的創作基始以及接受過程，有了較為清楚的理解。可說以軀體感知為首出的時空覺受，是僧偈悟入禪義自性之關鍵。以此為基礎，我們再回看北宋各宗自然僧偈的自性時空表出，以及青原與南嶽兩大系的禪風特色。在禪偈以自然表徵自性的過程中，隨其禪法之別異，也顯露出不同的審美風格。

一、北宋自然僧偈的自性時空特點

回顧前說各宗詩歌的時空表現，曹洞宗有不少隨順時序流轉的時間觀，藉以表現出解脫後的身心自由之感。此宗的空間表現可隱溯自石頭希遷的〈草庵歌〉，其從色身對草庵的感知為據，引申出法義空間（含時間）的表陳，都影響了後來曹洞宗的時空特色。此外，在說明理事回互智慧時，其運用系列性的對比意象，是以人或動植物類、或山水自然景觀物象為主的空間意象居多。其中，凸出的黑白明暗意象，既可看作是視覺對空間的感知，又可表徵為日夜交替的時間意象。其於單一意象與意象之間，往往以違逆現實的空間物象表出，用以披露不可言說的無

礙法理之境。再者,因其具攝心靜坐、潛神內觀的禪法修持特點,使此宗顯現出一種內在性的心性時空色彩。

至於雲門宗的三句教示,「函蓋乾坤」彰顯佛性真如的滿布遍在,偏屬空間性的喻擬。「截斷眾流」藉阻攔奔流水路的空間形象,以言參究開悟時的不容擬議,是時間性的表達。「隨波逐浪」則在波水的流動景象中,言隨緣適性、一切現成的解脫智慧。而雪竇重顯運用空間的容器圖示,來揭示事理圓融的關係,並以天候、物質等意象來譬況僧人的心性特質,同是立於實體空間的喻擬。其尚有從眾多自然意象的組構中,展現時空混融一體的禪境詩偈。另外,法眼詩偈之時空特點可從永明要旨來看。其以一池湖水在時空中的變化,喻擬理事無礙、念起念滅的無執精神。延壽禪師的山居詩,則由實際景物通往禪義的虛理空間,又自抽象法義再度重返現實的生活空間,是以虛實交錯的型態來表現的。

再說臨濟宗,「一精靈分六合」的觀點,及無位真人與無依道人的提出,都使禪者在投入生活世界的參究途徑中,有了具體的感知依憑。其全機大用的諸多門庭施設,在多方接引途徑中所凸出的打喝教法,相較於其他宗派,此宗特別突顯了軀體涉入空間、並與參究對象有實際肢體互動的特點,呈現出一種動態性的陽剛風格。其後黃龍宗的時空表現,可自黃龍三關來觀察。首關對生緣的提問,是時間性的追索。次關與末關,分別運用了人身軀體的手、腳部位,以喻擬佛我、以及自我與他類眾生本質的無二無別,此是運用了身體空間之譬喻。若依字詞連繫而言屬明喻,但若是由身體的部分「部位」,以代替佛與他類眾生的「全體」指涉來看,則為轉喻(metonymy)式的譬說。

至於黃龍派的詩僧惠洪,詩歌中亦有不少富含禪義的時空表達。禪僧作品除突顯主體我的存在外,更常藉自然山水之景,展現一多相即的圓融禪境。最後,楊岐宗的時空表現,可見於方會和尚對「楊岐境」之揭露。從詩歌語言來看,方會有不少自然空間意象的表達。其間有不少

是在山水的景觀上面,更賦予了感官對峙性的冷熱覺受,使作為隱約背景的空間,有了主體涉入後的知覺觸感。白雲守端之言牛出山時的東西觸動,也是藉對實體空間中的物象感知,以譬況觸類是道而任運的心性開悟體驗。爾後,圜悟克勤也運用大量的自然山水意象,以實體空間的不思議景致,喻示自性解脫後的無礙心境。若干詩作出現的雲雨日照與山水的各住其位,也都是對立處皆真、一切現成法義的詩性喻擬。

二、青原南嶽二系之動靜審美時空

各家時空表現雖有南禪法理的共通特徵,但也有隨禪法僧人情性之不同而有所差異。最大的不同,即青原與南嶽二系的偏重傾向。青原僧偈本即以「詩文學」著稱,宋初四大頌古師皆出此系[74],其時空意象的運用顯然更具詩意之美。此外,修持主張與禪風的不同,使石頭系偏向心源、而馬祖系自境上見性[75]。此使前者顯出內在思維感悟的時間特點,相較之下,後者則凸出在空間行動中的活潑動態之相。此是北宋自然禪偈時空表現之大要。此中,外在客觀地理環境對宗派風格之形成,顯然也是影響的因素之一。自禪偈觀之,陽剛禪風以臨濟本宗最為強烈,仍於北方傳法的汾陽善昭次之,入宋後的黃龍與楊岐二派顯然又再次,此或與時代與傳法地域南遷有關,足見實體與意識時空兩者的交互影響[76]。

此外,僧偈的時空形式,若與同時的文人禪詩相較,更可見其特點所在。宋代文士蘇軾〈百步洪〉詩對時間的描述,及其至廬山所寫的〈題西林壁〉詩作對空間的敘寫,均是經外在真實時空的感悟之後,再

---

[74] 頌古雖由臨濟宗汾陽善昭開端,但宋初的四大頌古禪師,分別是指雲門宗的雪竇重顯,以及曹洞宗的投子義青、丹霞子淳與宏智正覺禪師。

[75] 毛忠賢,《中國曹洞宗通史》(南昌:江西人民,2006 年),頁 66-67。

[76] 印順法師認為創宗於北方的臨濟,其峻烈禪風是「北方之強」。而我們從其詩偈風格的漸柔傾向,亦可略探一二。參氏著,《中國禪宗史》(台北:正聞,1994 年 7 月),頁 411。

興起哲理的省思，形成議論的表出，這是典型的宋詩風格[77]。相較之下，僧偈卻更常藉意境圓融的自然圖景，或以扭曲外在實體空間的手法，來傳遞不可說的禪義內容。因此，宋代自然禪詩的風格應有二類：一是傾向於感官當下的領受，近於王維詩歌的表出方式。此以自然山水圖景為主，呈現鮮明生動的聲色之貌[78]。其次，是文人將觸物的反思所得，以理趣方式呈現，形成議論式的風格。僧偈多以前者方式表達，此與唐詩之風格接近；而宋代近禪文士，則多後者創作模式而類宋詩風格，此是大抵之區別。

杜夫海納認為，自然被視為是美的條件，在於它能否在精神空間取得意義。此「精神」是指主體依「感覺力」，情感從自然對象上能讀解出「偉大」和「深刻」等有意義的東西[79]。我們認為，自然禪偈亦是隱喻甚深禪慧的審美對象，能令主體在禪道智悟之外，更觸動感覺力而觸發審美本能。當禪偈觸動審美感知時，修行實踐與藝術審美則趨合一。依現象學審美主張，青原（石頭）一系禪學，具內游思觀修持特點，較屬「自性自然」路數，呈現靜態式的審美風格，因而近重視審美主體意識及想像的、羅曼‧英加登（Roman Ingarden）審美進路[80]。另外，南

---

[77] 文士禪詩與僧偈的時空差異，因涉及詩歌文本之呈現，故宜另文論述。〈百步洪〉詩，是非常典型的觀景感悟哲理詩。詩中「但應此心無所住，造物雖駛如吾何」等句，即蘇軾善以禪理遣蕩造化邊流所引生的哀思之例。而為人熟悉的〈題西林壁〉詩：「橫看成嶺側成峰，遠近高低總不同。不識廬山真面目，只緣身在此山中。」其繪寫方式，則近現象學對現象側面之描述。人對廬山形貌的掌握，當運用到主體內在的直觀綜合力。見宋‧蘇軾著、清‧王文誥輯注、孔凡禮點校，《蘇軾詩集》（北京：中華書局，2007年4月6刷），頁891，894，1219。

[78] 王維輞川詩帶出佛禪視野下的獨特空間書寫，其美感風格已是文人禪詩的不朽典範。參蕭麗華，〈王維輞川詩的空間書寫〉，「天、自然與空間」學術研討會，臺大中文系、日本島根大學合辦（2008年9月），頁1-16。

[79] 見〈自然的審美經驗〉文，米‧杜夫海納著、韓樹站譯、陳榮生校，《審美經驗現象學》，頁49-50。

[80] 對英加登來說，審美對象是一種意識中的意向對象，此與梅、杜兩位傾向將審美客體視為知覺對象的角度不同。其分作品結構為四層，認為作品本身所具的空白與不定點，均仰賴讀者的主動「充填」。見氏著、陳燕谷等譯，《對文學的藝術作品的認識》（Cognition of the literary work of art）（台北：商鼎文化，1991年），頁49-64。

嶽系禪法著重外在時空的觸知體悟,有「物性自然」的對象感知傾向,顯現動態式的審美風格。故其較接近著重審美客體的杜夫海納,及強調具體化肉身知覺經驗的梅洛龐蒂(Maurice Merleau-Ponty)[81]之審美進路。

再從自然與禪者的關係來看,詩偈顯現禪者在與自然的互動中,體道、悟道以及表達不可言說的禪道經驗裡,兩者的關係是極其密切的。禪悟的發生同時建立在對自然的感知,以及主體精神作用的聯繫當中。美學家認為,對自然的審美是一種具意義與價值的活動。觀自然禪偈富含審美質素,故是一種深具價值的作品。另外,依日本禪學辭典對「自然」(じねん)的解釋:「天然自然」,是指柳綠花紅、山高水長的外在景象,皆為諸法在自然界的顯現。而「無為自然」,是指無造作的自身存在,與不受生滅變化的真如法性之理[82]。依此,前者是禪偈中自然意象的禪道表徵作用說明。而後者,則是詩偈中所蘊含的、以及作者欲藉意象以傳達的禪道法義內容了。在兩者的親密關聯中,吾人可直言:禪道即自然!

簡言之,在修行實踐為導向,希能表述或傳達無法言傳的開悟內容時,一種具隱喻作用的詩歌語言,便是傳達與接受者雙方的重要憑藉。而接受者在領會詩歌背後的意義時,運用的不僅是表層思維而已,是透過創作者在原初自然環境時空中,依自身形軀的感知,以擷取可供描述的意象而進行表達。藉由片段意象群背後所顯現的時空感知,讀者更容易藉對字詞的認知體會,去掌握到詩歌更內在的心性時空意識,以期逼近不可言說的禪義領會。因而在自然禪偈中,由圖象化意象詩語轉進到形上禪義的悟解過程中,意象群之上的時空框架,提供了一個中介的作用,它是詩偈悟入途徑中的不可或缺環節。而其中的關鍵,更在於主體

---

[81] 梅洛龐蒂或者更適用於臨濟系的動作禪法之詮解。
[82] 駒澤大學內禪學大辭典編纂所編,《禪學大辭典》(東京:大修館,1985 年 11 月),頁 459。

的感知覺察,其為禪偈以自然喻自性作用的根基所在。北宋各宗禪法的時空表現,及其與禪義的關聯即由此而說。

引用書目

一、原典

印・世友造、唐・玄奘譯,《異部宗輪論》;《大正藏》冊 49。

唐・惠然,《鎮州臨濟慧照禪師語錄》;《大正藏》冊 47。

唐・慧能著、元・宗寶編,《六祖大師法寶壇經》;《大正藏》冊 48。

宋・仁勇等編,《楊岐方會和尚語錄》;《大正藏》冊 47。

宋・智昭,《人天眼目》;《大正藏》冊 48。

宋・清萃、法恭編,〈明州天童山覺和尚真贊下火〉,《宏智禪師廣錄》卷 7;《大正藏》冊 48。

宋・正覺撰、師儀編,〈明州天童覺和尚真贊〉,《宏智禪師廣錄》卷 9;《大正藏》冊 48。

宋・集成等編,〈泗州大聖普照禪寺上堂語錄〉,《宏智禪師廣錄》卷 1;《大正藏》冊 48。

宋・普崇、法為編,〈明州天童山覺和尚上堂語錄〉,《宏智禪師廣錄》卷 4;《大正藏》冊 48。

宋・道元編,《景德傳燈錄》卷 30;《大正藏》冊 51。

宋・法應,《禪宗頌古聯珠通集》卷 12;《卍新纂續藏經》冊 65。

宋・從倫,《林泉老人評唱投子青和尚頌古空谷集》;《卍新纂續藏經》冊 67。

宋・師明,《續古尊宿語要》;《卍新纂續藏經》冊 68。

宋・慶預,《丹霞子淳禪師語錄》卷上下;《卍新纂續藏經》冊 71。

宋・惠洪撰,〈楊岐會禪師〉,《禪林僧寶傳》;《卍新纂續藏經》冊 79。

宋・普濟,《五燈會元》;《卍新纂續藏經》冊 80。

宋・德洪覺範,《石門文字禪》;《嘉興大藏經》(新文豐版)冊 23。

宋・曉瑩,《羅湖野錄》卷 4;《四庫全書》子部,釋家類。

宋・明覺(雪竇禪師),《祖英集》卷上;《四庫全書》集部,別集類。

清・三山燈來著、性統編,《五家宗旨纂要》;《卍新纂續藏經》冊 65。

二、專書

小尾郊一著、紹毅平譯,《中國文學中所表現的自然與自然觀——以魏晉南北朝為中心》,上海:上海古籍,1989年。

毛宗賢,《中國曹洞宗通史》,南昌:江西人民,2006年。

王寅,《認知語言學》,上海:上海外語教育,2010年。

北京大學古文獻研究所編,《釋延壽詩》,收錄於《全宋詩》第1冊,北京:北京大學,1998年。

———,《釋重顯詩》,收錄於《全宋詩》第3冊,北京:北京大學,1998年。

石井修道,《宋代禪宗史の研究——中国曹洞宗と道元禅》,東京:大東,1987年。

吳言生,《禪宗詩歌境界》,北京:中華書局,2002年。

金桂桃,《宋元明清動量詞研究》,武漢:武漢大學,2007年。

閆孟祥,《宋代臨濟禪發展演變》,北京:宗教文化,2006年。

楊惠南,《禪史與禪思》,台北:東大圖書,1995年。

———,《禪思與禪詩——吟詠在禪詩的密林裡》,台北:東大圖書,1999年。

楊曾文,《宋元禪宗史》,北京:中國社會科學,2006年。

蔡榮婷,《祖堂集禪宗詩偈研究》,台北:文津,2005年。

駒澤大學內禪學大辭典編纂所編,《禅學大辭典》,東京:大修館,1985年。

蘇軾著、王文誥輯注、孔凡禮點校,《蘇軾詩集》,北京:中華書局,2007年。

釋印順,《中國禪宗史》,台北:正聞,1994年。

M. Dufrenne 著、孫非譯,《美學與哲學》,台北:五洲,1987年。

M. Dufrenne 著、韓樹站譯、陳榮生校,《審美經驗現象學》,北京:文化藝術,1992年。

R. Ingarden 著、陳燕谷等譯,《對文學的藝術作品的認識》,台北:商鼎文化,1991年。

G. Lakoff & M. Johnson 著、周世箴譯注,《我們賴以生存譬喻》,台北:聯經,2007年。

G. Lakoff & M. Johnson. *Metaphors We Live By*, Chicago: The University of Chicago Press, 1980.

三、論文

蔡榮婷,〈北宋時期禪宗詩偈的風貌〉,《花大中文學報》第1期,2006年12月,頁205-226。

蕭麗華,〈王維輞川詩的空間書寫〉,臺大中文系、日本島根大學共同主辦,天、自然與空間學術研討會,2008年9月,頁1-16。

Nature and Selfhood
-- On the Cognition of Space and Time and the Functions of Northern Song Nature Gatha

Chen, Jia-Jing[*]

Abstract

This essay examines the representation of dharma nature gatha in poetry in the Northern Song Dynasty. It probes into the issues of the manifestation of space and time, recognition, and the selfhood in Zen. For example, the poetry of the Cao Dong Sect expresses the freedom gained after liberation with the chronological flow of time as a metaphor. As these poets practiced mediation and introspection, their recognition of selfhood and space-time are represented in their works. Meanwhile, in Yunmen's three lines, "To contain heaven and earth" is a spatial metaphor; "To sever the many streams," an expression of time; and "To drift with the waves," the depiction of a realm of freedom after emancipation. In addition, the Fa Yen Sect delineates the eternal understanding of matters beyond limitation with the changes of lake water in space-time. Meanwhile, the Linji Sect's "Six interpretations of souls" inspired Zen Buddhists' to be enlightened by "Tao in everywhere and everything" in everyday life. Its teaching method of "hitting and shouting" highlights the experiences of the body, which extends to the space beyond the entity. As to the Huang Long Three-Pass, it ponders the pursuit of time with questions related to cause and effect. With hands and feet, it explains the null difference between the Buddha and all lives with metaphors of body parts. In the Yang Qi Sect, its understanding of space-time is unveiled in "Yang Qi Realm."

---

[*] Ph.D. in Chinese Literature, National Cheng Kung University.

Overall, although each sect share common grounds of the Southern Sect of Zen, each shows to have differences in teaching methods and interpretations by individual monks. The Shi Tou Sect prefers to work on the enlightenment at heart, showing the recognition of time in introspection. Meanwhile, the Ma Zu Sect preferred to understand the self through selfhood, highlighting the dynamic appearance of the subject in space. Compared these issues with aesthetics perspective, the former tends to be a manifestation of the "natural self" through introspection, showing similarities to Roman Ingarden's theory. As to the latter, it emphasizes on the cognition of space-time, showing inclinations towards the theory of Mikel Dufrenne and Meleau-Ponty. Simply speaking, in the transformation process from concrete language to abstract understanding of Zen, the space-time framework above the images offers a medium, which is an indispensable approach or facet of understanding the poetry. In addition, the key lies on the recognition of the body through the "pre-consciousness" of the subject, serving as the prime grounding of illuminating Zen with the metaphors of nature in gatha. Regarding the relationships of the subject and object, and the natural and artificial, we can stress that "Zen is natural!"

Keywords: nature gatha, selfhood in Zen, recognition of space-time, body metaphors, aesthetics cognition

巴壺天對「禪公案」的詮釋

邱敏捷[*]

摘要

　　戰後台灣，禪學研究漸趨熱絡。其中，針對鈴木大拙的禪學觀點有所批判，並就「禪公案」提出詮釋觀點的代表人物，應首推巴壺天。巴氏自信於禪與禪公案能探驪得珠，先後發表《藝海微瀾》（一名《禪與詩》）與《禪骨詩心集》。巴氏對「禪公案」的理解，主要就「禪公案」的「語言特性」加以析論，並分別採取「禪宗三關」以及哲學名詞「本體界」與「現象界」之區分詮釋禪公案義理。他提出禪宗公案語言之特性凡五：（一）雙關性，（二）象徵性，（三）否定性，（四）層次性，（五）可取代性。此外，他定義「禪宗三關」為「初關」、「重關」與「牢關」，即「空」、「有」、「中」三關，並以之解析「公案」之「空」、「有」雙破，乃生「中道」的義涵。同時他以「本體界」著不得語、「現象界」可論可議，解析公案。巴壺天強調禪宗「公案」是可以理解的，其一生致力於公案的解析、詮釋與推演，有其獨到之工夫，雖然不免存在亟待商榷之處，但亦有其影響及成就。

關鍵字：巴壺天、禪公案、禪宗三關、禪宗語言

---

[*] 作者為臺南大學國語文學系教授，本文原載《臺大佛學研究》第 16 期，2008 年 12 月。

壹、前言

戰後,大陸學者與高僧紛紛來台,台灣佛教學術研究起了質與量的變化,特別是在禪學研究上,尤其顯著。1949 年 6 月,胡適(1891-1962)與鈴木大拙(1869-1966)二人在美國夏威夷大學召開的「第二屆東西哲學家會議」中諍辯禪學,可說是這一學術活動的起點[1]。基本上,胡適出發於科學的見地和研究才能,是著重於考證方法的史學家。他在 1950 年代陸續發表了數篇具有突破性意義的初期禪宗史研究論文,在中日兩國間引起不少回應[2]。鈴木大拙則是承繼中日臨濟禪衣缽而自成一家——所謂「鈴木禪(學)」的「世界禪者」。胡氏傾心禪宗信史的重建,鈴木氏則偏向禪學體驗的傳播,所重不同,但影響皆大。戰後台灣對於胡適與鈴木大拙禪學研究的回應,主要代表為印順(1906-2005)1971 年付梓的《中國禪宗史——從印度禪到中華禪》,錢穆(1894-1990)1977 年發表的〈評胡適與鈴木大拙討論禪〉等多篇論文[3]。

---

[1] 邱敏捷,〈胡適與鈴木大拙〉(收於鄭志明主編:《兩岸當代禪學論文集》,嘉義:南華大學宗教文化研究中心,2000 年 5 月),頁 155-178。

[2] 有關胡適的禪學研究,日本學者柳田聖山在 1974 年,收集胡適的禪學研究著作,編成《胡適禪學案》,內容相當完整且深具參考價值。柳田氏並撰寫了〈胡適博士中國初期禪宗史研究〉(胡適著,柳田聖山編,《胡適禪學案》,台北:正中,1990 年 1 月二版,頁 5-25),介紹胡適一生禪學研究的歷程與發現、對日本學界所造成的衝擊與回應。1994 年江燦騰發表〈胡適禪學研究的開展與諍辯——第一階段(1925-1935)的分析〉(《清華學報》24 卷 1 期)與〈胡適禪學研究公案〉(《當代》第 101 期,頁 112-123,1994 年 9 月;第 102 期,1994 年 10 月,頁 110-119)二文,重估七十年來海峽兩岸對胡適禪學研究的回應。江氏的意見完整的表現在〈從大陸到台灣胡適禪宗研究七十年來的爭辯與發展〉(收於氏著,《台灣佛教百年史之研究》,台北:南天,1996 年 3 月,頁 334-408)中。該文把胡適從 1925 年發表的第一篇禪學論文以來,逐漸在中國學界激起的研究反應狀況,作了長達六十八年(1925-1993)的回顧與探討,使胡適禪學研究的真正影響力,有了較全面性的系統評估。

[3] 首先,陳之藩於 1969 年 12 月 9 日在中央副刊上發表〈圖畫式與邏輯式的〉(《中央副刊》,民 1969 年 12 月 9 日,第 9 版);翌年底,楊君實也撰文〈胡適與鈴

此外,針對鈴木大拙的禪學觀點有所批判,並就「禪公案」提出詮釋觀點的代表人物應首推巴壺天(1905-1987)。他與當時之印順有所交往[4],其在「禪公案」的論著對後輩晚學產生不少影響作用[5]。巴氏認為「禪」是可以理解的,他不苟同鈴木大拙《禪的生活》(Living by Zen)所提「禪是非邏輯的、非理性的、完全超乎人們理解力範圍」[6]的

木大拙〉(《新時代》10卷12期,1970年12月,頁41)。1972年元月,英人韓瑞福(Christmas Humphieys)蒐集鈴木大拙有關禪的七篇文章,編為《Studies in Zen》,由孟祥森譯,台北志文出版社以《禪學隨筆》列為新潮文庫之一發行問世。鈴木大拙的〈禪——答胡適博士〉,即係書中一篇。從此以後,鈴木大拙的禪學作品,自日文或英文本相繼譯成中文版。半載後,《幼獅月刊》特刊出「鈴木大拙與禪學研究專輯」,除了將上述的楊文載入外,又有邢光祖的〈鈴木大拙與胡適之〉。再過一個月,胡適用英文寫的〈中國的禪——它的歷史和方法〉由徐進夫譯出,刊在《幼獅月刊》總號第236號。至此,胡適與鈴木大拙兩人所辯難的問題,才漸為國內學者所關注,陸陸續續地出現了回應性的文章。1973年朱際鎰〈鈴木大拙答胡適博士文中有關禪非史家所可作客觀的和歷史性的考察之辨釋〉、1977年錢穆〈評胡適與鈴木大拙討論禪〉、1985年傅偉勳〈胡適、鈴木大拙、與禪宗真髓〉、1992年馮耀明〈禪超越語言和邏輯嗎——從分析哲學觀點看鈴木大拙的禪論〉,以及夏國安〈禪可不可說——胡適與鈴木大拙禪學論辯讀後〉等數篇,均是回應胡適與鈴木大拙論辯而發。

[4] 1953年9月,印順在新竹青草湖的道場「福嚴精舍」竣工落成,巴壺天寫了題辭恭賀,其詞為:「彈指何須待善財,幾重樓閣面湖開;出門便是青青草,誰解無情說法來。」(氏著,《禪骨詩心集》,台北:東大,2004年10月二版,頁174)他在題名中稱印順為「尊者」,並於詞下註說:「石霜禪師因僧舉洞山語『直須向萬里無寸草處去』云:何不道『出門便是草』。精舍門對青草湖,自然環境暗含禪機,亦一種無情說法也。」(同上)還有,巴壺天的禪趣詩〈慧日講堂為印順法師題〉云:「花雨幡風護講臺,生公舌底妙蓮開,臺前呆呆朝陽影,併與閻浮破闇來。」(氏著,《藝海微瀾》,台北:廣文,1971年10月,頁163-164)。將印順主持台北慧日講堂的弘法行誼,比擬為竺道生(355-434)。足見,巴氏對當時已是佛學聞人印順的禪學及其道場極表肯定。

[5] 受巴壺天影響而著有成就之後學者,當推曾受學於巴氏的杜松柏。杜氏著有《禪學與唐宋詩學》(台北:黎明,1975年)、《禪與詩》(台北:弘道,1980年)與編著《禪詩牧牛圖頌彙編》(台北:黎明,1983年)等,研究焦點從「禪公案」轉向的「禪詩」。

[6] 胡適著,徐進夫譯,〈中國的禪——它的歷史與方法〉(《幼獅月刊》總號第236號,1972年8月),頁8。

觀點。他指出:「自從日人鈴木大拙將禪宗用英文介紹到歐美以後,原是最冷門的東西,竟成為今日最熱門的學問。不過,禪宗公案是學術界公認為最難懂的語言,參究的人雖多,真正了解的人卻很少。」[7]更評判道:「若從禪學而言,日本現已無人了解公案的實義。」[8]巴氏自信於禪與禪公案能探驪得珠,他說:「禪宗公案多是一則一則的,上則與下則各自獨立,了無關涉,因此一般人認為禪宗公案好似『無孔鐵鎚』,其實只要找到它們的關鍵,是不難了解的。」[9]巴氏所說的理解之「關鍵」何在?實有必要進一步探究。

巴壺天於 1971 年發表《藝海微瀾》[10](一名《禪與詩》);1988 年他又完成《禪骨詩心集》[11](乃 1955 年至 1985 年間有關「禪與詩」研究的舊作重編之結集,為《藝海微瀾》之續集),巴氏嘗言此集當為「傳世作品」[12]。這些是戰後台灣有關「禪與詩」研究的著作。對於巴壺天的研究成果,孫昌武〈漢文佛教文學研究概況及其展望〉認為巴氏《藝海微瀾》對「禪語錄的藝術特徵」作了「基礎性研究工作」[13]。然孫氏卻略過巴氏《禪骨詩心集》一書。至於丁敏〈當代中國佛教文學研究初步評介——以台灣地區為主〉[14]、蕭麗華〈近五十年(1949-1997)台灣地區中

---

[7] 巴壺天,《禪骨詩心集》,頁 4。

[8] 同上,頁 103。

[9] 同上,頁 15。

[10] 巴壺天《藝海微瀾》論述禪理、禪公案、禪趣詩的篇章有:〈談禪〉、〈禪筏〉、〈禪宗三關與莊子〉、〈禪宗的開導法〉、〈禪宗公案之透視〉、〈答友人問禪〉、〈禪學論叢序〉與〈禪趣雜詩八首〉等八文。

[11] 巴壺天《禪骨詩心集》之〈禪學參就者應具有的條件與認識〉、〈禪門三柱序〉、〈易學與禪學〉、〈佛教「緣起性空」的宇宙觀〉、〈禪宗要義釋疑〉、〈禪趣與哲思——發掘中國詩詞礦源裏的無盡寶藏〉與〈禪宗頌古詩舉隅〉等七篇,主要在於禪學、禪公案及禪趣詩的解析。

[12] 巴壺天,《禪骨詩心集》(〈年表〉),頁 18。

[13] 孫昌武,〈漢文佛教文學研究概況及其展望〉(收入林徐典編,《漢學研究之回顧與前瞻》(上冊),北京:中華,1995 年),頁 133-134。

[14] 丁敏,〈當代中國佛教文學研究初步評介——以台灣地區為主〉(《佛學研究中心學報》第 2 期,1997 年 7 月),頁 233-280。

國佛教文學研究概況〉[15]、林朝成與張高評合撰〈兩岸中國佛教文學研究的課題之評介與省思——以詩、禪交涉為中心〉[16]等文，對於巴氏在禪公案與禪文學的研究論著，則皆未論及，不無遺珠之憾。

巴壺天對於胡適與鈴木大拙在禪學詮釋上的分歧與爭辯的議題上，有其關注之處。何謂禪、禪可不可理解、禪如何理解等問題，在巴氏著述中，都有所著墨，尤其是針對「禪公案」的理解[17]，有他獨到、新穎的詮釋角度。本文旨趣即就其對「禪公案」的「語言」與「思想」之詮釋觀點加以論述。

貳、「禪公案」語言特性的分析

「禪公案」乃中國禪宗發展史上特有的思想載體。中國禪宗自慧能（638-713）直指人心、見性成佛的頓悟禪成為主流後，經過諸多繼起者的闡揚光大，發展出許多支流宗風。禪宗宗派雖然分化，但在皆重「禪機」而運用不拘形式、動作和語句以教化習禪者的模式中，一則則證入或印心的故事，流傳下來，記載成所謂的「禪宗語錄」，亦稱「公案」，如著名的、為大眾朗朗上口的「南泉斬貓」、「懷讓磨鏡」等記載。公案本是法庭案牘，用以判斷案情；而「禪公案」表現禪宗師徒之間機教相扣之往來，亦是為判斷迷悟，剖析底理，而開悟證入之用。

向前追溯，禪宗「傳燈錄」的簡式創作起靭於初唐，至中唐始有卷

---

[15] 蕭麗華，〈近五十年（1949-1997）台灣地區中國佛教文學研究概況〉（《中國唐代學會會刊》第9期，1998年11月），頁131-140。
[16] 林朝成、張高評，〈兩岸中國佛教文學研究的課題之評介與省思——以詩、禪交涉為中心〉（《成大中文學報》第9期，2001年8月），頁135-156。
[17] 王進瑞（1913-）《碧巖錄講義》（自刊本，1972年4月）亦為註解禪公案之作；南懷瑾（1918-）《禪海蠡測》（台北：老古，1978年）、《禪宗叢林制度與中國社會》（台北：老古，1982年）與《禪話》（台北：老古，1979年）等書，同樣對禪公案有所解說。

帙較大的著作，如唐・智炬《寶林傳》[18]、後梁・惟勁編《續寶林傳》等之問世。到了五代十國時期，南唐靜、筠合編《祖堂集》，綜合、彙整當時各家禪師傳略、語錄、軼聞，大部頭的「禪宗語錄」於焉形成。基本上，「語錄」乃禪宗祖師平日說法開示，或賓主彼此激揚，互相討論和啟發的記錄書。禪宗師徒或禪師與俗眾應對之間產生了所謂「機鋒」和「機用」，還有講家的所謂「機境」，隨著經驗的累積，這些機鋒、機用、機境等逐漸形成一定的句式[19]。大體而言，禪宗語錄多由禪師的侍者與參隨弟子記錄，再加以蒐集成冊[20]，其用語力求通俗，不加藻飾，以直說宗旨為本。中國禪宗叢林制度成立的時代，凡知名禪師多曾出任方丈，依制度，其下必設「書記」，職司記錄禪師之言行，日後輯成語錄，如《馬祖道一禪師語錄》、《趙州從諗禪師語錄》等。

對於「禪公案」的理解，巴壺天多方運用「歸納」、「比較」等方法切入。他在〈禪學參究者應具有的條件與認識〉中自言：

> 我是在民國廿八年開始接觸這門學問的，首先看的是清世宗的《御選語錄》。……後來又看了《頻伽精舍藏》雲騰二帙[21]（共廿本），全是禪宗語錄。看完後，我就下了一番

---

[18]《寶林傳》凡十卷，現存七卷，缺七、九、十等三卷，又稱《大唐韶州雙峰山曹溪寶林傳》、《曹溪寶林傳》、《雙峰山曹侯溪寶林傳》。唐・智炬（或作慧炬）撰於貞元十七年（801）。韶州曹溪寶林寺為禪宗六祖慧能宣揚禪法之道場，故以為書名，以闡明六祖慧能之禪法。內容集錄有關之禪宗史料，如《六祖壇經》、《五明集》、《續法傳》、《光璨錄》、《歷代法寶記》等書，而主張二十八祖之傳承。其後遂有《祖堂集》、《景德傳燈錄》、《廣燈錄》、《續燈錄》等，下至宋・契嵩《傳法正宗記》、《宗祖圖》等，確定今日所傳二十八祖之說。

[19] 呂澂，《中國佛學源流略講》（台北：里仁，1985年1月），頁255。

[20]「語錄」之中，將祖師法語作詳細之記錄者，稱為「廣錄」，如《馬祖道一禪師廣錄》、《雲門匡真禪師廣錄》；僅記錄重要部分者，稱為「語要」，如《百丈懷海禪師語要》。此外，僅集一人之法語者，稱為「別集」；集多人之法語者，則稱「通集」。宋以降，儒道二家亦多有沿用者。同時，語錄之內容亦逐漸包括詩偈及文疏等。

[21] 原誤作「軼」（巴壺天，《禪骨詩心集》，頁3）。

功夫,先用歸納的方法將所有看過公案分門別類,鈔在一起,並參悟其中旨意,再用比較的方法,研究它們的異同,於是漸有領會[22]。

根據其歸納、比較之心得,巴氏提出禪宗公案語言之特性凡五:(一)雙關性,(二)象徵性,(三)否定性,(四)層次性,(五)可取代性[23]。依其觀點,參究禪學,務必對此等特性先有相當的認識。以下依序說明之。

首先,巴壺天強調「禪宗(公案)句句都含有雙關性」[24]。他綜覽禪宗語錄發現:

> 兩個禪師見面時,句句話都是談修行的功夫和境界。但是修行的最高境界是證悟自性的絕對體,是不可說,不可思議的。要想表達那種境界,只有藉語義雙關的話來暗示[25]。

第一義不可說,為闡述其證悟境地,只好以此喻彼。

基本上,「公案」是一則則禪宗師徒彼此機教相扣,並勘驗、印證的對話,其內涵幾全是無法言說、不可思議的體證。語言是表達的工具,所謂「以指標月」,語言是「指」,「月」才是指向的目標。巴壺天以李渤和智常禪師的對話為例敘述到:江州刺史李渤問:「一大藏教說明個什麼邊事?」智常禪師乃舉起拳頭答說:「還會嗎?」李云:「不會。」師云:「這個措大,拳頭也不識!」李云:「請師指示。」師云:「遇人即途中授與,不遇則世諦流布。」[26] 巴氏據此指出:

---

[22] 巴壺天,《禪骨詩心集》,頁 3。
[23] 同上,頁 8。
[24] 同上,頁 9。
[25] 同上,頁 8。
[26] 宋・道原纂,《景德傳燈錄》卷 7(《大正藏》第 51 冊),頁 256 中。

> 禪宗最重「明心見性」。……因此佛家常以「這個」代表自性。而舉拳即表示「這個」「自性」。如果懂得，則當場開悟，如果不懂，則世諦流布，就當它是拳頭好了，是知禪宗句句都含有「雙關性」[27]。

所謂「雙關性」是言在此意在彼。禪宗語言不僅是雙關，禪師舉事示物之際，都是「當下」有什麼就舉用什麼，遇者會則是，不會則擬議即不得。

其次，所謂第一義不可說，既要表達，就只能是「象徵性」的點說，不能明詮。巴氏列舉下面兩則為證：一是，龐居士問：「不與萬法為侶者，是什麼人？」馬祖應答：「待汝一口吸盡江西水，再與汝道。」[28] 二是，首座問：「和尚什麼處去來？」長沙景岑招賢禪師說：「遊山來。」首座又問：「到什麼處？」答曰：「始從芳草去，又逐落花回。」[29] 巴壺天申論云：

> 「一口吞盡三世諸佛」和「一口吸盡江西水」的象徵意義是一樣的。……是知長沙岑所說的：「始從芳草去，又逐落花回。」這種象徵的語句，實際上是在自明修道的歷程[30]。

「一口吸盡江西水，再與汝道」，意味絕對境界之不可說；而「始從芳草去，又逐落花回」，象徵「由凡入聖」、「迴真向俗」的修道歷程。

另外，禪宗為破除執著、解黏去縛，故用「否定性」語言——說「有」，旋再以「無」去之。最典型的例子就是：神秀（？-706）「身是

---

[27] 巴壺天，《禪骨詩心集》，頁9。
[28] 宋・紹隆等編，《圓悟佛果禪師語錄》卷13（《大正藏》第47冊），頁774上。
[29] 同上，卷4，頁172中。
[30] 巴壺天，《禪骨詩心集》，頁10-11。

菩提樹」之「有」的偈句，慧能再以「菩提本無樹」之「無」的偈句破之。巴壺天徵引趙州從諗（778-897）所說：「有佛處不得住，無佛處急走過。」[31]說明這是先破「有」，再破「無」。接著，他又舉智通道人所說：「盡道水能洗垢，誰知水亦是塵，直饒水垢頓除，到此亦須除卻。」[32]指出以「水」喻聖解，以「垢」比「凡情」，必須凡聖俱除[33]，才能進入「無分別境界」。上面這些例證，都是禪宗語言否定之再否定的表現。

至於，巴壺天所謂的「層次性」，和語意學所說的語言層次——對象語言和後設語言間的層次不同。他說：「禪宗語言的層次，是因為客觀事物（如修持境界）本身有層次，從而指謂它的語言也有層次。」[34]上段所述從「有」到「無」，或從「凡」入「聖」，以至「凡聖俱解」，境界層層深入，其實就已透顯層次性[35]。巴氏認為，「禪語的否定性正可顯出它的層次性」。在他看來，「否定性與層次性對禪語而言是相因而生，互為依存的。」[36]

最後一個特性，巴壺天所謂「可取代性」[37]，是說禪師師徒的對應，未必是文字語言，有時候係透過肢體——包括「沉默」和「姿勢行動」來表達。巴氏發現，禪師往往運用「沉默」和「姿勢行動」來表達其內在的思想與情感。沉默，就是以不說為說。他援引文殊菩薩與維摩詰居士的晤談為例，其情況如下：文殊與維摩詰談到「不二法門」，文殊說了許多話解釋「不二法門」後，反問維摩詰「何謂不二法門？」維摩詰不答，文殊因此嘆道：「善哉！善哉！乃至無有文字語言，是真入不二法門。」根據此一公案，巴壺天詮釋說：

---

[31] 宋・行從集，《宏智禪師廣錄》卷3（《大正藏》第48冊），頁29中。
[32] 明・圓極居頂編，《續傳燈錄》卷23（《大正藏》第51冊），頁625上。
[33] 巴壺天，《禪骨詩心集》，頁12。
[34] 同上，頁13。
[35] 同上，頁12。
[36] 同上，頁13。
[37] 同上，頁14。

> 因為與萬法合一的絕對境界，是只能用直覺體會，而不可
> 以言說的，所以在禪宗公案中問到「自性」、「本體」，對
> 方如果是開悟的，就良久不作聲[38]。

以不作聲——沉默，即可彰顯思想，完全無需言語諄諄，於眉睫之間，精蘊畢露，誠為禪宗公案語言之一大特色。

無可否認，禪宗公案語言確有其特殊表現手法，禪師往往「善巧方便」、「能近取譬」，以自身當下身邊物為素材，不加擬議的脫口而出。而在「表現技巧」上也有禪師的殊采，如運用「矛盾法」、「象徵法」，甚或方言、口語等之運用。禪宗公案語言特性除了巴壺天所論外，「運用方言」亦是其與眾不同之處。這是可以另文探究之處。

參、「禪公案」思想的詮釋

對於「禪公案」思想的詮釋，巴壺天論著中，主要是採取「禪宗三關——『空』」、『有』」、『中』」，以及哲學上「現象界」與「本體界」二分法等兩個角度來加以剖析。

一、禪宗三關——「空」、「有」、「中」的理解

應用禪宗三關——「空」、「有」、「中」以詮釋公案，最早見於巴壺天在 1954 年（時年五十歲）應邀於中國佛教會所發表的專題講演——主講「禪學三關」，後增改為〈禪宗三關與莊子〉一文。他把禪宗之「三關」定義為「初關」、「重關」與「牢關」，即「空」、「有」、「中」三關[39]。

---

[38] 同上，頁 14。
[39] 巴壺天，《藝海微瀾》，頁 47-48。

巴壺天對「禪公案」的詮釋

　　巴氏認為禪宗各家宗旨，花樣百出，然其旨歸，不外乎三關[40]。他進一步指出，禪宗「三關」源自慧能《六祖壇經》所說：「若有人問汝義，問有，將無對；問無，將有對；問凡，以聖對，問聖，以凡對。二道相因，生中道義。」[41] 言下之意，巴氏「禪宗三關」之說，乃本於六祖的禪法。然，「二道」是「有」「無」、「凡」「聖」，離此「二道」則是「中道」；慧能是否離此「有」「無」、「凡」「聖」之「兩邊」而另立一「中道」，則待深究。

　　巴壺天之「禪宗三關」，雖淵源自慧能《六祖壇經》，但其詮釋，應得力於另一啟發。巴氏於1974年（時年七十歲）完成之〈禪學參究者應具有的條件與認識〉一文，將「三關」結構更清楚的表列如下：

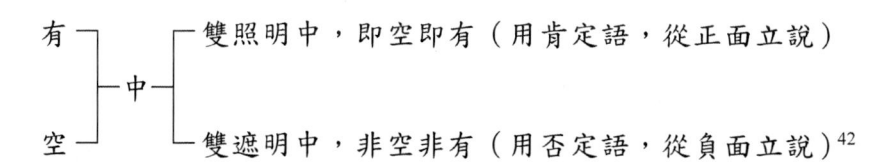

```
有 ┐       ┌ 雙照明中，即空即有（用肯定語，從正面立說）
   ├─ 中 ──┤
空 ┘       └ 雙遮明中，非空非有（用否定語，從負面立說）[42]
```

所謂「空」、「有」、「中」三關的詮釋理論架構，或許是模仿天台宗的「空」、「假」、「中」的三諦說[43]而來。巴氏曾言：「我們想要看懂禪宗公案，……最低限度也得對法相、三論、華嚴、天台等宗的理論有相當的認識。」[44] 在〈禪宗三關與莊子〉一文中，非常清楚地把他所說的「禪宗三關」與「天台三諦」並列，其表如下[45]：

---

[40] 同上，頁50。
[41] 同上，頁49-50。
[42] 巴壺天，《禪骨詩心集》，頁12。
[43] 關於天台「三諦說」，隋・智顗《摩訶止觀》卷6下云：「三諦具足，只在一心。……若論道理，只在一心，即空即假即中……三諦不同，而只一念。」（《大正藏》第46冊），頁84下-85上。
[44] 巴壺天，《禪骨詩心集》，頁6。
[45] 巴壺天，《藝海微瀾》，頁51。

天臺宗	空諦（泯一切法）	假諦（立一切法）	中諦（統一切法）	是謂三諦
禪宗	初關	重關	牢關	是謂三關

巴氏未明言其「禪宗三關」與「天台三諦」有何直接關係。不過，由此表內容可見，巴氏以為慧能《六祖壇經》有「空」、「有」、「中」、「三關」之意，應是受天台有「三諦」義之啟示而來。

關於天台宗三諦思想的創發來源，釋諦觀認為，三諦觀淵源於《仁王經》與《菩薩瓔珞本業經》，但經過龍樹空有無礙思想的引發，到天台宗才完成，所以說三諦思想曾受龍樹思想的啟發，一點也不錯；沒有二諦不礙說，不會有三諦無礙說[46]。印順則進一步指出，天台三諦說取抉於龍樹《中論》的「眾因緣生法，我說即是空，亦為是假名，亦是中道義。」[47]天台家對《中論》這段話的解說是：「眾因緣生法」，故「自性空」，是「空諦」；「眾因緣生法」，故是「假名有」，是「假諦」；「眾因緣生法」是「非空非有」的「中道義」，是「中諦」。此即為「即空」、「即假」、「即中」之「三諦圓融」觀。針對此「三諦說」印順說：

> 中道是不落兩邊的，緣生而無自性空，空無自性而緣起，緣起與性空交融無礙，所以稱之為中道義，即是恰當而確實的，不是離空有外，另有一第三者的中道。天台家，本前一頌，發揮他的三諦論，在中觀家看來，實是大問題的。第一違明文：龍樹在前頌中明白的說：「諸佛依二諦，為眾生說法」，怎麼影取本頌，唱說三諦說？這不合本論的體系，是明白可見的[48]。

言下之意，天台宗另立一「中諦」，是有可議之處。

---

[46] 釋諦觀，〈三諦三觀說的來源與發展〉（《海潮音》34卷5號，1953年5月），頁12。

[47] 印順說：「天台家，本前一頌（即「眾因緣生法，我說即是空，亦為是假名，亦是中道義」），發揮他的三諦論。」（氏著，《中觀論頌講記》，台北：正聞，1992年1月修訂一版，頁474）。

[48] 印順，《中觀論頌講記》（台北：正聞，1992年1月修訂一版），頁474。

巴壺天仿照天台宗三諦說，提出所謂禪宗三關作為詮釋「公案」之基礎。惟值得注意的是，巴氏所言之禪宗「空」、「有」、「中」三關，與天台宗之「空」、「假」、「中」三諦亦有所分歧。巴氏特言：「初關為『真空』，重關為『妙有』（與假有不同），牢關為『中道』。」[49] 他以禪宗三關之「有」為「妙有」，與天台所說三諦之「假有」[50] 相異。禪宗之「有」為「妙有」，此乃禪宗「真常唯心論」[51] 的思想特質，亦有所發展而來。然巴氏是否有必要另立一「中關」，如天台宗之另設一「中諦」，則有待商榷。

佛教思想如何從「空」推演出「不空」，乃至由「性空」到「妙有」的軌跡，也是有路可尋。印順說：

> 般若法門的「一切皆空」，天臺學者說得好：或見其為空，或即空而見不空，或見即空即不空，非空非不空。換言之，《般若經》所說的空，有一類根性，是於空而悟解為不空的；這就是在一切不可得的寂滅中，直覺為不可思議的真性（或心性）。大乘佛教從性空而移入真常妙有，就是在這一意趣下演進的[52]。

---

[49] 巴壺天，《禪骨詩心集》，頁 12。

[50] 天台宗把諸法實相之真理分為「空」、「假」、「中」三諦。「假諦」，又作「俗諦」、「有諦」。諸法雖即本空，然因緣聚時則歷歷宛然，於空中立一切法，故稱「假諦」，其「有」是為「假有」。

[51] 此「真常唯心論」之說，乃依據印順大乘三系「性空唯名論」、「虛妄唯識論」、「真常唯心論」（氏著，《契理契機之人間佛教》，台北：正聞，1989 年 8 月，頁 16）的判教而來。關於大乘三系之判攝，古德已有三系之說：唐・圭峰宗密已有「法相宗」、「破相宗」與「法性宗」之判，至明・永明延壽有「相宗」、「空宗」與「性宗」之稱。太虛也有「法性空慧宗」、「法相唯識宗」與「法界圓覺宗」的說法。

[52] 印順，《中國禪宗史——從印度禪到中華禪》（台北：正聞，1987 年 4 月四版），頁 55。

由此可見，禪宗「真空妙有」的思想即隨大乘佛法性空論的演變而興起。

巴壺天認為，「即一切公案，亦無不可演為三關」[53]。他在〈禪宗三關與莊子〉一文中，表列多則以「三關」分析之公案[54]。此不一一列舉。另在〈禪學參究者應具有的條件與認識〉一文，對於趙州所說：「有佛處不得住，無佛處急走過。」巴氏以「空、有、中」三關詮解之。他說：「趙州首先教門徒不得住『有』，但又怕門徒棄『有』執『空』，所以次句就教門徒不得住『空』；『空』、『有』雙破，乃生中道。」[55]又說：「譬如三位禪師相遇，所說必定是代表『空』、『有』、『中』三個層次，絕不會三句話都同在一個層次。」[56]言下之意，在「空」、「有」之外，有另一「中道」。

巴壺天又說：「三關中之中道，⋯⋯一為雙照明中，一為雙遮明中。雙照之法，為空有相即，雙遮之法，為空有兩泯。故三關有時可演為四句。」[57]「空」與「有」是佛教核心課題，所謂「空」是「自性空」；「有」是「緣起有」；「空」即是「有」，「有」即是「空」。如此「空」、「有」的相待關係，已略可說明佛教的緣起觀點。一般所衍伸之「四句」的判斷、論議形式為：一「有」，二「空」，三「亦有亦空」（即有即空），四「非有非空」。巴氏之「雙照之法，為空有相即」，即「亦有亦空」、「即有即空」；「雙遮之法，為空有兩泯」，即「非有非空」。然如前所述，禪宗是否有必要另立「中關」，亦值得討論。

---

[53] 巴壺天，《藝海微瀾》，頁 70。
[54] 同上，頁 71-93。
[55] 巴壺天，《禪骨詩心集》，頁 12。
[56] 同上，頁 13。
[57] 巴壺天，《藝海微瀾》，頁 70。

二、「現象界」與「本體界」的解析

「現象界」與「本體界」是哲學名詞,「現象界」,謂吾人所能感覺或認識之世界;「本體界」,謂形成現象之根本實體。巴壺天除了引用他所說的「禪宗三關」詮解公案外,亦常借用「現象界」與「本體界」的分別來詮釋公案。巴氏在〈渾沌鑿竅錄〉(禪宗公案解析)一文,特別針對「南泉斬貓」、「香嚴上樹」、「趙州勘婆」、「百丈野狐」與「寶壽虛空」加以詮解,其中「香嚴上樹」與「百丈野狐」兩則,即運用「現象界」與「本體界」之區分。

其一,「香嚴上樹」公案云:

> 香嚴智閑禪師示眾云:「若論此事,如人上樹,口銜樹枝,腳不踏枝,手不攀枝,樹下忽有人問:『如何是祖師西來意?』不對他,有違他所問,若對他有喪身失命,當恁麼時,作麼生即得?」時有虎頭招上座出眾曰:「上樹即不問,未上樹請和尚道。」師乃呵呵大笑[58]。

對此,巴氏解道:

> 「此事」是指「見性成佛」。要了解這個公案,必先區分何謂樹上,何謂樹下?樹上即所謂向上門,這是本體界。樹下即是向下門,也就是現象界。在本體界中是「向上一著,千聖不傳」,著不得語。只有現象界,才立賓立主,有問有答[59]。

依巴氏觀點,此「樹上」與「樹下」,即「本體界」與「現象界」之不同,前者不可言,後者方可議。然開悟證入既然是「打成一片」,何有

---
[58] 宋・惟蓋竺編,《明覺禪師語錄》卷3(《大正藏》第47冊),頁685下。
[59] 巴壺天,《禪骨詩心集》,頁22。

499

「樹上」與「樹下」之分，所謂「樹上」是對「樹下」來說；所謂「樹下」是對「樹上」而言。故以「本體界」與「現象界」闡述之，似有所違。

其二，「百丈野狐」公案云：

> 百丈每上堂，有一老人常隨眾聽法，一日不去。丈乃問：「立者何人？」老人云：「某甲於迦葉佛時，曾住此山有學人問：『大修行人還落因果也無？』對他道：『不落因果。』墮野狐身五百生。今請和尚代一轉語。」師云：「不昧因果。」老人於言下大悟。師至晚上堂，舉前因緣。黃蘗便問：「古人錯對一轉語，五百生墮野狐身；轉轉不錯，合作個甚麼？」師云：「近前來，與汝道。」蘗近前，與師一掌。師拍掌笑曰：「將謂胡鬚赤，更有赤鬚胡。」[60]

對此，巴氏解道：

> 因果表示現象界，不落因果表示入聖，住在涅槃真空境界。不昧因果則從聖回凡，回到妙有境界。雖然大修行人自己已證無生忍，可以不落因果輪迴，但是為了普渡群生，再回到因果輪迴界中，故說不昧因果。此一轉語，實要老人不得住真空境界[61]。

依巴氏的觀點而言，因果表示現象界，不落因果表示入聖，不昧因果則從聖回凡，回到妙有境界。這一詮釋仍似有欠妥之處。

所謂「不落因果」而「墮野狐身五百生」的原因是：自以為「不落因果」，則因果對他似無可奈何；以為因果不存在，撥無因果論，故凡

---

[60] 宋・宗紹編，《無門關》（《大正藏》第 48 冊），頁 293 中。

[61] 巴壺天，《禪骨詩心集》，頁 31。

事不能正其見，直其行，引發流弊，才造成墮落旁生異熟果報的境地。佛教認為，一切都是「因果」，所謂「果從因生」，故教人「明因果」，不要「昧因果」。明因果則能「為所當為」、「止所不可不止」，「行善止惡」以致「罪福兩捨」，而臻至「如如平等」的境地。

詮釋理論架構是一種工具，運用得當，有助公案的理解。巴壺天認為，禪宗「公案」是可以理解的，其一生致力於公案的解析、詮釋與推演，有其獨到之工夫，雖然不免存在亟待商榷之處，但亦有其影響及成就。

肆、結語

戰後台灣「禪學研究」成績斐然，自胡適與鈴木大拙的禪學論戰起軔。「禪公案」是禪學研究的重要園地，然而若研究者於佛法、禪理造詣欠深，則往往只能依樣畫葫蘆而已。因此，欲研究「禪公案」者，若疏於佛法、禪理的知解與體會，也將事倍功半。「禪公案」，登峰入聖（入流），如谷響應，如鏡映像，胡來胡現，恰如其分，佛來佛斬，不執著一切，魔來魔斬，超越世間情意，沒有對立、無有執著，無智亦無得，以無所得，得無所礙。只要對佛法、禪理之核心思想有一定的了解，當是不難詮解其公案義涵。

綜上可知，巴壺天關於禪宗公案「語言」的分析及義理的詮釋，有殊多成果。他歸納出禪宗公案語言五項特性，並提出「禪宗三關」以為詮解之理論架構，進而借用哲學上「本體界」與「現象界」的區別，以詮釋公案之要義。這些觀點，在當代禪學研究上有其一定的價值。

大體而言，巴壺天是戰後台灣「禪公案」解讀的專家，對於公案的解讀有其貢獻。不過，除了公案義理的理解外，還在於對佛法、禪理有真實的體會才是真工夫，否則閱讀、參究公案，雖表面文字看得懂，但終不直接因此開悟成佛。

引用書目

一、原典

唐・慧能說、法海錄,《六祖壇經》;《大正藏》冊 48。

隋・智顗,《摩訶止觀》;《大正藏》冊 46。

宋・行從集,《宏智禪師廣錄》;《大正藏》冊 48。

宋・宗紹編,《無門關》;《大正藏》冊 48。

宋・惟蓋竺編,《明覺禪師語錄》;《大正藏》冊 47。

宋・紹隆等編,《圓悟佛果禪師語錄》;《大正藏》冊 47。

宋・道原纂,《景德傳燈錄》;《大正藏》冊 51。

明・圓極居頂編,《續傳燈錄》;《大正藏》冊 51。

二、專書

智炬,〈寶林傳〉,收錄於《禪宗全書》第 1 冊,藍吉富主編,台北:文殊,1988 年。

慧能說,法海錄;《六祖壇經敦煌本流行本合刊》五版,台北:慧炬,1985 年。

巴壺天、林義正,《校補增集人天眼目》,台北:明文,1982 年。

巴壺天,《禪骨詩心集》二版,台北:東大,2004 年。

——,《藝海微瀾》,台北:廣文,1971 年。

王進瑞,《碧巖錄講義》(自刊本),1972 年。

印順,《中國禪宗史——從印度禪到中華禪》四版,台北:正聞,1987 年。

——,《中觀論頌講記》修訂一版,台北:正聞,1992 年。

——,《契理契機之人間佛教》,台北:正聞,1989 年。

江燦騰,《台灣佛教百年史之研究》,台北:南天,1996 年。

呂澂,《中國佛學源流略講》,台北:里仁,1985 年。

杜松柏,《禪與詩》,台北:弘道,1980 年。

——,《禪學與唐宋詩學》,台北:黎明,1976 年。

杜松柏編著,《禪詩牧牛圖頌彙編》,台北:黎明,1983 年。

南懷瑾,《禪宗叢林制度與中國社會》,台北:老古,1982 年。

——,《禪海蠡測》,台北:老古,1978 年。

——,《禪話》,台北:老古,1979 年。

胡適著,柳田聖山編:《胡適禪學案》二版,台北:正中,1990 年。

鈴木大拙著，孟祥森譯：《禪學隨筆》，台北：志文，1993年。

三、論文

丁敏，〈當代中國佛教文學研究初步評介——以台灣地區為主〉，《佛學研究中心學報》第2期，1997年7月。

朱際鎰，〈鈴木大拙答胡適博士文中有關禪非史家所可作客觀的和歷史性的考察之辨釋〉，《師大歷史學報》第1期，1973年。

江燦騰，〈胡適禪學研究的開展與諍辯——第一階段（1925-1935）的分析〉，《清華學報》24卷1期，1994年3月。

——，〈胡適禪學研究公案〉，《當代》第101-102期，1994年9-10月。

邢光祖，〈鈴木大拙與胡適之〉，《幼獅月刊》34卷1期，1971年7月。

林朝成、張高評，〈兩岸中國佛教文學研究的課題之評介與省思——以詩、禪交涉為中心〉，《成大中文學報》第9期，2001年8月。

邱敏捷，〈胡適與鈴木大拙〉，收錄於《兩岸當代禪學論文集》，鄭志明主編，嘉義：南華大學宗教文化研究中心，2000年5月。

南唐靜、筠合編：〈祖堂集〉，收錄於《禪宗全書》第1冊，藍吉富主編，台北：文殊，1988年。

胡適著，徐進夫譯：〈中國的禪——它的歷史與方法〉，《幼獅月刊》總號第236號，1972年8月。

柳田聖山，〈胡適博士中國初期禪宗史研究〉，收錄於《胡適禪學案》二版，胡適著，柳田聖山編，台北：正中，1990年1月。

夏國安，〈禪可不可說——胡適與鈴木大拙禪學論辯讀後〉，《當代》第75期，1992年7月。

孫昌武，〈漢文佛教文學研究概況及其展望〉，收錄於《漢學研究之回顧與前瞻》（上冊），林徐典編，北京：中華，1995年。

傅偉勳，〈胡適、鈴木大拙、與禪宗真髓〉，收錄於《從西方哲學到禪佛教》，氏著編，台北：東大，1986年6月。

馮耀明，〈禪超越語言和邏輯嗎——從分析哲學觀點看鈴木大拙的禪論〉，《當代》第69期，1992年1月。

楊君實，〈胡適與鈴木大拙〉，《新時代》10卷12期，1970年12月。

蕭麗華，〈近五十年（1949-1997）台灣地區中國佛教文學研究概況〉，《中國唐代學會

會刊》第 9 期,1998 年 11 月。

錢穆,〈評胡適與鈴木大拙討論禪〉,收錄於《中國學術思想史論叢》(四),氏著編,台北:東大,1978 年。

釋諦觀,〈三諦三觀說的來源與發展〉,《海潮音》34 卷 5 號,1953 年 5 月。

四、其他

陳之藩,〈圖畫式與邏輯式的〉,《中央副刊》,第 9 版,1969 年 12 月 9 日。

Interpretive Thinking of
Ba Hu-Tian on "Zen's Public Cases"

Chiu, Min-Chieh[*]

Abstract

After the Second World War, the researches of Zen studies were getting more frequent and prosperous. Among them, the viewpoints of Daisetsu Teitaro Suzuki on Zen studies generally achieved criticisms. For "Zen's Public Cases," the most representative character proposing interpretive viewpoint should be Ba Hu-Tian. Ba himself was confident that he was able to develop some original opinions on Zen and "Zen's Public Cases." He successively published *Slight Waves in the Sea of Art* (also named *Zen and Poetry*) and *Collection of Zen's Bones and Poetry's Hearts*. Ba's understanding of "Zen's Public Cases" was mainly found in his analytic discussion on the "language characteristics" of "Zen's Public Cases." Adopting "Three Barriers of Zen Sect" as well as the difference between the two philosophical terms "ontological scope" and "phenomenon scope," Ba interpreted the meaning and reason of Zen's Public Cases. He proposed that the language of Zen's Public Cases had five characteristics: (1) double meaning; (2) symbolic; (3) negative; (4) hierarchical; and (5) replaceable. Besides, he defined the "Three Barriers of Zen Sect" as "initial barrier," "layered barrier" and "imprisoned barrier," implying to the three barriers of "emptiness," "having" and "mean." By using them, he analyzed the double solutions of "emptiness" and "having" in "Zen's Public

---

[*] Professor, Department of Chinese Language and Literature, National University of Tainan.

Cases," and then brought out the meaning and implication of "the doctrine of mean." At the same time, while analyzing Zen's Public Cases, he thought that no speech should be made in the "ontological scope," and discussion and arguments could be made in the "phenomenon scope." Ba Hu-Tian emphasized that the "public cases" of Zen Sect were comprehensible. Ba spent his whole life on the explanation, analysis, interpretation and induction of the public cases. This was his unique skill all through his life. Although his works need further discussion and examination, they have contributive influence and accomplishments.

Keywords: Ba Hu-Tian, Zen's public cases, three barriers of Zen Sect, language of Zen Sect

佛教走向土地倫理
——「人間淨土」的省思

林朝成[*]

摘要

「淨土」可視為大乘菩薩精神的具體展現。比對淨土經典的內容，雖然也存在著許多對土地、樹、水池等淨土環境的描述，但是這些環境的特徵乃朝向超現實的理想發展，具有種種宗教的象徵意義，以形成相對於「凡俗空間」的「神聖空間」。這樣的「神聖空間」，事實上是以「眾生的修行」（佛法永住）作為最主要的考量，並不著眼在於自然環境的改善。因此，淨土思想如何成為環境哲學的思想資源便成為一個嚴重的問題。

本文考察「心淨則國土淨」的種種涵意，認為其關鍵乃在「眾生淨」。佛土淨（果）是眾生淨（因）的行果，淨土必須藉由眾生的心淨才可示現，其重點在於眾生的「心」而非外境的國土，因此要建立佛教生態學必須有個「土地倫理的轉向」。

本文從穢土成佛的悲願來說明土地倫理轉向的必要性。眾生皆立足於土地，關注土地、發揚土地倫理，雖不是佛教原本就有的教義，然依穢土成佛的精神，發願為改善日趨惡濁的生態浩劫而努力，應是人間菩薩精進法也是契理契機的慈悲行。

然當代人間淨土行者，所重在「淨」，關於「土」的意涵的再詮釋與建構，往往被忽略與輕視，以致於土地倫理在制度化的實踐中並未有適當的地位。因此，本文嘗試從「心淨則國土淨」的土地倫理，提出佛教人間淨土的實踐原則。

關鍵字：淨土、人間淨土、土地倫理、心靈環保

---

[*] 作者為成功大學中國文學系教授。

壹、前言

面對生態浩劫、環境汙染、物種滅絕、地球暖化的危機時，佛教的思想是否能做為土地倫理的理論資源，為生態責任建立起宗教的詮釋與承諾，這是本文寫作的動機。然正如 Schmithausen 所言，早期佛教並不將自然浪漫化，也不認為自然有內在的價值[1]。因此，從佛教內在的脈絡建立起土地倫理，仍是有待論議的課題。在當代的華語佛教脈絡，「莊嚴佛土，共創人間淨土」應是佛教對土地倫理的回應。「淨土」不只是往生西方極樂世界的國度，也是我們此時此地要清淨美化的生存環境，因此，「淨土」似乎和生態環境息息相關。1951 年印順法師發表〈淨土新論〉，認為一切眾生都有尋求更美好環境的願望，淨土思想便是此一願望的呈現，修學大乘佛法，不應當輕視世界清淨的要求[2]。然而仔細考察淨土與環境的實際關聯時，筆者卻發現兩者的關係非常疏離，淨土中的自然環境面向單調而貧乏，並非一豐盛多樣化的自然樣態；淨土思想是從現實走向超現實的開展，其走向對反於自然的污濁不淨。因此，淨土與環境土地的關係，似乎是相背離的。那麼在那個環節上，我們可以認為淨土思想可以做為土地倫理的思想資源？在那個教義基礎上，我們認為淨土的環境關懷是必要的面向？在當代人間佛教的脈絡下，淨土思想的現代詮釋是否可以做為土地倫理行動的號召？這正是本文想要探討的課題。

---

[1] 參見 Lambert Schmithausen. "The Early Tradition and Ecological Ethics," *Journal of Buddhist Ethics* 4, 1997.

[2] 印順法師主張淨土一門，為佛法的共同企求，不過，大乘佛法中特別隆盛。修學大乘佛法，不應當輕視世界的清淨要求。印順認為：只重身心清淨，所以小乘不能達到究竟；由於大乘能清淨身心，莊嚴世界，才能達到究竟圓滿的地步。〈淨土新論〉，《淨土與禪》（台北：正聞，1992 年修訂一版），頁 8。

貳、淨土與穢土

「淨土」的意涵是諸佛菩薩依其誓願教化，為護念攝受眾生，成就眾生修成佛果所建立的清淨莊嚴國土。「淨土」一語，有兩種用法，一是指清淨的國土，「淨」當做形容詞用；一是指淨化國土，「淨」當做動詞用。在初期的大乘佛典，如《般若經》、《華嚴經》等，淨佛國土的思想隨處可見。龍樹《大智度論》認為阿彌陀佛的佛土莊嚴即是淨佛國土，「淨土」是由自利利他的淨化國土之行，藉由自他的共願所開展出來的清淨國土，可視為大乘菩薩精神的具體展現[3]。

在佛教的文獻中，「淨土」的世界是滅除惑、業、苦，究竟清淨安樂；相對於淨土的現實環境，則往往以充滿惑、業、苦之「五濁」來評價與記說。五濁，即命濁、煩惱濁、劫濁、眾生濁、見濁等五種濁的名相，早見於《雜阿含906經》及《別譯雜阿含121經》。楊郁文認為煩惱濁、見濁、眾生濁的涵義可能由《別譯雜阿含121經》的內容發展而來[4]。經中所言「我法中生於惡欲行、惡威儀，成就眾惡」，乃由思惑而造諸惡，屬煩惱濁；「法，言非法；非法，言法；非是毘尼，說言毘尼；犯，說非犯；非犯，說犯；輕罪，說重；重罪，說輕」，如此缺乏正見，邪見橫生，屬「見濁」；眾生不具正信，「不恭敬、不尊敬、不供養佛、法、僧、戒、教授者，不能至心歸命於佛、法、僧、戒、教授者，然復依止佛、法、僧、戒、教授者而住」，如此不能奉行正法，然以相似像法之邪見橫行，此為「眾生濁」。

至於，劫濁、命濁則與佛教的時間觀及壽命觀有關。如《世記經‧

---

[3] 關於「淨土」的意義，參閱藤田宏達，《原始淨土思想の研究》（東京：岩波書局，1999年）；釋慧嚴，《淨土概論》（台北：東大圖書，1998年4月）。

[4] 參見楊郁文，〈佛法的人間性與現實性〉，收在釋惠敏主編，《人間淨土與現代社會》（台北：法鼓文化，1998年），頁142。以下引文的內容見《大正藏》冊2，頁419中-419下。

三中劫品》[5]所說：成、住、壞、空的世間刀兵劫、穀貴劫、疾疫劫三中劫發生之後，整個器世間處於壞劫的變化（劫濁），處此污染不淨的環境，人類的壽命不斷減少，大部分人類的壽命減少到一百歲以下，甚至當壽十歲，如此短暫的壽命，所以得「命濁」之名。

五濁世間乃當今穢土的世界，無五濁的世界則為淨土的基本想像。煩惱濁、見濁、眾生濁是從佛法久住的觀點而來的評價，因此，淨土也必然是個佛法充滿的世界，相對於劫濁、命濁，淨土的世界該是個永恆的世界，無限的壽命是其基本的象徵。

淨土構圖的文化根源，可能來自於印度亞利安民族之祖先所居住帕米爾高原，望月信亨推想亞利安民族進入印度內地後，由於過份的敬慕、禮贊其故土，將一切理想化，故有「鬱單越」（意即「勝處」）傳說，此為佛教各種清淨國土的原型[6]。依《大樓炭經・鬱單曰品》[7]的記述，鬱單曰洲周匝廣長各四十萬里，中有無數種種山。河之兩邊有種種樹，以金銀琉璃水晶嚴飾其岸。兩岸有船，以金銀琉璃水晶所造，彩畫姝好。洲之中央，有一廣長四千里之大池，其水澄清，水底之沙皆是黃金。以七重壁而圍住，其四面皆由金銀琉璃水晶所造。池中有青黃白赤蓮花，其花光照四十里，花香亦聞四十里。浴池之東南西北各有河流，河水皆徐行。又浴池之東南西北各有遊園，其中有七重欄，七重交露，七重行樹，此等皆以四寶所作。又其園中有香樹、衣被樹、瓔珞樹、不息樹、果樹、器樹、音樂樹等，若劈開華實，由各果實中出種種香、種種衣被、種種瓔珞、種種不息、種種果、種種器、種種音樂等。有淨潔粳米，不要耕耘而自然生。若欲食時，取粳米炊之，有珠名焰珠置於釜下，光出飯熟。飯熟，四方人來，悉共食之。無盜惡賊人，不教也皆自

---

[5] 《大正藏》冊1，頁144上。

[6] 參見望月信亨著，釋印海譯，《淨土教起源及其開展》（美國法印寺，1994年），頁472-480。

[7] 參見《大樓炭經》；《大正藏》冊1，頁279下-280上。

行十善。男子女人若起婬欲之情,入園觀中共相娛樂。大、小便利劈地而沒其中。故地上清潔,不見糞臭處。有死者不啼哭,著好衣後,至於四通之路,飛鳥將其運出於洲外。壽一千歲而不缺減,死後生忉利天,乃至生他化自在天,若天上壽盡下生閻浮提,能誕生於大豪貴家,或婆羅門大長者家。

北鬱單越的傳說盛於民間,從《阿閦佛國經》起,《彌勒下生經》、《大阿彌陀經》等經典對淨土的描述,都受到鬱單越傳說的影響,並朝向超現實的理想發展。比對其內容,可以發現淨土經典有底下幾個共同特徵:

第一、在環境上,淨土的世界不再有無數種種山,鬱單越洲無數種種山的描述,在此通通成為平地,不再有聖山的原型。淨土的地形多半是平坦,表象出潔淨與光明:

> 爾時閻浮地,西南北千萬由旬,諸山河石壁皆自消滅,四大海水各一萬,時閻浮地極為平整如鏡清明[8]。
> 地平如掌而作金色,無有溝坑荊棘瓦礫[9]。
> 又其國土,無須彌山及金剛圍一切諸山,亦無大海、小海、溪渠井谷[10]。

第二、在物質上,淨土到處都是金銀珠寶,生活在淨土中的眾生在衣食資具上自然可得,無虞匱乏:

> 舉閻浮地內,穀食豐賤,人民熾盛,多珍寶。諸村落相近,雞鳴相接,是時弊華果樹枯竭,穢惡亦自消滅。其餘甘美果樹、香氣殊好者,皆生于地[11]。

---

[8] 《佛說彌勒下生經》;《大正藏》冊14,頁421上。
[9] 《阿閦佛國經》;《大正藏》冊11,頁755下。
[10] 《無量壽經》上卷;《大正藏》冊14,頁270。
[11] 《佛說彌勒下生經》;《大正藏》冊14,頁421上。

> 人民所著衣香，譬如天華之香。其飯食香美，如天樹香而無有絕時。諸人民繁無央數種種衣被，其佛剎人民，隨所念食，自然變現[12]。
>
> 隨心所念，華香伎樂繒蓋幢幡，無數無量供養之具，自然化生，應念而至[13]。

第三、居住於淨土之中的眾生，無三惡道，不論是在性別、體力、容貌、能力、種族等條件上，完全沒有差等，一視同仁：

> 阿閦如來剎中，無有三惡道。何等為三？一者泥犁；二者禽獸；三者薜荔。一切人皆行善事……其佛剎人，一切皆無有惡色者，亦無有醜者[14]。
>
> 爾時時氣和適，四時順節。人身之中無有百八之患。貪欲、瞋恚、愚癡不大慇懃，人心均平，皆同一意。相見歡悅，善言相向，言辭一類，無有差別[15]。

相對於「淨土」的現實人間，即所謂的「娑婆」或者「穢土」，不但有地形的高低差異、物質經濟的貧富不均，而且人與人之間，不論是在形貌、年壽、能力、地位等等，處處充滿差等，而這些各式差等，造成許多煩惱無明，也使得眾生在修行之路上困難重重。因此，「淨土」正是以穢土為因緣，針對「穢土」的不完美而建立的理想國。

「淨土」之中雖然也存在著許多對於環境的描述，如土地、樹、水池等，但是這些理想環境並不是人世間種種的自然物，而是具有更多的象徵意義，以形成相對於「凡俗空間」的「神聖空間」[16]。這樣的「神

---

[12]《阿閦佛國經》；《大正藏》冊11，頁755下。
[13]《無量壽經》；《大正藏》冊11，頁273下。
[14]《阿閦佛國經》；《大正藏》冊11，頁755下。
[15]《佛說彌勒下生經》；《大正藏》冊14，頁421中。
[16] 宗教學家伊利亞德（Eliade）提到宗教的空間與時間同時存在兩種模式，即「神

聖空間」,事實上是以「眾生的修行」(佛法永住)作為最主要的考量,並不著眼在於自然環境的改善。以《無量壽經》為例,其間出現一顆巨大的道場樹:

> 其道場樹,高四百萬里,其本周圍五千由旬,枝葉四布二十萬里。一切眾寶,自然合成。以月光摩尼,持海輪寶,眾寶之王,而莊嚴之。周匝條間,垂寶瓔珞,百千萬色,種種異變,無量光炎,照曜無極。珍妙寶網,羅覆其上,一切莊嚴,隨應而現。微風徐動,出妙法音,普流十方一切佛國。其聞音者,得深法忍,住不退轉,至成佛道[17]。

這棵「道場樹」高大異常,幾乎是整個無量壽佛淨土的支撐點,它不再有翠綠的枝葉,有的只是各式寶石綴滿其上,光耀無比。「道場樹」可以發出「妙法音」,流布遍諸佛剎,身處於淨土的眾生,聽聞之後,可以成就無上菩提。此株「道場樹」成為淨土世界的中心點,圍繞著它而構成整個淨土的環境。宗教學者伊利亞德認為「樹」經常帶有「重生」、「智慧」與「永生」的意義[18]。無量壽佛淨土中的這棵道場樹,同樣也帶有「宇宙樹」這樣的象徵意涵。

除了這個支撐淨土的「道場樹」之外,阿彌陀佛陀淨土之中,還有

聖」與「凡俗」。神聖透過聖顯的方式,來顯示他自身,而宗教人也透過儀式等方法,來突顯出一個神聖的空間。而有關於自然環境,如天、樹、大地等等,各自有象徵意義,足以構成一個神聖空間。參見伊利亞德著、楊素娥譯,《聖與俗》(台北:桂冠圖書,2001年1月)。以神聖的概念探討西方淨土的核心思想,參見陳敏齡,〈西方淨土的宗教學詮釋〉,《中華佛學學報》第13期(2000年),頁83-101。

[17] 《無量壽經》;《大正藏》冊12,頁271上。
[18] 參見伊利亞德著、楊素娥譯,〈大自然的神聖性與宇宙宗教〉,《聖與俗》,頁159-202。

「七寶樹」的存在：

> 又其國土，七寶諸樹，周滿世界。金樹、銀樹、琉璃樹、頗梨樹、珊瑚樹、瑪瑙樹、車渠樹，或有二寶三寶乃至七寶轉共合成。……行行相值，莖莖相望，枝枝相準，葉葉相向，華華相順，實實相當，榮色光耀，不可勝視[19]。

其中，不僅是七寶樹的行列、枝葉、花果……等的整齊和諧，表現了印度人的園林美感，構成秩序整然的光明世界。「七寶樹」和「道場樹」一樣，綴滿絢目的寶石，用以彰顯淨土的富麗光輝，淨土眾生在物質上無所匱乏，光明、尊貴、稀有的樹隨風發出自然的妙音。透過這些自然妙音（聽覺）及寶樹「榮色光耀」（視覺）的潛在課程，生活在淨土之中的眾生，耳濡目染，營造修行的美妙環境。

此外，水池的構成，也形成另一個神聖的空間。在阿彌陀佛淨土之中，存在諸種寶池，這些寶池的池底舖滿許多寶石，脫離了水池在「穢土」之中原有的自然型貌：

> 內外左右，有諸浴池，或十由旬，或二十三十，乃至百千由旬縱廣深淺，各皆一等，八功德水，湛然盈滿，清淨香潔，味如甘露。黃金池者，底白銀沙。白銀池者，底黃金沙。……彼諸菩薩及聲聞眾，若入寶池，意欲令水沒足，水即沒足。欲令至膝，即至於膝。欲令至腰，水即至腰。欲令還復，水輒還復。調和冷暖，自然隨意。開神悅體，蕩除心垢。清明澄潔，淨若無形。寶沙映徹，無深不照。微瀾迴流，轉相灌注，安詳徐逝不遲不疾，波揚無量自然妙聲，隨其所應莫不聞者。或聞佛聲，或聞法聲，或聞僧

---

[19]《無量壽經》；《大正藏》冊12，頁270上。

聲,或寂靜聲,空無我聲,大慈悲聲,波羅蜜聲,或十力無畏,不共法聲,諸通慧聲,無所作聲,不起滅聲,無生忍聲,無生忍聲,乃至甘露灌頂眾妙法聲,如是等聲,稱其所聞,歡喜無量[20]。

這個水池之中,充滿各式各樣的金銀瑪瑙,池中充滿「八功德水」,味道一如甘露,並且池中有各種珍奇異花,飄散著許多香氣。而且不論是池中的水深、水量或者是水溫,水池完全適應眾生的意欲而自動調節,以滌盪眾生身心的不淨。

「水」在宗教儀俗之中,經常有「重生」的象徵意涵,如基督教的洗禮,象徵一個人脫去舊有罪惡,重新賦予一個新的生命。在阿彌眾陀佛淨土之中,眾生將「沐浴」視為修道聽法之前的準備,也有相同的意義。況且寶池有滌淨重生的作用,寶池中的水流揚波,同樣也會化成各式不同的「自然妙聲」,如作佛聲、如作法聲等等,池中法音與與池旁寶樹發出的「自然無量法音」,構築成一個純然清淨的神聖空間[21]。

總言之,淨土所描述的樹、水池、乃至於土地,其構成物多半是金銀珠玉、瑪瑙寶石等人工物,已經不再是一個自然的環境,尤其所表現的機制,如水池隨意調節水溫、寶樹自動發出無量妙音等情節的描述,都與穢土凡夫所處的自然環境相去甚遠。在淨土世界中,眾生在物質上無所匱乏,飲食服飾隨意變現(資具自然),無三惡趣,壽命無盡,眾生在種族、能力、相貌、性別之上無所差異,這般的種種描述,事實上都只是為了免除這些差等與匱乏所帶來的苦惱。

---

[20]《無量壽經》冊 12,頁 271 上 -271 中。
[21] 有關於「水池」或者是「七寶樹」的描述,在其他淨土之中,也出現同樣的描述。如阿閦佛淨土有:「有清淨池應念而見,八功德水充滿其中、飲漱洗水皆適人意」。「阿閦佛樹以七寶作之,高四十里周匝二十里,其枝葉旁行四十里,其枝下垂,其欄楯繞樹,周匝五百六十里」。(《阿閦佛國經》;《大正藏》冊 11,頁 755 中)。雖有詳略不同的敘述,但象徵意義則是一致的,都是在提供眾生一個優良的修行環境。

這樣的理解,也符合前文所提,將「淨土」的「淨」字作動詞解,理解為「使清淨」一意。在「穢土」之中,各種分別或不足而造就的貪、瞋、癡等等煩惱,使得眾生的修行之道充滿種種誘惑與險阻,所以淨土之「淨」,是為了「淨差等」、「淨煩惱」,主要為眾生提供一個莊嚴的修行環境,而不在於提供一個健康多樣性的自然環境。

參、嚴淨佛土:經典脈絡的考察

淨化國土的思想與大乘佛教本願的發展有密切的關係[22]。淨佛國土的本願思想源自於菩薩救渡眾生皆令成佛的大勇猛心:

> 何因菩薩摩訶薩為摩訶僧那僧涅?何從知菩薩摩訶薩為摩訶僧那僧涅?佛言:「菩薩摩訶薩心念如是,我當度不可計阿僧祇人,悉令般泥洹。……菩薩聞是,不恐、不畏、不恚、不捨去就餘道,知是則為摩訶僧那僧涅」[23]。
>
> 菩薩為眾生故,起大誓願,言:我當具足六波羅密,亦當教他人使具足六波羅密。……十方諸佛世尊皆以大音聲讚嘆是菩薩,言:某國土菩薩具諸功德,為僧那僧涅,當育養眾生,淨佛國土[24]。
>
> 菩薩摩訶薩從初發意已來,行檀波羅密,行尸羅、羼提、毗伏耶、禪、般若波羅密、乃至行十八不共法,成就眾生,淨佛國土[25]。

---

[22] 所謂的「本願」,簡單地說,即是佛菩薩於未成果位前,為救渡眾生所立下的誓願。

[23] 《道行般若‧道行品》;《大正藏》冊8,頁427下。

[24] 《放光般若經‧問僧那品》;《大正藏》冊8,頁20上-20下。

[25] 《摩訶般若波羅密經》卷25;《大正藏》冊8,頁405中-下。

「摩訶僧那僧涅」語譯大被甲誓願,著「誓願之鎧」之意[26]。象徵菩薩為利益眾生,立廣大誓願,被甲奮鬥,有如武裝勇士凜凜然的姿態[27]。菩薩發趣大乘,以勇猛的大無謂精神行六波羅蜜成就眾生,淨佛國土,故菩薩道實以淨土的圓滿成就為其職志。

淨佛國土的菩薩本願思想,在《阿閦佛國經》、《大阿彌陀經》、《平等覺經》、《放光般若經》、《大乘無量壽莊嚴經》、《無量壽經》、《悲華經》、《嚴淨佛土經》等經有種種的論述與發展[28]。然就本願的記載以《放光般若經》、《道行般若經》六波羅蜜的本願為原型,其後的發展並無太多別開生面的論述,因此,淨土經系是可以和般若經系的論述相會通的[29]。

在所有淨土的思想之中,《維摩詰經》「心淨則國土淨」的淨土觀,最為特別。一般諸佛淨土,如阿彌陀佛淨土、彌勒淨土等,對於自然界的淨化、眾生界淨化的種種施設[30]以及眾生如何可以往生的條件,都有一定的規定與描述,彌勒淨土,並不限定於「人」,凡是比丘、比丘尼、優婆塞、優婆夷、天龍、夜叉、乾闥婆、阿脩羅、迦樓羅、緊那羅、摩嵯羅伽等不同眾生,只要能持戒、修十善法,禮拜彌勒佛陀,真心懺悔,去除諸業,都得以往生兜率天[31];至於阿彌陀佛淨土最重要的特色

---

[26] 參見中村元原著,林光明編譯,《廣說佛教語大辭典》下卷(台北:嘉豐,2009年),頁1506。

[27] 參見望月信亨著,釋印海譯,《淨土教起源及其開展》,頁355-361。

[28] 諸經本願的比較,請參見望月信亨在《淨土教起源及其開展》中所製作的圖表〈諸經本願對照表〉,頁434-443。

[29] 阿彌陀經系經典般若經系與對菩薩行六度淨佛國土的對比研究,參見蔣義斌,〈《大智度論》中的淨土觀〉,收在《印順思想——印順導師九秩晉五壽慶論文集》(台北:正聞,2000年),頁227-236。

[30] 印順法師歸納淨土的一般狀況,可分為自然界的淨化與眾生界的淨化。眾生界的淨化又可分從(一)經濟生活的淨化;(二)人群生活的淨化;(三)身心的淨化等三方面來說明。參見印順,《淨土與禪》,頁9-15。

[31] 參見《佛說觀彌勒菩薩上生兜率天經》;《大正藏》冊14,頁419下-420下,其中有詳盡的論述。

則是唸佛往生。不論是阿彌陀佛淨土或者是彌勒淨土,都遠超於現實凡夫所居住的「此岸」,其所描述的淨土境界,適應著印度的文化環境,充滿著神話傳說以及宗教理想世界的烏托邦想像。《維摩詰經》大幅度地擺脫這些印度文化的元素,直從(一)「眾生之類是佛淨土」的總原則;(二)十七種淨土之行的因行果報所成之共願;(三)唯心的鏡像理論等三方面敘述其淨土的宗旨。

淨土的構設,是為了成就眾生所設施的理想修行環境,眾生是淨土成立的基本要素,這個原則在《維摩詰經》有明確的說明:

> 眾生之類,是菩薩佛土。所以者何?(一)菩薩隨所化眾生而取佛土;(二)隨所調伏眾生而取佛土;(三)隨諸眾生應以何國入佛智慧而取佛土;(四)隨諸眾生應以何國起菩薩根而取佛土。所以者何?菩薩取於淨國,皆為饒益諸眾生故。譬如有人欲於空地造立宮室,隨意無礙;若於虛空終不能成。菩薩如是,為成就眾生故,願取佛國;願取佛國者,非於空也[32]。

各種類的眾生世界,就是菩薩們修行諸佛土的依據。論到眾生之類,菩薩常從四事觀察:(一)建立怎樣的國土,能使眾生生起功德[33];(二)以怎樣的國土調伏眾生,使煩惱不起;(三)以什麼環境,方能使眾生契入佛的智慧;(四)以怎樣的國土,能激發眾生生起大乘菩薩的道根。因眾生的根器不同,為了饒益眾生,攝化眾生,菩薩所建立的清淨佛土,便從此四事觀察,以達成利益眾生的根本目的。所以,嚴淨佛土並非沒有目標的空中樓閣,而是在眾生的空地上建造起實踐的場域。

淨化國土乃為了攝化眾生,少了眾生的共願與功德,也就無法成就

---

[32]《維摩詰所說經》;《大正藏》冊14,頁538上。
[33] 第一項觀察,玄奘譯為「隨諸有情增長饒益,即便攝受嚴淨佛土,隨諸有情發起種種功德,即便攝受嚴淨佛土」《大正藏》冊14,頁559上。

淨土。因此,《維摩詰經》詳述十七種修行方法(因行)的展開,並說明菩薩與眾生的因緣乃是共生所感的互動模式:

> 直心是菩薩淨土,菩薩成佛時,不諂眾生來生其國;深心是菩薩淨土,菩薩成佛時,具足功德眾生來生其國;……十善是菩薩淨土,菩薩成佛時,命不中夭、大富、梵行、所言誠諦、常以軟語、眷屬不離、善和爭訟、言必饒易、不嫉、不恚、正見眾生來生其國[34]。

這段經文總共說到了十七種修習「淨土之行」的德目;分別是:(1) 直心;(2) 深心;(3) 菩提心;(4) 佈施;(5) 持戒;(6) 忍辱;(7) 精進;(8) 禪定;(9) 智慧;(10) 四無量心;(11) 四攝法;(12) 方便;(13) 三十七道品;(14) 迴向心;(15) 說除八難;(16) 自守戒行,不譏彼闕;(17) 十善。這十七種修行法門,都是成就淨土之因;菩薩以此法門化導眾生,自然地與同類眾生相攝增上,輾轉共成,菩薩與眾生結成法侶,和合為一,共修福慧,共成淨土。所以,《大智度論》說:

> 淨佛世界者,有二種淨:一者,菩薩自淨其身;二者,淨眾生心,令行清淨道。以彼我因緣清淨,故隨所願得清淨世界[35]。

在嚴淨佛土的共願中淨佛世界的兩種淨是互為增上緣。印順法師特別提醒吾人對淨土的基本原則要有正確的認識:

> 說到淨土即是諸佛、菩薩、眾生輾轉相互增上助成的。在佛土與眾生土間,不能忽略菩薩與佛共創淨土,相助攝化眾生的意義[36]。

---

[34]《維摩詰所說經》;《大正藏》冊14,頁538中。
[35]《大智度論》;《大藏經》冊25,頁418中。
[36] 印順,《淨土與禪》,頁37。

《維摩詰所說經》在「十七淨土之行」之後,緊接著提出十三種境界關係的說明:

> 菩薩隨其(1)直心則能(2)發行;隨其發行則得(3)深心;隨其深心,則(4)意調伏;隨意調伏則(5)如說行;隨如說行則能(6)迴向;隨其迴向則有(7)方便;隨其方便則(8)成就眾生;隨成就眾生則(9)佛土淨;隨佛土淨則(10)說法淨;隨說法淨則(11)智慧淨;隨智慧淨則其(12)心淨;隨其心淨則(13)一切淨;是故寶積,若菩薩欲得淨土當淨其心;隨其心淨,則佛土淨[37]。

此段經文將「淨土行」分成十三個由淺入深的修行次第,僧肇《注維摩詰經》認為此乃說明「(淨佛國土)行之階漸」,有其階位序列的必然性[38]。依《大智度論》的說明:

> 深心清淨故能教化眾生。何以故?是煩惱薄故,不起高心、我心、嗔心故,眾生愛樂,信受其語。教化眾生故得淨佛世界,如《毘摩羅詰》(即《維摩詰經》)佛國品中說:「眾生淨故世界清淨」[39]。

我們可以瞭解淨佛世界乃是深心清淨→教化眾生的結果。因此,淨土行的十三階位中,前七階位,(1)直心→(2)發行→(3)深心→(4)意調伏→(5)如說行→(6)迴向→(7)方便,可以概括為深心清淨,那麼,前九

---

[37]《維摩詰所說經》;《大正藏》冊14,頁538中-538下。
[38]《注維摩詰經》云:「上章雖廣說淨國行,而未明行之階漸;此章明至極深廣,不可頓超,宜尋之有途,履之有序,故說發跡之始,始於直心,終成之美,則一切淨也」。(《大正藏》冊38,頁337上)。淨影寺慧遠(523-592)與吉藏(549-623)皆順此「階漸」之解釋詳加發揮。
[39]《大正藏》冊25,頁657中。

個位階的修行次第（(1) ～ (7) 深心清淨→ (8) 成就眾生→ (9) 佛土淨）和「眾生之類是佛淨土」的總原則是完全一致。第十位階「說法淨」為轉法輪，屬「能化利益果」；(11) 智慧淨 (12) 心淨 (13) 一切淨為「所化利益果」，即智慧解脫、心解脫、究竟解脫[40]。此即創建淨土，悉令眾生皆入涅槃的完滿成就，與《大波羅密多經》卷第三九四所說的精神一致：

> 當得無上正等覺時，令我土中諸有情類，皆不遠離空解脫門、無相、無願解脫門⋯⋯皆不遠離一切智、道相智、一切智⋯⋯皆不遠離一切菩薩摩訶薩行，諸佛無上正等菩提[41]。

因此，(12) 心淨，在慧遠與吉藏的疏解中，皆判定為出世間的「金剛心淨」，與前七階位深心清淨的世間位階不同，意義也有所差異。

菩薩為「成就眾生」故「願取佛國」，經句「若菩薩欲得淨土，當淨其心；隨其心淨，則佛土淨」就不能解釋成「自心淨」則淨土「自成」[42]。它是省略式的結論句，其實質內容該是「自心淨→眾生淨→佛土淨」，「眾生淨」是「心淨則佛土淨」的關鍵。

如果從《維摩詰經》本身的脈絡來看，佛陀與舍利弗有一段精彩的對話，進一步敘述「心淨則佛土淨」的倫理與實踐問題：

> 爾時舍利弗，承佛威神，作是念：「若菩薩心淨，則佛土

---

[40] 窺基《說無垢稱經疏》（《大正藏》冊38，頁1026下-1027上。）將 (10) 說法淨至 (13) 一切功德淨（玄奘譯《說無垢稱經》則詳分為 (11) 清淨法教 (12) 清淨妙福 (13) 清淨妙慧 (14) 清淨妙智 (15) 清淨妙行 (16) 清淨自心 (17) 清淨功德）定位為「淨土成更生勝果」，並以二義來評說：（一）轉法輪義，可細分為能化利益果和所化利益果；（二）可施他義。其詳細表解，請參見釋慧敏，〈「心淨則佛土淨」之考察〉，《戒律與禪法》（台北：法鼓文化，1999年），頁332-338。

[41]《大般若羅密多經》卷394；《大正藏》冊6，頁1037下-1038上。

[42] 惠敏法師從窺基《說無垢稱經疏》的詮釋，詳細說明「心淨則佛土淨」不可解釋成淨土自成之說。詳論參見〈「心淨則佛土淨」之考察〉。

淨，我世尊本為菩薩時，意豈不淨？而是佛土不淨若此？」佛知其念即告之言：「於意云何？日月豈不淨也，而盲者不見。」對曰：「不也，世尊！是盲者過，非日月咎。」「舍利弗！眾生罪故，不見如來佛土嚴淨，非如來咎。舍利弗，我此土淨而汝不見。」爾時螺髻梵王語舍利弗：「勿作是意：為此佛土以為不淨。所以者何？我見釋迦牟尼佛土清淨，譬如自在天宮。」舍利弗言：「我見此土，丘陵、坑坎、荊棘、砂礫、土石諸山、穢惡充滿。」螺髻梵言：「仁者心有高下，不依佛慧故，見此土為不淨耳！舍利弗！菩薩於一切眾生悉皆平等，深心清淨，依佛智慧，則能見此佛土清淨。」於是佛以指按地，即時三千大千世界，若千百千珍寶嚴飾，譬如寶莊嚴佛無量功德寶莊嚴土。一切大眾歎未曾有，而皆自見坐寶蓮華，佛告舍利弗：「汝且觀是佛土嚴淨！」舍利弗言：「唯然，世尊！本所不見，本所不聞，今佛國土嚴淨悉現！」佛語舍利弗：「我佛國土常淨若此，欲度斯下劣人故，示是眾惡不淨土耳。譬如諸天，共寶器食，隨其福德，飯色有異。如是，舍利弗！若人心淨，便見此土功德莊嚴[43]。

同樣是佛陀淨土，舍利弗放眼望去，盡見「丘陵、坑坎、荊棘、砂礫、土石諸山、穢惡充滿。」而螺髻梵所看見的，卻是「釋迦牟尼佛土清淨，譬如自在天宮」。其中最大的差別，在於是否依著佛智慧去觀望淨土世界。因此，舍利弗儘管是佛陀座下的第一大弟子，但是因「仁者心有高下」之故，無法拋下分別之心，即使是佛陀淨土，舍利弗所見的也是充滿不平污穢的大地。就這一點而言，只要是依佛智慧而行，前往淨土之路的機會，並不因其他差等而有所不同，眾生是平等的。最後，佛

---

[43]《維摩詰所說經》；《大正藏》冊 14，頁 538 下 -539 上。

陀運用神通力,悉現佛土的清淨,以解舍利弗之疑。由此,舍利弗領悟眾惡的不淨土,只是為了度化下劣眾生的示現,只要人心清淨,便見國土莊嚴。「淨土」必須藉由眾生的「心淨」才可示現,其重點在於眾生的「心」而非外境的國土。

這段經文其實是很難理解的。「淨土」若是成佛的應然歸趣,世尊又如何在穢土成佛?這是理論上必須解決的問題。對話中佛陀以「神通力」示現佛土莊嚴,這便容易往「淨土自成」的方向聯想。因此,歷代的注疏家要從「生身土通淨穢,法身土為清淨」等「二身二土」、「三身三土」的佛身觀點來解釋[44]。佛身觀的思想並不是本文討論的範圍,但就淨土和穢土的關係,則有進一步討論的必要。《無量壽經》「淨國照見十方願」云:

> 設我得佛,國土清淨,皆悉照見時方一切無量無數不可思議諸佛世界,猶如明鏡,睹其面像。若不爾者,不取正覺[45]。

諸佛淨土,都由佛與眾生清淨的心、清淨的業共同成就,在阿彌陀淨土中,任何地方都可照見十方無量諸佛世界,以及這些世界的一切眾生及萬物。猶如明鏡,反照一切眾生各種因緣成就的面像,以共構一交互輝映的佛國淨土網絡世界,這種「鏡像理論」說明佛國淨土交互輝映的可能性來圓成一悉令眾生成佛的超現實之修道場域。

「鏡像理論」存在一種發展的可能,即照見穢土成佛的不可思議之眾生面像,此穢土與淨土的對反與超越,正顯示出淨土亦是緣起法,由菩薩功德、眾生、眾生功德因緣和合而有[46]。《維摩詰經・佛國品》中佛以神通示現淨土,「神通」正如一面鏡子,遍照淨土眾生相,這說明了

---

[44] 其詳參見窺基《說無垢稱經疏》(《大正藏》冊 38,頁 1027 下 -1032 下)的詮釋。
[45]《大正藏》冊 12,頁 268 下。
[46]《注維摩詰經》;《大正藏》冊 38,頁 334 中。

緣起法的不可思議,更將「鏡像理論」具像為神通的示現,以闡釋無所得的清淨相與淨土、穢土間的畢竟平等相。

肆、土地倫理的轉向

從佛教經典的考察,淨土思想可以做為土地倫理的思想資源嗎?可視為環境關懷的價值取向?答案是有疑義的。然佛教的教義是否有足夠強度,提供環境保護的經典依據,這是個多面向的問題,不是一時一地的觀察可以說明的。因此,Ian Harris 以「類型學」(typology)的概念,將佛教環境主義者分成五個類型,並加以釐清其多元的詮釋進路。就佛教的社會文化脈絡來說,當代佛教「心靈環保」或「人間淨土」運動大量應用「淨土」的語言,並給予溝通心靈與環境中介和統合的角色,其中《維摩詰經》「心淨則國土淨」的觀點廣泛地使用在學術或通俗的教說中。「心淨則國土淨」和環境思想只是鬆散的連結或可提供環境保護的強制性與義務?針對這個問題,楊惠南教授以其關切佛教生態學的胸懷,倡言佛教強勢的環境義務與責任。

依《維摩詰經》的敘述,楊教授特別注意到「淨土之行」十三個修行次第中 (9)「佛土淨」和 (12)「心淨」的排列次序,並將之解釋為:「佛土淨」是「心淨」的「(原)因」,而不是「(結)果」。因此,《維摩詰經・佛國品》當中的淨土思想,應該有二層意義:

(1) 如果想要「心解脫」,就必須「境解脫」:亦即,如果要讓內心的煩惱徹底去除,必須先讓外在的世界清淨無染。這是「直心」乃至「一切功德淨」等十三次第所顯示的淨土理念。

(2) 如果想要「境解脫」,就必須「心解脫」:亦即,如果要讓外在的世界清淨無染,那麼,就必須先去除內在心靈的煩惱。這是「隨其心

淨，則佛土淨」這句經文所顯示的淨土理念[47]。

楊教授將「佛土淨」解釋成「外在的世界清淨無染」，並沒有足夠的理據。如果本文的分析沒有大錯的話，「佛土淨」是前九個階位修行次第的行果（深心清淨→成就眾生→佛土淨），並非單純的只是「外在的世界清淨無染」。楊教授所認同的吉藏《淨名玄論》觀點也沒辦法支持他的論點：

> 凡夫但為安自身，求生好國。二乘本期滅患，意在無餘，於遊戲神通、淨佛國土，不生喜樂，故並不修淨土。菩薩普化眾生故，取於佛土。故云：「眾生之類是菩薩佛土」[48]。

「成就眾生」與「眾生之類是菩薩佛土」都表明其關鍵乃在眾生淨，佛土淨（果）是眾生淨（因）的行果，那麼「佛土」就不是「外在環境」所能說明的。

再者，既然「十三淨土之行」是修行次第，便有其序列的必然性，(12)「心淨」該是「金剛心淨」，它和「隨其心淨，則佛土淨」的「心淨」並非同義語，該視為兩詞，而不是一詞，因此，楊教授文章中 (1) 和 (2) 的推論關係也很難成立。

然而，楊教授倡議「建立心境平等的佛教生態學」的主張，卻是值得深思的課題。這個課題對當今佛教環保回歸佛教生態學核心價值的思考，有其實踐導向和撥開雲霧的根本價值。筆者以為要達到「心境平等的佛教生態學」，並不是從佛教經典傳統或理據，而要進行一個世間法的轉向，這個轉向即「土地倫理的轉向」。底下，筆者簡略地介紹土地

---

[47] 楊惠南，〈從「境解脫」到「心解脫」——建立心境平等的佛教生態學〉，收錄於《愛與信仰：台灣同志佛教徒之平權運動與深層生態學》（台北：商周，2005 年 1 月），頁 284。楊教授由此推論，並進一步指出當代台灣佛教界三個偏差發展：(1) 重「心」輕「境」；(2) 重「往生淨土」輕「莊嚴淨土」；(3) 重有情的「眾生世間」輕無情的「器世間」。

[48]《大正藏》卷 38，頁 905 上。楊教授的分析見前揭文，頁 200-201。

倫理學的內涵，再來探討為什麼要轉向的理由。

依李奧帕德（Aldo Leopold）的經典名著《沙郡年記》的詮釋，土地倫理可以從四個主要觀念來詮釋[49]：

(1) 從生態學的立場，說明「土地是群集（社群）」（land is Community）的觀念，也就是說，土地是由動物、植物、土壤、水和人類所共同形成的，人類是這個群集（社群）的一個成員，必須與其他成員共生。土地倫理可以被視為一種引導與規範人們面對生態情勢的模式。

(2) 土地倫理擴大了群集（社群）的界限，這是人類倫理演進的結果，其規範很可能就是一種發展中的群集（社群）的本能。而我們對土地要有感覺、了解和接觸，才能產生愛和尊重，如果人們對於土地沒有懷著喜愛、尊重和讚嘆之情，或者不重視土地的價值，那麼，人和土地的倫理關係是不可能存在的。

(3) 文化是從土地孕育出來的，世界上有那麼豐富的各種不同文化，反映出孕育它們的土地是何等的豐富多樣。為了文化的傳承和歷史的延續，我們必須維護土地健康運作的機能，自然資源的保護是要達到土地之間和諧的狀態。

(4) 人對土地的義務要被嚴肅地討論。然而，如果沒有良知，義務就沒有任何意義，而我們面臨的問題就是將社會良知從人民擴展到土地，使土地意識內在化，使哲學和宗教開始重視土地倫理、保育倫理。

李奧帕德認為，想要促進土地倫理的發展，一個關鍵的步驟就是：

---

[49] 參見 Aldo Leopold 著，吳美真譯，《沙群年記：李奧帕德的自然沈思》 *A Sand County Almana*（台北：天下文化，1998年）之第四部「消失的野地」（頁319-374）；陳慈美，〈生態保育之父李奧波「土地倫理的啟示」〉，刊於林朝成編，《環境價值觀與環境教育論文集》（成功大學台灣文化研究中心發行，1997年），頁101-116。

> 停止將正當的土地使用視為純粹的經濟問題。除了從經濟利害關係的角度來考量外,我們也應該從倫理和美學的角度,來考慮每個問題。當一件事情傾向於保存生物群落的完整、穩定和美感時,這便是一件適當的事情,反之,則是不適當的[50]。

從以上的概述,我們反省佛教是否有土地倫理時,便有個方針。佛教的緣起論,可以用來說明群集(社群)相互依存的概念與生態情勢的模式,但在佛教的教義中,確實缺少「土壤」的面向,在經典中,土壤、丘陵、坑坎、土石諸山,穢惡充滿,是不潔淨的,土壤幾乎等於汙泥,人和土地的關係並不重要,甚至為了表示尊敬佛陀,而不讓佛陀的足直接接觸土地。土地只不過是城市和城市之間,用來栽種穀物的空間而已,土壤的價值確實不曾在佛教中佔有地位[51]。

那麼,為什麼要來個「土地倫理的轉向」呢?其關鍵便是穢土成佛的悲願。

釋迦牟尼佛降生於印度,在此娑婆世界成佛乃是歷史的事實,《增壹阿含經》云:「諸佛世尊,皆出人間,非由天而得也」[52]。因此,這個世界就是我們成佛的根基,《阿彌陀經》說:

> 釋迦牟尼佛能為甚難希有之事,能於娑婆國土、五濁惡世:劫濁、見濁、煩惱濁、眾生濁、命濁中,得阿耨多羅三藐三菩提,為諸眾生說是一切世間難信之法[53]。

阿彌陀佛對釋迦牟尼佛的讚嘆,正表示穢土成佛是難能之法,卻也是佛

---

[50] 吳美真譯,《沙郡年記:李奧帕德的自然沈思》,頁 352。
[51] 有關土壤的價值,參見 Erik Davidson 著,齊立久譯,《生態經濟大未來》(台北:經濟新潮,2001 年),頁 33-56。
[52] 《增一阿含經・等見品》;《大正藏》冊 2,頁 694 上。
[53] 《佛說阿彌陀經》;《大正藏》冊 12,頁 348 上。

教最真實的教義。《悲華經》甚至貶斥淨土成佛，認為這是懈怠人的願望，是「菩薩四法懈怠」，而願取不淨世界則為精進：

> 菩薩有四法精進。何等四？一者，願取不淨世界；二者，於不淨人中施作佛事；三者，成佛已，三乘說法；四者，成佛已，得中壽命，不長不短，是名菩薩四法精進[54]。

此四法精進，正是人間菩薩的精神。印順法師〈佛在人間〉一文明確地表示，人間正見的佛陀觀（佛在人間的確實性）與出世（不是天上）正見的佛陀觀（即人成佛）兩者融通無礙，是佛陀觀的真相[55]。人間佛教以此土、此時之人類來說明世間的淨化，便是對穢土成佛的全然肯定。

　　穢土和淨土都是評價語辭，中性的描述即是「剎土」[56]。眾生與剎土是不可分割的，印順法師曾做如下的說明：

> 土，即世界或地方，有共同依託義。如說：個人業感的報身是不共；而山河大地等卻是共的，即共同能見，共同依託，共同受用。所以，依此世界的眾生，能互相增上，彼此損益。佛法是自力的，如《親友書》說：「生天及解脫，自力不由他」。又如俗說：「各人吃飯各人飽，各人生死各人了」，此可見佛法為徹底的自力論。但這專就有情業感的生死報體——根身說；若就眾生的扶塵根，及一切有情業增上力所成的器世間說，就不能如此了[57]。

我們可從共不共業或依正二報的角度進一步加以說明。依正二報，都是

---

[54] 《悲華經》卷八；《大正藏》冊3，頁218中。
[55] 印順法師，《佛在人間》（台北：正聞，1992年），頁15。
[56] 剎土，梵文 Kṣetra，音譯為「剎」、「差多羅」，意義為「土田」；因意和譯為「剎土」，為有情所居住的土地。
[57] 印順法師，《淨土與禪》，頁33。

果報,由過去的宿業所召感而得的眾生的身心生命的存在,是正報;生命存在的生活所依的環境,包括國土、山河以至整個環境世界,則是依報[58]。正報屬不共業,依報屬共業。所謂共業乃指招致器世間,使得器世間成為其業果之業,由於器世間乃係眾多有情所共有與受用的山河大地等事物,故不可能僅由一有情的共業所引生,而應由眾多有情的共業共同聚合所引生。

依舟橋一哉的研究,佛教的業論,其根本用意應是在於藉著「因個人之業所成」的概念,來說明每個人都各自擁有他「個人的世界」[59]。可是舟橋先生認為佛教的本來思想是不容許「共業」之存在的,因佛教認為這個世界之所以能夠成立,全要靠有情業的推動,即「我業造我世界」,既是「我世界」,就不可能有一個世界能與他人共同受用。他認為「共業」是佛教在時代演進,新的環境之下,順應世俗的觀點,把世間分成有情世界和器世界兩大類,而為了因應此一分類,只好另設「共業」一辭,作為支持器世界之所以能夠成立的理由[60]。

然眾生與眾生,在剎土的依託受用中,互相增上,互相損益,眾生報身或(有)根身所居住的剎土,是「共同能見」,「共同所託」和「共同受用」,故「共業」的發展是順當的。

如果從另一個角度來看,「共業」的提出,不只是佛教世俗化的結果,且是佛教利他精神的實踐場域。印順法師認為:

> 聲聞行的淨化自心,是有所偏的,不能從消化自心的立場,成熟有情與莊嚴國土;但依法而解脫自我,不能依法依世間而完成自我。這一切,等到直探釋尊心髓的行者,急於為他,才從慈悲為本中完成聲聞所不能完成的一切[61]。

---

[58] 吳汝鈞編著《佛教思想大辭典》(台北:台灣商務,1992年),「依正」條,頁309。
[59] 舟橋一哉著,余萬居譯,《業的研究》(台北:法爾,1988年),頁178。
[60] 同上,頁179。
[61] 印順,《佛法概論》,頁243。

那麼,共業的思想,未嘗不可認為是與莊嚴國土、依世間完成自我的利他菩薩行有著密切關係,才在「依正不二」的思想中,立「共業」的觀念,以為自他之間必然有的共同體的理論根據,且強調「依報隨正報轉」的互動關係,則「共業」的觀念便有理論與實踐上的深意。

眾生皆立足於土地,關注土地、發揚土地倫理,雖不是佛教原本就有的教義,然而依穢土成佛的精神,願為生態責任共盡人間義務。土地倫理的轉向應是人間菩薩精進法也是契理契機的慈悲行。

伍、建構人間佛教的土地倫理

太虛、印順兩位法師所提倡的人間淨土,應是傳統淨土的改革思想。1926 年 7 月,太虛作〈建設人間淨土論〉[62]一文,1930 年 11 月,又講〈創造人間淨土〉[63],他再三強調,人間淨土這一理想世界,要由人去建設、創造的。其主要觀點有三:

(一)由改造自心以創造人間淨土。

(二)依佛法的精神為究竟歸趣,方能創造人間淨土。

(三)改革僧制,成立佛教徒組織,保證人間淨土的建設[64]。

這三個精神,都是針對佛教的改革運動而發,雖以人身學菩薩道為正宗,但因時代的因素,生態責任並非當時的迫切課題,故並未及於自然環境的問題。

印順「人間佛教」,著重人在五趣眾生中的關鍵角色,他說:

> 釋尊有云:吾為汝說過去、未來,不知汝信不信,且為談現在。準此意以讀「釋尊本教」,則於十方世界談此土,

---

[62]《太虛大師全書》論藏:支論(二)(全書冊 47)(台北:善導寺佛經流通處印行,1980 年),頁 349-430。

[63] 同上註,頁 431-456。

[64] 參見李明友,《太虛及人間佛教》(杭州:浙江人民,2000 年 12 月),頁 90-104。

> 三世時劫重現在,一切有情詳人類。即此土、此時之人
> 類以明世間之淨化可也。豈必「動言十方世界,一切有情
> 哉」[65]?

「人間佛教」立足於此地、此時、此人的教化關懷,為充滿人文精神的佛教詮釋。其淨土思想的特色有二點:

(一) 淨化人間使成淨土,才是菩薩本意。淨土的真精神在於「創造淨土」。

(二) 彌勒淨土注重人間淨土的實現與生生世世不急於求解脫的大乘菩薩精神,代表著在五濁惡世實現理想的淨土[66]。

印順法師的淨土思想,在人間佛教的詮釋觀點下,開展出寬廣的實踐視野。所謂的「創造淨土」,彰顯了佛教的理想世界的關懷,卻不拘限於傳統一時一地的世界觀或神話的建構。然如本文之前的討論,依淨土的內容與事相來說,在五濁惡世所實現的淨土,與世俗的土地倫理分屬二個世界,仍存有「聖—俗」之分,其實質內容和關懷面向是不容易相應的。因此,人間佛教所要抉擇的淨土觀,仍需和傳統的淨土教義有清楚的分界,除非有個土地倫理的轉向,方可將人間淨土落實在這塊土地上,否則淨土仍是人願力所成超越生態環境的理想世界,它是與生態法則相對反的世界。

或許有鑑於人間淨土的實踐性格與方便適應,聖嚴法師在談人間淨土的理念時,採取有別於傳統教義新的詮釋:

> 建設人間淨土的理念,不是要把信仰中的十方佛國淨土,
> 搬到地球世界上來……而是用佛法的觀念,來淨化人心,
> 用佛教徒的生活芳範淨化社會,通過思想的淨化、生活的

---

[65] 印順,《印度之佛教》(台北:正聞,1987年9月2版),頁41-42。
[66] 參見:印順,〈淨土新論〉,《淨土與禪》,頁1-76。

淨化，以聚沙成塔，水滴石穿的逐步努力，來完成社會環境的淨化和自然環境的淨化[67]。

這便使得淨土的內容擺脫古代印度文化的色彩，給予新時代的詮釋。就台灣佛教人間淨土的新趨向來說，其實都順著人間佛教的基本義理以適應時代的實踐旨趣。人間淨土新的詮釋是可以展開和土地倫理的對話以及本土土地倫理的建構，而不用糾纏在「淨土」的它方神聖意涵與概念泥淖中。

然人間淨土行者，所重在「淨」，關於「土」的意涵的再詮釋與建構，往往以一般的常識當做理論的旨趣，以致於土地倫理在制度化的實踐中並未有適當的地位。林益仁的研究發現，佛教的環境實踐所關切的並不是「宗教可以為環境運動貢獻什麼？」的當代議題，佛教的實踐焦點似乎轉成「『環保』活動可以為當代佛教在台灣的現代化提供什麼助益？」的社會脈絡詮釋[68]。

從人間淨土的理念，聖嚴法師對於環保的實踐，其中心意義並不專注於土地的關懷，而在於「精神的建設」，聖嚴法師說：

> 人間淨土可分為三個方向來建設：一是物質建設，二是政治制度，三是精神建設。前二者可從科學、技術行政、法制方面去努力；後者則由對佛法的信心或修行努力。從佛法的立場看，物質建設及政治制度的有無，固然是重要的事，然精神建設更為重要[69]。

聖嚴法師「人間淨土」的理想，被強調成法鼓山全體修行的目標。然而

---

[67] 聖嚴，《人間淨土》（台北：法鼓山文教基金會，1997年），頁10-11。
[68] 參見林益仁，〈環境實踐的「全球」與「在地」辯證〉，《台灣社會研究季刊》第55期，頁1-46，2004年9月。
[69] 釋聖嚴，〈建設人間淨土精神最重要〉，《心靈環保》。原載《自立晚報》「晚安台灣」專欄，（1991年10月29日），頁180。

聖嚴法師對於環保實踐是否有一清楚的概念？為了達到他的理想，採用環保的概念是不是一必要的步驟？由〈禪師的心路歷程，禪師的真正意義〉這篇訪問所得到的答案，顯示聖嚴法師對於二者的關聯必然性看法是不一定的，該文中聖嚴法師自述其心路歷程時，提及：

> 這麼長的一段時間，我本身並沒有計畫一定要做什麼，或一定不做什麼；而是因應這個社會、環境或佛教界的，漸漸推上了這麼一條路。可以說，我是以平常心、隨緣心做事，因緣讓我做什麼，我就做什麼[70]。

聖嚴法師認為1990年以來，台灣社會急遽變遷，人們承受極大壓力與不安，心靈環保回應了社會的情境，使人的心安住於自己所在的內在與外在環境。法師對於人間淨土的詮釋，具有心靈淨化的強烈傾向，並試圖將心靈改革以「環保」的論述語彙表達出來。

事實上，聖嚴法師對「人間淨土」的詮釋，是與其復興傳統佛教的理想結合在一起的。他說：

> 聖嚴於民國六十七年經留學日本、弘化美國而又回到台灣之後，便以全力興辦佛教的高等教育，造就碩士及博士層次的人才。同時也推廣生活與禪修合一的運動，以達成平衡身心、提昇人品的目的。從民國七十八年起，又在國內提倡建設人間淨土的理念，響應環境衛生、保育自然生態、珍惜自然資源的號召。同時呼籲發起「心靈環保」的運動。若想救世界，必須要從救人心做起，如果人的思想觀念不能淨化，要使得社會風氣淨化，是非常難的。心靈的淨化，便是理性與感性的調和，智慧與慈悲的配合，勇

---

[70] 引自釋聖嚴，〈禪師的心路歷程，禪師的真正意義〉，《心靈環保》，商業周刊陳玉琳專訪，原載《法鼓》第42期（1993年6月12日），頁254。

於放下自私的成見，勤於承擔責任及義務，奉獻出自己，成就給大眾，關懷社會，包容別人。唯有如此，人間淨土的實現，才不會僅是空洞的理想[71]。

很明顯地，「心靈環保」是其人間淨土的一種策略，而其真正關心的是「淨」，心靈淨化，社會淨化，而不是「土」——土地倫理與生態的復原。然人間淨土的實現，並不排斥土地倫理的建構，或者說，土地倫理可做為下一階段的時代任務，以成就「心境並建」的人間淨土。而為了建設人間淨土，「心淨則國土淨」的生態學詮釋，或可做為佛教與生態學對話的基石。

經由「心淨則國土淨」生態學詮釋，嘗試建構人間佛教的土地倫理，應是人間佛教的順當發展，也是本文主張「土地倫理的轉向」的旨趣所在。這麼一來，將使得依佛教觀點所開展的土地倫理，呈現時代的新適應與新視野。

引用書目

一、原典

曹魏・康僧鎧譯，《佛說無量壽經》；《大正藏》冊 12。
西晉・法立共法炬譯，《大樓炭經》；《大正藏》冊 1。
西晉・竺法護譯，《佛說彌勒下生經》；《大正藏》冊 14。
西晉・無羅叉譯，《放光般若經》；《大正藏》冊 8。
東晉・瞿曇僧伽提婆譯，《增一阿含經》；《大正藏》冊 2。
姚秦・鳩摩羅什譯，《佛說阿彌陀經》；《大正藏》冊 12。
──，《維摩詰所說經》；《大正藏》冊 14。
──，《大智度論》；《大藏經》冊 25。
──，《摩訶般若波羅蜜經》；《大正藏》冊 8。

---

[71] 釋聖嚴，《心靈環保》，頁 2-3。

後秦・僧肇,《注維摩詰經》;《大正藏》冊 38。
北涼・曇無讖譯,《悲華經》;《大正藏》冊 3。
劉宋・沮渠京聲譯,《佛說觀彌勒菩薩上生兜率天經》;《大正藏》冊 14。
唐・玄奘譯,《大般若波羅蜜多經》;《大正藏》冊 6。
唐・窺基,《說無垢稱經疏》;《大正藏》冊 38。
後漢・支婁迦讖譯,《阿閦佛國經》;《大正藏》冊 11。
——,《道行般若經》;《大正藏》冊 8。
釋太虛,《太虛大師全書》,台北:善導寺佛經流通處印行,1980 年。

二、專書

中村元原著、林光明編譯,《廣說佛教語大辭典》,台北:嘉豐,2009 年。
伊利亞德著、楊素娥譯,《聖與俗》,台北:桂冠圖書,2001 年。
印順法師,《印度之佛教》,台北:正聞,1987 年。
——,《佛在人間》,台北:正聞,1992 年。
——,《佛法概論》,台北:正聞,1992 年。
——,《淨土與禪》,台北:正聞,1992 年。
舟橋一哉著、余萬居譯,《業的研究》,台北:法爾,1988 年。
吳汝鈞編,《佛教思想大辭典》,台北:台灣商務,1992 年。
李明友,《太虛及人間佛教》,杭州:浙江人民,2000 年。
望月信亨著、釋印海譯,《淨土教起源及其開展》,Los Angeles:法印寺,1994 年。
聖嚴,《人間淨土》,台北:法鼓山文教基金會,1997 年。
釋聖嚴,《心靈環保》,台北:正中書局,2000 年。
——,《淨土概論》,台北:東大圖書,1998 年。
藤田宏達,《原始淨土思想の研究》,東京:岩波書店,1999 年。
E. Davidson 著、齊立久譯,《生態經濟大未來》,台北:經濟新潮,2001 年。
M. Eliade 著、楊素娥譯,《聖與俗:宗教的本質》,台北:桂冠圖書,2001 年。
A. Leopold 著、吳美真譯,《沙群年記:李奧帕德的自然沈思》,台北:天下文化,1998 年。
L. Schmithausen. "The Early Tradition and Ecological Ethics," *Journal of Buddhist Ethics* 4, 1997.

三、論文

林益仁,〈環境實踐的「全球」與「在地」辯證〉,《台灣社會研究季刊》第 55 期,2004 年,頁 1-46。

陳敏齡,〈西方淨土的宗教學詮釋〉,《中華佛學學報》第 13 期,1990 年,頁 83-101。

陳慈美,〈生態保育之父李奧波「土地倫理的啟示」〉,林朝成編,《環境價值觀與環境教育論文集》,成功大學台灣文化研究中心發行,1997 年,頁 101-116。

楊郁文,〈佛法的人間性與現實性〉,收錄於《人間淨土與現代社會》,台北:法鼓文化,1998 年。

楊惠南,〈從「境解脫」到「心解脫」——建立心境平等的佛教生態學〉,收錄於《愛與信仰:台灣同志佛教徒之平權運動與深層生態學》,台北:商周出版,2005 年,頁 284。

蔣義斌,〈《大智度論》中的淨土觀〉,收錄於《印順思想——印順導師九秩晉五壽慶論文集》,台北:正聞,2000 年,頁 227-236。

釋慧敏,〈「心淨則佛土淨」之考察〉,收錄於《戒律與禪法》,台北:法鼓文化,1999 年,頁 332-338。

A Buddhist Ethic View for the Land
-- A Reflection of the Concept "Pure Land in the Human Realm"

Ling, Chao-Chen[*]

Abstract

"Pure Land" is made out of the compassion of the Mahayana Bodhisattvas. In the Mahayana sutras, the land, trees, and pond in the "Pure Lands," are described in light of their religious implications rather than the environmental significance as they are portrayed as forming a "sacred space" in contrast to the "mundane space" and they can assist the beings' religious practices residing in the Pure Lands. Therefore, for scholars of the environmental philosophy, how to draw on these thoughts for the discussion of environmental philosophy has become an issue.

In this paper, I would like to analyze the possible implications of the idea "when one's mind is pure, then the land will be pure." I would like especially to single out the idea of "the purification of mind." In the Pure Land sutras, the purity of the land is the result and the purity of one's mind is the cause. The focal point in this statement is "people's mind" but not "the land." Therefore, the possible connection of this idea with Buddhist ecology will have to be pinpointed from a specific perspective.

I will point out the clues that show us this connection lies in the idea of "attaining Buddhahood in polluted lands." According to this theory, as a way to move ahead in one's Boddhisattva path, one has to be committed to improve the

---

[*] Professor, The Department Chinese Literature, National Cheng Kung University.

world in which he lives in to attain Buddhahood. Although this interpretation is an extension of the Buddhist philosophy and not expounded in the sutra, but the necessity of attaining Buddhahood in the polluted land, but not the pure land, demonstrates the importance of the concern over the environment that one lives in the Buddhist philosophy.

Recent scholars working on Engaged Buddhism or "Buddhism in the Human Realm" usually give more attention on the aspect of "Purity" instead of the "Land." In this paper, I will propose a Buddhist ecological interpretation of the idea "when one's mind is pure, then the land will be pure as well" and try to formulate some basic principles in putting this ideal into practice.

Keywords: pure land, Pure land in the human realm, ethics for the land, purification of mind

佛教禪修做為心身安頓
——以基礎觀念與關鍵概念為線索

蔡耀明[*]

摘要

　　本文將主題設定為「佛教禪修做為心身安頓」；使用的方法，主要為關鍵概念之分析，以及佛教禪修在達成心身安頓之條理。至於研究與論述之目標，則為如此條理之適切的理解。在論述的行文，本文由如下的五節串連而成。第一節，「緒論」，開門見山，帶出研究主題。第二節，解明基礎觀念，探討佛教怎麼看待進入生命世界的有情，怎麼會提出禪修，以及教導的是什麼樣的禪修。第三節，解明關鍵概念，包括佛教、禪修、禪定、念住、止、觀、靜慮、等至、等持，藉以提供入門的切要工具與思辨技巧。第四節，以根基、道路、成果所共構的一套方式，用以呈現佛教禪修的全幅圖樣，從而形成心身安頓之全套的學理更為確實的理解。第五節，「結論」，總結本文的要點。

關鍵字：佛教、禪修、止觀、心身安頓、生命哲學

---

[*] 作者為臺灣大學哲學系教授。

壹、緒論

本文以基礎觀念與關鍵概念為線索,從心身安頓的角度,探討佛教禪修之內涵。有鑒於一般世人對於所謂的禪修,或許霧裡看花、眾說紛紜,而如果以基礎觀念與關鍵概念為線索,應該較有利於循序漸進地形成切要的與清晰的理解。至於心身安頓的角度,這在一方面,位居佛教禪修的骨幹;另一方面,也可立即銜接當今世人切身的關懷。

貳、基礎觀念的解明

本文將主題設定為「佛教禪修做為心身安頓」;使用的方法,主要為關鍵概念之分析,以及佛教禪修在達成心身安頓之條理。至於研究與論述之目標,則為如此條理之適切的理解。這整個任務,如果出之於循序漸進,則基礎觀念的解明,即應列為優先著手的工作。

在本文的脈絡,所謂的基礎觀念,其意涵為佛教怎麼看待進入生命世界的有情,怎麼會提出禪修,以及教導的是什麼樣的禪修。這些在踏上起跑線之前的看法或想法,在這一節,將以如下的三個小節,予以解明:其一,心身安頓列為生命世界之重大課題;其二,訴諸禪修以助成心身安頓;其三,禪修之本務為心身觀照與心態鍛鍊。

一、心身安頓列為生命世界之重大課題

佛教將進入生命世界的有情,看成一直在變動不居的心態與身體短暫的組合表現。不僅生命歷程是無常的,而且使得有情相當脆弱地受困在如此無常的生命歷程,以至於心身安頓益發突顯為生命世界重大的課題。

「心身安頓、心身安立、或心身安住,初步意指生命歷程當中做為生命體之構成部分的心態和身體之和合組成,並非處於無依無靠、流離

失所、或浪跡天涯的情形,而是達成安頓、安立、安住、或安置的情形。」[1]

如果正視用以組成有情的心態與身體在生命歷程的無常、脆弱、與困苦,並且尋求對策或解決之道,則心身安頓之可能性與如何可能,比起認知在生命歷程的無常乃至困苦,甚至來得更為重要。

二、訴諸禪修以助成心身安頓

佛法指出,進入生命世界的有情,之所以會一直在推動著無常乃至困苦的生命歷程,主要的癥結,包括並未正視生命歷程的無常乃至困苦、不斷地產生追逐或攪動的情意、以及持續造作在生命世界相互逼迫或傷害的事情。如果這些癥結造成生而復死的有情與顛沛流離的心身,則反向操作,亦即訴諸善業、禪修、智慧,將可助成生命超脫與心身安頓。關聯於此,本文不僅提供「理論知識」,更致力於「實踐知識」之闡釋[2]。

三、禪修之本務為心身觀照與心態鍛鍊

在佛法教導的諸多可助成生命超脫與心身安頓的修學課業當中的禪修,其本務尤其在於心身觀照與心態鍛鍊[3]。一般世人如果不怎麼在乎

---

[1] 蔡耀明,〈佛教住地學說在心身安頓的學理基礎〉,《正觀》第 54 期(2010 年 9 月),頁 14。此外,參閱:蔡耀明,〈「確實安住」如何可能置基於「無住」?:以《說無垢稱經》為主要依據的「安住」之哲學探究〉,《正觀》第 57 期(2011 年 6 月),頁 127-130;蔡耀明,〈以心身安頓為著眼對「住地」的哲學檢視:做為佛教住地學說的奠基工程〉,《法鼓佛學學報》第 9 期(2011 年 12 月),頁 12-14。

[2] 「哲學學者區分理論知識(theoretical knowledge)與實踐知識(practical knowledge)。理論知識包括針對事實的與系統的訊息和關係做出精確的整理與評量。實踐知識則在於執行諸如彈鋼琴、使用帶鋸機、摘除腫瘤、或烘培蛋糕等事務所必要的技巧。」(Douglas J. Soccio. *Archetypes of Wisdom: An Introduction to Philosophy* (7th ed.), Belmont: Cengage Learning, 2010, p. 13.)

[3] 參閱:蔡耀明,〈《阿含經》的禪修在解脫道的多重功能:附記「色界四禪」的述句與禪定支〉,《正觀》第 20 期(2002 年 3 月),頁 83-140。

心身觀照或心態鍛鍊，極可能連禪修一詞都不會納入在使用的辭彙。再者，一般世人縱使將禪修一詞納入使用的辭彙，如果想要的僅止於虛晃一招的神祕經驗或與神明搭上線，極可能不會將禪修做成心身觀照或心態鍛鍊。至於佛法的教學，一方面，致力於確實認知用以組合為有情的心身之變化與實相（reality; reality as-it-is／實在、法性），另一方面，致力於徹底的生命超脫與確實的心身安頓，而禪修正好是打通這雙方面的中流砥柱，因此佛教禪修的本務，即為心身觀照與心態鍛鍊，從而至少達成心態的轉化[4]。

參、關鍵概念的解明

關鍵概念在哲學的探討，猶如敲門磚，可提供入門的切要工具與思辨技巧。這一節，將以如下的七個小節，逐一解明本文主題的關鍵概念：其一，佛教；其二，禪修、禪定；其三，念住（念處）；其四，止（奢摩他）、觀（毗婆舍那）；其五，靜慮（禪那）；其六，等至（三摩跋提）；其七，等持（三摩地、三昧）。

一、佛教

就人物的外表而論，佛教可視為以釋迦摩尼佛為核心的修行成就者所施行的教導或所成立的宗教。就事情的內涵而論，佛教可視為一大套的學理與實踐，包括對生命世界與生命歷程解開而貫通的觀察與解釋，從生命世界與生命歷程徹底解脫的整條修行道路的教導與鍛鍊，以及延

---

[4] 透過心身觀照與心態鍛鍊，從而達成心態轉化，這不只是佛教禪修的本務，甚至專業的哲學，也適合如此的運作。例如，參閱：Michael McGhee. *Transformations of Mind: Philosophy as Spiritual Practice*, Cambridge: Cambridge University Press, 2000, especially "Chapter 1: 'A Philosophy that is Not a Philosophy,'" pp. 8-25。

續生命歷程在廣大的生命世界從事以最極高超的覺悟與度化有情為職志的教導與鍛鍊[5]。

二、禪修、禪定

禪修（meditative practices），相當於梵文的 *bhāvanā*，來自動詞字根 √*bhū*（是、有、實存、成為）之使役形的陰性名詞。*bhāvanā* 字面的意思大致為使成為實存（causing to be; calling into existence）或培養（cultivating）[6]。如果將 *bhāvanā* 理解為禪修，尤其在諸如 *citta-bhāvanā*（mental cultivation）、*śamatha-bhāvanā*（cultivation of tranquility）、*vipaśyanā-bhāvanā*（cultivation of insight）之類的複合詞的脈絡，其意涵為心態之修煉，從而培養心態之優良的品質與高超的能力。

翻譯成漢文的禪思、宴坐、或宴默，相當於梵文的 *pratisaṃlayana*，來自動詞字根 √*lī*（停留、居留、附著、躺臥）之中性名詞 *layana*（歇息、休息、依處、房舍），加上接頭音節 prati-（反向而行或朝向）與 sam-（總括或平等）。*pratisaṃlayana*（retiring for meditation; meditative seclusion）字面的意思大致為退隱獨坐、獨處閒居、沈默靜坐、安息靜

---

[5] 本文在研究進路，以修行之道路與義理，闡發佛教禪修之內涵；至於針對佛教禪修，考究或議論其歷史的發展，學界已有不少的論著，可另行參考，例如，Johannes Bronkhorst. *The Two Traditions of Meditation in Ancient India*, Delhi: Motilal Banarsidass, 2000; Alexander Wynne. *The Origin of Buddhist Meditation*, New York: Routledge, 2007。

[6] See Elisa Freschi. "Indian Philosophers," *A Companion to the Philosophy of Action*, edited by Timothy O'Connor and Constantine Sandis, Malden: Wiley-Blackwell, 2010, pp. 421-422; Antoine A. Lutz, J.D. Dunne & R.J. Davidson. "Chapter 19: Meditation and the Neuroscience of Consciousness: An Introduction," *The Cambridge Handbook of Consciousness*, edited by Philip Zelazo, M. Moscovitch & E. Thompson, Cambridge: Cambridge University Press, 2007, p. 502; Stuart Sarbacker. *Samādhi: The Numinous and Cessative in Indo-Tibetan Yoga*, Albany: State University of New York Press, 2005, pp. 3-4.

思[7]。簡言之，所謂的禪思，乃藉由離開吵雜、安坐靜處、平心靜氣、思緒放空，一方面，避免風中燃燭而微弱的燭火屢遭摧殘，另一方面，則可助成禪修乃至禪定。

禪修此一用詞，側重心態修煉在程序所下的培養的工夫；至於禪定（meditation; meditative equipoise or evenness）此一用詞，則側重心態修煉所培養出來的心態安定之品質，以及傾向於做為禪修之諸多成果的通稱[8]。

三、念住（念處）：身、受、心、法

佛教禪修的基本功，稱為念住或念處。

首先，念（心念覺察），相當於梵文的 *smṛti*，來自動詞字根 √*smṛ*（心念、記憶、憶念）之陰性名詞[9]。如果將 *smṛti* 放在禪修的脈絡，其作用主要在於就心態活動幾乎最基礎的起心動念，即覺察在起心動念的情形

---

[7] 世尊告諸比丘：「常當修習，方便禪思，內寂其心，如實觀察。」（《雜阿含經・第68經》，T. 99, vol. 2, p. 18a.）此外，「na bhadanta-śāriputra evaṃ pratisaṃlayanaṃ saṃlātavyaṃ yathā tvaṃ pratisaṃlīnaḥ.」「唯，舍利子！不必是坐為宴坐也。」（大正大學綜合佛教研究所梵語佛典研究（校訂），《梵文維摩經：ポタラ宮所藏寫本に基づく校訂》（東京：大正大學出版會，2006 年），頁 20；《說無垢稱經》（唐・玄奘譯，T. 476, vol. 14, p. 561b.）。

[8] Stuart Sarbacker. *Samādhi: The Numinous and Cessative in Indo-Tibetan Yoga*, Albany: State University of New York Press, 2005, p. 17.

[9] 「這並非生硬地將心念覺察等同於記憶，而毋寧是在指出，一旦心念覺察能夠現前，記憶將能夠妥善運作。心念覺察之於記憶的關係，顯示出為了能夠記憶某一特定的情境，正值該情境在發生的時刻，當時的心念覺察必須現前。」（Ven. Anālayo. "Mindfulness in the Pali Nikayas," In *Buddhist Thought and Applied Psychological Research: Transcending the Boundaries*, D.K. Nauriyal and et al., eds., London: Routledge, 2006, p. 229.）See also Tse-fu Kuan, Mindfulness in Early Buddhism: New Approaches through Psychology and Textual Analysis of Pali, Chinese and Sanskrit Sources, London: Routledge, 2008, p. 1。

（presence of mind; bringing to mind; mindfulness）[10]。就此而論，佛教禪修的念，一方面，力求在切線脫離一般世人心念外馳或心念昏昧的通病。另一方面，則以至少如下的三個特點為其構成要項：其一，重心在於起心動念；其二，起心動念為清醒的或清明的；其三，覺察或醒察（staying aware of）起心動念的情形[11]。根據至少如上的三個構成要項，smṛti 有別於心不在焉（mindlessness），或許可說明為心念覺察（attentive awareness; mindfulness）[12]。如此的心念覺察，其心態之品質，在於如同鏡面，清明地覺察而反映著出現在心態的舉動，然而並不橫加干預或判斷[13]。將心念覺察正確地／正當地（correct/ right）做出來，或者做在一貫地正確的／正當的修行道路，即可稱為正確的／正當的心念覺察，簡稱正念（samyak-smṛti）。

其次，念住或念處，相當於梵文的 smṛty-upasthāna。此一複合詞的第二個字 upasthāna，來自動詞字根 √sthā（站著、居住、安住）之中性名詞，加上接頭音節 upa-（靠近），字面的意思大致為出席、到場、安住、住處。smṛty-upasthāna，至少可予以二套的解讀：一者，念住，心念覺察之現前安住；二者，念處，助成心念覺察之關聯的入手處[14]。由

---

[10] See Rupert Gethin (tr.). "Establishing Mindfulness (Satipaṭṭhāna-sutta)," *Sayings of the Buddha: A Selection of Suttas from the Pali Nikāyas*, Oxford: Oxford University Press, 2008, p. 141; Richard Jaffe. "Meditation," In *Encyclopedia of Buddhism*, Robert Buswell, Jr., ed., New York: Macmillan Reference USA, 2004, p. 523.

[11] See Chris Kang. Koa Whittingham, "Mindfulness: A Dialogue between Buddhism and Clinical Psychology," *Mindfulness* 1/3 (September, 2010): 170; William Mikulas. "Mindfulness: Significant Common Confusions," *Mindfulness* (November, 2010): 5. (http://www.springerlink.com/content/d25579n382m30230/)

[12] Riccardo Repetti. "Meditation and Mental Freedom: A Buddhist Theory of Free Will," *Journal of Buddhist Ethics* 17 (2010): 173. (http://www.buddhistethics.org/)

[13] Christopher Johns. *Being Mindful, Easing Suffering: Reflections on Palliative Care*, London: Jessica Kingsley, 2004, p. 19.

[14] Sarah Shaw. *Buddhist Meditation: An Anthology of Texts from the Pāli Canon*, London: Routledge, 2006, p. 77.

於關聯的入手處與現前安住,在運作心念覺察,乃一氣呵成,因此這二套解讀之間,大概僅止於語詞標示的差異。

佛教將身體、感受、心態、和法目(法理)當成一組,標示為四念住。就此而論,如下的三點,尤其值得重視。首先,將身體、感受、心態、和法目(法理)當成一組,顯示佛教基本上重視生命經驗,而念住也不是在做抽離生命經驗的想像。其次,念住並非屏除心念的情形,而是以清醒的或清明的心念,覺察身體、感受、心態、和法目(法理),而且正好透過如此的覺察,維持現前的心念皆安住清醒的或清明的情形。第三,將生命經驗切在起心動念基礎的層次,而且維持正確的／正當的心念覺察,相當於從基礎的層次切線脫離一般世人的經驗環圈,再由接手的禪修課業繼續鍛鍊,即可推進在修行的道路。

四、止(奢摩他)、觀(毗婆舍那)

以念住為基本功,強化心念覺察(to heighten awareness),在心態修煉更為進階的講究,兵分兩路,接手的即為止與觀[15]。在佛教所提供多樣的修行道路,止與觀甚至擔當重責大任,從基本功,乃至推動整條修行道路的進展[16]。

止(奢摩他、止息禪修),相當於梵文的 *śamatha*,來自動詞字根 √*śam*(止息、平穩)之陽性名詞。*Śamatha*(calm abiding; pacification;

---

[15] See Khenchen Thrangu. *Essential Practice: Lectures on Kamalaśīla's Stages of Meditation in the Middle Way School*, Jules Levinson, tr., Ithaca: Snow Lion, 2002, p. 36.

[16]「復次,善男子!一切聲聞及如來等所有世間及出世間一切善法,當知皆是此奢摩他、毘缽舍那所得之果。」(《解深密經・分別瑜伽品第六》,T. 676, vol. 16, p. 701b.)See also J. Powers. *Wisdom of Buddha: The Saṁdhinirmocana Sūtra*, John Powers, tr., Berkeley: Dharma, 1995, p. 195; Tsong-kha-pa. *The Great Treatise on the Stages of the Path to Enlightenment* (*Lam rim chen mo*), vol. 3, the Lamrim Chenmo Translation Committee, tr., Ithaca: Snow Lion, 2002, p. 14。

tranquility）字面的意思大致為止息、平穩、安寧、寂靜[17]。如果將 *śamatha* 放在禪修的脈絡，其作用主要在於將心態之攪動調整為緩和，將心態之焦躁調整為清涼，將心態之不安調整為安適，以及將心態之散漫調整為專注。透過如此調整的修為，培養的心態品質為不必怎麼勉強即較為持久的平靜與專注。只有在相當程度地免除心態之散亂或紛擾，以及維持平靜的心態之後，沿著心路歷程（*citta-saṃtāna*/ mind-stream; mental continuum; mental process／心相續）的認知與鍛鍊，才轉進到可以越來越深入的門檻。

觀（毗婆舍那、洞察禪修），相當於梵文的 *vipaśyanā*，來自動詞字根 √*paś*（觀看）之陰性名詞，加上接頭音節 vi-（分辨、辨明）。*Vipaśyanā*（insight; insight meditation; clear-seeing; seeing deeply）字面的意思大致為觀看、觀察[18]。如果將 *vipaśyanā* 放在禪修的脈絡，其作用主要在於強化心態的觀察品質，而非僅止於依賴信念、概念、或推理。就此而論，如下的三點，尤其值得重視。首先，*vipaśyanā* 強調現前知覺之觀察，走到前線，進行第一手的生命經驗之觀察，而且進行觀察的時候，單純地觀察，盡可能不將信念或概念挾帶入場。其次，*vipaśyanā*

---

[17] See Jamgon Kongtrul Lodro Taye. *The Treasury of Knowledge: Journey and Goal*, Richard Barron, tr. Ithaca: Snow Lion, 2010, p. 15; Phramonchai Saitanaporn. *Buddhist Deliverance: A Re-Evaluation of the Relationship between Samatha and Vipassanā*, Ph.D. Dissertation, Sydney: University of Sydney, 2008, pp. 15-17; Richard Shankman, "Appendix 4: Samatha Meditation Practices of the Visuddhimagga," *The Experience of Samādhi: An In-depth Exploration of Buddhist Meditation*, Boston: Shambhala, 2008, pp. 191-204.

[18] See Antoine Lutz. "Potential Contributions of Research on Meditation to the Neuroscience of Consciousness," In *New Horizons in the Neuroscience of Consciousness*, Elaine Perry and et al., ed., Amsterdam: John Benjamins, 2010, p. 282; Carl Olson. *Original Buddhist Sources: A Reader*, New Brunswick: Rutgers University Press, 2005, p. 282; Phramonchai Saitanaporn. *Buddhist Deliverance: A Re-Evaluation of the Relationship between Samatha and Vipassanā*, Ph.D. Dissertation, Sydney: University of Sydney, 2008, pp. 112-117.

將能觀察的一方、所觀察的一方、以及觀察的程序相互搭配地設置為一套運轉的系統，既非片面地切割為對象化的觀察，亦非隔絕為獨我式的觀察。第三，*vipaśyanā* 將觀察所及的系統，不僅力求突破組合的表層而清晰地觀察進去，而且力求突破歷程段落的端點而深入地觀察進去。根據至少如上的三點，*vipaśyanā* 或許可說明為洞察禪修。

五、靜慮（禪那）

靜慮（禪那），相當於梵文的 *dhyāna*，來自動詞字根 √*dhyai*（沈思、深思、冥想、靜慮）之中性名詞。*dhyāna*（meditation; meditative absorption）字面的意思大致為沈思、靜慮（安靜審慮）、禪定。

如果將 *dhyāna* 放在禪修的脈絡，其作用主要在於將止息禪修（*śamatha*）往深度推進，一方面，不往外在對象放馳；另一方面，內斂而收攝在心態之止息，並且以盡可能清醒的或清明的心念（lucid awareness），越來越深沈地思慮心態之動靜。之所以不會隨著心路歷程放任地外馳或浮面地漂流，而是能夠深刻地潛入心態的深度，則憑藉的關聯條件，主要為內斂（absorption）、沈穩（profound stillness）、以及以沈穩的心態為最核心的思慮項目。就此而論，靜慮或沈思，在禪修上，並不是靜下心來思考一般世間的或其他的事情，而是越來越深入地沈浸在沈穩的心態，整個歷程幾乎都是全新的經驗，因此聚精會神地勘察（*vitarka*/ initial inspection）與驗明（*vicāra*/ further deliberation）如此的經驗，甚至連勘察與驗明之思慮都中止掉（suspended）[19]。就在甩開浮面的牽扯，越來越潛入心態之深層，隨著鍛鍊出來的，正好是心態越來越渾厚的調正（becoming progressively more attenuated），從而認知與開啟心態實相之深沈景象。

---

[19] See Phramonchai Saitanaporn. *Buddhist Deliverance: A Re-Evaluation of the Relationship between Samatha and Vipassanā*, Ph.D. Dissertation, Sydney: University of Sydney, 2008, pp. 46-49; Tadeusz Skorupski. *The Six Perfections: An Abridged Version of E. Lamotte's French Translation of Nāgārjuna's Mahaprājñāpāramitāśāstra*, Chapters 16-30, Tring: Institute of Buddhist Studies, 2002, p. 90, 98, 106.

六、等至（三摩跋提）

等至（三摩跋提），相當於梵文的 *samāpatti*, 來自動詞字根 √*pad*（實現、實行、實施）之陰性名詞，加上接頭音節 sam-（總括或平等）與 ā-（方向相反或強調正向）。*samāpatti* 之 *āpatti*，解讀為抵達、達成、成就。*samāpatti*（meditative attainment or acquisition）傳統漢譯為等至、正受，字面的意思大致為整全地或平等地抵達對象或達成目標。

如果將 *samāpatti* 放在禪修的脈絡，其作用在於抵達或達成預先設定的禪修目標。就此而論，禪修的目標，至少可設定在如下的五個向度（或稱維度）：其一，心態開發之向度，從而所要探測的深度、高度、或廣度；其二，心態所關聯的生命世界之向度，從而所要趣入的深度、高度、或廣度；其三，心態能力或生命能力之向度，從而所要練就的能力品類之水準；其四，心態認知之向度，從而所要體認的課題之確實情形的格局或層次；其五，心態鍛鍊所在的修行道路之向度，從而所要體現的整體修行的位階。總之，隨著就什麼樣的向度，將目標設定到什麼樣的深度、高度、廣度、品類、格局、層次、或位階，再以所設定的目標轉型為禪修之所緣（*ālambana*/ perceptive object or support），觀想（*paribhāvayati; vibhāvayati*/ to visualize in contemplation; to perform visualization-meditation）禪修之所緣[20]，那麼，在心態鍛鍊的運作，整全地或平等地抵達如所設定的所緣，即可說明為等至[21]。

在等至之諸多名目當中，滅盡等至（*nirodha-samāpatti*/ meditative attainment of cessation）可以說特別受到矚目。滅盡等至所要抵達或達成的，並不是生命世界的任何東西，反而是滅盡或熄滅（cessation or extinction），至於所要熄滅的，聚焦在概念認定（*saṃjñā*/ conception;

---

[20] See Glenn Wallis. *Mediating the Power of Buddhas: Ritual in the Mañjuśrīmūlakalpa*, Albany: State University of New York Press, 2002, p. 149.

[21] See Paravahera Vajirañāna Mahāthera. *Buddhist Meditation in Theory and Practice: A General Exposition According to the Pāli Canon of the Theravāda School*, Charleston: Charleston Buddhist Fellowship, 2010, pp. 365-376.

conceptualization; ideation／想）與感受（*vedanā*/ feeling or sensation／受），而稱為想受滅（*saṃjñā-vedayita-nirodha*/ cessation of conceptualization andfeeling）[22]。

七、等持（三摩地、三昧）

等持（三摩地、三昧），相當於梵文 *samādhi*，來自動詞字根 √*dhā*（放置、安放）之陽性名詞，加上接頭音節 sam-（總括或平等）與 ā-（方向相反或強調正向）。*samādhi* 之 *ādhi*，解讀為持住、握持；而 *samādhi* 字面的意思，大致為整全地或平等地持住（holding & abiding unwaveringly）。此外，*samādhi* 之字源，另有可能由 *samā*（平等的）與 *dhi*（智能）複合而成，而其字面的意思，大致為相當寬坦的或均衡的智能之情形（a state of equilibrium of intellect）。

samāpatti 打開的諸多向度，*samādhi*（meditative concentration; concentration of the mind）同樣都可以打開。隨著打開什麼樣的向度，就該向度設定所緣，才談得上禪修的系統或脈絡，也才做得出特定樣態的禪修，以及關聯地理解特定樣態的禪修的涵義。如果將 *samādhi* 放在禪修的脈絡，其作用主要在於進行禪修的心態不僅全然地聚焦在所緣（心一境性／*cittaikâgratā*/ staying one-pointed or concentrated on the meditative object; one-pointedness of mind）[23]，而且與所緣幾乎毫無間隙地合而為一（staying one with the meditative object），也就是整全地或平等地持住所緣。

---

[22] See Paul Griffiths. *On Being Mindless: Buddhist Meditation and the Mind-Body Problem*, La Salle: Open Court, 1986, pp. 5-13, 17-27; Stuart Sarbacker. *Samādhi: The Numinous and Cessative in Indo-Tibetan Yoga*, Albany: State University of New York Press, 2005, p. 132; Sarah Shaw. *Buddhist Meditation: An Anthology of Texts from the Pāli Canon*, London: Routledge, 2006, p. 176, pp. 179-182.

[23] Sundari Krishnamurthy. "An Examination of Model-Based Reasoning in Science and Medicine in India," In *Model-Based Reasoning in Science, Technology, and Medicine*, Lorenzo Magnani & Ping Li, eds., Dordrecht: Springer, 2007, p. 309.

肆、佛教禪修之根基、道路、成果:心身安頓

正如心身安頓並非短暫的或表面的停歇或居留,佛教禪修也不只是諸如念住乃至等持之個別課業的名目。要認識佛教禪修,尚有必要打開之所以會有如此的作為之全幅圖樣(the big picture; macro perspective);而正好由於著眼於全局,也較有可能形成心身安頓之全套的學理更為確實的理解。

在用以呈現佛教禪修的全幅圖樣之諸多可行的方式當中,以根基(ground)、道路(path)、成果(fruition)所共構的一套方式,或許特別簡要,而易於理解[24]。這一節,將以如下的三個小節,嘗試提供一套可用以理解全幅圖樣的方式:其一,佛教禪修之根基;其二,佛教禪修之道路;其三,佛教禪修之成果。

一、佛教禪修之根基

如果將佛教禪修視為一套運作,則所謂的根基,在於詢問根本於什麼樣的基礎,才得以造就如此的一套運作。假如欠缺往根基的探究,很可能淪落為如下的三類情形:其一,由於欠缺根基之觀念,所謂的禪修,只運作在諸如人生、歷史、區域、宗派、名師、新潮等現實之表面,而且認為現實之表面就是全然的實在,結果只能卡在現實勢力的拉扯,以及被現實的流變牽引或沖刷,而載浮載沈。其二,由於欠缺根基之觀念,所謂的禪修,只運作在禪修有關的語詞的包裝,而心態與身體

---

[24] See Bötrül. *Distinguishing the Views and Philosophies: Illuminating Emptiness in a Twentieth-century Tibetan Buddhist Classic*, Douglas Duckworth, tr. Albany: State University of New York Press, 2011, p. 9, pp. 122-127; Drubwang Rinpoche. "Ground, Path, Fruition," *Fearless Simplicity: The Dzogchen Way of Living Freely in a Complex World*, North Atlantic Books, 2003, pp. 85-94; Jigme Lingpa. *Deity, Mantra, and Wisdom: Development Stage Meditation in Tibetan Buddhist Tantra*, the Dharmachakra Translation Committee, tr., Ithaca: Snow Lion, 2006, pp. 89-90, p. 100.

實際的情形,可能都在做一些無謂的事情,甚至每下愈況。其三,由於欠缺根基之觀念,所謂的禪修,只運作在預先給定的框框,形成類似下有鐵板、上有鍋蓋的境況。所謂預先給定的框框,可能來自神靈的啟示、民俗的傳統、或意識形態的套用;至於所謂的鐵板或鍋蓋,可能由僵固的人性觀念或人的本質之觀念所造成,也可能由人神、心身、心物、凡聖等截然的二分的觀念所造成。既然設限在自己造成的鐵板與鍋蓋之框框裡面,所謂的禪修,例如仙人或聖人的修為,或許比世間頗為常見的平庸好一些,卻不太可能造成多麼了不起的改變、突破、或超脫,結果還是一直陷落在生命世界流轉的機制。如上的三類情形,雖然都講了禪修,甚至做了禪修,但是欠缺往根基的探究,不僅所謂的禪修,載浮載沈於現實的流變,包裝在禪修語詞的煙霧,或陷落在生命世界流轉的機制,而且寄望於禪修的心態與身體,也連帶地遭殃,談不上確實的安頓。

佛法的教學,既重視學理的說明,也強調實修的推動。由學理與實修雙管齊下,不僅解釋浮現在生命歷程的情形,也洞察之所以如此浮現的根本。

禪修所運作的,主要為心身觀照與心態鍛鍊;而禪修之根本,並不等於任何現實表面的事物,也不是以所謂的人性或人的本質為底層之鐵板。就生命世界的探究,佛法致力於穿透構成部分的一個層次又一個層次、變化流程的一個環節又一個環節、關係網絡的一個環圈又一個環圈,進而提示所洞察的涵義。一旦穿透而洞察心態變化的流程,心態如此變化的一貫的根本,稱為心性(*cittatā*/ nature of mind; state of mind; being of such a mind);一旦穿透而洞察身體變化的流程,身體如此變化的一貫的根本,稱為身體性或法身(*dharma-kāya*/ dharma-body; reality body)。不論是一般世人的心身變化、心身觀照之運作、或是心態鍛鍊

之運作，這一切的變化或運作，其一貫的根本，稱為心性、法身、或法性（*dharmatā*/ nature of dharma; state of being such a dharma; reality as-it-is）[25]，至於其涵義，則可說明為空性（*śūnyatā*/ emptiness; voidness; openness）、不二性（*a-dvayatā; a-dvayatva*/ non-duality; non-dualism）。

　　心性、法身、或法性做為禪修之根本，而其涵義，首要的則為空性。空性此一概念在涵義上所要提示的，一方面，不具有本身的存在性；另一方面，則為全然的開放性。正好由於空性之不具有本身的存在性，以此為根本的禪修，即可不被諸如心態、身體、資質、個人、自我、社會、或文化之現實的表面所圍限；連帶地，著眼於根本的涵義為空性的禪修，至少在觀念上，即可不至於完全被平庸的心態、身體、乃至文化之殘破的現實所拖累。正好由於空性之全然的開放性，以此為根本的禪修，即可往禪修之運作條件開放，再藉由禪修之觀念、心態、方法、或技術，不僅排除心態、身體、乃至文化之平庸化的困擾，而且帶動可突破平庸的改變，進而徹底開發或顯發深刻的內涵與高超的能力。

　　做為禪修之根本的心性、法身、或法性，除了可以用空性之概念，還可以用不二性之概念，提示其涵義。不論由通常的認識、語詞、想像、約定俗成、意識形態、或由學術的理論所論斷為二分的、區隔的、差異的、對立的，不二性此一概念，卻在涵義上提示，那些二分的論斷或見解，充其量只是針對特定的時段、面向、層次、領域所添加的區分式的投射或捕捉；而如果擱置區分式的添加，並且打通事情的來

---

[25] 參閱：蔡耀明，〈《佛說不增不減經》「眾生界不增不減」的修學義理：由眾生界、法界、法身到如來藏的理路開展〉，《臺灣大學哲學論評》第 28 期（2004 年 10 月），頁 132-143；蔡耀明，〈觀看做為導向生命出路的修行界面：以《大般若經‧第九會‧能斷金剛分》為主要依據的哲學探究〉，《圓光佛學學報》第 13 期（2008 年 6 月），頁 58-60；蔡耀明，〈一法界的世界觀、住地考察、包容說：以《不增不減經》為依據的共生同成理念〉，《臺大佛學研究》第 17 期（2009 年 6 月），頁 13-14，23；蔡耀明，〈佛教住地學說在心身安頓的學理基礎〉，《正觀》第 54 期（2010 年 9 月），頁 30。

龍去脈的理路,即可顯示事情之實相並不具有任何的二分性(*dvayatā*; *dvayatva*/ duality; dualism)[26]。

以不二性為根本所運作的禪修,如下的二個情形,意味尤其深遠。其一,從事禪修的過程,既不必預設或認為所謂的主體與客體、知覺與所緣、能修與所修、心態與身體之間存在著任何區隔的鴻溝,也不必僵持或受困在根本莫須有的區隔觀念所衍生的問題。既然如此,諸如所謂的身體(氣息)與心念,所謂的心態表層與心態深層,所謂的禪修知覺與禪修所緣,這些被一般世人習慣地認為好像存在著區隔的現象或語詞,都在禪修的過程,或者同步搭配、全程貫通、整全達成,或者幾乎毫無間隙地平等一味。反過來說,如果不是將所謂的心態與身體,在觀照上或鍛鍊上,致力於搭配、貫通、達成、乃至一味,而兀自在頭上頂著區隔觀念的框框格格,那最好不要輕易掛出專業禪修之招牌[27]。其二,從事禪修的過程,藉由禪修之運作條件所帶動的改變,不必擔心太高超,或害怕太深刻,也不必一方面,頂著所謂的神性或天道為突破不了的上限,另一方面,踏著所謂的人性或物性為突破不了的下限。正好由於根本於不二性,禪修所可能帶動的改變,毫無上限,而為無上之高超;同樣地,禪修所可能挖掘的深度,毫無下限,而為無下之深刻[28]。

---

[26] 參閱:蔡耀明,〈「不二中道」學說相關導航概念的詮釋進路:以佛法解開生命世界的全面實相在思惟的導引為詮釋線索〉,《臺灣大學哲學論評》第 32 期(2006 年 10 月),頁 115-166;蔡耀明,〈《入楞伽經》的心身不二的實相學說:從排除障礙的一面著手〉,《法鼓佛學學報》第 6 期(2010 年 6 月),頁 57-114。

[27] See A. Lutz, J.D. Dunne & R.J. Davidson. "Chapter 19: Meditation and the Neuroscience of Consciousness: An Introduction." In *The Cambridge Handbook of Consciousness*, Philip Zelazo, M. Moscovitch & E. Thompson, eds., Cambridge: Cambridge University Press, 2007, p. 521.

[28]「曰:『無住為本。』妙吉祥言:『如是無住,孰為其本?』無垢稱言:『斯問非理。所以者何?夫無住者,即無其本,亦無所住。由無其本、無所住故,即能建立一切諸法。』」(大正大學綜合佛教研究所梵語佛典研究(校訂),《梵文維摩經:ポタラ宮所藏寫本に基づく校訂》(東京:大正大學出版會,2006 年),頁 68;《說無垢稱經》,唐・玄奘譯, T. 476, vol. 14, p. 573b.)相關討論,請參閱:蔡耀明,〈「確實安住」如何可能置基於「無住」?:以《說無垢稱經》為主要依據的「安住」之哲學探究〉,《正觀》第 57 期(2011 年 6 月),頁 138-141。

這一小節所論陳的禪修之根基——也就是借用心性、法身、或法性之概念,將心態、身體、或法目之得以如此產生的根本,提示為空性或不二性之涵義——並非僅止於不痛不癢的理論,而是不僅座落於禪修之得以運作的系統,甚至施設為禪修在觀念上或觀想上的重心。觀念上,一方面,理解由關聯條件所產生的心態,雖然根本於心性,卻非即為心性;另一方面,將根本之心性理解為澄澈明亮的情形(*prabhāsvarā*/ transparently luminous)[29]。觀想上,一方面,不把產生的任何心態捕捉為帶有實質成份的意象;另一方面,將產生的任何心態,往根本透視為一貫地澄澈明亮之意象[30]。

---

[29] 「*tac cittam a-cittaṃ, prakṛtiś cittasya prabhāsvarā.*」「心非心性,本性淨故。」(That thought is no thought, since in its essential original nature thought is transparently luminous.) U. Wogihara (ed). *Abhisamayālaṃkār'ālokā Prajñāpāramitāvyākhyā: The Work of Haribhadra together with the Text Commented on*, Tokyo: The Toyo Bunko, 1932, p. 38;《大般若經・第四會》,唐・玄奘譯, T. 220 (4), vol. 7, p. 763c; Edward Conze (tr.). *The Perfection of Wisdom in Eight Thousand Lines & Its Verse Summary*, Bolinas: Four Seasons Foundation, 1975, p. 84.) 相關討論,請參閱:蔡耀明,〈《大般若經・第二會》的嚴淨/清淨〉,《佛學研究中心學報》第 4 期(1999 年 7 月),頁 36-39。

[30] 「『讓基本的本性安住,而無所黏附,此即禪定境界之大手印(*Mahā-mudrā*)。』就這樣,禪修之大手印,在於全然順乎根源的本性,而不去捕捉任何的心態產物。」(Padmasambhava. "Self-Liberated Wakefulness," *Treasures from Juniper Ridge: The Profound Treasure Instructions of Padmasambhava to the Dakini Yeshe Tsogyal*, Marcia Schmidt & Erik Kunsang, tr. & eds., Kathmandu: Rangjung Yeshe, 2008, p. 4.) See also *Luminous Heart: The Third Karmapa on Consciousness, Wisdom, and Buddha Nature*, translated by Karl Brunnhölzl, Ithaca: Snow Lion, 2009, pp. 353-360; Karl Brunnholzl (tr.). "A Summary of the Stages of Meditating on the Ultimate Bodhicitta by Aśvaghoṣa," *Straight from the Heart: Buddhist Pith Instructions*, Ithaca: Snow Lion, 2007, pp. 23-29, 482-483; Mi-pam-gya-tso. *Fundamental Mind: The Nyingma View of the Great Completeness*, Jeffrey Hopkins, tr. & ed., Ithaca: Snow Lion, 2006, p. 26。

二、教禪修之道路

一般世人如果習慣膚淺的閒聊,搬到禪修,很可能想到禪修,先看一下浮現出什麼點狀的、瑣碎的意象,再往歷史、人物、或事蹟之類的項目,跳來跳去地做一些搭線,就可以繞著意象與搭線,蔓延地說東聊西。然而,如果想要認識進去禪修,則不容無視於禪修之道路,亦即在內涵上撐起禪修的整條骨幹。

佛教的禪修,不論在教導或在實踐,都以打通道路為其形態。所要打通的道路,並非受困地被平庸的生命歷程或心路歷程牽著鼻子走或推著背部走,而是積極出擊,經由專業鍛鍊,打通調正的心路歷程。所謂平庸的生命歷程,大致為沿著三界之層次或六道之入口,進入生命世界,從而衍生的生老病死的歷程。所謂平庸的心路歷程,大致為謀求生存的活動,產生心態上的分岔、傾斜、攪動、散亂、污染、執著、阻塞,從而滾動的謬見與煩惱交織的歷程。至於所謂調正的心路歷程,若以禪修為著眼,看準了以空性與不二性為根本而開放給關聯條件所表現的起心動念,就如此的起心動念,至少打通如下的四條路徑,從而打造的歷程:其一,(能緣之)知覺到所緣的路徑;其二,諸如謬見與煩惱充斥的平庸心態得以逐一清除的路徑;其三,心態品質與心態能力徹底開發的路徑;其四,諸如解脫道或菩提道整條修行道路全程推進的路徑。

路徑一:(能緣之)知覺到所緣的路徑。一般世人的知覺或心態活動,面對著四面八方層出不窮的且無常的對象物,像受到風的吹動那樣,此起彼落地在表層激盪起殘破的知覺影像與攪動的情意漣漪。專業禪修的首要之務,在於設定特定的所緣,將所緣轉型為意象,至少在禪修的時候,一方面,盡量不去注意或抓取非所緣範圍的事物,另一方面,盡量就起心動念,用成知覺活動,而且知覺在轉型為意象的所緣。隨著知覺在轉型為意象的所緣,知覺即連結(*yoga/ yoke*; connecting;

conjoining／伽、相應）所緣。隨著知覺得以連結到所緣，培養出相當水準的熟悉度與駕馭力，而且越來越能持久如此的連結，則不僅初步打通專業禪修首要的路徑，而且心路歷程也初步得到調正。

路徑二：諸如謬見與煩惱充斥的平庸心態得以逐一清除的路徑。不論是將知覺專注地且持久地連結到所緣，或是聚精會神地一再練習禪修的鍛鍊項目，這不僅立即違反一般世人習以為常的平庸的知覺或心態活動，而且那些造成平庸心態的關聯條件，猶如蜂群，連動地傾巢而出，形成與禪修的努力相互較勁的局面。就此而論，如果那些造成平庸心態的關聯條件壓倒式勝出，則禪修的道路，類似被心態的地震震垮，被心態的洪水沖毀，被心態的土石流掩埋，被心態的火毒燒焦，或被心態的強風吹落，而談不上禪修的道路，連帶地，甚至談不上禪修。然而，如果一次接連一次的禪修路上的交手，奮勉不懈，一方面，持續專注在禪修課業的程序，另一方面，培養出越來越豐富的經驗，看清謬見與煩惱交織的平庸心態的來龍去脈，則禪修程序的進行，或者鍛鍊出觀察、減弱、遠離、對治、轉化、排除平庸心態的能力，或者鍛鍊出不起平庸心態的能力，則禪修程序的心路歷程，憑藉鍛鍊出來的能力，將在相當程度，成為平庸心態各式各樣的障礙皆得以逐一清除的路徑。隨著逐一清除禪修路上的平庸障礙，如此打通的路徑，不僅替禪修課業在各個向度的開發奠定鋪路石，而且心路歷程也進一步得到調正。

路徑三：心態品質與心態能力徹底開發的路徑。禪修主要的功用，在於透過心身觀照與心態鍛鍊之本務，將心態活動的內涵之品質與運作之能力開發出來。在教導或在實踐所重視的禪修課業，包括念住、止、觀、靜慮、等至、等持，經由正確的與持續的練習，都可關聯地開發心態活動的內涵之品質與運作之能力，包括清明、覺察、安住、平靜、專注、洞察、深沈、寂靜、清淨、平等、抵達、專一、持住。這些心態品質與心態能力的開發，並非以稍縱即逝或斷斷續續為滿足，而是隨著禪修課業在廣度、長度、深度、或高度的推進，就在所推進的向度，整條

路徑打通,而成為心清明之路徑、心覺察之路徑、乃至心持住之路徑。隨著禪修在鍛鍊項目的設置與推進向度的努力,開發出諸如清明、覺察、乃至持住之心態品質與心態能力的整條路徑,不僅開通禪修的主要骨幹,而且心路歷程也更為正面地得到調正。

路徑四:諸如解脫道或菩提道整條修行道路全程推進的路徑。假如說佛教不重視禪修,那並不正確;同樣地,假如說佛教只重視禪修,那也不正確。佛教所教導的,不只是一套技術、一個觀念、一部典籍、或一個學派,而是整條的修行道路。如果將修行的目標設定為從生命世界與生命歷程徹底解脫,則為佛教解脫道。如果將修行的目標設定為最極高超的覺悟,連帶地廣泛度化有情與莊嚴世界,則為佛教菩提道[31]。不論抉擇什麼樣的修行目標,禪修的工夫,除了在念住乃至等持之禪修課業開闢禪修的主幹道,還必須與修行道路上的相關課業密切搭配,例如,持戒與禪修、禪修與智慧、禪修與方便,藉以推進整條的修行道路。隨著禪修在修行道路的推進,不僅禪修所關聯的路徑可以全面地開通,而且心路歷程也可以全面地得到調正[32]。

三、佛教禪修之成果

談到佛教禪修,再怎麼高深,似乎不能免俗,還是要提一下所謂的成果。如下的五點說明,或許不至於太落入俗套:其一,禪修所練就的心態工夫即為成果;其二,禪修所帶動的修行道路即為成果;其三,禪修之根基、道路、成果,在理趣是一貫的;其四,禪修之任何成果,皆

---

[31] 閱:蔡耀明,〈抉擇佛教所施設的多樣的修行道路之基本原則:以《大般若經·第四會、第十六會》為依據〉,收錄於《2008年佛學研究論文集:佛教與當代人文關懷》,佛光山文教基金會主編(高雄:佛光山文教基金會,2008年8月),頁263-286。

[32] 參閱:蔡耀明,〈《大般若經·第十五會·靜慮波羅蜜多分》的禪修教授:做為佛典「摘要寫作」的一個練習〉,《中華佛學學報》第17期(2004年7月),頁49-93;蔡耀明,〈《首楞嚴三昧經》的禪定設計〉,《法鼓人文學報》第3期(2006年12月),頁135-162。

不可被捕捉、不可被獲得;其五,持續在修行道路的禪修,附帶的一項成果為心身安頓。

其一,佛教禪修所開發出來的諸如清明、覺察、乃至持住之心態品質與心態能力,亦即,由禪修所練就的心態工夫,包括清明的心態、覺察的心態、持住的心態,這些都是心路歷程與生命歷程很珍貴的成果,並不是一定要在褊狹的世間或社會獲取什麼東西才叫做成果。佛法的禪修者「經歷著靜慮、解脫、等持、等至之安樂。」[33] 經由禪修而得以領受的心態安樂或生命安樂,同樣是禪修水到渠成的果實之一。

其二,佛教禪修所在的修行道路,或為解脫道,或為菩提道。透過禪修,即不必只是延續生命歷程而為生死輪迴,而是走上修行的道路,在修行的道路次第昇進,以及接近修行的目標,而成為趨向解脫之心相續這同樣是心路歷程與生命歷程很珍貴的成果[34]。

其三,佛教禪修任何的成果——不論是由禪修所開發出來的心態品質與心態能力,或是透過禪修在修行道路的次第昇進——既非別異於根基或道路另外存在的東西,亦非與根基或道路相對立的東西,而是根本於空性,並且以禪修為主要的關聯條件,才產生出來的。此之謂根基、道路、成果在理趣的一貫[35]。

其四,由於佛教禪修任何的成果皆根本於空性,並不具有本身的存在性,而且修行的要務在於貫徹修行,甚至廣泛地、徹底地度化有情,

---

[33] "dhyāna-vimokṣa-samādhi-samāpatti-sukhāny anubhavanti." (Andy Rotman. *Thus Have I Seen: Visualizing Faith in Early Indian Buddhism*, Oxford: Oxford University Press, 2009, p. 104, 247.)

[34] See Chögyam Trungpa. *The Path Is the Goal: A Basic Handbook of Buddhist Meditation*, Boston: Shambhala, 2011.

[35] See Jigme Lingpa. *Deity, Mantra, and Wisdom: Development Stage Meditation in Tibetan Buddhist Tantra*, translated by the Dharmachakra Translation Committee, Ithaca: Snow Lion, 2006, p. 89; Jamgon Mipham. *Luminous Essence: A Guide to the Guhyagarbha Tantra*, Ithaca: Snow Lion, 2009, p. 96; Thrangu Rinpoche. *Songs of Naropa*, Hong Kong: Rangjung Yeshe, 2004, p. 62.

因此對於禪修任何所謂的成果，一貫地都以無所捕捉的或無所獲得的方式在看待與運用[36]。假如以有所捕捉的或有所獲得的方式在看待或運用禪修任何所謂的成果，那將變質為主要在做捕捉或獲得，而不是在做禪修之貫徹。

其五，不論如何生老病死、歷盡滄桑，也不論生命世界如何山嶽崩頹、烽火連天，皆相續不斷地利用生命歷程浮現的任何的心身組合，從事禪修，以及在修行的道路次第昇進。透過如此的策略與運作，不至於只是捲在生死輪迴的旋渦、載浮載沈，而是不僅持續禪修，心態更為調正，而且持續行走在修行的道路，生命歷程也更為調正在高超導向的修行道路，心身安頓也就成為整套運作的副產品之一。

伍、結論

進入生命世界的有情，由於關聯的條件不斷地推動，而載浮載沈於世間各方面皆變動不居的流程，以至於波段式的心身組合體飽嘗一再破毀之困苦。

如果從心身安頓的角度探討佛教禪修，雖然禪修既非直接在做心身安頓，亦非主要在追求心身安頓，只要順著禪修的理路確實地做下去，心身安頓乃水到渠成之事。關鍵的要領在於，藉由念住、止、觀、靜慮、等至、等持等禪修課業，專精於心身觀照與心態鍛鍊，從而開發心態活動的內涵之品質與運作之能力，包括清明、覺察、安住、平靜、專注、洞察、深沈、寂靜、清淨、平等、抵達、專一、持住。就這樣，一

---

[36] 有關《般若經》教導的「於一切法無攝受定」（sarva-dharmâ-parigṛhīto nāma samādhiḥ/ the meditative concentration called "the non-appropriation of all dharmas"），或「於一切法無取執定」（sarva-dharmân-upādāno nāma samādhiḥ/ the meditative concentration called "not grasping at any dharma"），請參閱：蔡耀明，〈以心身安頓為著眼對「住地」的哲學檢視：做為佛教住地學說的奠基工程〉，《法鼓佛學學報》第 9 期（2011 年 12 月），頁 36-37。

方面,不必由於追逐生命世界褊狹的對象物而追逐在生死輪迴的流程;另一方面,憑藉所練就的心態工夫,將調正的心路歷程,切換為高超導向的修行道路。藉由生命歷程浮現的任何的心身組合,持續禪修,而且持續行走在修行的道路,則生命歷程所浮現的心身,即持續安頓在生命實現的修煉與度化。

引用書目

一、原典

《梵文維摩經:ポタラ宮所藏寫本に基づく校訂》,東京:大正大學出版會,2006 年。

劉宋・求那跋陀羅譯,《雜阿含經》;《大正藏》冊 2。

唐・玄奘譯,《說無垢稱經》;《大正藏》冊 14。

——,《解深密經》;《大正藏》冊 16。

——,《大般若波羅蜜多經》;《大正藏》冊 7。

二、專書

Bötrül. *Distinguishing the Views and Philosophies: Illuminating Emptiness in a Twentieth-century Tibetan Buddhist Classic*, D. Duckworth, tr. Albany: State University of New York Press, 2011.

P. Griffiths. On Being Mindless: *Buddhist Meditation and the Mind-Body Problem*, La Salle: Open Court, 1986.

L. Heart. *The Third Karmapa on Consciousness, Wisdom, and Buddha Nature*, K. Brunnhölzl, tr. Ithaca: Snow Lion, 2009.

C. Johns. *Being Mindful, Easing Suffering: Reflections on Palliative Care*, London: Jessica Kingsley, 2004.

T.-F. Kuan. *Mindfulness in Early Buddhism: New Approaches through Psychology and Textual Analysis of Pali, Chinese and Sanskrit Sources*, London: Routledge, 2008.

J. Lingpa. *Deity, Mantra, and Wisdom: Development Stage Meditation in Tibetan Buddhist Tantra*, The Dharmachakra Translation Committee, tr. Ithaca: Snow Lion, 2006.

P.V. Mahāthera. *Buddhist Meditation in Theory and Practice: A General Exposition According to the Pāli Canon of the Theravāda School*, Charleston: Charleston Buddhist Fellowship, 2010.

M. McGhee. *Transformations of Mind: Philosophy as Spiritual Practice*, Cambridge: Cambridge University Press, 2000.

Mi-pam-gya-tso. *Fundamental Mind: The Nyingma View of the Great Completeness*, J. Hopkins, tr. Ithaca: Snow Lion, 2006.

J. Mipham. *Luminous Essence: A Guide to the Guhyagarbha Tantra*, Ithaca: Snow Lion, 2009.

C. Olson. *Original Buddhist Sources: A Reader*, New Brunswick: Rutgers University Press, 2005.

J. Powers. *Wisdom of Buddha: The Saṁdhinirmocana Sūtra*, Berkeley: Dharma, 1995.

T. Rinpoche. *Songs of Naropa*, Hong Kong: Rangjung Yeshe, 2004.

A. Rotman. *Thus Have I Seen: Visualizing Faith in Early Indian Buddhism*, Oxford: Oxford University Press, 2009.

S. Sarbacker. *Samādhi: The Numinous and Cessative in Indo-Tibetan Yoga*, Albany: State University of New York Press, 2005.

S. Shaw. *Buddhist Meditation: An Anthology of Texts from the Pāli Canon*, London: Routledge, 2006.

T. Skorupski. *The Six Perfections: An Abridged Version of E. Lamotte's French Translation of Nāgārjuna's Mahaprājñāpāramitāśāstra* (Chapters 16-30), Tring: Institute of Buddhist Studies, 2002.

D.J. Soccio. *Archetypes of Wisdom: An Introduction to Philosophy* (7th ed.), Belmont: Cengage Learning, 2010.

J.K.L. Taye. *The Treasury of Knowledge: Journey and Goal*, R. Barron, tr. Ithaca: Snow Lion, 2010.

K. Thrangu. *Essential Practice: Lectures on Kamalaśīla's Stages of Meditation in the Middle Way School*, J. Levinson, tr. Ithaca: Snow Lion, 2002.

C. Trungpa. *The Path Is the Goal: A Basic Handbook of Buddhist Meditation*, Boston: Shambhala, 2011.

Tsong-kha-pa. *The Great Treatise on the Stages of the Path to Enlightenment* (Lam rim chen mo) (volume 3), Lamrim Chenmo Translation Committee, tr. Ithaca: Snow Lion, 2002.

G. Wallis. *Mediating the Power of Buddhas: Ritual in the Mañjuśrīmūlakalpa*, Albany: State University of New York Press, 2002.

三、論文

蔡耀明,〈《入楞伽經》的心身不二的實相學說:從排除障礙的一面著手〉,《法鼓佛學學報》第6期,2010年,頁57-114。

――,〈《大般若經‧第二會》的嚴淨／清淨〉,《佛學研究中心學報》第4期,1999年,頁1-41。

――,〈《大般若經‧第十五會‧靜慮波羅蜜多分》的禪修教授:做為佛典「摘要寫作」的一個練習〉,《中華佛學學報》第17期,2004年,頁49-93。

――,〈《佛說不增不減經》「眾生界不增不減」的修學義理:由眾生界、法界、法身到如來藏的理路開展〉,《臺灣大學哲學論評》第28期,2004年,頁89-155。

――,〈《阿含經》的禪修在解脫道的多重功能:附記「色界四禪」的述句與禪定支〉,《正觀》第20期,2002年,頁83-140。

――,〈《首楞嚴三昧經》的禪定設計〉,《法鼓人文學報》第3期,2006年,頁135-162。

――,〈「不二中道」學說相關導航概念的詮釋進路:以佛法解開生命世界的全面實相在思惟的導引為詮釋線索〉,《臺灣大學哲學論評》第32期,2006年,頁115-166。

――,〈「確實安住」如何可能置基於「無住」?:以《說無垢稱經》為主要依據的「安住」之哲學探究〉,《正觀》第57期,2011年,頁119-168。

――,〈一法界的世界觀、住地考察、包容說:以《不增不減經》為依據的共生同成理念〉,《臺大佛學研究》第17期,2009年,頁1-48。

――,〈以心身安頓為著眼對「住地」的哲學檢視:做為佛教住地學說的奠基工程〉,《法鼓佛學學報》第9期,2011年,頁1-52。

――,〈佛教住地學說在心身安頓的學理基礎〉,《正觀》第54期,2010年,頁14,30。

──,〈抉擇佛教所施設的多樣的修行道路之基本原則：以《大般若經‧第四會、第十六會》為依據〉,《2008 年佛學研究論文集：佛教與當代人文關懷》,高雄：佛光山文教基金會,2008 年,頁 263-286。

──,〈觀看做為導向生命出路的修行界面：以《大般若經‧第九會‧能斷金剛分》為主要依據的哲學探究〉,《圓光佛學學報》第 13 期,2008 年,頁 23-69。

V. Anālayo. "Mindfulness in the Pali Nikayas," In D.K. Nauriyal, M. Drummond & Y.B. Lal, eds., *Buddhist Thought and Applied Psychological Research: Transcending the Boundaries*, London: Routledge, 2006, p. 229.

K. Brunnholzl (tr.). "A Summary of the Stages of Meditating on the Ultimate Bodhicitta by Aśvaghoṣa," *Straight from the Heart: Buddhist Pith Instructions*, Ithaca: Snow Lion, 2007.

E. Freschi. "Indian Philosophers," In T. O'Connor & C. Sandis, eds., *A Companion to the Philosophy of Action*, Malden: Wiley-Blackwell, 2010.

R. Gethin (tr.). "Establishing Mindfulness (*Satipaṭṭhāna-sutta*)," *Sayings of the Buddha: A Selection of Suttas from the Pali Nikāyas*, Oxford: Oxford University Press, 2008, p. 141.

C. Kang & K. Whittingham. "Mindfulness: A Dialogue between Buddhism and Clinical Psychology," *Mindfulness* 1/3 (September, 2010): 161-173.

S. Krishnamurthy. "An Examination of Model-Based Reasoning in Science and Medicine in India," In L. Magnani & P. Li, eds., *Model-Based Reasoning in Science, Technology, and Medicine*, Dordrecht: Springer, 2007, p. 309.

A. Lutz, J.D. Dunne & R.J. Davidson. "Chapter 19: Meditation and the Neuroscience of Consciousness: An Introduction," *The Cambridge Handbook of Consciousness*, P.D. Zelazo, M. Moscovitch & E. Thompson, eds., Cambridge: Cambridge University Press, 2007.

──, "Potential Contributions of Research on Meditation to the Neuroscience of Consciousness," *New Horizons in the Neuroscience of Consciousness*, E.K. Perry, D. Collerton, F.E.N. LeBeau & H. Ashton, eds., Amsterdam: John Benjamins, 2010.

W.L. Mikulas. "Mindfulness: Significant Common Confusions," *Mindfulness* 2/1 (November, 2010): 1-7.

Padmasambhava. "Self-Liberated Wakefulness," In M. Schmidt & E. Kunsang, tr.

and eds., *Treasures from Juniper Ridge: The Profound Treasure Instructions of Padmasambhava to the Dakini Yeshe Tsogyal*, Kathmandu: Rangjung Yeshe, 2008.

R. Repetti. "Meditation and Mental Freedom: A Buddhist Theory of Free Will," *Journal of Buddhist Ethics* 17 (2010): 173.

D. Rinpoche. "Ground, Path, Fruition," In K. Moran, ed., *Fearless Simplicity: The Dzogchen Way of Living Freely in a Complex World*, Hong Kong: Rangjung Yeshe Publications, 2003, pp. 85-94.

P. Saitanaporn. *Buddhist Deliverance: A Re-Evaluation of the Relationship between Samatha and Vipassanā*, Ph.D. Dissertation, University of Sydney, 2008.

R. Shankman. "Appendix 4: Samatha Meditation Practices of the Visuddhimagga," *The Experience of Samādhi: An In-depth Exploration of Buddhist Meditation*, Boston: Shambhala, 2008, pp. 191-204.

國家圖書館出版品預行編目資料

從印度佛學到中國佛學：楊惠南先生七十壽慶論文集／何照清等作；陳平坤 主編．
-- 初版 -- 新北市：Airiti Press, 2012.07
面；公分
ISBN 978-986-6286-57-5（平裝）
1.佛教哲學 2.比較研究 3.文集 4.印度 5.中國
220.11　　　　　　　　　　　　　101014413

從印度佛學到中國佛學——楊惠南先生七十壽慶論文集

發 行 人／陳建安
出版單位／Airiti Press Inc.
主　　編／陳平坤
作　　者／何照清、杜保瑞、林建德、林朝成、林義正、林鎮國、邱敏捷、洪嘉琳
　　　　　　耿　晴、陳平坤、陳嘉璟、劉嘉誠、蔡耀明、嚴瑋泓
總 編 輯／古曉凌
責任編輯／謝佳珊
執行編輯／謝佳珊、方文凌
版面編排／黃淑真
封面設計／鄭清虹
發行業務／楊子朋
行銷企劃／賴美璇
發行單位／Airiti Press
　　　　　234 新北市永和區成功路一段 80 號 18 樓
　　　　　總 經 銷／華藝數位股份有限公司
　　　　　戶名：華藝數位股份有限公司
　　　　　銀行：國泰世華銀行　中和分行
　　　　　帳號：045039022102
　　　　　電話：(02)2926-6006　　傳真：(02)2231-7711
　　　　　服務信箱：press@airiti.com
法律顧問／立暘法律事務所　歐宇倫律師
Ｉ Ｓ Ｂ Ｎ／978-986-6286-57-5
出版日期／2012 年 7 月初版
定　　價／新台幣 600 元

版權所有・翻印必究　　Printed in Taiwan